Die Bezwingung des Südpols
Südpol
dsen
Scott 18.1.1912
Letztes Vorratslager
14.1.1912
1½-Grad-Vorratslager
10.1.1912
3-Grad-Vorratslager
31.12.1911
POLARPLATEAU
Tanzsaal
des Teufels
Vorratslager IX
29.11.11 und 3.1.12
Helland Hansen
undelager
11.11 und 6.1.12
n-Gipfel
Vorratslager
Oberer Gletscher
21.12.1911
Mount Darwin
Mount Wild
Vorratslager
Mittlerer Gletscher
17.12.1911
The Cloudmaker
Beardmore-
Gletscher
10.12.1911
Mount Hope
Shambles Camp
9.12.1911
Mount Longstaff
Mount Markham
Vorratslager
Südliche Barriere
1.12.1911
Shackleton Inlet
Mount Christina
VICTORIALAND
Vorratslager
Mittlere Barriere
26.11.1911
Barne
Inlet
lfeis
Britannia
Range
Letztes Camp
19.3.1912
One-Ton-Vorratslager
15.11.1911
Worcester
Range
Minna
Bluff
Bluff-Vorratslager
roßen
910–1912)
Mount Discovery
Ferrar-
Gletscher
Corner Camp
Safety Camp
Hut Point
Ross-Insel
Kap Evans
Scotts Winterquartier
Vulkan Terror
Kap Crozier
Vulkan Erebus
McMurdo-Sund
Beaufort-Insel
Amundsens Route 1911/12
Scotts Route 1911/12
Scotts Route 1902/03
88
87
86
85
84
83
82
81
80
79
78
77
90°O
100°O
110°O
120°O
130°O
140°O
150°O
160°O
170°O
180°W

Tor Bomann-Larsen

AMUNDSEN

Eine Biographie

aus dem Norwegischen
von Karl-Ludwig Wetzig

marebuchverlag

Mann mit Hund, Juli 1903

Roald-Amundsen-Land

Als Fridtjof Nansen mit seiner Landung an Grönlands Ostküste die moderne norwegische Polarforschung einleitete, ging er davon aus, dass es auf der großen Insel womöglich «ein eisfreies und fruchtbares Inneres» geben könnte. Erst als er auf der anderen Seite die Skier wieder abschnallte, konnte er mit Gewissheit sagen, dass es aus Eis, Eis und noch mal Eis bestand.

Genau so wird ein Entdeckungsreisender immer wieder unsere alten Karten und vertrauten Vorstellungen in Frage stellen. Er ist ebenso ein Wahrheitssucher wie der Geschichtsschreiber oder auch der Biograph, der sich in einer äußeren wie inneren Landschaft gleichermaßen bewegt, im Grenzland zwischen Geographie und Psychologie.

«Unternehmungen in den Polarregionen müssen im Lichte des vorangegangenen Lebens eines Forschers betrachtet werden», schrieb Roald Amundsen in seinen Memoiren. Er erkannte, dass Polarforschung auch eine moralische Disziplin ist, dass der Charakter ein wichtigerer Maßstab sein kann als Kilometer und Breitengrade. Das heißt aber noch lange nicht, dass er selbst für den, der seine Lebensgeschichte schreiben möchte, die Karten auf den Tisch legte.

Amundsen jagte nach den bestbewahrten Geheimnissen dieser Erde. Doch zugleich mit der Entdeckung unbekannter Weltgegenden hüllte er sein eigenes Leben für seine Zeitgenossen in Nebel. Zahllose Karten können uns darüber aufklären, *wo* der Polbezwinger gewesen ist. Doch eine andere Frage bleibt offen: *Wer* war Roald Amundsen?

Niemand kennt den Charakter einer Insel oder eines Kontinents, ehe er dort an Land geht. Auf den folgenden Seiten soll ein Versuch unternommen werden, aus dem Dämmer des Vergessens und dem Nebel des Mythos das sagenumwobene, doch noch immer unentdeckte Roald-Amundsen-Land ans Licht zu ziehen.

Drammen im September 1995
Tor Bomann-Larsen

Inhalt

I II III IV V VI

Der Traum von der Nordwestpassage

1 Der Junge vom Meer

Hatte er sein eigenes Spiegelbild entdeckt? Oder wollte er schwimmen lernen? Im Springbrunnen eines Gartens lag ein kleiner Junge, mit dem Gesicht nach unten. Seine älteren Brüder spielten, und es dauerte lange, bis jemand mitbekam, dass da etwas nicht stimmte. Der Junge war noch keine zwei Jahre alt und konnte selbst in fußtiefem Wasser ertrinken. Doch endlich kam jemand dazugelaufen. Das Kindermädchen Betty drehte ihn im Gras auf den Rücken. Roald Amundsen gurgelte und kehrte ins Leben zurück.

Zum ersten Mal.

Die Episode trug sich in einem großen Garten mit hohen Bäumen zu, der eine niedrige romantische Steinvilla umgab. Der Uranienborgvei Nr. 9 lag gleich hinter dem Schloss von Kristiania am Rand der norwegischen Hauptstadt. Es mag im Frühsommer des Jahres 1874 gewesen sein. Das Schloss stand die meiste Zeit leer. Kristiania war eine Residenzstadt ohne Regent, eine Hauptstadt ohne Macht. Norwegen war ein Land mit unklarer Identität, das im hohen Norden in unendliche Eismassen und tote Landschaften überging. Die Stadt lag wie eine feste Ansiedlung irgendwo zwischen der europäischen Zivilisation und primitiven Nomadenvölkern wie Samen, Samojeden und Eskimos.

Gut informierte Weltbürger meinten zu wissen, dass Norwegen so etwas wie eine schwedische Provinz war, ein wildes, anspruchsvolles Jagdrevier für die schwedischen Könige aus dem Hause Bernadotte. Norwegen war dem Nachbarland bei der turbulenten Umgestaltung der Weltkarte in der Folge der Napoleonischen Kriege zugefallen. In jenen Jahren, in denen Schweden den aufsehenerregenden Schachzug unternahm, einen der Generäle des Franzosenkaisers, Jean Baptiste Bernadotte, unter dem Namen Karl Johan auf seinen uralten Thron zu heben. Inzwischen regierte dessen Enkel, König Oscar II., Norwegen von Schweden aus, ganz so, wie es früher die dänischen Könige von ihrer Residenz Kopenhagen getan hatten.

In dem Jahr, in dem der kleine Roald aus dem Springbrunnen seiner Kindheit gefischt wurde, war in dem dünnbevölkerten gebirgigen Land seit langem ein gewisses politisches und kulturelles Erwachen im Gang. Am 17. Mai 1814 hatten die Norweger ein modernes Grundgesetz mit durchaus demokratischen Ansprüchen verfasst. 1884 sollte die Macht des Königs durch parlamentarische Kontrollen weiter konstitutionell eingeschränkt werden.

In Zeiten nationaler Blüte kommt es vor, dass selbst ein kleines Volk große Persönlichkeiten hervorbringt. Aus der Provinz im Norden kamen nacheinander die Schriftsteller Bjørnstjerne Bjørnson, Henrik Ibsen und Knut Hamsun, der Komponist Edvard Grieg und der Maler Edvard Munch. 1874 hatte sich allerdings noch keiner von ihnen auf internationalem Parkett einen Namen gemacht. Ebenso wenig derjenige, der von allen die größte Aufmerksamkeit erregen sollte, der Polarforscher Fridtjof Nansen.

Einstmals, tausend Jahre war es her, da war das unabhängige Königreich Norwegen eine stolze und expandierende Macht gewesen, bewohnt von einem kriegerischen Volk, das kühne Beutezüge unternahm und der Herrschaft seiner Wikingerkönige neue Länder unterwarf. Dieses schlummernde Selbstbewusstsein erwachte im Lauf des 19. Jahrhunderts allmählich unter der schweren Purpurschleppe der Bernadottes. Die verlorene Illusion Norwegen, Heimatland von Helden, wurde in den Worten der Dichter, den Tönen der Komponisten und auf den Leinwänden der Maler aufs Neue beschworen. Ein Traum von Größe wuchs in der kleinen Nation. Selbst in den geringsten Söhnen armer Pachtbauern konnte dieser Traum gefährlich große Ausmaße annehmen.

«Er war mein Schüler in Geographie, ein ruhiger und beständiger Junge, der auf die Fragen, die ich ihm stellte, vernünftige Antworten gab», hat einer von Roald Amundsens Lehrern erklärt. «Aber sonst war er ziemlich schweigsam, als wäre er mit seinen eigenen Gedanken beschäftigt.» Das liefert ein frühes Bild des Knaben Roald Amundsen: eingesponnen in seine Gedanken. Sogar in dem Fach, das ihm eigentlich am nächsten hätte sein müssen, in Geographie, saß er in seine eigene Welt versunken. Er interessierte sich bloß pflichtschuldig für die Landkarten des Lehrers. In Gedanken zeichnete er seine eigenen.

Der Park im Uranienborgvei bot bis zu vierzig Jungen Platz. Bei den Brüdern Amundsen konnte es mitunter recht lebhaft zugehen. Da war es nicht immer leicht, als jüngster von vier Brüdern zur Geltung zu kommen. Oft musste er in den Armen der Phantasie oder in zukünftigen Heldentaten Zuflucht suchen. Den besten Einblick in das, was in der Gedankenwelt des kleinen Roald vor sich ging, hat uns Amundsen in einer kurzen Erzählung selbst gewährt. Sie handelt von seinen ersten, von Jules Verne inspirierten Expeditionsplänen und zugleich von seiner frühesten romantischen Schwärmerei.

In den 1920er Jahren gab der Italiener Eugenio Giovanetti unter dem Titel *Meine erste Liebe* ein Buch heraus, in dem berühmte Persönlichkeiten ihre Geschichten erzählten. Während seines Rombesuchs im Frühjahr 1926 gab Amundsen in einem entspannten Moment eine Kindheitserinnerung zum Besten, die bereits sämtliche Ingredienzen seines späteren Lebens enthält. Die bemerkenswerte kleine Geschichte wurde von einer norwegischen Zeitung übersetzt und wird hier vollständig wiedergegeben.

«Meine erste Liebe, sagte Amundsen lächelnd, war eine Postkutsche. Ich war noch ein kleiner Junge, der von nichts eine Ahnung und noch nichts gelesen hatte. Es war kurz vor Weihnachten, und eines Nachmittags lief ich mit meiner kleinen Freundin Helene durch die Straßen. Wir wollten uns ansehen, was zu Weihnachten in den Schaufenstern ausgestellt war. So kamen wir auch zu einem Schaufenster mit Nürnberger Spielwaren. Welche Pracht!

Was für ein Paradies! Hunderte von Häuschen mit Gärten, Türmen, Pferden, Hirten, Bären, Soldaten und Gewehren. Plötzlich sagt Helene: Sieh mal! Und tatsächlich, da stand das Wunder aller Wunder: eine vierspännige Postkutsche mit Postillion in blitzender Uniform, Koffer waren auf dem Dach festgezurrt, und Glöckchen krönten die ganze unfassliche Herrlichkeit.

Schließlich trauten wir uns wirklich in das Geschäft und erkundigten uns vorsichtig nach dem Preis. Der Verkäufer nannte eine Zahl, die uns einen Schrecken einjagte. Als er aber sah, dass nicht einmal die verlangte Summe unsere Verliebtheit in diese Postkutsche abkühlte, setzte er sie in Bewegung, und wir hörten, dass die Glöckchen sogar richtig klingelten und der Postillion musizierte. Es war zum Verrücktwerden.

Einen Monat später – ich hatte die Kutsche fast wieder vergessen – reiste Helene nach Schweden. Ganze zwei Jahre sahen wir uns nicht. Doch in diesen zwei Jahren machte ich gewaltige Fortschritte. Ich hatte nämlich zu lesen begonnen, vor allem Reiseberichte über Expeditionen zum Nord- oder Südpol. Tag für Tag wuchs mein Interesse daran. In meiner Phantasie befand ich mich Tag und Nacht in den Eis- und Schneeweiten der Polargebiete.

Es war zu der Zeit, als die Elektrizität jedes Wunderwerk vollbringen und sämtliche Türen öffnen konnte – warum da nicht auch die verschlossenen zu den Polen? Meine Idee damals war, ein elektrisches Schiff zu bauen, das jedes Eis durchdrang, das sauber und elegant, furchtbar und unwiderstehlich durch die Eismeere zu den Polen vordringen konnte. In meiner Phantasie habe ich dieses Elektroschiff damals gebaut.

Meine Versuchsanstalt, die ebenfalls nur in meiner Vorstellung existierte, befand sich in einer dunklen Ecke des großen Zimmers zwischen der Wand und einem mächtigen Schrank. Am liebsten stellte ich mir vor, dass mein Elektroschiff dort vor Anker lag. Ich beschäftigte mich damit, in der Phantasie Instrumente zu konstruieren, die dieses Schiffes würdig waren, alles auf der Grundlage von Elektrizität.

Weihnachten rückte wieder näher, und Helene kehrte nach

zweijähriger Abwesenheit zurück. Ich muss gestehen, dass ich kaum mehr an sie dachte, ich hatte andere Dinge im Kopf – ich war in diesen zwei Jahren ein ganz anderer ‹Mann› geworden als der, den Helene vor ihrer Abreise gekannt hatte. Gerade beschäftigte ich mich im Geiste mit der Erfindung eines elektrischen Gewehrs, des einzigen Ausrüstungsteils, das an Bord meines Schiffes noch fehlte. Ansonsten war es komplett fertig (jedenfalls in meinem Kopf) und wartete bloß auf mich.

Schließlich hatte ich auch die Konstruktion des elektrischen Gewehrs vollendet und wollte mich gerade mit meinem wunderbaren Schiff in die Einsamkeit des Eises begeben, ich wollte nur in Gedanken noch einmal alles durchgehen – da, da erblicke ich plötzlich an der Stelle zwischen Schrank und Wand, an der mein Schiff vor Anker lag, die Postkutsche samt Postillion und Koffern ... Aus meinem herrlichen Schiff war eine altmodische Kutsche geworden! Ein fröhliches Lachen klärte mich über alles auf: eine Überraschung und ein Geschenk der zurückgekehrten Helene. Sie glaubte, ich würde noch immer für diese veraltete Postkutsche schwärmen.

Ich bedankte mich mit etwas unterkühlter Höflichkeit, und beim Abendessen musste ich Helene so schonend wie möglich beibringen, dass ich inzwischen ein ganz anderer Mann als vor zwei Jahren geworden war. Am nächsten Morgen erhielt ich einen Brief von ihr, in dem sie schrieb, sie verstehe jetzt, warum ich ihr Geschenk so unterkühlt entgegengenommen hätte. ‹Du hast Glöckchen an der Kutsche vermisst, wie die vor zwei Jahren. Aber darüber brauchst Du nicht traurig zu sein. Der Kaufmann bekommt neue aus Nürnberg, noch größer als die vorigen. Jetzt bist Du wohl zufrieden, oder?›

Und ich musste mich zusammennehmen und wohl oder übel antworten, dass ich mich freue. Denn eine Frau, die sich in einen verliebt, hat trotz allem das Recht, der Entwicklung etwas hinterherzuhinken, wenigstens zwei Jahre ...»

Roald Amundsen stammte nicht aus einer Familie von Träumern.

Wiege des Südpols. Während das Haus der Kindheit in Oslo längst abgerissen wurde, hält man Tomta, Roald Amundsens Geburtsstätte an der Mündung der Glomma, stets für Besucher geöffnet.

Wie die meisten seiner Landsleute konnte er seine Wurzeln zu winzigen Ackerstreifen und ärmlichen Verhältnissen zurückverfolgen. Seine Vorfahren fristeten ihr Leben auf der windzerzausten Inselgruppe Hvaler nahe der schwedischen Grenze. Die Familie lässt sich bis ins 17. Jahrhundert und auf den Hof Huser auf Asmaløy zurückverfolgen. Erst sein Urgroßvater Amund Olsen arbeitete sich in bessere Verhältnisse auf dem Festland hoch, wo er den alten Herrenhof Kåre-Hornes in Skjeberg kaufte.

Sein Großvater Ole, der neben anderen Tätigkeiten auch Handel auf den Hvaler-Inseln betrieb, war der Erste, der sich den Familiennamen Amundsen zulegte. 1803 heiratete er Anne Kristine Gravning. Bis 1827 brachte sie ein ganzes Dutzend Kinder zur Welt. Unter den überlebenden Söhnen war auch Roalds Vater Jens Ingebrigt, 1820 als vierter von fünfen geboren. Die hochgewachsenen und kräftigen und vor allem unternehmungslustigen Amundsen-Brüder verschrieben sich alle dem Meer. Als Skipper und Reeder arbeiteten sie eng zusammen und hatten großen Erfolg.

1858 erwarben sie gemeinsam ein großes Gut, das sie untereinander aufteilten und auf dem sich jeder seine Kapitänsvilla baute. Dort, auf Hvidsten in Borge an der Mündung der Glomma, errichtete der Amundsen-Clan seine Basis.

Es war keine unbedeutende Flotte, die sich die Brüder Amundsen im Lauf der Jahre zulegten. Sie umfasste bis zu zwanzig Segelschiffe unterschiedlicher Größe, die alle Arten von Fahrten über nahe und ferne Meere unternahmen. Auch wenn sie noch Anteile an Dampfschiffen erwarben, wurde das Reedereigeschäft in den 1890er Jahren zurückgefahren, als die überlebenden Brüder weißbärtige alte Herren geworden waren und die Epoche der Segelschiffe unwiderruflich zu Ende ging.

Fracht ist damals wie heute nur selten nach moralischen Gesichtspunkten beurteilt worden. Als fahrender Reeder hatte Roalds Vater Jens Amundsen bereits während des Krimkriegs in den 1850er Jahren ein hübsches Vermögen zusammengebracht. 1866 verschiffte er dreihundert chinesische Kulis als Stückgut nach Havanna. Es sagt etwas über die Verhältnisse unter Deck aus, dass die Fahrt beinah in einer blutigen Meuterei endete. Kapitän Amundsen wurde mit einer Axt angegriffen. Doch überlebte er nicht bloß das Attentat, er konnte auch die Meuterei niederschlagen. Seinen Triumph krönte er damit, dass er den Rädelsführer von den Chinesen selbst zum Tod verurteilen ließ.

Ein Kapitän war unumschränkter Herrscher auf See. Er musste nicht nur mit weit unter ihm stehenden Menschen umgehen können, sondern auch mit höheren Mächten. Es gab zahllose dramatische Berichte von Stürmen und Orkanen, Flutwellen und feuerspeienden Vulkanen, die Hvidsten erreichten. In den Stuben der Skipper lief das Seemannsgarn von Bravourstücken der Seeleute unter fernen Himmelsstrichen und in der Gewalt der Elemente.

Im Licht solcher Erzählungen nahm sich Jens Amundsen vor seinen Söhnen als Vaterfigur von imponierendem Format aus. Nur seine Frau scheint ihm überlegen gewesen zu sein. Gustava Sahlquist wurde 1837 geboren und war siebzehn Jahre jünger als der Mann, den sie 1863 heiratete. Ihr Großvater war Uhrmacher in Stavanger, ihr Vater, Gustav Sahlquist, hatte Jura studiert und in Moss das Amt des Vogts übernommen. Die Familie eines Vogts aber hegte höher reichende Ambitionen als eine Verbindung mit dem wettergegerbten Amundsen-Clan. Ehe zehn Jahre vergangen waren, so scheint es, hatte die Frau des Hauses wenn nicht das

Kommando, so doch zumindest das Ruder auf Käpt'n Amundsens Familienschiff übernommen.

Im Januar 1866 brachte Frau Gustava den ersten von vier Söhnen zur Welt. Das war in China, auf der dramatischen Reise, die ihrem Ehemann eine Axtnarbe im Gesicht einbrachte und einem Kuli den Tod an der Rahnock. Die nächsten Söhne kamen jeweils im Abstand von zwei Jahren. Der letzte, Roald, erblickte das Licht der Welt am 16. Juli 1872 in «Tomta», dem Haus der Familie auf Hvidsten – sicherlich irgendwie an der Peripherie, ebenso aber auch im Zentrum der weltumspannenden Aktivitäten der Gebrüder Amundsen gelegen.

Nur einen kurzen Spaziergang vom Haus entfernt lagen oft Bordwand an Bordwand die Segler der Reederei vertäut. Wenige Ruderschläge über den Sund stand am anderen Ufer der Glomma die von den Brüdern aufgebaute Werft mit ihrem quirligen Leben und geschäftigen Treiben. Die niedrige, weißgestrichene Kapitänsvilla, die Roald Amundsens Geburtshaus wurde, thronte wie der idyllische Mittelpunkt eines kleinen Königreichs über dem Ganzen, und ihre Fenster wiesen hinaus in die Welt.

Im Oktober, nur wenige Monate nach der Geburt des jüngsten Sohns, trat im Leben der Familie eine beachtliche Veränderung ein. Jens und Gustava Amundsen verließen die Küste von Østfold, kappten die Familienbande, gaben das Reich der Schiffer auf und zogen nordwärts nach Kristiania. Der bereits ergrauende Kapitän hatte sich im Alter von zweiundfünfzig Jahren ein Haus in der Hauptstadt gekauft.

Es ist wohl mehr als nur eine Vermutung, dass die ehrgeizige Vogtstochter Gustava die Familie in die hübsche Villa nahe dem Schloss gelotst hat. Der Held der Sieben Meere ließ sich folgsam unter hohe Laubkronen ohne Seeblick manövrieren, wo lediglich ein Springbrunnen im Garten plätscherte. Er für sein Teil blieb in Kontakt mit den Geschäften auf Hvidsten und dirigierte weiterhin seine Schiffe. Dennoch spricht die Ortsveränderung von einer großen Überwindung. Dass er sich seiner Frau fügte, geschah jedoch vermutlich weniger ihr zuliebe als zum Wohl der Söhne.

Die nächste Amundsen-Generation sollte in besseren Verhältnissen aufwachsen und weiterkommen, als er und seine Brüder, als Autodidakten von den äußersten Inseln des Fjords, es jemals hatten bringen können. Jens Amundsen verschaffte ihnen den bestmöglichen Ausgangspunkt für ihre große Fahrt durchs Leben. Er legte ihnen die Hauptstadt zu Füßen.

Die Leibgarde paradierte immer pünktlich um den überdimensionierten Schlossbau, doch das Banner, das die Anwesenheit des Königs signalisierte, war nur selten aufgepflanzt. Zum Eingang des Schlosses führte die Prachtstraße Karl Johan hinauf, benannt nach dem ersten Bernadotte. Entlang der Straße lagen die kleinen, doch ehrwürdigen klassizistischen Gebäude der Universität aufgereiht, das Grand Hotel und das Parlament, *Stortinget*. Das Nationaltheater war damals noch nicht erbaut. Am unteren Ende lag die Østbanestation, von wo die Züge nach Süden, nach Østfold, zum Meer und in die Welt hinaus abfuhren. Der repräsentative Teil der norwegischen Hauptstadt umfasste im Großen und Ganzen nicht viel mehr als diese eine Straße. Hügel und waldbedeckte Höhenzüge schlossen die Stadt ab, die sich in ihrer europäischen Bedeutung am ehesten mit Cetinje vergleichen ließ, der Hauptstadt des Fürstentums Montenegro.

Ihre ganze Jugend hindurch sollten die Reedersöhne der Küste in Østfold und dem Heim ihrer Kindheit verbunden bleiben, das sich wie die anderen Häuser auf Hvidsten fortdauernd im Besitz der Amundsen-Dynastie befand. Seine Verbindung zum Meer und den Drang hinaus in die Welt entwickelte Roald Amundsen da, wo Norwegens größter Fluss ins Meer mündete. Die Nationaltugenden, sein Verhältnis zu Schnee und Skilaufen, eignete er sich in der Hauptstadt an, wo der Kristianiafjord am weitesten ins norwegische Urgestein einschnitt. Diese beiden Elemente, das Meer und der Schnee, die Seemannschaft und das Skilaufen, sollten die tragenden Pfeiler in Roald Amundsens Karriere als Polarforscher werden.

«Es sind traurige Zeiten angebrochen», schreibt der vierzehnjährige Roald in einem vom 18. August 1886 datierten Brief an eine Cousine. «Ich wußte nie, was Trauer ist; doch jetzt habe ich mir eine Vorstellung davon gemacht.» Die Leiche des großen, weißbärtigen Vaters war von See nach Hause gebracht worden. Jens Amundsen war auf dem Heimweg von einer Englandreise erkrankt und gestorben. «Es ist hart, einen Vater wie den unseren zu verlieren, das kannst Du mir glauben, aber es war Gottes Wille, und der geschehe.»

Der Vater des Polarreisenden, Jens Ingebrigt Amundsen (1820–1886)

Roald Amundsen konnte seinen Vater also nie mit den Augen eines Erwachsenen betrachten. Zum Zeitpunkt der Geburt seines jüngsten Sohns hatte Jens Amundsen die bewegten Jahre seines Lebens bereits hinter sich. Doch so viel, wie er entweder nach Hvidsten oder im Ausland unterwegs war, dürfte er seinem Jüngsten wie ein fernes, überhöhtes Wesen erschienen sein. Vielleicht nahm der Kapitän, der mit dreihundert Meuterern fertigwurde, in der Phantasie des Sohnes gar mythische Dimensionen an. «Heute werden wir wohl in die Kapelle müssen und seinen Sarg verschrauben. Keiner von uns möchte ihn noch einmal sehen, nachdem wir ein so gutes Bild von ihm bekommen haben, denn wer weiß, ob er seit gestern nicht schon wieder verändert ist.»

Die Mutter hoffte nicht, dass die Söhne einmal im Kielwasser des Vaters segeln würden. In ihren Träumen sah sie Studentenmützen auf ihren widerspenstigen Köpfen und wie sie feierlich ihren jeweiligen akademischen Karrieren zuschritten. Es sollte sich allerdings herausstellen, dass es für die Amundsen-Jungen nicht ganz leicht war, die hochfliegenden Erwartungen ihrer Mutter zu erfüllen. Alle vier hatten einen wachen Verstand, und die wirtschaftlichen Verhältnisse der Familie erlaubten es, dass sie auf renommierte Privatschulen geschickt wurden. Doch keiner von ihnen entwickelte ausgeprägt akademische Neigungen, sie waren eher praktisch interessiert, mit einem Hang in die Ferne, der Sehnsucht nach dem Meer und nach Abenteuern. Alles in allem war es für die Entwicklung der Jungen vielleicht doch kein Vorteil, dass sie von der Küste weggezogen waren. Jedenfalls sollten sie beträchtlich größere Probleme haben, ihren Platz im Leben zu finden, als der Vater und die Onkel.

«Es tut mir sehr gut, zu wissen, daß meine braven Jungen in einem liebevollen Verhältnis zueinander stehen», hatte Jens Amundsen nur wenige Wochen vor seinem Tod nach Hause geschrieben. «Gott segne Euch und gebe, daß es immer so bleibe.» Trotz dieses frommen Wunsches sollte das freundschaftliche Verhältnis unter ihnen auf so manche harte Probe gestellt werden. Doch im Guten wie im Schlechten sollten die Gebrüder Amundsen ein Leben lang entscheidenden Einfluss aufeinander ausüben. Darum wollen wir, ehe wir uns genauer mit dem Jüngsten befassen, zunächst einen Blick auf die drei älteren Brüder werfen.

Beim Tod des Reeders war der älteste der Söhne schon zwanzig Jahre alt und im Begriff, das Elternhaus zu verlassen. Jens Ole Antonius oder Tonni, wie man ihn rief, war in der Schule keine Leuchte, aber gut in Sport, und wie sein jüngster Bruder verfügte er über eine lebhafte Phantasie und das Talent, Probleme zu lösen. Seine ungeduldigen Ambitionen liefen darauf hin, als Geschäftsmann möglichst auf der Basis eigener Erfindungen Erfolg zu haben. Tonni sollte einmal ein unstetes Leben von Ort zu Ort und von Anstellung zu Anstellung führen, meist in der Lebensmittelbranche: Margarineherstellung, Knäckebrot, Eier und vor allem Trockenmilch. Sein größter Wurf sollte die Produktion von Trockenmilch nach eigenem Patent werden.

Schon 1891 heiratete der lebensfrohe Geschäftsmann die Anwaltstochter Emma Heffermehl. Die ersten Jahre ihrer Ehe verbrachten sie in Algerien, wo auch ihr ältestes Kind zur Welt kam. Insgesamt sollten sie vier Kinder zusammen haben.

Tonni mag anfangs ein fröhlicher und unternehmungslustiger Optimist mit dem Glauben an ein glückliches Leben gewesen sein. Später aber hemmte ihn sein mangelnder Realitätssinn. Immer wieder stellten sich seiner Karriere neue Hindernisse in den Weg, doch da er nicht aus seinen Fehlern lernte, ging er einer immer düstereren Zukunft entgegen. Da ihm auch die Fähigkeit abging, seine Lebensführung den eigenen ökonomischen Verhältnissen anzupassen, fiel er den Verwandten mehr und mehr zur Last, seinen Brüdern, vor allem aber dem vermögenden Schwager seiner Frau, dem Grossisten Peter Krag.

In Roald Amundsens Leben sollte Tonni, der älteste Bruder, eher eine Nebenrolle spielen. Die beiden mittleren Brüder hingegen sollten, jeder auf seine Weise, die Laufbahn des Polarreisenden beeinflussen.

Gustav Sahlquist Amundsen wurde am 7. Juni 1868 geboren. Er ergatterte wirklich die ersehnte Studentenmütze und soll nach Aussage von Haakon Anker Veels Buch über die Familie Amundsen tatsächlich ein Medizinstudium begonnen haben. Wenn das zutrifft, hat er jedenfalls das säulengeschmückte Gebäude auf der Karl-Johan-Straße schnell zugunsten der Seefahrt und einer Ausbildung zum Kapitän wieder verlassen. Außerdem besuchte er die Kriegsakademie, wurde zum Leutnant und 1902 zum Kapitän befördert. Gustav Amundsen durfte die Bezeichnung Kapitän also aufgrund seines Patents von der Seefahrtsschule und als militärischen Rang führen. Doch auch den Zweitältesten zog es ins Wirtschaftsleben. Er begann im Schiffshandel und beteiligte sich später an verschiedensten Unternehmungen.

Gustav Amundsen heiratete früh die Kaufmannstochter Malfred Fritzner, die übrigens genauso alt war wie sein jüngster Bruder Roald. 1894, ein Jahr nach der Hochzeit, bekamen sie ihr erstes und einziges Kind, das auch auf den Namen Gustav Sahlquist Amundsen getauft wurde und später ebenso in den Rang eines Leutnants und schließlich Kapitäns aufstieg.

Unter den Brüdern trug Gustav den Spitznamen Busken. Wie Tonni war er extrovertiert, charmant und unterhaltsam, teilte mit

Jens Ole Antonius (Tonni), ca. 15 Jahre alt

Gustav Sahlquist (Busken), ca. 13 Jahre alt

ihm allerdings den nachlassenden Realitätssinn. Trotz oder vielleicht wegen all seiner glänzenden Ideen und Spontanaktionen wies auch seine berufliche Karriere eine fallende Verlaufskurve auf.

Der ehemals so intelligente und einfallsreiche Gustav sollte wie sein ältester Bruder zu einer Belastung für seine Umgebung werden. Das betraf allerdings nicht nur finanzielle Belange. Gustav Amundsen legte später auch charakterliche Schattenseiten an den Tag, konnte berechnend, intrigant und aggressiv sein. Mit immer raffinierteren Methoden terrorisierte er die ihm Nahestehenden, und da er dabei nicht einmal vor Unredlichkeiten und blankem Betrug zurückschreckte, drohte er wiederholt den Ruf der Familie in Misskredit zu bringen.

Roald Amundsen sollte sein ganzes Leben lang im Spannungsfeld zwischen den Brüdern Gustav und Leon stehen. Die beiden bildeten die extremen Pole in der Geschwisterschar.

Leon Henry Benham,
ca. 11 Jahre alt

Roald Engelbregt Gravning,
ca. 9 Jahre alt

Leon, am 4. September 1870 geboren, stand Roald altersmäßig am nächsten und scheint der engste Vertraute seines jüngsten Bruders gewesen zu sein. Er war großgewachsen wie alle Amundsen-Jungen, aber von einer stilleren und zurückhaltenderen Art als die beiden älteren. Auch Leon wurde Geschäftsmann. Er absolvierte das Handelsgymnasium in Kristiania und zog bereits 1892 nach Frankreich, wo er eine Stellung in einer Weinhandelsfirma antrat. Sein ganzes Leben lang reiste er viel, allerdings nicht, um unbekannte Einöden zu entdecken, sondern, um andere Länder kennenzulernen und seine Sprachkenntnisse zu erweitern.

Auch wenn Leon die sportlichen Interessen seines jüngeren Bruders und die ökonomischen Ambitionen der beiden älteren teilte, lag etwas Abwartendes und Verhaltenes über ihm. Er heiratete spät und stürzte sich auch nicht so Hals über Kopf in blauäugige Unternehmungen wie seine älteren Brüder. Im Gegenzug verfügte er als einziger der vier Amundsen-Söhne über einen ausgesprochen guten Geschäftssinn. Er war zuverlässig und gewissenhaft und verstand es, auf der Grundlage realistischer Voraussetzungen zu kalkulieren. Leon Amundsen wusste, dass es sich meist auszahlte, den Ball flach zu halten. Ein einziges Mal spielte er hoch. Und da tat er es mit Glanz.

Gustava Amundsen hatte ihrem Mann, dem Reeder, vier wohlgeratene Söhne geboren. Sie hatte sie von den windigen Inseln am Meer in die kultivierte Umgebung eines Springbrunnens hinter dem Schloss verpflanzt. Doch keiner der drei älteren ließ größeres Interesse an theoretischen Beschäftigungen oder gar an einer akademischen Laufbahn erkennen. Einer nach dem anderen hatten sie die Bücherstube verlassen und sich ins praktische Leben hinausbegeben. Sollte denn keiner ihrer Söhne ein höheres Niveau erreichen als das von Kauf und Verkauf, Dampf und Segeln? Am Ende blieb der Vogtstochter Gustava Amundsen nur noch eine Hoffnung.

Sie baute auf ihren Roald.

2 **Der Polarstudent**

Die Mutter war der erste Mensch, den Roald Amundsen hinters Licht führte.

Das verträumte Nesthäkchen, das sich am liebsten hinter einem hohen Schrank versteckte, wollte seine Mama nicht enttäuschen. Darum versprach er, wenn es so weit wäre, ihren größten Wunsch zu erfüllen und an der Universität Medizin zu studieren. Sich selbst aber gab er ein anderes Versprechen: «Im geheimen – denn ich hätte es nie gewagt, einen solchen Plan, der ihr doch tief zuwider sein mußte, vor meiner Mutter zu erwähnen – beschloß ich unwiderruflich, Polarforscher zu werden.»

Das Zitat stammt aus Roald Amundsens Memoiren *Mein Leben als Entdecker*, ein Werk, mit dem sich die vorliegende Darstellung auseinandersetzen *muss*. Es ist eine der verschlossensten und zugleich selbstentlarvendsten Autobiographien, die je geschrieben wurden. Amundsen verfasste sie anderthalb Jahre vor seinem Tod, und ich werde noch ausführlich darauf eingehen. Was die frühesten Entschlüsse des Polfahrers angeht, ist diese Autobiographie trotz ihrer offensichtlichen Auslassungen die wichtigste Quelle, die wir besitzen.

«Wie es kam, daß ich gerade Entdecker wurde? Es war durchaus kein Zufall, denn seit meinem fünfzehnten Lebensjahr galt mein Streben keinem anderen als diesem Ziel.» Wenn wir den Memoiren glauben, übernahm Roald Amundsen sozusagen von der ersten Stunde an das Kommando über sein Leben und legte die Strecke von der Wiege bis zum Grab mit einer solchen Geradlinigkeit zurück, dass es einem so vorkommt, als sei der Kurs von einem höheren Willen abgesteckt worden. «Was immer ich als Entdecker geleistet habe, war nur das Ergebnis lebenslanger, zielbewußter, mühevoller Vorbereitung und härtester, gewissenhafter Arbeit.»

Es zeigt sich aber auch, dass das Ganze seinen Ausgangspunkt in einem literarischen Zufallstreffer nahm: «Als ich fünfzehn Jahre alt war, fielen die Werke Sir John Franklins, des großen englischen Forschungsreisenden, in meine Hände. Die begeisterte Erregung, mit der ich sie las, blieb für mein ganzes Leben bestimmend.» Ein Jahr nachdem der Sargdeckel über dem Reeder von Hvaler verschraubt wurde, tritt der britische Admiral aus der sagenumwobenen Landschaft der Nordwestpassage hervor und gibt dem Leben des Jungen eine neue und definitive Richtung.

Der Träumer hinter dem Schrank hat eine Autorität gefunden, die ihn genau da hinführt, wo er selbst hinwill. In seinem ersten Buch zeichnet er das folgende überhöhte Porträt von Sir John: «Sein kluges, charaktervolles Antlitz leuchtet vor Güte, für jeden hat er ein gutes Wort, und darum lieben ihn die Männer. Sie hegen unbedingtes Vertrauen zu ihrem älteren und erfahrenen Führer in die Polarregionen.» Ehe er 1847 den Tod fand, hatte der britische Admiral Franklin mehrere ebenso heldenmütige wie scheiternde Versuche unternommen, an der Spitze seiner Schiffe und ihrer Besatzungen die Nordwestpassage zu finden.

Warum suchte sich der junge Norweger ausgerechnet diese tragische, seit langem tote Figur als erstes Vorbild aus? Fridtjof Nansens entsprechende Wahl erscheint demgegenüber viel naheliegender: Er ließ sich durch den erfolgreichen schwedischen Polarreisenden Adolf Erik Nordenskiöld inspirieren, der 1879 die Durchquerung der Nordostpassage vollendete.

Die Erklärung gibt Amundsen selbst – es ist die schriftstellerische Tätigkeit von Sir John: «Eine seiner Schilderungen, in der er über den verzweiflungsvollen Rückzug einer seiner Expeditionen berichtete, fesselte mein Interesse mehr als alles, was ich je zuvor gelesen hatte. Er und seine wenigen Gefährten hatten drei bange Wochen mit Eis und Stürmen um ihr Leben kämpfen müssen, ihre einzige Nahrung bestand aus einigen Knochen, die sie in einem verlassenen Indianerlager fanden, und schließlich waren sie sogar genötigt, ihre eigenen Lederschuhe zu verzehren, ehe sie endlich wieder die ersten Vorposten der Zivilisation erreichten. Seltsam, daß gerade die Beschreibung solcher Entbehrungen, die er und seine Leute zu erdulden hatten, mich an der Erzählung Sir Johns am meisten fesselte. Offenbar hat sich auch bei mir die Begeisterungsfähigkeit der Jugend, wie so häufig, vom Märtyrertum angezogen gefühlt, und arktische Forschungsreisen sollten meine Kreuzzüge sein. Auch ich wollte für eine erhabene Sache leiden – wenn auch nicht in der glühenden Wüste, auf dem Weg nach Jerusalem, sondern im eisigen Norden, auf dem Wege zu neuem Wissen in der unerforschten Arktis. Wie auch immer, die Reisebeschreibungen Sir John Franklins bestimmten meinen Beruf.»

Am Ende seines Lebens stellt Roald Amundsen also fest, dass seine Karriere ihren Ausgang nicht in naturwissenschaftlichen Überlegungen nahm, sondern in einem Literaturerlebnis. Nicht einmal die vollbrachten Taten selbst, sondern «Sir Johns Beschreibung» war der auslösende Faktor. Außerdem, und das wird sich wie ein blutroter Faden durch Roald Amundsens gesamten späteren Triumphzug ziehen, waren es von Anfang an nicht die Lorbeeren des Siegers, sondern der Glorienschein des Märtyrers, der ihn lockte.

In seinem Buch über die Bezwingung der Nordwestpassage, das zwanzig Jahre vor der Autobiographie erschien, gibt Amundsen sein Alter bei der ersten Bekanntschaft mit Franklins Erzählungen nicht mit fünfzehn, sondern mit acht, neun Jahren an. Das sind zwei höchst verschiedene Phasen im Leben eines Jungen, das Ausschlaggebende aber bleibt, dass die Bedeutung des britischen Admirals als biographischer Wegweiser in beiden Büchern bekräftigt wird.

Der nächste Markstein auf Amundsens Weg lässt sich leichter festmachen. Im Buch über die Nordwestpassage heißt es: «Der dreißigste Mai 1889 wurde wahrlich ein Merktag in der Phantasie von vielen norwegischen Jungen. Jedenfalls wurde er in der meinigen ein Merktag! Er war der Tag, wo Fridtjof Nansen von seiner Grönlandreise zurückkehrte.» Dies war in der Tat ein wichtiges Datum für die mentale Konstitution der gesamten norwegischen Nation, es war der Tag, an dem das schlafende Wikingervolk zu neuem Selbstvertrauen erwachte. Oder etwas krasser ausgedrückt: Von dem Tag an war der Größenwahn in die norwegische Volksseele gepflanzt.

Kurz zusammengefasst: 1888 hatte sich der siebenundzwanzigjährige Anwaltssohn und Zoologe Fridtjof Nansen an der Ostküste von Südgrönland absetzen lassen. Von dort hatte er an der Spitze seiner fünf Begleiter als erster Mensch das tiefgefrorene Inland überquert, unter dem stolzen Motto: «Der Tod oder Grönlands Westküste». Dieses Armeleuteunternehmen, dem ursprünglich jegliche öffentliche Unterstützung verweigert worden war, sah man nach dem Erfolg plötzlich als die bedeutendste Unternehmung moderner Wikinger an. In seinem umfangreichen Reisebericht *Auf Schneeschuhen durch Grönland* hob Nansen gehörig den nationalen Charakter der Expedition hervor. Indem er den Erfolg der gesamten Unternehmung ganz auf die Kunst des Skilaufens gründete – «das Schneeschuhlaufen ist der nationalste aller nordischen Sports», schreibt er in seinem Grönlandbuch –, hatte er die norwegische Wunderwaffe erfunden, eine neue und überlegene arktische Fortbewegungsart. Von da an sollten Skier auch tragende Balken im wachsenden nationalen Selbstbewusstsein der Norweger darstellen.

Intuitiv hatten sie begriffen, was geschehen war, als Nansens hochgewachsene blonde Wikingergestalt an jenem sonnigen Maitag in den Fjord gesegelt kam. «Solchen Jubel und solche Begeisterung wie bei der Heimkehr der Grönlandfahrer hat Kristiania wohl nie gesehen. Es schien sich in Norwegen nie Großartigeres ereignet zu haben als die tatsächliche Rückkehr Nansens und seiner Begleiter. Sechzigtausend Menschen bereiteten ihnen an Bryggen einen begeisterten Empfang, fünfzigtausend geleiteten sie zum Hotel, zehntausend brachten ein neunzigtausendfaches Hurra aus, und ein Oberst im Ruhestand aus Kampen schrie sich buchstäblich die Seele aus dem Leib.» Dieser Ausschnitt aus einer Zeitung stammt von einem staunenden und noch gänzlich unbekannten Verfasser namens Knut Hamsun.

Norwegen hatte die erste von zahlreichen Rückkehren aus der Arktis in der jüngeren Geschichte des Landes erlebt. Der siebzehnjährige Roald Amundsen stand in der Menge auf den Bürgersteigen, als der festliche Karnevalszug mit Wikingerschiff, Skiern und einem ausgestopften Eisbären vorbeikam. Fridtjof Nansens Triumphzug durch die beflaggte Hauptstadt machte auf den Jungen keinen geringeren Eindruck als die stiefelknabbernden Engländer auf Franklins leidvollem Rückzug. Beide kamen sie aus den Polarregionen – den weißen, noch nicht erschlossenen Gebieten, die zwei Dinge bereithielten: Triumph oder Tragödie.

Kurz nachdem Roald Amundsen 1890 ein eher mäßiges Examen an der Otto-Andersen-Schule bestanden hatte, wurde das Heim seiner Kindheit im Uranienborgvei endgültig aufgelöst. Die große Hoffnung der Familie, der zukünftige Medizinstudent, nahm das Kindermädchen Betty mit und richtete sich im Parkvei 6 eine eigene Wohnung ein, noch ein Stückchen näher am Schloss.

In den folgenden drei Jahren lebte der junge Herr ein regelrechtes Doppelleben. Offiziell war er für ein Medizinstudium an der Universität eingeschrieben. «Wie alle vernarrten Mütter war auch die meinige überzeugt, daß ich ein Muster an Fleiß sei», schreibt Amundsen in den Memoiren, «in Wahrheit aber betrieb ich meine Studien mehr als gleichgültig.» Erst 1893, also mit einer Verspätung von zwei Jahren, legte er – mit schlechtesten Noten – das sogenannte Zweitexamen ab, eine obligatorische Prüfung in den allgemeinen Schulfächern, die später durch andere Prüfungen ersetzt wurde. Sein deutscher Biograph Detlef Brennecke behauptet, Amundsen sei nie als ordentlicher Student der medizinischen Fakultät immatrikuliert worden, geschweige denn ein Student gewesen, der auch nur in Berührung mit medizinischen Fachkreisen gekommen wäre.

Roald Amundsens Studium war und blieb eine für die Mutter inszenierte Scheinexistenz. Teils wollte er sie wohl nicht enttäuschen, teils dürfte er schlicht zu feige gewesen sein, ihr die Wahrheit zu sagen, vor allem aber musste er die Fassade wahren, für die die Mutter weiterhin Geld zur Verfügung stellte, damit er sein eigentliches Studium betreiben konnte, die Polarforschung.

Die erste Phase von Amundsens Vorbereitungen auf diese Laufbahn bestand vornehmlich in physischer Abhärtung und körperlicher Ertüchtigung. Er schlief auch im Winter bei offenem Fenster, machte Leibesübungen und nutzte jede Gelegenheit zum Skilaufen in der Nordmark vor der Stadt. Zum anderen las er alles, was er an Reiseberichten über Entdeckungsreisen in die Finger bekam. Und zum Dritten setzte er seine tabakumnebelten Tagträume fort, allein oder in Gesellschaft mit anderen Nansen-Begeisterten. Von einem wirklichen Aufbruch konnte keine Rede sein. Der Student musste in angemessener Nähe der säulengeschmückten Gebäude an der Karl Johan bleiben.

Im Sommer 1893 verließ Nansen Kristiania an Bord des neugebauten Polarschiffs *Fram*. Fünf Jahre zuvor hatte er einen Zipfel von Grönlands Südspitze überquert, jetzt wollte er, kaum zweiunddreißig Jahre alt, das gesamte Polarmeer überwinden. Der Plan war genial, wahrscheinlich der aufregendste, der jemals in der Polarforschung ersonnen wurde. Nansens selbstkonstruiertes Schiff sollte sich im Eis einschließen lassen und mit der Drift von Ost nach West über den Nordpol treiben. Bei der Royal Geographical Society in London war der Plan mit Pauken und Trompeten durchgefallen, doch der selbstbewusste Norweger ließ sich nicht aufhalten. Zudem stärkte ihm das ganze Volk mit Regierung und Parlament an der Spitze den Rücken. So wurde daraus ein vollständig aus norwegischen Mitteln finanzierter Wikingerzug, der dem Polarmeer seine Geheimnisse entlocken sollte. Die *Fram* folgte kühn ihrem Kurs, zur Eroberung des Nordpols für Norwegens Freiheit.

Wir dürfen annehmen, dass auch der Polarstudent Roald Amundsen an jenem Junitag zum Hafen hinabging, an dem Fridtjof Nansen und seine zwölf Auserwählten aus der norwegischen Hauptstadt aufbrachen. In ein paar Wochen würde Amundsen einundzwanzig und konnte im Prinzip selbst über sein Leben bestimmen. Doch er saß in seiner Junggesellenbude im Parkvei in den eigenen Lügen und der finanziellen Abhängigkeit von der Mutter gefangen.

Da ereignet sich das unbarmherzige Wunder. Im Herbst 1893 fängt sich die Mutter plötzlich eine Lungenentzündung ein und stirbt wenige Tage später, am 9. September. Roald ist derjenige der Söhne, der sich in Kristiania aufhält, und der Todesfall geht ihm sehr nah. Fünf Jahre später gedenkt er des Tages in seinem Tagebuch als des traurigsten seines Lebens. «Ich werde an Dich denken, liebe Mutter, solange ich lebe.»

So kam es, dass sich der Sohn nie von der Mutter ablösen konnte, weil die Mutter durch den Tod vom Sohn losgerissen wurde. «Ihr Tod», schreibt Amundsen in den Memoiren, «bewahrte sie vor der traurigen Entdeckung, daß mein Ehrgeiz ganz andere Wege ging.»

Im Verlauf seines langen Forscherlebens hatte Roald Amundsen vielfach Gelegenheit, Menschen ein ehrendes Denkmal zu setzen, darunter nicht zuletzt Frauen. Er taufte Schiffe und Flugzeuge, verlieh Bergen und Fjorden Namen. Königinnen und die Gattinnen von Mäzenen, selbst Nansens Tochter zeichnete er aus, indem er sie auf der Landkarte verewigte. Gustava Amundsen, seine eigene Mutter, musste sich mit vergoldeten Lettern auf ihrem Grabstein begnügen. Sie hatte andere Pläne mit ihrem Sohn gehabt.

Das Übergehen des Namens der Mutter sprang spätestens ins Auge, als Amundsen einen Berg in der Antarktis «Bettys Topp» taufte, nach seinem Kindermädchen. Die schwedischstämmige Betsia Anderson war seit der Geburt des Ältesten, Tonni, bei der Familie in Stellung und sollte den Polarforscher quasi sein Leben lang begleiten. Sich um langjähriges Dienstpersonal zu kümmern und die alten Jungfern der Familie zu versorgen gehörte zu den besten Traditionen der Amundsens. Aber Betty hatte noch einmal eine Sonderstellung. Sie wurde nach und nach eine Art Ersatzmutter. Und es passte ganz zu Roald Amundsens sonstigen Charakterzügen, dass er eine Muttergestalt auf der Lohnliste seines Haus-

Die Mutter des Polarreisenden, Gustava Amundsen, geborene Sahlquist (1837–1893)

Das legendäre Kindermädchen Betty, hier aufgenommen 1906 mit Leons Tochter Hanna auf dem Schoß

halts einer selbstbewussten Mutter vorzog, die ihm vorschreiben wollte, wo es langging.

Auf ihre alten Tage gab das berühmte Kindermädchen in einem Interview seine eigene Version von Roalds Abschied von der Universität zum Besten: «‹Ich wollte nichts tun, was Mutter nicht gefallen hätte›, sagte er, ‹aber jetzt schmeiße ich die Bücher hin, Betty.›» Wir dürfen wohl annehmen, dass es die bereitwillige Haushaltshilfe selbst war, die das in Kartons verpackte Bildungsgut ihres Herrn Kristianias Müllabfuhr übergab.

Nach dem Tod der Mutter brach in der Wohnung hinter dem Schloss hektische Aktivität aus. Das Erste, was Amundsen nach dem Abbruch seines Medizinstudiums brauchte, war ein ärztliches Attest, das ihm seine glänzende körperliche Verfassung bestätigte. «Hr. Roald Amundsen hat sich bei einer durchgeführten Untersuchung als frei von körperlichen Gebrechen und im Besitz einer allgemein guten Gesundheit gezeigt. Seine Körpergröße beträgt 180 cm. Sein Brustkorb weist im Zustande der Ausatmung einen Umfang von 87 cm und nach Einatmung einen Umfang von 98 cm auf.» Mit diesen schlichten Fakten versehen, konnte er sich endlich einer beliebigen Expedition nach Norden, ins Abenteuer anschließen.

Die *Fram* war zwar schon ein gutes Stück weit auf dem Weg zu ihrer ersten Überwinterung, aber es gab noch andere Schiffe. Unter anderem setzte Amundsen Himmel und Hölle inklusive der Royal Geographical Society in Bewegung, um an einen Platz in der britischen Jackson-Expedition zu kommen. Es war die gleiche, die drei Jahre später auf Franz-Josef-Land den Skiläufern Nansen und Johansen über den Weg laufen sollte. Leider wurde der Norweger nicht mitgenommen, und die Weltgeschichte wurde so um das symbolträchtige Bild einer Begegnung zwischen Nansen und Amundsen im hohen Norden geprellt.

Der Polarstudent musste sich damit zufriedengeben, Lehrgeld auf einer Tour über das norwegische Fjell zu zahlen. Vor dem Bau der Bergenbahn galt die Hardangervidda im Innern des Königreichs im Winter als nahezu unberührter Landstrich. Nansens erste Tat hatte darin bestanden, dieses Hochplateau im Winter 1884 auf Skiern zu überwinden. Daher war es nur angemessen, dass der junge Amundsen und seine beiden Begleiter zunächst einen Fotografen aufsuchten und sich in voller Montur verewigen ließen, bevor ihre Expedition in der Vorweihnachtszeit ebenfalls dorthin aufbrach.

Diese Skiwanderung, die von Krøderen nach Mogen auf der Hardangervidda und von dort zurück durch Telemark, die Ursprungsregion des Skilaufens, führte, brachte Roald Amundsen seine erste Bekanntschaft mit einer Winterlandschaft ein, die sich durchaus mit Polargegenden vergleichen ließ. Unbestrittener Anführer der Tour war der Journalist und Ski-Ideologe Laurentius Urdahl, der dem zukünftigen Polfahrer die bestmögliche Einführung in Theorie und Praxis des Skilaufens geben konnte.

Im Frühjahr darauf gelang es Amundsen endlich, arktische Gewässer zu erreichen. Sein kurzfristiges Berufsziel bestand nun darin, Zeiten auf See zu sammeln, um danach sein Steuermannspatent zu erwerben. Darum kam ihm nichts gelegener, als auf dem kleinen Fangschiff *Magdalena* für einen Fischzug im Norden anzuheuern.

Ende Mai 1894 gab Amundsen in Island einen Brief auf, adressiert an seinen Bruder Leon in Frankreich. «Es geht mir ausgezeichnet an Bord, und ich fühle mich auf der Fahrt durchs Eismeer sehr wohl. Die Robbenjagd ist interessant und unterhaltsam, sofern man welche fängt.» Bis dahin hatten sie erst zweitausend Tiere erlegt, nach Ansicht des Leichtmatrosen auf Jungfernfahrt viel zu wenige. Das Schiff erreichte 78° Nord und nahm dort Kurs auf die Ostküste Grönlands. «Was das Leben auf dem Eismeer angeht, so gefällt es mir hervorragend. Es hat einen schlechten Leumund, aber der ist wie alles übertrieben. Alle an Bord, von ganz unten bis ganz oben, sind meine besten Freunde, und so vergeht die Zeit rasch.»

Vor Herbstanbruch war Roald wieder in bequemen Verhältnissen bei seiner Betty am Westrand der Hauptstadt. Zufrieden konnte er auf sein bis dahin lehrreichstes Semester zurückblicken. Der Polarstudent hatte im Winter das hohe Fjell bestiegen und durfte seinem Namen den Titel Eismeerfahrer hinzufügen.

Am 8. November 1894 setzte sich Roald Amundsen an den Schreibtisch und formulierte einen gewichtigen Brief an «Herrn Bureauchef Løchen, Innenministerium». Darin richtet der Zweiundzwanzigjährige in seiner «Eigenschaft als Eismeerfahrer» vier konkrete Fragen an den Ministerialbeamten, die die nördlichen Regionen betreffen:

«1.) Läßt sich behaupten, Spitzbergen befinde sich in norwegischem Besitz?
2.) Wenn nicht – wäre es dann für Norwegen von Bedeutung, in seinen Besitz zu gelangen?
3.) Wie ließe sich das erreichen?
4.) Hat die Regierung jemals dahin gehende Vorschläge unterbreitet?»

Solche Fragen stellt nicht irgendein Jungmatrose. Man hat oft die Bescheidenheit des jungen Amundsen beteuert. Besonders tiefgreifend kann sie nicht gewesen sein. Spitzbergen war kein bedeutender Kontinent, wurde aber gleichwohl, später unter dem Namen Svalbard, als Teil des alten Wikingerimperiums angesehen. Und wer wusste schon genau, wie groß der Eismeerarchipel dort oben wirklich war?

Einen Monat später traf die Antwort vom Leiter des «Ersten Kontors für das Innere» ein. Es muss hier angemerkt werden, dass das Bernadotte-Land Norwegen über kein Außenministerium verfügte. Folglich wurden selbst weit entfernte Fanggründe mit ungeklärter hoheitlicher Zugehörigkeit als innere Angelegenheiten betrachtet. «Ich verfüge über keine Informationen, die eine Beurteilung der Frage erlaubten, welche Bedeutung der Besitz Spitzbergens für Norwegen haben würde», schreibt der Ressortleiter etwas vage, setzt dann aber eine vielversprechende Einladung hinzu: «Sollten Sie mir nach Ihren Erfahrungen als Eismeerfahrer entsprechende Auskünfte in dieser Hinsicht erteilen können, wäre ich dankbar, wenn Sie mich im Departement aufsuchen würden.»

Damit steht die Tür ins innerste Büro weit offen. Amundsen ist aber noch nicht reif für seine erste Eroberung. Er ist klug genug, sich vorläufig zurückzuziehen, bevor er sein noch junges Renommee vor dem Ministerialbeamten bloßstellt. «Meine Erfahrungen als Eismeerfahrer sind noch sehr gering. Über das, was Spitzbergen angeht, vermag ich mich noch nicht zu äußern.» Allerdings sei es seine Absicht, «im nächsten Frühjahr nach Tromsø zu gehen und von dort mit einem der Schiffe auszulaufen, die vor Spitzbergen fischen. Dabei werde ich Gelegenheit finden, die Urteile erfahrener Männer in dieser Sache einzuholen. Nach meiner Rückkehr im Herbst wird es mir ein Vergnügen sein, Herrn Bureauchef aufzusuchen und von meinen bis dahin gesammelten Erfahrungen zu unterrichten.»

Dieser kleine Notenwechsel auf der Ebene von Territorialpolitik sagt einiges über die Ambitionen des Zweiundzwanzigjährigen. Ein Schiffsjunge, der sich mit den Angelegenheiten eines Admirals beschäftigt. Und es sind mehr als pure Phantasien eines Tagträumers. Er hat bereits erkannt, dass er sich sowohl mit den höchsten Behörden des Landes ins Benehmen setzen wie auf lokale Expertise zurückgreifen muss, «die Urteile erfahrener Männer». Schon in den ersten Lehrjahren steht das Ziel für Roald Amundsen fest: Er will neues Land in Besitz nehmen.

3 Der Eissarg

Die erste Voraussetzung für einen Polarforscher ist es, einen gesunden und abgehärteten Körper zu haben.» Das stellt Amundsen in seinem Buch *Mein Leben als Entdecker* fest. Im gleichen Werk liefert er eine Schilderung seiner Musterung: «Ich wurde in ein Amtszimmer gewiesen, in dem der Chefarzt mit zwei Assistenten hinter einem Pulte saß. Es war ein älterer Arzt, und er befaßte sich, wie ich zu meiner größten Überraschung schnell erkannte, leidenschaftlich mit dem menschlichen Körper. Selbstverständlich mußte ich mich für die Untersuchung splitternackt ausziehen. Der alte Doktor sah mich an und brach sofort in laute Bewunderung über meine körperliche Entwicklung aus.» Der junge Rekrut sollte pflichtschuldigst erklären, wie er durch «Leibesübungen» seine imposante Muskulatur aufgebaut hatte. «Der alte Herr war so entzückt über meine Physis, die er ganz außerordentlich zu finden schien, daß er eine Gruppe Offiziere aus dem Nebenzimmer herbeirief, damit auch sie dieses Wunder besichtigen sollten. Überflüssig zu sagen, daß ich durch diese hüllenlose Zurschaustellung meiner Person in tödliche Verlegenheit geriet.»

Das Bezeichnendste an dieser Episode ist, wie Amundsen bei der vollmundigen Präsentation seiner ganzen Herrlichkeit gleichzeitig etwas anderes vertuscht. «In seiner Begeisterung über meine Muskeln vergaß der gute alte Doktor ganz, meine Augen zu untersuchen.» In der Autobiographie gesteht Amundsen zum allerersten Mal einen körperlichen Defekt ein: «Meine Sehkraft war durch Kurzsichtigkeit beeinträchtigt, wovon nicht einmal meine engsten Vertrauten etwas wußten.»

Amundsen zog es vor, lieber nicht zu sehen, als sich mit Brille sehen zu lassen.

Dass sich Brillen oder Lorgnetten schlecht mit dem vollkommenen Bild eines Mannes vereinbaren lassen, ist weiter nichts Neues, aber es ist schon ein starkes Stück, ein Leben lang, und zwar sogar vor seinen «engsten Vertrauten», zu kaschieren, dass man nicht die gleiche Umgebung sieht wie andere. Dies dürfte ausgerechnet einen *Entdecker,* dessen Beruf es schließlich ist, nach unbekannten Zielen in weiter Ferne zu spähen, nicht wenig behindert haben.

Einer allerdings wurde denn doch in Roald Amundsens großes Geheimnis eingeweiht. Im Dezember 1896 schrieb er, er ist vierundzwanzig Jahre alt und wieder auf See, seinem Bruder Leon einen eindringlichen Brief. Anbei legte er einen Zeitungsartikel mit der Überschrift «Die Heilung der Kurzsichtigkeit», der von der neuartigen Operationsmethode eines deutschen Professors handelte. «Ich mußte den beigefügten Artikel unbedingt ausschneiden. Sei doch so gut und geh der Sache *augenblicklich* nach. Gib an, ich sei *ein wenig*, aber nicht *sehr* kurzsichtig. Und frag, wie lang es dauern würde, gesetzt den Fall, es ließe sich korrigieren. Es ist eine Angelegenheit von größter Wichtigkeit. Ich würde sonstwohin reisen, um meine *volle* Sehkraft wiederzuerlangen. Nur laß, bitte, niemanden von der Sache wissen, da es etwas ist, das ich geheimhalten muß. Tu bitte alles, was in deinen Kräften steht.»

Auch wenn seine Augen nie operiert wurden, benutzte Amundsen außer zu Verkleidungszwecken nie eine Brille. Die Fehlsichtigkeit und ganz besonders ihr Verschweigen könnten zu der menschlichen Isolation beigetragen haben, die mit den Jahren für den Polarreisenden prägend werden sollte.

Die Augen des norwegischen Volkes richteten sich im Januar 1896 aufs Polarmeer. Die *Fram* sah ihrem dritten Jahr auf der Fahrt ins Ungewisse entgegen. Da durfte man allmählich Neuigkeiten aus dem Norden erwarten, ob auch alles nach Plan verlief. Noch aber wusste niemand, dass Fridtjof Nansen gemeinsam mit dem noch völlig unbekannten Hjalmar Johansen schon im Vorjahr das Polarschiff verlassen hatte, um in einem kühnen Versuch den Nordpol selbst zu erreichen. Nachdem sie den Versuch abbrechen mussten, lagen die beiden Landsleute nun versteckt vor aller Welt wie zwei Bären in ihrer Höhle auf Franz-Josef-Land.

Ein weiteres Mysterium beschäftigte die Wikingernation in jenem Winter: Der populäre junge Polarforscher Eivind Astrup galt seit dem Aufbruch zu einer Skitour im Gebiet um Dovre als vermisst.

Während noch Spekulationen darüber angestellt werden, taucht in den Blättern Kristianias eine weitere Vermisstenmeldung auf. Zwei Skiwanderer sollen auf der Hardangervidda verschwunden sein. Es soll sich um zwei Brüder handeln, mit Namen Amundsen. Auf diese Weise tritt Roald Amundsen zum ersten Mal ins Licht der Öffentlichkeit. Er kommt zum Vorschein, indem er verschwindet.

Der Militärdienst wurde damals durch ein paar jährliche Manöverwochen abgedient, daher hatte Roald die Zeit nach seiner Rückkehr aus dem Eismeer weiter auf seine seemännische Ausbildung

Grönlandreisender Eivind Astrup, der Jungverstorbene der norwegischen Polarforschung

verwenden können. Im Frühjahr 1895 legte er seine Steuermannsprüfung ab. Danach nahm er mit dem Ziel vor Augen, einmal Kapitän zu werden, weitere Heuer an. Doch am 3. Januar 1896 nahm er endlich wieder Kurs aufs hohe Fjell. Wieder war die Hardangervidda das Ziel, doch diesmal nahm er seinen Bruder Leon mit. Der junge Weinhändler hielt sich immer wieder einmal in der Heimat auf und teilte dann die Wohnung in Kristiania mit Roald.

Sie wollen die Vidda von Ost nach West überqueren, verlieren jedoch die Orientierung und laufen im Kreis. Die Lage spitzt sich zu einem Kampf ums Überleben zu. Auf der Hardangervidda besteht Roald Amundsen einen Kampf auf Leben und Tod, der sich nur mit dem vergleichen lässt, in dem er zweiundzwanzig Jahre später im Nördlichen Eismeer seine Bahn beschließen wird.

«Mitten in der Nacht wachte ich auf. Ich lag auf dem Rücken, das rechte Handgelenk bedeckte meine Augen, die Handfläche war nach oben gekehrt – wie man oft des Morgens schläft, wenn das Licht einen blendet. Ich hatte einen Muskelkrampf und versuchte instinktiv, meine Lage zu ändern, doch ich konnte mich nicht von der Stelle rühren. Ich war in einen festen Eisblock richtig eingefroren. Verzweifelt kämpfte ich, um mich zu befreien, aber ohne den geringsten Erfolg. Ich rief nach meinem Gefährten; er konnte mich natürlich nicht hören.»

So schildert Amundsen den dramatischen Höhepunkt der Skitour in der Autobiographie. Ausgezehrt von Hunger und endlosen Strapazen, hat er sich zum Schutz vor dem Unwetter eingegraben, um zu schlafen. Zuerst ist es mild, doch im Lauf der Nacht nimmt der Frost zu. Seine einzige Hoffnung ist sein Begleiter.

«Nun erfaßte mich Entsetzen. In meinem Schrecken dachte ich natürlich, auch er sei in dem nassen Schnee eingefroren, der über Nacht gefallen war, und befinde sich in der gleichen Lage wie ich. Wenn nicht unverzüglich Tauwetter einsetzte, mußten wir beide in unseren grauenhaften Eissärgen erfrieren.

Ich gab mein Rufen bald auf, denn es war mir unmöglich, tief zu atmen. Ich begriff, daß ich mich ruhig verhalten mußte, wenn ich nicht Gefahr laufen wollte, zu ersticken. Ich weiß nicht, ob es dem Verbrauch des geringen Luftvorrats meiner hermetisch verschlossenen Höhlung zuzuschreiben war oder irgendeinem anderen Grund, ich verfiel bald in tiefen Schlaf, der fast einer Bewußtlosigkeit glich. Als ich wieder zu mir kam, hörte ich schwache Laute. Mein Gefährte lag also doch nicht gefangen! Der einzige Grund, warum er am Vorabend nicht meinem Beispiel gefolgt war und sich nicht ebenfalls eingegraben hatte, war wahrscheinlich seine völlige Erschöpfung gewesen, die ihn so gleichgültig gemacht hatte, daß er zu keiner Kraftentfaltung mehr fähig gewesen war. Dieser Umstand allein rettete uns beiden das Leben.»

Noch in der Autobiographie betrachtet Amundsen diese Episode auf der Hardangervidda als die womöglich gefährlichste seiner dramatischen Laufbahn. Aber auch auf andere Weise wirft sie ein bezeichnendes Licht auf sein Leben. Die gleiche Begebenheit schilderte er nämlich vorher schon einmal, unmittelbar nach seiner Rückkehr 1896. Unter der Schlagzeile «Abenteuerliche Reise der Gebrüder Amundsen über die Hardangervidda» veröffentlichte er im Feuilleton von *Fredrikstad Blad* seinen allerersten Expeditionsbericht. Als er die gleiche Geschichte rund dreißig Jahre später noch einmal schilderte, hatte sich in seinem Leben eine Menge geändert, und in seiner Erinnerung hatte sich etliches verschoben.

In der späteren Version ist es ein namenloser «Gefährte», der sich zu ihm durchgräbt, in der früheren sein eigener Bruder. Und ursprünglich wurden noch nicht Erschöpfung und Apathie als Gründe dafür angeführt, dass sich der Begleiter nicht selbst ebenfalls eingegraben hatte, sondern ganz im Gegenteil: «Mein Bruder war noch wacher. Mehrmals, erzählte er mir später, sei er in der Nacht aufgestanden, um sich den Schnee abzuklopfen. Ich dagegen habe alles verschlafen.» In der Zeitungsversion kostet es den Bruder eine Stunde, um sich zu Roalds Eissarg vorzuarbeiten, während der ermattete und apathische «Gefährte» ganze drei Stunden benötigt, um «unser Leben» zu retten. In seiner totalen Entkräftung erscheint der «Gefährte» für die verbleibende Zeit als vollkommen auf die Ich-Person Roald angewiesen, die so zum eigentlichen Retter der Expedition avanciert.

Die beiden Berichte der gleichen Tour mit dem Bruder können so etwas wie einen Rahmen um Roald Amundsens Leben bilden. In jener Nacht auf der Hardangervidda rettete ihn Leon, doch als er dreißig Jahre später seine Lebensgeschichte aufschrieb, stand er wieder im Begriff, einzufrieren, diesmal in einem seelischen Eissarg. Und diesmal vermochte sich niemand zu ihm durchzugraben. Am allerwenigsten Leon.

Eines Tages konnten die Zeitungen dann die erlösende Meldung bringen, die Skiläufer seien in guter Verfassung in Bolkesjø eingetroffen. Drei Wochen waren sie verschwunden gewesen. Roald Amundsen war ins Leben zurückgekehrt. Zum zweiten Mal.

Zur Abrundung der Geschichte gehört noch, dass Amundsen einige Jahre später, als er seine Verlobte in Bergen besuchen wollte, die «abenteuerliche Reise über die Hardangervidda» vollendete.

In der Bergwelt Norwegens entschied sich in diesem Januar 1896 die Nachfolge Nansens. Roald Amundsen kehrte zurück. Eivind Astrup nicht. Damit erlosch am Heldenhimmel der Polarforschung ein Stern, der noch nicht einmal richtig zu funkeln begonnen hatte. Die Tragödie traf nicht zuletzt Amundsen bis ins Herz. Astrups Porträt erhielt in seinem späteren Heim einen Platz auf dem Schreibtisch, während sich Nansen beträchtlich distanziert mit einem Platz an der Wand zufriedengeben musste. Astrup, der Junge aus Kristiania, gehörte zu Amundsens eigener Generation und war genauso alt wie Leon. Mit seinen frühreifen Leistungen war er für den Träumer hinter dem Schloss zu einem großen Ansporn geworden.

Der Großhändlerssohn Astrup hatte sein Vaterland bereits mit neunzehn verlassen und war nach Amerika gegangen. Wie Leon absolvierte er das Handelsgymnasium und strebte jenseits des Atlantiks eine Karriere als Geschäftsmann an. Doch der junge Abenteurer stieß bald auf spannendere Herausforderungen. Als trainierter und abgehärteter Skiläufer gelang es ihm, an Robert Pearys beiden ersten Grönlandexpeditionen von 1891/92 und 1893/94 teilnehmen zu dürfen.

Der spätere Nordpoleroberer Peary operierte im Norden Grön-

Dr. Fridtjof Nansen in seinem Arbeitszimmer auf Polhøgda, umgeben von wichtigen Unterlagen, das Porträt des Königs auf dem nächsten Regal und das Telefon in Reichweite. Das Foto wurde 1909 aufgenommen und im Südpolbuch abgedruckt.

lands, wo er teils bedeutende Entdeckungen, aber auch teuer bezahlte Erfahrungen machte. Der ehrgeizige norwegische Skiläufer geriet jedoch nach und nach in Gegensätze zu dem Amerikaner Peary und beschloss, nach Norwegen zurückzukehren, um dort seine eigenen Pläne zu verwirklichen. Im Heimatland versuchte er, unter anderem die Unterstützung des reichen Walfangpioniers Svend Foyn und des schwedischen Ballonexperten Andrée zu gewinnen. Der Geographischen Gesellschaft legte er seine Ideen über eine Ballonfahrt nach Norden vor: «Auf diese Weise könnte man von Spitzbergen aus in wenigen Stunden die Arktis überfliegen und seine Studien anstellen sowie, falls der Wind günstig steht, mit Hilfe mitgeführter Hunde und Schlitten zurückkehren.»

Eivind Astrup interessierte sich sowohl für die Arktis als auch für die Antarktis. Überhaupt hatte er einige der gleichen Wirkungsfelder wie Amundsen für sich abgesteckt. Hätte er weitergelebt, darauf deutet einiges hin, dann hätte wohl Astrup Amundsen überschattet. Er war nur zwei Jahre älter, besaß aber bereits einen beträchtlichen Vorsprung. Er hatte ein einnehmendes Wesen und eine charismatische Persönlichkeit. In der Phantasie der Öffentlichkeit wurde er rasch mit der gerüchteumschwirrten Strohwitwe Eva Nansen und ebenso mit Mrs Peary, die aufsehenerregenderweise an einer der Expeditionen nach Nordgrönland teilgenommen hatte, in Verbindung gebracht.

Das Schicksal aber wollte es offenbar anders. Genau zu dem Zeitpunkt, da sich Fridtjof Nansen in einer Erdhöhle auf Franz-Josef-Land heim zu seiner Eva träumte und die Amundsen-Brüder ihre Überquerung der Hardangervidda vorbereiteten, hatte sich der jüngste Träger des Ritterkreuzes vom norwegischen St.-Olavs-Orden auf seine letzte Skitour begeben. Am 29. Dezember 1895 verließ Eivind Astrup Hjerkinn am Dovrefjell, um über die Berge nach Utna zu laufen, wo er ein Treffen mit einigen Offizieren verabredet hatte, unter ihnen Hauptmann Dietrichson, ein Teilnehmer an Nansens Marsch über Grönland.

Drei Wochen später wurde Astrup nicht weit von seinem Ausgangspunkt entfernt im Schnee gefunden. Was war passiert? Wie konnte Norwegens Polarheld Nummer 2 nach einer halbstündigen Skitour im Schnee tot umfallen? War der Fünfundzwanzigjährige doch nicht richtig gesund gewesen? Hatte er einen Hirnschlag bekommen, war es Erschöpfung, Selbstmord? «Höchstwahrscheinlich ist Eivind Astrup in schlechten Schneeverhältnissen mit seinen Skiern auf einer eisigen Fläche ausgeglitten und mit der rechten Schläfe gegen einen spitzen Stein geschlagen», berichtete der Reporter der Zeitung *Aftenposten,* ohne recht zu überzeugen. «Um ihn herum lag viel Blut.» Die Flasche Portwein im Rucksack soll so gut wie unberührt gewesen sein.

Unter überwältigender Anteilnahme wurde der Sarg in die Hauptstadt überführt. Auf dem Erlöserfriedhof wurde Astrup beigesetzt. Doch die Vorstellungen seiner Landsleute sollte der beliebte Polarcharmeur noch lange beschäftigen. In seiner eigenen inneren Ruhmeshalle platzierte Roald Amundsen den jungen Ritterkreuzträger Seite an Seite mit dem alternden Märtyrer John Franklin.

Am 7. August 1896, ein halbes Jahr nach dem Überlebenskampf auf der Hardangervidda, schreibt ein zufriedener Roald aus Kristiania seinem Bruder Leon nach Cognac: «Ab dem 1. Juni 1897 bin ich von der belgischen Antarktisexpedition als Matrose und Skiläufer angeheuert. Die Reise soll zwei Jahre dauern und wird sehr interessant, da sie ja die erste ihrer Art ist.»

Gerade erst hat Roald die Neuigkeit zur Post gebracht, da platzt die Bombe: Fridtjof Nansen hat zusammen mit dem achtundzwanzigjährigen Leutnant Hjalmar Johansen am 13. August ganz oben im Norden das norwegische Vardø erreicht. Eine Woche später macht die *Fram* unter Skipper Otto Sverdrup am Kai von Tromsø fest. Die schwedische Kolonie Norwegen explodiert vor Begeisterung. Das neuzeitliche Wikingerunternehmen hat das Eismeer durchquert und seinen Auftrag auf den Punkt genau ausgeführt. Der einzige, der fehlte, war der Polarpunkt. In der überbordenden Begeisterung hielt sich aber niemand mit solchen Kleinigkeiten auf. Die *Fram* fuhr unter einem Brausen wehender Fahnen und nationaler Rhetorik wie ein königliches Schiff die gesamte lange Küste Norwegens hinab nach Süden, den reinkarnierten Wikingerkönig hoch aufgerichtet an ihrem Achtersteven.

Als das Schiff am 9. September 1896 in den Kristianiafjord glitt, war die gesamte Hauptstadt auf den Beinen, um ihm einen Empfang zu bereiten. Auf dem Schloss hockte der alternde Bernadotte und hielt Orden und seidene Bänder in Bereitschaft. Am alten Königsschloss in der Festung Akershus stand Nationaldichter Bjørnstjerne Bjørnson parat, um eine direkte Verbindung von den sagenumsponnenen Wikingerkönigen zu den Heldentaten der Polfahrer zu knüpfen. Das Selbstwertgefühl der norwegischen Nation war groß wie nie zuvor. In seiner Dankesrede beim Festakt sollte Nansen sagen: «Einen solchen Plan konnte nur *ein* Volk auf der Welt verwirklichen, und das waren die Norweger.»

Ein Mann fehlte an diesem Tag in Kristiania, und das war Roald Amundsen. Zusammen mit seinem Bruder Gustav hatte er auf dem Frachtschiff *Huldra* angeheuert und befand sich auf dem Weg nach Caen, wo sie ihren Bruder Leon zu treffen hofften. Über das Gesprächsthema bestand wohl kaum Zweifel: Es ging um die Ankunft der *Fram* und die Abfahrt der *Belgica*.

Um den belgischen Zug in die Antarktis herrschte eine beträchtlichere ökonomische Unruhe als bei dem norwegischen Vorstoß zum Nordpol. Die *Belgica* war eigentlich eine in Norwegen gebaute Bark, die im Winter vor dem Aufbruch noch zu Reparaturen und notwendigen Umbauten im Vestfold-Hafen Sandefjord lag. Die Abreise der Expedition war auf den Sommer 1897 festgesetzt. Doch schon während der Vorbereitungen wurde Matrose Amundsen zum Ersten Steuermann befördert. Die Konkurrenz um die Teilnehmerplätze bei der jämmerlich armen und riskanten Expedition kann nicht sonderlich groß gewesen sein.

Im Winter 1897 traf Amundsen in Antwerpen ein, wo er ein wenig die Sprache lernen und einen Kurs in Navigation absolvieren sollte. Er mietete sich ein billiges Zimmer.

Zum Frühlingsbeginn erhält Leon in Cognac einen Brief, abgestempelt in Antwerpen am 24. März 1897. Ein zutiefst erschütterter Roald Amundsen hat ihn aufgegeben. «Heute nacht hat sich hier eine so traurige Geschichte zugetragen, daß ich sie nie vergessen werde. Die Frau des Hauses hat sich nämlich mit einer Kohlendioxydvergiftung das Leben genommen.» Amundsen selbst hatte die Frau am Morgen aufgefunden. «2 Zinkeimer mit Kohle standen auf dem Fußboden, und einer rauchte noch.» Daneben lag die Frau, «steif und kalt».

Roald Amundsen hatte mit seiner Zimmerwirtin in Antwerpen ein Verhältnis begonnen, doch sie war eine verheiratete Frau. In seinem Brief an Leon stellt er sich selbst in erster Linie als Zeuge einer Tragödie dar: «Die Frau und ich waren sehr gut befreundet, und daher weiß ich gut Bescheid. Sollte ich anfangen, Dir die ganze Geschichte zu erzählen, wäre ich heute abend noch nicht fertig, fürchte ich.» Und bald wird auch klar, dass dieser Todesfall direkte Auswirkungen auf die weiteren Pläne des Mieters hat. Noch am gleichen Tag bricht er seinen Navigationskurs ab.

Es bedarf einer Menge, einer wirklich großen Menge, ehe ein Roald Amundsen einen Posten im Dienst der Polarforschung aufgibt. «Ich fahre mit dem nächsten Schiff nach Hause, weil ich nach dieser Sache zu weiterer Arbeit hier vollkommen unfähig bin.»

Leon lädt seinen Bruder telegraphisch zu sich nach Cognac ein. Doch Roald ist «nach dieser Affäre einzig und allein darauf aus, so schnell wie möglich nach Hause zu kommen». Der Brand in den Zinkeimern dürfte unter seinen Füßen weitergeschwelt haben. Am 26. März gab er seiner Zimmerwirtin das letzte Geleit. Schon in der Frühe des nächsten Tages reiste er zu Schiff nach Kristiania ab. Die Frau war zur letzten Ruhe gebettet, der Ehemann aber lebte noch.

Später vertraute Roald seinem Bruder an, dass er Antwerpen Hals über Kopf verlassen musste. Ihm war der Boden unter den Füßen zu heiß geworden.

Die Antarktis lockte.

4 Die erste Nacht in der Antarktis

Der Hauptschauplatz der Polarforschung lag in der Arktis. Die *Belgica*-Expedition leitete eine Phase hektischer Aktivität in einer Weltgegend ein, die bis dahin als reichlich jungfräulicher und riesiger Nebenschauplatz gegolten hatte: in der Antarktis. In seinem langen Forscherleben sollte Roald Amundsen diesen weißen Kontinent nur zweimal betreten. Beim zweiten Mal pflanzte er seine Fahne auf den Südpol.

Die erste Antarktisreise sollte seine eigentliche Lehrzeit in der komplexen Kunst der Polarforschung ausmachen. Die Expedition stand unter der Leitung von Adrien de Gerlache, der ebenso wie der Schiffsführer, Leutnant Georges Lecointe, Belgier war. Der Rest der Besatzung war bemerkenswert international.

Es wurde die einzige Entdeckungsreise, an der Roald Amundsen als Untergebener teilnahm – keine schlechte Position für einen Studenten, dessen vielleicht wichtigstes Fach Innere Führung sein sollte. In *Mein Leben als Entdecker* nennt Amundsen Baron de Gerlache seltsamerweise nie beim Namen, sondern immer nur «einen belgischen Seemann». Diskret, aber doch sehr auffällig ist der belgische Nationalheld aus der persönlichen Chronik des Norwegers ausradiert worden. Außer Amundsen selbst wird einzig der Schiffsarzt jemals beim Namen genannt. Und diese beiden, der norwegische Erste Steuermann und der amerikanische Bordarzt, erscheinen in den Memoiren denn auch als die eigentlichen Leiter der belgischen Expedition.

Während das neueingerichtete Polarschiff noch in Sandefjord lag, stattete Fridtjof Nansen der Expedition einen Besuch ab. Es war das erste Mal, dass sich die beiden norwegischen Polarforscher persönlich gegenüberstanden. Der hochgewachsene Triumphator und der elf Jahre jüngere und elf Zentimeter kleinere, noch völlig unbedeutende Roald Amundsen. Aber nicht nur der Jüngere sollte sich lange an diese Begegnung erinnern. «Wenn man dieses Gesicht erst einmal gesehen hatte, vergaß man es nicht so leicht wieder», erklärte Nansen noch einunddreißig Jahre später.

In Erwartung eines letzten staatlichen Zuschusses wurde die offizielle Abreise der *Belgica* von Antwerpen um einige Wochen hinausgeschoben. Es war nicht das letzte Mal, dass finanzielle Gründe in Amundsens Leben eine Abfahrt verzögerten. Unter den üblichen Festlichkeiten, mit denen Entdeckungsreisende bei ihrem Aufbruch ins Ungewisse gern verabschiedet werden, brach die Expedition am 16. August 1897 endlich auf.

Am 10. September ankerte die *Belgica* auf der Reede von Funchal. Die Besatzung ging an Land, wie es die Männer von der *Fram* zwölf Jahre später tun sollten. Überhaupt griff die *Belgica*-Mission in vielem späteren Ereignissen vor. Am 6. Oktober überquerte das Schiff den Äquator. Großes Fest mit entsprechender Taufe; Amundsen im Kostüm eines Lazzarone. Auch das ein Vorzeichen.

Die Reise sollte dem jungen Norweger eine gründliche Einführung in Risiken und Gefahren der Polarforschung vermitteln. Zum ersten Mal sonnt er sich aber auch in ihrem Glanz. Unter großer Anteilnahme und Begeisterung läuft die *Belgica* aus Rio de Janeiro aus, Kriegsschiffe fremder Nationen grüßen mit Flagge und Blasorchestern. Hunderte Marinegasten brüllen hurra. «Es war ein überaus ergreifender Abschied», notiert der Steuermann im ersten einer sehr langen Reihe von Expeditionstagebüchern.

Von den Küsten der Zivilisation ist es ein weiter Weg ins weiße Nichts. In Montevideo kann sich die Mannschaft noch einmal besinnungslos volllaufen lassen, während der kultiviertere Teil der Besatzung die eleganten Anlagen, breite, saubere Trottoirs, große Plätze und vollständige Elektrifizierung genießt. «Auch die Damenwelt ist nicht zu verachten. *Nie* habe ich so viele schöne Frauen an einem Ort versammelt gesehen wie hier.»

Es ist ein ergebener, fast naiv gutgläubiger Fünfundzwanzigjähriger, der an Bord der *Belgica* den Rang des Steuermanns bekleidet. Voller Hoffnung und Zutrauen notiert er im Tagebuch: «Ich wünsche unserem lieben Kommandanten alles Gute und setze es mir zum Ziel, meine Pflicht zu erfüllen, damit sein Plan glücken möge. Er hat mit beinah unfaßlicher Energie an seinem Unternehmen gearbeitet, und ich wünsche ihm von Herzen ein gutes Gelingen. Was ich danach als Norweger meinem Vaterland schulde, soll mir immer klar vor Augen stehen: Dafür sorgen, daß ihm seine Söhne keine Schande machen.»

An Bord befanden sich insgesamt fünf Norweger, die vier anderen gehörten der Mannschaft an, während Amundsen achtern zwischen Offizieren und Wissenschaftlern umherstolzierte. Die *Fram* hatte ihrerzeit eine soziale Revolution eingeleitet, indem die gesamte Besatzung von dreizehn Mann die Mahlzeiten gemeinsam an *einem* runden Tisch einnahm. Schließlich waren alle Norweger und damit gleichgestellt. Die *Belgica* umfasste nur ein paar Teilnehmer mehr, und doch hielt man sich an die traditionelle europäische Standesgliederung.

Von der Südspitze Chiles nimmt die Expedition Kurs auf das vom antarktischen Kontinent vorspringende Grahamland. Gegen Ende Januar 1898 beginnt sich das Polarschiff seinem eigentlichen Element zu nähern. «Der Nebel ist dicht wie eine Wand. Eisberge und unbekannte Länder warten.» Langsam dämmert es dem Steuermann, dass er sich keineswegs an Bord einer genauestens vorausberechneten Forschungsreise befindet; der belgische Kommandant hat es eher auf ein Hasardunternehmen angelegt, auf eine Heldenfahrt auf Gedeih oder Untergang. «Ich kann nicht anders, ich muß seine Kühnheit bewundern. Vorwärts oder ... Ich werde ihm folgen, vergnügt und munter.»

Schon einen Tag nach diesem beherzten Eintrag wird das Schiff am 22. Januar von bitterstem Ernst getroffen. Es herrscht fürchterliches Wetter, Nebel, Schneetreiben, Sturm. Die Wellen schlagen hoch, Eisberge treiben dicht an dicht. Vier Mann gehen Wache, drei Norweger, ein Belgier. Der Erste Steuermann führt das Kommando. Plötzlich durchschneidet ein wilder Schrei das Unwetter. Der junge Matrose August Wiencke ist über Bord gespült worden. Ein schrecklicher Kampf um seine Rettung setzt ein. Der zweite norwegische Seemann, Ludvig Johansen, erwischt ihn für einen Augenblick, muss aber wieder loslassen. Die Kälte tötet den Jungen, bevor das aschgraue Gesicht in der Tiefe verschwindet.

Das war Roald Amundsens erste Bekanntschaft mit dem Tod in polaren Regionen. Gut fünfzehn Jahre später gibt es einen Epilog zu diesem Ereignis. Nachdem er zum zweiten Mal aus der Antarktis zurückkehrt, erhält Amundsen über den Gemeindepfarrer von Moss einen Gruß. Er kommt von Ludvig Johansen, der im Sterben liegt. «Er ist Ihnen rührend ergeben. Voller Begeisterung hat er mir vieles von der Reise mit der *Belgica* erzählt, und in all seinen Berichten sind Sie sein Held.» Wenige Tage später kann der Pfarrer dem sterbenden Matrosen und seiner armen Familie 200 Kronen und einen Gruß des Südpoleroberers überbringen.

Die *Belgica* wird aber nicht nur von Unglücken in aufgewühlten Gewässern und Untiefen verfolgt, sondern auch vom Glück gestreift. Und das macht auf den Ersten Steuermann einen ebenso tiefen Eindruck: «Wer will, wenn man derartiges gesehen hat, behaupten, Gott existiere nicht? *Niemand*. Ein Zufall, könnte jemand behaupten. Aber es ist wohl kaum plausibel, daß der Zufall selbst das Schiff steuert. Nein, nein. Deine Macht ist groß, o Gott, und deine Güte währet ewiglich. Du hast uns hierher geführt, wie du es so viele Male schon getan hast. Halte weiter deine Hand über uns.»

Diese religiöse Grundeinstellung, um nicht zu sagen diesen Kinderglauben, behielt Roald Amundsen sein ganzes Leben lang. Er wird nicht wie Nansen die anonymen Naturkräfte suchen. Er ahnt eine persönliche Erklärung hinter der Veränderlichkeit der Landschaft und der unergründlichen Mystik der Eisflächen.

Am 30. Januar 1898 liegt der unberührte Kontinent in Reichweite, und alles ist «bereit für einen Skiausflug». Gemeinsam mit dem Kommandanten, dem Schiffsarzt und einigen anderen kann

Amundsen auf dem nördlichen Ausläufer des antarktischen Kontinents sein Zelt aufschlagen. «Mit der kochenden Erbsensuppe zwischen uns vergißt man Schnee und Wind, und man kann sich in Königs Schloß nicht wohler fühlen. So verbringen wir den ersten Abend auf dem bislang von Menschen nicht berührten Land.» Bald sind sie zurück an Bord. Doch Roald Amundsen hat mit diesem Ausflug seinen ersten Schritt im Wettlauf zum Südpol unternommen. Er hat vor einem englischen Marineoffizier den Kontinent betreten und sein Zelt darauf errichtet.

Aber nicht alle Expeditionsteilnehmer sind in ihrem Element. Auf eine Überwinterung sind sie nicht vorbereitet worden, und entsprechende Befürchtungen machen sich an Bord breit. Der Kommandant hält es für seine «Pflicht als Belgier», die Fahrt weiter nach Süden fortzusetzen. Um die Mannschaft nicht zu beunruhigen, wird mit den Breitengraden gemogelt. Gerlache vertraut erst dem Kapitän, dann dem Ersten Steuermann seine wahren Absichten an. Amundsen akzeptiert den Trick: «Es geht also mit einer Fahrt von 3 Meilen am Tag nach Südwesten. Mehr nicht.»

Am 8. März sitzt die *Belgica* fest – im Eis und im Griff der Angst. Sie stehen vor dem Ungewissen. Noch kein Schiff hat vor ihnen in der antarktischen Nacht überwintert. Das Einzige, was sie wissen, ist, dass die Ausrüstung lausig ist. Die Expedition steht unter der Führung eines Zockers in einer Landschaft der Martyrien. Der Polarstudent findet, das Ganze «fängt an, interessant zu werden». Woher nimmt er diese Ruhe? In wessen Hände legt er so vertrauensvoll sein junges Leben?

«Du hast uns schon so viel geholfen, Gott, und sicher wirst du uns auch weiterhin behüten. Laß uns hingehen, wohin immer es sein mag, ich werde versuchen, bis zum Letzten meine Pflicht zu erfüllen.» Roald Amundsen vertraut auf Gott, auf sich selbst und auf den Schiffsarzt. Das größte Vertrauen setzt er vermutlich in den Letzteren.

Aus reinem Zufall – oder durch höhere Fügung – befinden sich an Bord des vom Eis eingeschlossenen Amateurschiffs *Belgica* zwei Männer von polarhistorischem Format. Der Erste Steuermann

Roald Amundsen und der Bordarzt Frederick Albert Cook. Der Norweger fühlte sich von Beginn an zu dem sieben Jahre älteren, gutaussehenden und sympathischen Amerikaner hingezogen, der voll und ganz seine Begeisterung für die «kalten Gegenden» teilte.

Der Name von Dr. Cook fand sich bereits in die Literatur über die Polargebiete eingeschrieben. Von niemand anderem als Eivind Astrup. Beide hatten an Leutnant Pearys erster Grönlandexpedition teilgenommen. In seinem einzigen Buch, *Unter den Nachbarn des Nordpols* von 1895, beschrieb Astrup den Arzt als einen «sehr aktiven und energischen Mann um die Dreißig, der sich besonders als Ethnologe der Expedition bedeutende Verdienste während unseres Aufenthalts unter den Eingeborenen erwarb».

Der besonnene, stets ausgeglichene Arzt wurde Amundsens eigentlicher Lehrmeister. Schon bei ihrem ersten Landgang bildeten Lehrer und Schüler eine Seilschaft über Gletscherspalten und Schneebrücken. «Der erfahrene Polarforscher geht voran, ich folge.» Gemeinsam erreichten sie eine Anhöhe und konnten von dort einen ersten Blick auf das Land werfen, das der Schüler eines Tages erobern sollte: «Für einen Moment bekamen wir freie Sicht auf die unbekannten Gegenden, dann wurde alles schnell wieder von Nebel und Schneetreiben verdeckt.»

Durch Cook erhielt Amundsen eine Einführung in Pearys Methoden aus erster Hand.

Doch er erfuhr auch andere Dinge: «Vom Doktor höre ich nach und nach etliches über Eivind Astrup. Was zum Beispiel die einmal daheim kursierenden Gerüchte über ein Verhältnis zwischen ihm und Frau Peary angeht, so sind sie der reine Nonsens. Zum einen haßte Eivind Astrup Frau Peary geradezu, und zum anderen war sie in jeder Hinsicht eine respektable Frau. Drittens zeigte sich das schwache Geschlecht in Grönland [...] sehr leicht zugänglich. Es war zwar unmöglich, in die Nähe einer unverheirateten Frau zu kommen, um so einfacher ging es aber bei den verheirateten. Man brauchte lediglich die Zustimmung des Ehemanns einzuholen, die *immer* erteilt wurde. *Tungvingva* hieß E. A.s Auserwählte. Sie war verheiratet, vierzehn Jahre alt und kinderlos. Sehr klug und

Auf Zelttour in der Antarktis. Roald Amundsen und Frederick Cook betreiben Polarforschung. Das Bild zeigt den Doktor im Grönlandkostüm zwischen norwegischen Skiern und nordamerikanischen Schneeschuhen, im Hintergrund die *Belgica* – das Schiff der Amateure.

Grönlands auserkorene Schönheit. Sehr klein gewachsen. Frauen heiraten dort mit dreizehn.»

Astrup erwähnt die junge Eskimofrau in seinem Buch. Sie war mit Kolotvenga verheiratet, dem engsten Helfer des Norwegers unter den Eingeborenen und im Frühjahr 1894 sein einziger Begleiter auf der langen Schlittenfahrt nach Melville Bugt. «Im ganzen Stamm konnte niemand stolzer sein als Kolotvenga, niemand freier und unabhängiger, keiner ein treuerer Freund, kaltblütiger im Augenblick der Gefahr oder geschickter auf der Jagd.»

Eivind Astrups freizügiger Umgang mit dem eskimoischen Ehestand war alles andere als eine Seltenheit. Diese saftig-süße Seite einer ansonsten rauen Existenz dürfte vielmehr für manchen Expeditionsteilnehmer ein wesentliches Motiv im Streben nach den Freuden eines Lebens in der Natur ausgemacht haben. In diesem einen Punkt hielten die Abgesandten der Zivilisation es für angebracht, sich den lokal üblichen moralischen Normen zu unterwerfen. Peary schreibt selbst, «sollte sich ein Forscher verpflichtet fühlen, einem jungen Eskimo zu beweisen, daß es nicht richtig ist, mit einem Freund seine Ehefrau zu tauschen, sollte er sich seine Argumente im voraus gut zurechtlegen, denn der junge Mann wird aller Wahrscheinlichkeit nach die Augen aufreißen und fragen: ‹Warum denn nicht?›.»

Amundsen bekam auch unangenehmere Dinge über sein großes Vorbild zu hören. «Dr. Cook, ein in jeder Hinsicht sehr vertrauenswürdiger Mann, teilte mir auf die Frage nach E. A.s so umstrittener Erkrankung folgendes mit: Was ich Ihnen hierüber sage, weiß ich nicht mit voller Gewißheit. Alles Hypothesen also. Nach der Rückkehr der zweiten Peary-Expedition erzählte mir der begleitende Künstler [sein Name war Stokes; Anm. d. Verf.], daß der Arzt, Dr. Vincent, sämtliche mitgenommenen Medikamente gegen Syphilis aufgebraucht hatte und deswegen gegen Ende sehr beunruhigt gewesen sei. Ein typhoides Fieber aber, an dem E. A. angeblich erkrankt sein soll, kann man sich in Polarregionen unmöglich zuziehen.»

Nachdem er im Tagebuch Dr. Cooks ungesicherte Diagnose wiedergegeben hat, zieht Amundsen seine eigenen Schlüsse: «Wenn es sich so verhält, daß sich der wagemutige Bursche mit dieser für die Menschheit so verderblichen Krankheit angesteckt hat, dann tut er mir doppelt leid. Seine größte und einzige Leidenschaft war die Polarforschung. Und dieser Weg, auf dem er schon weit gekommen war, wurde ihm in seinen besten Jahren versperrt. Denk einmal darüber nach, du, der du andere so leicht verurteilst, und ich glaube, dein Urteil wird milder ausfallen. Der arme, arme Junge.»

Die Fahrt der *Belgica* entwickelte sich allerdings bald zu einem Albtraum nach dem Muster übelster polargeschichtlicher Tradition. Das Ganze war eine dilettantische Improvisation in Heldenmut am äußersten Rand der Existenz. Wo spärliches Leben sich in Jahrtausenden angepasst hatte, sollte der Mensch jetzt unter wehenden Nationalfahnen im Laufe einer kurzen Polarnacht seinen Platz finden.

Vor allem der Skorbut wurde die Geißel der *Belgica*. Er traf die gesamte Besatzung und forderte ein Todesopfer. Der Skorbut entfesselte alle möglichen Angstvorstellungen in den Menschen – einer nach dem anderen versank im Schattental des Wahnsinns. Die Moral wurde unterhöhlt. Die unterseeischen Rufe der Königspinguine, das Lallen im Delirium und verzweifelte Morddrohungen hallten zwischen den Bordwänden.

Abgesehen vom Schiffsarzt, der alle Hände voll zu tun hat, gibt es nur einen Mann an Bord, der in dieser tiefgefrorenen Hölle zurechtkommt. Ja, erst jetzt weiß er, dass er seinen Ort im Leben gefunden hat. Am 30. Mai erreicht die Polarnacht ihren tiefsten Stand, und der Erste Steuermann notiert, dass die Sonne ihren Wendepunkt überschritten hat: «Natürlich werde ich mich freuen, sie wiederzusehen, aber ich habe mich die ganze Zeit überaus wohl gefühlt und sie nicht einen Augenblick vermißt. Im Gegenteil. Nach diesem Leben habe ich ja nun so lange schon getrachtet. Es war keine kindliche Laune, die mich dazu gebracht hat, mitzukommen. Es war ein reifer Entschluß. Ich bedauere ihn nicht und hoffe, die Kraft und die Gesundheit zu finden, um meine begonnene Arbeit fortzusetzen.»

Roald Amundsen arbeitet. Nicht als Steuermann, das Schiff liegt im Eis fest, das Schicksal steuert es nun; sondern als Student. Vor allem studiert er das Eis. Er tummelt sich regelrecht im Packeis, wie ein Kind auf der Kirmes. Als zweites Fach studiert er Ernährung. Mit gierigem Appetit macht er sich über sämtliche nie erprobten Gerichte der Antarktis her. Während an Bord der Skorbut wütet, nimmt der Erste Steuermann zu und stellt mit 87,5 Kilo den Schiffsrekord auf. Wer gesund bleiben will, braucht frische

Nahrung, besonders Pinguine. «Ihr Fleisch ist ausgezeichnet, Rindfleisch nicht einmal unähnlich.»

Ein weiteres Studienfach ist Kleidung. Wiederum liefert die Fauna das Rohmaterial, vor allem die Robben. Auch die Nacht braucht ihre Maßkleidung. Der Steuermann fertigt Skizzen von Schlafsäcken in allen individuellen Varianten an: Dr. Cooks, Astrups, Pearys. (Dessen Patent besitzt Ärmel für die Eisbärjagd im Schlaf.) Amundsen kommt zu dem (vorläufigen) Ergebnis, dass Nansens dreifacher Grönlandschlafsack im Hinblick auf Gewicht und Wärmeisolierung die rationellste Lösung darstellt.

Dr. Cook ist Lehrmeister und Studienkamerad in sämtlichen Fächern. «Als überaus erfahrenem Mann in den Polargebieten habe ich unbedingtes Vertrauen zu ihm.» In dem Maß, da der Kommandant an Ansehen verliert, wächst das Vertrauen in den ruhigen, praktischen und stets zuversichtlichen Schiffsarzt noch weiter.

Amundsen träumt nicht oft von zu Hause. Gleichwohl vergisst er nie ein Datum, weder den Todestag seiner Mutter noch Bettys Geburtstag. Er sieht sie vor sich, «dick und gemütlich», auf einer Insel im Schärengürtel von Østfold, «wie sie ihren Gästen Kaffee einschenkt».

An Bord der *Belgica* wird jeder Nationalfeiertag mit Champagner und Festreden begangen. Der 1. Mai dagegen bleibt unbeachtet, jedenfalls «achtern». Der Steuermann kann sich ein paar ironischer Anmerkungen zum «Tag der Sozialisten» nicht enthalten. *Sein* Feiertag ist das nicht. «Wir bleiben zu Hause und heben unsere Kräfte für den 17. Mai auf. Das ist ein ganz anderer Tag. Dann werden wir allesamt im Chor in Jubel ausbrechen.»

Der Steuermann ist national gesinnt, er ist der Vertreter Norwegens im Heck des Gefangenenschiffs im Packeis. Am Nationalfeiertag klaren die Gedanken auf: «Helle, klare Frühlingsmorgen daheim. Jubelnd ziehen Kinderscharen durch die Straßen. Es ist der 17. Mai. Unser Freiheitstag.»

Ein halbes Jahr nachdem die «Kinderscharen» ihren Umzug in Roald Amundsens Vorstellung veranstaltet haben, spitzt sich ein Konflikt zwischen dem Norweger und der belgischen Leitung zu.

Es kommt heraus, dass Gerlache mit der Geographischen Gesellschaft seines Heimatlands eine heimliche Vereinbarung getroffen hat, der zufolge die Expedition ungeachtet aller Eventualitäten immer unter dem Kommando eines belgischen Offiziers stehen soll. Diese Absprache betrachtet der Erste Steuermann als «vorsätzliche Herabsetzung» seiner Person. Umgehend ersucht er um eine «Audienz» beim Kommandanten und erklärt: «Für mich existiert keine belgische Antarktisexpedition mehr.» Auf den ersten Blick muss das als eine recht phantastische Äußerung erscheinen, denn schließlich fällt sie in der Kommandeurskajüte eines in der Antarktis festgefrorenen belgischen Schiffs.

Doch der subalterne Offizier formuliert auch gleich den neuen Status der Expedition: «In der *Belgica* sehe ich nur mehr ein gewöhnliches Schiff, das im Eis eingeschlossen ist. Meine Pflicht gebietet mir, der Handvoll Männer, die hier an Bord versammelt ist, zu helfen. Aus diesem Grund, Herr Kommandant, setze ich meine Arbeit fort, als wäre nichts geschehen, und versuche meine Pflicht als Mensch zu tun.»

Hier liegt die Erklärung für die anonyme Existenz des Kommandanten in der Autobiographie, die dreißig Jahre später verfasst wurde. Gerlache und seine Expedition hörten am 15. November 1898 schlichtweg auf zu existieren. Amundsens Bruch mit der *Belgica* steht wie ein erstes Zeichen für eine ganze Reihe ähnlicher Abrechnungen gegen Ende seiner Karriere.

Der grundsätzliche Austritt des Ersten Steuermanns aus der belgischen Realitätsauffassung war indessen nicht die impulsive Reaktion eines Gekränkten; sie war sorgsam kalkuliert. «Auf Doktor Cooks Rat» sorgt er für eine schriftlich bestätigte Darstellung des Ganzen. Das Dokument soll ihm als «bestes Zeugnis für seine Handlungsweise» dienen.

Roald Amundsens Einmannmeuterei an Bord der *Belgica* war kein Aufstand zugunsten von Recht und Gesetz im Allgemeinen. Der Steuermann hatte vorher keine Einwände erhoben, als der Kommandant die ganze Besatzung mittels gefälschter Breitengradangaben hinters Licht führte. Als er derart kompromisslos gegen die hypothetische Regelung rebellierte, geschah das ausschließlich deshalb, weil er die Kränkung als gegen seine Person und damit gegen sein Land gerichtet empfand.

Mit seinem neugewonnenen unabhängigen Status durfte sich der Steuermann seinen patriotischen Neigungen hingeben. Er zweifelte fortan nicht mehr daran, dass die Expedition ohne die Beteiligung der Norweger «*absolut nichts* erreicht hätte». Damit soll nicht gesagt sein, dass er unbescheiden wurde. «Ich habe für mein Teil nichts, wofür ich mich loben müßte, kann mich aber als derjenige, der die meiste Zeit die Arbeiten leitete, für die Tüchtigkeit der vier mutigen Burschen verbürgen. Schade nur, daß darauf sowenig Wert gelegt wurde. Zwischen uns und der belgischen Nation bestehen im Denken und im Fühlen derart eklatante Unterschiede, daß wir *niemals* gut zusammenarbeiten werden.»

Die erste Überwinterung in der Antarktis war fast in ewige Ruhe und endgültige Verdammnis übergegangen. Es stellte sich heraus, dass man keineswegs selbstverständlich davon ausgehen konnte, dass die *Belgica* am Ende des Winters aus dem Eis freikommen würde. In seinen Memoiren gibt Amundsen Dr. Cook die alleinige Ehre, die Expedition aus ihrer festgefahrenen Lage gerettet zu haben. Nach den Anweisungen des Arztes begannen die ausgemergelten Männer, gelbgrün im Gesicht und in Kleider aus hellroten Wollteppichen gewickelt, einen Kanal ins Eis zu sägen. Mit Hilfe von Dr. Cooks Einfallsreichtum, seiner Erfahrung und seinem unermüdlichen Willen samt einer gehörigen Portion Sprengstoff schafften sie es am Ende, das Schiff aus dem Griff des Eises zu befreien. Ende März 1899 erreichte die *Belgica* die Südspitze Amerikas.

Ehe sie dort ankamen, wurde die Besatzung «achtern» zusammengerufen, um die gefundenen Brocken im antarktischen Schärengarten vor Grahamland zu taufen, deren Entdeckung sich die Expedition zur Ehre anrechnen durfte. Natürlich führte der Kommandant am Taufbecken das Wort. Unter anderem sollten die beiden Toten der Unternehmung, der Norweger Wiencke und der Bel-

Rate mal, an welchen Pol ich wohl denke! Bevor sich ihre Wege nach der Rückkehr der *Belgica* trennten, gingen Roald Amundsen und Frederick Cook zum Fotografen. Die linke Hand des Doktors ruht auf dem rechten Schenkel des Ersten Steuermanns.

gier Danco, auf der Karte verewigt werden. Zum Schluss erhielt aber doch jeder Gelegenheit, «einen Namen zu verleihen». Zum allerersten Mal sollte Roald Amundsen einen Namen in die Welt setzen, auf die Oberfläche der Erde. «Mit inniger Freude nannte ich ein schmuckes Vorgebirge auf Wienckens Insel Kap Eivind Astrup.»

Zeitgleich mit dem Rückzug der *Belgica* stieß eine andere Expedition ins Eis vor. Auch sie ein international zusammengesetztes Unternehmen. Die Expedition als solche war britisch, ihre Leitung norwegisch. Ein weiterer Junge aus Kristiania sollte auf der *Southern Cross* Bekanntschaft mit dem antarktischen Winter machen. Die Mannschaft verließ das Schiff und vollbrachte die erste Überwinterung auf dem antarktischen Festland. Damit wurde ein nächster Schritt zur Entdeckung des Südpols getan. Weitere Expeditionen kamen in rascher Folge.

Es sollten zehn Jahre vergehen, ehe Roald Amundsen in die Antarktis zurückkehrte. Doch nie war er sich seiner Wahl sicherer und fester im Glauben an seine Bestimmung als nach seiner Fahrt mit der *Belgica*, dem Schiff der Ängste. Während einer einsamen Nachtwache an der Nordküste von Grahamland hielt er sein Programm wie folgt fest: «Sommernacht & Winternacht sind schön, und doch wirken sie nicht so ergreifend wie diese stille, kalte und vom Mond beschienene Polarnacht. Ein merkwürdiges Gefühl befällt einen. Hat Gott dieses ganze riesige Gebiet erschaffen, damit es von den Menschen vergessen & verlassen daliegen soll? Nein & noch mal nein, ganz sicher nicht. Es ist unsere Pflicht, alles, was in unserer Macht steht, zu versuchen, um einmal in den Besitz all der Herrlichkeit & des Reichtums zu kommen, die Gott uns gegeben hat. Vorwärts, ja vorwärts. Selbst die hindernde Macht des Eises soll sich vor dem mit Gottes Beistand vorrückenden menschlichen Geist beugen.»

5 Ein doppelter Plan

Zu meiner großen Verwunderung sehe ich, daß Du Roald zu Pfingsten zu Hause erwartetest und daß er nun also aller Wahrscheinlichkeit nach daheim ist», schrieb Leon Amundsen am 23. Mai 1899 an seinen Bruder Gustav. Es herrschte Verwirrung über die Rückkehr des Polarreisenden.

Als logische Folge seiner imaginären Abmusterung ließ der Erste Steuermann die *Belgica* nämlich allein weiterfahren und kehrte auf eigene Faust als Privatmann aus Südamerika zurück. Ein Muster, dem er auch dreizehn Jahre später folgen sollte. Doch dann unter etwas anderen Umständen. Beim ersten Mal waren es eigentlich bloß seine Brüder, die sich Gedanken machten, wo er blieb.

Leon hatte gehofft, Roald würde durch Frankreich heimkehren und ihn in Cognac besuchen. «Ein mit Fahnen & Blumen dekoriertes Zimmer hat auf ihn gewartet», schrieb er resigniert, als er erfuhr, dass der Südpolreisende plötzlich in Kristiania aufgetaucht war.

Der Bruch mit dem Königreich Belgien reichte allerdings nicht so tief, dass der Erste Steuermann nicht als erste seiner vielen Auszeichnungen den Leopoldorden hätte in Empfang nehmen können. Darüber hinaus wurde er von keiner Ehrung durch eine ausländische Macht in Beschlag genommen. Bei seiner Heimkehr wollte er außer Betty und seinen Brüdern vor allem *einen* Mann sehen, den Kämpen auf Lysaker, Fridtjof Nansen.

Endlich hatte der junge Amundsen etwas vorzuweisen. Er hatte das Land um den Südpol mit eigenen Augen gesehen. Nansen nicht. Der sah es bloß in seiner Einbildung, in der Höhle auf Franz-Josef-Land.

«Meinen herzlichsten Glückwunsch zu Ihrer geglückten Fahrt und willkommen daheim nach der ersten Überwinterung von Menschen in den Gebieten der Arktis.»

Fridtjof Nansen antwortete umgehend, als ihm Amundsen seine Ankunft in der Heimat meldete. «Es würde mich außerordentlich freuen, Sie zu sehen und Sie persönlich willkommen zu heißen, wie es mich selbstverständlich ebensosehr interessieren würde, von Ihren Erfahrungen zu hören. Wann immer es Ihnen paßt und ich zu Hause bin, sollen Sie willkommen sein.»

Dieses unbedingte Entgegenkommen des großen, unnahbaren Eismeerbefahrers hat den heimkehrenden Lehrjungen vielleicht verblüfft. Es sollten noch viele Jahre vergehen, ehe Amundsen vollständig erfasste, was hinter Nansens beträchtlichem Interesse an seinen antarktischen Erfahrungen steckte.

Im Gegensatz zu Dr. Cook veröffentlichte Amundsen nach der Rückkehr keinen Bericht von der Reise. Einfachen Besatzungsmitgliedern stand es nicht zu, Bücher zu schreiben. Das gedruckte Wort war keine Privatsache; es war eine offizielle Angelegenheit. Es war Sache des Chefs, egal wie untauglich er sich auch sonst erwiesen haben mochte. Jeder Leiter einer Expedition hat das Recht, seine eigene Geschichte zu schreiben – unbehelligt. An diesem Prinzip hielt Roald Amundsen sein Leben lang fest. Die Geschichte gehört dem Leiter – die anderen sind Nebenfiguren, keine Sprechrollen.

Amundsen hatte kein ausgeprägtes Interesse daran, sich mit der *Belgica*-Expedition aufzuhalten; sie war nicht seine eigene. Schon während der Überwinterung in der Antarktis hatten sich seine Gedanken in eine andere Richtung bewegt. Ein Hauptziel für Gerlaches Expedition war der magnetische Südpol gewesen. Den er nie erreichte. Für einen Mann mit dem Talent, Dinge auf den Kopf zu stellen, sollte die Idee gleichwohl Bedeutung annehmen. In seinem kommenden Buch schreibt Roald Amundsen: «Und während dieser Zeit reifte mein Plan: Ich wollte den Traum meiner Kindheit von der Nordwestpassage mit dem wissenschaftlich an und für sich viel wichtigeren Ziel verbinden, *die gegenwärtige Lage des magnetischen Nordpols festzustellen.*»

Am 9. September 1899 fing Amundsen ein neues Reisetagebuch an. Mit Leon fuhr er von Kristiania nach Paris, mit dem Fahrrad. Von dort ging es nach Cognac, von wo Roald allein weiterreiste, über Madrid nach Cartagena. Hier musterte er auf der im Besitz der Familie befindlichen Bark *Oscar* an, die nach Amerika in See ging. Der Polfahrer brauchte noch Zeiten auf See für sein Kapitänspatent. Und wenn man sich zum Ziel setzte, eine der gefährlichsten Schiffspassagen der Geschichte zu bezwingen, war es wichtig, die Papiere in Ordnung zu haben. Überallhin nahm der Entdeckungsreisende sein «Bicycle» mit. Er hoffte, «in Amerika viel Freude daran zu haben, da die Straßen dort so außerordentlich gut sein sollen», schrieb er an Leon.

Roald Amundsen war ein neugieriger Reisender. Um seine anthropologischen Beobachtungen anzustellen, brauchte er nicht die Zivilisation zu verlassen. Von Pensacola schrieb er Gustav: «Was Pensacola betrifft, so ist es ein großes Elendsnest. Nichts zu sehen. Dafür gibt es reichlich ‹Damen›. Habe noch nie einen Ort mit derart vielen Hurenhäusern gesehen wie hier, und das, obwohl es nicht mehr als 20 000 Einwohner gibt. Es gibt jede erdenkliche Sorte. Von der süßesten kleinen Amerikanerin bis zur abscheulichsten Negerin oder Indianerin. – Ja, da hast Du die Zerstreuungsmöglichkeiten in Pensacola. Andere gibt es nicht.»

Gustav, der einige Jahre zuvor in der Tidemansgate Nr. 20 sein eigenes Haus erworben hatte, war der feste Anlaufpunkt der Brüder in Kristiania. Selten erhielt er einen Brief ohne einen Auftrag wie den aus Pensacola: «Sei doch so nett und lege dem beigefügten Schreiben 10 Kronen bei, stecke alles in einen Umschlag und schicke ihn an Betsi.»

Im April 1900 legte die *Oscar* im englischen Hafen Grimsby an. Dort glückte es Amundsen, sich eine komplette Bibliothek mit allem, was in der Vergangenheit über die Nordwestpassage geschrieben wurde, zuzulegen.

Wohlbehalten zurück in Kristiania, quartierte er Betty und sein übriges Hab und Gut in der Professor Dahlsgate 45 ein. «Glaub mir, daß wir es jetzt gemütlich haben», schrieb er Leon, der sich gerade auf dem Rückweg von einer Weltumsegelung befand. «Kein Gegenüber und eine großartige Aussicht auf die Berge von Asker und Umgebung. Sicher gibt es eine Menge Kinder im Hof, aber durch die bahnt man sich eben eine Schneise.» Amundsen hielt sich nicht lange am Fenster seiner neuen Wohnung auf. Nach einem Sommeraufenthalt bei den Verwandten auf Hvidsten und einigen Manöverwochen in Gardermoen ging er wieder zur See.

Im September 1900 war Amundsen in der Deutschen Seewarte in Hamburg, um Magnetismus zu studieren. Ehe er ins kaiserliche Deutschland reiste, hatte er sich allerdings um einen Platz in einem britischen Observatorium beworben. «Der Direktor entsprach meinem Ersuchen nicht.» Diese Absage aus England wurde nicht vergessen und in der Autobiographie viele Jahre später noch einmal speziell gewürdigt.

Bei dem fast achtzig Jahre alten Junggesellen Professor Georg von Neumayer stieß Amundsen dagegen auf uneingeschränktes Wohlwollen. Anfang Oktober schrieb er Leon: «Prof. Neumayer gilt als höchste Autorität auf dem Gebiet des Erdmagnetismus. Daher könnte es mir vielleicht einmal von Nutzen sein, bei ihm persönlich studiert zu haben.» Eine Woche später nahm der Student bereits volle Fahrt auf die professoralen Kreise: «Gestern abend gegen 7 Uhr, als ich arbeiten wollte, kam ein Bote mit einem Billett von Prof. Neumayer, ich möge ihn im Hotel Streit aufsuchen, einem der großen, feinen Hotels am Jungfernstieg gegenüber dem Haus, in dem ich wohne. Ich zog sofort meinen Frack an und begab mich hinüber. Dort wurde ich von Prof. N. empfangen, der mich Prof. Mohn aus Kristiania vorstellte, einem sowohl zu Hause wie im Ausland sehr angesehenen Mann. Wir konversierten eine Weile miteinander – besonders über mein geplantes Vorhaben. Prof. N. präsentiert mich nämlich immer mit dem Zusatz, ‹der junge Mann, der vorhat, exakt die Lage des magnetischen Nordpols zu bestimmen›.»

Später wird Amundsen keine Gelegenheit auslassen, Glanz über den Namen seines alten Professors zu werfen. Seine Studienaufenthalte in Hamburg und später an den Observatorien in Wilhelmshaven und Potsdam trugen dazu bei, die Grundlagen für ein positives Verhältnis zwischen dem Polarforscher und dem Deutschen Reich zu schaffen.

Am 20. November 1900 kehrte Amundsen nach Kristiania zurück, strotzend vor magnetischem Wissen und bereit für den nächsten, alles entscheidenden Schritt auf seinem Weg zur Nordwestpassage. Höchstwahrscheinlich suchte er in einer der folgenden Adventswochen Fridtjof Nansen auf, um ihm die zweifache Stoßrichtung seines Plans zu unterbreiten: die Nordwestpassage und der magnetische Nordpol. In seiner Kombination aus leicht fasslichem Populärem und ernsthafter Wissenschaftlichkeit war dieser Plan nach dem gleichen Muster gestrickt wie Nansens *Fram*-Expedition mit dem Doppelziel: der Nordpol und die Strömungen im Eismeer.

Keine Unterstützung war von so ausschlaggebender Bedeutung wie die, die Amundsen bei Fridtjof Nansen finden konnte. Nach seiner Rückkehr von der ersten Reise der *Fram* war Nansens Autorität als führender Polarforscher der Welt unbestritten.

Zu diesem Zeitpunkt befand sich das Schiff übrigens wieder in vereisten Gewässern. Die sogenannte zweite Reise der *Fram* stand unter der Leitung von Otto Sverdrup, Nansens engem Mitarbeiter in Grönland und im Eismeer. Als der junge Amundsen Nansen aufsuchte, hielt sich Sverdrup gerade auf einigen neuentdeckten Inseln nördlich von Grönland auf. Er spielte mit dem Gedanken an den Nordpol, aber auch die Überlegung, mit der *Fram* die Nordwestpassage zu suchen, lag ihm nicht fern.

Nach Aussagen seines Vertrauten an Bord, Ivar Fosheim, soll das Verhältnis zwischen den beiden alten Freunden Sverdrup und Nansen nach der Rückkehr aus dem Eismeer recht frostig geworden sein. Wahrscheinlich lag die Schuld bei Nansen. Sein schwieriges Gemüt und seine verdüsterte Stimmungslage, gerade in diesen Jahren des Triumphs, machten es schwer, mit ihm auszukommen.

Die Freunde des Polfahrers in Tromsø. Gudrun und Fritz Zapffe verehrten ihm das Bild vor der Abreise mit der *Gjøa*. Viele Jahrzehnte später schrieb der Sohn, der Philosoph Peter Wessel Zapffe, einsichtsvolle Essays über die Rivalen Scott und Amundsen.

Zu Weihnachten 1900 war Familie Nansen noch immer nicht auf Polhøgda eingezogen. Die gigantische Turmvilla befand sich im Bau, doch Nansen wohnte noch in dem bescheideneren Lysaker-Haus Godthåb. Dort, in der etwas verwohnten Holzvilla, die mit Nationalromantik und Wikingerornamenten überladen war, fand die dritte Begegnung der beiden Polarforscher statt.

Es ist gern behauptet worden, das Verhältnis zwischen Fridtjof Nansen und dem elf Jahre jüngeren Roald Amundsen sei nie besonders herzlich gewesen. Nichts aber weist darauf hin, dass Amundsen auf Lysaker mit weniger Begeisterung empfangen worden wäre als in Hamburg. Ganz im Gegenteil. Der Plan des jungen Mannes, der das Abenteuer mit den wissenschaftlichen Interessen verband, war ganz nach Nansens Geschmack. Amundsen sah wie ein maßgeschneiderter Nachfolger und Erbe aus, ohne – soweit sich damals erkennen ließ – die Bedeutung des Professors schmälern zu können.

Nansen kam in seiner Gedenkrede viele Jahre später auf dieses Treffen mit Amundsen zurück: «Er betonte, die Erforschung des magnetischen Pols sei die Hauptaufgabe, der Kern, der ihr seine wissenschaftliche Legitimation verlieh, doch dann merkte er an, wenn er sich erst einmal dort aufhalte, könne es den kleinen Aufwand wert sein, die Nordwestpassage gleich mitzunehmen.» Dieses verspätete Referat zeigt, dass Amundsen seine Karten in der richtigen Reihenfolge auszuspielen verstanden hatte. Das Ergebnis war, dass Nansen voll und ganz auf ihn setzte, auf den Plan und auf den Mann. Später erst sollte das Verhältnis der beiden Polgiganten dieser Miniaturnation wechselhafter werden.

Dann folgte der nächste Zug: Über Neujahr begibt sich Amundsen in die Eismeerkapitale Tromsø. Er will die Nordwestpassage bezwingen und braucht ein für diese Aufgabe geeignetes Schiff. Am 14. Januar 1901 kann er Leon, der sich in Kristiania aufhält, berichten, dass er in Verhandlungen über ein Fahrzeug stehe. An Gustav ergeht die Aufforderung, 10 000 Kronen zu schicken, «NB ohne selbst in Verlegenheit zu kommen».

Es war der Moment gekommen, an dem sich Roald seinen Anteil am väterlichen Erbe ausbezahlen lassen wollte. Er hatte Nansen im Rücken und die *Gjøa* an der Hand. Nachdem er die 47-Tonnen-Yacht übernommen hat, bleibt er in Tromsø und hat alle Hände voll zu tun, das ehemalige Fischereifahrzeug für seine eigenen, ganz speziellen Zwecke umzubauen. «Mein gesellschaftlicher Umgang», schreibt er Leon, «beschränkt sich darauf, lediglich Sonntag nachmittags Besuch zu empfangen.» Der frischgebackene Reeder hat eine Dachkammer mit Aussicht auf den Hafen angemietet. «Da habe ich dann den einen oder anderen alten Eismeerskipper hier oben zum Kaffee und werde mit einer Vielzahl Histörchen unterhalten. Es gibt eine Menge dieser alten Seebären, von denen es Interessantes und Lehrreiches zu erfahren gibt.»

Im April ging die *Gjøa* auf eine halbjährige Erprobungsfahrt in nördlichen Gewässern, teils auf Fang, teils um unter der Federführung Nansens ozeanographische Untersuchungen durchzuführen. Am Abend bevor er Tromsø verließ, schrieb Roald einen Abschiedsbrief an Leon, der sich in seinem dreißigsten Lebensjahr entschlossen hatte, in den Stand der Ehe zu treten. In Cognac hatte er sich mit der noch nicht zwanzigjährigen Aline, Tochter des norwegischen Konsuls Martens, verlobt. «Dank für Deine Bruderliebe, die stets in allem, was Du getan hast, zum Vorschein kam. Ich hoffe und bin mir dessen gewiß, daß Du in Aline die Ehefrau finden wirst, die Du verdienst.»

Die Hochzeitsvorbereitungen des Bruders hielten mit dem Tempo, mit dem Roald seine Polarunternehmungen vorantrieb, allerdings nicht Schritt. Als die *Gjøa* im September zurückkehrte, schaffte er es noch, sich an dem gemeinsamen Hochzeitsgeschenk der Brüder zu beteiligen: «Zuckerdose und Sahnekännchen» für die Hochzeit in Cognac. «Du weißt, die Zeiten sind schlecht, darum wurde es nichts Größeres», schrieb der Polarforscher.

Im Spätherbst 1901 hält Amundsen vor der Geographischen Gesellschaft in Kristiania seinen allerersten Vortrag über «die geplante Reise». Von da an ist sein Leben zu ziemlich gleichen Teilen den Polregionen und Vortragssälen gewidmet. «Glücklicherweise habe ich ein paar Lichtbilder aufgetrieben», schreibt er Leon, «sonst wäre das Ganze zu trocken ausgefallen.» Die Kiste mit den Glasplatten sollte ihm für viele Jahre ein treuer Begleiter werden.

Zum Neujahr 1902 nimmt der Polfahrer die schwierigste Hürde in Angriff, die ökonomische. Wieder führt der Weg über Lysaker. Der Rapport geht nach Cognac: «Ich habe mich in dieser Frage an Prof. Nansen gewandt, und er hat mir versprochen, herauszufinden, wie ich die Sache angehen soll. Das ist für mich von großer Bedeutung. Ich halte die Schlacht für halb gewonnen, wenn sich der Mann für mich interessiert.»

Selbst wenn Amundsen mit einem Hang zu optimistischen Schätzungen, der sich später als programmatisch erweisen soll, glaubt, mit einer Unterstützung von 50 000 Kronen auskommen zu können, zeigt sich, dass das Geld nicht lockersitzt. Im Lauf weniger Jahre hat das gebirgige Norwegen zwei ausgedehnte maritime Expeditionen der *Fram* finanziert. Es gibt nicht viele Vermögende im Land, und der Abstand von Brieftasche zu Brieftasche ist weit. Doch Amundsens Vertrauen in den Zauberer auf Lysaker bleibt unerschütterlich – auch ein Jahr später noch: «Die erforderlichen Mittel sind noch nicht aufgebracht, aber nichtsdestoweniger fühle ich mich einigermaßen sicher, da die Angelegenheit ja Professor Nansen überlassen ist.»

Die geschäftlichen, praktischen und wissenschaftlichen Vorbereitungen der *Gjøa*-Expedition treibt Amundsen in einem immer hektischeren Tempo voran. Seine Bewegungen sind nicht immer leicht zu verfolgen. Und das sollen sie auch nicht sein. «Wenn ich in Hamburg bin, mache ich einen kleinen Abstecher und schaue mal bei Euch vorbei», schreibt er Leon im April 1902, «aber es muß in aller Stille erfolgen, weil *niemand* etwas davon mitbekommen darf. Sonst könnte es sich nachteilig auf die Unterstützung auswirken, die ich benötige. Also zu keinem ein Wort davon, wenn ich bitten darf.»

Im Herbst 1902 erhält Roald Amundsen sein Kapitänspatent und tritt den unvermeidlichen Besuch bei den mit der Royal Geographical Society in London in Verbindung stehenden Autoritäten an. Die Gesellschaft bewilligt sehr ermutigend eine symbolische Summe zur Förderung der Unternehmung. Amundsen erwägt auch einen Besuch in den USA. Aus diesem Grund wendet er sich an seinen alten Kollegen Frederick Cook, der ihn sehr gern wiedersehen möchte. «Ja, auf jeden Fall, komm nach N.Y.» Schon im Vorjahr hat Dr. Cook für seinen Freund von der anderen Seite des Atlantiks ein wenig die Werbetrommel gerührt.

Im Sommer 1902 hatte Amundsen außerdem ein Wiedersehen mit jemand anderem erlebt, der sich erboten hatte, in Amerika für die *Gjøa*-Expedition zu werben. Im Theatercafé, gleich über die Straße gegenüber dem neuerbauten Nationaltheater in Kristiania, hatte er seinen ehemaligen Schulfreund Fredrik Herman Gade getroffen. Der charmante und bereits sehr weltgewandte Gade war auf dem Großhof Frogner am Rand der Stadt aufgewachsen, doch 1888 ins Heimatland seiner Mutter übergesiedelt, um in Boston zu studieren. Herman Gade sollte derjenige von Amundsens privaten Freunden werden, der ihm durch viele noch ungeschriebene Kapitel seines Lebens am nächsten stehen würde.

In der Nacht vom 16. auf den 17. Juni regnet es über dem Kristianiafjord. Das kleinste Polarforschungsschiff aller Zeiten, die *Gjøa*, wird aus dem Fjord geschleppt. In aller Stille. Nur die allernächsten Freunde der Besatzungsmitglieder sind zum Abschied erschienen.

Bis zur Abfahrt hing die wackelige Finanzierung der Expedition wie ein Damoklesschwert über Amundsen. Das Schiff selbst und diverse Naturalien nicht mitgerechnet, sollte die gesamte Fahrt 150 000 Kronen kosten. Dreimal so viel, wie ursprünglich von ihrem Leiter vorgesehen. 14 000 Kronen waren erst in den letzten Tagen vor dem Aufbruch durch Kredite und Bürgschaften zusammengekommen.

In seinen Memoiren stellt Amundsen die Abreise im nächtlichen Dunkel wie eine Art heroischen Streich dar, als Flucht vor mindestens einem tobenden Gläubiger: «Ich war verzweifelt und wählte einen verzweifelten Ausweg. Ich berief meine sechs sorgfältig ausgewählten Gefährten, setzte ihnen meine schwierige Lage auseinander und fragte sie, ob sie für einen kühnen Handstreich zu haben wären. Begeistert stimmten sie zu. So zogen wir sieben Verschwörer um Mitternacht des 17. Juni 1903 während einer wahren Sintflut an den Kai hinaus, an dem die *Gjøa* vor Anker lag, gingen an Bord, lichteten die Anker und steuerten südwärts dem Skagerrak und der Nordsee zu. Als der Tag über unserem grausamen Gläubiger anbrach, waren wir schon in sicherer Ferne auf hoher See, sieben Seeräuber, wie sie nie leichtherziger unter der schwarzen Flagge gesegelt hatten.»

Roald Amundsens nachträgliche Selbststilisierung als Seeräuberkapitän im Dienst der Wissenschaft oder mehr noch als ein Robin Hood der Polarforschung sagt einiges über das Selbstbild des alternden Mannes. Zur Beschreibung eines Unternehmens mit Seiner Majestät dem König und Fridtjof Nansen an der Spitze der Förderer scheint es hingegen wenig angemessen.

Drei Brüder und ein Däne. Diese dunkle Amateuraufnahme wurde in der Kajüte der *Gjøa* unmittelbar vor deren Verlassen heimischer Gewässer aufgenommen. Von links: Roald, Gustav und Leon Amundsen. Schon gegen schlechtes Wetter gekleidet: Godfred Hansen.

Auf der ersten Etappe der Reise, der Ausfahrt aus dem Kristianiafjord, befanden sich auch drei Passagiere an Bord: Roalds Brüder. In der letzten Zeit war der jüngste zum ältesten geworden. Die Sorgen hatten Roald Amundsen gezeichnet. Der Einunddreißigjährige verließ die Stadt seiner Kindheit mit dem Gesicht eines alten Mannes.

Sowohl Gustav wie Leon hatten sich aktiv an der Vorbereitung der Expedition beteiligt. Gustav hatte den Klinkenputzer gespielt. Mit Charme und seinem Überredungstalent luchste er dem Gutsbesitzer Anker 10 000 und dem Großhändler Wiel 5000 Kronen aus der Tasche. Doch mit seinen privaten Geschäften hatte Busken Probleme. Vom Seefrachtgeschäft war er zum Handel mit Koks und Brennholz übergegangen, und nicht alle seine ökonomischen Entscheidungen waren gleichermaßen vom Glück begünstigt. Tatsächlich sahen die wirtschaftlichen Verhältnisse des zweitältesten Bruders derart miserabel aus, dass es Roald, ehe die *Gjøa* die Zivilisation verließ, für gerechtfertigt hielt, seinen Neffen, Gustav jr., «zum Erben für den Teil einzusetzen, der sonst gegebenenfalls meinem Bruder G. A. zufallen würde». Für niemanden gab es eine Garantie, lebend aus der Nordwestpassage zurückzukehren.

Zwei Tage vor der Abreise aus Kristiania wurde Gustav Roalds Prokura zugunsten von Leon aberkannt. Der war in diesem Frühjahr aus Frankreich zurückgekehrt, um sich als Weinimporteur in Norwegen niederzulassen. Der Polarfahrer hatte seinem frisch verheirateten Bruder die Wohnung abgetreten. Er wusste Betty und die Geschäfte in verantwortungsvollen Händen, seitdem Leon nach Hause gekommen war.

*Gjøa*s Abfahrt markiert den Anfang eines langen Tauziehens zwischen den Brüdern. Leons Rückkehr schob Gustav zur Seite. Wer sollte fortan der mit Verantwortung betraute Bruder des Polarforschers sein? Wer soll im Glanz stehen, und wer im Schatten? Wer an den finanziellen Erfolgen beteiligt sein? Bis auf weiteres stehen sie gleichberechtigt nebeneinander. Fast. Alle vertreten sie Roald.

Beim Leuchtturm Færder kommt der Abschied. Das Dampfboot kehrt nach Kristiania zurück. Die *Gjøa* läuft unter vollen Segeln weiter. – Adieu, kleiner Bruder!

6 Der Chef

Der Einmaster *Gjøa* lag, mit Proviant, Ausrüstung und Treibstoff für eine kleine Ewigkeit beladen, tief im Wasser. Seit vierhundert Jahren hatten mutige Seefahrer nach der Nordwestpassage gesucht. Da durfte man sich ruhig auf ein paar Winter mehr vorbereiten.

Eingeklemmt zwischen der Decksfracht standen ein paar mitgenommene Schlittenhunde, Überlebende von Sverdrups zweiter *Fram*-Expedition, die im Vorjahr heimgekehrt war. Die sechs Hunde blieben angeleint, bis man ein gutes Stück auf die Nordsee hinausgekommen war. Die Mannschaft kam dagegen freiwillig mit. Auch sie war zu sechst; dazu kam noch der «Chef», wie sie ihn nannte: Roald Amundsen.

Keine Polarexpedition ohne einen zweiten Mann. Der Leutnant auf der *Gjøa* hieß Godfred Hansen, war siebenundzwanzig Jahre alt und stellvertretender Leiter der Expedition. Davon abgesehen war er Däne, Sohn eines ehemaligen Bürgermeisters in «des Königs Kopenhagen». Warum ein dänischer Marineoffizier an Bord eines norwegischen Eismeerschiffs? Vielleicht weil sich die *Gjøa* auf dem Weg zu dänischen Territorien befand – oder war es wegen seiner vielseitigen Eignung? Amundsen bezeichnet ihn als «Navigator, Astronom, Geologe und Fotograf». Außerdem soll sich Hansen mit Elektrizität auskennen. Der Premierleutnant auf der *Gjøa* war ein gebildeter und gutaussehender Mann. Vielleicht aus etwas zu weichem Holz geschnitzt für eine Polarexpedition.

Der Einzige, der vorher schon einmal mit Amundsen und der *Gjøa* gefahren war, war der dreißigjährige Erste Maschinist Peder

Ristvedt aus Sandsvær. Er soll Amundsen während der Manöverwochen drei Jahre zuvor kennengelernt haben und war einer der zuverlässigsten Teilnehmer der Expedition.

Erster Steuermann war Anton Lund, einer der beiden Tromsøer in der Besatzung. Mit seinen neununddreißig Jahren war er der Senior an Bord, der über eine zwanzigjährige Eismeererfahrung verfügte. Verheiratet.

Auch der sechs Jahre jüngere Zweite Steuermann kam aus Tromsø. Helmer Hanssen hatte seine Frau und seinen Erstgeborenen zurückgelassen, um mit Amundsen zu segeln. Er hatte «den Chef» schon bei dessen Abreise mit der *Belgica* kennengelernt und sollte unter den Männern Amundsens einer seiner langjährigsten Begleiter werden.

Apotheker Fritz G. Zapffe hatte Helmer Hanssen für die *Gjøa* angeheuert. Zapffe muss ein Mann ganz nach Amundsens Geschmack gewesen sein. Sie hatten sich während seines langen Aufenthalts in Tromsø kennengelernt. Die Nordstern-Apotheke sollte von da an stets als Roald Amundsens private Botschaft in der Eismeerhauptstadt fungieren. Unzählige Aufgaben erfüllte der Apotheker im Auftrag des Polarforschers. Die vielleicht wichtigste bestand im Anwerben geeigneter Seeleute, sozusagen frisch aus dem Eis. Helmer Hanssen wurde sein bester Fang: «Sehr ordentlicher Mann, recht bescheiden und anscheinend sehr zivilisiert, normal groß. Unzweifelhaft der Empfehlenswerteste von allen.» Der einzige Haken an Hanssen war seine Ehe. Sie bedeutete eine zusätzliche finanzielle Belastung für die Expedition. Doch Zapffe meinte, es wäre gut angelegtes Geld, für den Unterhalt von Frau Hanssen aufzukommen. «Er sah so verwegen und prächtig aus – an ihm werden Sie sicher Ihre Freude haben», schrieb der Apotheker in seiner Empfehlung. Es sollten fast zwanzig Jahre vergehen, bis Amundsen keine Freude mehr an Helmer Hanssen hatte.

Unter den sechs Männern befand sich noch ein weiterer, der Amundsen auch in die Antarktis folgen sollte: der legendäre Polarkoch Adolf Henrik Lindstrøm. Der stämmige Herr aus Hammerfest war 1865 am 17. Mai zur Welt gekommen, dem Nationalfeiertag.

Kaum von seiner vierjährigen Teilnahme an der zweiten Fahrt der *Fram* zurückgekehrt, nahm er schon wieder Kurs aufs Eis. Trotz seiner vielen guten Eigenschaften hatte Kapitän Sverdrup nicht uneingeschränkte Begeisterung für den gutmütigen Smutje erkennen lassen. Lindstrøm liebte nicht nur das Essen, er hatte auch eine Schwäche für flüssige Nahrung.

«Der zuletzt Angemusterte heißt Gustav Juel Wiik», schrieb Roald an Leon im Februar 1903 von Potsdam, wo er seiner Blitzschulung in Sachen Magnetismus den letzten Schliff verpasste. «Er ist Unteroffizier der Marine, hat ein Steuermannspatent und war Büroangestellter.» Amundsen sah in dem Fünfundzwanzigjährigen aus Horten einen kommenden Wissenschaftler. «Er soll mich hier ablösen, damit auch er als Assistent den Gebrauch der Instrumente lernt.» Das jüngste und lebhafteste Mitglied besaß einen sensiblen und überlegten Charakter. Niemand an Bord des glücklichen Schiffs ahnte, dass Gustav Wiik am anderen Ende der Nordwestpassage sein Schicksal erwartete.

In Godhavn an der Westküste Grönlands erfolgte ein letzter Landgang in die Zivilisation, auch um Petroleumfässer an Bord zu nehmen und Hunde. Außerdem gaben die örtlichen Eskimos eine Festvorstellung. «Sie tanzten außergewöhnlich gut. Größere Taktfestigkeit und sicherere Bewegungen habe ich nirgends gesehen», hält Amundsen in seinem noch gänzlich unbeschriebenen Expeditionstagebuch fest. «In den stramm sitzenden Kniebundhosen kamen die Figuren zu vollem Recht. Nur wenig reine Eskimotypen zu sehen. Das Aussehen ist halb dänisch.»

Am letzten Julitag bricht die Expedition in noch jungfräulichere Fahrwasser auf. Nach vierzehn Tagen die Westküste hinauf hat die *Gjøa* das erste Hindernis hinter sich gelassen. «Wie auf ein Gebot Gottes hin», schreibt der Kapitän, «öffnete sich das Eis, und ohne Hindernis fuhren wir zügig auf Land zu.» Damit war die Melvillebucht, jene berüchtigte Passage, bewältigt. «Ein inniger Dank an Gott, der uns leitete.»

Gjøa befindet sich bereits in göttlichen Breitengraden. «Beim Anblick des Gletschers, den unser mutiger Landsmann Eivind Astrup mit Peary bestieg, um seine Wanderung über das Inlandeis zu beginnen, fiel es mir schwer, Augen und Gedanken wieder abzuwenden», schreibt Roald Amundsen in dem endgültigen Bericht, der den Titel *Die Nordwest-Passage* tragen sollte.

Am 22. August stoßen sie auf die ersten Hinterlassenschaften der verschwundenen Franklin-Expedition und der vielen Suchfahrten: Gräber, marmorne Gedächtnistafeln und geplünderte Depots. «Überall liegen leere Konservendosen verstreut, und alles, was man vorfindet, ist zerstört», notiert Amundsen im Tagebuch nach einer trostlosen Inspektion des geheiligten Terrains. Das Einzige von Wert ist «ein Stapel amerikanisches Sohlenleder und ein Haufen Kohle».

Von den Küsten Grönlands segelt die *Gjøa* mit südwestlichem Kurs zwischen die nordkanadischen Inseln. Amundsens Strategie besteht darin, die Nordwestpassage auf einer südlicheren Route zu suchen als die meisten seiner Vorgänger.

Am Vormittag des 31. August wird der Kapitän, der in der Nacht Wache gegangen ist, in seiner Koje von einem heftigen Schlag gegen den Rumpf geweckt. Sein Stellvertreter führt das Kommando. Amundsen stürzt an Deck. Kurz nach ihm erscheint Peder Ristvedt: «Das Erste, was ich sah, war der Chef, der in Unterhosen auf Deck turnte, danach hörte ich eine dänische Stimme triumphierend sagen: ‹Sie steckt fest.› Trotz der Warnungen von Wiik und H. Hansen hatte er uns geradewegs auf Grund gesetzt, einen Grund, der in jeder Richtung mindestens eine Viertelmeile zu sehen war.» Die Aussage stammt aus Ristvedts Expeditionstagebuch.

Das auf Grund gesetzte Schiff ist das geringste Problem. Das Hauptproblem heißt Hansen, Godfred Hansen, Premierleutnant der dänischen Marine. Dass er nicht navigieren kann, ist für die Mannschaft der *Gjøa* schon keine Neuigkeit mehr, sie hat ihm längst den Spitznamen «Kjoms» verpasst, Tollpatsch, Trottel. Wiik nennt ihn in seinem Tagebuch «ein Muttersöhnchen, einer, der sich nicht mal selbst waschen kann, Kleidung und was ihm sonst so gehört verteilt er übers ganze Deck, dabei ist der Chef ein Mann der Ordnung bis in die Fingerspitzen!». Ristvedt nennt den Leutnant anfangs einen «netten armen Kerl, überaus mutig in gutem Wetter, er schläft gern den ganzen Tag, aber bei schlechtem Wetter und schwerer See – da ist er ein Hasenfuß».

Zur großen Verblüffung der Eismeerfahrer lässt sich der Herr Premierleutnant die Locken wachsen. Er schmückt sein blondes Haar mit Seidenband und – flicht sich Zöpfe! «Jetzt sieht er aus wie ein richtiges kleines Schulmädchen», stellt Ristvedt fest. Sein wie auch Wiiks Tagebuch enthalten ausführliche Beschreibungen von den kunstfertigen Frisuren des Leutnants. «Unter den anderen läuft er herum wie ein Narr mit langen Haaren», schreibt Wiik, «er selbst glaubt aber wohl, alle würden ihn in hohem Maße bewundern.»

Nach und nach soll sich der Premierleutnant auf all seinen Spezialgebieten als mehr oder weniger untauglich erweisen, auch als Elektriker und Fotograf. Gleichwohl hält Amundsen weiterhin seine Hand über Godfred Hansen. «Über die praktischen Fähigkeiten dieses Mannes haben der Chef, Ristvedt und ich manchen harten Disput gehabt», schreibt Wiik. «Der Chef kann sich natürlich keinen fixeren Kerl vorstellen.» Amundsen hatte wohl begriffen, dass er mit seinem Stellvertreter im Kommando irgendwie auskommen musste. Einen Premierleutnant der königlich dänischen Marine konnte man nicht so mir nichts, dir nichts degradieren. Außerdem hatte ein schwacher zweiter Mann mindestens einen Vorteil: er war kein starker zweiter Mann.

Wenige Tage später läuft die *Gjøa* erneut auf Grund. Diesmal vergehen ein Tag und eine Nacht, ehe ein Sturm das Schiff losreißt. Gegen Ende wird die Lage kritisch: «Sie wurde auf die höchste Stelle des Riffs gehoben. Ich war sicher, daß unsere letzte Stunde gekommen war. Schlag auf Schlag. Einer heftiger als der andere», schreibt Amundsen ins Tagebuch. «Wir warfen Proviantkisten über Bord, so schnell wir konnten. Dann gab es einen letzten gewaltsamen Ruck, und sie kam frei. Aus meinem tiefsten Inneren sandte ich meinen brennenden Dank zu Gott, weil er uns hindurchgeleitet hatte.»

Peter Ristvedt war der Ansicht, dass auch anderen Dank gebührte: «H. Hansen stand in der Tonne und lotste uns mit Bravour hindurch. In solchen Gelegenheiten zeigt sich, wer hier das Kommando haben sollte. Der Leutnant stand bloß dabei und glotzte.»

Nachdem sie Sturm, Brandung und Grundberührungen getrotzt hat, geht die *Gjøa* am 9. September 1903 in einer Bucht von King William Island für ihre letzte Überwinterung vor Anker. Fast zwei Jahre wird das Schiff dort liegenbleiben. Gjøahavn, wie der Chef den Ort taufte, lag südlich des 70. Breitengrads und damit südlich des eigentlichen Ausgangspunkts, Tromsø, und dennoch weitab von jeglicher Zivilisation und gar nicht mehr weit von der letzten Lokalisierung des magnetischen Nordpols entfernt, die Sir James Ross im Jahr des Herrn 1831 vorgenommen hatte.

Gjøahavn, der letzte Außenposten der Zivilisation, bestand aus zwei Einheiten: dem Schiff, das bald zugeschneit und eingefroren draußen im Eis lag, und auf einer Anhöhe über der Bucht dem Observatorium. Es war ein Gebäude aus Kisten (bloß Kupfernägel), das den Spitznamen «der Magnet» erhielt. In diesem wissenschaftlichen Zentrum bekamen Wiik und Ristvedt ihre Schlafplätze, und von dort wurde die erste Begegnung zwischen Roald Amundsen und den örtlichen Ureinwohnern am 29. Oktober 1903 beobachtet.

Eine Handvoll Eskimos tauchte auf der Anhöhe über der *Gjøa* auf. Amundsen ging ihnen entgegen, dicht gefolgt von Lund und Helmer Hanssen, die jeder ein Gewehr trugen. «Es war eine sehr komische Szene, und wir genossen sie von unserem erhöhten Standort in vollen Zügen», schreibt Ristvedt. «Der Chef fuchtelte mit den Armen und rief ‹Veimi›, was ein eskimoischer Gruß sein sollte – war es aber nicht. Die Eskimos schienen der Situation besser gewachsen zu sein. Sie kamen näher und riefen ‹Maniktumi›.»

In der *Nordwest-Passage* hat Amundsen dieses einzigartige Treffen zwischen zwei Kulturen selbst mit deutlicher Ironie geschildert. In der Autobiographie – einen Weltkrieg und ein paar Jahrzehnte später – ist die Ironie in die Ferne gerückt, während uns der arktische Napoleon ein beträchtliches Stück nähertritt: «Fraglos wa-

Gjøahavn. Die großen dunklen Punkte sind Menschen, die kleinen Hunde.

ren sie zum Kampfe gerüstet. Wir konnten jedoch nichts anderes tun, als ihnen Aug' in Aug' entgegenzutreten. Unsere beiden Parteien kamen bis auf eine Entfernung von ungefähr fünfzehn Schritt aneinander heran und blieben dann stehen. Ich kehrte mich zu meiner ‹Armee› um und befahl ihr, die Gewehre ostentativ zu Boden zu werfen. Dann wandte ich mich wieder den Eskimos zu. Als ihr Anführer unsere friedfertige Haltung sah, ahmte er mich nach, indem auch er sich zu seinen Begleitern wandte und einen Befehl gab. Sie gehorchten und warfen Bogen und Pfeile zu Boden. Unbewaffnet ging ich jetzt auf sie zu.»

Die Szene endet in sämtlichen Versionen mit Schulterklopfen, Umarmen und totaler Verbrüderung. «Ristvedt und ich lagen oben auf dem Hügel und hielten uns den Bauch vor Lachen, weil das Ganze so unbeschreiblich komisch war», schließt Wiik.

Jede Polarexpedition fürchtet die Monotonie der Überwinterung. Täglich sollen magnetische und meteorologische Messungen vorgenommen werden. Davon abgesehen ist fast nur der Koch vollbeschäftigt. Amundsen greift auf Nansens altes Rezept von der Überwinterung der *Fram* im Polarmeer zurück. Er befiehlt die Truppe auf Skiern hinaus. Das Tagebuch: «Jeden Morgen von 9 bis 10 ½ Bewegung auf einem nahe gelegenen Hügel. Natürlich heißt er bald Holmenkollen.»

Eines Novembermorgens erhalten die beiden «Magneten»-Bewohner einen Rüffel, weil sie zehn Minuten zu spät zum Frühstück erscheinen. «Danach war eine Runde Ski befohlen», notiert Ristvedt, und nicht ohne Schadenfreude: «Wir brachten Schaufeln mit, und um uns zu rächen, bauten Lund und ich einen großen Sprung mit richtig viel Schwung. Der Chef fuhr als erster. Ich freute mich schon im voraus, ihn auf dem Rücken zu sehen. Ja, und ganz recht, er springt ab wie ein Held, landet aber auf dem Kreuz und bekommt eine Skispitze gegen die Stirn, was eine hübsche Beule gab. Nach ihm kam der Ltnt. Er stürzte schon im Anlauf und riß alles mit sich.»

Peder Ristvedt, vielleicht der nützlichste Mann auf der *Gjøa*, Maschinist, Meteorologe, Schmied, Jäger und Hundepfleger, steht bereits im Begriff, eine starke Aggression gegen den Chef aufzubauen. Nicht zuletzt geht es um die Hunde: «Heute gab es einen kleinen Zusammenstoß mit dem Chef», trägt er am 20. November ein. «Wiik und ich hatten vor einer Weile beantragt, Stillas Welpen zu uns nehmen zu dürfen, die zum Ende dieses Monats erwartet wurden. Wir wollten sie bei uns unterbringen und uns um sie kümmern. Der Chef lehnte ab, weil er vermutlich glaubte, ja bestimmt sogar sicher war, die Welpen müßten vom ersten Tag an abgehärtet werden, wenn gute Hunde aus ihnen werden sollten. Die Folge war nun, daß Stilla, die nirgends ein Plätzchen hatte, ihre Jungen heute bei −30° draußen im Schnee werfen mußte. Ich war gerade mit Schmieden beschäftigt, als sie mit einem Jungen im Maul angelaufen kam, verfolgt von der ganzen Meute, die ihr das Junge abjagte und es verschlang. Ich holte Stilla sofort zu uns herein, und da bleibt sie, bis alles vorüber ist.»

Im Jahr darauf hat Silla (die Schreibung variiert) das Glück, ihre Jungen unter Wiiks und Ristvedts Schutz zur Welt zu bringen. Doch auch da greift der Kapitän ein: «Der Chef hat Silla heute die Welpen weggenommen. Sie sind nicht einmal einen Monat alt und befinden sich jetzt an Bord und heulen jämmerlich. Der Mann hat noch eine Menge Eis zu brechen.» Doch am nächsten Tag: «Silla hat uns heute überrascht, indem sie die Leiter, die vom Eis zum Schiff hinaufführt, hinaufgeklettert ist. Es ist unglaublich, was Mutterliebe bewerkstelligen kann. Eines der Jungen bekam sie zurück, die anderen bleiben unter der Aufsicht des Chefs. Entweder versteht er es nicht besser oder er hat einen Hang zur Tierquälerei, die Welpen haben es jedenfalls nicht gut, sie bekommen wenig Futter und sind völlig durchnäßt von Urin und Exkrementen.» Zwei Tage später: «Der Chef ist seine Zöglinge leid, und Silla bekam sie heute zurück. Vier Tage hatte er die Welpen bei sich an Bord, doch als ich ihn heute morgen fragte, was sie zu trinken bekämen, erhielt ich die Antwort: ‹Ich habe noch nicht probiert, ob sie überhaupt etwas wollen.›! – Zähe Tierchen.»

Gustav Wiik, Ristvedts Mitbewohner in der Villa Magneten, teilt seine Skepsis gegenüber dem Chef als Hundepfleger, ist aber weit aufgeschlossener für dessen positive Seiten. Ristvedt bildet sich sein Urteil über die Expeditionsleitung gleich im ersten Herbst. Es ist nicht das erste Mal, dass er mit dem Chef auf Fahrt ist.

Neben Amundsen selbst und dem Leutnant komplettiert der junge Wiik den gebildeten Teil der Besatzung. Er und der Chef haben gemeinsame Bekannte in der Hauptstadt und gemeinsame Er-

«Die erste Schlittenfahrt» hat Roald Amundsen (ganz links) dieses Bild genannt. Es sollte nicht die letzte sein.

fahrungen aus Potsdam. Unter vier Augen bringt Amundsen Wiik Vertrauen entgegen, offenbart ihm seine Gedanken und diskutiert seine Pläne. Zu seinem ersten Geburtstag an Bord findet Wiik auf seinem Frühstücksteller ein Geschenk des Kapitäns, Hjalmar Johansens Buch über seine Erlebnisse mit Nansen. So weit herrscht kein Zweifel: «Der Chef ist ein anständiger Kerl in jeder Hinsicht, umgänglich und in Ordnung.» Doch Wiiks Meinung soll sich ändern, ebenso wie Amundsen seine Meinung über den Kommandanten der *Belgica* änderte. Er ist jung und wach. Und er führt ein detailliertes und offenherziges Tagebuch. Niemandes Gedanken an Bord der *Gjøa* lassen sich so leicht verfolgen wie die Gustav Wiiks.

Im Verlauf der zunehmenden Bekanntschaft mit den Eskimos und als die Expeditionsteilnehmer die Sprache der neuen Freunde lernen, erfährt Amundsen etliches über das Schicksal der Franklin-Expedition. Der Admiral soll nicht weit von Gjøahavn, auf der anderen Seite von King William Island, den Tod gefunden haben. (Dieser königliche Kontinent liegt etwa halbwegs in der Mitte zwischen den beiden Inseln, die weiter nördlich im Archipel nach den beiden Brauereibesitzern Ellef und Amund Ringnes benannt wurden.) Amundsen beeilt sich, für seine ethnographische Sammlung von den Eskimos Kunsthandwerk einzutauschen. Besonders eifrig wird er aber dann, wenn irgendein Requisit europäischer Provenienz auftaucht, das von den Schiffen Franklins stammen könnte. Er hört auch, wie die Engländer vor ein paar Menschenaltern den Tauschhandel abwickelten: «Als Bezahlung für eine leere Kiste oder ähnliches stellte man ihnen über Nacht Eskimofrauen zur Verfügung», notiert er ins Tagebuch.

Als der Frühling des Jahres 1904 näher rückt, wird es Zeit, den magnetischen Nordpol aufzuspüren. Zusammen mit dem unentbehrlichen Peder Ristvedt begibt sich Roald Amundsen auf eine Schlittentour nach Norden. Die Suche nach dem magnetischen Punkt sollte sich als einer Wanderung auf Treibeis ähnlich erweisen, die Umgebung war in steter Bewegung. «Der Chef observiert und studiert, wo der Pol geblieben ist», schreibt Ristvedt in sein Schlittenjournal.

In Ermangelung einer exakten Polposition wird der Nationalfeiertag am 17. Mai als Höhepunkt der Expedition festgehalten. «Nach dem Frühstück kletterten wir nach draußen, dekorierten das Zelt mit der Flagge und photografierten das ganze», referiert Ristvedt. «Dann wurden Reden aufs Vaterland, den König, Lindstrøm usw. gehalten.»

Die Anziehungskraft des Magnetismus auf Amundsen war im Schwinden begriffen. Ein halbes Jahr später notiert Ristvedt: «Wiik arbeitet unablässig mit dem Magnetischen. Der Chef und der Ltnt. lesen Romane und rauchen oder machen den einen oder andern Spaziergang. Es ist unbegreiflich, daß sich ein Mann so verändern kann, wie es der Chef innerhalb eines Jahres getan hat. Letztes Jahr hat er früh und spät mit Observationen zugebracht. Dieses Jahr hat er nichts gemacht, und alles, was wir auf unserer Schlittentour im Frühjahr erreichten, hat er (nach seiner eigenen Aussage) sicher verkehrt gemacht.»

Andere Dinge übten ihre Anziehungskraft aus. Roald Amundsen war ein unermüdlicher Beobachter der eskimoischen Denk- und Lebensweise. Außerdem waren da noch die Frauen. Natürlich beschäftigten die Eskimofrauen die Männer in Gjøahavn. «Einzelne dieser Frauen sind die reinsten Schönheiten», schreibt Amundsen im Tagebuch. «Sie sind ein wenig klein, aber überaus wohlgeformt.» Nicht weniger beschäftigen ihn die Sitten der Eskimos auf diesem pikanten Gebiet. Am 26. August trägt er ein: «Die Männer bieten ihre Frauen zu einem Spottpreis feil von ... nahezu allem Beliebigen. Die Frau muß gehorchen, doch ich bezweifle, daß sie es aus freien Stücken tut. Noch habe ich es nicht herausgefunden.»

Amundsen registriert sowohl den Frauentausch wie auch den Umstand, dass ein Mann zwei Frauen haben kann, aber: «Da es bei diesen Eskimos bedeutend mehr Männer als Frauen gibt, kommt es häufiger vor, daß eine Frau zwei Männer hat. Praktische Menschen!»

Während sich der Chef und Ristvedt auf der Jagd nach dem verschwundenen Pol befanden, hatte der junge Wiik in der Villa Magneten ein paar unschuldige Rendezvous mit Kimaller, «der schönsten Frau, die wir bislang gesehen haben, und man muß lange suchen, ehe man ein hübscheres Gesicht findet». Wenn ihr Mann auf der Jagd war, besuchte die junge Frau «mit ein oder zwei Freundinnen» den munteren Mann der Wissenschaft. Allerdings verspürte Wiik auch einen Stich in der Brust: «Ich bin heute am Tag ihrer Abreise sehr traurig. Natürlich mochte ich sie, sogar sehr. Und ihr Lümmel von einem Mann ist das größte Faultier, dem ich begegnet bin. Sie wäre längst verhungert, wenn ich ihr nicht an Bord zu essen zugesteckt hätte. Die größte Ehre, die man mir erweisen könnte, wäre, ihm eine Kugel vor den Kopf zu schießen.»

Die Bewohner des Schiffs hörten nie auf, sich für junge Eskimofrauen zu interessieren. Hier hat Amundsen eine bei ihrem Besuch an Bord aufgenommen. Es wird behauptet, dass er bis heute noch mehrere Nachkommen in Gjøahavn habe.

Amundsen teilte Wiiks Urteil über Angudju, den Ehemann: «Daß eine solche Frau in die Hände eines solchen Flegels gefallen war, konnte man nur von Herzen beklagen», schreibt er in der *Nordwest-Passage*. «Ihre schönen Augen mit dem tiefen, wehmütigen Blick machten sie höchst anziehend. Sie hatte wirklich etwas, was ich sonst bei den Mitgliedern des Netchjillistammes mit dem besten Willen nur sehr schwer herausfinden konnte – Anmut.»

Neben den Eskimos und ihren Frauen war die Jagd die große Zerstreuung der Expeditionsteilnehmer. Nur wenige teilten diese Leidenschaft nicht. Lindstrøm bevorzugte ausgestopfte Tiere. (Er war selbst ein Meister in der Kunst des Ausstopfens.) Außer ihm besaß auch der Chef kein Auge für Wild. Er hielt nun einmal entschieden an der Einstellung fest, ein Polarfahrer brauche keine Brille. Doch auch die Jagdausflüge der anderen waren nicht immer das, wofür sie ausgegeben wurden.

«Ob sie ein Ren mit nach Hause bringen, ist wohl noch die Frage», schreibt Gustav Wiik an einem Tag im September, an dem sich die beiden Tromsøer zur Jagd rüsten. «Ich habe gleich Lunte gerochen, als gestern abend bei den Eskimozelten getuschelt wurde. Obwohl die beiden seit langem verheiratete Ehemänner sind, schwärmen Lund und Hansen in höchsten Graden von den Frauen, die sich zur Zeit hier aufhalten, und jetzt sind sie zu weit gegangen.» Mit dem Feldstecher verfolgt der Magneten-Bewohner die Bewegungen der Jagdpartie. Bald vereinen sie sich mit denen ihres eskimoischen Gefolges und führen ins gelobte Land.

Vier Tage darauf erspähen Ristvedt und Wiik «zwei müde Wanderer mit gebeugten Rücken. Bei näherem Hinsehen entpuppten sie sich als die beiden ehrenwerten, verheirateten und für die Exp. unverzichtbaren Nordländer L. und H. H., die ihre Damen schon wieder verlassen hatten und Lindstrøms Kochtöpfen zustrebten.» Wiiks Tagebuch zufolge war es nicht das erste Mal, dass sich die Herren aus der «Residenzstadt Tromsø» auf diese Art Tauschgeschäfte einließen. Der wissenschaftliche Assistent war deutlich empört, aus persönlichen Beweggründen ebenso wie des Ehestands und der Expedition wegen. Für die amourösen Transaktionen waren im Tausch gegen die Frauen der Eskimos schließlich «Gegenstände aus der Ausrüstung der Exp.» erforderlich.

Ein gutes Menschenalter später schreibt Helmer Hanssen in seinen Erinnerungen, es habe «keine Nachfrage nach Mongolenfrauen» bestanden, «auf dieser Basis gab es also keinen Handel, nicht einmal mit den vier unverheirateten Mitgliedern der Expedition».

Ebenso verleiht der Expeditionsleiter in seiner Autobiographie einer prinzipienfesten Haltung Ausdruck. Er behauptet, der Eskimo betrachte den weißen Mann anfangs als eine Art göttliches Geschöpf, bis zu dem Augenblick, da er sich mit den Frauen der Eingeborenen einlasse. «Ich nutzte daher gleich den erstbesten Anlaß für eine äußerst ernste Unterredung mit meinen Kameraden und warnte sie, Versuchungen in dieser Richtung nachzugeben.»

Im Journal der *Gjøa*-Reise ist dieser «erstbeste Anlaß» nicht verzeichnet. Hingegen findet sich darin ein anderes Vorkommnis, zu dem der Chef eine «äußerst ernste Unterredung» für angebracht hielt. Am 3. Februar 1905 tauchte in Gjøahavn ein kleiner Eskimojunge auf. «Bei näherer Untersuchung zeigte sich, daß Füße, Unter- und Oberschenkel bis hinauf ins Kreuz dicht mit häßlichen Wunden übersät waren – einige mit dicken Krusten, andere offen und mit Ausfluß. Schmerzen verspürte er keine. Soweit wir feststellen konnten, handelt es sich schlicht und ergreifend um Syphilis. Er behauptet, sein Vater, seine Mutter und Geschwister wären vom gleichen Übel befallen. Seine Großmutter sei mit einem *Kabluna* [Inuitwort für Weiße; Anm. d. Verf.] in Eivili zusammengewesen & habe sich vermutlich dort angesteckt. Am Abend rief ich alle Männer zusammen, setzte sie davon in Kenntnis und fügte hinzu, daß ich die Krankheit für im ganzen Stamm recht verbreitet halten würde.»

Dieser wichtige Umstand, der in der *Nordwest-Passage* unerwähnt bleibt, ist auch aus Gustav Wiiks sonst so offenherzigen Tagebüchern herausgeschnitten und entfernt worden, wie übrigens noch mehr Seiten dieses einzigartigen Dokuments der ersten von Roald Amundsens Expeditionen.

Eine Woche nach Lunds und Hanssens Rückkehr ist der Chef selbst an der Reihe, einen kleinen Zeltausflug mit Eingeborenen zu unternehmen. «Diese Tour läuft allerdings unter der Bezeichnung herbstlicher Jagdausflug», verzeichnet ein staunender Wiik und fährt in seiner Verwunderung fort: «Instrumente werden keine mitgenommen; ja, es sind wahrlich sonderbare Geschäfte, zumal der Chef nach eigener Aussage und nach dem, was wir gehört und gesehen haben, alles andere als ein guter Schütze ist.»

In der Phase zwischen der ebenfalls recht undurchsichtigen Schlittenpartie in Richtung magnetischer Nordpol und der Inangriffnahme des zweiten Teils des Plans, nämlich der Durchfahrt durch die Nordwestpassage, befindet sich die *Gjøa*-Expedition in einem Zustand innerer Auflösung. Gustav Wiik: «Es ist schon seltsam zu sehen, daß nach nur einem Jahr bereits alle jegliche Lust zur Arbeit verloren haben und es ihnen bloß darum geht, vom Fahrzeug wegzukommen und irgendwo draußen in einem Zelt zu liegen oder sich in die Koje zu verziehen.» Letzteres bezieht sich auf den permanent romanelesenden Leutnant.

Auch Ristvedt wundert sich: «Dem Chef gefällt es wohl nicht an Bord.» Amundsen ist nicht länger die Integrationsfigur in Gjøahavn. Ganz im Gegenteil, «er geht seine eigenen Wege, kommt und geht, wie er Lust hat». Seit der Schlittenfahrt hat Amundsen Schmerzen in einem Bein. Er ist verschlossen und schlecht gelaunt. Nach allgemeiner Ansicht leidet er an Skorbut.

Trotz der heimlichen kleinen Fluchten müssen die Männer große Teile des Winters an Bord des Schiffs zubringen. Sie spielen Whist, und Bruder Leon hat nicht nur für Weihnachtsgeschenke, sondern auch für echten Cognac gesorgt. Obwohl der Chef zu der Zeit Abstinenzler ist, kommt es vor, dass der eine oder andere einmal einen Grog zu viel trinkt und ein bisschen «angeheitert» oder «schicker» ist. Der Pfeifenqualm hängt zuweilen mehr als dicht im Salon. «Als wir an Bord der *Gjøa* gingen, konsumierten weder der Chef noch Hansen, G., Tabak, inzwischen aber ist der Chef der stärkste Raucher von uns allen, der unter allen Umständen nach dem Essen seine Pfeife und zwischendurch etliche weitere braucht», konstatiert Wiik, der noch nicht blind für den Charme seines Vorgesetzten ist: «Der Chef ist ein richtig gemütlicher Gesellschaftsmensch und unterhaltsam.»

Lindstrøm bildet den festen unbestrittenen Angelpunkt an Bord des Schiffs. Keine Polarnacht kann der guten Laune des Kochs etwas anhaben. «Heute das erste sichere Vorzeichen des Frühlings», hält Ristvedt fest, als die zweite Überwinterung ihrem Ende entgegendämmert: «Lindstrøm ging auf Schneehuhnjagd. Es ist das erste Mal, daß er das Schiff verläßt, seit uns das Eis eingeschlossen hat. Er ist ein komischer Vogel. Dick und fett wie ein Ferkel, aber immer gut aufgelegt und strahlender Laune, obwohl er eigentlich von uns allen am meisten Grund hätte, verdrießlich zu sein.»

Der Chef, der mit seiner Unberechenbarkeit, seinen Stimmungsumschwüngen und seiner ewigen Rastlosigkeit das genaue Gegenteil des Kochs ist, beobachtet den stabilen, wenn auch öfter «angefeuchteten» Koch fast mit dem Interesse eines Forschers: «Hat er sich etwas vorgenommen, gibt er nicht so leicht auf. Während seiner zahlreichen Anläufe machen sich alle über ihn lustig. Er aber lacht nur gutmütig & fährt ruhig fort. Auf die Art gelingt ihm nach einer Reihe von Versuchen das meiste.» Der zu Beginn so einfältig wirkende Koch offenbart ständig neue Seiten. Er ist «ein mechanisches Genie» und ein fähiger Zoologe. «Für eine Polarunternehmung kann es kaum einen tüchtigeren Mann geben.»

Der untersetzte Lindstrøm und der lang aufgeschossene Amundsen sind noch in anderer Hinsicht Gegensätze. Der Koch interes-

siert sich nicht für die Eskimos, weder für ihre Sprache noch für ihre Gebräuche. Der Chef dagegen hat sie geradezu als ein neues und faszinierendes Forschungsfeld entdeckt. Handel mit den Eingeborenen wird eine seiner großen Leidenschaften. Streng genommen ist er der Einzige, dem es erlaubt ist, mit dem Eigentum der Expedition Tauschgeschäfte zu machen. Ristvedt schmiedet und schmiedet, Messer, Äxte und andere begehrte Tauschartikel, und der Chef sichert sich wertvolle Kunsthandwerksobjekte zum Nutzen der Expedition und der Museen daheim in Norwegen.

Der Forscher aber wünscht sich nicht nur tote Dinge und museale Gegenstände, am allerliebsten will er einen lebenden Eskimo mit in die zivilisierte Welt zurücknehmen. «Jetzt sind wir ein Mann mehr», verzeichnet Ristvedt eines Tages gegen Weihnachten 1904. «Der Chef hat nämlich einen kleinen, etwa zehn Jahre alten Waisenjungen gekauft. Heute wurde er gewaschen, bekam die Haare geschnitten und neue Kleider. Der Ltnt. erhielt den Auftrag, ihn zu erziehen.» Dass der kleine Wilde Godfred Hansen übergeben wurde, hatte seinen Grund darin, dass der bedächtige Kopenhagener über die beste Bildung an Bord verfügte. Auf längere Sicht aber war es Amundsens erklärte Absicht, den Jungen einmal als seinen eigenen Sohn zu adoptieren. «Er hat ein kleines Bett und einen Schlafsack bekommen und soll beim Chef einquartiert werden.»

Das Experiment währte nicht lange; aber es sollte nicht Roald Amundsens letzter Versuch sein, sich aus primitiven Völkerschaften eine Familie zu rekrutieren.

Nach und nach legt sich der Chef einen Hofstaat aus Eskimos zu, die an Bord wohnen und schlafen. Unter anderem ernennt er den phlegmatischen Ehemann Angudju zu seiner Privatordonnanz,

Zum ersten Mal Weihnachten in einem fremden Hafen. Lindstrøm sorgt für die Bewirtung und spielt den Weihnachtsmann. Die Übrigen, von links: Helmer Hanssen, der Chef, Ristvedt (hinterm Weihnachtsmann), Wiik (vor Nansen) und Lund. Noch hat König Oscar die Position an der Kajütenwand oben links inne.

von denen er, Wiik zufolge, «stets eine Menge hat. Wozu sie dienen, begreife ich nicht, aber sie essen für drei ausgewachsene Menschen. Hundefutter aber kann er sich nicht leisten.»

Gustav Wiik war als Amundsens Assistent für magnetische Messungen angestellt worden, und es fiel ihm schwer, die allmähliche Interessenverlagerung des Leiters in Richtung ethnographischer Beobachtungen zu akzeptieren. Am 22. Januar 1905 konstatiert er: «Von zwölf Monaten habe ich zehn sämtliche magnetischen observ. auf der Station allein tätigen müssen. Warum der Chef jetzt abreisen will, wo der kälteste Monat ins Haus steht, verstehe ich nicht, aber es ist ja viel angenehmer, in einem Iglu zu liegen und nicht von allem möglichen hier abhängig zu sein.»

Im Großen und Ganzen herrschen Eintracht und Friede zwischen den verschiedenen Menschengruppen in Gjøahavn. Zeitweilig aber kann selbst Amundsen die Gegenwart des Naturvolks nervig und ermüdend finden. Mitte Februar 1905 hält Ristvedt fest, dass sich der Chef «fast kriegerisch» gegenüber den Eskimos aufführt. Das ist zu der Zeit, als ihm berichtet wird, dass «eine viertel Kiste Schlittenbrot und ca. 200 Platten Pemmikan» aus dem Lager der Expedition verschwunden sind.

In dem Moment zeigt sich Kapitän Amundsen als der starke Mann und schwingt sich zu einer Art oberster Autorität am Ort auf. Er lässt ein Kommuniqué an die Urbevölkerung herausgehen: «Sollte sich einer der Diebe hier noch einmal blicken lassen, wird er gnadenlos niedergeschossen.» Außerdem ließ er bekannt machen, dass «das Zelt fortan jede Nacht von zwei Mann bewacht und jeder, der sich ihm nähert, niedergeschossen wird». «Ich hoffe, es hilft», vertraut er dem Tagebuch an, begnügt sich aber nicht damit. «Morgen soll Ristvedt im Zelteingang eine Mine anbringen. Sofern sich der Besuch noch einmal wiederholt, wird es, so hoffe ich, das letzte Mal sein.»

Für das Oberhaupt der Expedition war es wichtig, seine Autorität vor Ort herauszustreichen. Gleichwohl lassen sich die Maßnahmen als Überreaktion ansehen, wenn man in Betracht zieht, dass die *Gjøa*-Besatzung seit anderthalb Jahren in friedlicher Koexistenz mit den umgänglichen Naturmenschen lebte. Die Tagebücher zeigen, dass die Nerven des Chefs in diesem zweiten Winter in Gjøahavn mehr als bloßlagen.

Abgesehen von den ewigen Messungen waren die Arbeiten, die den magnetischen Pol betrafen, abgeschlossen. Erst im Sommer aber konnte das Schiff einen neuen Anlauf auf die Nordwestpassage versuchen. Vorläufig war Amundsen gezwungen, vor seinem großen Ziel im Leben Däumchen zu drehen. Er hatte alles, was er besaß, und dazu vieles, was andere einmal besessen hatten, auf diesen Durchbruch gesetzt. Die Verantwortung trug er allein. Das Schiff, die Mannschaft, die Gläubiger zu Hause, alles lag in der einsamen Verantwortung des Zweiunddreißigjährigen. Hinter ihm liegen vierhundert Jahre, vor ihm vielleicht vier Wochen. Aber vorerst muss er abwarten.

Die Tagebücher muss man vor diesem Hintergrund und der Dunkelheit der Polarnacht lesen. Dennoch kommt den Beobachtungen der *Gjøa*-Besatzung eine besondere Bedeutung für Einblicke in die Persönlichkeit des Chefs zu. Erst nach der Nordwestpassage konnte Roald Amundsen andere mit seinem Namen blenden. Noch wurde er von seiner Umgebung mit normalmenschlichem Maß gemessen.

«Der Chef ist zur Zeit so scharf, daß man sich an ihm schneiden könnte», hält Wiik in der drückendsten Zeit fest. «Er läuft herum, zieht ein Gesicht und mault wie ein kleines Kind, dabei mischt er sich in Dinge ein, aus denen er sich besser heraushalten sollte. Von jetzt an müssen wir mit den merkwürdigsten Schlittenplänen und allem möglichen rechnen.» Die Mannschaft kann nur schwer einschätzen, wo ihr Chef gerade steht. Und das buchstäblich; plötzlich kann er für Tage verschwinden, ohne mitzuteilen, wohin er geht, aber auch in übertragenem Sinn. Ristvedt schreibt, selbst wenn der Chef einmal «stinkwütend» sei, sage er es «keinem direkt ins Gesicht, sondern grummelt sauer vor sich hin».

Auch Gustav Wiik merkt, dass Amundsen lieber hintenrum agiert. Er holt sich Informationen dort, wo es ihm passt. «Das ist die

Art des Chefs, nie wendet er sich direkt an den Betreffenden, sondern geht Umwege. Mich hat er im Herbst einmal ausgefragt, aber das tut er sicher nicht noch einmal, denn ich habe ihn schlichtweg an den Betroffenen verwiesen.»

Roald Amundsen ist ein Mann, der explodieren kann. Er versteht seine Position mit Dynamit und Gewehr zu behaupten. Doch er zieht eine Herrschaft im Verborgenen vor.

7 Triumph der Flagge

Um drei Uhr morgens am 13. August 1905 liegt eine Wolke über Gjøahavn. Von den herbeigekommenen Eskimos ist wenig zu sehen. Das Geräusch der laufenden Schiffsmaschine aber verrät, dass die Stunde des Aufbruchs gekommen ist.

Die sieben weißen Männer verlassen einen Fleck auf der Erde, den sie ihr Eigen nennen können: Wiikhöhe, Ristvedtfluss, Lindstrømtal, Helmer-Hanssen-Hügel, Anton-Lunds-Holm. Außerdem hinterlassen sie ein Blechkästchen mit dem Porträt Professor Neumayers, «in tiefer Dankbarkeit und ehrerbietiger Erinnerung».

Im Frühjahr des Jahres 1905 hat Premierleutnant Hansen unter willkommener Assistenz von Unteroffizier Ristvedt eine längere Schlittenfahrt in nordwestlicher Richtung unternommen und entlang des Landstrichs, der seitdem König-Haakon-VII.-Küste heißen soll, Namen aus der Zivilisation verteilt. Damit ist der Pflichtlauf absolviert. Die Nordwestpassage liegt vor ihnen.

Das meiste hatten sie allerdings bereits hinter sich. Es waren nicht mehr als vierzehn Tage unter Segeln übrig, bis die kritischen Abschnitte überwunden waren. «Die Durchfahrten waren ziemlich schmal und seicht, aber wir hatten die ganze Zeit derart schönes Wetter, daß es das reinste Vergnügen war», schreibt Roald in seinem ersten Brief an Leon nach Erreichen des Ziels.

Natürlich bedeuteten die beiden Wochen mehr als eine nervenaufreibende Wache, während deren sich das ganze Unternehmen hätte festfahren und scheitern können. Doch Roald Amundsen war vorbereitet. Selbst wenn noch nie ein Mensch die gesamte Strecke zu Schiff bereist hatte, konnte er sich doch auf die Beobachtungen von Vorgängern stützen. Die Wendigkeit der *Gjøa* und die Erfahrung der Mannschaft waren ebenfalls von ausschlaggebender Bedeutung, wo man sich über unbekannte Untiefen hinweglotete. Dazu kamen «schönes Wetter» und günstige Eisbedingungen. Doch wie sich später auch bei Amundsens nächster Großtat, dem Südpol, erweisen soll: Wenn der Plan passt und die Vorbereitungen stimmen, dann ist die eigentliche Durchführung das geringste Problem.

Am 26. August sichtet die Mannschaft ein anderes Schiff. Amundsen, dem es in den letzten Tagen der nervenaufreibenden Fahrt zunehmend schwerer fiel, überhaupt noch Nahrung zu sich zu nehmen, schildert in der Autobiographie, wie er im selben Augenblick mit einem Messer bewaffnet wie ein Rasender über einige halb gefrorene Rentierreste herfällt und schlingt, bis der Magen protestiert. Die Spannung war von ihm abgefallen.

Das Schiff stellt sich rasch als Walfänger unter amerikanischer Flagge heraus. An Bord dieses einfachen Fahrzeugs soll sich die klassische Szene zwischen Expeditionsleiter und Schiffskapitän abspielen, wie sie im afrikanischen Urwald zwischen Stanley und Livingstone oder zwischen Jackson und Nansen auf Franz-Josef-Land stattfand: «Kapitän Amundsen, nehme ich an.»

Später schreibt Roald an Leon: «Ich habe sehr gestaunt, als ich an Bord ging und von Capt. McKenna, dem Skipper der *Charles Hanson* aus San Francisco, mit Namen angeredet wurde. Er bewillkommnete uns als erste, die die NW-Passage geschafft hatten, und gab seiner Freude Ausdruck, der erste zu sein, der diesen Glückwunsch aussprechen konnte. Er hatte Order, sich nach uns umzusehen & uns, wenn nötig, Hilfe zu leisten. Und er hatte alles, was wir brauchten.»

Das war allerdings nur der Beginn eines unerwarteten Empfangs. «Am 26. Septbr. war ich kurz in Herschel [Island] und bekam von allen Walfängern dort Hilfe angeboten. Bei gleicher Gelegenheit entdeckte ich einen Sonderdruck der *Geographical Soc. of the Pacific's*, aus dem ich den Grund für die ganze Herzlichkeit erfuhr. Du also warst tätig geworden und hattest das alles mit Nansens

Hilfe bewerkstelligt. Hoffentlich finde ich einmal Gelegenheit, Dir zu danken.»

Leon Amundsen hatte seinen ersten Einsatz als PR-Manager seines Bruders erfolgreich absolviert.

An Bord der *Charles Hanson* erhielt Kapitän Amundsen auch einen Stapel alter Zeitungen. Es war in den zwei Jahren nicht das erste Mal, dass man auf der *Gjøa* Neuigkeiten aus der Welt erfuhr. Von Gjøahavn war ein Eskimokurier ausgesandt worden, der am 20. Mai 1905 mit Nachrichten aus der Welt draußen zurückgekehrt war. So war die Expedition über den Kriegsausbruch zwischen Russland und Japan im Bilde. Doch an Bord der *Charles Hanson* rücken die Kriegshandlungen plötzlich näher. *«War between Norway and Sweden»* prangt es den Polfahrern von einem halbveralteten und halbinformierten amerikanischen Blatt entgegen.

Die Bezwingung der Nordwestpassage durch die *Gjøa* erfolgte zu einem Zeitpunkt, da sich ihr Heimatland Norwegen konstitutionell in einem sehr trüben Fahrwasser befand. Das Land war in diesen Monaten ein Königreich ohne König. Es war aus der Union mit Schweden ausgeschert, hatte sich aber noch keine unabhängige Verfassung gegeben. Das Verhältnis zum ehemaligen Unionspartner war derart gespannt, dass es zur Mobilmachung kam. Nicht so völlig abwegig also, dass eine Zeitung auf der anderen Seite des Atlantiks daraus etwas überdramatisierende Schlüsse zog.

Von Kap Parry, wo die *Gjøa* auf das erste Schiff traf, bis zur Beringstraße, wo Nordwest- und Nordostpassage zusammenlaufen, liegt der Rest des Seewegs entlang der Küste Alaskas offen. Dennoch bleibt die *Gjøa* bei King's Point für noch ein weiteres Jahr in diesem Gebiet. Amundsen begründet diese Überwinterung mit den Eisverhältnissen. Er wollte den Triumph nicht durch eine unsichere Fahrt durch Herbststürme und Dunkelheit aufs Spiel setzen. Oder wollte er sichergehen, dass die Neuigkeit die Zivilisation erreichte, ehe er selbst dort eintraf? Womöglich hielt Amundsen zwei Jahre auch für eine zu kurze Zeit für eine so großartige Unternehmung. Nansen war drei Jahre fort gewesen, Sverdrup vier.

Die *Gjøa* war ausreichend versorgt, wozu übertriebene Eile an den Tag legen?

Gustav Wiik, der seinem Kapitän nicht mehr viel Ehre zubilligte, meinte, es läge an nachlassendem Mut. Nicht vor der Schifffahrt, aber seit der Chef hörte, «daß es zwischen Norwegen und Schweden Ärger gibt, ist der Mut beträchtlich gesunken, und vom gleichen Moment an stieg plötzlich gewaltig die Lust auf eine Überwinterung, obwohl er während unserer Zeit in Gjøa Havn allein beim Gedanken an eine weitere Überwinterung förmlich krank wurde. Wahrlich, ein unentschiedener Mann.»

Die Motivation zu einer dritten Polarnacht war nicht bei allen gleich groß. Doch niemand sollte gezwungen werden. Am 5. September notiert Wiik: «Der Chef war heute morgen verärgert über H. Hansen und fragte ihn diesbezüglich am Nachmittag, ob er nicht über Land heimreisen wolle, wenn er denn der Meinung sei, ein weiterer Winter würde ihm aufs Gemüt schlagen. Das ist eins der schäbigsten Angebote, das ich je gehört habe. Ist das also der Dank für alles, was er auf der Reise geleistet hat, und nach 2 ½ Jahren?»

Alle bleiben, ja, die norwegische Kolonie bei King's Point verstärkt sich um einen Mann. Sie trifft nämlich den hier hängengebliebenen Christian Sten aus Vestfold an, der sich bereits als Familienvater unter den Eskimos niedergelassen hatte. Mr Sten zeigt sich als sehr umgänglich und wird seinen Landsleuten eine große Hilfe, wofür ihn Amundsen in der *Nordwest-Passage* lobend erwähnt.

Wiik ist allerdings der Ansicht, der Umgang mit diesem neuen Norweger enthülle einen weiteren Charaktermangel des Kapitäns. Mr Sten werde «derart harsch kritisiert, wenn er nicht dabei ist, daß es eine Schande ist. Der Chef ist Leiter, und es ist im Grunde seltsam, wie sehr sie selbst Heilige sind und alle übrigen bloß schlechte Menschen. Gut, alle Menschen haben ihre Fehler, aber ehe man jemanden so vernichtend kritisiert wie Mr Sten, sollte man sich ein bißchen in acht nehmen und einen Blick auf sich selbst werfen.»

Auch wenn die Eskimos dieses Küstenstrichs weitgehend zivili-

Märtyrer der Wissenschaft, Gustav J. Wiik (1878–1906), aufgenommen in der Villa Magneten

siert sind und außerdem in der Nähe, bei Herschel, mehrere Walfangschiffe überwintern, unterhält die *Gjøa* keinen direkten Kontakt mit der Umwelt. Eine frischere Zeitung trifft irgendwann ein, in der sich «der Krieg» in Wohlgefallen aufgelöst hat und eine «Republik Norwegen» ausgerufen wird. Die Verunsicherung über die Entwicklung im Heimatland ist deutlich zu spüren, und außerdem, wann würde die Welt vom großen Triumph der *Gjøa* erfahren?

Der Chef plant eine Schlittenfahrt zur nächsten Telegraphenstation. «Also übernehme ich alles, was mit Magnetismus zu tun hat», kommentiert Wiik im Tagebuch. Die Expedition hatte ihre wissenschaftlichen Beobachtungen nicht eingestellt. Amundsen aber ist der Meinung, dem Telegraphen den Vorzug gegenüber den örtlichen Instrumenten geben zu sollen. Er hat etwas auf dem Herzen: Er hat die Nordwestpassage bezwungen!

Am 24. Oktober 1905 begibt sich Amundsen in Begleitung eines Eskimopaars und eines gestrandeten Walfängers auf den Weg in das Innere Alaskas. Fast fünf Monate werden vergehen, ehe der Kapitän wieder auf sein Schiff zurückkehrt.

Die abenteuerliche Schlittenreise führte bis nach Eagle City. In seinem ersten Brief an Leon nach der Ankunft gab Amundsen folgendes Resümee: «Nach einem Marsch von 1300 Kilometern trafen wir am 5. Dezember hier ein. Jeden einzelnen Schritt habe ich zu Fuß zurückgelegt, so daß ich momentan ganz gut trainiert bin. Meine längste Tagesetappe betrug 65 Kilometer. Dafür brauchte ich 10 Stunden. Eagle City ist ein winziger Flecken gleich an der Grenze zwischen Kanada und Alaska.»

Noch am Tag der Ankunft begibt sich der Nordwestpassagenbezwinger in das örtliche Fort. Auf Englisch fasst er ein langes und umständliches Telegramm ab, gespickt mit Breitengraden und anderen geographischen Angaben. Außerdem stellt er drei Fragen: «*How the political situation? How my family? Would it be possible to get five hundred dollars by telegraph?*» Die Botschaft an die Welt geht an die Adresse: Nansen, Kristiania. Eine halbe Stunde nach dem Absenden bricht die Leitung zusammen.

Fünf Tage später trifft das Antworttelegramm von Professor Nansen mit den ersten Glückwünschen und beruhigenden Auskünften ein. Doch Amundsen muss sich ein paar Monate in Eagle gedulden, ehe ihn die Post von zu Hause erreicht. In der Zwischenzeit leisten ihm die Ortsansässigen und seine sechs Hunde Gesellschaft. «Sie sind alle ganz vernarrt in mich», schreibt er Leon, «weil ich ihnen viel Futter und wenig Prügel verabreiche – eine Behandlung, die sie von mir nicht gewohnt sind. Wenn ich draußen spazierengehe, bin ich oft von einem Rudel tobender Hunde umgeben. Alle wollen sie gehätschelt werden, was ganz schön anstrengend ist. Ich habe auch einige neue Hundebekanntschaften hier im Ort geschlossen, und sie pflegen sich gern unserem Zug anzuschließen. So kommt es nicht selten vor, daß ich von 15 Hunden umgeben bin, die alle versuchen, wer am höchsten an mir hochspringen kann. Meine derzeitige Kleidung erlaubt mir dieses Vergnügen.» – Roald Amundsen steht bereits im Begriff, ein umschwärmter Mann zu werden.

Am 9. Dezember 1905 setzt sich Fridtjof Nansen in seiner neuerbauten Schlossvilla auf Lysaker an den Schreibtisch und verfasst einen ausführlichen Brief an den Eroberer der Nordwestpassage. Im neuen Jahr soll er die wichtige Position eines norwegischen Botschafters in London antreten. Er schreibt eher in der Rolle eines Mitbegründers der Nation denn als Polarforscher. Zum ersten Mal wird Amundsens ferne Heldentat in einem nationalen politischen Rahmen interpretiert. Nansen gratuliert aus ganzem Herzen und mit Jubel: «Und nun kommt sie so passend wie ein leuchtendes Blatt in der neuen Geschichte des neuen Norwegen, denn seitdem Sie abgereist sind, hat sich das bedeutende Ereignis zugetragen, daß am 7. Juni dieses Jahres König Oscar als norwegischer König abgesetzt und die Union mit Schweden aufgelöst wurde, weil sich der König weigerte, ein einstimmig angenommenes Gesetz über ein eigenes norwegisches Konsulatswesen zu unterzeichnen. Schweden tobte, und wir standen am Rand eines Krieges, doch inzwischen ist alles wieder friedlich, und Prinz Carl von Dänemark wurde unter dem Namen Haakon VII. zum König Norwegens gewählt. Heute vor zwei Wochen hielt er seinen Einzug in Kristiania. Und jetzt trifft die Nachricht von Ihrem Triumph ein.»

Nach dieser Nachhilfe in Geschichte instruiert Nansen Amundsen, wie er sich in der neuen Verfassungssituation zu verhalten habe. Er «möchte meinen, es sei nicht dumm», Geld für ein weiteres Telegramm auszugeben, an Seine Majestät König Haakon, Anschrift: Kristiania. «Ob Sie aus alter Verbundenheit ebenfalls einige Worte an König Oscar (Stockholm) kabeln möchten, will ich Ihnen überlassen. Notwendig ist es nicht, könnte aber vielleicht rücksichtsvoll gegenüber dem alten Herrn wirken.» Der abgedankte Monarch hatte immerhin 10 000 Kronen für die *Gjøa*-Expedition zur Verfügung gestellt, einen Betrag, hinter dem König Haakon später nicht zurückbleiben mochte.

Des Weiteren bedauert Nansen, dass Amundsens epochales Telegramm zurückgehalten worden sei und Auszüge aus ihm in amerikanischen Zeitungen veröffentlicht wurden, bevor es in dem neuerrichteten Königreich seinen Bestimmungsort erreichte. Dieser Umstand sollte Amundsen eine teuer bezahlte Lehre sein und wesentlich dazu beitragen, dass er in der Zukunft einen ausgeprägten Sinn für verschlüsselte Botschaften und andere Geheimniskrämereien entwickelte. Für das Erstveröffentlichungsrecht einer Erfolgsmeldung der Expedition auf dem norwegischen Markt hatte ihm die Zeitung *Morgenbladet* vor der Abreise 2000 Kronen garantiert. Später sollte in Amundsens Kielwasser von ganz anderen Summen die Rede sein.

Dennoch durfte der Polarreisende erleichtert aufatmen. Seine Großtat war nicht in den Schlagschatten der nationalen Befreiung geraten. Im Gegenteil wurde es als ein Teil derselben betrachtet. «Professor Nansens Interesse habe ich glücklicherweise nicht verloren», schreibt er an Leon. «Ich hatte Angst, er würde seine Hand von meinem Unternehmen abziehen, nachdem er zum Botschafter in England ernannt worden war. Doch gestern erhielt ich ein Telegramm von Konsul Lund in S. Frisco, das beweist, daß er die Gjøaexpedition nicht vergessen hat. Solange der Mann an meinem Vorhaben interessiert bleibt, sehe ich der Zukunft ruhig entgegen.»

Durch einen Brief seiner Schwägerin Malfred erhält Roald «mit unsagbarem Stolz» Kenntnis vom guten Ruf seines Bruders Gustav für «Tapferkeit im Felde». In seinem Antwortschreiben gibt er einen der wenigen direkten Kommentare zu den politischen Ereignissen des Jahres 1905 ab: «Gut, daß alles so ging, wie es nun gegangen ist.»

Am 3. Februar 1906 konnte er Eagle mit einem prallgefüllten Postsack verlassen und Kurs auf die *Gjøa* und die Walfänger auf Herschel Island nehmen. «Der Zug in den Norden verlief in jeder Hinsicht ausgezeichnet», rapportiert er später an Leon. «Wir benötigten exakt 30 Marschtage für die 1300 km, und das kann man wohl kaum übel nennen. Oben auf den Bergen lag der Schnee sehr hoch & locker, und es war schwer, sich hindurchzuarbeiten. Am 12. März kam ich hier an und fand alles in bester Ordnung.»

Besonders zufrieden war er mit dem Einsatz seines stellvertretenden Kommandanten während seiner langen Abwesenheit: «Mit seinem feinen, kultivierten Wesen hat er den Respekt & die Achtung aller errungen», trägt er ins Tagebuch ein.

Ehe der Monat vorüber war, sollte die Tragödie über die *Gjøa* hereinbrechen.

In King's Point hatte man, in Abwesenheit des Chefs, den siebenundsiebzigsten Geburtstag Seiner Majestät König Oscars gefeiert und für eine halbe Stunde geflaggt. Doch später im Winter hatte auch dieser letzte Außenposten verlässliche Informationen über die Zustände im Heimatland erhalten. Premierleutnant Godfred Hansen hatte den Toast auf den Geburtstag des alten Monarchen ausgebracht; und er war es auch, der ein Grußtelegramm an den neuen Herrscher vorschlug. «Wäre es abgeschickt worden», schreibt Gustav Wiik, «dann hätten sie zu Hause ordentlich was zu lachen bekommen. Es war in Reimen abgefaßt, ein ganzes Gedicht darüber, welch großartige Arbeit wir hier vollbrachten, wie ehrenhaft wir unserer Fahne gedient hätten und wie betrübt wir darüber seien, daß wir unsere Stimmen nicht in die Waagschale hätten werfen können, aber daß ja nun trotzdem alles gutgegangen sei. Ich fürchte, unsere gesamte Exp. könnte sich durch unser Eigenlob vor der ganzen Welt zum Gespött machen.»

Mit großem Eifer hat Wiik die wissenschaftlichen Arbeiten auch während der dritten Überwinterung weitergeführt. So gesehen hielt er sie aufrecht. «Ich muß mich um meine magnetischen Dinge oder mit anderen Worten um alle Anliegen der Exp. kümmern.» Sonst aber zeugen die ausführlichen Tagebücher von einem Mann, der einen harten Kampf mit sich selbst führt, um es in dem beengten Milieu, in dem er da festsitzt, auszuhalten. Besonders die beiden selbstgefälligen und ungehobelten «Nordländer» fallen ihm auf die Nerven. Gustav Wiik hat ein Problem damit, inmitten von ausgespuckten Tabakflecken und Alkoholdunst zu leben und die anderen den Eskimofrauen nachstellen zu sehen oder die ewig gleichen sturen Dispute mit anzuhören. «Auf Abstand merkt man es nicht so und da kann man es mit ihnen aushalten, aber wenn man in ihre Nähe kommt, uff, dann wird es richtig ekelhaft, und das auch noch tagtäglich!» Er ist schon vorher zur See gefahren, aber «nie mit so großen Schweinen».

Gleichwohl stellt der Chef für Wiik die größte Enttäuschung dar. Beide haben sie Instrumente und Messungen in Potsdam studiert. Gemeinsam waren sie aufgebrochen, um den magnetischen Nordpol zu finden. Nur sie beide besaßen an Bord die Voraussetzungen, um die eigentliche Bedeutung der Expedition ermessen zu können. Doch nach einer Weile fand sich der Assistent allein über die Instrumente gebeugt wieder. Von seinem festen Standort aus registrierte er, dass sich der Pol mit großer Geschwindigkeit verschob. Die rastlosen Bewegungen des Chefs waren nicht einfacher zu verstehen. Es zeigte sich, dass sein Ziel ein anderes sein musste als das, was der Assistent mit seinen regelmäßigen Beobachtungen einzukreisen versuchte.

Gustav Wiik sammelte eine enorme Menge an wissenschaftlichem Material. Seine eigentliche Aufgabe bestand aber nicht darin, den magnetischen Pol zu finden, vielmehr ging es darum, Roald Amundsens Kindheitstraum zu legitimieren: die Jagd nach der Nordwestpassage. Vielleicht hatte er das begriffen, als er nach mehr als einem Jahr in Gjøahavn in sein Tagebuch schrieb: «Ich arbeite jedenfalls nicht für den Chef, sondern für die Wissenschaft.»

Gegen Ende März war ein Packen Zeitungen bei der *Gjøa* eingetroffen, und Gustav Wiiks Gedanken waren zu einem anderen Expeditionsleiter und zu einer anderen Polgegend geschweift: «Ich entnehme der Zeitung, daß Nansen schon vor diesen politischen Querelen allmählich begonnen hat, an einen Zug zum Südpol zu denken. Man kann sich denken, daß er damit etwas beabsichtigt!»

Diese Äußerung Wiiks belegt, dass Nansens Pläne für eine Südpolexpedition die *Gjøa* erreicht haben. Es war eine seiner letzten Eintragungen.

Am 4. März schrieb Gustav Wiik seiner Mutter in Horten, dass er während der gesamten Expedition gesund gewesen sei. Gegen Ende des Monats aber wird er krank. Mit seinem nie begonnenen Medizinstudium kam Amundsen dem, was man einen Arzt an Bord nennen könnte, noch am nächsten. «Der Chef ist Doktor, aber ich glaube, im zivilen Leben dürfte er nicht viel praktizieren», schrieb Ristvedt bei einer früheren Gelegenheit, als der Koch zum Patienten geworden war. Nachdem er die medizinischen Verordnungen des Chefs durchgegangen war, konkludierte Ristvedt, es sei «höchst erstaunlich, daß Lindstrøm nicht explodiert ist».

Es heilt sich nicht leicht, wenn keine Diagnose gestellt ist. Der Chef misst Fieber. Die Temperatur schwankt. Am letzten Abend geht es Wiik etwas besser. Da bekommt der Siebenundzwanzigjährige einen heftigen Anfall von Schüttelfrost. Kleider und Decken helfen nicht. Wiik bittet Lindstrøm, sich über ihn zu legen. Der Koch ist ihm sympathisch. «Schade für einen so netten Kerl wie Lindstrøm, daß er so dumm ist», steht im Tagebuch. Der Anfall geht vorüber. Am nächsten Tag, dem 31. März 1906, ist es vorbei. Der Chef schließt seinem Assistenten die Augen.

Anton Lund schreinert einen Sarg. Aber es ist nicht leicht, in diesen Breitengraden einen Toten unter die Erde zu bringen. Anfang Mai schreibt Roald an Leon: «Wiiks liegt noch immer in unserem alten Wohnhaus. In ein paar Tagen überführen wir ihn ins magnetische Observatorium und setzen ihn dort bei.»

Am 6. des Monats nimmt sich Amundsen die Tagebücher des Toten vor und schließt sie mit einem an die Mutter gerichteten historischen Attest: «Sein Name ist mit den wissenschaftlichen Resultaten der Gjøaexpedition eng verbunden und wird es ewig bleiben. Mit seiner glorreichen Arbeit errichtete er sich selbst das schönste Denkmal.»

Drei Tage danach wird das magnetische Observatorium in Gustav Wiiks Mausoleum verwandelt.

Irgendwo hat der Chef ein Bild der neuen norwegischen Königsfamilie aufgetrieben. Es wird an Bord im Salon aufgehängt, zwischen dem Porträt Nansens und einer Karte der Nordwestpassage. Darunter wird eine Handvoll Buchstaben angebracht, die Helmer Hanssen eigenhändig aus Blei ausgeschnitten hat. «Das Motto des Königs: Alles für Norwegen, paßt auch uns Männern von der Gjøa ausgezeichnet», trägt der Chef ins Tagebuch ein. Es geht auf den 7. Juni zu, den «Revolutionstag». Auch der 17. Mai wird festlich begangen, diesmal jedoch primär als Lindstrøms Geburtstag und erst dann als Nationalfeiertag.

Am 7. Juni referiert Amundsen im Tagebuch: «Schlag zwölf feuerten wir aus einer Batterie an Land königlichen Salut. Dazu hatten wir uns Stens Walkanone geliehen. Jeder Schuß – 21 zusammen – wurde mit 20 Sekunden Abstand abgefeuert. Galadiner. Unsere letzte Flasche Schnaps (Rum) hatten wir für diesen Anlaß aufgehoben. Wir stießen auf das Wohl von König & Vaterland an, dann folgte kräftiges Hurra. Wir sind zwar nur wenige, aber ein donnerndes Hurra bringen wir doch zustande. Zigarren habe ich noch genug, um sie herumzureichen. Am Nachmittag ließ der Ltnt. Ballons aus Seidenpapier aufsteigen. Einige von ihnen stiegen recht hoch. – Der schönste Festtag, den wir begangen haben.»

Der Expeditionsleiter hielt es also für angebracht, den Kalender ein wenig zu revidieren: «Ich habe den Nationalfeiertag vom 17. Mai auf den 7. Juni verlegt, was die Festlichkeiten an Bord der Gjøa anbetrifft. Der Ltnt. ist allerdings der Meinung, daß man daheim nach wie vor den 17. Mai als Hauptfeiertag begeht. Wir haben deswegen um eine halbe Kiste Zigarren gewettet.»

Nach der Rückkehr wird sich zeigen, dass der dänische Premierleutnant die richtigere Wahl hinsichtlich des norwegischen Nationalfeiertags getroffen hatte. Ob er jemals seine halbe Kiste Zigarren bekommen hat, ist eine andere Frage. Die Wettniederlage gegenüber Hansen blieb in Amundsens offiziellem Bericht jedenfalls genauso unerwähnt wie seine ausgiebige Betonung des «Revolutionstags». Der 17. Mai war dagegen «auf die übliche Weise gefeiert» worden.

«Alles für Norwegen». Der Polarreisende vor der überarbeiteten Dekoration der Kajütenwand nach der Rückkehr in die Zivilisation. Das gerahmte Bild der neuen Königsfamilie scheint aus einem amerikanischen Magazin ausgeschnitten zu sein.

Mitte Juli 1906 ist es Zeit für den Aufbruch. Amundsen nimmt Abschied von der halbzivilisierten Walfängerkolonie nördlich von King's Point. Das Tagebuch: «Die Eskimoabkömmlinge auf Herschel bieten einen sowohl traurigen wie komischen Anblick. Selbstredend sieht man nicht ‹ein einziges› Kind von reinem Blut. In den Adern der meisten fließt ‹Kablunablut›, doch gibt es auch einzelne skurrile Mischungen von Eskimo & Mulatte. Diese sind insoweit komisch, als man – sofern nicht das Elend darum herum wäre – sehr darüber hätte lachen müssen.»

Bevor die *Gjøa* Herschel verlässt, wird sie noch von einem weiteren Unglück getroffen. Der Eskimojunge Manni, der sich seit einer Weile an die Besatzung gehängt hatte, ertrinkt bei einem Fischzug. «Es war für uns ein schwerer Schlag, Manni auf diese Weise zu verlieren», schreibt Amundsen in seinem Bericht. «Wir mochten ihn alle und waren sehr daran interessiert, ihn mit in die Zivilisation zu nehmen und zu sehen, was da aus ihm hätte werden können ...»

Am 21. August passiert die *Gjøa* Point Barrow, den nördlichsten Vorsprung Alaskas, der später eine prominente Rolle in Amundsens kühnsten Plänen spielen sollte. Das Tagebuch: «Daß bei der Umfahrung dieses wichtigsten Punktes die norwegische Flagge am Mast aufflog, versteht sich von selbst. Gott sei Lob und Dank. Er hat uns durch so vieles hindurchgeholfen.»

Die Reise geht dem Ende entgegen. Der Chef holt die Waage hervor; Zeit für eine letzte Messung. Im Tagebuch wird festgehalten: «Ich bin der Schwerste, mit 90½ Kilo.» Noch ein Rekord.

Am 30. August 1906 überqueren sie die Demarkationslinie zwischen Alaska und Sibirien. Leider ist das Wetter ungünstig. Doch dem Tagebuch zufolge hatte der Chef noch eine allerletzte Flasche in petto: «Ich hatte mir gedacht, unsere Durchquerung der Beringstraße ein wenig festlich zu feiern, aber nun ist nur ein hastig an Deck geleerter Becher Whiskey daraus geworden, an das Setzen der Flagge war nicht zu denken.» Der Schlusssatz aber steht fest: «Wir leerten unseren Becher mit Freude, denn was auch noch kommen mag, wir haben Norwegens Fahne zu Schiff durch die Nordwestpassage gebracht.»

Am nächsten Tag erreicht das Schiff Nome, eine Goldgräberstadt mit einem beträchtlichen Einschlag norwegischer Immigranten auf der Südseite der Beringstraße. Es ist dunkel und still, als der Einmaster in die Reede einläuft, doch Nomes Einwohner sind vorbereitet. Plötzlich geht eine kleine Dampfschaluppe längsseits, Hurrarufe branden auf, und die norwegische Hymne wird angestimmt. Roald Amundsen wird vom ‹Traum seiner Kindheit› an Land gebracht.

8 Ein großer Mann

Denk daran, daß Du dich von nun an in erster Linie als Geschäftsmann sehen mußt. Verhalte Dich still und erlege Deiner Besatzung Stillschweigen auf!» So lautete Leons inständige Botschaft an Roald Amundsen, nachdem der Triumph eine Tatsache geworden war.

Das durchgesickerte Telegramm hatte die Geldgeber in Kristiania aufgeschreckt. Jetzt galt es, nicht die Kontrolle über die Situation zu verlieren. Glücklicherweise ist ein Mann namens Harry Randall auf der Bildfläche erschienen, der die Rolle des Impresarios für Amundsen in den Vereinigten Staaten übernehmen will. «Er ist der Ansicht», schreibt Leon, «daß Du mit einer Vortragstournee durch Amerika Chancen hättest, ein reicher Mann zu werden, und das ist natürlich auch Dein Wunsch.» Dann aber darf man Neuigkeiten nicht in alle Welt hinausposaunen; jedes Wort aus dem Mund des Entdeckers wird in Gold aufgewogen. «Du hast mehr als je ein Forscher zuvor Grund, es auf Geschäfte abzusehen, ohne daß Dich jemand dafür tadeln kann, dazu waren die Verhältnisse vor Deiner Abreise drückend genug», erklärt Leon, wohl wissend, dass Geld nicht gerade eine ehrenvolle Materie ist.

In Nome stattet Roald den Goldminen der Stadt ein paar aufschlussreiche Besuche ab, ehe er nach einigen Tagen des Feierns von der *Gjøa* Abschied nimmt. Am 5. September 1906 geht der Polarreisende an Bord des Dampfschiffs *Victoria* mit Ziel Seattle. Im Gepäck hat er die magnetischen Instrumente.

Die *Gjøa* segelt unter dem Kommando von Premierleutnant Hansen nach San Francisco, um dort ihre Ladung zu löschen. Die

Stadt ist am 18. April jenes Jahres von dem berühmten Erdbeben getroffen und in Trümmer gelegt worden, ein Ereignis, das noch im Oktober die Aufmerksamkeit rund um das Eintreffen der *Gjøa* überschattet. Auch der Chef kommt nach San Francisco. Ebenso taucht Gustav Amundsen auf, um sich für die Dauer ihres Aufenthalts in den USA um die Mannschaft zu kümmern. Roald hat die wissenschaftliche Ausbeute der Expedition bereits per Telegramm an Staatsminister Michelsen – *«without conditions»* – dem norwegischen Staat geschenkt. Sein Schiff lässt er in der hart geprüften Stadt zurück und ist damit ein beschwerliches Anhängsel los.

Am 1. November schreibt er Leon aus Minneapolis: «Ich ziehe von einem Empfang zum nächsten und finde zu nichts Zeit. Ich bin müde und erschöpft von dieser ganzen Feierei und bin froh, wenn wir dem Land am 8. Dez. an Bord der *Hellig Olav* den Rücken kehren.» Die Heimkehr rückt näher, und zwei Dinge liegen Roald Amundsen für diesen großen Tag besonders am Herzen. Leon soll dafür sorgen, dass Betty «so ausstaffiert ist, daß sie sich zeigen kann». Und: «Sei doch so nett und laß – *ohne daß der Preis eine Rolle spielen soll* – am Tag unserer Ankunft einen großen Kranz Rosen auf Vaters und Mutters Grab legen. Du weißt, es kann gar nicht gut genug sein.»

Der verbummelte Medizinstudent kehrt zurück. Für die Wunde kann kein Pflaster zu groß sein. Im folgenden Jahr ersucht er bei der Friedhofsverwaltung die «Bewilligung, auf dem Grab meiner Eltern einen ca. 10 Fuß hohen Gedenkstein aufstellen zu dürfen».

Am 20. November, einem grau bedeckten Tag, läuft das Panzerschiff *Norge* in den Kristianiafjord ein. An Bord befindet sich die vollzählige Besatzung der *Gjøa,* die zwei Tage vorher mit dem Passagierdampfer *Hellig Olav* in Kristiansand eingetroffen ist. Es treibt der gleiche Schneeregen durch Norwegens Hauptstadt wie ein Jahr zuvor, als die neue Königsfamilie ihren historischen Einzug hielt. Zehn Jahre ist es her, seit der moderne Wikingerkönig, Fridtjof Nansen, von der *Fram* herübergerudert wurde und an der gleichen Pier in Piperviken an Land stieg. Damals schien allerdings die Sonne.

Diesmal hat die Sonne frei. Doch trotz des schlechten Wetters ist die Hauptstadt voller begeisterter Norweger. Nur zwei fehlen. Beide halten sich in London auf.

König Haakon hat bereits ein Telegramm zur Ankunft in Kristiansand geschickt und lässt sich von Staatsminister Michelsen vertreten, der den neuen Nationalhelden mit dem Großkreuz des St.-Olav-Ordens dekoriert. Der andere Abwesende ist Botschafter Nansen. Gleichwohl ist er in jeder Schneeflocke präsent, die auf die Menschenmassen herabrieselt. Durch die Presse hat er versucht, der Bevölkerung die Bedeutung von Amundsens «Großtat» einzubläuen. Außerdem hat auch er einen Stellvertreter. Unter den 392 Prominenten, die an diesem Abend die Männer von der *Gjøa* im Logensaal feiern, befindet sich selbstverständlich auch Alexander Nansen; natürlich als Repräsentant seines ein Jahr älteren Bruders, aber auch aus eigenem Anlass. Advokat Nansen hat die Bücher der *Gjøa*-Expedition geführt. Seinem Bruder, dem Professor, hat er die ehrenvolle, wenn auch unbezahlte Aufgabe zu verdanken, die er zu aller Zufriedenheit versehen hat. Schließlich war er auch schon Geschäftsführer der stolzesten aller norwegischen Polarexpeditionen gewesen, der ersten Reise der *Fram*.

Alexander Nansens Verhältnis zu seinem Bruder Fridtjof ist dem Leon Amundsens zu Roald nicht unähnlich. Beide bleiben sie als erfahrene Helfer ihrer außergewöhnlichen Brüder im Hintergrund. Sie teilen das sportliche Interesse, haben aber selbst keine Visionen oder den Drang zu Grenzen überschreitenden Bravourtaten.

Alexander ist konservativer Natur, ein freimütiger Verteidiger auch reaktionärer Standpunkte. Als Student war er Anhänger des schwedischen Königs, dann wurde er Vorsitzender des Skiverbands. Er hielt sich gern im Freien auf, war Jäger, mit einer Engländerin verheiratet, und er war Anwalt wie sein Vater, und auch sein Sohn sollte Anwalt werden.

Leon war von Natur aus zurückhaltender, aber seine Bedeutung

Anwalt mit norwegischem Vogelhund. Alexander Nansen (1862–1945), hier in seinen älteren Jahren, nachdem er die Kanzlei seinem Sohn Einar W. Nansen überlassen hatte.

für den Bruder war zweifellos noch wesentlicher. Alexander bedeutete für Fridtjof eine praktische Stütze, wie Leon es in noch höherem Grad für Roald darstellte. Doch darüber hinaus benötigte Roald einen Partner, ein Korrektiv, jemanden, der ihm sagte, wo es langging. Bis dahin hatten die Brüder Nansen gemeinsam die meisten dieser Funktionen für Roald Amundsen wahrgenommen. Doch je mehr er sich in der Zukunft vom Nansen-Prestige emanzipierte, desto mehr sollten die Funktionen von Leon übernommen werden. Er soll nicht nur der vertraute Mann im Hintergrund sein, sondern sein zweites Ich. Doch bis ins letzte Jahr wird Alexander Nansen Roald Amundsens bevollmächtigter Anwalt sein.

«Früher interessierte ich mich hauptsächlich Deinetwegen für Amundsen», schreibt Alexander Nansen seinem Bruder noch während der *Gjøa*-Feierlichkeiten nach London, «jetzt aber muß ich sagen, daß ich ein starkes persönliches Interesse an ihm entwickelt habe. Geld kann ich keins geben, aber sonst werde ich tun, was ich kann.»

Das Bankett für die *Gjøa*-Mannschaft wird eine würdige und gediegene Veranstaltung. Mit dem Staatsminister an der Spitze hatte eine höchst prominente Versammlung im großen Festsaal der Loge Platz genommen. An der Haupttafel, den Nordwestpassagenbezwingern gegenüber, saßen die drei älteren Brüder und sonnten sich im Glanz des «Kleinen». Der Geschichtsprofessor Yngvar Nielsen, der gerade an seiner Chronik des Freiheitsjahres 1905 arbeitete, hielt die Festrede.

«Die Feier gestern war ausgezeichnet, doch ein Mann fehlte, Fridtjof Nansen», schreibt der Anwalt *seinem* großen Bruder. «Amundsen war *sehr* gut, fast (unbewußt) dramatisch.» Alexander Nansen kann berichten, dass Amundsen in seiner Dankesrede dem Bruder in London die gesamte Ehre zuschrieb und seinen Namen «mit erhobener Stimme über den Saal hin» gerufen hatte. Der Effekt sei «mehr als wirkungsvoll» gewesen. «Glücklicherweise hat er eine tragende Stimme.»

Das Letztere ist wichtig, da beide Nansen-Brüder wissen, dass der Polarreisende in den nächsten Jahren von ihr leben muss.

Selbstredend hatte Fridtjof Nansen Amundsen bereits persönlich geschrieben und ihn «aus ganzem Herzen» willkommen geheißen. Der norwegische Botschafter in London sah jedoch keinen Grund, lediglich im eigenen Namen und dem seiner Frau zu grüßen. «Im Namen des ganzen Landes darf ich Ihnen für das, was Sie für Norwegen vollbracht haben, Dank aussprechen. Wir hatten Sie so sehr nötig, und Sie kamen genau zum rechten Zeitpunkt und verkündeten aller Welt, wozu Norweger imstande sind.» Darüber hinaus betrachtete es Nansen als seine Aufgabe, im Namen der Wissenschaft zu danken: «Ihre Fahrt ist nach meiner Auffassung von Anfang bis Ende die bestorganisierte und geglückteste Expedition, von der die Geschichte der Polarforschung zu berichten weiß. Das Faszinierendste an ihr ist, daß sie mit derart geringen Mitteln durchgeführt wurde und dabei solch wichtige Ergebnisse erreichte.»

Am 29. November hielt Amundsen den obligatorischen Vortrag vor der Geographischen Gesellschaft. Selbst wenn er «ohne Lichtbilder» und «nur präliminär» gehalten wurde, nutzt Alexander Nansen die Gelegenheit, seinem Bruder eine Einschätzung des Vortragstalents des neuen Sterns am Himmel zu geben. «Seine Stimme erreichte *mühelos* die hintersten Plätze der Turnhalle, wo Yngvar Nielsen nicht mehr zu verstehen war. Amundsen machte unbedingt einen guten Eindruck auf alle, und wir folgten ihm mit großem Interesse. Sein Stil litt ein wenig an umständlichen Formulierungen wie ‹der Schlitten, auf *welchem*›, usw. Wir sind übereingekommen, daß ich ihm über solche Dinge unverhohlen meine Meinung sagen soll», schreibt der Anwalt, der sich damit selbst zum literarischen Berater des Polarreisenden aufgeschwungen hat. «Das aber wird er noch ablegen. Der Vortrag war sehr vielversprechend, ja, schon sehr gut so, wie er ihn gehalten hat! Und die Stimme klingt gut und angenehm. Er macht glücklicherweise genau den Eindruck des Mannes, der er ist.» Doch, Alexander Nansen ist überzeugt. «Du hast mir immer gesagt, was für ein prächtiger Kerl er sei; jetzt weiß ich es auch aus eigener Erfahrung.»

Nach der Vorstellung folgen ein neuerlicher Empfang, weitere Dankesreden. Die Benotung durch den Berater: «Amundsen antwortet deutlich, laut und männlich, nicht gerade flüssig.» Mit ein wenig Übung wird es besser.

Roald Amundsen absolvierte eine Vortragstournee durch die größten norwegischen Städte, dann aber stand ihm Großbritannien bevor. Keine Nation hatte im Kampf um die Nordwestpassage so viele Menschenleben eingebüßt wie die Engländer. Außerdem unterstanden die unerforschlichen Küsten Kanadas unmittelbar der Krone des Empires. So gesehen lag Amundsens Expedition in hohem Maß in britischem Interesse. Im Übrigen war jede Art maritimer Aktivität damals etwas, was das britische Empire anging. Die Royal Geographical Society in London wurde als der selbstverständliche Mittelpunkt aller Forschungen in den Polarregionen angesehen.

Verständlicherweise verbarg sich anfangs ein gewisser Widerwille darin, wie die Briten diese Liliput-Expedition betrachteten, die mit sieben Teilnehmern und einem Mast das geographische Problem löste, an dem sich das Empire jahrhundertelang die Zähne ausgebissen hatte. Zum Glück für ihren Leiter war bereits ein Fridtjof Nansen in London zur Stelle, nicht nur als Botschafter Norwegens, sondern als Roald Amundsens persönlicher Fürsprecher.

Nansen hatte selbst seine Auseinandersetzungen mit der Royal Geographical Society erlebt. Doch kraft seiner Persönlichkeit und seiner arktischen Triumphe hatte er sich in ein paar ausschlaggebenden Scharmützeln eine einzigartige Position bei den Untertanen König Edwards VII. erobert. Nansens Kombination aus einer jungenhaften Direktheit und einer selbstbewusst aristokratischen Haltung machte ihn zu einer besonderen Persönlichkeit in dieser sportfixierten Klassengesellschaft. Zwischen dem Jungen aus Borge und seinen Erzrivalen auf den Britischen Inseln würde sich niemals eine vergleichbare Harmonie einstellen.

Die Royal Geographical Society wollte den Bezwinger der Nordwestpassage liebend gern als ihren Gast willkommen heißen; nur für die Wahl des passenden Datums gab es eine unumgängliche Bedingung: Botschafter Nansen musste sich am betreffenden Tag in London aufhalten. Man einigt sich auf den 11. Februar 1907. Da ist Nansen zu haben. Doch wenn man Nansen hat, was will man dann eigentlich noch mit diesem Amundsen?

Drei Wochen vor seinem Einzug in London erhält der Vortragende folgenden Vorschlag vom Sekretär der Royal Geographical Society, J. Scott-Keltie, der keinen Grund sieht, «zu bezweifeln, daß Sie des Englischen ausgezeichnet mächtig sind», doch gleichwohl: «Wenn Sie der Ansicht sind, sich vielleicht nicht vollkommen verständlich machen zu können, möchten Sie bei unserer Versammlung vielleicht nur einen Teil Ihres Manuskripts vortragen und Dr. Nansen, sofern er dazu bereit ist, erlauben, den Rest zu verlesen.»

Von Nansens englischem Agenten, Gerald Christy, erhält Amundsen ein Angebot im Hinblick auf weitere Vorträge in England. Von sonderlich großem Interesse, erst recht von außergewöhnlichen Honoraren kann indes nicht die Rede sein. «Ihre phantastische Expedition hat gewiß die Aufmerksamkeit des wissenschaftlichen Publikums erregt, allerdings nicht die der Öffentlichkeit in einem Ausmaß, das Ihren Vorträgen besonderen ökonomischen Wert zukommen ließe.»

Auf einmal hatte die Nordwestpassage keine wirtschaftliche Bedeutung mehr. Dass sie als Handelsroute uninteressant war, darüber bestand seit längerem Klarheit, jedoch nicht immer. 1745 war ein Preis von 20 000 Pfund für ihren Auffinder ausgesetzt worden. Müsste der nun nicht Amundsen zufallen? Die Frage wurde gestellt und die Angelegenheit «an richtiger Stelle» von Botschafter Nansen erörtert. Doch schon vor seiner Rückkehr hatte er Kapitän Amundsen davon in Kenntnis setzen können, «daß man, wie zu erwarten stand, den Preis leider für verfallen hält». Vor langem schon hatte die englische Regierung das Preisgeld an einige der «Retter» verteilt, die in Admiral Franklins Kielwasser gesegelt waren.

Amundsen kommentierte die Verteilung in der Autobiographie, da noch einmal zwanzig Jahre vergangen waren: «Es ist überflüssig, darauf hinzuweisen, daß, wenn diese tüchtigen Männer auch Belohnungen für ihre Mühen und Erfolge in reichem Maße verdienten, die Reise der Gjøa doch die erste und einzige nordwestliche Durchfahrt ist und bleibt.» Ein Roald Amundsen vergaß niemals ein Unrecht; jedenfalls nicht, wenn es an ihm begangen worden war. Von Engländern.

Die Grundlage seines nach und nach sehr angespannten Verhältnisses zum britischen Empire wurde bereits bei seiner Rückkehr von der Nordwestpassage gelegt. Dem siegreichen Heimkehrer wurde nie der vorbehaltlose Jubel zuteil, den er vom Land seines Kindheitsidols, John Franklin, erwartet hatte. Warum nicht? Diese Frage stellten auch andere. In einem Brief aus dem norwegischen Generalkonsulat in London heißt es, man sei «mehr als verwundert über die Art und Weise, wie Sie und Ihre Expedition von der Presse hierzulande ignoriert werden». Amundsens britischer Presseagent versuchte eine Antwort. Die Expedition hätte ein großes Ziel erreicht, jedoch auf allzu «bescheidene» Weise.

In seinem ersten Gratulationsschreiben hatte der Sekretär der Royal Geographical Society, Scott-Keltie, ein brauchbares Entree skizziert: «Wenn Sie mit Ihrem Schiff um Kap Horn segelten, damit faktisch Amerika umrundeten und dann geradewegs über den Atlantik die Themse bis nach London hinauf kämen, würde das zweifellos einen äußerst starken Eindruck auf die britische Öffentlichkeit machen, und damit dürften Sie vermutlich von den Zeitungen und Verlegern höhere Honorare erwarten können.» So hätten es die Briten gern gesehen. Doch so kam es nicht. Amundsen erreichte die Kapitale des Empires wie ein gewöhnlicher Handelsreisender: kein Schiff, keine Mannschaft, keine Marineuniformen, kein Salut, kurz, weder Pomp noch Pracht. Lediglich Roald und Leon mit einem Kasten kolorierter Lichtbilder unter dem Arm.

Zwei Tage nach seinem Vortrag in der Royal Geographical Society wurde Roald Amundsen ohne Vorbehalt im Norwegischen Klub in London gefeiert. 152 Damen und Herrn versammelten sich im erstklassigen Hotel Cecil zu einem Galadiner unter Vorsitz Seiner Exzellenz Botschafter Fridtjof Nansen. Der Klub hatte außerdem einige britische Größen eingeladen, unter ihnen den Mann, der bis dato den südlichsten Punkt auf der Welt erreicht hatte, den englischen Marineoffizier Robert F. Scott. Leider befand sich der Kapitän zur Zeit von Amundsens Anwesenheit in London auf See, doch in einem Brief an den Klub gab er gern seiner Sympathie für den mutigen Kapitän Amundsen und seine Expedition Ausdruck, der «die ganze Welt applaudieren muß».

In seiner Dankesrede, die einem anwesenden Reporter zufolge auf Norwegisch, doch mit so nachdrücklichen Gesten gehalten wurde, dass sie auch ein Engländer verstehen konnte, hob Amundsen die Wikinger als die ersten Polarreisenden hervor. Dann, «in einem Ausbruch von Enthusiasmus», zeigte er auf den Vorsitzenden der Tafel, Dr. Nansen. Ihm hätten die Norweger dafür zu danken, dass die glorreiche Vergangenheit zurückgekehrt sei.

Nachdem er Nansen so endlich für seine Unterstützung gedankt hatte, konnte Amundsen England den Rücken kehren und sich auf seine Reise durch den Rest Europas begeben. Statt weitere unlukrative Auftritte in England zu absolvieren, begibt er sich direkt in das begeistert jubelnde Kopenhagen seines Premierleutnants. Dann folgt Schlag auf Schlag, Kaiser und Könige stehen anscheinend Schlange, die Vortragssäle füllen sich mit Menschen aller Art und Herkunft. Aus Italien schreibt Roald an Leon, der inzwischen nach Hause gefahren ist, um sich um die Geschäfte zu kümmern, und berichtet von vollen Häusern. «Der König sehr liebenswürdig, die Dekoration ausgezeichnet. Heute abend Empfang mit sämtlichen Größen. Die Behandlung hier übertrifft alle andern bei weitem.»

In der Zwischenzeit ist ein zutiefst empörtes Mahnschreiben vom Sekretär der Royal Geographical Society eingegangen. Der Bezwinger der Nordwestpassage war noch einmal auf die Britischen Inseln eingeladen worden, um aus der Hand Seiner Majestät König Edwards eine Goldmedaille «für seine mit dem magnetischen Nordpol in Zusammenhang stehenden Arbeiten» überreicht zu bekommen. Sechs Wochen waren seit dem Absenden der Einladung vergangen. Roald Amundsen hatte die königliche Gesellschaft nicht einmal einer Antwort gewürdigt.

Was der Aufmerksamkeit der Herren Edward und Scott-Keltie in England vielleicht entgangen war: Roald Amundsen war ein vielbeschäftigter Mann. Er reiste nicht bloß von Stadt zu Stadt, von Schloss zu Schloss, von Lichtbildapparat zu Lichtbildapparat, von Ordensverleihung zu Ordensverleihung, er war auch unter die Autoren gegangen.

Keine Expedition ist am Ziel, ehe das Buch darüber nicht auf dem Markt ist. Doch nicht alle Polarfahrer sind geborene Schriftsteller. Oder anders ausgedrückt: Nicht jeder kann ein Fridtjof Nansen sein. Jedenfalls nicht ohne Hilfe.

Die Wahl des Verlags fiel leicht. Alle, Nansen, Astrup und Sverdrup, waren bei Aschehoug erschienen. Ein Vertragsangebot von Verlagsleiter Nygaard lag bereits drei Tage nach der Ankunft an

Bord des Panzerschiffs *Norge* vor. Zu den literarischen Transaktionen gehört möglicherweise auch, dass der Verleger 2500 Kronen zur Expeditionskasse beisteuerte und sich der Autor dafür mit einem Kap William Nygaard an der König-Haakon-VII.-Küste erkenntlich zeigte.

Doch ehe sich Amundsen an sein großes Werk setzen kann, hat er noch eine andere literarische Aufgabe vor sich. Sie war ebenso klein wie bedeutsam: Er sollte die Rede zum 17. Mai halten. Das hieß, der Polarreisende hatte auf der Festung Akershus die offizielle Ansprache zum zweiten Nationalfeiertag nach Erringen der Unabhängigkeit zu halten. (Ob er sich wohl aus diesem Anlass der halben Kiste Zigarren für den Leutnant erinnerte?)

Nein, er war kein Nansen. Auch die Brüder konnten ihm nicht helfen, die richtigen Worte zu finden, vom angemessenen Stil ganz zu schweigen. Aber besaß er nicht einen Vetter, der Verse schmiedete?

Leon kontaktiert Christian Amundsen auf dem Familiensitz Hvidsten. Er ist Gelegenheitsdichter im Geiste Bjørnsons und in der ganzen Familie für seinen lyrischen Nationalismus bekannt. Ob er wohl nicht in aller Diskretion eine halbstündige Rede zum 17. Mai verfassen könnte?

Aber sicher doch, vor Ende April trifft die Ansprache aus Hvidsten ein. In seinem Begleitbrief an Roald hebt der Vetter richtig hervor, für andere eine Rede zu schreiben sei «beinahe ebenso schlimm, wie für einen anderen Liebesbriefe zu verfassen». Und außerdem: «*Du* als berühmter Mann darfst dir doch nahezu jede Form und jede Ausdrucksweise erlauben.» Doch was Roald Amundsen brauchte, war eine wirklich mustergültige Rede, ein Manuskript für seine Rolle als nationale Integrationsfigur auf der Festung Akershus.

«Wieder hat der Frühling seinen Einzug gehalten. Büsche und Bäume schlagen aus. Wiesen und Felder ergrünen ...» Etwa so legte Amundsen, umkränzt von König, Staatsminister und dem Volk, am 17. Mai auf dem Festplatz los. «Seine Ansprache war lyrisch gestimmt, wurzelte aber auch in der Realität», schreibt Odd Arnesen, der in seiner Biographie *(Roald Amundsen som han var)* den Text vollständig wiedergibt. Wieder und wieder brandete Beifall auf. Vetter Christian verdiente wahrlich ein Hurra!

Ermuntert von diesem geglückten literarischen Kunstgriff, setzte sich Leon gleich am 18. Mai erneut an den Schreibtisch. (Roald saß im Zug nach Russland, der Zar wartete.) Er wandte sich im Auftrag des Bruders an Herrn Schriftsteller Bernt Lie, Lillehammer, in Betreff des «Buchs über die Fahrt der *Gjøa.* Es soll ca. 450 gut gefüllte Textseiten im gleichen Format wie das Sverdrups umfassen.» Da sich Sverdrups und Nansens Reisen jedoch über jeweils zwei Bände ausbreiteten, bedeutete das, man wollte sich bei Amundsens mit der Hälfte begnügen. «... entsprechend 130 000–135 000 Wörter. Er hat die Absicht, den Inhalt in kürzestmöglicher Zeit einem Stenographen zu diktieren, der sie mit der Schreibmaschine abtippt und sie Ihnen zur stilistischen Bearbeitung weiterleitet, in der Sie sich ja den Ruf eines Meisters erworben haben.»

Gewiss war Bernt Lie, der Autor des Jugendbuchs *Sorte Ørn* (»Schwarzer Adler», 1894), ein Meister. Jedenfalls wenn man nach seinen Auflagenhöhen urteilt. Außerdem war er stets in Geldverlegenheiten und arbeitete «äußerst schnell». Die Antwort erfolgte am 19. Mai. «Die Fahrt der *Gjøa* interessiert mich brennend, und Ihr Bruder ist ein derart intelligenter Mann, daß es sicher ein Vergnügen wird, mit ihm zusammenzuarbeiten.»

Damit legen der Polarfahrer und der Stilist los. Das Buch soll Weihnachten am Ziel sein. Bernt Lie darf gegen das ansehnliche Honorar von 2500 Kronen aus dem Arktisreisenden einen Schriftsteller machen. Mit dem übersandten Rohmaterial ist er mehr als zufrieden. «Sie sind knapp und zupackend und langweilen nie», konstatiert er gleich nach dem ersten Kapitel.

Der Polarfahrer ist sich des Stilisten nicht so sicher. Auf einmal erhält er Manuskripte aus Skjærvø zugesandt, aber der Mann lebte doch in Lillehammer, oder nicht? «Sofern Sie nicht unverzüglich nach Lillehammer zurückkehren, betrachte ich den Vertrag als gebrochen. Telegraphische Antwort.» Die Nordwestpassage lässt sich weder zu Schiff noch mit der Feder ohne Disziplin in der Truppe meistern. Daraufhin gibt der Fortgang des Unternehmens keinen Anlass zur Klage mehr. «Ich freue mich, daß es zügig vorangeht und bald abgeschlossen sein wird», meldet der Polfahrer und ordnet bereits Anfang August die Auszahlung des Honorars an. Er bittet Leon, zu überprüfen, ob das Manuskript auch den Vertragsbedingungen entspricht. Eine Strecke ist eine Strecke, ob sie nun in weißem Schnee oder in Druckerschwärze zurückgelegt werden muss. «Wenn es nicht lang genug ist, sage Lie, er soll seinen Pegasus satteln und endgültig ins Ziel reiten.»

Es wurde ein hektischer Sommer. Doch der Arktisreisende vermisste die eisigen Gegenden nicht, er war in seinem Element. Aus Potsdam schrieb er Leon: «Hier geht es heiß her, Korrekturen, Photografien, Observationen usw., aber jetzt bin ich bereits ein Triumphator.»

Alles in allem wird *Die Nordwest-Passage* nicht entscheidend von Bernt Lies stilistischem Pegasus geprägt. Er verleiht der Einleitung seine künstlerische Note und verlängert den Text um die eine oder andere Naturschilderung à la Bjørnson und lässt ansonsten Nansen von seinem Bild an der Wand zwinkern, als das Ziel erreicht ist. Überwiegend aber ist das Buch von Amundsens eigenem Stil geprägt: «knapp und zupackend». Der arktische Wanderer reitet kein geflügeltes Pferd, er hält sich am Boden, auf den Hundepfoten der Poesie.

Die Nordwest-Passage erschien kurz vor Ende November 1907 in einer Startauflage von 8000 Exemplaren, die bald auf 10 000 erhöht wurde. Eine sehr ansehnliche Zahl, auch wenn Nansens zweibändiges *In Nacht und Eis* zehn Jahre vorher in 20 000 Exemplaren gedruckt worden war. Die Zahlen spiegeln recht gut das öffentliche Interesse an den beiden Polarunternehmungen wider.

Zusätzlich zur vertraglich festgelegten Anzahl Worte und Abbildungen gibt das Buch gemäß einer Tradition dieses besonderen literarischen Genres eine Übersicht über die ökonomischen Verhältnisse der Expedition. In einem parlamentarischen Beschluss jenes Jahres wurden die Gesamtkosten für die *Gjøa*-Expedition mit 160 000 Kronen veranschlagt. Alles in allem eine geringe Summe

Wir warten auf den König. Frischgestriegelte *Gjøa*-Fahrer nach der Heimkehr. Sitzend von links: Lindstrøm der Koch, der Chef, Leutnant Hansen und Mechaniker Ristvedt. Dahinter: Helmer Hansen (der erst später dazu überging, seinen Namen mit Doppel-s zu schreiben), ganz rechts ein namenloser Bediensteter.

für die «glückliche Durchfahrung der Nordwestpassage unter norwegischer Flagge». Bei ihrer Rückkehr hatte die Expedition rund 80 000 Kronen Schulden aufgehäuft. Die Hälfte davon wurde durch private Spenden gedeckt, während das Storting die verbleibenden 40 000 bewilligte. Der Zuschuss dürfte teils als Ausgleich für die Überlassung des wertvollen wissenschaftlichen Materials, teils als Investition in das Marketing für das neuerrichtete Königreich zu betrachten sein. Der Parlamentsbeschluss Nr. 78 zog jedenfalls ein umfassendes Fazit: «Alle sind darin einig, daß die gesamte Expedition von Anfang bis Ende unserem Volk zu Ruhm und Ehre gereicht, daß sie einen wichtigen Einsatz in der von Norwegen geführten und ausgehenden Polarforschung bedeutet, der vielleicht mehr als alles andere dazu beigetragen hat, die Aufmerksamkeit der Welt auf die bei uns betriebene wissenschaftliche Forschungsarbeit zu lenken.»

Einleitend widmet Roald Amundsen in seinem Debütbuch ein Dankeschön «der kleinen tapfern Schar», die ihn auf seiner Fahrt begleitete. Ein spezielles Andenken kehrt zurück «zu dem einsamen Grabe, das da draußen über der unendlichen Eiswüste aufragt, und ich gedenke dankbar dessen, der auf der Walstatt gefallen ist». Der große Aufmacher aber ist die ganzseitige Widmung:

«Dem Minister Dr. Fridtjof Nansen
in tiefster Dankbarkeit
von Roald Amundsen»

Es sieht so aus, als habe Amundsen den Abstand zwischen dem überdimensionalen Herrn Botschafter Doktor (Nansens Name und Titel sind in großen Lettern gesetzt) und seinem eigenen titellosen kleinen Ich gar nicht groß genug machen können. Ein devotes Empfinden für Autorität und Stellung kommt darin zum Ausdruck, aber sicher auch eine gehörige Portion Taktik. In einem Brief an den Bruder erzählt Alexander Nansen, Amundsen habe seinen Namen nicht unter ein Telegramm setzen wollen, «weil er es von seiner Seite Dir gegenüber nicht höflich genug fand». Und nicht ohne Begeisterung setzt der Anwalt in Klammern hinzu: «(Noch einer seiner Züge!)» Die rhetorischen Lobhudeleien und Verbeugungen hatten ihre Wirkung getan.

Als Polarreisender und Forscher war Roald Amundsen Nansens natürlicher Erbe. Das Problem bestand darin, dass sein Vorgänger den Begriff Polfahrer so unendlich aufgewertet hatte. Und weil Amundsen so direkt auf Nansens Forschereinsatz und Prestige aufbaute, wurde er vom Nansen'schen Erbe so stark beschwert.

Roald Amundsen war kein Erbauer einer Nation. Diese Seite von Nansens Aktivität war unter anderem durch dessen enge Verbindungen zum Dichterfürsten Bjørnstjerne Bjørnson zum Ausdruck gekommen, der in Wort und Schrift Nansens Expeditionen mit Norwegens Freiheitskampf verknüpft hatte. Es sagt etwas über Amundsens Verhältnis zu Bjørnsons großem Werk und teilweise auch über das fortgeschrittene Alter des Dichters, dass ihr einziger

Kontakt nach der Rückkehr von der Nordwestpassage in einem Telegramm von Erling Bjørnson aus Aulestad bestand: «Mein Vater läßt fragen, ob es Ihnen behagen würde, am Montag bei uns zu weilen.» Doch dass der frischgebackene Nationalheld keine Zeit hatte zu weilen, weder Montag noch Dienstag oder Mittwoch, versteht sich von selbst.

Während seiner gesamten Laufbahn befleißigte sich Roald Amundsen nationaler Symbole und einer königstreuen Rhetorik. Über die politischen Fragen, die mit der Zukunft des Vaterlands verbunden waren, machte er sich kaum einmal Gedanken. Genau dieses Engagement aber durchzog Fridtjof Nansens gesamtes Leben wie ein rotglühender Faden. Als er sich überdies noch die Rolle eines Welterlösers zumessen wollte, drohte das selbst die nationale Definition des Begriffs Polfahrer zu sprengen.

Roald Amundsen erbaute keine Nation. Er erbaute sich selbst. Endlich war er ein großer Mann geworden. Gleichzeitig aber auch ein kleiner Fridtjof Nansen.

I II III IV V VI

Das Spiel um den Südpol

9 Ein königliches Schiff

Mein nächster Plan war die Bezwingung des Nordpols.» Mit diesen Worten beginnt Amundsen in seinen Memoiren das Kapitel über den Südpol. Dann fährt er fort: «Ich wollte unbedingt auf eigene Faust das Wagnis versuchen, das Dr. Nansen einige Jahre zuvor unternommen hatte, wollte mich von den Polarströmen über den Nordpol treiben lassen und das Polarmeer erforschen.»

Während der Vorbereitungen zur dritten Fahrt der *Fram* unterstrich er konsequent, das Ziel sei *nicht* der Nordpol, sondern vielmehr die wissenschaftliche Erforschung «des nördlichen Polarbassins». Solange es um die Vorbereitungen und die Finanzierung ging, war derartige Camouflage notwendig, doch sobald alles geregelt war und es darum ging, neue Meilensteine der Geschichte aufzurichten, kam es auf die Staffage nicht mehr an. Da drehte es sich nicht mehr um hehre Absichten, sondern um harte Fakten. Wer schlüpfte zuerst durchs Nadelöhr? Wer erreichte als Erster den höchsten Punkt des Stecknadelkopfs? Ein Roald Amundsen hielt eine Lüge nicht länger aufrecht als nötig. Und wäre sie noch so weiß und schön.

Möchte man das Geschehen rund um die Pole begreifen, muss man alles vergessen, was zwischen ihnen liegt. Der Rest ist Taktik. Es geht um die vier Jahre zwischen 1908 und 1912. Und es geht in erster Linie um vier Männer. Die Amerikaner Cook und Peary brauchen keine wissenschaftlichen Feigenblätter; in ihrem Land ist ein Rekord an und für sich Motiv genug. Die Europäer Scott und Amundsen sind auf ihre wissenschaftlichen Tarnkappen angewiesen. Hinter den Kulissen ist stets noch jemand spürbar, Fridtjof Nansen, der Mann, der zwei Pole aufgeben musste und dafür Trost im Elfenbeinturm der Wissenschaft suchte.

Roald Amundsen war ein professioneller Polarforscher. Es war der Beruf, für den er sich ausgebildet hatte. Seit Jahrhunderten galt der Nordpol als krönendes Ziel der Polarforschung. Amundsens «nächster Plan» war daher offensichtlich und bedurfte keiner weiteren Begründung. Doch da die Aufgabe so immens war, bedurfte sie weiterer Triebkraft.

Der Wettlauf zum Pol war im Kern und in erster Linie kein Wettstreit zwischen Völkern, sondern Rivalität unter einzelnen Männern. Die Schlacht um den Nordpol sollte sich zu einem Duell unter Amerikanern entwickeln. Der Wettlauf zum Südpol schien lange auf eine Auseinandersetzung zwischen zwei britischen Marineoffizieren hinauszulaufen: Robert Scott und Ernest Shackleton. Der vier Jahre jüngere Shackleton hatte von 1901 bis 1904 an Scotts erstem Zug zum Südpol teilgenommen, genauso wie Frederick A. Cook Mitglied von Pearys erster Grönlandexpedition gewesen war. An beiden Schauplätzen, sowohl im Norden wie im Süden, lief das Geschehen nach ähnlichen Mustern und Verfahren ab. Der Jüngere forderte den Älteren heraus. Mochte der Beste gewinnen.

Amundsens Position war eine andere. Scheinbar. Auch wenn es sein größter Jungentraum gewesen sein mochte, er war nie mit Nansen gefahren. Er war kein Rivale, sondern eher der Meisterschüler. Das aber ist auf Dauer keine Stellung. Jedenfalls nicht für einen Mann mit Roald Amundsens Charakter.

Der schwache Punkt auf Nansens Meritenliste bestand darin, dass er den Pol nicht erreicht hatte. Ansonsten war die Drift über das Polarmeer ein unstrittiger Triumph. Amundsen besaß Phantasie genug, um eigene Pläne zu entwickeln, aber es gab einfach keinen besseren. Außerdem hätte er Nansen gerade auf dieser Route unbestreitbar übertreffen können. Als Schüler mochte er sich auf den Weg machen, doch in dem Moment, in dem Roald Amundsen die Flagge am Polpunkt einrammte, wäre Nansen überboten, hätte er in einem Rennen auf gleiche Distanz seinen Meister gefunden.

Fridtjof Nansen war fünf Jahre jünger als der Nordpolenthusiast Peary und gleichwohl zu alt, um selbst an eine neuerliche Drift über das Polarmeer zu denken. Seine letzte Chance auf die Eroberung eines Pols bestand in einer Blitzattacke auf den Südpol nach dem Muster seiner Grönlandüberquerung. Die Pläne lagen bereit. Doch leider wurde der Sportsmann von seinen eigenen intellektuellen Fähigkeiten gebremst. Wie kein anderer Polarentdecker sah Nansen die tiefe Kluft zwischen persönlicher Eitelkeit als Triebkraft und seriöser Forschung.

Amundsen war immer noch nicht groß genug, um nicht auf die Unterstützung seiner Landsleute angewiesen zu sein. Ihm war klar, dass er, um sie zu bekommen, den Nordpol nicht mit einer Silbe erwähnen durfte. Umso mehr musste er wissenschaftliche Gründe vorschieben. Wenn Amundsen den Plan des Meisters wiederaufgriff, sprach das beides, sowohl Nansens Eitelkeit als auch seine wissenschaftliche Einstellung, an. Keiner wusste besser als Nansen, welche ozeanographischen und meteorologischen Aufgaben im Polarbassin noch ihrer Bearbeitung harrten.

Man nimmt an, dass Amundsen seine Zukunftspläne Nansen gegenüber erstmals bei ihrer Zusammenkunft im Februar 1907 in London lüftete. Dort trafen sie sich nicht nur bei den Banketten im Norwegischen Klub und bei der Royal Geographical Society; vielmehr gab Nansen in seiner Eigenschaft als norwegischer Botschafter auch selbst ein Essen für seinen Landsmann. Der Dreh- und Angelpunkt ihrer Gespräche hieß *Fram,* auf Deutsch: «Vorwärts».

Es gab zwei Pole, aber nur ein norwegisches Polarschiff. Sollte Amundsen die Drift über das arktische Polarmeer wiederholen wollen, würde er das Schiff auf Jahre hinaus in Beschlag nehmen. Und demnach würde es leider nichts mit dem Zug des Professors zum Südpol. Leider?

Der Meister besaß natürlich ein Vorgriffsrecht auf die *Fram.* Der Schüler hatte ergeben seine Entscheidung abzuwarten. Während

Nansen ins Grübeln geriet, konnte Amundsen in aller Ruhe das Ergebnis abwarten. Eine Alternative hatte er parat. Sie lag strategisch günstig in San Francisco vertäut. Niemand kannte seine Absichten hinsichtlich der *Gjøa*, warum er sie weder nach Norwegen überführen wollte noch versuchte, sie loszuschlagen.

Im Mai 1907 erhielt er einen Brief von Helmer Hanssen aus Tromsø, dem «es eine Weile gutging, nur ist es ein zu stilles und behagliches Leben, in dem ich mich so früh noch nicht einrichten mag». Als Gegenmittel gegen die Langeweile bei Frau und Kindern in Tromsø schlug Hanssen vor, sie sollten die *Gjøa* durch die Nordostpassage zurücksegeln. «Nicht weil dabei Entdeckungen oder Überraschungen irgendeiner Art zu erwarten wären, aber auf der Fahrt entlang der Nordküste Sibiriens könnte man sich billig mit kostbarem Pelzwerk eindecken.»

Helmer Hanssen sollte später Gelegenheit erhalten, die Nordostpassage zu befahren, allerdings nicht auf der *Gjøa*. Der Chef dachte sich durchaus etwas dabei, weshalb sie dort am besten lag, wo sie sich gerade befand, aber das offenbarte er niemandem, nicht Fridtjof Nansen und nicht Helmer Hanssen. Es war nicht ganz richtig, dass seine Pläne mit der *Fram* standen und fielen. Auch die *Gjøa* hatte bewiesen, dass sie den einen oder anderen Stoß aushielt. Amundsen war sich nicht einmal sicher, welchem der beiden Schiffe er im Zweifelsfall den Vorzug geben sollte. Die Entscheidung hing von vielen Dingen ab, nicht nur vom Nachdenken des Professors.

Im August 1907 schloss Amundsen seine Europatournee mit ein paar Tagen in Hamburg ab, ehe er über den jütländischen Herrensitz des Barons Wedel-Jarlsberg nach Norwegen zurückkehrte. Als er eintraf, waren dort aufsehenerregende Gerüchte über seine nächsten Vorhaben an die Presse durchgesickert. So wurde gemunkelt, der Kapitän wolle auf seiner nächsten Expedition Eisbären als Zugtiere verwenden! Am 3. September bestätigte Amundsen die Meldung sogar in *Aftenposten:* «Ich habe mich lange mit dem Gedanken beschäftigt, daß der Eisbär doch ein vorzügliches Zugtier abgeben müßte. Ich habe jedoch nie daran geglaubt, daß sich dieser Gedanke in die Praxis umsetzen ließe. Bis ich Hagenbecks Tierpark in Hamburg aufsuchte und dort das wahre Wunder an Dressur sah, das er vollbracht hat. Hagenbeck ist geradezu ein Wissenschaftler auf seinem Gebiet.» Der Tierkenner Carl Hagenbeck hatte Amundsens Glauben an die Verwendbarkeit der weißen Bestie im Dienst des Menschen bestärkt. «Der Eisbär ist in gezähmtem Zustand das zahmste und zutraulichste Tier, das auf vier Beinen herumläuft. Er ist intelligenter als Hunde.»

Präzise aber wollte sich Amundsen nicht über seine künftigen Projekte äußern, weder im Hinblick auf Eisbären noch auf anderes. Er bestätigte immerhin, dass wissenschaftliche Erprobungen im Gang seien: «Im Winter wird Hagenbeck mit einem Pärchen arbeiten und sie vor einen Schlitten spannen.»

Könnte man den König der Arktis in das Geschirr der Zivilisation spannen, dann wäre er Hunden, Rentieren oder Ponys als Zug-

tier natürlich überlegen. Der Gedanke lag nahe und war alles andere als neu. Julius von Payer zum Beispiel, der früh in den 1870er Jahren Franz-Josef-Land entdeckte, erzählt in seinem Reisebericht, dass seine Leute einmal zwei junge Eisbären fingen. «Mit vollem Ernst machte sich die Mannschaft daran, sie für die Rückreise nach Europa zum Schlittendienst abzurichten.»

War es denn aber so ausgemacht, dass die Antworten des 20. Jahrhunderts auf derartige Probleme überhaupt in der Tierwelt zu finden waren? Unmittelbar nach dem Interview mit *Aftenposten* erhielt Amundsen ein vertrauliches Schreiben von einem Ingenieur D. G. Martens aus Kristiania. Er wünsche ihn in Otto Sverdrups geheime Machenschaften für die zweite *Fram*-Reise einzuweihen.

«Ein paar Monate bevor Sverdrup abreisen wollte, konstruierte ich einige Motorschlitten, die sich mit Hilfe eines eigenen Rades auf die gleiche Weise über das Eis fortbewegen sollten wie ein Eisbär oder, wenn Sie so wollen, wie ein Elephant. Der Gang glich am ehesten dem eines Elephanten und wurde von einem Petroleum-Motor angetrieben. Obwohl die Expedition bereits vollständig ausgerüstet und die letzte Öre ausgegeben war, begeisterten sich Sverdrup und seine Freunde derart für den Plan, daß noch einmal Gelder für den Bau der Schlitten bewilligt wurden, und ich reiste Hals über Kopf nach England, um den Plan ins Werk zu setzen.» Weiter berichtete Martens, die Schlitten seien, obgleich der Aufbruch der Expedition eigens verschoben wurde, nicht rechtzeitig fertig geworden. Daraufhin sei beschlossen worden, die Schlitten später in den Norden nachzusenden. Nach der Abfahrt der *Fram* sei das Ganze schließlich am Finanziellen gescheitert.

Ingenieur Martens' Vorschlag war nicht weniger aufsehenerweckend als Hagenbecks. Außerdem deckte er völlig neue Seiten an dem als besonnen geltenden Kapitän Sverdrup auf: «Den offizi-

Wikingerschiff mit Dieselmotor. Die *Fram*, hier in der Walbucht aufgenommen, wurde mehrfach aus- und umgebaut. Zusammen mit Skiern und Hunden (auf dem Bild links) stellte das Spezialschiff eine Optimallösung für den Verkehr in polaren Gefilden dar.

ellen Plan seiner Reise kennen Sie, wohingegen sein privates Vorhaben darauf hinauslief, sich, sobald die *Fram* für die Überwinterung festlag, mit den Schlitten geradewegs auf den Weg zum Pol zu machen.»

Nichts deutet darauf hin, dass Amundsen jemals auf Ingenieur Martens' Angebot, «diese Schlitten fertigzustellen», eingegangen wäre. Obwohl er sein ganzes Leben lang wie ein Hund hinter technischen Neuerungen her war. Nur wenige Monate vor seiner Abreise mit der *Fram* erhielt er übrigens noch einen weiteren «Schlitten» angeboten, «getrieben von einem vergleichsweise starken Gasmotor und einem von mir erdachten *doppelten Anschieber*». Der Erfinder, der von Amundsen ein «verläßliches Schweigegelöbnis» erwartete, unterzeichnete mit «Halvor T. Nordbø aus Bø in Telemark».

Der Ingenieur aus Kristiania hatte die Geschwindigkeit seiner «Motorschlitten» mit zehn Meilen in der Stunde veranschlagt. Das Genie aus Bø war nicht weniger von sich überzeugt: «Wahrscheinlich können meine Schlitten annähernd oder sogar mehr als das Doppelte der von Cook und Peary vorgegebenen Geschwindigkeit erreichen. Ein Stoffbezug gegen den Fahrtwind und ein kleiner Ofen würden es warm und behaglich machen.»

Leider musste Amundsen auf das motorisierte Idyll verzichten. Im Frühjahr 1910 waren die Weichen gestellt. Da sah es so aus, als verfolge er nur eine Alternative zu den «ewig wundgelaufenen Hunden», nämlich Carl Hagenbecks «Eisbären als Zugtiere».

Fridtjof Nansen hatte etwa ein halbes Jahr Zeit, ehe er seine Entscheidung über das künftige Schicksal der *Fram* treffen musste. Amundsen hatte ihm keine leichte Frage gestellt, und er hatte keine leichtfertige Antwort zu erwarten.

Wenn jemals ein Schiff das Adjektiv königlich verdient hat, dann ist es die *Fram*. Eine ganze Nation hatte ihre Hoffnungen und Wünsche – und ihre Kronen – in dieses Schiff investiert. Mehr als 250 000 Kronen kostete es das arme und unselbständige Land, sie zu bauen. Die *Fram* war das Fahrzeug stolzer Ambitionen, sie repräsentierte den Sprung eines kleinen Volkes vom Vasallenstaat zur Großmacht. Sie war das Schiff des Wikingerkönigs. Es stand für Stärke, Mut, Tatkraft und Expansion. Doch das Wikingerschiff hatte nicht nur seine ehrenvolle, stolze Seite; es stand auch für Furcht und Zerstörung. Es war ein Kriegsschiff, das Länder und Leben zerstörte.

So besaß auch die *Fram* eine helle und eine dunkle Seite. Ihre Fahrt über das Polarmeer hatte Glanz auf Norwegen geworfen, die Nation geeint und ihr Selbstwertgefühl gehoben. Sie hatte Nansen zur nationalen Integrationsfigur und Führergestalt gemacht. Doch die drei Jahre im ewigen Eis forderten ihren Tribut; sie verdüsterten sein Gemüt und überzogen seine noch junge Ehe mit einer Frostschicht. Für Eva Nansen, die das Schiff einst getauft hatte, war die *Fram* zu einem düsteren Fahrzeug geworden. Die Zeit der Trennung war nicht einmal das Schlimmste, aber die Jahre voll hektischer Vorbereitungen und vor allem die Jahre danach, das Zusammenleben mit einem Mann, der von seiner dreijährigen Gefangenschaft im Eis tief gezeichnet war.

Nansen arbeitete sich allmählich aus seinen Depressionen heraus. Seine breit angelegte Begabung half ihm bei neuen Herausforderungen wissenschaftlicher und bald auch politischer Natur. Die nationale Befreiung von 1905 stellte im Grunde Fridtjof Nansens dritte Expedition dar. Sein Einsatz als Stratege und Meinungsführer ergab sich als logische Konsequenz aus seinen beiden vorangegangenen Expeditionen. Seitdem er zum ersten Mal seinen Skistab in das grönländische Inlandeis gestemmt hatte, betrachtete Nansen seine polaren Vorstöße als nationale Akte.

Als er den Botschafterposten in London antrat, ging auch seine dritte Expedition in die Überwinterung. Als Norwegens Mann im Londoner Nebel sollte Nansen die Unverletzlichkeit der neuen Monarchie durch ein Abkommen mit England sichern. Im Herbst 1907 standen die Bemühungen darum vor dem Abschluss. Endlich sollte er wieder frei werden. Frei, den Südpol zu erobern.

So wie die Unabhängigkeit Norwegens Nansens nationale Bestrebungen krönte, wäre die Eroberung des Südpols die natürliche

Frucht seines Einsatzes als Skiläufer und Polarforscher geworden. Für jemanden, der das Packeis des Nordens mit Hunden und Skiern durchstreift hatte, würden die stabilen Massen der Antarktis so etwas wie einen Osterausflug auf die Hardangervidda, um nicht zu sagen eine Skiwanderung über Grönland darstellen. Der Norweger hatte seine Skier und sein Schiff in Bereitschaft. Es blieb nur noch, sich loszureißen, aus der Tyrannei der Diplomatie – und von der Frau, die ihm ihr ganzes Leben gewidmet und ihm fünf Kinder geschenkt hatte.

Nein, Fridtjof Nansen stand nicht an der Schwelle zur Freiheit, vielmehr saß er in einem tiefen moralischen Konflikt gefangen – zwischen Rücksichtnahme auf Eva und Rücksicht gegen sich selbst. Eva und Fridtjof Nansen hatten kurz nach seiner Rückkehr aus Grönland am 6. September 1889 geheiratet. Da war die Drift der *Fram* mit dem Poleis bereits in Umrissen konzipiert, der Wikingerzug, der sie wichtiger Jahre ihres Zusammenlebens beraubte. Dann kam der ganze Aufstand im Nachhinein, Tourneen, Bücher, ein öffentliches Leben und schließlich der Freiheitskampf, die Überwinterungen in London. Durch all das hindurch war er seinen Idealen treu geblieben und sich selbst. Nur Eva nicht. Andere Frauen hatten ihn zu Abenteuern verlockt, die weder Ausdauer noch Mut verlangten, sondern lediglich eine kleine Schwäche im Charakter des großen Mannes.

Eine nationale oder wissenschaftliche Begründung für den Zug zum Südpol konnte Nansen nicht ins Feld führen. Er hatte einen Plan, von dem er überzeugt war, er hatte eine Position inne, die es ihm erlaubte, diesen Plan in die Realität umzusetzen, und er besaß, wie alle Polfahrer, eine gute Portion Eitelkeit. Den Punkt im Norden hatte er nicht erreicht. Doch er hatte noch eine zweite Chance. Der Südpol lag da wie ein unbeschriebenes weißes Blatt in der Chronik der Menschheit und wartete nur darauf, dass er sich dort eintrug.

Da klingelte es an der Tür von Polhøgda.

Das Heim der Familie Nansen auf Lysaker war ein Ibsen'sches Haus, ein Schloss mit Turm, bewohnt von fünf Kindern, einer

Bühnenbild für ein Ibsen-Drama. Eva und Fridtjof Nansen vor dem Kamin im Salon von Polhøgda. Von hinten wärmt die Heizung.

Frau, die einmal Sängerin gewesen war, das Singen aber vor langer Zeit aufgegeben hatte, und von einem physischen und geistigen Recken, der ewig im Hader mit sich selbst lag: ein Brand, ein Dr. Stockmann, ein Baumeister Solness, ein John Gabriel Borkman. Nansen hatte bereits auf Ibsen verwiesen als den «Mann, der meine Jugend prägte, meine Entwicklung bestimmte, der auf das Fordernde des inneren Rufs und den Adel des Willens aufmerksam gemacht hat». Vor dem Hintergrund dieser Erklärung ist es keine Übertreibung, das Folgende als Szene aus einem Ibsen-Drama zu bezeichnen, auch wenn der Dichter da schon seit einem Jahr auf dem Erlöserfriedhof lag.

Ein Tag Ende September, Anfang Oktober. Der Herr Botschafter hat seinen Urlaub auf dem Lande beendet. Die Koffer stehen für London gepackt bereit. Da betritt Roald Amundsen die hohe, düstere Halle von Polhøgda. *Er* hat sein Leben nie mit Ibsens Werk in

Verbindung gebracht. Und doch wirkt seine Rolle wie der Phantasie des Dramatikers entsprungen. Er ist der junge Mann, der sein Kommen ankündigt, der Eindringling, der die Handlung in Gang setzt, der Repliken in einem Schicksalsdrama provoziert, das zu verstehen er selbst nicht die geistigen Voraussetzungen hat.

Es klingelt beim Botschafter in seinem Turmzimmer. Liv ist es, die älteste Tochter, das einzige Kind, das bereits vor der ersten Fahrt der *Fram* zur Welt kam. Sie hat die Szene in ihrem Buch über die Eltern geschildert. Hat sie ihr jemand erzählt, oder stand sie selbst in der zweiten Etage, als der Vater mürrisch vom Dachgeschoss herabkam?

Erst geht er zu seiner Frau ins Schlafzimmer. Dort fällt die erste der beiden Repliken im Drama. Ihr Satz lautet: «Ich weiß schon, was jetzt kommt.» Er ist durchschaut. Einen Moment lang steht er zwischen dem Blick seiner Frau und dem eigenen Gewissen eingeklemmt da.

Zwei Treppen ist der Botschafter bereits herabgestiegen, vom Turmzimmer ins Dachgeschoss und von dort in die zweite Etage. Eine Treppe liegt noch vor ihm. *Eine* Chance hat er noch, das Urteil zu sühnen, das bereits gefällt ist, *eine* Gelegenheit, sein Selbstbild zu retten, eine letzte Chance, seine Treue zu beweisen. Irgendwo auf dieser letzten Treppe fällt die Entscheidung über den Südpol. Ganz unten am letzten Absatz fällt der zweite Satz: «Sie können die *Fram* haben.»

Das Drama hat seine Auflösung gefunden, ohne dass Amundsen überhaupt das Wort erteilt worden wäre. Er fühlt sich unbeschreiblich erleichtert, als er Polhøgda verlässt. Später würde er das Gewicht eines ganzen Kontinents auf seinen Schultern fühlen.

10 **Eisbären als Zugtiere**

Botschafter Nansen kehrte nach London zurück. Roald und Leon Amundsen begaben sich um die gleiche Zeit auf die weite Reise über den Atlantik, denn ihr Agent Randall hatte eine große Vortragstournee durch die Vereinigten Staaten organisiert.

Am 20. Oktober 1907 begann sie mit dem Paukenschlag eines Auftritts in der New Yorker Carnegie Hall. «Um einen solchen Saal, der 2500 Menschen aufnimmt, so zu füllen, daß es nach einem Erfolg aussieht», hatte der Impresario geschrieben, «müssen wir zu einem gewissen Grad auf unsere Landsleute bauen.» Derartige nationale Triumphzüge hatten ihre sicherste Bank in den großen Kolonien der Auswanderer aus dem eigenen Heimatland. Das galt nicht nur für den Bezwinger der Nordwestpassage, konnte der Impresario versichern. Selbst Nansens Vorträge waren zu ihrer Zeit Misserfolge, «finanziell betrachtet. Nahezu überall dort, wo die Norweger fehlten.» Gut zu wissen.

Amundsen hegte die Erwartung, im Lauf eines Winters in den USA eine Menge Geld zu verdienen. Außerdem hoffte er, seinen alten Freund und Lehrmeister von der *Belgica*, Dr. Cook, in New York wiederzusehen. Doch schon im Juli hatte Randall berichtet: «Dr. Fred. Cook verreist. Niemand weiß, wohin.» Seltsam. Erst nachdem Amundsen die Metropole wieder verlassen hatte, tauchte ein Gruß mit herzlichsten Glückwünschen auf.

Dieser Brief ist mehr als mysteriös. Geschrieben wurde er auf dem Briefpapier eines New Yorker Hotels und datiert auf den 7. November 1907. Die Wahl des Briefbogens könnte als bewusster Trick zu der Zaubernummer des Verschwindens von Dr. Cook gehört haben. Zum fraglichen Zeitpunkt war er jedenfalls längst nach Norden entschwunden – auch wenn noch vier Monate vergehen sollten, ehe Cook seinen eigentlichen Marsch zum Nordpol begann. «Meine Abwesenheit, während Sie in der Stadt weilten, tut mir außerordentlich leid. Mir wurde jedoch berichtet, daß Sie im April noch einmal hier gastieren werden. Falls das zutrifft, schreiben Sie mir – im voraus.»

Der Brief deutet darauf hin, dass Dr. Cook seinen alten Vertrauten nicht über seine Absichten informieren wollte. Fürchtete er Konkurrenz, oder hatte er etwas zu verbergen? Wenn es einen Monat gab, in dem man Frederick Cook ganz sicher nicht in New York antreffen würde, dann war es der April 1908. Genau dann beabsichtigte er nämlich eben den unnennbaren Punkt zu erreichen, um den Amundsens Gedanken ständig kreisten. Vermutlich. Oder doch nicht.

Am 18. November traf Leon wieder in Kristiania ein und erhielt bald Zwischenberichte von einem einigermaßen zufriedenen Vortragsreisenden. «Bis Weihnachten werde ich 1000 Dollar eingenommen haben, und das ist doch immerhin etwas.» Nach Weihnachten ging es hinüber an die Westküste. «Ich habe mir gedacht, die *Gjøa* einer gründlichen Inspektion zu unterziehen, um zu sehen, ob sie eventuell den nächsten Trip mitmachen kann.»

Vertraute Amundsen nicht vollends darauf, dass ihm Nansen die *Fram* für seinen Zug zum Nordpol auch wirklich überlassen würde? Wollte er Kosten sparen, indem er die kleinere *Gjøa* wählte, oder wollte er sich nur vom Professor unabhängiger machen? Die *Gjøa* lag noch immer in San Francisco. Das war kein schlechter Ausgangspunkt, um durch die Beringstraße ins Eismeer vorzudringen. Welches Motiv letztlich auch immer dahintersteckte, jedenfalls sah er keinen Grund, sich in die Karten gucken zu lassen: «Sei bitte so nett und halt den Mund darüber.»

Am 14. Dezember (bis auf weiteres ein rein zufälliges Datum) wurde Amundsen in der Hauptstadt der Vereinigten Staaten gefeiert. «Das gestrige Fest war eine Glanznummer höchster Sorte. Alles, was von Washingtons ‹High Society› gehen und kriechen konnte, war zur Stelle, sämtliche Botschafter, Minister usw. Selbst der Präsident hätte anwesend sein sollen, doch die Krankheit seiner Tochter verhinderte ihn. Die Goldmedaille wurde mir von Vizepräsident Fairbanks überreicht. Sie ist kolossal: aus Gold für 250 $. Auf der Vorderseite sieht man den amerikanischen Kontinent, und am magnetischen Nordpol ist ein Stern aus blauem Saphir (?) eingelassen. Auf der Rückseite die Widmung für mich. Diese steht hoch über all meinen anderen Medaillen.» Stolz erklärte Roald Leon: «Der Abend war nicht nur ein Fest für mich, nein, es war von vorne bis hinten eine Feier für Norwegen.»

Das Heimatland auf der anderen Seite des Atlantiks wurde um diese Zeit allerdings gerade von einem Trauerfall getroffen. Unmittelbar vor Weihnachten fiel auf Polhøgda der Vorhang. «Die Mitteilung von Frau Nansens Tod war schrecklich. Ich habe dem Botschafter augenblicklich telegraphiert», schrieb Roald an Leon. Vor Fridtjof Nansen lag eine weitere Polarnacht. Die Einäscherung fand in aller Stille statt, die Asche wurde in alle Winde verstreut. Irgendwie schaffte es Leon, einen Kranz zu überbringen.

Roald Amundsen feierte Weihnachten bei seinem Freund Fredrik Herman Gade in Lake Forest außerhalb Chicagos. Das Oberhaupt der Gade-Dynastie, Gerhard Gade, Eigentümer des Herrenhofs Frogner, hatte am großen Galadiner für den Polarreisenden in Kristiania teilgenommen. Alle seine drei Söhne hatten in Harvard studiert und sich entschlossen, jenseits des Großen Teichs Karriere zu machen: John in New York, Horace in Boston und Herman in Chicago. Da inzwischen alle drei in einflussreiche und zum Teil unvorstellbar wohlhabende amerikanische Familien eingeheiratet hatten, stellten sie zusammen ein Kontaktnetz von unschätzbarem Wert für ihren Spielkameraden aus der Kindheit dar.

Herman Gades Rolle in Amundsens Leben sollte eine ganz besondere werden. Er war ein gänzlich anderer Typ als sein ein Jahr jüngerer Freund: extrovertiert, lebhaft, ausgesprochen umgänglich und sozial. Gade, der Mann von Welt, war glatt und geschmeidig, zugleich aber auch großzügig, und er wollte unbedingt mehr tun,

Zwei gute Freunde. Herman Gade begrüßt Roald Amundsen zur Weihnachtsfeier 1907 in Chicago. Gade, mit einer Enkelin Präsident Garfields verheiratet, war u. a. Bürgermeister von Lake Forest.

als nur als anonymer Spender die Brieftasche zu zücken. Somit hatte der ambitionierte Anwalt und Geschäftsmann für Amundsens strahlenden Ruf ebenso viel Verwendung wie dieser für die Verbindungen und Gefälligkeiten des vermögenden Bekannten. Aufbauend auf ihrer Kameradschaft aus Schultagen, entstand eine Freundschaft, die auf stillschweigender Gegenseitigkeit beruhte und von einer kameradschaftlichen Vertrautheit geprägt war, die in Amundsens sonstigen Freundschaftsverhältnissen nicht vorkam.

Sein Leben lang hatte der Polarreisende etwas für die anheimelnd warme Gemütlichkeit eines idyllischen Familienlebens übrig. Herman Gade taufte sein bequemes Nest in Lake Forest nach dem Heim der Kindheit ebenfalls Frogner. Dort lebte der Jurist in komfortablem Reichtum mit seinen beiden Kindern und Ehefrau Alice. Haus Frogner wurde ein immer wieder gern angestrebter Ort der Ruhe und Erholung für den Befahrer der Arktis. Doch auch wenn Roald Amundsen jede sich bietende Gelegenheit nutzte, um Chicago zu besuchen, verbrachte er nicht jede Nacht dort auf Frogner.

Gades Kontakte reichten auch zu den gutbetuchten Konservenfabrikanten in der Stadt. Es kam vor, dass das «alte Ferkel», wie der Freund ihn zu nennen beliebte, sein Organisationstalent in Kooperation mit der «mütterlichen» Wirtin Carrey für eine kurzfristige Vermietung unter ihrer diskreten Aufsicht spielenlassen musste, sofern die eine oder andere «kleine Freundin» gerade zur Verfügung stand.

Für Müßiggang und vertane Zeit hatte der Polarforscher nichts übrig: «Was fange ich denn mit der Nacht auf Samstag an?», fragte er Herman, ohne eine Antwort abzuwarten. «Vielleicht weiß meine alte Freundin Carrey einen Ausweg? Frag sie, ob die kleine französische, die ‹Lebhafte› frei ist, und laß sie ein Treffen in ihrem Haus Samstag abend gegen 9 Uhr arrangieren. Auf dein Organisationstalent vertrauend, werde ich mich gleich dorthin begeben.»

In seinen Memoiren behauptet Amundsen, er habe sein Leben «nach den strengsten Ehrbegriffen» gelebt. Nach den moralischen Anschauungen der Zeit hinderte ihn das aber möglicherweise nicht am rein geschäftlichen Verkehr mit ehrlosen Frauen. In dem Fall wäre der Ehrbegriff natürlich auch kein Hinderungsgrund für Tauschgeschäfte mit den Frauen der Eskimos gewesen. Dabei ging es um die Befriedigung elementarer Bedürfnisse wie die nach Essen und Wärme. Das Gewerbe war in Pensacola das gleiche wie in Grönland, in Chicago oder Gjøahavn. Nur die Preise variierten. Was an dem einen Ort harte Dollar kostete, wurde anderswo für eine leere Kiste oder eine Nähnadel feilgeboten.

Der Polarreisende hat ein funktionales Verhältnis zu seiner Umwelt, zu Tieren wie Menschen, Menschen wie Tieren. Er kann einen Hund essen oder eine Frau lieben, eine Frau lieben oder einen Hund essen. Die Männer jagen; sie tun alles für ein Gewehr. Die

Frauen nähen; sie tun alles für eine Nähnadel. Und alle sind sie Zugkräfte für denjenigen, der vorankommen will. Das Fleisch wartet in den nächsten Depots. Depots für den Hunger, Depots für die Liebe. Er ist ein Mann auf seinem Weg. Zum Ziel.

Weihnachten ist eine Zeit des Nachdenkens. «Wie geht es Nansen?», fragt Roald Leon in einem Brief zum neuen Jahr. «Bleibt er zu Hause, oder tritt er seinen Posten wieder an?» Mit anderen Worten: Geht er nach London, oder denkt er vielleicht doch eher an einen Zug zum Südpol? Jetzt, da er auf niemanden mehr Rücksicht zu nehmen braucht, da er ans weiße Ende der Welt reisen könnte, um sein schwarzes Dasein zu vergessen.

Irgendwann im Februar 1908 dürfte Amundsen einen Bericht von Hagenbeck aus Hamburg erhalten haben, in dem es hieß, die Eisbären würden Fortschritte machen als «Zugtiere». Gegenüber Leon äußerte er: «Habe die Hagenbeck-Angelegenheit mit Interesse gelesen. Wenn ich die *Gjøa* nehme, habe ich allerdings keinen Platz für die Bären.» Nur die *Fram* war geräumig genug, um Hagenbecks Bären in ihrem Rumpf unterzubringen.

So ist das als Polarreisender: Während man noch um die Welt tourt und Vorträge über seine zurückliegende Reise hält, plant man bereits die nächste. Bald müssen die Planungen öffentlich gemacht werden. Der Titel steht schon fest: «Eine geplante Expedition zur Erforschung des nördlichen Polarbeckens». Hört sich seriös an. Kein Wort vom Nordpol, kein Wort über Eisbären.

Erst im März kann er Leon aus San Francisco melden, dass die *Gjøa* einen soliden Eindruck macht. Trotzdem «möchte ich jetzt versuchen, sie auf die eine oder andere Weise quitt zu werden». Amundsen hat sich für die *Fram* entschieden. Und für «Eisbären als Zugtiere».

Ende April kam der Vortragsreisende nach Europa zurück. Er hatte ein paar Kronen verdient, aber der Glorienschein um seinen Namen machte noch immer sein größtes Kapital aus. In einem Brief aus London bat er Gade, sich um den Lichtbildkasten zu kümmern, den er im Chicagoer Club vergessen hatte. Am gleichen dubiosen

Ort, an dem er früher schon seine «Galoschen» verloren hatte. All diese Kleinigkeiten, an die ein Polarforscher denken muss!

Wie er nach Hamburg ging, um Magnetismus zu studieren, begab sich Amundsen im Sommer 1908 «nach Rücksprache mit Nansen» nach Bergen, um dort ozeanographische Studien zu treiben. Die Wissenschaft fordert Opfer. «Der Zweck meiner nächsten Fahrt ist ja gerade die Erforschung des Meeres dort im Norden», schrieb er seinem Freund Herman erklärend, der bei all seiner Vielseitigkeit nie in naturwissenschaftliche Interessensphären eindringen sollte.

Der angehende Ozeanograph konnte nach Bergen zum ersten Mal die Eisenbahn über die Hardangervidda benutzen. «Die Fahrt übers Fjell war großartig», schrieb er Leon am 24. Juli 1908. Es waren dieselben Weiten, auf denen die Brüder ungefähr zwölf Jahre vorher orientierungslos umhergeirrt waren. Und jetzt waren dort Schienen verlegt. «Innerhalb kurzer Zeit wurden wir aus einer strahlenden Sommerlandschaft in Eis und Schnee versetzt – wilder, als ich es je aus einem Zugabteil gesehen habe. Die Bahn ist ein Meisterwerk.» Die Technik hatte den Kampf auch mit dem Winter aufgenommen. Dass der Sommer inzwischen zu einer Art technisiertem Abenteuer geworden war, hatte Amundsen in San Francisco erlebt. Da war er «ins Paradies gekommen. Automobilfahrten durch Rosen & Apfelsinen.» Der Polarforscher war von technischen Neuerungen fasziniert. Und hielt gleichwohl an Eisbären fest.

Nach seiner Rückkehr aus den Staaten fasste Roald Amundsen einen wichtigen Entschluss. Er kaufte sich ein Haus. Genauso, wie sich Fridtjof Nansen nach der *Fram*-Expedition sein Schloss auf Lysaker erbaut hatte, investierte Amundsen die Erträge seiner Expedition in ein eigenes Haus. Nicht unbedingt ein Schloss, aber doch eine geräumige Junggesellenvilla im Schweizer Stil. Gewissermaßen ein Sommerhaus. Es lag am Meer, im hintersten Teil des Bunnefjords, südöstlich von Kristiania. Übers Wasser zu erreichen, doch steil und unzugänglich auf allen Landseiten.

Seitdem er zu Hause ausgezogen war, hatte er in Kristiania immer wieder die Adressen gewechselt. Die Villa in Bålerud brygge bei Svartskog lag gut fünfzehn Kilometer in Richtung seines Geburtsorts Borge. Leon hatte bereits einige Sommer am Bunnefjord zugebracht. Und natürlich kümmerte er sich um die notwendigen Umbaumaßnahmen. So wie der Freund Herman sein Heim Frogner taufte, nannte Roald sein Anwesen Uranienborg. Du sollst Vater und Mutter ehren! In ein kleines Gesindehaus zog das Kindermädchen ein. Dies nannte er «Klein-Uranienborg». Es sah nach einem Idyll aus.

Amundsen betrachtete es als Ehrensache, für die zu sorgen, die ihm einmal beigestanden hatten. Sei es, indem er der alten Betty ein Dach über dem Kopf baute oder indem er seinen Männern von der *Gjøa* Arbeit besorgte. In Amerika hatte er erfahren, dass Peder Ristvedt arbeitslos geworden war. Doch Kapitän Amundsen war der Auffassung, es sei Pflicht des Staates, für eine Mannschaft zu sorgen, die «alles für Norwegen» gegeben hatte. Er bat Leon, Kontakt zu seinem alten Maschinisten aufzunehmen. «Ich schreibe zeitgleich mit diesem Brief direkt an Løvland [den Nachfolger von Staatsminister Michelsen; Anm. d. Verf.] und sage ihm meine Meinung.»

Doch nicht alles ließ sich mit einer kurzen Anweisung an den Ministerpräsidenten regeln. Zudem spitzte sich eine heikle Familienangelegenheit zu, unangenehm und persönlich verletzend. Es ging um Gustav. Der Bruder hatte sich immer weiter in eine ökonomische Schieflage hineinmanövriert. Außerdem nagte der Neid an ihm. Hatte denn nicht er die Mittel aufgetrieben, die erst die ökonomischen Voraussetzungen für die Fahrt der *Gjøa* geschaffen hatten? Und wer strich im Nachhinein die Lorbeeren ein?

«Ich bettelte zugunsten einer unbekannten Person für ein abenteuerliches Unternehmen, das sich unter Umständen verwirklichen ließ und gelingen konnte, viel wahrscheinlicher aber zum Scheitern verurteilt war. Das Sammelkomitee aber wurde erst für den Großkreuzritter nach dessen erfolgreicher Fahrt tätig, als sein Name nicht nur bei uns, sondern weltweit bekannt war. Die Arbeit des Sammelkomitees hat somit *nichts* mit dem Zustandekommen der Expedition zu tun, so wie es im Buch den Anschein erweckt.»

So lautet Gustav Amundsens Fazit über die Finanzierung der *Gjøa*-Expedition in einer undatierten Notiz. Dem sogenannten Sammelkomitee, repräsentiert durch den reichen Axel Heiberg und Alexander Nansen, war im Vorwort der *Nordwest-Passage* der «wärmste Dank» abgestattet worden. War es da nicht angebracht, dass der «Großkreuzritter» nun ein wenig seine moralischen Schulden bei Busken beglich?

Aus Bergen schrieb Roald Leon: «Ich erhielt ein Telegramm von G., in dem er darum bat, unverzüglich bis auf weiteres 1000,– Kronen zu erhalten.» Der tatsächlich akut aufzubringende Betrag belief sich auf 3000 Kronen, damals ein komplettes Jahresgehalt. Roald wollte gern helfen, mit Arbeit, mit Wohnung, mit Geld. Doch in Buskens Fall war das nicht so einfach.

Es war «immer wieder die alte Geschichte». Es fehlten 1000 Kronen oder vielleicht 2000, dann wäre die drückendste Schuld bezahlt, die Ehre wiederaufgerichtet, die Frau würde gesund, dem Sohn ginge es wieder gut. Busken verstand es, den «Großkreuzritter» an seinen wunden Punkten zu packen. Aber Roald hatte inzwischen begriffen, dass die finanzielle Misere seines Bruders ein Fass ohne Boden war. Er versuchte, die ganze Angelegenheit auf andere abzuwälzen; Leon sollte die Sache in Ordnung bringen oder Rechtsanwalt Nansen. Er musste sich um das Eismeer kümmern. Noch so ein Fass ohne Boden.

Am 10. November 1908 legte Roald Amundsen unter großem Beifall und in Anwesenheit Professor Nansens der Geographischen Gesellschaft in Kristiania seine neuen Expeditionspläne vor. «König und Königin eröffneten am nächsten Tag die Reihe der Almosengeber, und seitdem ist es dermaßen glatt gelaufen, daß bereits ⅔ gesichert sind», berichtete Amundsen in einem seiner typischen Rechenkunststücke an Herman in Chicago. «Warenangebote laufen in Massen ein. Es regnet Zahnpasta, Schuhcreme und die seltsamsten Dinge wild durcheinander. Mundharmonika und Mittel gegen Haarausfall nicht zu vergessen.»

Damit soll nicht gesagt sein, dass der Polarforscher die Dienste des guten Gade verschmäht hätte. Für eine auf sieben Jahre konzipierte Unternehmung war eine Menge Chicagoer Dosenfutter vonnöten. Ohne sich Illusionen über die wissenschaftlichen Interessen des Pemmikanproduzenten zu machen, schickte der Polarwissenschaftler seinen neuesten Vortrag in die Stadt der Schlachthöfe. «Solltest Du Armouer treffen, dann zeig ihm das und sag, die Chance, Ware bis zum Pol bringen zu können, sei nie größer gewesen als jetzt.» Es geht um Werbung. Für Schuhcreme, für Konservendosen und für das Königreich Norwegen.

Bewerbungen um eine Teilnahme an der Expedition beginnen einzuströmen. Eine ist datiert auf «Skien, den 24. November 1908»: «Mit größtem Interesse habe ich Ihren Plan studiert, mit dem ich auf gewisse Weise schon im voraus vertraut war, da ich an der ersten Framexpedition mit Nansen teilgenommen habe.» Unterzeichnet ist der Brief mit «F. Hjalmar Johansen». Auch wenn der Name bereits Legende ist, war es doch nicht mehr als zwölf Jahre her, seit Johansen zusammen mit Nansen von Franz-Josef-Land zurückkehrte. Den letzten Winter hat er auf Spitzbergen zugebracht und dort «die Erfahrung gemacht, daß ich für eine derartige Arbeit noch nicht ganz ungeeignet bin». Der Bewerber weist auf seine umfangreichen Qualifikationen hin und schließt damit, «im übrigen auf Professor Nansen zu verweisen».

Ein normales Zivilleben bekam Fredrik Hjalmar Johansen nie in den Griff. Als Nansens Begleiter auf der absolut einzigartigen Skiwanderung zum Nordpol war er bei der Heimkehr von einem unbekannten Leutnant unmittelbar zum Polarhelden von Nansens Gnaden avanciert. Doch als die Feiern zu Ende und die Girlanden abgehängt waren, fand er sich zum Hauptmann des Heeres mit festem Garnisonsort Tromsø befördert. Bald standen tausend Mann unter seinem Befehl, plus Frau und vier Kinder. Der Alltag holte Hjalmar Johansen zu schnell wieder ein. Er war ein bescheidener Mensch und eine treue Seele, doch die Kontraste in seinem Leben brachten ihn durcheinander. Der Skiläufer aus Skien fand nicht wieder in die Spur zurück. Er schaffte es nicht, die Familie zusammenzuhalten, nahm seinen Abschied vom Militär, und bereute es gleich darauf. Der Held von gestern suchte Zuflucht im Alkohol. Mal um Mal ging er Nansen um Geld an. Bitten, die der große Mann schlecht abschlagen konnte. Auch dem neuen Kapitän der *Fram* fiel es nicht leichter, Johansens Gesuch, auf sein altes Schiff zurückkehren zu dürfen, abzulehnen. Der Hinweis auf Nansen entschied die Angelegenheit. Die Bewerbung wurde angenommen.

Selbstverständlich bedeutete Hjalmar Johansen auch einen wesentlichen Gewinn für das, was von nun an die dritte *Fram*-Expedition hieß. Es war auch nicht das erste Mal, dass Amundsen einen Mann anheuerte, der mehr Erfahrung aufwies als er selbst. Lindstrøm war vorher mit Sverdrup auf der *Gjøa* gefahren. Auch er stand im Ruf, ein Trinker zu sein, genau wie Johansen. Und noch weitere Mitglieder der neuen Mannschaft brachten Erfahrungen aus der zweiten *Fram*-Expedition mit. Doch nur Johansen war mit Nansen gefahren. Nur er war mit Schlitten und Skiern zum Nordpol aufgebrochen, wie es nun Amundsen vorschwebte. Nur Hjalmar hatte Nansen das Leben gerettet und mit ihm zusammen Zuflucht in einer Höhle auf Franz-Josef-Land gesucht. Nur er hatte mit Fridtjof Nansen in einem Doppelschlafsack gelegen. Hjalmar Johansen war es gewohnt, als Zweier aufzutreten. Doch es fiel ihm nicht leicht, ein Einer zu sein.

Bevor die *Fram* Norwegen verließ, wurde der Geschäftsführer der Expedition noch einige Male mit Hauptmann Johansens desolater ökonomischer Lage konfrontiert. So versetzte er in Tromsø einen mit Rubinen besetzten Silberteller und weitere Trophäen aus seinen Glanztagen. Ein Freund bat um Hilfe, die Wertgegenstände zu retten, denn Johansen selbst hätte «so wenig Energie, daß er auf eigene Faust nichts unternimmt».

Auch von der Schwester des Hauptmanns aus Skien bekamen die Brüder Amundsen Post. Sie hielt es für das Sicherste, sich zu vergewissern, ob tatsächlich von der Heuer Wechsel zum Unterhalt der Familie ausgestellt worden seien. Außerdem dankte sie dem Leiter der Expedition «für alles, was Sie für Hjalmar getan haben. Ich bin die einzige seiner Verwandten, mit der er korrespondiert, und ich weiß, daß er Ihnen dankbar ist.» Oh ja, Amundsen konnte ihr versichern, dass «Capt. Johansen seiner Frau 50 kr. in Wechseln ausgestellt hat». Dann fügte er noch beruhigend hinzu: «Ich hoffe Capt. Johansen wird mit dem Leben an Bord gut zufrieden sein, wozu er sich ausgezeichnet eignet.» So weit, so gut.

Gegen Ende Januar 1909 stattete Amundsen den obligatorischen Besuch in London ab, um die Pläne der Royal Geographical Society zu unterbreiten. Was aber konnten die britischen Autoritäten schon sagen? Es war schließlich Nansens alter Plan. Kühn, aber wohlerprobt. Sie konnten nur applaudieren. Sogar der mächtige Sekretär der Gesellschaft zeigte sich von seiner besten Seite. «Keltie ist vollkommen verändert. Der freundlichste, netteste Mann, den Du Dir vorstellen kannst», schrieb Roald an Leon. «Seine erste Frage war, ob Du denn nicht mitgekommen seist, wie es Dir gehe usw.» Scott-Keltie durfte sogar verlauten lassen, die Gesellschaft erwöge, die Unternehmung mit ein paar hundert Pfund zu unterstützen, «und das ist doch gut».

Das norwegische Parlament bewilligte im Februar 75 000 Kronen zur Überholung und Modernisierung des staatlichen Wikingerschiffs für eine neuerliche Fahrt in arktische Gewässer. Gut und schön auch das.

Im Lauf des Sommers konnte Leon die treuen Sprachrohre *Aftenposten* und *Morgenbladet* von Roald grüßen und ihnen mitteilen, «daß Bergens Damenwelt Seidenwimpel näht». Oh ja, das ganze Land nahm Anteil. Alles klar für den Nordpol!

Am 20. März 1909 begibt sich der Arktiserforscher nach Gjøvik. Am folgenden Tag unternimmt er einen Sonntagsausflug mit Rechtsanwalt Castberg und Frau Gemahlin. Man fährt in zwei kleinen Schlitten. Der Anwalt in dem einen, seine Frau und Amundsen im anderen. Der Schnee liegt meterhoch, doch in den Schlitten ist es warm. Jedenfalls in dem einen.

Leif Castberg ist ein großer, eleganter Mann – lebhaft, umgänglich, liberal. Mit seinen knapp dreiunddreißig Jahren hat er bereits eine Zeit als Wortführer in dem Ort hinter sich, in dem er von einem älteren Bruder die Kanzlei übernahm. Der Bruder ist der amtierende Justizminister in der Regierung Knudsen, Johan Castberg, einer der umstrittensten und radikalsten Politiker des Landes.

Der Anwalt am Obersten Gericht ist mit einer Frau verheiratet, die ihn kleidet, Sigrid Castberg, geborene Flood, und «Siggen» oder einfach «Sigg» gerufen. Sie ist schön, selbständig und umschwärmt. Wie ihr Mann ist auch sie in Skien geboren, doch zeitweilig in größeren Verhältnissen in Amerika aufgewachsen. Geheiratet haben die beiden um die Jahrhundertwende. Sie bringt ihrem Mann drei Töchter zur Welt, von denen zwei groß werden.

Frau Anwalt und Schwägerin eines Ministers, Sigrid Castberg, irgendwann in ihren Zwanzigern in Gjøvik aufgenommen

Doch Gjøvik ist nicht länger der Ort für Sigrid Castbergs Träume. Abgesehen von diesem einen Wochenende im März. Es ist eine Weile her, seit sie den Polarreisenden kennengelernt hat. Vielleicht war es während der Feierlichkeiten zur Heimkehr der *Gjøa*. Als Amundsen im September 1907 die Liste derjenigen aufstellte, die sein Debütwerk über die Nordwestpassage erhalten sollten, stand jedenfalls «Frau Obergerichtsanwalt Castberg, Gjøvik» sehr weit oben auf der Liste.

Ihr Ehemann hat etwas Forsches und Großzügiges an sich, das den Polreisenden anspricht, fast etwas Eskimoisches; wie er beiseitetritt und den hohen Gast an seiner Stelle zu seiner Frau in den hinteren Schlitten steigen lässt. Die Hütte des Juristen steht eingeschneit an einem Hang. Der Polarexperte wühlt sich bis zur Tür durch. Das Ehepaar folgt. Kalt ist es auch innerhalb der Bretterwände von «Furuheim». Kein Grund, die Überkleider abzulegen, auch wenn der Hausherr in Ofen und Kamin Feuer macht. Frau Sigrid improvisiert eine Mahlzeit aus «Armeefleisch», während der Polfahrer einen Blick ins Hüttenbuch wirft. Dem Hausherrn fällt es leicht, Worte zu finden und flotte Verse zu reimen. Der Gast merkt sich das Motto des Hauses: «Habe Liebe und tu, was du willst!» Das Armeefleisch wird verzehrt. Der Polarexperte will den Kaffee kochen. Er nimmt ein faustgroßes Stück Glut, hält es in den Kessel. Der Kaffee kocht. Der Gastgeber ist beeindruckt. Jetzt den Punsch geholt!

Es wird dunkel. Die Frau wird unruhig. Sie haben noch eine lange Schlittenfahrt vor sich.

Am 8. April treffen sich der Polarreisende und Frau Obergerichtsanwalt erneut im Grand in Kristiania. Es wird Mitternacht. Doch sie halten sich in der Öffentlichkeit auf. Sein Gesicht ist bekannt. «Habe Liebe und tu, was du willst!»

Ein paar Wochen später feiert «Siggen» ihren zweiunddreißigsten Geburtstag. «Ehrengast ist unser Kapitän. Weg von der Sonne will er zum Nordpol gehn.» Der Ehemann hat ein Lied gedichtet. «Nimm Platz im Körbchen, Roald, und laß den Ballon steigen.» Dem Hausherrn fällt es leicht, Worte zu finden und flotte Verse zu reimen. Doch Kapitän Amundsen ist kein Ingenieur Andrée, und außerdem soll noch ein Jahr vergehen, ehe er zum Pol aufbricht. Noch ein Jahr im wärmenden Glanz der Sonne.

Früher oder später erreichen sie den Siedepunkt, wie ein Stück Glut im Kessel.

11 Die Welt hinterm Licht

Eis im Bauch und einen kühlen Kopf. Das waren anno 1909 die wichtigsten Voraussetzungen für einen Polarreisenden. Es war das Jahr der Verwirrung in der Geschichte der Polarforschung.

Im Sommer 1909 hielt Ernest Shackleton seinen Einzug in London, der Metropole der Weltmacht. Er hatte den Rekord seines Rivalen Scott gebrochen. Der englische Marineoffizier hatte 88° 23' südlicher Breite erreicht und durfte sich fortan Sir Ernest nennen. Lediglich 180 unbegangene Kilometer fehlten bis zum Polpunkt.

Versetzen wir uns in den hintersten Winkel des Bunnefjords: In dieser abgelegenen Ecke südlich von Kristiania sitzen zwei Brüder und kalkulieren eine Expedition zum Nordpol. Vierzehn Männer, sieben Jahre. An unzählige Dinge muss gedacht werden. Roald diktiert. Leon schreibt. Es bleiben nur noch vier Monate bis zum Aufbruch am 1. Januar 1910.

«Hast du an Eisbärfutter gedacht?»

Am 1. September schlägt Roald die Zeitung auf. Endlich Neues von seinem Freund Dr. Cook. Nach einer Überwinterung im Norden Kanadas befindet er sich via Grönland auf dem Weg nach Kopenhagen. Der Doktor hat eine Spritztour zum Nordpol unternommen.

«Wann war er da?»

«Im April 1908.»

«Wollte er dich um die Zeit nicht in New York treffen?»

«Komisch.»

«Du musst ein Telegramm schicken!»

«Schreib: Herzlichste Glückwünsche zur großen Tat ... – *Wo*, sagst du, ist er gewesen?»

Frederick Cook möchte in Kopenhagen gern seinen alten Freund wiedersehen. Doch Amundsen ist beschäftigt. Er plant, sich in den Norden zu begeben ... «Hope to see you in the States», schließt er sein Glückwunschtelegramm. April könnte ein passendes Datum sein.

Was geht im Kopf des Polfahrers vor? Das fragen auch andere. Am 6. September diktiert Amundsen folgenden Brief an seinen lieben Vetter in Pensacola: «Du hast vielleicht eine telegraphische Antwort auf Deine Anfrage erwartet, aber da ich mich über Cooks Reise nicht konkret äußern kann, schicke ich diese Worte. Cook ist mein alter Freund von der Belgicaexpedition und ein in jeder Hinsicht prächtiger Mann, dessen Aussagen als absolut verläßlich betrachtet werden müssen. Wissenschaftler werden seine Observationen nun zu überprüfen versuchen, und ich hoffe, das wird dazu beitragen, ihre Richtigkeit zu bekräftigen.»

Am Abend klingelt der Telefonanschluss mit der Nummer 805, erste Etage, Uranienborg, am Ende des Bunnefjords.

«Hat Herr Amundsen schon gehört, dass Captain Peary am Nordpol gewesen ist?»

«Wann?»

«Im April 1909.»

«*Wo?*»

«Am Nordpol!»

Vierzehn Mann. Sieben Jahre. Eingefroren. Roald Amundsen sinkt langsam auf einen Stuhl.

«Hast du an Eisbärfutter gedacht?»

Am Mittwochmorgen, dem 8. September, reist Amundsen dennoch nach Kopenhagen. Im Büro im Obergeschoss liegt eine Mitteilung an Leon. Es ist eine Liste mit der Besatzung der *Fram*. Zuoberst steht der Kapitän. «Schreib an Thv. Nilsen [...] und sag ihm, daß sich die Exp. verzögert und wohl erst in einigen Monaten auf-

Ein versteckter Ort. Villa Uranienborg mit Fahnenmast und Badehaus ist ein abgeschiedenes Idyll. Zwischen Fjord und Berg eingeklemmt, liegt es unsichtbar in Bålerud bei Svartskog.

bricht. Er wird als stellvertretender Kommandant eingestellt. Den anderen darf die gleiche Begründung gegeben werden. Vermutlicher Start ungefähr im Juli 1910.» Die Entscheidung ist gefallen. Wann? Am 7. September. Vielleicht schon in der Nacht davor. Wo? In Roald Amundsens Kopf. Einzig und allein dort konnte eine solche Entscheidung getroffen werden.

Am 9. September wird die Abfahrt im *Morgenbladet* bestätigt: «Roald Amundsen ist gestern morgen nach Kopenhagen abgereist, wo er Dr. Cook treffen und mit dem Inspektor für Nordgrönland die Frage der Hunde für die Fahrt der *Fram* erörtern will. Am Freitag wird der Kapitän zurückerwartet.» Kein Wort über Eisbären. Natürlich würde die Expedition auf jeden Fall auch Hunde mitnehmen, aber sie müssten doch nicht erst von Grönland nach Norwegen verfrachtet werden. Die Vierbeiner würde man im hohen Norden an Bord nehmen können, wie Nansen es getan hatte. Als

Amundsen nun in Kopenhagen seine Bestellung aufgab, war die Reiseroute der Hunde bereits umdisponiert, entsprechend dem geänderten Plan.

Was hat sich in Roald Amundsens Hirn abgespielt? Er steckte mitten in der Ausrüstung einer wissenschaftlichen Expedition ins Polarbecken der Arktis. Ausrüstung aus aller Herren Länder war bestellt, Geld gesammelt und das Schiff mit finanzieller Hilfe des Stortings umgebaut worden, die wissenschaftlichen Vorbereitungen waren weit fortgeschritten, die Mannschaft angeheuert ... Noch immer fehlte Geld. Doch wer würde in eine Nordpolexpedition investieren, wenn der Nordpol inzwischen erreicht war? Was hatte Gade noch seinen amerikanischen Pemmikanlieferanten erzählen sollen? Dies sei die einzige Gelegenheit für sie, «ihre Produkte am Nordpol photographiert zu sehen». Hat er daran gedacht? Ja, aber es war nicht sein erster Gedanke. Zu diesem Zeitpunkt hatte er noch keine einzige Absage aus mangelndem Interesse erhalten. Die trafen erst später ein. Und da kamen sie ihm gelegen. Sie gaben ihm einen Grund.

Roald Amundsen dachte an sich selbst. «Wenn ich mein Prestige als Entdecker aufrechterhalten wollte, mußte ich schnell irgendeinen anderen aufsehenerregenden Erfolg erzielen», schrieb er später in seinen Erinnerungen. «Ich entschloß mich zu einem Handstreich.» Dazu gab es für einen Polfahrer nur zwei Möglichkeiten. Die eine Alternative war im April entfallen, ob nun 1908 oder 1909.

Und die andere? War die nicht auch, durch Shackleton, von der Karte getilgt worden? Nein, achtzehn Meilen waren noch übrig. Noch zwei Tagesetappen, vielleicht drei bei Gegenwind. Noch achtzehn Meilen in die Geschichte, bis zur Unsterblichkeit.

Alles lag bereit: Schiff, Proviant, Mannschaft ... – Aber gab es da nicht einen, der den Südpol für sich reserviert hatte? Einen? Alle wollten zum Südpol! Darum ging es ja in der Geschichte. Worauf wartet er noch?

Der Bunnefjord ist ein Totwasser. Amundsen will nach Kopenhagen und mit seinem alten Lehrmeister Cook reden. Dem Mann, der den Nordpol erreicht hat und der noch weiter will. Zum Südpol. Am 4. September ist eine Notiz erschienen, der zufolge der Doktor seine Südpolpläne schon fertig in der Schublade hat. Kinderkram für einen Mann, der auf eigenen Beinen zum Nordpol marschiert ist. Es ist Zeit, den Doktor unter Kontrolle zu bekommen. Es ist Zeit, die Hunde nach Süden zu beordern. Eisbären gehören nicht in die Antarktis. Hat Cook etwa zahme Pinguine am Nordpol gefunden? Es dreht sich alles, von Nord nach Süd, von Süd nach Nord. Aber doch nicht *so*. Das Eis im Bauch ist geschmolzen, der Kopf aber noch kühl.

Er muss raus aus dem Bunnefjord, raus aus dem nördlichen Polarbecken. Bis zur Eisenbahn sind es achtzehn Kilometer, bis zum Südpol achtzehn Meilen! Um den Rest muss sich Leon kümmern ...

In der dänischen Hauptstadt steht alles kopf. Amundsen mietet sich im gleichen Hotel ein wie der Nordpolbezwinger. Später heißt es in einer Zeitung, was Amundsen dazu gebracht habe, nach Kopenhagen zu kommen, seien «in erster Linie die Angriffe gegen seinen Freund Dr. Cook. Roald Amundsen wollte ihm zur moralischen Unterstützung sein Vertrauen und seine Freundschaft bekunden. Die beiden zeigten sich ständig zusammen.» Ja, schon; aber deshalb war er nicht nach Kopenhagen gekommen. Seinen Entschluss hatte er längst gefasst, ehe die Welt auf Ingenieur Pearys Einwürfe zu hören begann, Dr. Cook habe den Polpunkt nie erreicht.

Die Polarschlacht zwischen den beiden Amerikanern bahnte sich an. Peary schoss als Erster. Er hatte alles zu gewinnen, nichts zu verlieren. Nr. 2 am Nordpol war kein Ehrentitel, sondern lediglich eine Notiz zu einem vergeudeten Leben. Tod Dr. Cook!

Noch jemand hält sich zur gleichen Zeit in «geschäftlichen Angelegenheiten» in der dänischen Hauptstadt auf, der alte Seefahrer Otto Sverdrup. Der Ausgangspunkt für Dr. Cooks Route lag genau in jenen Gegenden, die Kapitän Sverdrup auf der zweiten *Fram*-Reise kartiert hatte. In der Zeitung *Danebrog* spricht sich Sverdrup eindeutig für «die norwegische Route» und Dr. Cooks Erfolg aus.

«Über Peary, antwortet der Kapitän kühl, weiß ich nichts anderes, als daß er seit sechsundzwanzig Jahren vergeblich versucht, den Nordpol zu erreichen.» Auch Kollege Amundsen scheut sich nicht, Position in diesem Krieg zu beziehen. «Pearys Auftreten betrübt mich zutiefst und ich möchte öffentlich erklären, daß Dr. Frederic Cook der zuverlässigste arktische Reisende ist, den ich kenne, und es ist vollkommen abwegig, an ihm zu zweifeln und Peary zu glauben.»

Am 10. September verlässt Cook die begeisterte Stadt. Mit dem Automobil rollt der gutaussehende Amerikaner mit den blauen Augen zum Hafen, neben ihm der untersetzte, zugeknöpfte Kapitän Sverdrup. Das Geleit an Bord der *MS Melchior* gibt ihm jedoch ein anderer, Roald Amundsen, der ihn zu Schiff nach Kristiansand begleitet. Er hat bereits voraustelegraphiert und die Ankunft des Helden angekündigt: «Halte seine Fahrt zum Nordpol für vollkommen glaubhaft.» Sowohl Sverdrup als auch Amundsen hatten sich entschieden, dem Wort des Doktors zu glauben. Das hatte mit Vertrauen zu Cook zu tun, aber auch mit Antipathie gegen Peary. Die gründete in alten, mit Eivind Astrup verbundenen Querelen und ebenso in dem Hang des Amerikaners, ein «Eigentumsrecht» auf bereits mehr oder weniger kartierte Gebiete zu proklamieren.

In Kristiansand wird Dr. Cook ein allerletztes Mal als unbestrittenem Eroberer des Nordpols gehuldigt, bevor er an Bord des Amerikaliners *Oscar II.* geht. In seiner Dankesrede hebt er die norwegischen Polarforscher hervor und wünscht seinem Kollegen Amundsen Glück und Erfolg auf der Reise in den Norden. Nur einer konnte den Wettlauf gewinnen, die Wissenschaft aber braucht sie alle.

Am 13. September ist Roald wieder bei Leon, im Arbeitszimmer am Bunnefjord. Am gleichen Tag wird in der Hauptstadt des Empires publik, dass sich Captain Scott auf den Weg nach Süden zu machen gedenkt.

«Wohin?»

«Zum Südpol.»

«Wann?»

«Im August 1910.»

Eis im Bauch, Roald. Kühlen Kopf, Leon. «Ruhig und in aller Stille mußte alles vorbereitet werden», schreibt Roald Amundsen später in seinem Buch *Die Eroberung des Südpols*. «Der einzige Eingeweihte, auf dessen unverbrüchliches Schweigen ich mich blindlings verlassen konnte, war mein Bruder Leonhard. Und er hat mir in der Zeit, wo er der alleinige Mitwisser des veränderten Planes war, viele und große Dinge geleistet.» Was mag Leon gesagt haben, als ihm sein Bruder anvertraute, dass aus Norden Süden geworden war?

Er selbst kann den Beschluss nicht gefasst haben. Solche Sprünge machte Leon nicht. Er war sachlich, gewissenhaft, gemessen in jeder seiner Bewegungen. Andererseits war er kein kleinkarierter Stubenhocker. Leon hatte auf Skiern die Hardangervidda überquert und war zu Schiff um die Welt gefahren. Er sprach fließend Englisch, Französisch und Deutsch. Er besaß das Taktgefühl eines Diplomaten und den Respekt des Ökonomen vor der Sprache der Zahlen. Zudem war er als Versorger seiner Familie fest in einer bürgerlichen Existenz verankert.

Der Polarreisende Tryggve Gran ist einer der wenigen Zeitgenossen, die die Bedeutung des zurückgezogenen Bruders an der Südpolexpedition würdigten: «Leon war ein äußerst smarter Herr, und wenn irgendwo eine knifflige Situation entstand, und das geschah immer wieder, dann wurde es ihm überlassen, die Kastanien aus dem Feuer zu holen. Für ein solches Doppelspiel brauchte es einen hellen und findigen Kopf.» Leon war wie maßgeschneidert für die Rolle als Roalds Sekretär und Manager. Er füllte sie nicht bloß aus, als sein Bruder konnte er ihm darüber hinaus auch Ratschläge erteilen oder – falls es einmal notwendig war – widersprechen.

Unter geschäftlichen Gesichtspunkten betrachtet, war der Entschluss kühn, aber richtig. Leons Anliegen war nicht die Wissenschaft. Der Südpol war eine Goldgrube. Außerdem, der Befehl war bereits erteilt, der Angriff verschoben, die Truppe umdirigiert, die Strategie geändert worden. Der Feldherr hatte gesprochen.

Roald vertraute Leon «blind». Aber niemandem vertraute er alles an. Gern ließ er über die Taktik mit sich reden; aber er folgte seiner eigenen Moral. Um die war es nicht schlimmer bestellt als bei sonst einem Napoleon. Und war es nicht das Recht des Feldherrn, einen Angriff im Norden anzukündigen, wenn er eine Offensive im Süden plante?

Amundsens neuer Plan hatte bloß einen einzigen Fehler. Der aber war dafür gravierend – und er hatte eine moralische Seite: Ein anderer hätte eigentlich die *Fram* in die Antarktis steuern sollen. Die Öffentlichkeit und seine Konkurrenten mochte er hinters Licht führen; aber er besaß nicht das Recht, Fridtjof Nansen zu düpieren. Die dritte Reise der *Fram* basierte auf dessen Plänen, auf dessen Prestige und auf dessen wissenschaftlichen Vorbereitungen. Und sie war nur möglich, weil Nansen seine eigenen Ambitionen, den Südpol zu erobern, zurückgestellt hatte.

Warum legte Amundsen ihm seine neue Strategie nicht offen? Nansen brachte sämtliche Voraussetzungen mit, Amundsens Dilemma zu verstehen, dass nämlich der Verlust des Renommierobjekts Nordpol eine ökonomische Gefährdung für die Durchführung der wissenschaftlichen Expedition darstellte. Mit Nansens Unterstützung hätte sich der eigene Zug zum Südpol noch vor Captain Scotts Ankündigung in aller Öffentlichkeit verkaufen lassen.

Was aber, wenn Nansen den Vorschlag verworfen hätte? Oder wenn er auf sein moralisches Recht gepocht hätte, die Expedition selbst zu führen? Streng genommen war das ein Risiko, das Amundsen hätte eingehen müssen. Wenn er es vorzog, zu schweigen, geschah das, weil er seinen Landsmann eben nicht in erster Linie als Partner und Kollegen ansah. Im Gegenteil: Fridtjof Nansen war sein gefährlichster Rivale im Kampf um den Südpol.

Im Oktober kam Sir Ernest Shackleton nach Kristiania, wo ihm jubelnde Massen einen begeisterten Empfang bereiteten. Amundsen hielt eine Rede, in der er den heroischen Fußmarsch über das antarktische Plateau pries. Die verbliebenen achtzehn Meilen behielt er weiterhin für sich.

Währenddessen brodelte der Streit zwischen Cook und Peary von Siedepunkt zu Siedepunkt. Der Doktor steckte in Beweisnöten, und der Rivale hatte das amerikanische Establishment auf seiner Seite. Amundsen wurde noch einmal unmittelbar hineingezogen, als er wegen Lieferungen an die *Fram* in die USA reiste. Sowohl bei seiner Abreise wie bei seiner Ankunft wurde er von Herman Gade gewarnt.

In einem Brief an Leon, datiert New York, den 17. November, heißt es: «Ein Stück weit vor der Küste hier erhielt ich ein Telegramm von ihm, daß ich mich vor den Reportern vorsehen solle, die in Massen über mich herfallen würden, um meine Meinung im Cook-Peary-Streit zu erfahren. Bei der Quarantänestation kam der N.Y. Herald mit seiner eigenen Yacht, und mit dem Zollboot kamen Dutzende Zeitungsleute und Photographen. Glücklicherweise war Gade bei ihnen.» Diesmal galt es, diplomatisch aufzutreten. «Cook wohnt gleich außerhalb der Stadt und ich soll ihm dort am Nachmittag einen Besuch abstatten. Seine Aktien sind so tief gefallen, wie es nur geht. *Keiner* ergreift mehr seine Partei.»

Fünfzehn Jahre später deutete Gade in einem Brief an, der Freund sei in seiner Menschenkenntnis nicht immer sicher, manchmal müsse man ihn vor sich selbst beschützen: «Du hast es ja im übrigen damit, bis zum Schluß an jemandem festzuhalten, dessen gute Seiten Du einmal kennengelernt hast. Das konnte ich gut in Deinem Verhältnis zu Cook beobachten, als ich damals von Chicago bis nach New York hinab fuhr, um dich vor diesem Deinem ehemaligen Freund und Begleiter auf der Belgicaexpedition zu warnen.»

In einem New Yorker Hotelzimmer vertraute Amundsen seinem Jugendfreund Gade an, dass er im Begriff stand, die Welt hinters Licht zu führen. Zwei andere, die im weiteren Verlauf eingeweiht wurden, waren der Meereskundler Bjørn Helland-Hansen, der von Bergen aus das ozeanographische Programm der Expedition ausarbeiten sollte, und der Kommandant der *Fram*, Thorvald Nilsen. Beide wurden mit einer Entscheidung konfrontiert, die längst gefallen war. Beide zogen es vor, einzuwilligen. Im Frühjahr 1910 unterrichtete Amundsen darüber hinaus unter vier Augen seinen ewig treuen Palladin Fritz Zapffe. (Ursprünglich hatte der Apotheker aus Tromsø an der Fahrt teilnehmen sollen, doch aus familiären Gründen musste er zurücktreten.) Von Angesicht zu Angesicht war Roald Amundsen ein Mann, der Nord in Süd verkehren konnte, ohne an Glaubwürdigkeit zu verlieren.

Im sensiblen Winter 1909 auf 10 verhielt sich unser Polarreisender möglichst unauffällig. Einzelne Dinge hatten ihre Bedeutung verloren. Das galt für Hagenbecks Eisbärdressur ebenso wie für Sem-Jacobsens Drachenerprobungen. Um nach offenen Rinnen im Eis und unentdecktem Land im Polarmeer spähen zu können, hatte Amundsen die Konstruktion eines Flugdrachens angeregt, der einen Mann tragen konnte. Im Sommer 1909 hatte das Experiment durch einen Blitzschlag den stellvertretenden Leiter der Expedition, Hauptmann Engelstad, das Leben gekostet. Leutnant Sem-Jacobsen führte die Arbeit den Winter über fort, doch aus irgendeinem Grund schien der Leiter etwas von seiner Begeisterung für das Projekt eingebüßt zu haben.

Anstelle eines Drachens baute er ein Haus; ein Fertighaus, das sich in der Antarktis zusammensetzen ließ. Ansonsten waren das Wichtigste die Hunde: «90 Rüden à 12 Kr., 10 Hündinnen à 10 Kr.», mit allem Zubehör zum richtigen Zeitpunkt nach Kristiania zu liefern. Eine Sache noch, um die Amundsen den dänischen Inspektor in Nordgrönland anging: «Ich glaube, es wäre mir von unschätzbarem Nutzen, wenn ich für die Beaufsichtigung zwei schlittenerprobte grönländische Eskimos im Ihrer Meinung nach kräftigsten Alter bekommen könnte.»

Es stellte sich jedoch heraus, dass die «Lieferung» der Eingeborenen mit einem beträchtlichen bürokratischen Aufwand verbunden war. Auch wenn sowohl Cook wie Peary für ihre Expedition jeweils auf Eskimos zurückgegriffen hatten, segelte die *Fram* am Ende ohne Grönländer an Bord nach Süden. Letzten Endes hatten Eskimos wohl ebenso wenig in der Antarktis zu suchen wie Eisbären im Pinguinland.

Für das neue Vorhaben musste die Mannschaft jedoch erweitert werden. Zwei der Letzten, die angeheuert wurden, waren ein von Helland-Hansen handverlesener russischer Meeresforscher und ein von der Dieselmotorenfabrik abgestellter schwedischer Maschinist. Ansonsten gelang es Amundsen, eine rein norwegische Besatzung mit Schwerpunkten im Marinestandort Horten und der Eismeerstadt Tromsø zusammenzustellen. Aus der *Gjøa*-Expedition sicherte er sich das Polargenie Lindstrøm und den rastlosen Familienvater Helmer Hanssen.

Für jemanden, der menschenscheu ist, liegt Uranienborg optimal, eingeklemmt zwischen Hang und Fjord. Ein Fremder muss zunächst an den Hunden vorbei, dann über den Kies. Das Mädchen öffnet und schließt die Tür. Leon geht ans Telefon. Der Kapitän ist nicht zu sprechen.

Um Ostern kommt Robert Scott nach Norwegen. Er will die neue Wundermaschine des Empires testen: Motorschlitten. Bevor er sich in die örtliche Antarktis hinauf nach Fefor begibt, trifft er Nansen. Außerdem ruft er in Svartskog an. Zuvor hat Scott Amundsen bereits geschrieben. Er wünscht eine Konferenz über eine Zusammenarbeit zwischen der norwegischen Nordpol- und der britischen Südpolexpedition. Leider ist Herr Amundsen nicht zu Hause.

Doch Captain Scott lässt nicht locker. Wenn er es ein zweites Mal mit der Antarktis versuchen kann, kann er es wohl auch ein paarmal in Svartskog versuchen. Bevor die Motorschlitten nach Großbritannien zurückverfrachtet werden, wählt der Engländer noch einmal Anschluss 805 in Svartskog. Herr Amundsen ist immer noch nicht zu erreichen. – Wo steckt er?

Tja, wo steckte Roald Amundsen?

12 **Der Coup**

Leon Amundsen reiste allein nach Madeira. Er nahm einen Dampfer von Hamburg und kam an einem der letzten Augusttage des Jahres 1910 auf der exotischen Insel im Atlantik an. Dort nahm der hochgewachsene, distinguierte Herr ein Zimmer im Hotel Bellavista in Funchal. Seine erste Aufgabe in der sommerlich heißen Stadt bestand darin, im norwegischen Konsulat Post zu holen. Dort nahm er den Stapel mit den letzten Briefen für Kapitän Amundsen und seine Leute aus dem Heimatland in Empfang. Als Nächstes musste er überprüfen, ob die bestellten Versorgungsgüter ordnungsgemäß eingetroffen waren. Dann galt es nur noch zu warten. Am 4. September beging er in aller Stille seinen vierzigsten Geburtstag mit einem Glas Madeira und der Aussicht aufs Meer.

Alle Söhne des Reeders Jens Amundsen waren Spielernaturen. Der Zweitjüngste war nicht der schlechteste Glücksspieler, aber er spielte mit niedrigeren Einsätzen und größerem Realitätssinn als die anderen. Er war der Einzige der vier, der nicht irgendwann einmal alles auf eine Karte setzte und verspielte. Leon war ein Profi. In dem Poker um Geld und Ehre hatte er nun ein ganzes Jahr lang sein Pokerface bewahrt, im Zockerspiel um den letzten Pol. Leon spielte ohne eigenes Risiko mit. Er trug lediglich die Belastung.

Am Morgen des 6. September ging die *Fram* auf der Reede von Funchal vor Anker. Auf den Tag genau ein Jahr nach der Sensationsmeldung von Pearys Nordpoleroberung. Es lag ein Nebel der Verschwiegenheit über dem breiten, vollbeladenen Polarschiff.

Schon am 7. Juni, dem fünften Jahrestag der Unabhängigkeit der Monarchie, hatte es Norwegens Hauptstadt verlassen und in der Zwischenzeit eine ozeanographische Probefahrt in nördliche Gewässer unternommen. In Kristiansand waren die Zugtiere an Bord genommen worden.

Die Hunde standen wie hundert Fragezeichen an Deck. Warum sollten sie durch den Tropengürtel und um Kap Horn die Welt umsegeln, wenn sie doch ebenso gut erst am Eingang zur Beringstraße hätten an Bord springen können? Außerdem führte das Schiff im Laderaum ein komplettes Haus mit sich. Hundert Fragen und ein Haus zur Antwort.

Während die *Fram* noch in Kristiansand lag, hatte Kapitän Amundsen das folgende Dokument aufgesetzt: «Hiermit erklären wir auf Ehre und Gewissen, daß wir weder schriftlich noch mündlich, noch durch Andeutungen etwas von dem verlauten lassen, was bei dieser Versammlung besprochen wird.»

Es ist auf den 30. Juli datiert und von den drei Leutnants des Schiffes unterzeichnet: Skipper Thv. Nilsen, K. Prestrud und Hj. Fr. Gjertsen. Seit «dieser Versammlung» waren alle Schiffsoffiziere in das große Geheimnis eingeweiht. Einen Monat später, kurz vor der Ankunft in Madeira, signierte Sverre Hassel ein ähnliches Schweigegelübde. Hassel war ein erfahrener Mann, der schon mit Sverdrup gefahren war. Außerdem hatte er nach ihrem Eintreffen aus Grönland die Hunde in Empfang genommen. Hassel stand den hundert Fragezeichen am nächsten. Der Kapitän hielt es für klug, ihm eine Antwort zu geben.

Am Vormittag des 6. klettert Leon an Bord. Er hat die letzten Briefe bei sich, die die Besatzung für die nächsten anderthalb Jahre erhalten wird. Für kleinere Reparaturen und die Aufnahme von Ladung bleibt das Schiff drei Tage auf Reede. Die Besatzung darf an Land und vertritt sich die Beine. Ein Mann wird abgemustert und auf Beschluss der Offiziere nach Hause geschickt: «Nach einer Mannschaftsbesprechung erklären wir, daß Steward Anders Terkelsen Sandvik wiederholte Male die Unwahrheit sagte und versuchte, Zwietracht unter seinen Kameraden zu stiften.»

Es war die Stunde der Wahrheit gekommen.

Am 9. September wird klar Schiff gemacht zum Ablegen. Um halb fünf gehen die Brüder Amundsen an Bord. Der Expeditionsleiter hat die Gelegenheit einiger Tage in komfortablen Verhältnissen genutzt. Ebenso wie der Bruder hat er sich auf Madeira in einem Hotel einquartiert. Außer der Besatzung ist nur Leon mit an Bord. Er wird die Schiffspost mit nach Norwegen nehmen.

Unter Deck sitzt Hjalmar Johansen und schreibt einen Abschiedsbrief an seine Frau Hilda im heimatlichen Skien: «Tausend Dank für die Briefe. Ich werde sie eingehend lesen, wenn ich wieder auf

See bin. Jetzt gibt es erst noch viel zu tun, ehe ein Schiff den Hafen verläßt. Alle Mann sind an Deck, nur ich sitze hier unten und kritzle nur im Hemd, daß der Schweiß tropft. Übrigens vertrage ich die Hitze sehr gut, hätte geglaubt, es würde viel schlimmer. (Jetzt muß ich nach oben.) –

Nein, du meine Güte, was für eine Überraschung! Und das innerhalb einer Viertelstunde. Wir gehen nicht zum Nordpol, wir gehen zum Südpol! Amundsen hat alle Mann zusammengetrommelt und verkündet, daß sich sein Plan seit letztem September mächtig verändert hätte. Jetzt werden wir essen, und dann segeln wir direkt zum Südpol, wo zehn von uns auf dem Eis an Land gesetzt werden, um dort ins Winterquartier zu gehen. Die *Fram* segelt von dort mit den anderen zehn nach Buenos Aires. Da soll die Mannschaft ergänzt werden. Hinterher machen wir oceanographische Untersuchungen, und dann kommt die *Fram* und holt uns 1912 wieder ab. Das kannst Du wohl eine Überraschung nennen. Amundsen selbst ist völlig platt, daß nichts von seinem Plan bisher durchgesickert ist, den er seit einem Jahr fertig hat. Er sagte, er könne uns nicht zwingen dabeizusein, wollte aber jeden einzelnen fragen, ob er mitkommen will. Alle sagten ja! –! –!»

Wie die Übrigen auch war Johansen auf drei bis sieben Jahre des Überwinterns im Eismeer eingestimmt. So gesehen muss ihnen der beträchtlich kürzere Zug zum Südpol als Erleichterung vorgekommen sein. Auch wenn es sich im Grunde um eine Ausweitung der dritten *Fram*-Reise handelte, war die düstere Nordpolfahrt auf ungewisse Zeit verschoben. Amundsen war klug genug, sich vorläufig nicht in die Karten gucken zu lassen, wer ihn zum Pol begleiten und wer sich der Meeresforschung widmen dürfe. Was seine eigene Person betraf, hegte Hjalmar Johansen keinen Zweifel.

Polfahrer mit Pokerface. Die Aufnahme machte der Fotograf Wilse vor der Abreise der *Fram* aus Kristiania. Von rechts: Skipper Nilsen, Leutnant Gjertsen, Roald und Leon Amundsen. Die Mannschaft hält gebührenden Abstand. Alle sind auf Kosten der Expedition demokratisch gleich eingekleidet.

«Jetzt klären sich auch viele Fragen bezügl. Ausrüstung und Material, da ich vorher von der Voraussetzung ausging, sie würden im Treibeis gebraucht. Amundsen hat mir wohl angesehen, daß mir so manches spanisch vorkam, vor allem das Haus, das wir auf Treibeis errichten sollten, und manches andere. Heute nachmittag hat er gelacht und zu mir gesagt, er wüßte, daß jetzt mein Wunsch in Erfüllung ginge, nämlich einmal ins Eis dort unten im Süden zu kommen. Davon hätte er gehört.»

Das Letzte ist eine Anspielung auf Nansen. Während der Überwinterung in der Höhle auf Franz-Josef-Land hatte Nansen seinen Plan zur Eroberung des Südpols entwickelt.

Der Augenblick, in dem sich zehn Männer auf dem Deck der *Fram* um eine Karte der Antarktis sammelten, sollte auf der ganzen Fahrt nur von einem anderen Moment übertroffen werden: als zehn Hände die Fahne Norwegens in die Mitte des Kontinents pflanzten.

Nachdem sich die erste Aufregung gelegt hat und alle, so wie Johansen, die sensationelle Eröffnung ihren Briefen noch hinzugefügt haben, setzt sich die gesamte Expeditionsmannschaft zu Tisch. Um neun Uhr verlässt Leon mit sämtlichen Briefen das Schiff. Im Postsack trägt er auch Roalds Mitteilungen an den König, an Nansen und den Rest des Volkes. Er hatte sie während der monatelangen Fahrt nach Madeira in seiner Kajüte verfasst.

Jeder verabschiedet den Geschäftsführer der Expedition mit «einem letzten kräftigen Händedruck». Als Leon Amundsen an Land gerudert wird, ist jegliche Verbindung zur Außenwelt gekappt. «Mein Bruder hatte es übernommen, die Nachricht, wohin wir unterwegs waren, zu überbringen», schreibt Roald Amundsen in seinem späteren Bericht. «Ich habe ihn keineswegs darum beneidet.»

Eine halbe Stunde später springt der Dieselmotor an. Das Polarschiff nimmt Fahrt auf. Es ist still. Es ist sternklar. Roald Amundsen ist erleichtert. «Eine wunderbare Nacht.»

Die Taktik zu Hause in Norwegen war die gleiche, die Amundsen an Bord der *Fram* einschlug. Man versicherte sich erst der Unterstützung der wichtigsten Akteure, ehe man die große Masse informierte. Im Grunde stand und fiel alles mit einem Mann. Der König sollte ebenfalls vor der Allgemeinheit informiert werden.

Es ist schon bemerkenswert, dass Amundsen, der immerhin auf einem Schiff unterwegs war, das dem Staat gehörte, offenbar nicht den geringsten Grund sah, die Regierung oder das Parlament gesondert in Kenntnis zu setzen. Zum Jahreswechsel war inzwischen die ihm wohlgesinnte Regierung Knudsen zurückgetreten. Die neuen Machthaber sollten sich mit einer Zeitungsmeldung zufriedengeben.

Die Briefe ans Schloss und für Lysaker sollten am 1. Oktober per Kurier überbracht werden. Leon nahm den geraden Weg die Karl Johan hinauf, während der Ozeanograph Bjørn Helland-Hansen die bedeutend längere und gewundenere Strecke hinaus nach Polhøgda übernehmen durfte. Diese Aufgabe erforderte den Fachmann, der dem Professor sogleich glaubhaft versichern konnte, dass die wissenschaftlichen Ziele der Expedition für alle übrigen Beschlüsse entscheidend gewesen waren.

In seinem Begleitbrief an Helland-Hansen unterstrich Amundsen, wie wichtig es ihm sei, dass Nansen und der König «beide die nachricht *im gleichen augenblikk* erhalten». Ja, er hatte durchaus recht, wenn er die Südpoloperation später als Coup charakterisierte. Sie war inszeniert wie ein Staatsstreich oder wie eine Palastrevolution. Der Rebell schlug zeitgleich an den strategisch wichtigen Punkten zu. Die Gegenspieler sollten keine Gelegenheit finden, einander zu warnen, sich abzustimmen oder die Stellung zu befestigen.

Der Brief an Nansen ist auf den Knien rutschend verfasst. Er beginnt mit dem Hinweis auf den Fall des Nordpols, «das war der todesstoß zu meinem vorgehabten. Ich erkannte sogleich, daß ich danach nicht mehr mit der ökonomischen unterstützung rechnen konnte, die ich brauchte. Daß ich mich darin nicht täuschte, beweist der beschluß des stortings im märz/april 1910, in dem meine beantragung einer mehrbewilligung von 25 000 Kr. abgelehnt wurde.» Dieser Anschlag der vom Volk gewählten Vertreter gegen die Wissenschaft kam überaus gelegen: Professor Nansens festzementierte Skepsis gegenüber parlamentarischen Mehrheitsbeschlüssen war allgemein bekannt.

In seinem einsamen Kampf für die Interessen der Wissenschaft sah sich Amundsen folglich gezwungen, «um das interesse der großen masse» zu buhlen, indem er den Südpol eroberte. Allein so konnte die ozeanographische Forschungsreise nach Norden wirtschaftlich gesichert werden. Dieser Argumentation konnte Nansen schwerlich widersprechen, ohne die gemeinsame Sache zu verraten: die Wissenschaft. Dann aber kam der springende Punkt: «Viele maale war ich bereits auf dem weg zu ihnen, um ihnen alles anzuvertrauen, doch jedesmal habe ich wegen meiner befürchtungen, sie könnten mich zurückhalten, wieder kehrt gemacht.» Zurückhalten? Wovon? Davon, die Fahrt in den Norden zu retten, oder davon, nach Süden aufzubrechen?

Es gab, wie gesagt, nur einen einzigen Menschen, der Roald Amundsen aufhalten konnte. Und es gab nur ein Motiv, um das zu tun: Wenn Fridtjof Nansen selbst den Südpol hätte erobern wollen.

Der Briefschreiber bedauert auch, dass er Scott nicht unterrichten konnte. «Ich werde hingegen alles daransetzen, ihn dort unten zu treffen und ihn von meinem entschluß in kenntnis zu setzen, damit er danach handeln kann.» Das ist eine sehr interessante Mitteilung, auch wenn Amundsen wusste, wo die Engländer für gewöhnlich ihr Basislager aufschlugen. Indessen reichte die neue Offenherzigkeit gegenüber Nansen doch nicht so weit, dass er ihm seine eigenen Pläne, in der Walbucht an Land zu gehen, verraten hätte.

«Wo wir an land gehen werden, vermag ich noch nicht genau zu sagen, aber es ist meine absicht, den engländern nicht in die quere zu kommen. Sie haben selbstverständlich das vortrittsrecht. Wir müssen uns mit dem begnügen, was sie übrig lassen.» Wie ritterlich! Dabei hatte Amundsen längst ausgerechnet, dass die norwegische Basis einen ganzen Breitengrad näher am Pol lag als Scotts Ausgangslager im McMurdo-Sund.

Am Ende, als das abschließende Urteil ansteht, macht Roald Amundsen zunächst unterwürfig wie ein Hund Männchen vor seinem Herrn, ehe er sich wie ein Raskolnikow in Gottes Hand begibt. «Urteilen Sie nicht zu hartt über mich. Ich bin kein humbugmacher, die noot hat mich gezwungen. Möge meine zukünftige arbeit dazu beitragen, das zu sühnen, was ich verbrochen habe.» – Diese letzten Worte würde Nansen Silbe für Silbe auf die Goldwaage legen. Und ob Roald Amundsen büßen würde – im Dienst der Wissenschaft.

Der Brief ist mit der Maschine geschrieben, und wahrscheinlich registrierte der Professor die falsche Rechtschreibung darin allenfalls als Tippfehler. Doch das schon inhaltlich so aufsehenerregende Dokument zeigt uns auch einen orthographischen Wendepunkt. Von diesem Zeitpunkt an sind Amundsens sämtliche Rechtschreibfehler bewusste Abweichungen. Mitten in der Zeit alles umstürzender Entschlüsse drängt sich im Kopf des Polarfahrers eine neue idiosynkratische Schreibweise in den Vordergrund. Ihre ersten Anzeichen, wie beispielsweise die Ersetzung des Buchstabens g durch einen übertriebenen Gebrauch des k [oder Lautverdoppelungen und die noch nicht allgemein übliche Kleinschreibung; Anm. d. Ü.], tauchen schon vor der Kehrtwende im Herbst 1909 auf, doch diese Tendenz verstärkt sich noch während der inneren Isolation des Polarforschers vor der Abreise. Da es nur wenige Dokumente aus dieser Phase gibt, stellt der Brief an Nansen den ersten deutlichen Ausdruck dieser eigenartigen Entwicklung dar, die später noch extremere Formen annehmen sollte.

Die eigentliche Antwort auf den Brief erteilte Nansen erst zweieinhalb Jahre später. Was auch immer der Professor sich gedacht haben mochte, so war es nun notwendig, augenblicklich die richtige Haltung einzunehmen. Den Südpol hatte er bereits verloren. Da blieb noch die Rettung der Expedition in den Norden. In seinem Brief schrieb Amundsen: «Wenn ich nur die mittel hätte, die für meine ursprünglich geplante fahrt noch immer aufgebracht werden müssen – ca. 150 000 Kr. – dann hätte ich diese extratour mit Freuden unterlassen.» Das war das entscheidende Wort: «Extratour». Die «Haupttour» führte noch immer in das nördliche Polarbecken.

Am gleichen Tag, an dem Amundsens Briefe zugestellt wurden, bat man die Presse der Hauptstadt zur Konferenz ins Hotel Continental. Ehe Leon die Erklärung seines Bruders verlas, dürfte er sich mit Helland-Hansen zu einer kurzen Lagebesprechung zurückgezogen haben. In einem Schreiben an Leon wenige Tage später riet der Ozeanograph aus Bergen: «Das Original von Roalds Mitteilung sollte gut weggeschlossen werden, da es durch die Veränderung des Textes in jenem einen Punkt ‹verfälscht› worden ist.»

Roald Amundsens Botschaft an das norwegische Volk erschien am 2. Oktober 1910 auf den Titelseiten der Zeitungen in Kristiania. Sie machten mit der reißerischen Schlagzeile auf, die *Fram* nehme «Kurs auf den Süden, um in antarktischen Gefilden in den Kampf um den Südpol einzugreifen». Ganz so dramatisch war es dann doch nicht: «Dabei handelt es sich lediglich um eine Ausweitung der ursprünglichen Planung, nicht um eine Änderung.»

Dann zu Helland-Hansens neuralgischem Punkt. Er betraf Amundsens Verschwiegenheit: «Ich habe nicht einmal diejenigen im Vorfeld eingeweiht, die mir halfen, die Expedition auf die Beine zu stellen, weil ich erst abwarten wollte, ob sich der Plan überhaupt ausführen ließ.» So lautete Leons diplomatische Formulierung, handschriftlich in die maschinengeschriebene Erklärung des Bruders eingefügt. Sie ersetzte das folgende, weit offenherzigere Bekenntnis Roalds: «Ich weiß, ich werde viele von ihnen enttäuschen, die mir in meiner arbeit zur seite standen und mich unterstützten, wenn ich nun einen schritt wie diesen tue, ohne sie im voraus davon zu unterrichten. Doch es war unmöglich. So viele schwierigkeiten hätten sich aufgehäuft, sobald der plan bekannt geworden wäre, daß ich möglicherweise das risiko gelaufen wäre, ihn aufgeben zu müssen. Wenn es gelingen sollte, mußte ich in aller stille zu werke gehen.»

Warum das eigene schlechte Gewissen in alle Welt hinausposaunen, wenn sich Nansen schon mit der neuen Situation abgefunden hat? So mag Leon gedacht haben, als er die Enthüllungen des Bruders durch die Abwarteparole ersetzte. Dadurch wirkt die Erklärung an die Nation bedeutend kühler kalkuliert als der Brief an Nansen mit all seinen aufrichtigen Attacken und aufgesetzten Entschuldigungen. Ein gewiefter Spieler deckt nicht zur Unzeit seine schlechtesten Karten auf.

Die Sensationsartikel in den Zeitungen schlossen mit nüchternen Informationen: «Im Februar/März 1912 kann man sich langsam darauf einstellen, wieder von uns zu hören. Wir werden dann San Francisco anlaufen, wo die endgültigen Vorbereitungen zur Drift über das Polarbassin getroffen werden.»

Leon Amundsen führte für seinen Bruder die Korrespondenz. Daher war es für ihn nichts Neues, dass sich zwei Persönlichkeiten hinter Roald Amundsens «Ich» verbargen. In dieser Ausweitung des Ich gründete sogar ein Teil der heimlichen Stärke des Polreisenden. Seine Talente wurden dadurch vervielfacht, seine Kapazität verdoppelt – er konnte sich sogar zur gleichen Zeit an zwei verschiedenen Orten aufhalten. Das sollte Captain Scott erfahren.

Am 3. Oktober brachte Leon die Briefe an die Angehörigen der Expeditionsteilnehmer zur Post, die er von Madeira mitgebracht hatte. Gleichzeitig kabelte er folgendes Telegramm: «Captain Scott Terra Nova Christ church (New Zealand) Beg inform you Fram proceeding antarctic.» Unterzeichnet: Amundsen. Aufgegeben in: Kristiania. Selbst Captain Scott wusste, dass «Amundsen» Kristiania vor Monaten verlassen hatte.

«Es sieht ja so aus, als ginge alles vergleichsweise glimpflich vorüber und als werde es keine größeren Probleme geben», schrieb Helland-Hansen Leon drei Tage nach dem großen Knall. Der Meeresforscher und der Manager konnten erleichtert aufatmen. Niemand hatte öffentlich Widerspruch gegen Amundsens Erklärung eingelegt. Durch den negativen Parlamentsbeschluss trug ja gewissermaßen die gesamte Nation einen Teil der Verantwortung für die dramatische Halse der *Fram*. Außerdem gab es keine Tradition dafür, Kritik an Norwegens Flaggschiff zu äußern.

Zu den vielen Kapazitäten, die gebeten wurden, sich in der Sache zu äußern, gehörte Carsten Borchgrevink, der Norweger, der eine englische Expedition bei der ersten Überwinterung in der Antarktis geleitet hatte. Er hielt es für angebracht, sein Bedauern darüber auszudrücken, dass Amundsen nicht auf «Renstiere» als Zugtiere gesetzt hatte: «Das habe ich auch Scott empfohlen.» Ansonsten erklärte Borchgrevink der Zeitung *Tidens Tegn*, er habe die ganze Zeit im Gefühl gehabt, was Amundsen vorhatte. «Wozu hat er denn sonst 90 Schlittenhunde mitgenommen?»

In Hjalmar Johansens Tagebuch von der *Fram* steht übrigens, Amundsen sei «sehr erstaunt darüber, daß Nansen keinen Verdacht über das Ziel der Reise schöpfte, obwohl er doch seine Verwunderung über all die Hunde geäußert hat». Das Verhalten des Professors sagt einiges über sein unbedingtes Vertrauen in den polaren Erben. Dieses Vertrauensverhältnis war nun allerdings erschüttert. Nansen hielt seinem jüngeren Kollegen nicht mehr aus Begeisterung, sondern nur noch aus Pflichtgefühl die Stange. Ebenso war die Stimmung im Volk. Es brodelte unter der Oberfläche.

«Jetzt können wir nur noch hoffen, daß mit den Hunden und dem Landgang alles gutgeht», schloss Helland-Hansen seinen Brief an Leon. «Dann wird wieder alles in Ordnung sein, trotz Rentieren, Ponies und Automobilen.»

Kein Wort über Eisbären.

13 Eine Geschäftsreise

Die Südpolexpedition bestand aus drei Abteilungen. Da war zunächst die Landmannschaft: neun Mann unter der Führung Roald Amundsens und mit dem Basislager *Framheim* auf dem antarktischen Kontinent. Dann gab es die Seemannschaft, die mit der *Fram* im Atlantik Meeresforschung treiben sollte. Sie bestand aus zehn Mann unter dem Kommando des Schiffsführers, Marineleutnant Thorvald Nilsen. Drittens: Sekretariat und Geschäftsleitung der Expedition, verteilt auf diverse Büros in Kristiania und Umgebung. Sie bestand aus einem Mann, dem zwanzigsten Expeditionsmitglied, Leon Amundsen. Während das Staatsschiff *Fram* die modernen Wikinger über die Weltmeere schaukelte, reiste der Geschäftsführer «in seiner Eigenschaft als Repräsentant der Fram-Expedition» mit einem Freifahrschein der Norwegischen Eisenbahn.

Der Postverkehr zwischen den drei Stützpunkten der Expedition war, gelinde gesagt, sparsam. Er beschränkte sich auf die Abreise der *Fram,* auf ihre Ankunft in der Walbucht und ein paar anderen Häfen. Gleichwohl führten die Brüder Amundsen, vor allem Leon, während der gesamten zweijährigen Trennung fleißig Korrespondenz. Die Post wurde nur selten zugestellt, dafür aber waren die Briefstapel jedes Mal umso dicker. Auch Leutnant Nilsen rapportierte nach Kristiania. Alle drei Abteilungsleiter mussten darauf vorbereitet sein, selbständige Beschlüsse zu fassen.

«Hoffe, Ihr habt gemütliche Weihnachten gefeiert. Hier lief alles in Ruhe und Beschaulichkeit ab, ohne daß wir Besuch gehabt hätten oder selbst auf Besuch fuhren», schrieb Leon Roald zum Neujahr 1911. Weihnachten an Bord der *Fram* war dagegen selbstredend etwas Besonderes gewesen.

«Ltn. Nilsen und ich hatten aus diesem anlaß den vorsalon dekoriert, und es war richtig fein. Alles wurde mit signalflaggen verkleidet, und unter der decke hänkten wir schwere, dikke guirlanden aus seidenpapier auf – ein geschenk von Schroer. 16 farbige hübsche lichter – auch ein präsent – wurden aufgehänkt und die üblichen lampen entfernt. Um 5 uhr waren alle zum essen geladen. Den fonografen hatte ich in meiner kajüte aufgehänkt, ohne daß die gäste davon wußten. Die krüge von König und Königin waren gedeckt und machten das ganze noch festlicher. Das tageslicht hatten wir ausgesperrt, so daß es komplett dunkel war. Mit den angezündeten bunten lichtern glich unser guter salon einem kleinen feenpalass. Über dem ganzen lag feierliche stimmunk.»

Der Theatermensch an der Arbeit: Roald Amundsen als Bühnenbildner und Regisseur. Besonders entwickelt war sein Sinn für Beleuchtungen. Bei Gesellschaften daheim auf Uranienborg konnte er dem Dienstmädchen exakte Anweisungen erteilen, wann welches Licht diskret zu löschen war. Den Ton nicht zu vergessen: «Als alle platz genommen hatten, ließ ich den fonografen los. ‹Stille nacht, heilige nacht› tönte es zu uns herein, gesungen von dem bekannten dänischen opernsänger Herold. Bei dieser gelegenheit blieben nicht viele augen trocken.»

Die Vorstellung wies sämtliche wichtigen Elemente auf: Stimmung und Überraschung, etwas religiös Erhebendes, von den Flügeln der Technik getragen. Und das auch noch auf für alle unerklärliche Weise, außer für denjenigen, der alles inszeniert hatte. Perfekt! «An einen stimmungsvolleren und feierlicheren weihnachtsabend kann ich mich mein lebtag nicht erinnern.»

Zu Hause im Winterland herrschte nicht die gleiche Hochstimmung. «Leider ist die Stimmungslage nicht so, wie wir erhofft haben, von einer größeren Anteilnahme aufgrund all der Schwierigkeiten, die Du gehabt hast, kann keine Rede sein und von Begeisterung über den Kurswechsel schon gar nicht. Im Gegenteil, und obwohl Deine Beweggründe aus Deiner Mitteilung an die Presse klar und deutlich hervorgingen, herrscht allenthalben eine säuerliche Verstimmung. Natürlich gibt es auch Ausnahmen. Dazu zähle ich als Ersten den König und an zweiter Stelle Fridtjof Nansen, die beide die Dinge klar sehen.»

Leon konnte zwar resümieren, dass «der größte Teil der Presse» freundlich reagiert hatte, doch gab es trotzdem Grund zur Sorge: «Auf jeden Fall herrscht unter den Geldgebern Mißstimmung, und aller Wahrscheinlichkeit nach wird es im Parlament Ärger geben, wenn die Sache dort zur Sprache kommt. Ich möchte Dir daher schon heute unbedingt raten, selbst wenn das bestmögliche Ergebnis am Ende erreicht wird, solltest Du nicht nach Hause kommen, um Dich feiern zu lassen, denn das hat man nicht verdient. Eins steht immerhin fest, wird das Resultat gut, dann wird auch die Stimmung baldigst wieder in die Höhe schnellen, nur meiner Meinung nach zu spät. Ich bin der Ansicht, Du solltest die Fahrt nach Norden vollenden, ehe Du Dich hier offiziell empfangen läßt.»

Den Geschäftsführer in Kristiania beschäftigte natürlich in erster Linie die ökonomische Seite: «Die Lage ist nicht viel besser, eher schlechter, seit die *Gjøa* weg ist.»

Einer der wenigen Versuche, die mangelnde Begeisterung zu erklären, erschien in der Zeitung *Kysten,* einem Vorläufer von *Norges Handels- og Sjøfartstidende.* Der Artikel erschien am Tag nach der Südpolverlautbarung ebenfalls auf Seite 1 mit der Schlagzeile: «Roald Amundsen – ein Opfer seiner Freunde».

In keinem Punkt griff der Artikel den Mann an, der «Gegenstand ungeteilter Begeisterung ist». Umso heftiger zog sein Autor gegen die neuen «Freunde» des Polarforschers zu Feld, die sich nach der Rückkehr aus der Nordwestpassage «seiner bemächtigten, ihn einkapselten und isolierten, die ihn mit Lobhudelei überschütteten und ihn in ihrem engen Kreis einschlossen».

Dem gutgläubigen Polarreisenden könne die ökonomische Schieflage der Expedition und das daraus resultierende unglückselige Arrangement eines Zugs zum Südpol nicht angelastet werden. Er sei das hilflose Opfer negativer Einflüsse geworden: «Die Folge war, daß Hr. Amundsen für das Auftreten seiner neuen ‹Freunde› verantwortlich gemacht wurde. Es breitete sich die stille Überzeugung aus, er sei einer Art Polsnobismus zum Opfer gefallen. Das Interesse der Öffentlichkeit ließ nach, seine Popularität schwand. Als dem Storting die Bewilligungsvorschläge vorgelegt wurden, war die Stimmung auch dort abgekühlt.»

Der gut informierte Verfasser behauptete, Amundsens einzige wahre Freunde seien die, die ihn schon unterstützt hätten, ehe er ein gefeierter Mann wurde. Auch damals sei er schon wegen wirtschaftlicher Schwierigkeiten betrübt gewesen, «Schwierigkeiten, die sich während seiner Abwesenheit drückend schwer auf seine Angehörigen legten».

Jeder, der wusste, dass Amundsens Bruder Gustav enge Kontakte gerade zu *Kysten* unterhielt, ahnte, wer hinter dem nicht namentlich signierten Artikel stand. Und Gustav Amundsen ging nun zum Frontalangriff auf den wichtigsten dieser «Freunde» des Polarreisenden über, nämlich auf seinen Bruder Leon, den Mann, der ihn aus Roalds unmittelbarer Umgebung verdrängt hatte. Weiterhin hoffte er auch den Anwalt der Expedition und Leiter der Spendensammlung zu treffen, Alexander Nansen. Roald hatte die finanziellen Dinge zwischen sich und Gustav mehrfach von seinem Anwalt regeln lassen, und Busken war noch vor dem Aufbruch der *Fram* in die schmähliche Lage eines persönlichen Konkurses geraten.

Im Lauf des Winters brach zwischen Gustav und Leon ein offener Konflikt über das Wohnrecht auf Uranienborg in Roalds Abwesenheit aus. Bald musste die Sache den Anwälten übergeben werden, doch ehe es so weit war, brach Gustav mit Leon in einem sechzehnseitigen Brief, der von lange angestauten Frustrationen und von Hass überfloss.

Er enthielt eine Reihe von Anschuldigungen mehr privater Natur, die mit Leons «Ausnutzung» des Bruders in Zusammenhang standen. Hinzu trat die Argumentation des Artikels in *Kysten*: «Zum Schluß will ich meiner Anteilnahme an Roald und seinem Schicksal Ausdruck verleihen. Im großen und ganzen sollte die Verantwortung auf die Schultern derjenigen fallen, die ihm nahestanden und ihrem Posten nicht gewachsen waren. Das Ergebnis mußte so kommen, wie es kam. Er wurde von denen getrennt, die ihn unterstützen sollten, nämlich vom norwegischen Volk; bei ihm besaß er Sympathien, und die wurden zerstört. Ich finde es unendlich traurig, wenn ich daran denke. Als Roald nach Hause kam, war er ein vollkommen anderer Mensch; darum werfe ich ihm absolut *nichts* vor. Das ist ausschließlich die Schuld derjenigen, die ihm nahestanden und sein Vertrauen besaßen, der Leute, die ihrer Aufgabe nicht gewachsen waren.»

Es war Leons unangenehmste Aufgabe, die privaten Angelegenheiten des Polarreisenden zu regeln. Sein ewig wiederkehrender Kopfschmerz war und blieb Busken: «Schade nur, daß der Mann nicht ein wenig Vernunft annehmen und unser Zusammensein wie das in anderen Familien werden konnte, aber in Geldangelegenheiten wird er immer nur schlimmer und schlimmer und geniert sich nicht im mindesten, sich strafbarer Handlungen schuldig zu machen.»

Auch mit dem ältesten Bruder, Tonni, entwickelten sich die Dinge problematisch. Der stets optimistische Firmengründer hatte eine Methode zur Milchpulverherstellung erfunden und sich damit im Westland angesiedelt. Doch bald verlor er seine Stellung als Prokurist der Firma, und Leon musste konstatieren, dass «Tonnis Geschäfte auf Jæder nicht laufen».

Nur Betty scheint keine Probleme bereitet zu haben. Aber auch die Stellung des Kindermädchens war vom Ausgang des Spiels um den Südpol abhängig.

Framheim, 7. Februar 1911. Roald Amundsen legt letzte Hand an einen Brief an Leon, der mit der *Fram* nach Norden abgehen soll: «Ohne behinderung erreichten wir, am 11 januar, die große eisbarriere. Es war ein mächtiger anblick, das kannst du wohl glauben. So weit das auge reichte, rekkte sich die 100 fuß hohe eismauer von ost – west in den himmel. Fand am folgenden tag die große bucht in dieser eismasse, die ich als winterquartier anlaufen wollte. Am 14ten machten wir an der eiskante fest, um die verhältnisse zu untersuchen. Fand gleich eine passende stelle für unsere station.»

Umgeben von vierzehn großen Zelten, errichteten die Norweger dort ihr Winterhaus. «Und solide wie haus und hof sind die männer, die es bewohnen. Eine stolzere und angenehmere versammlung von Kameraden als diese 8, die mir hierher gefolkt sind, läßt sich unmöglich finden. Alles geht mit sang und klang, jubel und gelächter vor sich.» – Teile der Briefe an Leon sind in einem pro-

Vorposten des Imperialismus oder harmloses Indianerlager? Das Hauptgebäude von Framheim steht, völlig eingeschneit, linker Hand, während die charakteristischen Hunde- und Proviantzelte noch über die Schneemassen emporragen. Etwa in der Bildmitte die Wetterstation – das wissenschaftliche Alibi der Expedition.

pagandistischen Ton gehalten; sie sind zur Weiterleitung an die Presse gedacht, «aber tu es nicht in meinem namen».

Weiter: «Der 4 febr. war ein tag der überraschung. Als wir am morgen herunterkamen, um proviant zu holen, lagen 2 fahrzeuge an der eiskante anstatt nur eines. Wir wußten alle sogleich, wer es war – die Terra Nova. Scott war nicht an bord.»

Bei diesem zufälligen Aufeinandertreffen der beiden Polarschiffe am Rand des enormen antarktischen Kontinents konnten zum ersten Mal Außenstehende einen Blick in Amundsens Karten werfen: «Was sie sahen, imponierte ihnen in höchstem maße. Wenn sie etwas davon munkeln sollten, daß unsere station auf unsicherem grund stehe, laß dich davon nicht ins bockshorn jagen. Wir sind sicher, wo wir uns befinden.»

Die Entdeckung des norwegischen Basislagers durch die Briten bedeutete einen dicken Strich durch Leons Rechnung. Es war doch vorgesehen, Roalds Strategie häppchenweise auf dem offenen Zeitungsmarkt zu verkaufen. Nun konnte ausgerechnet die *Terra Nova* als Erste die Neuigkeit bringen.

Das aber blieb nicht die einzige Belastung für die Expedition, die sich bereits kräftig im Minus befand. «Es stimmt», schreibt der Entdecker seinem Finanzmanager, «ich habe die heuer für alle, die an bord bleiben, um 50 % erhöht. Ich fand das richtik, weil ihnen ja die interessante tour entgeht, die wir anderen bekommen.» Ab und zu muss sich ein ambitionierter Mann über die ökonomischen Realitäten hinwegsetzen. «Ich weiß nicht, ob die expeditionskasse das zuläßt, aber das wird sich zeigen.» Die Arbeitsteilung zwischen den Brüdern ist klar: Roald nimmt den Südpol, Leon den Rest. «Du siehst am besten, was getan werden muß, und deshalb darfst du alles so einrichten, wie du es für vorteilhaft hältst.»

Ehe er den Brief aus Framheim beendet, kommt der Polfahrer noch auf seine unmittelbar nächsten Pläne für die Anlage von Depots zu sprechen und auf den wunden Punkt: «Sofern sich Nansen für die Angelegenheit interessiert, laß ihn das wissen. Ich hatte eigentlich vor, ihm von hier zu schreiben, aber da ich mir so unsicher bin, wie er das ganze aufnimmt, lasse ich es lieber bleiben. Grüß ihn von mir und sag, alle zeit müsse der arbeit geopfert werden.» Für den Fall, dass der Professor seine Begeisterung verloren haben sollte, setzt der Polarforscher sein Vertrauen in den verbleibenden Teil der Menschheit: «Wie die dinge jetzt stehen, kommt es mir so vor, als sollte dieser wettstreit die welt interessieren.»

Oh ja, die Neuigkeiten aus dem ewigen Eis über die Positionierung der beiden Expeditionen trugen zu erhöhter Temperatur in zivilisierteren Gegenden bei. Leon konnte berichten, «die Mitteilung wurde in England mit gemischten Gefühlen zur Kenntnis genommen, wogegen hierzulande die Stimmung mit einem Mal völlig umschlug». Endlich erwachte der nationale Konkurrenzinstinkt. Die Rivalen hatten ihre Plätze eingenommen, in der Antarktis und in den Medien. Es war ein Zweifrontenkrieg: im Feld und in der Presse, auf eigenem Territorium und hinter den feindlichen Linien. «Ich darf sagen, daß die Campagne von unserer Seite mit großem diplomatischem Geschick geführt wurde, so daß nun allen, selbst der englischen Presse klargeworden ist, daß hier nicht von illoyaler Concurrence die Rede sein kann; das ist nicht zuletzt Nansens Äußerungen und besonders seinem Artikel in der *Times* zu danken.»

Leon konnte also feststellen, dass die Stimmung umgeschlagen war. «Jedes Land ergreift nun die Partei seines Mannes.» Endlich begann auch Geld zu fließen. «Die erste Neuigkeit wirkte animierend auf die Engländer, die gleich mit einer Sammlung zugunsten von Scotts Defizit begannen, und das hat hier ansteckend gewirkt, so daß man nun auch hierzulande versucht, das gleiche zugunsten der *Fram* in die Wege zu leiten, d. h., man versucht, Mittel für die Vollendung der Nordpolreise zusammenzubringen.»

Leon sondierte die Möglichkeiten für eine nationale Sammelaktion. Er stand dauernd in Verbindung mit zentralen Persönlichkeiten wie den Brüdern Nansen, dem Polarmäzen Axel Heiberg und Herman Gade, von denen «der Letztgenannte große Lust verspürte, die Sache aufzuziehen».

Während Roald Amundsen in der Antarktis landete, unternahm sein bester Freund Gade einen nahezu ebenso heroischen Versuch, in seiner alten Heimat Norwegen Fuß zu fassen. Bis zur Abreise der

Eine Ecke der Küche in Framheim. Hier machte Lindstrøm seine «warmen Kuchen», das Frühstücksgericht, das zum gastronomischen Erbe der Expedition wurde.

Fram hatte Amundsen Außenminister Irgens bearbeitet, Herman Gade einen Posten im auswärtigen Dienst anzubieten. Außerdem hatte er dafür gesorgt, dass der Minister dessen Bruder, John Gade, einen der Hauptsponsoren seines Unternehmens, zum Ritter von St. Olav vorschlug.

Nun stellte es sich aber nach und nach als recht problematisch heraus, den freizügigen Geschäftsmann aus den Staaten in die norwegische Diplomatie einzubinden. Herman Gades Gespräche mit Parlament und Regierung entwickelten sich bald zu einer Affäre von erstaunlichen Ausmaßen. Leon schrieb dem Bruder, «seine geplante Diplomatenkarriere ist vorläufig unterbrochen, und er und Irgens sind einander spinnefeind».

Leon fiel es auch zu, ein bestmögliches Verhältnis zur Nansen-Dynastie aufrechtzuerhalten. In der Praxis hieß das vor allem zu Alexander Nansen. Die Zuständigkeitsaufteilung zwischen Geschäftsführer und Anwalt verlief nicht immer reibungslos, doch gute Neuigkeiten aus dem Eis hellten vieles auf: «Seit Deiner Mitteilung ist Alex ein ganz anderer Mensch geworden, und es war auch an der Zeit, daß er sich ein wenig öffnete, denn er war in letzter Zeit wieder so anstrengend wie früher. Ich werde versuchen, mit ihm auszukommen, denn das ist eindeutig die beste Politik.»

Leons wichtigste Aufgabe bestand jedoch darin, den Abstecher nach Süden in Kronen und Öre umzumünzen. «Es ist nicht ganz einfach, aus einer so außergewöhnlichen Unternehmung wie dieser das Größtmögliche herauszuholen, aber in der Hoffnung, daß Du mit dem Sieg heimkommst, werde ich mein Bestes tun.» Sämtliche Honorare für ein Telegramm, für Artikel, Bücher und Vorträge hingen vom Ergebnis der Unternehmung ab, vom Südpol. Am Pfingstsamstag, dem 5. Juni 1911, trat Leon Amundsen eine Reise nach London an. Dort fand die entscheidende Schlacht um die Weltöffentlichkeit statt, dort wurden Verträge unterschrieben und Einkünfte gesichert. In der Hauptstadt des Empires sollten die Amundsen-Brüder hinter den feindlichen Linien einen neuen und unerwarteten Verbündeten finden.

Um über die Geschäfte des Bruders zu reden, suchte Leon Fridtjof Nansens alten Agenten Christy auf. Nach einer Weile fiel der Name eines anderen Polarforschers: «Wir kamen auf Shackleton zu sprechen, und er riet mir, ihn aufzusuchen, wozu ich allerdings keine Lust hatte. Er rief S. daher übers Telephon an, und der erklärte sich sofort bereit, mich zu empfangen. Ich ging auch sogleich hin und traf ihn mit seinem ehemaligen Captain Davies, der jetzt Dr. Mawsons australische Expedition nach Cap Adare führen soll – Dr. Mawson kam später ebenfalls hinzu. Sie alle waren anfangs in den Zeitungen sehr hart gegen Dich, doch zu meinem großen Erstaunen war der Ton nun vollständig verändert, und alle Anwesenden ergriffen absolut Deine Partei gegen Scott. Was Shackleton betrifft, ist es wohl am ehesten aus Eifersucht oder Verärgerung über Scotts Zug in den Süden. Er, Scott, hatte nämlich gleich nach Shackletons Rückkehr und ehe der zur Ruhe gekommen war, den Entschluß gefaßt, nach Süden zu gehen, so daß Shackleton keine Gelegenheit fand, eventuell selbst darüber nachzudenken. (Christy meint übrigens, Sh. habe sich vorher dahin gehend geäußert, er habe nicht die Absicht, noch einmal loszuziehen.) Wie auch immer, jedenfalls tobt Shackleton und hat sich mir für sämtliche Auskünfte und Arrangements vollständig zur Verfügung gestellt (das natürlich höchst vertraulich, da er offiziell nicht anders kann, als für Scott Partei zu ergreifen.) Auch Capt. Davies sprach sich dahin gehend aus, er wünsche Dir, Scott zu überholen. In diesem Fall liegt der Grund darin, daß Scott entgegen einer Abmachung mit Dr. Mawson nun anderswo an Land gehen wird. Das sind sehr günstige Umstände für Dich in England, denn Shackleton ist nun ein mächtiger Mann; in der Daily Mail brachte er nur durch einen Aufruf innerhalb von 4 Tagen ca. 12 000 Pfund für die Mawson-Expedition zusammen, und er hat eine große Anhängerschaft hinter sich und gegen Scott.»

Zurück in Norwegen, nahm Leon sogleich Verbindung zu Außenminister Johannes Irgens auf. «Er war sehr mit dem zufrieden, was ich ihm über Sh. berichtete. Er, I., wird bald nach England gehen, um den König bei der Krönung zu repräsentieren, und wird bei dieser Gelegenheit mit Sh. dinieren, um mit ihm zu reden.»

(Bei der Krönung handelte es sich um die von Königin Mauds Bruder Georg V., der nach dem Tod Edwards VII. die Nachfolge angetreten hatte.) Leon hatte es also geschafft, eine ausgesprochen delikate Verbindung zwischen dem norwegischen Außenminister und dem britischen Volkshelden Sir Ernest Shackleton zustande zu bringen. Für alle Fälle war wohl eine Ordensverleihung angebracht – «damit man sich Sh.s Unterstützung sicher sein kann».

Roald Amundsen hatte sich wohl kaum die außenpolitischen Verwicklungen klargemacht, die es bedeutete, einen Kapitän der Royal Navy herauszufordern. Es fiel dann in die Verantwortung der Politiker, dafür zu sorgen, dass der Wettlauf nicht zu einer ernsthaften Belastung der Beziehungen zur Weltmacht wurde. Letzten Endes ging es schließlich um die Eroberung eines ganzen Erdteils, des sechsten Kontinents.

Die übrigen Mitglieder der Royal Geographical Society brachten übrigens eher gemischte Gefühle gegenüber Amundsens Abstecher zum Ausdruck: «Markham ist stark dagegen (wird aber als Schreihals angesehen), Scott-Keltie ist vor allem nervös (Sh. hat mir empfohlen, ihn besser nicht aufzusuchen), der Präsident der Gesellschaft ist dagegen all right und meint, ‹to let the best man win›.» Alles in allem vermittelte die Reise Leon ein noch tieferes Gefühl dafür, wie «außergewöhnlich» der Zug zum Südpol aus wirtschaftlicher Perspektive war: «Durch den Umstand, daß es nun zwei Expeditionen gibt, bieten sich so viele Alternativen – entweder die eine schafft es vor der anderen, oder eine schafft es, die andere nicht, oder keine von beiden schafft es –, daß man sich fast keine Vorstellung machen kann, wie kompliziert das Geschäft geworden ist.»

14 **Der Finanzmagnat**

Im Frühjahr 1911 trug das brennendste Problem des Geschäftsführers den Namen *Fram*. Nach dem Verlassen der Walbucht war das Schiff in der argentinischen Hauptstadt eingetroffen und sollte sich von dort laut Plan auf seine ozeanographische Erkundungsfahrt durch den Südatlantik begeben. Dieser Forschungseinsatz stand in keinem wirklichen Zusammenhang mit dem Sturm zum Südpol. Die Atlantikerkundung stellte vor allem ein notwendiges Alibi für den Mann im Turmzimmer dar.

Dass der Auftrag bei der obersten Expeditionsleitung nicht gerade höchste Priorität genoss, geht aus einem Brief des Schiffskommandanten Leutnant Nilsen an den Geschäftsführer vom 9. Mai hervor: «Als ich den Chef verließ, sagte er, es wäre alles geordnet, wenn wir Buenos Aires anliefen, aber es gab ja Hunderte Dinge zu tun, für das Schiff und sonst. Nach unserer Ankunft hier suchte ich sofort den norwegischen Botschafter und Don Pedro Christophersen auf, der fragte, ob ich einen Brief vom Chef hätte, was ich verneinte. Keiner von ihnen bot mir auch nur 5 Öre an, und ich mußte mir bei einem norwegischen Schiffsmakler Geld leihen, um mein Hotel für die Nacht bezahlen zu können.» Die Lage war prekär, der Leutnant hatte weder für die Heuer noch für die Liegegebühren Geld, und an Bord befanden sich noch zehn Kisten mit Proviant.

Nur eine knappe Woche vor dem Aufbruch hatte Roald Amundsen in Kristiansand noch eine telegraphische Mitteilung des Außenministers, den stinkreichen Großgrundbesitzer Don Pedro Christophersen betreffend, erhalten. Der alternde Argentinier norwegischer Abstammung hatte sich bereit erklärt, die Expedition bei ihrem Zwischenaufenthalt in Montevideo zu versorgen. Nun war aber im ersten Anlauf nichts aus einer Zwischenlandung in Südamerika geworden, und die Frage stand völlig offen, wie sich Don Pedro zu der Kursänderung stellen würde. Nicht nur die ozeanographische Erkundung, sondern auch die *Fram* selbst, das Mutterschiff der Südpolexpedition, befand sich in der akuten Gefahr einer Totalhavarie.

Von öffentlicher Seite durfte man keine Rettung erhoffen. Schon im Januar war Leon durch den Außenminister zu verstehen gegeben worden, dass nicht mit einer weiteren nachträglichen Bewilligung von Geldern zu rechnen sei. Wenn die Angelegenheit im Storting zur Sprache käme, referierte Leon, «würde die Kritik von verschiedener Seite derart hart ausfallen, daß die Sache Schaden nähme, ebenso stand zu befürchten, daß Gelder evtl. bewilligt würden, um die *Fram* umgehend nach Hause zu beordern».

Don Pedro Christophersen (1845–1930) stammte aus bescheidenen Verhältnissen im norwegischen Vestfold. Durch Geschäftstüchtigkeit, zwei vorteilhafte Ehen und einen Hauptgewinn im Lotto erwarb er sich ein märchenhaftes Vermögen in Argentinien.

Don Pedro Christophersen war Roald Amundsen nie begegnet. Auch später würden sich für die beiden nicht viele Gelegenheiten zu einem persönlichen Treffen ergeben. Gleichwohl sollte Don Pedro durch sein Geld und seine überwältigende Großzügigkeit einer der wichtigsten Unterstützer des Polarforschers während seiner gesamten weiteren Karriere werden.

Peter Christophersen, wie er ursprünglich hieß, war 1845 geboren und in jungen Jahren nach Argentinien ausgewandert. Er arbeitete in der Schifffahrtsbranche, war aber vor allem durch seine beiden Heiraten in den Besitz ausgedehnter Ländereien gekommen. Roald Amundsens Stellung gegenüber diesem distinguierten Latifundienbesitzer sollte ungefähr die eines mittellosen Künstlers im Verhältnis zu seinem königlichen Mäzen werden.

In seinen vielen Briefen an den souveränen Verteiler irdischer Güter konnte sich Amundsen in panegyrischen Lobreden ergehen wie ein Hofpoet vergangener Jahrhunderte: «Im täglichen leben trifft man so oft auf boshaftigkeit und schlechtigkeit, daß selbst das gute, das sich darin noch findet, oft unterzugehen und zu verschwinden droht.» So leitete der Polfahrer beispielsweise im Winter 1913 ein Schreiben an seinen großen Wohltäter ein. «Oft könnte ich versucht sein, die theorie aufzustellen, das menschengeschlecht bestehe aus einer reihe schlechter, verantwortungsloser wesen, die nichts gutes beabsichtigen. Aber – Gott sei lob und dank – wenn ich mich dort angekommen glaube und alles in einen kalten, gleichgültigen und trostlosen nebel eingehüllt zu sein scheint, dann bricht die sonne durch, und dort stehen Sie – stets der gleiche feine, noble Charakter, und ich danke Gott, dass ich ihm auf meinem weg begegnen durfte.»

Wie in den meisten solchen Fällen ging es um einen Tauschhandel: Gold gegen Glitter, bares Geld gegen den Glanz von Amundsens Namen und Taten, eingelöst in Auszeichnungen und Benennungen neuentdeckter Berggipfel. Edlere Empfindungen waren dadurch keineswegs ausgeschlossen, jedenfalls nicht auf Amundsens Seite: «Sie schreiben davon, schulden mit freundschaft zu begleichen. Ich bitte Sie und flehe Sie an: nehmen Sie nie ihre freundschaft von mir, lassen Sie sie mich auf ewig behalten, auch wenn es einmal keine schuld zu begleichen gibt.» Verknüpft mit einem definitiven Anteil opportunistischer Berechnung, weckte der Sonnenfürst Don Pedro im Polarreisenden einen recht mittelalterlichen Zug, den Drang, sich hinzugeben, unter dem großen und edlen Herrscher zu dienen und zu leiden: «Ich danke Ihnen und werde stets damit fortfahren, Ihnen meine tiefste Dankbarkeit zu beweisen, solange ein tropfen blut in meinen adern kreist – nie werde ich Ihnen genug danken können.» Die fast kindliche Unterwürfigkeit erinnert an die Ergebenheit des jungen Amundsen gegenüber Fridtjof Nansen. Doch während dieses Verhältnis zunehmend kompliziert wurde, blieben die Rollen in der Beziehung zwischen Don Pedro und Roald Amundsen durch all die Jahre klar aufgeteilt: Der Eine stand für den Glanz des Goldes, der Andere für den der Heldentaten.

Wie der bedeutend jüngere Herman Gade hatte auch Don Pedro noch zwei Brüder, die beide für Amundsens Interessen eingespannt wurden. Die weißbärtigen Christophersen-Brüder sollten den Polarforscher in Südamerika so repräsentieren, wie die Gades es im Norden taten. Beide Familiendynastien gründeten in der Wirtschaft ebenso wie in der Diplomatie.

Don Pedros drei Jahre jüngerer Bruder, Søren Andreas, lebte ebenfalls in Buenos Aires. Er war seit 1906 norwegischer Botschafter in Argentinien, Paraguay und Uruguay. In Norwegen saß hingegen der in die Jahre gekommene Politiker und Diplomat Wilhelm Christopher Christophersen. Dieser soignierte Herr war 1832 geboren und lediglich ein paar Wochen jünger als Bjørnstjerne Bjørnson. Trotzdem hatte er noch von 1908 bis 1910 in Gunnar Knudsens Linksregierung den Posten des Außenministers bekleidet. Das Engagement des alten Herrn für arktische Eroberungen war jedoch nicht an öffentliche Ämter gebunden, er fungierte auch weiterhin als Verbindungsglied zwischen den Brüdern in Argentinien und der neuen Leitung im auswärtigen Dienst. Außerdem stand er in ständigem Kontakt mit Leon Amundsen.

Nach einigen peinlichen Wochen auf der Reede von Buenos Aires entschloss sich Don Pedro endlich, seine Brieftasche so weit zu öffnen, dass sich die Expedition der Meeresforschung widmen konnte. Leutnant Nilsen durfte erleichtert aufatmen, doch das Risiko, unterwegs noch einen weiteren Hafen anzusteuern, mochte er nicht eingehen. «Man trifft nicht in jedem Hafen einen Don Pedro.»

Wenn sich Thorvald Nilsen bei seiner Ankunft in Südamerika ohne Geld oder irgendwelche Garantien vielleicht eine Spur verlassen gefühlt haben mochte, so gab es doch einen Mann, der gerade an ihn und seinen ozeanographischen Auftrag dachte. Der junge Kapitän der *Fram* freute sich, als er einen Brief von Nansen höchstpersönlich erhielt. Der Professor wollte gern die Bedeutung der Aufgabe unterstreichen: «Es wäre doch großartig, wenn sich die Norweger auch auf diesem Gebiet überlegen zeigen könnten. Hinzu käme, daß es der Welt zeigen würde, daß die Framexpedition nicht bloß eine sportliche Unternehmung etc. ist, wie manche behaupten, sondern ein ernsthaftes wissenschaftliches Projekt, das auch in dieser Hinsicht Respekt gebietet.»

Nansen sollte sich später mit der ozeanographischen Arbeit im Südatlantik hochzufrieden zeigen. Der eigentliche Wissenschaftler an Bord war allerdings gerade kein «Norweger», sondern der begabte junge Russe Alexander Kutschin. Es sagt etwas über die Wertschätzung seiner Person aus, dass er mit seinen 60 Kronen pro Monat die zweitniedrigste Heuer der gesamten *Fram*-Mannschaft erhielt.

Nachdem die ozeanographische Forschungsfahrt begonnen hatte, erhielt Leon im Lauf des Sommers einen Brief aus Argentinien, in dem Don Pedro seinen bescheidenen Beitrag begründete. Darin zeigt sich, dass der Großgrundbesitzer die Kursänderung völlig anders einordnete als die kleinkarierten Mäzene in der Heimat. Ihm erschien der Plan als «die glücklichste Eingebung dieses ungewöhnlichen, genialen Mannes».

Dass er praktisch allein die gesamte Finanzierung für die weitere Fahrt der *Fram* übernahm, war für diesen Gentleman kein Grund zur Klage. «Der Zufall hat mich so weit begünstigt, daß ich, anstatt bloß ein Spender unter vielen zu sein wie ursprünglich gedacht, nun berufen bin, das Staatsschiff, so entblößt sämtlicher Mittel, wie es hier eintraf, allein aus einer überaus prekären Situation zu retten und Captn. Nilsen in die Lage zu versetzen, gegen einen relativ unbedeutenden Betrag das gesamte von seinem Expeditionschef verordnete Programm durchführen zu können.» Selten hat jemand das Großkreuz mehr verdient.

Don Pedro war schlichtweg ein Glücksfund, eine Goldgrube auf der argentinischen Pampa. In Leons schnellrechnendem Kopf entfaltete sich eine langfristige Strategie. Er riet dem Bruder, so rasch wie möglich «die persönliche Bekanntschaft Don Pedros zu machen – bestimmt hat er eine reizende Familie (erwachsener Sohn und Tochter) und glaubt sicher, er könne Dir auch später noch eine Hilfe sein, wenn es nötig sein sollte». Verbunden mit dieser halb pekuniären, halb persönlichen Aufforderung hielt er eine Mahnung für angebracht: «Denk bitte an eins, nämlich genauestens über die Gelder Buch zu führen, die Du von seiner Seite erhältst – er ist Geschäftsmann und wird es schätzen.» Einen Moment lang sah er seinen Bruder vor seinem inneren Auge vor sich und fügte dann hinzu: «Du kannst ja Nilsen damit betrauen, er hat schließlich auch in dieser Arbeit Erfahrung.» Wie hoch die Zuschüsse Don Pedros ausfallen würden, war nicht so leicht einzuschätzen, da er sich rundweg bereit erklärt hatte, sämtliche Unkosten der *Fram* zu decken.

Nach der Rückkehr von seiner Atlantikkreuzfahrt fiel gerade Thorvald Nilsen die Aufgabe zu, den Kontakt zur Familie Christophersen zu pflegen. Der Leutnant zweifelte bald nicht mehr daran, dass Don Pedro sowohl den Süd- wie auch den Nordpol finanzieren werde. «Er ist alles in allem einer der nettesten Menschen, die ich kennengelernt habe; im übrigen glaube ich, daß das Großkreuz das Seine dazu beigetragen hat, daß alles so kam, wie es kam. Wenn es auch vielleicht Don Pedros Eitelkeit nicht übermäßig anstachelte, so hat es das mit der seiner Frau um so mehr getan. Die Argentinier, habe ich gehört, sollen für Schmeicheleien in Form von Orden etc. sehr empfänglich sein, und bekanntlich ist D. Pedros Gattin eine Präsidententochter und gehört zu den ‹besten Familien› des Landes. Jedenfalls waren sie und die Tochter außergewöhnlich liebenswürdig, als ich Don Pedro das erste Mal zu Hause aufsuchte (2.9.). Möglicherweise bilde ich mir das auch nur ein, und es muß natürlich unter uns bleiben.» Ein Leutnant konnte sich eine Menge einbilden, sowohl die Mutter als auch die Tochter betreffend.

Abgesehen vom Geld aus Argentinien besaß der Polarreisende auch seine Gönner in nördlicheren Breitengraden. Am 28. Juni durfte Leon notieren, dass König Haakon, vorerst inoffiziell, 5000 Kronen für jedes Jahr zuschießen wollte, das die *Fram*-Expedition durch das zusätzliche Manöver Richtung Süden verzögert würde. «Dieses Geschenk kommt uns sehr gelegen, nicht nur wegen der Höhe des Betrags, sondern auch weil der König damit dem Abstecher seinen Stempel aufdruckt, der sicher abfärben wird.»

Eine Woche später wurde Leon zur Audienz ins Schloss geladen. «Der König war überaus wohlwollend und behielt mich ganze drei Viertelstunden bei sich.» Auch wenn sich keiner der beiden Herrn persönlich zu den Arktisreisenden zählen durfte, beschäftigten sich beide lebhaft mit dem ewigen Eis. Majestät verlieh während der Audienz seiner Meinung Ausdruck, dass der Amerikaner Peary entgegen seinem frisch verliehenen Admiralsrang nie im Leben am nördlichsten Punkt gewesen sein könne. Im Übrigen war aber auch er der Ansicht, der Südpolbestürmer solle erst «nach der Nordpolreise» nach Hause zurückkehren.

Als Handlungsreisender in Sachen Südpoltelegramme konnte Leon ein Schwätzchen mit dem Staatsoberhaupt sehr nützlich sein. Ein derart exklusives Geschäft spielte sich selbstverständlich auf einem gewissen Niveau ab. «Die Engländer sind natürlich jaloux, die Franzosen stehen (aus politischen Gründen) an ihrer Seite, und die Deutschen sind mit Filchner beschäftigt. [Wilhelm Filchner fuhr 1911 mit dem Polarschiff *Deutschland* in die Antarktis; Anm. d. Verf.] Ich hatte gehofft, die Amerikaner interessieren zu können, und vielleicht ergibt sich das auch noch.»

Um den 1. September 1911 beschloss Leon den Brief an den Bruder, der mit der *Fram* von Buenos Aires abgehen sollte. «Hier wird es Herbst, doch für Dich bedeutet das Frühling, darum fällt der Wechsel nicht so trist aus wie sonst. Ich weiß ja, nun trittst Du ernsthaft Deinen Marsch nach Süden an, und ich begleite Dich in meinen Gedanken tagtäglich auf dieser langen und gefährlichen Wanderung.»

15 Eine Heldentat

Framheim war die umfangreichste all der provisorischen Behausungen, die Roald Amundsen in unbewohnbaren Gegenden errichtete. Wie Gjøahavn trug auch dieses Lager den Namen des Schiffs, das die Kolonisten weitab aller regulären Routen an Land gesetzt hatte.

Wenn man über das sinnige Fertighaus hinwegsah, das bald unter Schneemassen verschwunden war, dann verliehen die spitzen Vorrats- und Hundezelte der Siedlung das Aussehen eines Indianerlagers im Exil. Im Übrigen bestand Framheim aber auch noch aus umfangreichen «unterschneeischen» Anlagen. Werkstätten, Sanitäreinrichtungen und Lagerräume waren in den Schnee gegraben worden und gaben den Bewohnern den unter dem Druck der Polarnacht höchst notwendigen Raum zum Luftholen.

Schließlich lebte auf dem gesamten Kontinent nicht ein einziger Ureinwohner, der einem ein wenig Abwechslung und andere Gedanken verschaffen konnte. Lediglich eine Handvoll Engländer. Ab und zu kamen sie zu Besuch. Dann immer häufiger, allerdings nur in den Träumen.

Die Norweger waren zu neunt. Amundsen hatte sie selbst ausgewählt. Damit war noch nicht gesagt, dass sie alle nach seinem Geschmack waren. Der Leutnant hieß Kristian Prestrud, formal eine Art stellvertretender Kommandant, de facto aber noch ohne Polarerfahrung. Im Gegenzug war er – wie die meisten Marineleutnants – absolut präsentabel und ziemlich geübt im Verseschreiben. Prestrud war nicht der Einzige ohne Eis und Schnee im Lebenslauf. Von seinem Wohnort Svartskog hatte Amundsen Jørgen

Stubberud mitgenommen, ein schlichtes Gemüt und einen praktisch veranlagten jungen Mann, der üblicherweise die Holzarbeiten für den Polarforscher übernahm. Stubberud war der beste Dartspieler der Kolonie.

Auch Oscar Wisting hatte mit seinen vierzig Jahren bis dahin seine Talente als Polarreisender noch immer nicht unter Beweis gestellt. Er war auf der Marinewerft in Horten angeworben worden. Amundsen hegte rasch eine Schwäche für den scheuen, kompakt gebauten Kanonier. Obwohl keiner von beiden auf den Doppelschlafsack schwor, erwies sich der Mann aus Horten bald als für Amundsens Bedürfnisse maßgeschneidert. Wisting war kein Mann des Wortes oder Gedankens, kein visionärer Polstürmer, aber er war praktisch, ausdauernd, vielseitig und treu wie ein ganzes Deck voller schwanzwedelnder Grönlandhunde.

Nach und nach sollte Oscar Wisting den Maßstab dafür abgeben, wie ein Mitarbeiter, ein Mann und ein Mensch beschaffen sein sollten. Das Verhältnis beruhte auf Gegenseitigkeit: «Ich blieb diese ganzen Jahre bei Kapitän Amundsen, weil ich ihn so schrecklich gut leiden mochte. Ich konnte mir nicht einmal vorstellen, ihn zugunsten eines anderen Mannes zu verlassen.» Dieses monogame Bekenntnis legte Wisting ab, nachdem der Tod sie geschieden hatte. Erst da war die Zusammenarbeit beendet.

Der Einzige, der mit Wisting um die Position von Chefs Liebling zu konkurrieren vermochte, war Helmer Hanssen. Nach der Reise mit der *Gjøa* hatte Hanssen Geschmack am Polarleben gefunden, an einem Leben in abenteuerlichem Schweiß und strahlendem Glanz. Kapitän Amundsen wusste, was er an ihm hatte. Und Hanssen wusste seinerseits, wie es der Chef gernhatte. Er konnte selbst Wisting noch in seiner eifernden Treue überbieten. Dabei war der Mann aus Tromsø ein weniger besonnener Charakter. Während Wisting aus dem «Kriegshafen» Horten stammte, in dem alles nach Reglement lief, hatte Hanssen Eismeerblut in den Adern. Er konnte recht dickköpfig sein und nahm manchmal den Mund recht voll.

Adolf Henrik Lindstrøm war auf seiner dritten großen Polarreise dabei. Das heißt, er war dabei und doch auch nicht. Der Koch und

Clown Lindstrøm stand nämlich sowohl im Zentrum wie auch im Abseits. Er war für die anderen unentbehrlich, führte aber gleichzeitig eine Existenz für sich, in einer Kombination aus praktischer Intelligenz und geistiger Einfalt. Ohne Bart schaute er drein wie eine gutmütige Marktfrau. Schon die *Gjøa*-Besatzungsmitglieder hatten ihn «Madame Larsen» gerufen. Er war die Kaffeesatzleserin der Expedition und legte lieber Patiencen, als Pfeile zu werfen. «Nur keine Ecken und Kanten zeigen» lautete sein Motto. Ein Mann ganz nach dem Herzen des Chefs: «Gutmütig, umgänglich, fro und willig», fasste er Lindstrøms hervorstechende Eigenschaften in seinem Tagebuch zusammen. «Ein besserer mann hat nie seinen fuß in die polargegenden gesetzt.»

Amundsen wusste Menschen wie Lindstrøm zu schätzen: die Pflichterfüllenden mit schlichtem Gemüt. «Er hat den norwegischen polarexpeditionen größere & wertvollere dienste geleistet als sonst ein mann. Mögen die norwegischen bauern – Herrgott, daß man von solchem pack abhängig ist – dies einmal begreifen», schrieb er ins Tagebuch. Mit den norwegischen Bauern meinte er allerdings die Mehrheitsbeschaffer für das Parlament. Eine reaktionäre namenlose Masse außerhalb jeder Kommandogewalt. Lindstrøm besaß ein treues Herz, das mehr wert war als alle unzuverlässigen Köpfe der Welt.

Die drei verbleibenden Bewohner Framheims standen je auf ihre Weise in einem selbständigeren Verhältnis zu Roald Amundsen. Sie hatten eine Stellung außerhalb der Diktatur des Chefs inne. Olav Bjaaland aus Morgedal absolvierte sein einziges Gastspiel als Polarreisender. Amundsen hatte ihn auf einer Bahnfahrt kennengelernt und den Sportskilangläufer auf eine Runde zum Pol eingeladen. Das war eigentlich ein typisch Nansen'scher Zug. Seitdem die Bauernburschen aus Telemark 1868 damit begonnen hatten, ihre Skilaufkünste nach Kristiania zu exportieren, besaß das Wort Telemark und insbesondere Morgedal einen magischen Klang. Für seine Skiwanderung über Grönland hatte Nansen gehofft, die Brüder Hemmestveit aus Bjaalands Heimatort zu gewinnen, um dem Ganzen so einen nationalen Anstrich zu verleihen.

Roald Amundsen kümmerte sich weniger um solche Feinheiten. Aber wenn dieser Telemarksbauer schon einmal seine Gleise kreuzte, warum dann nicht? Bjaaland war nicht nur Gewinner des Königspokals vom Holmenkollen, er war auch ein tüchtiger Skischnitzer. Außerdem war er billig zu haben. Der ungebunden freie «Kerl» aus Morgedal hatte eine Heuer von 70 Kronen im Monat akzeptiert. Doch später sollte der Morgedaler Amundsen buchstäblich noch teuer zu stehen kommen, teurer als sonst jemand.

Auch der zweite Mann aus Telemark, Hjalmar Johansen, war ein hervorragender Skiläufer und verfügte im Gegensatz zu Bjaaland zusätzlich noch über viel Erfahrung im Umgang mit Hunden. Außerdem stand er dem Chef nicht nach, was die Kenntnis des Eises anging. Er war ein Mann, der trotz seines langmütigen Wesens drastische Entschlüsse zu treffen vermochte. Johansen hatte schon etliche Brücken hinter sich abgebrochen. Er war aus der Armee ausgetreten und aus seiner Ehe. Offenbar bereute er beides. Mit Hjalmar Johansen ging es abwärts. Der Südpol konnte ein Wendepunkt werden – oder die Endstation.

Wenn Fridtjof Nansen in Framheim durch Hjalmar Johansen anwesend war, dann ließ sich Otto Sverdrup durch Sverre Hassel vertreten. Außer ihm und Lindstrøm nahm noch Jac. Nødtvedt aus der Schiffsmannschaft als ehemaliges Besatzungsmitglied Sverdrups teil, doch musterte er in Buenos Aires wieder ab. Nødtvedt fand keinen Gefallen an der dritten Reise der *Fram.* Vergeblich hatte Amundsen übrigens versucht, auch Sverdrups engen Mitarbeiter Ivar Fosheim für sich zu gewinnen.

Urteilt man nach der Heuer, dann war Hassel das wichtigste Mitglied der Landpartie. Während Leutnant Prestrud und Hauptmann Johansen ihre 100 Kronen im Monat erhielten, bekam Hassel mit 150 Kronen monatlich genauso viel wie der Skipper der *Fram.* Sverre Hassel war nicht nur vier Jahre mit Kapitän Sverdrup gesegelt, er hatte auch ein paar Jahre bei der Marine hinter sich, war vollständig zum Steuermann und Skipper ausgebildet und neben Johansen der beste Hundekenner der Expedition.

Sverre Hassel setzte auf eine Karriere beim Zoll. Zwar schätzte er ein Abenteuer, doch kein Hasardeur und Polfahrer würde den besonnenen Beamten von seinem eigenen Kurs abbringen. Ursprünglich hatte er nicht bis zum Nordpol mitgehen sollen, sondern nur ein Stück der Strecke, um sich der Hunde anzunehmen. Als Amundsen es vor der Ankunft in Madeira für angemessen gehalten hatte, Hassel als den Einzigen aus der Mannschaft vorab von der Kursänderung in Kenntnis zu setzen, hatte sich der Zöllner einen Tag Bedenkzeit ausgebeten, ehe er sich einverstanden erklärte. Abgesehen vom Chef war Sverre Hassel die stärkste und reflektierteste Persönlichkeit in Framheim. Auch er führte Tagebuch.

Noch ehe die *Fram* ihren neuen Bestimmungsort erreichte, hatte sich Hassel seine Meinung über die Leitung der dritten *Fram*-Expedition gebildet: «Hr. A. scheint nicht die Rücksichtnahme und Selbstbeherrschung zu besitzen, die zum Beispiel zwei der besten Eigenschaften Sverdrups ausmachten.» Hassel fühlte sich bald von seinem neuen Chef schief angesehen und schrieb das den finanziellen Forderungen zu, die Amundsen erfüllen musste, um den Hundeexperten mit ins Team zu bekommen. Umso überraschender, dass Hassel an Bord der *Fram* als Fachmann für Schlittenhunde vollkommen ignoriert wurde.

Auf dem Schiff hatte sich auch Hjalmar Johansen seine Gedanken gemacht, nicht über den Chef, sondern über die Hunde. «Wenn man es mit Schlittenhunden zu tun hat und den größtmöglichen Nutzen von ihnen haben will, sollte man bei ihrer Behandlung davon ausgehen, daß sie mindestens so klug sind wie man selbst. Das bekommt man zu spüren, sobald die Fahrt und das Leben auf dem Eis beginnen. Hat man sie unvorsichtig behandelt, indem man sie ungerechtfertigt prügelte, so daß sie den Sinn der Prügel nicht einsehen konnten, dann kann man sicher sein, daß einem ein solcher Hund im Gespann Schwierigkeiten macht. Wenn er eine Gelegenheit sieht, vom Schlitten wegzukommen, wird es nicht leicht, ihn wieder einzuspannen. Ich glaube, sie haben ein ausgeprägtes Gerechtigkeitsempfinden.»

Viel später notierte Johansen, das Gespann des Chefs sei «durch Unvorsichtigkeit, unzeitige und unvernünftige Behandlung in alle Winde zerstreut». Wenn auch nicht in gleichem Umfang wie auf der *Gjøa*-Reise sollte die Behandlung der vierbeinigen Expeditionsmitglieder im Verhältnis zwischen dem Kapitän und einzelnen seiner Männer wieder eine Rolle spielen.

Im Gegensatz zu Johansen nahm Sverre Hassel sehr früh eine kühle, distanzierte und sehr überlegte Haltung gegen seinen neuen Chef ein. Schon an Bord der *Fram* verabschiedete er sich von jeglicher Hoffnung, für die eigentliche Südpolmannschaft ausgewählt zu werden. Der resignierte Beamte legte sich seine eigene Strategie zurecht, die über den Zug zum Pol hinausreichte. «Im übrigen werde ich versuchen, alles mit Geduld hinzunehmen und mich so zu betragen, daß ich später nichts zu bereuen habe.»

Schon bevor sie die Antarktis erreichten, sah Sverre Hassel voraus, dass ihm ein Zusammenstoß mit Amundsen bevorstehen könnte. Er wusste, dass er bei einer solchen Konfrontation alles zu verlieren hatte. Darum beschloss er, sich so weit wie möglich von Amundsen fernzuhalten. Das sollte schwerfallen.

Der 7. Juni 1911 ist ein großer Festtag in der Walbucht. Der 17. Mai wurde bescheidener als Lindstrøms Geburtstag gefeiert. «Amundsen kümmerte sich nicht groß darum, ihn als Nationalfeiertag in Ehren zu halten – der sollte am 7. Juni gefeiert werden», steht in Hassels Tagebuch. Außerdem ist es der Jahrestag der Abreise der *Fram* aus dem Bunnefjord.

Framheim ist mit Fahnen und dem Porträt des Königs dekoriert. Zum Essen werden vier Gänge serviert. Der Chef hält eine Rede. Beim Kaffee erhebt sich Hjalmar Johansen. Er lässt den Kapitän hochleben. «Es sei nicht schwer, vom richtigen Geist beseelt zu sein, wenn man diese schneidige, reelle und kluge Führung habe», referiert Hassel. «Prestrud brachte ein Hoch auf die Schiffsmannschaft aus.»

In der Antarktis stehen Sommer und Winter auf dem Kopf. Am Mittsommertag, dem 23. Juni, geht ein Gebot aus, die Weihnachts-

Die Wikingerkolonie begeht den örtlichen Nationalfeiertag, den 7. Juni, mit Grammophon, Aquavit und Siegerzigarren. Von links: Olav Bjaaland, Sverre Hassel, Oscar Wisting, Helmer Hanssen, Roald Amundsen, Hjalmar Johansen, Kristian Prestrud. Jørgen Stubberud kam nicht mehr mit aufs Bild, das Koch Lindstrøm aufgenommen hat.

päckchen zu öffnen. Der Chef beugt sich den Jahreszeiten, ist aber ansonsten Herr über sämtliche Feiertage.

Die Harmonie ist vollkommen. Fast unglaublich. «Nicht ein Mißverständnis, nicht *eine* saure Miene, nichts, alles bestens.» Roald Amundsen konstatiert paradiesische Zustände. «Ein stetes arbeiten in kameratschaftlicher gemeinschafft, geprägt von ernstt und der unbedingten zuversicht in das erreichen unsers ziels.»

Alles ist unter Kontrolle. Alles, abgesehen von den Engländern und den Tagen, die verstreichen. Wann geht Scott los? Geht? Scott geht nicht, er setzt sich hinters Steuer seines Raupenfahrzeugs und knattert über die Barriere. Nicht viel anders, als die Eisenbahn über die Hardangervidda zu nehmen. Er braucht nicht einmal wärmere Temperaturen abzuwarten. Was hatte dieser Sonderling aus Bø geschrieben: Motorschlitten mit Wärmeöfchen? Die Technik befindet sich in rasantem Fortschritt. Wer weiß eigentlich, wie weit die Engländer schon vorangekommen sind? Hatte dieser Ingenieur Martens nicht nach England gehen müssen, um seine Motorschlitten entwickeln zu können?

Die Norweger liegen im Plan. Die Depots wurden vor Einbruch der Polarnacht angelegt. Der Chef ist allerdings eine Zeit lang krank gewesen. Er hat in diesem arktischen Winterwetter fürchterlich unter einem blutenden Enddarm gelitten – eine alte Wunde aus der Zeit auf der *Gjøa*. Auf die letzte der Depottouren hat er verzichtet, die Leitung Johansen übertragen. «Er ist der älteste und erfahrenste.»

Jetzt ist der Chef wieder gesund. Die Hunde sind wohlgenährt, die Ausrüstung steht bereit. Alles nach Plan. Nach Amundsens Zeitschema. Aber wie sieht das der Engländer aus? Nach welcher Tabelle fährt Captain Scott?

Roald Amundsen beschließt, frühzeitig aufzubrechen. Alles ist klar. Bis auf das Wetter. Der Frühling lässt auf sich warten. Doch am 8. September will der Chef nicht mehr warten. Sie brechen auf. Acht Mann, zwei Zeltmannschaften, eine Unzahl Hunde. Die Temperatur beträgt −30 °C. Amundsen hat den Eindruck, dass die Schlitten mit den schwarzgestrichenen Proviantkisten wie Särge aussehen. Bald wird es noch bedeutend kälter.

Am Abend des 12. September brauchen sie etwas zum Aufwärmen. Eine Flasche Genever ist durch die Kälte geplatzt. Die Männer hoffen auf den Aquavit. Es ist kalt, als sie sich um eine Flasche tiefgefrosteten Lysholm sammeln, um ein bisschen Wärme in den Leib zu kriegen. Der Chef erwartet in der Nacht −60 °C.

Am Depot auf 80° Süd laden sie die Kisten ab und drehen um. Der Chef hatte die Wahl zwischen einer einstweiligen Niederlage und dem totalen Zusammenbruch. Am Morgen des 16. September treten sie die letzten fünfundsiebzig Kilometer zurück nach Framheim an. Hanssen und Stubberud haben erfrorene Fersen. Am schlimmsten ist Prestrud dran. Der Leutnant teilt den Doppelschlafsack mit Johansen. In der Nacht wärmt Prestrud genauso gut wie Nansen, doch tagsüber taugt er weniger. Sein Hundegespann ist in Auflösung begriffen, und er hat sich Frostschäden zugezogen. Die letzte Etappe darf er bei Johansens erschöpften Hunden mitfahren.

Gegen vier Uhr nachmittags treffen die Ersten in Framheim ein: Hanssen, Wisting und der Chef selbst. Amundsen ist bei Wisting mitgefahren. Wenn man den abgebrochenen Vorstoß als Schiffbruch ansieht, wirkt es schon seltsam, dass sich der Kapitän als Erster rettet. Doch zynisch betrachtet waren damit die drei wichtigsten Teilnehmer des Unternehmens wohlbehalten zurückgekommen. Mit Wisting und Hanssen in guter Verfassung konnte Amundsen jederzeit einen neuen Versuch wagen. Die Expedition war damit gerettet.

Zwei Stunden später traf Bjaaland wohlbehalten ein, Stubberud mit erfrorenen Fersen. Dann kam Hassel, auch er mit einem erfrorenen Fuß. Um halb eins in der Nacht dann endlich der letzte Schlitten mit Johansen und Prestrud. «Gott mochte wissen, was mit dem unterwegs geschehen war», schrieb Amundsen in der *Eroberung des Südpols*. Da wusste er längst, was Johansen und Prestrud unterwegs gemacht hatten. Hinter diesem halben Seufzer verbirgt sich das dramatischste Geschehnis der gesamten Südpolexpedition. Ihre einzige echte Heldentat.

Die Hunde hatten es nicht geschafft, Prestrud zu ziehen. Der Leutnant war zurückgeblieben. Doch Johansen hatte auf ihn gewartet, Stunde um Stunde draußen auf der eiskalten Ebene. Zuerst hatte er Hassel zurückgeholt. (Das sollte sich als wichtig erweisen, weil er sich so einen Zeugen für die Geschichte verschaffte.) Johansen bekam ein Zelt von Hassel, aber er hatte keinen Primuskocher und so gut wie keinen Proviant. Dennoch trotzte er der Kälte, dem Hunger und der Dunkelheit. Er wartete und brachte den Leutnant nach Hause. Hjalmar Johansen hatte Prestrud gerettet.

Roald Amundsen hatte sich selbst gerettet.

Als die beiden aus der Dunkelheit hereinstolperten, fragte sie der Chef, was um alles in der Welt sie gemacht hätten. Da hätte

Hjalmar Johansen vielleicht sein eigenes Leben retten können. Wenn er geantwortet hätte. Doch er würdigte den Chef nicht eines Worts. Er ging schlafen. Und er kochte vor Wut.

Beim Frühstück am nächsten Morgen bricht Hjalmar Johansen auch die letzte Brücke ab. Er liest Roald Amundsen die Leviten. In aller Anwesenheit.

Kapitän Amundsens Stellung am Frühstückstisch ist schwach. Johansen spricht mit der Autorität der Vergangenheit, aus der Höhle auf Franz-Josef-Land, und mit dem heiligen Zorn des Vortags im Bauch. Des Kapitäns «Eigenschaften als Chef haben Schiffbruch erlitten», resümiert er später. Der Leutnant unterstützt offen seinen Angriff. Die meisten stimmen zu. Wo soll Amundsen noch Rückendeckung suchen? Bei Helmer Hanssen, bei Lindstrøm? Bei Regierung und Parlament? Weder innerhalb noch außerhalb der Wände von Framheim besitzt er eine verlässliche Stütze. Nach allem, was er zu diesem Zeitpunkt wissen kann, haben ihm der König, Nansen und die gesamte Nation den Rücken gekehrt. Die *Fram* ist möglicherweise beschlagnahmt und nach Hause geschleppt worden. Und jetzt meutern die eigenen Männer.

In den folgenden Stunden demonstriert Roald Amundsen seine Stärke als Chef. Und in den folgenden Tagen seine Schwäche als Mensch. Die Phase offenen Meinungsaustauschs wird bald von einem brutalen Machtkampf abgelöst. Der Kapitän knöpft sich seine Leute einzeln vor. Er weiß, dass keiner dadurch etwas zu gewinnen hat, dass er sich hinter Johansen stellt. Hingegen haben sie viel zu verlieren. Als Letzter kriecht gegen Mittag der Leutnant zu Kreuz. Damit hat Johansen seinen wichtigsten Verbündeten verloren. «Der Meuterer» ist isoliert. «Es versteht sich von selbst, daß er nach dem passierten vollständig von der 3.ten Framfahrt ausgeschlossen wird», schließt Amundsen im Tagebuch.

Hjalmar Johansens Lage ähnelt der Amundsens selbst nach seinem Bruch mit der Führung der *Belgica*-Expedition. Doch während Amundsen damals mit wohlkalkuliertem Stolz aus der Expedition ausgetreten war, legte sich schnell etwas Unglückliches und Hilfloses über Johansens inneres Exil. Der Zusammenstoß mit Amundsen versetzt ihm einen neuerlichen Rückschlag. Schließlich akzeptiert er, «als Privatperson» an einer Alternativexpedition unter Leutnant Prestrud und mit Stubberud als drittem Mann nach Edward-VII.-Land im Osten teilzunehmen.

Als Rebell bot Hjalmar Johansen nie eine Alternative. Er besaß Fachkenntnisse und Körperkräfte, aber weder den Willen noch die Energie, die Führung an sich zu reißen. Ein Zug zum Südpol unter Johansens Leitung, während ein degradierter Amundsen zurückbliebe und mit Lindstrøm in Framheim Kabalen ausheckte, wurde zu keinem Augenblick erwogen. Es war Amundsen, der über die Energie verfügte und der den Willen zu führen besaß, den Willen, den Pol zu erreichen, um jeden Preis. Darum konnte Johansen, realistisch betrachtet, niemals seine Position bedrohen, sondern höchstens seine Autorität schwächen. Für einen Roald Amundsen war das schlimm genug.

Die Zeit vom 17. September bis zum endgültigen Aufbruch der Südpolabteilung am 21. Oktober wird die kälteste während der gesamten Expedition, obwohl draußen der Frühling Einzug hält. «A. hat seit dem Tag der Abrechnung kein Wort mehr mit Johansen gesprochen, ausgenommen die kleinen Besprechungen, die die beiden anläßlich der Sache unter vier Augen hatten», notiert Hassel Mitte Oktober. Fersen und Zehen heilen, aber es bleiben viele und tiefe innere Frostschäden.

Es wäre die Zuständigkeit des Chefs gewesen, den Ausgestoßenen wieder in Gnaden aufzunehmen. Es hätte ihn ein Eingeständnis und Überwindung gekostet, aber er hätte es eigentlich tun müssen, um Johansens willen, Nansen, sich selbst und der Expedition zuliebe. Doch Amundsen hatte wirklich Angst vor Johansen. «Auf unserer fahrt darf es keine kritisierenden elemente geben», trug er ins Tagebuch ein. «Speziell wenn sie von einem alten polfahrer wie ihm kommen, werden sie doppelt gefährlich!»

Eines Tages spürt Hjalmar Johansen, wie das ganze Haus bebt. Kann es Packeis sein, das gegen die Barriere drückt? Amundsen nimmt Johansens Theorien nicht zur Kenntnis. Er notiert, dass Prestrud «mit bestem willen nichts merken konnte. HH, der gleichfalls zurstelle war, konnte auch nichts merken.» Die Mehrheit steht auf der Seite des Chefs. Konnte es sein, dass es in Johansen selbst bebte?

Amundsen hatte beschlossen, die Expedition in eine Süd- und eine Ostgruppe aufzuteilen. Es war ein glücklicher Entschluss, die glückliche Folge einer unglücklichen Situation. Indem er die Polabteilung auf fünf Teilnehmer begrenzte, kam er in letzter Stunde beim richtigen Format an.

Der Chef erkor Kristian Prestrud, den reuigen Leutnant, zum Führer der auf Edward-VII.-Land angesetzten Ostgruppe. Die nächstliegende Lösung wäre gewesen, Hauptmann Johansen mit dieser Mission zu betrauen. Es hätte sich wie ein ehrenvoller Rückzug ausgenommen. Gleichzeitig hätte es dem Leutnant die Bürde erspart, an der Demütigung Johansens teilzuhaben. Prestrud verdankte ihm schließlich sein Leben. Und auch der Chef schuldete Johansen Dank dafür, die Expedition gerettet zu haben und nicht zuletzt auch ihn persönlich vor dem Skandal, den der Tod des Leutnants für ihn unweigerlich bedeutet hätte. Es bebte in Johansen. Aber in der ausdruckslosen Maske des Chefs gab es keine Risse.

Roald Amundsen hatte nicht die Gabe, dieses Drama aus mehr als seinem Blickwinkel betrachten zu können. Sein Blick war auf den Pol geheftet.

16 Der Tanz um den Südpol

Roald Amundsen «besaß nicht die Gabe, sich selbst zu dramatisieren und das, was er vollbrachte, als schwieriger hinzustellen, als es war». Das schreibt Roland Huntford am Ende seines großen Buchs über den Wettlauf zum Südpol. Gerade das aber war Teil des Kunststücks. Die Leistung sollte ganz mühelos wirken, spielerisch leicht wie ein Wunder, wie das vollendete Bravourstück. Sie sollte für sich selbst sprechen.

Amundsen besaß einen Sinn für effektvolle Szenen, aber nicht für die ganzheitliche Dramaturgie. Seinen eigenen Leseeindrücken von Admiral Franklins Leidensgeschichte zum Trotz begriff er das Verlangen des Publikums nach der menschlichen Dimension nicht, dass es die vorangegangenen Prüfungen waren, die faszinierten und der Tat erst Größe verliehen. Er wollte sich sowohl über die Schwierigkeiten unterwegs wie über die nachträglichen Ovationen erheben. Alles sollte sich leicht und einfach ausnehmen und zugleich unfassbar in seiner stilisierten Größe.

Amundsen in Wintertracht

Das Ganze sei wie ein Tanz gewesen, war das Erste, was Amundsen sagte, als die Polgruppe nach Framheim zurückkehrte. «Von verlusten, gefahren und großen strapazen haben wir nichts zu berichten.» Selbstverständlich hatte der mehr als drei Monate dauernde Marsch durch unbekanntes und klimatisch extremes Gelände all das enthalten. Aber es war nicht der Rede wert, sofern das Ziel erreicht wurde. In dieser anspruchsvollen Form von Bescheidenheit drückt sich auch eine Angst aus, eigene Schwächen zu offenbaren.

Fünf Männer, vier Schlitten und zweiundfünfzig Hunde brachen am 20. Oktober 1911 nach Süden auf. Nur eine verminderte Anzahl der Hunde sollte den Pol erreichen. Und wie war das mit den Menschen? Johansen spekulierte, die Zugkraft reiche für eine so große Gruppe nicht aus, und tippte, dass lediglich Hanssen den Chef bis ans Ziel begleiten dürfe. «Es würde mich nicht wundern, wenn wir Hassel und Bjaaland hier in ein paar Monaten wiedersähen. Vielleicht auch Wisting», notierte er beim Abschied.

Die Route zum Südpol lässt sich in drei Abschnitte unterteilen. Zuerst dehnt sich zwischen dem 79. und dem 85. Grad südlicher Breite die relativ flache Barriere. Dann kommt der kritische Abschnitt: der Aufstieg und die Überquerung der von Amundsen nach Königin Maud benannten Gebirgskette mit anschließenden schwierigen Gletscherpartien zwischen dem 85. und 87. Breitengrad. Von dort erstreckt sich bis zum 90. Breitengrad das Südpolplateau, eben, jedoch in extremer Höhe. Amundsens einziger Orientierungspunkt für diese Reise ins Unbekannte waren seine Studien von Shackletons Route durch ein vergleichbares Terrain weiter westlich. Diese Trasse würde Scott nehmen.

Amundsens großer Vorteil gegenüber den Engländern bestand darin, dass er seine Methode in- und auswendig beherrschte. Hunde, Skier und Schlitten – all das zusammen war von Nansen, Sverdrup und ihm selbst längst gut erprobt. Das Gleiche galt für die Probleme der Ernährung und der Kälte. Auch die Erfahrungen Pearys, Cooks und Astrups verliehen Amundsens Vorkehrungen eine beruhigende Sicherheit. Nur zwei Dinge konnten sie hindern, den Südpol zu erreichen: Launen des Terrains und der menschliche Faktor.

Ebenso wie Johansen hegten auch Bjaaland und Hassel von Beginn an große Zweifel an Amundsens Führungseigenschaften. Sie zeigten sich kritisch gegenüber einigen seiner Maßnahmen, etwa bei der Berechnung der Rationen sowohl für die Hunde wie für die Menschen. Vor allem aber die Persönlichkeit des Chefs erregte Widerspruch.

Am 19. November, mitten in dem schwierigen Aufstieg, kam es zu verschiedenen Diskussionen, die sich zu Wortgefechten zwischen Amundsen und dem eigenwilligen Telemarksbauern aufschaukelten. Hassels Tagebuch nennt dieses zweite Zerwürfnis der Südpolexpedition «einen netten kleinen (ziemlich heißen) Aufwasch». Genau so wie Johansen einen Monat vorher wurde nun Bjaaland aus der Expedition ausgestoßen. Da er sich jedoch nicht mit Navigation auskannte, erhielt Sverre Hassel den Auftrag, den Kameraden nach Framheim zurück zu führen. Die beiden absolvierten den Anstieg also nur, um anschließend den Rückmarsch anzutreten. Johansens Prophezeiung schien in Erfüllung zu gehen.

Da vollbrachte der Medaillengewinner von Morgedal und Holmenkollen den einzigen Schritt, der einen Roald Amundsen bewegen konnte, einen einmal erteilten Befehl zurückzunehmen. Er kroch «kleinlaut genug zu Kreuze und bat, ob der Kapitän seine Entscheidung noch einmal überdenken könne, was Amundsen dann auch tat. Allerdings stellte er noch einmal klar, daß er keinen Widerspruch dulde.»

Dieses so kleine Drama mit dem knienden Skiass vor dem allmächtigen Chef spielte sich vor dem Panorama enormer, bis dahin unentdeckter Gebirgsmassive ab. Amundsen begnügte sich damit, in seinem Tagebuch die Szenerie auf Papier festzuhalten. Die Menschen werden verschwindend klein zwischen all diesen ungesehenen Gipfeln mit ihrer schwindelerregenden Höhe. Am nächsten Tag setzen sie den Aufstieg fort.

Oben werden vierundzwanzig der Hunde geschlachtet. Amundsen selbst beteiligt sich nicht an dem Blutbad. Wisting ist der Koch. Mensch und Tier schwelgen in Hundekoteletts. Ein größeres Depot wird angelegt. Der Ort erhält den Namen «Der Schlachter».

Etwa zehn Tage später befindet sich die Expedition in einem äußerst schwierigen Gletschergelände, im «Tanzsaal des Teufels». Der Chef ist äußerst reizbar. Sie haben die Steigeisen am Schlachter zurückgelassen. Amundsen fürchtet, sie müssen zurückgehen, um sie zu holen. «Tausend gedanken gingen mir durchs hirn», trägt er ins Tagebuch ein. «Der pol vielleicht verloren wegen so einer bagatelle?»

Die zwei Wochen, die es bedeutete, sie zu holen, könnten den gesamten Wettlauf zugunsten der Briten entscheiden. Das erklärt einiges von der Unnahbarkeit des Chefs, seinen jähen Ausbrüchen und seiner schlechten Laune. Was für die anderen ein praktisches Detail darstellt, entscheidet für den Chef über Sein oder Nichtsein. Das Südpolplateau liegt in einer Höhe zwischen zwei- und dreitausend Metern. Roald Amundsens Fallhöhe ist kaum geringer. Von dem Tag an, da er den Kurs von Nord auf Süd umlegte, handelte es sich für ihn um eine Expedition ohne Auffanglinie. So beruhigend auch alles geplant ist – allein der Polpunkt kann Roald Amundsen retten. Das weiß er.

Sverre Hassel nennt den Chef äußerst distanziert «dieser krakeelige Mann». Hanssen und Wisting sind «seine beiden Goldjungen». Wieder und wieder kommt es zu kleineren Zusammenstößen und anschließendem feindseligem Schweigen. «Man konnte schließlich glauben, der Mann hätte eine Schraube locker. Er selbst hat es in letzter Zeit mehrfach regelrecht darauf angelegt, Streit vom Zaun zu brechen; ein höchst merkwürdiger Standpunkt für einen Chef und Führer, für den Frieden und ein gutes Verhältnis in der Zeltgemeinschaft eigentlich die Hauptsache sein sollten.» Das schreibt Hassel, zwei Tage bevor sie den Pol erreichen. Amundsens Nerven sind zum Zerreißen gespannt. Die Spuren der Engländer können jeden Moment im Blickfeld auftauchen.

Am 14. Dezember 1911 erreichen sie den Punkt, mit Amundsens Worten «eine unglaublich platte schneefläche». Der unsichtbare Punkt, an dem die Flagge aufgepflanzt werden soll, ist nicht leicht zu finden. Amundsen tauft die Gegend Haakon-VII.-Ebene und schickt einen Gedanken zum Himmel: «Gottseidank!»

Ihr Lager nennt er Polheim – eine Unmöglichkeit, denn er hat ein Heim gefunden, in dem sich unmöglich leben lässt. Zum ersten Mal auf dem Marsch wird geraucht. Zu aller Bestürzung zieht Amundsen eine Pfeife hervor. Die anderen schnitzen sich welche aus Bambus, indem sie die Spitzen der Skistöcke kappen. Nur der Mann aus Morgedal zeigt sich dem historischen Augenblick gewachsen: Er fischt ein Silberetui hervor und reicht Zigarren herum.

Als sich jeder bedient hat, bleiben drei übrig, eine für Stubberud, eine für Prestrud, eine für Johansen. Alle werfen einen Blick darauf, ehe die Streichhölzer herumgereicht werden. Der Mann aus Telemark sagt ein paar wohlgesetzte Worte in seinem schönen Dialekt und schenkt dann Amundsen das Etui. Auch Johansen hat einmal eine Rede auf den Chef gehalten. Es war keine Selbstverständlichkeit, dass an diesem äußersten aller Punkte die Glut in Olav Bjaalands Zigarre aufleuchtete.

Die Norweger verbringen mehrere Tage mit Observationen. Sie peilen den exakten 90. Breitengrad ein und halten Ausschau nach den Engländern. «Wir haben alle fleißig die kieker gebraucht, um zu sehen, opp es in der näe zeichen von leben gap – doch vergebens. Wir sind doch die ersten an ort und stelle.» Wieder der Erste. Roald Amundsen hat die Engländer zum zweiten Mal geschlagen.

Am 18. Dezember verlassen sie den Schauplatz. Der Kapitän lässt einen Brief an König Haakon zurück. Es scheint nicht sehr wahrscheinlich, dass er irgendwann einmal im Briefkasten Seiner Majestät landen wird. Hassels Gedanken weilen bei der Konkurrenz: «Das wird nicht angenehm für Scott, wenn er in diesem Jahr den Pol erreicht, hier auftaucht und das Zelt mit der norwegischen Fahne und dem Wimpel der ‹Fram› sehen muß.»

Der Auftrag ist ausgeführt, der Pol erobert und das Land entdeckt. Die Rationen dürfen vergrößert werden. «Während der Fahrt heute gab Amundsen dem Volk bekannt, daß von nun an 4 Stck. Pemmikan für die Suppe verwendet werden dürfen.» Hassel ist augenscheinlich nicht der Ansicht, dass der Erfolg den Autokraten von seinem hohen Ross geholt hat. Eines Morgens erhalten Bjaaland und Hassel eine Standpauke, weil sie im Zelt geschnarcht hätten. «Mag ja sein, aber der Ton macht die Musik. Hr. A. jedoch beliebt, sich stets auf die unangenehmste und überheblichste Weise auszudrücken.»

Hassel zufolge hielt es nur Helmer Hanssen durch, fortgesetzt die Rolle des stets dem Chef applaudierenden Untertanen zu spielen. Er behält diese Stellung bis zur letzten Woche. Dann aber: «Hanssen ist in Ungnade gefallen. Er hat sich herausgenommen, im Hinblick auf Else [eine der Hündinnen; Anm. d. Verf.] anderer Meinung zu sein als Seine Majestät Amundsen. Hanssen behauptete, sie stinke, Amundsen aber konnte keinen Geruch wahrnehmen. Vorläufig redet er nicht mehr mit ihm.»

In aller Frühe am Morgen des 26. Januar 1912 ist die Polarab-

teilung, noch bestehend aus fünf Männern, zwei Schlitten und elf Hunden, zurück in Framheim. Für die rund dreitausend Kilometer haben sie 99 Tage gebraucht. Nachdem die Expedition erst einmal zum richtigen Zeitpunkt aufgebrochen war, wurde sie im Großen und Ganzen zu einer glänzend geplanten und durchgeführten Operation. Doch war sie nun ein Ziel an sich oder bloß ein kommerzieller «Abstecher»?

Die Frage wird in Hassels Tagebuch vom Rückmarsch erstaunlich direkt beantwortet. Leutnant Prestrud soll vor dem Aufbruch mehrfach geäußert haben, es wäre doch gleichgültig, ob die Norweger nun vor oder nach Scott am Polpunkt ankommen würden. «Amundsen ist jetzt mehrmals darauf zurückgekommen und hat Prestrud deswegen heftigste Vorwürfe gemacht. Heute abend war die Sache wieder auf dem Tapet. Er wollte nicht für eine Million die Nr. 2 am Pol sein.»

Mit einer Million Kronen hätte man die wissenschaftliche Expedition zur Erforschung des nördlichen Polarbeckens überschlägig zwei- bis dreimal finanzieren können. Klarer konnte Amundsen nicht zum Ausdruck bringen, dass der Zug zum Südpol kein notgedrungener «Umweg» war. Der Pol war das Ziel. Den Umweg hatten sie noch vor sich.

Barhäuptig am Südpol. 90° Süd, −23° Kälte. Von links: Amundsen, Hanssen, Hassel, Wisting. Fotograf: Bjaaland. Die eigenen Aufnahmen des Chefs vom Polpunkt erblickten nie das Licht des Tages. Dazu schrieb Fotograf A. B. Wilse, der die Expeditionsteilnehmer angeleitet hatte: «Amundsen selbst wollte keine Einführung. Er besaß eine gewöhnliche Kodak 6 × 9. Wenn ich sechs Bilder mit verschiedener Blende und Verschlußzeit mache, wird wohl eins von ihnen brauchbar sein, sagte er. Aber ihm sind etliche tausend Kronen durch die Lappen gegangen, weil er ohne verwertbare Aufnahmen zurückkam. Ich weiß noch, daß ich mir sehr viel Mühe geben mußte, um ihm aus diesem elenden Amateurmaterial, das er mitgebracht hatte, vorzeigbare Lichtbilder für seine Vorträge zu machen.»

Als die Polabteilung zurückkam, war die *Fram* bereits wieder zur Barriere vorgedrungen und hatte erste Neuigkeiten aus der Heimat mitgebracht. Amundsen musste erfahren, dass nicht alle von dem Wettlauf zum Südpol begeistert waren. «Sind jetzt polarfragen ausschließlich Scott zur löösung überlassen? Diese pappnasen können mir gestoolen bleiben. Nansen hat wie üplich mit seinem kaltten, klaren verstantt die sinne zur rue bringen müssen. Ja, die menschen sind nun mal verrükkt.» Amundsen hält es im Tagebuch für nötig, eine klare Trennlinie zwischen der verirrten Masse und den wenigen Namhaften, die ihn unterstützen, zu ziehen. «Ich bewundere den König für sein mannhaftes auftreten.»

Die drei sind es: Nansen, der König und Don Pedro Christophersen, die das Unternehmen in Amundsens Augen gerettet haben. Sie haben ihm Vertrauen bewiesen: «Als mir *alle* den rükken zudreeten – haben sie mir die hant hingestrekkt. Gott segne sie!»

Jetzt galt es, so schnell wie möglich wegzukommen. Das Rennen war nicht gewonnen, ehe das Telegramm abgeschickt war. Die letzte Etappe war nicht zurückgelegt, ehe das Schiff die Zivilisation erreichte. Noch konnten Eis- und Wetterverhältnisse über den Ausgang des Ganzen entscheiden. Roald Amundsen ahnte nicht, dass Captain Scott bereits ein geschlagener Mann war. Die Engländer erreichten den Pol erst einen ganzen Monat später. Als die *Fram* mit nördlichem Kurs von der Barriere ablegte, waren die fünf tapferen Marschierer noch nicht wieder vom Südpolplateau abgestiegen. Von ihren Motorschlitten, Hunden und Ponys im Stich gelassen, mussten sie ihr enormes Gepäck mit eigener Muskelkraft transportieren. Am schwersten trugen sie an dem Brief an König Haakon, unterzeichnet von dem Mann, der als Erster am Südpol gewesen war. Captain Scott und Roald Amundsen hatten eins gemeinsam: Beide hatten sie sich ihre Chance erstohlen. Ehe sie gegeneinander antreten konnten, hatten sie beide erst ihre Landsleute ausmanövrieren müssen, Ernest Shackleton respektive Fridtjof Nansen. Für beide gab es nur eine mögliche Heimkehr: im Triumph. Weder Scott noch Amundsen konnten mit einer Niederlage nach Hause kommen.

Der absolute Nullpunkt. Polheim, aufgenommen einen Monat nachdem die Rivalen mit den Hundeschlitten den Ort schon wieder verlassen hatten. Von links: Scott, Wilson, Evans.

Wie damals, als die *Gjøa* aus Gjøahavn abfuhr, lag Nebel über Framheim, als die *Fram* ablegte. Am 31. Januar notierte Hassel: «Einen Abschiedsblick auf die Gegend, die nun ein Jahr unser Aufenthaltsort war, erhielten wir nicht. Dazu war es zu neblig. Aber ich glaube nicht, daß sonderlich viele dies bedauerten.»

Die Mannschaft der dritten *Fram*-Expedition hatte von den Widrigkeiten der Polarforschung genug. Dabei sollte es erst der Anfang sein. Nach drei Wochen Fahrt notierte Hassel: «A. hat heute eine Liste nach achtern geschickt und bittet jeden Mann einzeln, die Frage, ob er mit nach Norden gehen will oder nicht, darin mit Ja oder Nein zu beantworten. Alle außer Beck antworteten mit Nein.» Dieses Ergebnis war zweifellos deprimierend für den Kapitän. Doch er griff wieder zu seiner bewährten Taktik. Der Chef nahm sich seine Männer einzeln zur Brust. Drei Tage später sah das Resultat schon anders aus: «A. hat, abgesehen von L. Hansen, mit jedem achtern geredet, ob er mit nach Norden gehen will. Alle haben ja (!) gesagt, außer Bjaaland.»

Am 7. März 1912 geht die *Fram* vor Hobart in Tasmanien im Süden Australiens vor Anker. Die Vertreter der Hafenverwaltung kommen an Bord. Niemand hat etwas von der *Terra Nova* gehört. Also sind sie als Erste wieder zurück. Keiner verlässt das Schiff! Bis auf einen. Hassel schreibt: «A. ging um 12¼ Uhr am Nachmittag mit dem Doktorboot an Land. Seine Telegrammappe trug er unter dem Arm. Ich würde schwören, daß er sie nicht aus der Hand gibt.» Ein paar Stunden nachdem Kapitän Amundsen das Schiff verlassen hat, trifft eine Ladung frisches Obst und Gemüse ein. Außerdem: «Hier sind ein paar reporter mit einem boot längsseits gegangen, um mich zu lenzen, natürlich haben sie nichts erfaaren. Vorläufig darf niemand an bord.»

Gekleidet wie ein landscheuer Seemann, logiert sich Roald Amundsen in der idyllischen Hafenstadt im Orient Hotel in etwas, das er «ein elendes kleines zimmer» nennt, ein. Danach gibt er drei verschlüsselte Telegramme auf, eins an den König, eins an Nansen und eins an Leon. Dann fügt er je eins an seine wichtigsten Geldgeber hinzu, an Axel Heiberg und an Don Pedro Christophersen. Danach wartet er die Nacht über auf Direktiven seines Bruders aus Kristiania.

«Erhielt am morgen telegramm von L., der mich unterrichtete, das haupttelegramm an den Daily Chronicle, London, zu schikken. Das wurde strax erledigt.» Leon hatte schließlich für den Bruder einen fünfseitigen Vertrag mit dem britischen *The Daily Chronicle* über das Recht an der Südpolberichterstattung außerhalb Skandinaviens geschlossen. Darin waren je nach Ausgang des Wettrennens mehrere Summen vereinbart worden. Mit dem endgültigen Resultat strich Amundsen den Höchstbetrag ein: 2000 Pfund. Der Vertrag war praktisch von Scotts Erzrivalen, Sir Ernest Shackleton, ausgehandelt worden. Er war die ganze Zeit über davon überzeugt gewesen, dass der Norweger das Rennen machen würde. Seit Leons Visite in London hatte er die Möglichkeiten sondiert, bei seinen Bekannten in der englischen Presse den bestmöglichen Preis herauszuschlagen. Auf seinen eigenen Erfahrungen aufbauend, hatte er auch einen Plan entwickelt, wie man die Neuigkeit am besten lancierte. In dem endgültigen Vertrag zwischen Amundsen und *The Daily Chronicle* wird Sir Ernest Shackleton als Vermittler genannt.

Am 7. März wurde Leon Amundsen am Ostbahnhof in Kristiania von etlichen Pressevertretern abgefangen. Seit dem Herbst bewohnte er mit seiner Familie die Villa am Bunnefjord und unternahm jeden Morgen die etwas umständliche Fahrt in die Hauptstadt. Durch ein Telegramm von Reuters war publik geworden, dass die *Fram* am Morgen des gleichen Tages in Tasmanien gelandet war. Es war nur noch eine Frage von Stunden, bis Roalds Mitteilung eintickern würde. Das erste Telegramm würde an den König adressiert sein, aber zunächst Leon zugestellt werden. Sämtliche Telegramme waren chiffriert, und Leon Amundsen war der einzige Mensch auf der Welt, der das Südpoltelegramm entschlüsseln konnte.

Um elf Uhr erhielt er telefonisch Bescheid, dass ihn bei der Telegramminspektion eine Mitteilung erwartete. Dort machte er sich gleich ans Dechiffrieren. «Das war, wie Du Dir wohl denken kannst», schreibt er später seinem Bruder, «eine so spannende Arbeit, wie sie kaum je ihresgleichen hatte.»

Nachdem er die zentralen Worte: «Pol erreicht» entzifferte, dürfen wir wohl annehmen, dass sich selbst einem so nüchternen Mann wie Leon Amundsen ein Seufzer der Erleichterung entrang, ehe er das Papier in die Tasche steckte und das Telegraphenbüro verließ. Bevor er ging, hatte er seine Antwort nach Hobart gekabelt und auch das an ihn gerichtete Telegramm empfangen, unterzeichnet: «zhmbw» – Roald. Jetzt war dafür zu sorgen, dass nichts durchsickerte, ehe *The Daily Chronicle* sein goldgerahmtes Telegramm aus Hobart erhielt.

«Den ganzen Tag trug ich die Neuigkeit allein mit mir herum, ich wagte sie weder der Presse noch dem König anzuvertrauen, der sich glücklicherweise nicht im Schloß, sondern zu einem Manöver in Sandvik aufhielt.» Leon hält sich still in dem kleinen Kontor, das er sich bei einem Verwandten in der Stadt eingerichtet hatte. Gegen Abend ruft er «den Alten» an, das war unter den Amundsen-Brüdern der Spitzname für Fridtjof Nansen. Der hat ein völlig unverständliches Telegramm erhalten. Die beiden verabreden sich vor dem Nationaltheater, «wo ich ihm gegen zehn Uhr abends die Neuigkeit anvertraute». Das Telegramm an Nansen enthielt folgenden Wortlaut: «Dank für alles. Aufgabe gelöst. Alles gut.»

Gemeinsam gehen sie die Akersgate hinauf und informieren *Tidens Tegn* und *Aftenposten,* die für 4000 Kronen die skandinavischen Rechte an der Nachricht erworben haben. «Bei uns allen war die Freude groß.»

Um Mitternacht trifft Leon in Sandvik, westlich von Kristiania, ein. Im Manöverhauptquartier bittet er, zu Seiner Majestät König Haakon vorgelassen zu werden. «Der König hatte inzwischen jedoch klugerweise seinem Adjutanten Order erteilt, mich nicht vorzulassen, weil er der Meinung war, das errege zu viel Aufsehen. Er ließ mich bitten, den Inhalt des Telegramms dem Adjutanten mitzuteilen, was ich allerdings ablehnte, doch erhielt ich einen Umschlag, in den ich die Nachricht einschloß, dann machte ich mich wieder davon.»

Als er nach Kristiania zurückkommt, beschließt Leon, in dieser letzten Nacht, ehe die Bombe platzt, dass die Welt von Pol zu Pol erobert ist, noch einen weiteren Mann vorab zu informieren. Er hält vor der Freimaurerloge. Die hohen Fenster sind alle erleuchtet; als die Tür geöffnet wird, strömt ihm Musik entgegen. Die Freimaurer veranstalten einen Ball. Professor Nansen hat Leon in der Dunkelheit vor dem Nationaltheater getroffen, den Adjutanten des Königs in einem behelfsmäßigen Vorzimmer – jetzt steht er endlich in der Tür zu einem Festsaal. Es glitzert auf den Abendkleidern der Damen und auf den Orden der Herren. Leon lässt einen Blick an seinem eher prosaischen Anzug hinabwandern. Dann schreitet er lieber nicht durch den Saal, sondern beordert einen der Saaldiener zu dem Mann, der bei diesem Fest den Vorsitz führt, Herrn Rechtsanwalt Alexander Nansen.

Eine gute Minute später stehen sie sich von Angesicht zu Angesicht gegenüber: Amundsen, leise, noch von der Anspannung des Tages gezeichnet, und Nansen, gut gelaunt in Gala, angetrunken und ganz Ohr. Förmlich, aber doch mit einem erleichterten und triumphierenden Unterton fallen die erlösenden Worte: Der Pol ist erreicht, vierzehnter bis achtzehnter Dezember letztes Jahr, alle wohlauf ... «Er geriet fast außer sich, als er das erfuhr, streckte beide Arme vor, packte mich bei den Schultern und sah mir direkt in die Augen.» Da standen sie, Leon Amundsen und Alex Nansen, jeder seines Bruders Bruder, und sie waren da, endlich am Pol!

Hinter ihnen tanzten die Pinguine.

17 Fridtjof Nansen meldet sich zu Wort

Die Neuigkeit hatte die Welt erreicht. Am Abend des 11. März durfte die Mannschaft der *Fram* in der lockenden Hafenstadt Hobart an Land gehen. Jeder Mann erhielt ein halbes Pfund als Taschengeld ausgezahlt.

Sverre Hassel hatte es nicht eilig, er wartete bis zum nächsten Tag. An Land traf er seine Kameraden in schon etwas angeschlagener Verfassung wieder. «Johansen ist dabei, sich vollaufen zu lassen», notierte Hassel ins Tagebuch. Hjalmar Johansen hatte seine Entrüstung hinuntergeschluckt und sich für den Rest der Reise zusammengerissen. Nach Hause schrieb er: «Ich bin so gesund und munter wie eh und je.» Erst bei der Begegnung mit der Zivilisation ließ die Motivation nach. Als Einziger der Expedition schleppte er eine Niederlage mit sich herum. Er, der zuerst als Nansens, dann als Amundsens nächster Mann an beiden Polen hätte sein sollen, kehrte als untergeordneter Teilnehmer von Leutnant Prestruds Expedition zu dem seit langem benannten Edward-VII.-Land zurück. Es war eine Befreiung, einmal von der *Fram* herunterzukommen. Es tat gut, die Gedanken zu ertränken. «Jetzt will er von hier aus die Heimreise antreten», notierte Hassel. «Gestern vorm. hat er mit A. darüber geredet. Sieht so aus, als habe er die Zustimmung zu seiner Abreise erhalten.»

Hjalmar Johansens Familie in Skien stellte auf einmal fest, dass die Überweisung der Miete ohne Erklärung ausblieb. In einer Notiz an den Geschäftsführer schrieb Amundsen: «Johansen rausgeworfen. Ein unmöglicus.» Im Tagebuch steht unter dem 15. März: «Heute Hj. Johansen abgemustert, der unmöglich noch länger an

Teilnehmer der dritten *Fram*-Reise in Hobart, 18. März 1912.
Vorne von links: Lindstrøm, Stubberud, Karenius Olsen (Schiffskoch), ein Ersatzmann (in Argentinien angemustert). Mit Sitzplätzen: Johansen, Prestrud, Amundsen, Nilsen, Gjertsen, Hanssen. Dahinter: Hassel, Ludvig Hansen, ein Ersatzmann, Bjaaland, Kristensen, Segelmacher Rønne, Eislotse Beck, Wisting, ein Ersatzmann und Chefmaschinist Sundbeck. Die Begeisterung, noch weiter mit dem Chef zu fahren, war gedämpft. «Das wird ein langer und zäher Törn», schrieb Bjaaland ins Tagebuch, «das kriegen wir noch zu schmecken, wenn ich den Alten richtig kenne.»

bord sein konnte.» Danach sieht es so aus, als habe Amundsen selbst die Initiative ergriffen, Johansen auszusperren. Hassels Tagebuch deutet dagegen das Gegenteil an, dass Johansen selbst den Wunsch geäußert habe auszuscheiden.

Am gleichen Tag, dem 15. März 1912, wurde in Hobart ein Dokument aufgesetzt, von Roald Amundsens Hand geschrieben und von F. Hjalmar Johansen unterzeichnet: «Ich erkläre hiermit, bei meiner Abmusterung Kr. 600,00 (£ 33 : 1 : 2) erhalten zu haben, ausreichende Mittel, um selbständig nach Hause zu kommen. Gleichzeitig gelobe ich auf Glaube und Ehre, in allem den zwischen dem Leiter der Framexpedition, Roald Amundsen, und mir in Kristiania geschlossenen Vertrag einzuhalten.» Das Letzte bezog sich auf das Schweigegelübde. Bei Verabschiedungen befolgte Amundsen stets eine bestimmte Prozedur, bei der zwei Offiziere der Expedition irreguläres Betragen bezeugen mussten. Sie wurde auch bei der Kündigung des Stewards in Madeira angewendet, nicht aber bei Johansen in Tasmanien.

Eigentlich hatte der Eroberer des Südpols an anderes zu denken als an den «Unmöglicus» Johansen. Er war ins Hotel umgesiedelt und würde die *Fram* auf ihrer Weiterreise nicht begleiten. Nur sporadisch hatte er noch mit der Besatzung zu tun. Nach der Unterzeichnung der Erklärung begegnete Hassel Johansen noch einmal in Hobart. «Er hat Reisegeld bekommen und zwar reichlich, sagte er mir, als ich ihn eines Tages dort auf der Straße traf.»

Die Nachrichten, die Amundsen nach Hause schickte, darunter auch an Nansen, unterstrichen hingegen den Eindruck, Johansen sei kompromisslos vor die Tür gesetzt worden. So passte es wohl am besten in das Bild, das Amundsen am liebsten von Johansen als dem aufrührerischen «Unmöglicus» und von sich selbst als dem prinzipienfesten Chef und Autoritätsperson zeichnen wollte. Im Licht von Hjalmar Johansens späterem Schicksal bürdete sich Amundsen damit mehr Verantwortung auf, als ihm streng genommen zufiel.

Am 20. März kam der Chef an Bord und nahm eilig Abschied von seiner Mannschaft. Die *Fram* sollte direkt Don Pedros Küste in Argentinien anlaufen, während Amundsen rasch einen Abstecher nach Australien und Neuseeland zu machen gedachte, um schon einmal die ersten Vorträge zu halten. Die großen Vortragsreisen folgten erst später. Zuallererst stand einmal das Buch auf dem Programm. Nun sollte der Südpol in Kronen und Öre umgemünzt werden.

Zu Hause in Norwegen hatte Leon einen Verlagsvertrag ausgehandelt, der mit einem Vorschuss von 111 000 Kronen sämtliche früheren Rekorde schlug. Jacob Dybwads Verlag wollte in Zusammenarbeit mit dem dänischen Verlag Gyldendal das Buch in Norwegen und Dänemark publizieren. Es sollte fortlaufend hergestellt und in Heftform veröffentlicht werden. Verlage aus einer Reihe von Ländern standen bereit, sich die jeweiligen Rechte zu sichern. Professor Nansen hatte sich bereit erklärt, das Vorwort zu schreiben.

Der Kampf des Dichters mit den Wörtern entbrannte sogleich. Aus Sydney schrieb Roald am 17. April an Leon: «Hiermit schikke ich die ersten 4200 wörter ab. Arrangier bitte mit Vilhelm Krag, daß er das manuskript durchgeht. Sind es zu wenig, darf er jederzeit welche dazwischenstopfen. Zu viele können es kaum werden. Laß mich wissen, wie viele Nansen liefern wird. Wünschte mir ca. 20 000.» Diesmal sollte es ein echtes Großwerk werden, der Eroberung des Südpols würdig. Leider war der gewünschte Wortstopfer, der Dichter Vilhelm Krag, an den Verlag Aschehoug gebunden, der diesmal im Wettlauf um die Rechte unterlegen war.

Um weiterhin in seiner Kabine ungestört Wörter zu Zehntausenden absondern zu können, reiste Amundsen mit der *SS Remuera* weiter nach Südamerika – inkognito unter dem Namen Engelbregt Gravning, mit falschem Bart und dunkler Brille. Am 21. Mai wurde er von seinem Finanzmogul Don Pedro in Montevideo mit offenen Armen empfangen. Das nicht gerade schnell segelnde Polarschiff traf erst an Argentiniens Unabhängigkeitstag fünf Tage später unter großem Jubel in Buenos Aires ein.

Am 30. Mai gab die Norwegische La-Plata-Gesellschaft ein gediegenes Bankett für Roald Amundsen und seine Männer. Die Ansprachen begannen mit einem Toast auf den König und endeten mit der Dankesrede des Polarreisenden. Laut Hassel hatte Amundsen vielen zu danken. Außer – natürlich – Don Pedro hob er besonders Leutnant Nilsen und die Schiffsabteilung hervor; «dann erwähnte er im übrigen ganz flüchtig seine Kameraden von der Überwinterung. Er wisse, daß er zum Zusammenarbeiten ein unbequemer Mann sei, sagte er. Worin er ganz recht hat. Aber es ist schon merkwürdig, wie sehr das freimütige Eingeständnis eines Fehlers dazu beiträgt, den Widerwillen zu mildern, den er weckt.» Ein einziges

Mal machte Sverre Hassel seinem Chef ein Kompliment: «A. sprach gut.»

Während die *Fram* in Buenos Aires liegenblieb, wurde die Mannschaft auf Don Pedros Rechnung mit einem Passagierdampfer nach Hause geschickt. Die beiden Offiziere und Hassel in der ersten Klasse, die Übrigen in der zweiten. Besonders die Südpolbezwinger Wisting und Hassel fühlten sich übel zurückgesetzt. Als Kurier für wertvolles Material und wichtige Unterlagen für Leon wählte der Chef Sverre Hassel aus. Amundsen hatte Vertrauen zu dem distanzierten, aber selbstbewussten Mann. Durch sämtliche Strapazen hatte er sich seinem Expeditionsleiter gegenüber stets korrekt verhalten. Was wahrlich nicht leichtfiel.

Nur die beiden ranghöchsten Expeditionsmitglieder blieben in Argentinien. Leutnant Nilsen hielt sich weiterhin in der Stadt auf, um die Überholung der *Fram* und ihre Ausrüstung für die Fahrt zum Nordpol zu überwachen. Es lässt sich auch spekulieren, inwieweit Nilsen womöglich private Ambitionen an Buenos Aires banden. Schon nach seinem ersten Aufenthalt in der Stadt erreichten den Geschäftsführer Gerüchte, denen zufolge «der Leutnant möglicherweise Chancen hat, Schwiegersohn zu werden» – von Don Pedro höchstpersönlich.

Amundsen wohnte im Hotel Majestic, bis die dringendsten Feierlichkeiten überstanden waren. Am 11. Juni ließ er sich in die Provinz umquartieren, und zwar auf Don Pedros äußerst komfortablen Landsitz «Carmen», sowohl nach der Tochter wie nach seiner Ehefrau benannt. Dort wollte der Polarreisende sein Werk über die Eroberung des Südpols vollenden.

Von Leon erhielt Roald mit Verspätung, aber fortlaufend Berichte von den Feiern und der Begeisterung in der Heimat. Als die Neuigkeit am 8. März verkündet worden war, flogen überall Fahnen an den Masten auf, und im Hafen von Kristiania ließen die Dampfer ihre Sirenen tuten. Landesweit wurden in sämtlichen relevanten Vereinigungen Feiern abgehalten. Und selbstverständlich hatte sich Nansen zu Wort gemeldet. «Gleich nachdem die Nachricht eingetroffen war, hielt Nansen im alten Logensaal in Anwesenheit von König und Königin vor der geogr. Gesell. einen langen Vortrag über Dich.»

Zum gleichen Anlass wusste Leon noch von einem peinlichen Zwischenfall zu berichten, der mit den vielen Namen zusammenhing, die nun auf der Karte der Antarktis zu verzeichnen waren. Unter anderem war Axel Heibergs Name einem Gletscher verliehen worden, der wie ein Keil mitten durch Königin Mauds Gebirgskette schnitt. «Heiberg ergriff auch selbst das Wort, drückte sich aber sehr unglücklich aus, indem er etwa sagte, er sei ja nun in der Antarktis in sehr feine Gesellschaft zusammen mit den Königinnen Alexandra und Maud geraten, doch die Gefahr einer zu engen Nachbarschaft ergebe sich nicht, weil die Temperaturen dazu zu niedrig seien. Die Königin war *entrüstet* (im Orig. dt.) und verließ, sobald der Vortrag zu Ende war, ziemlich indigniert den Saal, ohne mit jemandem ein Wort zu wechseln.»

Der norwegische König hatte den Zug zum Südpol nicht nur finanziell unterstützt, sondern auch jede der sich selten bietenden Möglichkeiten genutzt, seinem antarktischen Heerführer persönlich zu schreiben. Leider war das Vaterland von einem «sehr betrüblichen Streik mit nachfolgenden Aussperrungen» getroffen worden, gleichwohl folgten die Gedanken Seiner Majestät nicht weniger seinen Untertanen «auf der Fußwanderung zum Südpol».

Fridtjof Nansen hielt in dieser Zeit «mit seinem kaltten, klaren verstantt» eine sehr bewusste Linie gegenüber Amundsen durch. Das Vertrauen in den unberechenbaren Südpolerstürmer war noch immer tief erschüttert. Im Dezember hatte Alex Nansen Leon gegenüber «sehr ernsthaft» Zweifel daran erhoben, ob denn «überhaupt eine Nordpolsexp. zustande komme». Wenn der Anwalt derartige Besorgnisse äußerte, stand garantiert ein anderer dahinter.

Während der Bruder Zweifeln Ausdruck verlieh, drückte der Professor selbst bei allen möglichen öffentlichen Anlässen ein unerschütterliches Vertrauen in Roald Amundsen aus. Im Vorwort zur *Eroberung des Südpols* wurde der Vorstoß in einen nationalen Zusammenhang eingebettet, wie es nur Fridtjof Nansen tun konnte.

Das Hauptgewicht legte der Professor hingegen auf die persönlichen Eigenschaften des Leiters. «Auf den Mann kommt es an, hier wie überall.» Es geht um eine Heldentat, die von einem Mann ohne Faxen vollbracht wurde, einem Mann, der nicht mehr verspricht, als er halten kann. «Wie sehr entspricht doch das Telegramm, das er heimgeschickt hat, ihm selbst und der ganzen Fahrt. So einfach und schlicht ist es, als handle es sich um einen Osterausflug ins Gebirge. Er spricht von dem, was erreicht ist, nicht von denen, die sich abgemüht haben. Jedes Wort ist mannhaft! So mußte der rechte Mann sein: ruhig und stark.»

Mit all seiner Huld bereitete Nansen allerdings zugleich auch den Grund für eine erbarmungslose Forderung; am Ende nagelte er Amundsen wie einen hilflosen Christus an sein unausweichliches Schicksal: «Im nächsten Jahre geht es durch die Beringstraße nordwärts in Eis, Kälte und Dunkelheit hinein, quer über das Nordpolarmeer. Die Reise soll fünf Jahre dauern. Das erscheint fast übermenschlich, aber Amundsen ist auch dazu der rechte Mann. ‹Vorwärts› heißt das Schiff, ‹vorwärts› lautet sein Wahlspruch» [wir dachten, es sei derjenige Nansens; Anm. d. Verf.] «und ‹vorwärts› kommt er. Die Hauptforschungsreise, die er jetzt unternehmen will, wird er gerade so sicher durchführen wie die, von der er eben heimkehrt.»

Den ersten privaten Brief Professor Nansens hatte der Südpolbezwinger bereits mit der Rückkehr der *Fram* in die Walbucht erhalten. Darin brachte er seine volle Sympathie und seinen Glauben an den Landsmann zum Ausdruck, dass er seine Aufgabe meistern werde, «sofern es überhaupt im Bereich des Menschenmöglichen liegt». Außerdem verwies er auf einen Artikel, den er in der *Times* geschrieben hatte. «Mir wurde mitgeteilt, daß daraufhin die Stimmung in England umgeschlagen sei.» Und wie immer hob der Professor vor allem auf die Forschungsresultate ab: «Ob Sie den Südpol erreichen oder nicht, ist für mich, wie Sie begreifen werden, erst in zweiter Linie von Bedeutung, obwohl es unbestreitbar ausgezeichnet wäre, ihn mitzunehmen, wenn es wirklich so kommen sollte.»

In seinem ersten nach Argentinien adressierten Brief nach vollendeter Tatsache hielt sich Nansen mit persönlichen Kommentaren mehr zurück. «Das ist ja in jeder Hinsicht großartig», schrieb er und verwies im Übrigen auf das Vorwort und andere offizielle Äußerungen. Dagegen war der Brief gespickt mit ozeanographischen Überlegungen im Hinblick auf die bevorstehende «Hauptreise». Der Professor unternahm einen intensiven Versuch, den Polarhelden für «Wellenbewegungen», «Salzgehaltbestimmungen», «Stickstoffverbindungen» und andere wundersame Dinge in der noch unentdeckten Welt der Wissenschaft zu begeistern.

Ehe er sich nach «Carmen» begab, erhielt Amundsen noch einen weiteren Brief, der ihn berührte. Er kam aus Gjøvik, von Sigrid Castberg. Schon unter dem enormen Stapel von Glückwunschtelegrammen nach Hobart hatten sich ein paar muntere und an sich unverfängliche Worte befunden: «Skaal», unterzeichnet Siggen.

Nach reiflicher Überlegung entschied sich der Polfahrer, den Brief nicht direkt zu beantworten. Stattdessen vertraute er sich ihrem gemeinsamen Freund Herman Gade an: «Ich halte es für uns beide für das beste, daß wir uns so stellen, daß die vielen bösen zungen, die sich schon einmal über uns hergemacht haben, jetzt nicht noch einmal anlaß dazu bekommen könnten. Das macht es zu hause in ihrem heim noch doppelt so schlimm, wenn ich mich wieder in ihrer nähe zeige. Sei so nett und richte ihr das aus. Sag ihr, ich wäre jederzeit bereit, ihr beizustehen, wenn es nötig sein sollte, aber daß ich es jetzt nach so langer zeit für das beste halte, mich von ihr fernzuhalten. Die zeit wird doch vieles geheilt haben, was einmal so weh tat.»

Was war eigentlich im Verhältnis zwischen dem Polfahrer und Frau Obergerichtsanwalt vorgefallen? Es sollte nicht das letzte Mal sein, dass Roald Amundsen von Sigrid Castberg hörte und dass er sich weigerte zu antworten. In einem späteren Brief an den Freund Herman versuchte er, die Sache deutlicher darzulegen: «Hätte Sigg getan, worum ich sie bat, bevor ich abreiste, dann wäre jetzt alles in schönster ortnung. Ich wollte nämlich, daß sie schon damals, im juli 1910, ihren mann verlassen sollte, der das meiner meinung

Im Schatten des Südpols. Ehepaar Castberg 1915 in Furuheim, als die Trennung ein Faktum war.

nach sehr wohl verdiente, dann wäre sie in der lage gewesen, bei meiner heimkehr mich zu heiraten. Das aber wollte sie nicht und damit betrachte ich meine pflicht in der richtung als verfallen. Ich habe ihr die ehe angeboten, aber sie hat abgelehnt.»

Während der Abwesenheit des Polarforschers hatte die Ehe der Castbergs eine Krise durchgemacht. Das Gewisper böser Zungen konnte sich rasch in einen lauten Skandal verwandeln. Der Polarreisende aber kannte das ungeschriebene Gesetz der Eskimos: «Er hat unser verhältnis deutlich akzeptiert, damals, als ein solches wirklich existierte. Jetzt teater darum zu machen, wo seit zwei jaaren alles vorbei ist – das geht doch nicht.»

Während Siggen offenbar erst im Lauf der Zeit, die sie getrennt waren, zu einer inneren Klärung kam, nutzte der Polarreisende die Zeit im ewigen Eis dazu, sich seiner verschmähten Gefühle zu entledigen. Das Einzige, was ihn in Gjøvik oder in den Salons des Grand erwartete, waren emotionale und gesellschaftliche Verwicklungen. Die aber konnte sich der Bezwinger des Südpols gerade jetzt nicht leisten, da ganz Norwegen und die halbe Welt jede kleinste seiner Regungen verfolgte.

18 Geschichte schreiben

In den schattigen Arkaden von «Carmen» jagte Roald Amundsen noch einmal zum Südpol und zurück. Mit steifem Arm schrieb er sich durch die Geschichte. Die Hand wurde geschont, indem er seine Schrift so klein schrumpfte, dass sie mit bloßem Auge kaum mehr zu lesen war. Der Verleger in Kristiania betrachtete die filigran mit Bleistift beschriebenen Manuskriptseiten als reinstes Kunsthandwerk. Es ist nicht eine Unsicherheit zu erkennen, nichts wurde berichtigt. Jeder Buchstabe steht für einen oder vielleicht für zehn Meter, marschiert ist marschiert, geschrieben ist geschrieben. Eine Tagesetappe beträgt 4000 Wörter.

Die Kapitel über die Seereise (»Nach Süden» und «Nach Norden») überließ er Kristian Prestrud. Da aber auch diese beiden Abschnitte unter seinem Namen erscheinen sollten, bat er Leon, sie sorgsam für ihn durchzusehen: «Wenn irgendwo ein ‹ich› auftaucht, ändere es überall in ‹wir›.» Aber was soll man schreiben, wenn so vieles unerwähnt bleiben soll und alles angeblich leicht wie ein Tanz ablief? «Für Kapitel II brauche ich eine genaue beschreibunk des Dieselmotors», forderte der Dichter bei Leon an. «Wenn sie auf 5000 worte ausgedehnt werden kann, ist es gut. Am besten wäre es, sie von Diesel direkt zu bekommen, mit der genehmigung, sie im buch zu verwenden.»

Leider war wissenschaftliches Füllmaterial diesmal rar gesät. Könnte sich vielleicht Nansen 15 000 Wörter über Ozeanographie abquetschen? «Wenn nicht, weiß ich wirklich nicht, was ich erfinden soll.» Die Arbeit ging «mit Dampf» voran, aber es war für einen Mann, der in seinem Inneren eine tiefe Skepsis gegenüber Worten hegte, nicht einfach, sich über eine dreimonatige Skiwanderung ein zweibändiges Werk abzuringen. Das einzige literarische Genre, das ihm lag und das er perfekt beherrschte, war das Telegramm. Was hatte der Kollege Nansen noch gesagt? «Jedes Wort ist männlich.» – Doch je mehr Worte, umso weibischer, umso mehr wird die Heldentat im Grunde herabgesetzt. Die Arbeit des Mannes ist die Tat. «Ich schleife kapitel VII: Wieder zu Hause. Du wirst einsehen, daß ich darüber unmöglich irgend etwas größeres schreiben kann.»

Es scheint, als wären die Kapitel diesmal ziemlich umgehend in die Setzerei gegeben worden, ohne nennenswerte Mitwirkung von «Stilisten». Doch wenn man es mit den literarischen Wendungen auch leichter nahm, stellten sich neue Probleme hinsichtlich der Orthographie. Amundsen hatte seit der *Nordwest-Passage* seine eigene Variante von Rechtschreibung entwickelt. Daher mussten die Kapitel zuerst in ein leserliches Norwegisch übersetzt werden, ehe die eigentlichen Übersetzer in fremde Sprachen damit etwas anfangen konnten.

Die norwegische Sprache befand sich damals überhaupt in einer turbulenten und unübersichtlichen Phase. Trotzdem darf es einem merkwürdig vorkommen, dass ein Mann, der dem Sprachzirkus so fernstand, Grund zu haben glaubte, seine eigene Schriftsprache zu entwickeln. Roald Amundsen aber war nicht irgendein Bürger des norwegischen Sprachgebiets. Über längere Zeiträume hinweg repräsentierte er die Obrigkeit, war er ein kleiner König oder das Oberhaupt verschiedener Siedlungen in den entlegensten Weltgegenden. Dort durfte er die Porträts regierender Monarchen auswechseln, Nationalfeiertage verlegen, Regeln und Gesetze erlassen, über Arbeit und Freizeit herrschen, über Leben und Tod. Warum hätte er da nicht auch über die Sprache bestimmen sollen? Roald Amundsen entwickelte einen beständig wachsenden Hang zu souveränen Entscheidungen.

Auch wenn sich klare Tendenzen nur schwer erkennen lassen, folgte Amundsens Schreibung jedenfalls deutlich einem phonetischen Prinzip. Vielleicht hat er sich von seinen Sprachstudien bei den Eskimos in Gjøahavn inspirieren lassen. Man schreibt, wie man spricht. Ohne Umständlichkeiten, ohne Staffage vom Mund in die Hand. In der zivilisierten Welt aber seine eigene Rechtschreibung durchhalten zu wollen darf auch dann, wenn man sich wenigstens in der Korrespondenz mit Vertretern der Obrigkeit eine gewisse Zurückhaltung auferlegt, ein halsstarriges Unterfangen genannt werden. Der Polarreisende entschied sich, auf seiner eigenen Frequenz zu kommunizieren. Auch wenn das Ziel vielleicht das Unvermittelte, Ungekünstelte sein sollte, konnte das Ergebnis schwerlich etwas anderes als eine größere Distanz zur Umgebung sein. Amundsens eigenmächtige Schriftsprache stand in der Konsequenz für das Gegenteil von Kommunikation. Sie wies mit großen Lettern in die Isolation.

Bruder Leon, der große Teile von Roalds Korrespondenz zu Papier brachte, übte auch auf diesem Gebiet mäßigenden Einfluss aus. Er selbst schrieb ein ausgeprägt konservatives, fast anachronistisches, danisiertes Norwegisch. Gleichwohl bezeichnete Leon die «neue Orthographie» des Bruders während der Arbeit am Südpolbuch als: «hoch über die geltende Rechtschreibung erhaben». Musste Leon in diesem Punkt vielleicht besonders behutsam auftreten, oder war das etwa offene Ironie? Dass Leon, der Pragmatiker und Diplomat, mit seinem erhabenen Bruder bei einer Normauflösung der Rechtschreibung gemeinsame Sache machte, ist jedenfalls undenkbar.

Ein großes Gebiet gab es, auf dem Roald Amundsen die Wortproduktion ohne drohende Verwässerung seiner Großtat tagelang beibehalten konnte: Er konnte die Geschichte des eroberten Kontinents schreiben, das heißt die Eroberungsgeschichte des Südpols. Das war ein Stoff, den der Autor studiert hatte, genauso wie er sich seinerzeit durch die Chronik der Nordwestpassage gewühlt hatte.

Allerdings enthielt dieser Stoff ein Problem. Das Problem hieß Frederick A. Cook. Für viele mochte sich Dr. Cook wie eine Nebenfigur in der Geschichte des Südpols ausnehmen; nicht so für Roald Amundsen. Er war ein Mann, der seine Lehrmeister nicht vergaß. Auf das Grab seiner Eltern hatte er einen riesigen Gedenkstein set-

Der Entdecker des Nordpols? Frederick A. Cook (1865–1940) konnte nie beweisen, dass er den mathematischen Punkt im äußersten Norden wirklich erreicht hatte. Diese Fotografie schickte der Arzt aus Brooklyn seinem lieben Freund von der *Belgica*-Expedition. Bevor sich Roald Amundsen mehr und mehr zu einem Schreckbild entwickelte.

zen lassen, in der Antarktis hatte er seinem Kindermädchen ein noch höheres Denkmal errichtet: Bettys Topp. Auch der gebrechliche «Geheimrat», der Professor, der ihn in Hamburg an seinen Tisch und an seinen Lehrstuhl lud, bekam selbstverständlich sein Porträt in der Geschichte der Antarktis. «Solange ‹Antarktika› besteht, wird der Name Neumayer für immer damit verbunden sein», schrieb er. So ist es, all der Namen, die sich auf seinem Weg zum Ziel mit dem seinen verbunden haben, soll gedacht werden. Auch Dr. Cooks.

Für Roald Amundsen war das eine Selbstverständlichkeit. Für Leon nicht. Der Skandal um den Nordpol bedeutete doch auch eine latente Gefahr für die Glaubwürdigkeit des Südpolbezwingers. Die Öffentlichkeit hatte sich dummerweise angewöhnt, Polarentdecker als Schwindler zu betrachten. Und Roald Amundsen hatte nun einmal die Welt hinters Licht geführt. Allen Beobachtungen und Berechnungen zum Trotz – die einzig wirklichen Beweise dafür, dass der Norweger den Südpol erreicht hatte, waren die Zeugenaussage von Captain Scott und der Brief an König Haakon. Dass er sich tatsächlich in Beförderung befand, konnte noch niemand wissen. Und niemand wagte es zu hoffen.

Als Leon die ausufernde Würdigung Dr. Cooks im Manuskript sah, roch er Gefahr. Schnell beriet er sich sowohl mit Professor Nansen als auch mit dem amerikanischen Botschafter und den Brüdern Gade. Die Empfehlungen fielen eindeutig aus. Am 7. Juni erhielt der Autor telegraphisch folgenden Vorschlag: «Am besten Cook Buch auslassen.» Einige Tage später hatte der Südpolhistoriker seine Einstellung einer taktischen Revision unterzogen, das hieß im Telegrammstil: «Streiche Cook!»

Allerdings wurde der Amerikaner nicht gänzlich aus der Geschichte der Antarktis ausradiert. Die positive Erwähnung von Dr. Cooks Einsatz bei der Expedition der *Belgica* durfte stehenbleiben. Um dazu ein Gegengewicht zu schaffen, fügte Amundsen eine Ergänzung hinzu, die Cook in dem noch immer andauernden Ringen um den Nordpol nicht gerade den Rücken stärkte. Der Entdecker des Südpols wusch seine Hände in Unschuld: «Wie wenig ahnten seine Gefährten, daß er in späteren Jahren als ‹Nordpolentdecker› für einen der größten Humbugmacher, die es je gegeben hat, angesehen werden müßte. Dies ist ein psychologisches Rätsel, des Studiums wohl wert für den, der Lust dazu hat!»

Leon musste den Kampf gegen den «Nordpolschwindler» Cook noch an einer weiteren Front aufnehmen. Der Geschäftsführer hatte in Erfahrung gebracht, dass der Amerikaner im Sommer eine Tournee durch Deutschland absolvierte und gedachte, im September Norwegen einen Besuch abzustatten. Dr. Cook wollte einen letzten verzweifelten Versuch zur Rückeroberung seiner verlorenen Position unternehmen. Darin sollte ein Treffen der beiden Bezwinger der beiden Pole den eigentlichen Höhepunkt bilden. Leon erkannte, dass dieses geplante Gipfeltreffen von einer feindlich gesinnten Weltpresse leicht in das Licht eines Verbrechertreffens zweier Polarhochstapler gerückt werden konnte.

Wie immer ging Leon sorgsam zu Werke und streckte seine diplomatischen Fühler aus. Vom amerikanischen Impresario seines Bruders wurde er nachdrücklich vor jedwedem Umgang mit Dr. Cook gewarnt, und der norwegische Botschafter in Berlin meldete einen anhaltenden Boykott des Doktors von wissenschaftlicher Seite. Leon zog daraus die Schlussfolgerung, «alles zu tun, um die Reise [nach Norwegen] zu verhindern». Dem Bruder teilte er mit: «Ich werde ihm zu verstehen geben, daß er sowohl von Dir wie von der Presse mit Unwillen empfangen würde.»

Leons Eisfront gegen Roalds alten Freund, die kategorische Grenzziehung zwischen Nord- und Südpol waren vermutlich notwendig, wenn man nicht das Risiko einer neuerlichen unwürdigen Farce im Stil derjenigen, die sich um den Nordpol abgespielt hatte, laufen wollte. Es ging um große Summen, und es ging ernsthaft um Roald Amundsens Ruf als unbestrittener Entdecker des Südpols. Glücklicherweise konnte sich Leon dabei auf die größte fachliche Autorität der Zeit stützen. Im Gegensatz zu Otto Sverdrup und Roald Amundsen hatte Fridtjof Nansen zu keiner Zeit Frederick vorbehaltlos als Entdecker des Nordpols gehuldigt. Nun konnte er Leon Amundsen bei seinen geschäftlichen Manövern fachliche Rückendeckung geben.

In dieser Zwangslage musste sich Roald selbst Gewalt antun. Als dem Retter der *Belgica*-Expedition verdankte er Cook sein Leben, und nun musste er seinerseits seinen Freund und Lehrmeister im entscheidenden Moment verraten. Er war zu vielem bereit, aber nicht dazu, seinen eigenen Südpol zugunsten von Dr. Cooks Nordpol in die Waagschale zu werfen.

Während sein Bruder an einem geschützten Ort in Argentinien weilte, musste Leon Amundsen in dieser hektischen Phase all seine Energie und sein gesamtes diplomatisches Geschick aufwenden, um die Früchte des Erfolgs nach allen Seiten hin abzusichern. Nicht zuletzt das Verhältnis zu England war delikat und heikel. Bis dahin hatte noch niemand etwas von der *Terra Nova* gehört. Und verständlicherweise teilten nicht alle die Begeisterung Sir Ernest Shackletons über Amundsens Erfolg. Der Präsident der Royal Geographical Society, Lord Curzon, hatte eine Bemerkung über den «geänderten Plan» des Norwegers fallenlassen, die sich auch kritisch verstehen ließ. Hinzu kam, dass die Gesellschaft, die den Südpoleroberer sogleich eingeladen hatte, seinen ersten öffentlichen Vortrag in der Queen's Hall arrangieren wollte und nicht in der Albert Hall, wo Größen vom Format eines Nansen, Shackleton oder Peary aufgetreten waren. Fast krankhaft empfindlich gegenüber allem, was sich als ehrenrührig deuten ließ, antwortete Roald Amundsen damit, sogleich alle geplanten Veranstaltungen in England absagen zu wollen.

Doch der Prestigeverlust, den es bedeutete, das Zentrum des Empires nicht aufzusuchen, hätte teuer zu stehen kommen können. Leon bat den Sekretär der Society, sich direkt mit dem Bruder in Argentinien in Verbindung zu setzen. Scott-Keltie beteuerte denn auch, dass nur die edelsten Gefühle für die Großtat des Norwegers sämtliche britischen Gemüter beherrsche. Allerdings bedurfte es mehr als eines Sekretärs, um den Entschluss eines Roald Amundsen zu revidieren. Auch König Haakon und Königin Maud mussten sich in der Sache noch engagieren.

Erst nach der Audienz aus Anlass der Heimkehr nach Kristiania sah es so aus, als ließe sich die Angelegenheit endlich bereinigen. Da schrieb der Polarreisende an Don Pedro: «Auf wunsch des Königs habe ich eingewilligt, die vereinbarten vorträge in England zu halten. Persönlich hätte ich sie am liebsten abgesagt, doch wenn der König es wünscht, kann man ja nichts machen.» So schwer war nun einmal das Los des Untertanen.

Zusätzlich zu Dr. Cook und Lord Curzon tauchte eine weitere Gefahr auf. Am 11. Juni 1912 traf Hjalmar Johansen mit einem Dampfer in Sandefjord ein. Doch anstatt zur Familie nach Skien weiterzureisen, nahm er den Zug nach Kristiania. Von dort schickte er ein Telegramm nach Hause: «Anstrengende lange Reise. Wohlauf!»

Die Weltumsegelung war für den halbwegs verstoßenen und tief enttäuschten Johansen nicht schmerzlos verlaufen. In Melbourne war ihm das Reisegeld ausgegangen. Über den örtlichen Konsul und das Außenministerium war das Problem auf Alex Nansens Schreibtisch gelandet. Nach Rücksprache mit Axel Heiberg ließ der Anwalt der Expedition Johansen nach Hause holen, «um einen Skandal zu vermeiden». In einem Bericht an Kapitän Amundsen schrieb Alex Nansen, «daß er auf billigstmögliche Weise heimgeschickt werden sollte, ohne selbst Geld in die Hände zu bekommen. Also wurden sämtliche Billetts gekauft, was die Expedition leider 505,– Kronen kostete.» Was für eine Heimreise quasi als Stückgut für den Mann, der fünfzehn Jahre früher an der Seite Fridtjof Nansens nach Norwegen zurückgekehrt und die gesamte lange Küste entlang wie ein Held gefeiert worden war!

In Sandefjord wurde das erste retour geschickte Mitglied der dritten *Fram*-Reise vom Korrespondenten des *Morgenbladet* interviewt. Er äußerte sich loyal über seinen Chef, wollte allerdings doch anmerken, dass die Skitour mit Nansen bedeutend anstrengender gewesen sei. Ansonsten teilte er wenig mit. Doch wie weit würde seine Loyalität reichen? Advokat Nansen, der den Konflikt, der hinter der Heimreise steckte, nur ahnte, behagte die Situation mit einem frei herumlaufenden Hauptmann Johansen keineswegs. «Da ich fürchtete, es könnte zu viel Aufhebens um Johansen gemacht werden und daraus könnte ein Skandal erwachsen, rief ich noch am gleichen Tag sämtliche Redaktionen in Kristiania an und teilte ihnen vertraulich mit, wie die Sache stand, und ich bat sie, Johansen nicht zu interviewen, was auch nicht getan wurde», rapportierte er.

Am Telefon betrieb der Anwalt weiterhin Isolationspolitik gegenüber Hjalmar Johansen. Er war im Übrigen kooperative Redaktionen gewohnt. «Die Zeitungen haben sich tadellos verhalten», lautete seine Ansicht über die Haltung der Presse während der gesamten Tour zum Südpol. Als der Triumph feststand, stellten Zeitungen im ganzen Land auch ihre Spalten und Räumlichkeiten für eine große nationale Spendensammlung zur Verfügung. Es sollten viele Jahre vergehen, ehe Roald Amundsen in der heimischen Presse kritische Töne zu hören bekam.

Eine Woche nach seiner Heimkehr tauchte Hjalmar Johansen in eigener untersetzter Person im Büro von Rechtsanwalt Nansen in der Karl Johansgate 27 auf. Er war blank und wollte 300 Kronen haben, die ihm die Expeditionskasse seiner Meinung nach noch schuldete. Doch nun saßen den Brüdern Nansen die Kronen nicht mehr so locker. Johansen tischte seine Version der Meinungsverschiedenheiten auf, doch der Anwalt hatte sich inzwischen eine eigene Meinung gebildet. «Diese Affäre mit Johansen ist höchst betrüblich», schrieb er dem Polfahrer. «Ich höre von meinem Bruder, daß er Ihnen gegenüber unangenehm und aufsässig aufgetreten sein soll. Wie ärgerlich, daß Sie auf Ihrer Expedition diese Unannehmlichkeiten hatten.» Fridtjof Nansen hatte seinem alten Begleiter erneutes Vertrauen bewiesen, als er Johansen seinem jüngeren Kollegen empfahl. Nun hatte sich das Ganze zu einer Belastung und zu «Unannehmlichkeiten» entwickelt. Der Rechtsanwalt steckte dem havarierten Volkshelden 10 Kronen zu. Ein Darlehen ohne Sicherheiten!

Es gab nicht viele Stellen, an die sich Hjalmar Johansen wenden konnte. Auf Polhøgda war niemand zu Hause. Der Professor hatte sich über den Sommer auf eine ozeanographische Forschungsreise begeben. Mit seiner privaten Segelyacht *Veslemøy* wollte er hinauf nach Spitzbergen. Eines Tages begegnete Johansen Leon Amundsen zufällig auf der Straße. Aber auch der besaß keine Vollmacht, dem abgemusterten Mitglied der Expedition mehr Geld auszubezahlen.

Am 1. Juli wurde der Rest der *Fram*-Mannschaft mit Glanz und Gloria in Bergen empfangen. Am folgenden Tag bestieg das ganze Gefolge den Zug und kam am Abend in der Hauptstadt an, wo sie ein dichtes Programm erwartete. Auch wenn die beiden führenden Männer nicht teilnahmen, waren Amundsen und Nansen beim Essen im Grand indirekt anwesend, indem sie durch ihre Brüder vertreten wurden. An den stellvertretenden Kommandanten Nilsen wurde in den Ansprachen erinnert. Nur Johansen blieb gänzlich außen vor. Im wahrsten Sinn des Wortes.

Die Feier der Teilnehmer gipfelte in einem sommerlichen Volksfest auf St. Hanshaugen mitten in der Stadt. Dort wurde Hjalmar Johansen sozusagen von der Seitenlinie mit ins Spiel gezogen. Doch er wollte mehr als nur den Applaus dafür, einer unter vielen Südpolfahrern gewesen zu sein. Er wollte ein paar Worte sagen. Vielleicht wollte er seine eigene Version kundgeben, vielleicht wollte er aber auch bloß in die allgemeinen Huldigungen für den Chef einstimmen, die *Fram* und Norwegen. Vermutlich bedauerte er sein Abspringen in Hobart. Wie er so vieles in seinem Leben bedauerte. Aber die breitgebaute, ein wenig abgerissene Gestalt stand unter Aufsicht.

Alex Nansen an Roald Amundsen: «Als sich Hjalmar Johansen bei dem Fest auf St. Hanshaugen nach vorn schob, um eine Rede ans Volk zu halten, hielt ich ihn zurück, und als er seinen Vorsatz nicht aufgeben wollte, erklärte ich ihm rundheraus, ich hätte derart gute Karten in der Hand, daß er sich lieber bescheiden im Hintergrund halten solle, sonst würde ich dafür sorgen, daß alles auf ihn selbst zurückfalle. Da ließ er endlich von seinem Vorhaben ab. Natürlich war er betrunken.» Damit schloss sich der Kreis. Fridtjof Nansen hatte Hjalmar Johansen in das strahlende Licht vor einer großen Volksmasse gebracht. Ein anderer, nüchternerer Nansen hielt ihn fünfzehn Jahre später zurück, als er ein letztes Mal vor eine jubelnde Menge treten wollte.

Aber mit einem festen Griff ans Schlafittchen war das Problem nicht gelöst. «Hjalmar Johansen setzt in den Spelunken üble Gerüchte in Umlauf», berichtete Rechtsanwalt Nansen. Trotz Schweigegelübde und Presseboykott tauchte in *Aftenposten* ein Interview auf. Darin lüftete Johansen ein wenig den Schleier. Vielleicht war doch nicht alles so reibungslos vor sich gegangen? Zuvor hatte Leon eine Anfrage von Frau Johansen erhalten, die Veröffentlichung von Auszügen der Briefe ihres Mannes von der *Fram* betreffend. Mit einem Verweis auf den Arbeitsvertrag und Verlagsabsprachen hatte Leon sie leider abschlägig bescheiden müssen; aber er hatte die Schilderungen gelesen und daraus ersehen, dass sie nicht immer mit denen seines Bruders übereinstimmten.

Mit der Logik des Geschäftsmanns sah Leon, dass Hjalmar Johansen nur über ein einziges Kapital verfügte, die Geschichte, die die strahlende Heldentat untergraben konnte. Selbst wenn Johansen eine loyale Natur sein sollte, der Mann befand sich in einer verzweifelten Lage. Leon schrieb an den Bruder. «Er hat nicht einen roten Heller, und ich mache mir ein wenig Sorgen, daß er darauf verfallen könnte, Artikel und Bücher zu schreiben. Damit wären sämtliche Absprachen gebrochen. Ich weiß nicht, ob ich nicht gezwungen bin, etwas für ihn zu tun.» Einige Zeit später setzte der Chef tatsächlich eine Summe von 300 Kronen aus, die in Raten zur Unterstützung Johansens gezahlt werden sollte.

Eine ganz andere Person stellte eine bedeutend größere Bedrückung für das neuerworbene Vermögen des Südpoleroberers dar. Kaum war der Triumph eine vollendete Tatsache, da meldete sich Bruder Gustav beim Vermögensverwalter und forderte die Begleichung alter «Ehrenschulden». Leons Rat lautete, «alle derartigen Dinge Alex zu überlassen, sonst wirfst Du nur Geld sinnlos zum Fenster hinaus». Als Jurist der nicht zartbesaiteten Sorte verstand nur Alex Nansen, mit dem älteren Bruder richtig umzugehen.

Inzwischen hatte Busken die Ehre der Familie tatsächlich aufs Spiel gesetzt. Mit seinem guten Namen und der «Sicherheit» von Roalds Einkünften hatte er den Kassierer der Tageszeitung *Kysten* überredet, ihm 1600 Kronen aus der Firmenkasse zu leihen. Als die Summe zum verabredeten Zeitpunkt nicht zurückgezahlt wurde, nahm das Darlehen plötzlich den Charakter eines Betrugs an. Nur der Widerwille dagegen, in dieser für die Nation so stolzen Stunde den Namen des Südpoleroberers in den Schmutz zu ziehen, hielt die Anwälte davon ab, die Sache gleich vor den Kadi zu bringen.

Noch eine weitere Frage musste in diesem Sommer zwischen den beiden Hemisphären geklärt werden: die Heimkehr des Helden. Amundsen hatte sich genötigt gesehen, die Mannschaft nach Hause zu schicken. Damit war die Expedition in Auflösung übergegangen, zumindest insofern, als man die *Fram* nun nicht gleich nach San Francisco und von dort in den Norden verlegen konnte, um die «Hauptreise» in Angriff zu nehmen.

Eine gewisse Unterbrechung war in jedem Fall notwendig, zum einen für die Ausrüstung und zum anderen, um die ökonomischen Früchte des «Abstechers» einzusammeln. Eigentlich hatte sich der Chef überhaupt keinen feierlichen Empfang für die Mannschaft in Norwegen vorgestellt. Die Expedition war ja keineswegs abgeschlossen. Doch mit der Siegesnachricht aus Hobart wurde alles auf den Kopf gestellt. Daheim zweifelte niemand mehr daran, dass der Triumphator nach Hause gehörte. Bloß Roald Amundsen selbst wollte lieber im Ausland bleiben. Ehe die Buchhaltung mit dem Zug in den Norden abgeschlossen wurde, dämpfte den Triumph viel zu sehr.

In diesem Punkt aber zeigte sich der Geschäftsführer kompromisslos: «Es kann nicht die Rede davon sein, Deinem Wunsch zu entsprechen. Erstens wäre es eine große Enttäuschung für das ganze Volk, und zweitens würde den Buchhändlern (dem Verleger Dybwad) die gewaltige Reklame für das Buch entgehen.» Um die ganz große Heimkehr sollte die Buchbranche allerdings doch geprellt werden.

Unbemerkt ging Roald Amundsen an Bord der *Highland Warrior* und verließ Buenos Aires an einem Julitag kurz vor seinem vierzigsten Geburtstag. Alle bis auf Leutnant Nilsen und Don Pedros Familie befanden sich noch im festen Glauben, er würde weiterhin auf «Carmen» sitzen und schreiben. Allen war strengste Schweigepflicht auferlegt.

Besonders dem geradlinigen alten Ehrenmann Don Pedro gefiel diese Art und Weise überhaupt nicht. «Ihr leises Verschwinden von hier gab natürlich Stoff für Überraschungen, Diskussionen und Klagen. Ein Teil der Vorwürfe traf mich persönlich.» Das ist im Übrigen die einzige Missfallensäußerung, die Don Pedro, nachdem er den Südpolfahrer monatelang großzügig beherbergt hatte, von sich gab. «Ihre Bekanntschaft gemacht zu haben, ich wage zu sagen die herzliche Freundschaft, die zwischen uns gestiftet wurde, gehört zu den angenehmsten Erlebnissen meines Lebens, und ich bin stolz und froh, mit der großen Sache verbunden zu sein, deren Schöpfer und Held Sie voll und ganz gewesen sind.»

Am 31. Juli stieg ein glattrasierter Mann mit dicker Hornbrille an Kristianias Ostbahnhof aus dem Zug aus Kopenhagen. Sein Name lautete Engelbregt Gravning. Unerkannt nahm er die Tram, stieg am Drammensvei aus und legte die letzten Meter durch den Park hinauf zum Schloss zu Fuß zurück. Der Feldherr war zu seinem Herrscher zurückgekehrt und konnte endlich mit eigener Stimme melden: «Der Südpol ist erobert.»

Einer, der Roald Amundsens weltweites Hakenschlagen in großen Zusammenhängen sah, war Apotheker Zapffe. «Das ist phänomenal!», schrieb er aus Tromsø. «Sie überraschen uns und die Welt ein ums andere Mal! Und bitte bloß keine Ovationen. Sie sind der große Märchenheld – verschwinden plötzlich – gleiten mit mächtigem Flügelschlag über die ganze Erde, so daß all ihre Bewohner wie vor einem Wunder stehen – tauchen erneut leise und lautlos ohne alles Aufheben unter und bereiten uns aufs neue eine Überraschung. Nichts verlangen Sie für sich selbst – geben bloß – große Gaben mit freier Hand an die ganze Menschheit. Ich verstehe die Männer der *Fram*, die sagen: Amundsen ist der beste Mensch auf der Welt!»

I II III IV V VI

Gefangen in der Nordostpassage

19 Der Weg nach London

Am 20. August 1912 fand im Schloss der norwegischen Hauptstadt ein großes Festessen statt. Die Männer der *Fram* wurden von nah und fern herbeigekarrt, in Fräcke gesteckt und dann in den Bankettsaal geschoben, um mit dem Chef an der größten Feier seit dem Galadiner in Buenos Aires ein halbes Jahr vorher teilzunehmen. Ansonsten hatte sich der Eroberer des Südpols vor allem in der Abgeschiedenheit von Svartskog aufgehalten. Das Buch musste vollendet, Tourneen mussten geplant werden.

Am 9. September sollte Roald Amundsen seinen Vortrag vor der Geographischen Gesellschaft halten und zum allerersten Mal davon berichten, wie die südlichsten Landstriche des Erdballs unter norwegische Skier gelegt wurden. Am Vorabend lud er sämtliche Expeditionsteilnehmer zu einem Fest ins Grand Hotel. Jedem überreichte er eine goldene Uhr mit Kette und Gravur. Wieder einmal hatte der Kapitän eine seiner traumgleichen Inszenierungen arrangieren lassen, wie damals Weihnachten an Bord der *Fram* vor so unfasslich langer Zeit, als die Antarktis noch ein jungfräulicher Kontinent gewesen war.

Die Reporter der Hauptstadt malten die Szenerie nach: «Im roten Salon stand der Südpol naturgetreu nachgebaut. Lampen warfen einen roten Schimmer über die eisigen Weiten auf der Tafel, in deren Mitte die norwegische Fahne in den glitzernden Schnee gepflanzt stand. Rund um Polheim waren Marzipanfiguren auf Skiern und mit Schlitten zu sehen. Von Seehunden umgeben, lag die *Fram* dort weiß vor Eis. Auf der Bühne standen etliche antarktische Vögel und Tiere aus dem Zoologischen Museum malerisch postiert. Reden wurden keine gehalten, und das Essen dauerte in ausgezeichneter Stimmung bis nach Mitternacht.» – In solchen Stunden, umgeben von Marzipanfiguren und ausgestopften Vögeln, band Roald Amundsen seine Männer enger an sich. Die brutalen Befehle, die groben Bemerkungen gingen im roten Schein der Geschichte unter. Keiner hielt eine Rede, aber jeder besaß nun eine Golduhr mit dicken Kettengliedern.

Der Vortrag im Zirkus am folgenden Abend wurde die größte Veranstaltung, die die Geographische Gesellschaft in ihrer fünfundzwanzigjährigen Geschichte je auf die Beine gestellt hatte. Das gesamte diplomatische Korps war zugegen. In der königlichen Loge gesellte sich ein kaiserlicher Präsident zu den anwesenden Majestäten, Prinz Roland Bonaparte, Präsident der Geographischen Gesellschaft Frankreichs. Ansonsten war alles vertreten, was Rang und Namen hatte. Bis auf Fridtjof Nansen.

Der Professor hatte es nicht geschafft, von seinem ozeanographischen Zug in Spitzbergens Gewässern heimzubummeln. Obwohl er entlang der norwegischen Küste schon ein gutes Stück weit nach Süden vorangekommen war. Vielleicht drängte es nicht so sehr, nach Hause zu kommen und einen anderen in der Rolle gefeiert zu sehen, die man sich selbst als Traumrolle vorgestellt hatte. Vielleicht wollte er der gesamten Nation in dieser Stunde weismachen, eine beliebige Wasserprobe an Bord des Forschungsschiffs *Veslemøy* sei für das Leben und Wirken der Menschheit auf diesem Erdball von größerer Bedeutung, als jenes Siegesbanner in den Nabel der Eitelkeit zu pflanzen.

«Als er mit dem Großkreuz des St.-Olavs-Ordens und der Frammedaille dekoriert den Mittelgang entlangschritt, brandete stürmischer Beifall um ihn auf», schrieb der Reporter des *Morgenbladet*. «Kapitän Amundsen stand auf seinem Podest, schlank und ruhig, freundlich wie immer, und wartete, bis die donnernden Bravo- und Hurrarufe und die Applaussalven endlich verebbten und ihm Gehör zuteil wurde. Und dann kam er ohne Umschweife gleich zur Sache, mit einer Stimme, die noch größere Räumlichkeiten ausgefüllt hätte als diese.»

König Haakon VII. von Norwegen war ein Freund Fridtjof Nansens und Schwager Georgs V. von England. Der Marineoffizier dänischer Abstammung unterstützte Amundsen seine gesamte aktive Laufbahn hindurch. Das erforderte sowohl Mut als auch Ausgleichsvermögen, trug aber erheblich dazu bei, dem neuerrichteten Königreich international Profil zu verleihen.

Nach dem Vortrag versammelten sich einige hundert Gäste zu Souper und Tanz im Rokokosaal des Grand Hotels. Leider hatte der Held des Abends nur wenig Zeit. In seinem Manuskript hatte er soeben erklärt: «Ein reichhaltiges und abwechslungsreiches Menü ist etwas für Leute, die nichts zu tun haben.» Roald Amundsen brach noch vor dem Dessert auf. Er musste den Zug nach Bergen erreichen. Die Gäste erhoben sich und applaudierten. Das Orchester stimmte die Nationalhymne an. Begleitet von Helland-Hansen bestieg Amundsen das wartende Automobil und nahm Kurs auf die Østbanestation. Die Vortragsreise hatte begonnen.

Von Bergen sollte sie durch die größten norwegischen Städte führen und dann über die Grenze nach Schweden, von dort nach Kopenhagen, Berlin und so weiter – nach England, Frankreich, Italien. Nach einem hastigen Weihnachtsfest in Svartskog sollte Amundsen zur Jahreswende Europa verlassen und bis in den Sommer hinein quer durch die USA touren. Ursprünglich war vorgesehen, dass er in San Francisco sein Polarschiff besteigen sollte, um durch die Beringstraße seine Reise nach Norden fortzusetzen.

Dieser Plan wurde allerdings schon während des Aufenthalts in Norwegen verworfen.

Da schrieb Amundsen an Don Pedro, es sei «notwendig, den aufbruch der expedition um ein jahr zu verschieben. Ich kann niemanden finden, dem ich die arbeit mit den oceanographischen untersuchungen übertragen könnte, und muß mich dementsprechend selbst dafür ausbilden.» Folglich musste der Polarheld zurück auf die Schulbank – nicht unbedingt das Spannendste, was er sich vorstellen konnte, aber ein Schüler muss auf seinen Lehrer hören. «Diese verschiebung ist lästig, aber – wie Nansen sagt – absolut notwendig.»

Damit befand sich die dritte Reise der *Fram* in völlig undurchsichtigem Fahrwasser. Weiterhin bestand die Expedition aus drei Abteilungen. Das Schiff selbst lag unter Thorvald Nilsens Kommando und Don Pedros finanzieller Aufsicht in Argentinien. Es sollte dort überholt und für die Fahrt in den Norden ausgerüstet werden.

Das aktive Element, die Vortragstruppe, bestand allein aus Kapitän Amundsen. Anstelle der gottverlassensten Winkel auf dieser Erdkugel sollte er nun in kürzestmöglicher Zeit die meistmöglichen Versammlungslokale der westlichen Hemisphäre aufsuchen. Australien, Asien und Südamerika hatte er bereits, wenn auch mit einer gewissen Flüchtigkeit, absolviert.

Die dritte Abteilung hielt nach wie vor die Stellung in Kristiania. Zusätzlich zu seinen Verwaltungsaufgaben war Leon Amundsen nun auch das Kommando über die vorübergehend an Land gesetzte Besatzung übertragen worden. Ein Teil von ihr bezog fortgesetzt Heuer aus der Expeditionskasse. Darum sollte er auf die eine oder andere Weise beschäftigt werden. Im Grunde war es ja auch nicht gerecht, dass nur der Chef die Schulbank drückte. Erwachsenenbildung hieß das Gebot der Stunde. Der beste Handwerker der Mannschaft, Segelmacher Rønne aus Horten, wurde in eine Buchbinderlehre gesteckt. Der zweite Mann aus dem Vestfold-Städtchen durfte sein Geschick für ein bisschen von allem unter Beweis stellen. Bald schon rapportierte Leon: «Wisting braucht kaum den ganzen Tag für das Arzt- und Zahnarztfach, darum bin ich der Meinung, einer von beiden sollte noch eine Lehre zum Blechschmied machen.» Nicht viel später konnte der frisch ausgebildete Arzt und Dentist Oscar Wisting, das Universalgenie aus Horten, auch seine Gesellenprüfung als Blechschmied ablegen. Währenddessen arbeitete der einst so ungehobelte Trottoirspucker Helmer Hanssen an seiner Persönlichkeit und trat den Freimaurern bei.

Doch nicht alle waren gleichermaßen lernwillig. Jørgen Stubberud erhielt kein berauschendes Zeugnis. Außerdem pflegte er noch immer Umgang mit dem verstoßenen Hjalmar Johansen. «Man bekommt den Eindruck, daß ihm der Lorbeer nicht gut bekommt.» Stubberud fand sich erst wieder zurecht, als er aus der Stadt wegkam und wieder mit Hammer und Nägeln sein altes Handwerk ausüben durfte. Zu tun gab es genug, nachdem Leon das Einverständnis des Bruders erhalten hatte, «Klein-Uranienborg» im Blockhausstil der alten Vorratsspeicher auf Pfählen umzubauen.

Einer, der es seit der Heimkehr nicht leicht gehabt hatte, war das abgemusterte Expeditionsmitglied Olav Bjaaland. Schon im August hatte er seinem ehemaligen Chef in einem recht improvisierten Hochnorwegisch geschrieben, er sei «seit der Haimker so blank gewesen, daß ich spekeliert habe, Panzerknacker zu werden». Anstatt Banktresore in die Luft zu jagen, brachte er eine probate Ladung an Amundsens wundestem Punkt an: «Ich möchte Sie an unser Gespräch in Kristiansand erinnern, bevor wir nach Süden aufgebrochen sind. Als ich darum bat, von der Tour befreit zu werden, sagten Sie ‹ich schere mich den Teufel um Geld, Sie sollen all die Unterstützung haben, die Sie brauchen, und Sie werden die Fahrt nicht bereuen›.»

Es sollte sich herausstellen, dass Olav Bjaaland eine Menge Unterstützung nötig hatte. Und seit dem Tag, da er in den Bergen der Antarktis zu Kreuze gekrochen war, wusste er, womit man den Chef packen konnte: «Ich habe in Treu und Glauben darauf gelebt, daß Sie etwas für mich tun würden, sonst hätte ich nicht dabeisein können. Darum hoffe ich, Sie erfüllen meine Bitte.» Nichts war Roald Amundsen heiliger, als niemals die Menschen zu enttäuschen, die in kindlicher Zuversicht ihr Leben in die Hände des Herrn gelegt hatten.

Olav Bjaaland hatte sich in den Kopf gesetzt, den Schritt vom Skischnitzer zum Skifabrikanten zu tun. Er baute sich eine vollständige kleine Fabrik auf und erhielt vom Chef die Erlaubnis, sich den Markennamen «Polheim» zuzulegen.

Ende Oktober war es so weit, dass die Brüder Amundsen letzte Hand an das große Werk über den Südpol legen konnten. Roald schrieb Leon aus Königsberg: «Sei so gut und setz eine danksagung ähnlich der nach der Gjøa-reise hinein. Du weißt schon selbst, wen du erwähnen mußt. Deinen namen möchte ich auch gern dabeihaben. Laß ihn nicht aus –.» Leon war bereit, die Danksagung zu übernehmen, mochte sich selbst aber nicht hervorheben, «da Du mich doch schon im Text erwähnst, wäre das wohl kaum angebracht, zumal ich für meine Arbeit bezahlt werde». Bescheidenheit war ein Charakterzug des Geschäftsführers. Später sollten andere dazu beitragen, Leon Amundsens Namen noch weiter aus der Geschichte zu tilgen.

Aber ein gedruckter Dank reichte nicht allen. Manche mussten ihn in Metall bekommen. «Heute habe ich endlich den Staatsminister getroffen, der Dekorierungen versprach, über die er vertraulich unterrichtet zu werden wünscht», schrieb Leon am 10. November. Außerdem soll Staatsminister Bratlie Anstellungen und Beförderungen für die Expeditionsmitglieder versprochen haben. Allerdings hatte seine Partei nur wenige Tage zuvor die Parlamentswahlen verloren. Leon meldete: «Linkswahl, im Januar übernimmt Gunnar das Ruder.» Reeder Gunnar Knudsen war der Mann der Amundsens. Trotzdem kam ein Regierungswechsel ziemlich ungelegen. Würde der eine Ministerpräsident halten, was ein anderer versprochen hatte?

Alex Nansen und Axel Heiberg, die an der Spitze der Spendenaktion standen, hatten gehofft, Roald Amundsen würde sich mit seinem Südpolerfolg ein wirtschaftliches Fundament von ähnlichem Umfang schaffen, wie es Fridtjof Nansen nach der ersten Reise der

Fram aufgebaut hatte. «Wir sähen es nämlich gern, wenn Sie sich ein derart großes Vermögen zulegen könnten, daß Sie in Zukunft vollkommen unabhängig wären», hatte der Anwalt in einem Bericht zum Sommer 1912 geschrieben. Die eingegangenen öffentlichen und privaten Spenden für die dritte Reise der *Fram* beliefen sich zu diesem Zeitpunkt auf 330 000 Kronen. Nun sollten das Buch und die Tournee die Sache weiter voranbringen.

Die Brüder Amundsen betrachteten die literarischen und die Vortragsaktivitäten beide unter geschäftlichen Aspekten. Man zeigte sich hellhörig für nationale Eigenheiten. So willigte man ein, in der deutschen Ausgabe die monarchistischen Lobgesänge auf Haakon VII. abzumildern, um nicht die sozialdemokratisch gesinnten Leserkreise des Kaiserreichs abzuschrecken. Ebenso ließ man sich gern auf Gespräche mit den Amerikanern darüber ein, wie sich der Vortrag am besten auf das anspruchsvolle Publikum in der Neuen Welt abstimmen ließ.

De facto hatte Roalds amerikanischer Agent Lee Keedick aus Australien alarmierende Hinweise erhalten, dass der Norweger am Rednerpult eine traurige Figur abgegeben hätte.

Keedick schrieb umgehend an Leon und empfahl, der Vortragsreisende möge sich einen Englischlehrer zulegen. Außerdem warnte er vor einem zu stark wissenschaftlichen Einschlag und bat darum, auf Humor zu setzen. «Shackleton tat das mit äußerst zufriedenstellendem Erfolg.»

Zu Englischunterricht verspürte Roald Amundsen wenig Lust, erhob aber sonst keine Einwände. «Wenn sich etwas humoristisches einbauen läßt, meinetwegen. Sie sollen nur loslegen.» Leon zufolge lagen die amerikanischen Rezepte sämtlich «im Interesse der Tournee – auf der es nicht um Sticheleien und Eifersüchteleien geht wie in England».

Mit den Engländern verhielt sich die Sache anders. Man musste auf das Schlimmste gefasst sein. Etwa darauf, dass sie für die Gegend um den Pol nicht den Namen Haakon-VII.-Land akzeptierten, weil es nur ein Teil von Shackletons King Edward VIIth Land sei. In dieser Frage erhielt Amundsen allerdings von deutscher Seite

Schützenhilfe. Dort fand sich «Haakon-VII.-Plateau» bereits in den Karten verzeichnet. «Die Engländer werden das vermutlich – wie das meiste – vermeiden. Laß sie. Auch die fahrt der *Gjøa* ist auf keiner englischen karte zu finden.»

Zumindest in den Gedanken des Polarforschers braute sich ein Territorialkonflikt zwischen dem windverwehten Haakon VII. und seinem nicht weniger unwirtlichen und außerdem bereits verstorbenen Schwiegervater Edward VII. zusammen. Wie üblich holte Leon sachkundigen Rat ein. Herman Gade hatte sich bereits willens erklärt, Roalds englische Aussprache zu überprüfen. Nun sollte sich herausstellen, dass der vorübergehend gerade arbeitslose Diplomat auch einen Blick für politische Großkonflikte besaß. «Gade meint, Du solltest in England auf Deinem Recht beharren, was er gerade im Hinblick auf eine positive Wirkung in Amerika für angebracht hält, und sollte die Presse eine Campagne eröffnen, würde Dir das nur als Reklame nützen.»

Darauf antwortete der umherstreifende Feldherr, diesmal aus St. Gallen, mit einer der für ihn typischen Wahrheiten: «Ich bin entschlossen, in England mein recht zu fordern. Ein mann, der das verliert, verliert sich selbst und wird überall an achtung & sympatie verlieren.» Der Norweger kannte seine Stärke und fügte hinzu: «England ist schließlich nicht die welt. In diesem fall wird es wohl allein dastehen.»

Eine dritte Sache noch erörterte Leon Amundsen mit Herman Gade. Am 15. Dezember würde der ehemalige Außenminister Christophersen achtzig Jahre, und die Geburtstagsfeier sollte in Nizza an der Riviera stattfinden. Dorthin würde sich auch sein Bruder, Don Pedro Christophersen, mit Familie begeben. Aus mehreren Gründen schien es ratsam, dass sich auch Roald Amundsen dort einfinden sollte.

Am 2. Oktober unterbreitete ihm Leon einen neuen, kühnen und weitsichtigen Plan: «Es sieht nicht so aus, als würde es etwas zwischen Frl. Carmenzia und Nilsen – oder irgendeinem anderen. Gade und ich sind zu dem Ergebnis gekommen, daß sie in jeder

Hinsicht ausgezeichnet zu Dir passen würde. Wäre es nicht geschickt, die Sache jetzt anzugehen? Du solltest Dir eine so nette Familie und eine so hervorragende Partie nicht entgehen lassen, und wenn etwas daraus wird, könntest Du Deine nette kleine Welt schon bei Deiner Heimkehr komplett haben.» – Ein genialer Schachzug, ganz im Geiste Leons. Mit einem Schlag hätte Roald für alle Zeit seine familiären und finanziellen Verhältnisse in Ordnung bringen können. Das Ganze ließe sich innerhalb weniger sonnenerfüllter Tage an der französischen Riviera arrangieren.

Roald Amundsen sah ein, dass er sich zu dem achtzigsten Geburtstag einfinden musste. Es hatte sich bislang noch immer bezahlt gemacht, ein wenig Glanz auf Don Pedro fallen zu lassen. Vielleicht stand er auch Leons Räsonnement nicht ganz abgeneigt gegenüber. «Ja, es steht noch nicht fest, wie lange ich in Nizza bleibe», schrieb er am 12. November aus Bremen. Doch Leon erwartete deutlich mehr Enthusiasmus. «Ich finde, Du mußt dumm sein, wenn Du nicht zugreifst, sofern sich die Gelegenheit bietet. Du kennst die Familie, und der Augenblick ist günstig. Ich glaube, besser könntest Du es nicht antreffen.» Das waren starke Worte für einen Leon, der sich sonst in den Privatangelegenheiten seines Bruders immer so taktvoll zurückhielt. Da sprach der Geschäftsmann.

Es lag ja nichts Verkehrtes darin, «eine gute Partie zu machen», wie Leon es auszudrücken pflegte. Auch die Gebrüder Gade hatten gute Partien gemacht, Don Pedro selbst sogar zwei. Eine gute Partie musste nicht das Ende des guten Lebens bedeuten. Ganz im Gegenteil, schließlich lebte man in einer Zeit verbreiteter Doppelmoral. Roald Amundsen selbst besaß eine ausgesprochene Vorliebe für Doppelheiten: doppelte Namen, doppelte Aufenthaltsorte, doppelte Existenzen. Die Welt war ein Ort mit zwei Polen. Ein Roald Amundsen war imstand, sie beide zu besteigen.

Und dennoch war dies keine Strategie nach seinem Geschmack. Er konnte berechnend sein, brutal, unsensibel, ja, sogar zynisch. Doch in seinem Innersten war Amundsen Romantiker, ein Romantiker der Handlung.

Sicher nahm er dem weiblichen Geschlecht gegenüber eine zwiespältige Haltung ein. Frauen konnten einerseits Opfer von Kauf und Verkauf sein, eines physischen Bedürfnisses mit eher geschäftsmäßigem Einschlag. Andererseits aber hatten sie seine schönsten und kompromisslosesten Traumbilder zu sein. Nach Monaten und Jahren in den gottverlassensten Regionen der Erde glaubte Roald Amundsen noch immer an Gott, und er hielt unerschütterlich an seinem Glauben an die große Liebe fest.

Vor Nizza stand erst noch London auf der Tagesordnung. Auch London hatte seine zwei Seiten. Auf der einen war es der Kriegsschauplatz, das Schlachtfeld, auf dem er um seine Ehre kämpfen und sein Recht einfordern musste. Auf der anderen war es die Stadt der Vergnügungen. Ihn grauste vor der einen, er freute sich auf die andere. Herman Gade hatte sein Kommen zugesichert. Das verhieß Gutes – für die zweite Seite.

20 Die Göttin des Glücks

«Lieber Herr Amundsen, darf ich mir erlauben, Sie im Herbst in London herzlich willkommen zu heißen? Die hier lebenden Norweger würden sich glücklich schätzen, wenn sie sich, am besten an einem Nachmittag zum Essen, mit uns versammeln dürften. Wären Sie bitte so freundlich, ein Datum zu nennen?»

Diese Einladung unter Stapeln weiterer, datiert auf den 2. August und unterzeichnet vom norwegischen Botschafter in London, Benjamin Vogt, sollte für Roald Amundsens Leben von ausschlaggebender Bedeutung sein. Der noch nicht näher bezeichnete Tag wurde später auf Samstag, den 16. November 1912, festgesetzt. An diesem Tag würde die norwegische Kolonie im Londoner Hotel Cecil ihr Festessen zu Ehren des Südpoleroberers geben.

«Das Glück ist eine Frau. Wenn sie dein sein soll, mußt du sie ergreifen und entführen. Es nützt dir nichts, wenn du unter ihrem Fenster Mandoline spielst.» Dieses Zitat des Abenteuer- und Wildnisschriftstellers Rex Beach wählte Amundsen zum Motto für sein neues Buch *Die Eroberung des Südpols*. Nur ein einziges Mal noch sprach er einen femininen Aspekt seines ansonsten so maskulinen Werks an, vor dem Angriff auf den Pol selbst: «Der Weg zum Ziel öffnet sich mehr und mehr. Wir beginnen, in der Ferne das Schloß zu ahnen. Noch schläft sie, aber der Zeitpunkt rückt näher, da sie mit einem Kuß geweckt werden wird.»

Das Bild übernahm er von einem anderen Polarpoeten, von Fridtjof Nansen, der schon 1887 seinen Marsch über Grönland mit der Eroberung der Prinzessin auf dem Gipfel des Eisbergs durch die norwegische Märchenfigur Askeladden verglichen hatte. Und was sollte das im wundersamen Universum der Symbole bedeuten? «Nun, die Prinzessin, das ist die Ausbeute, die wir der Wissenschaft mitbringen, es sind die Beobachtungen, die wir unterwegs machten, über die Beschaffenheit von Eis und Schnee, über Steigungen, Höhenverhältnisse usw.» Sogar für einen Fridtjof Nansen klingt diese Ausdeutung etwas hohl. Für seinen Kollegen ist das poetische Bild: die Wissenschaft in die verführerischen Gewänder der Märchenprinzessin gehüllt, undenkbar. Zu Amundsens konkreter Sicht des Daseins passt es eher, wenn die Prinzessin überhaupt nicht als Symbol gedacht ist, sondern sich selbst repräsentiert, eine Frau aus Fleisch und Blut, und der Kuss als der lockende, erlösende Punkt.

Davon abgesehen, auch für den tatkräftigsten Eroberer konnte sich die Mandoline als nützliches Instrument erweisen.

Am Donnerstag, dem 14. November 1912, betritt Roald Amundsen in Dover englischen Boden. Am gleichen Abend wird er nach Aussage seines örtlichen Impresarios Gerald Christy in London «großartig empfangen».

Auf dem europäischen Festland hat der Antarktisbezwinger eine geglückte Vortragsreise mit einer Unzahl überfüllter Säle absolviert. Von seinem deutschen Agenten erhält Leon nach der Schlussabrechnung 40 000 Reichsmark überwiesen. Noch am letzten Tag ist Roald vom belgischen Volk mit König Albert an der Spitze gefeiert worden. Nun aber erreicht er den kritischen Punkt der Expedition. Als Gast der Royal Society logiert er im Royal Society Club, zu dessen Ehrenmitglied er vor kurzem ernannt wurde. Am nächsten Abend soll die Schlacht stattfinden.

Am Freitag, dem 15., isst er mit Benjamin Vogt zu Mittag. Der Botschafter ist ein gewiefter Jurist in den Vierzigern. Er hat in den Auseinandersetzungen mit den Schweden eine Schlüsselrolle gespielt, und als Norwegens erster Botschafter in Stockholm ist er delikate Problemlagen gewohnt. Er zählt sich zu Fridtjof Nansens engen Freunden, der seinen Posten zu der Zeit innehatte, als der Vollender der Nordwestpassage die Stadt mit seinem Lichtbildapparat einnahm. Damals war Leon dabei. Diesmal wünscht er dem Bruder aus Kristiania: «Hoffe, bei den Geographen verläuft alles all right.»

Und der Abend verläuft all right. Keine geographischen Zusammenstöße zwischen H. VII. und dem seligen Schwiegerpapa E. VII. Am nächsten Morgen urteilt *The Daily Chronicle*: «Der Südpolheld ist durch seine Unerschrockenheit, seine Bescheidenheit und seine Wissenschaftlichkeit ebenso eindrucksvoll wie Fridtjof Nansen.» – Der Gipfel ist erreicht.

«Den Zeitungen entnehme ich, daß der Londoner Vortrag ohne Conflict ablief», schrieb ein erleichterter Leon. «So ist es natürlich am schönsten und auch sicher finanziell das Beste.» Etwas aber *war* geschehen. Nicht während des Vortrags selbst, sondern beim anschließenden Dinner der Gesellschaft. Erst fünfzehn Jahre später in *Mein Leben als Entdecker* kam es ans Licht.

Beim Essen hielt der Präsident der Gesellschaft, George Nathaniel Curzon, Lord of Kedleston, eine Rede auf den Entdecker des Südpols. Eine Bemerkung des gleichen Herrn hatte ein halbes Jahr zuvor die zahlreichen diplomatischen Verwicklungen ausgelöst, die beinah den gesamten Besuch in London in Frage gestellt hätten. Lord Curzon war einer der profiliertesten Vertreter des britischen Empires. Als Vizekönig von Indien hatte er mit großer und selbstverständlicher Autorität regiert. Unter seiner Regie war Edward VII. zum Kaiser aller Hindus ausgerufen worden. Lord Curzon war ein Vertreter des Rechts zu herrschen und hatte sich als prinzipienfester Redner für die legitimen Rechte des Oberhauses hervorgetan. Selbst in England war der Lord, der im Übrigen auch das Amt des Kanzlers der Universität Oxford bekleidete, für seine wohlberedte Arroganz berüchtigt. – Nun gut:

«In einer Rede, die er hielt, besprach Lord Curzon eingehend den Anlaß für meinen Vortrag und hob besonders den Wert hervor, den ich den Hunden als Mitarbeitern an unserem Erfolg beigemessen hatte. Lord Curzon beendete seine Ansprache mit den Worten: ‹Ich fordere Sie daher auf, in ein dreimaliges Hurra für die Hunde einzustimmen› – wobei er im nächsten Augenblick die spöttische und herabsetzende Absicht dieser Worte noch deutlich unterstrich, indem er sich mit einer überflüssig beruhigenden Gebärde an mich wandte, um mich, obgleich ich auf diese allzu durchsichtig verschleierte Beleidigung in keiner Weise reagiert hatte, mit großem Ernst zu ersuchen, von einer Erwiderung abzusehen.»

So exakt gab Amundsen diese «himmelschreiende» Anekdote ein halbes Menschenalter später wieder. Ihre Richtigkeit wurde von der Royal Geographical Society sogleich bestritten, und allzu großes Vertrauen sollte man in die Referate in Amundsens Autobiographie auch nicht setzen. Trotzdem darf man wohl davon ausgehen, dass die Episode einen Kern Wahrheit enthält.

Das britische «understatement» war nicht Amundsens Sache. Er begriff nicht, dass Seine Lordschaft möglicherweise ein Bedürfnis verspürte, durch seinen doppelsinnigen Scherz wenigstens einen Fitzel der Ehre des Imperiums zu retten. Natürlich war Curzons Einfühlung in die Gedankenwelt des Norwegers auch nicht viel imponierender. Mit seinem Hoch auf die Hunde stellte er die Glorie des Empires über die Gefühle des Gastes und riskierte damit, ihn ein zweites Mal zu beleidigen. Das Ganze verlockt zu der Aussage, die große Nation und der große Mann seien gleichermaßen kleinlich gewesen.

Das Auffälligste an diesem zunächst unmerklichen, dann später bei Veröffentlichung der Memoiren explosiven Konflikt ist das, was er über Roald Amundsens bodenlose Minderwertigkeitsgefühle aussagt. Land für Land war ihm zu Füßen gefallen, er hatte die Hauptstadt des Empires im strahlenden Gewand des Siegers eingenommen, Lord Curzon, der einmal mit souveräner Autorität über das größte Volk der Erde geherrscht hatte, repräsentierte bei dieser Tischrede nichtsdestotrotz den unterlegenen Part, Roald Amundsen, der norwegische Skipper und Skiläufer, war Sieger geblieben, er hatte alle Löwen, Tiger und Elefanten des Imperiums überwunden, aber er konnte nicht einmal einen Hund vergeben.

Den 16. November 1912, den Tag nach dem Vortrag in der Royal Geographical Society, sollte Amundsen später zu den wichtigsten Tagen seines Lebens zählen. In seiner Autobiographie erhielt er allerdings keinen Platz. Er gehört zu dem verborgenen Teil seines Lebens, einem Teil, der nach diesem Tag mehr und mehr Platz darin einnehmen und allmählich für immer zahlreichere seiner Handlungen bestimmend werden sollte.

Wie 1907 richtete die norwegische Kolonie ihr eigenes Fest für Kapitän Amundsen im Hotel Cecil aus. Es war im überbordenden Stil der 1890er Jahre erbaut worden und in seiner Glanzzeit mit seinen 800 Zimmern Europas größtes Hotel. Zum speziellen Anlass war der große Bankettsaal mit echten norwegischen Flaggen, umgeben von Kunsteis und -schnee, dekoriert. Zeitungsberichten zufolge gab es «ein fein ausgeführtes Skulpturenwerk, das die Männer der ‹Fram› in dem Augenblick darstellte, in dem sie die norwegische Fahne am Südpol aufpflanzten».

Botschafter Vogt hielt die Hauptrede bei Tisch. Er pries den Polarforscher dafür, den Landsleuten gezeigt zu haben, dass «nicht Worte, sondern Taten dem Lebensziel Wert verliehen». Roald Amundsen dankte «tief bewegt». Dreimal ein dreifaches Hurra. Kein einziges Hundebellen dazwischen. Die leicht angelaufene Sängerin Gina Oselio, Bjørnstjerne Bjørnsons ehemalige Schwiegertochter, stimmte die Nationalhymne an. «Das Fest dauerte in angenehmster Stimmung und mit Tanz noch lange an», endete der Zeitungsbericht.

Der Gott des Glücks war eine Frau. Doch welche Farbe hatte noch mal ihr Kleid? Viele Frauen umschwärmten den Eroberer des Südpols. Noch war ihm nicht klar, dass er *ihr* an jenem Abend begegnet war.

Sonntagabend, den 17., hielt Amundsen einen privaten Vortrag in den vornehmen Räumen des königlichen Automobilklubs. «Eine absolut unike Zahl von Mitgliedern und Freunden versammelte sich im Klubheim, und dieser Zustrom kam derart unerwartet, daß im letzten Augenblick noch Lösungen improvisiert werden mußten, damit alle Platz fanden», heißt es in der Vereinszeitschrift. Am Montag folgte der erste öffentliche Vortrag in der vollbesetzten Queen's Hall. Roald Amundsen war dabei, populär zu werden. In Großbritannien.

Bis Mitte Dezember sollte der Polfahrer durch das Vereinigte Königreich touren. Am 28. November schrieb er seinem nach Hause zurückgekehrten Freund Herman Gade aus Sheffield. «Dank für unser letztes zusammensein – es war über die maaßen angenehm. Wenn ich jetzt nach London zurückkomme, werde ich dich ‹schweinisch› vermissen.» Gade hatte seinen vertrauten Freund bei sämtlichen Festivitäten in der britischen Hauptstadt begleitet, nicht nur bei den offiziellen. «Ich sehe dich grinsen, du altes ferkel, und wie ich dich kenne, kommen dir jetzt natürlich wieder schmutzige gedanken in den sinn. ‹Er wird sich schon trösten› usw. Nun ja, wie du weißt, habe ich mir vorgenommen, nichts anbrennen zu lassen. Das leben ist kurz und kommt in dieser form kaum wieder.» Das Letzte ist vermutlich entweder als Huldigung an den weiblichen Körper oder als Entschuldigung für die Laster des Mannes gemeint, oder beides. Noch scheint keine wesentliche Änderung in den tieferen Schichten der Polarforscherpersönlichkeit eingetreten zu sein.

Am 6. Dezember war er dann zurück in London, wo er im Savoy Hotel abstieg. «Dein Bruder scheint bester Stimmung und strahlender Laune zu sein», schrieb der Impresario im Hinblick auf das dichtgedrängte Programm nicht ohne Anerkennung an Geschäftsführer Leon. Am gleichen Abend schrieb auch Roald wieder an Gade und erzählte ihm, dass er zu Mittag im Restaurant des Automobilklubs RAC gegessen hätte, «wo der größte teil der herren der hier lebenden koloni zugegen war». Am Abend stand ein Vortrag in der Aula der Universität auf dem Programm. «Am sonntag habe ich hier im Savoy ein essen mit Bennett und frau.»

Mit wem? «Erinnerst du dich vielleicht an die hübsche dame in rot? Die von dem norwegerfest?» Könnte die Glücksgöttin womöglich eine Frau in rotem Kleid sein?

In der Regel akzeptierte Roald Amundsen keine derartigen, streng genommen überflüssigen Einladungen. Es gab mehr als genug von der unvermeidlichen Sorte und repräsentative Aufgaben. Außerdem hielt er jeden Abend Vorträge mit Ausnahme – wenn möglich – von Sonn- und Feiertagen. Wenn er die Einladung Bennetts und Frau annahm, dürfen wir vermuten, dass er damit ein Ziel verfolgte, etwas, das er seit dem Norwegerfest im Auge hatte. Etwas Rotes.

Das Hotel Savoy stand auf The Strand Wand an Wand mit dem Cecil und war nicht weniger mondän. Auch das Savoy war eine architektonische Blüte der überbordenden Edwardianischen Epoche. In ihm dinierten die vornehmsten Repräsentanten des Imperiums mit Ehefrauen und anderen Frauen zu Klängen von Strauß in einer Welt glitzernder Spiegel und schwellenden Stucks. Seit ihn Professor Neumayer einst in die edlen Etablissements auf dem Jungfernstieg einlud, hatte der Mann aus den Polarregionen eine Schwäche für luxuriöse Hotels von großem Format. Er wusste eben die extremen Orte dieser Welt zu schätzen.

Sein Gastgeber, Charles Peto Bennett, war ein gestandener, welterfahrener Herr Ende fünfzig. Er hatte nicht bloß das gesamte britische Empire bereist, sondern überhaupt alle Länder der Erde – mit Ausnahme von Russland und Chile. Als vermögender Geschäftsmann konnte er es sich leisten, die angenehmen Seiten des Lebens zu genießen. Er wusste ein gutes Essen zu schätzen, einen erstklassigen Portwein, eine anständige Partie Whist oder den Panoramablick vom Rücksitz seines Rolls-Royce.

Genauer gesagt waren Automobile Mister Bennetts große Leidenschaft. Schon im Jahr von Königin Victorias Tod hatte er an der Gründung von *The Motor Union* mitgewirkt, später wurde er angesehenes Mitglied der *Automobile Association*. Das war zu einer Zeit, da motorisierte Fahrzeuge noch ein exklusives Hobby für die Oberklasse darstellten, da man das Steuer noch den versierten Händen eines Fachmanns überließ, während der Eigentümer unbekümmert seine Zigarre in den hinteren Gemächern des Wagens rauchte.

Charles Peto Bennett war Holzgroßhändler. Auch der Vater hatte bereits seine Holzlager an der Themse errichtet. Vor allem importierte er exotische Hölzer wie Teak und Mahagoni aus dem Fernen Osten. Aber er trieb auch Handel mit dem Norden. Jedes Jahr besuchte er das kleine, waldbedeckte Land Norwegen. Ganz oben in Trondheim, nördlich des 63. Breitengrads. Seine engsten Verbindungen in die Stadt der Königskrönungen unterhielt er zu dem etwas jüngeren, aber mächtigen Fabrikbesitzer und Holzhändler C. M. Thams, dem Gründer der Grubengesellschaft *Orkla*. Der Engländer pflegte geschäftlichen, doch ebenso auch gesellschaftlichen Umgang mit dem Fabrikanten und seiner Frau, der Baronesse, manchmal in der Stadt, manchmal aber auch in ihrem romantischen Blockhaus-Landsitz.

Einige Jahre vor der letzten Königskrönung war der damals bald fünfzig Jahre alte Charles Peto Bennett in der Domstadt seiner zukünftigen Frau begegnet. Sie war damals noch keine achtzehn.

Im Gegensatz zum Fest der norwegischen Kolonie am 16. November stellte das Abendessen am 8. Dezember eine intime, fast familiäre Zusammenkunft dar. Auch wenn zu Ehren des berühmten Gastes eigens eine besonders dekorierte Speisekarte mit allen Gerichten und Weinen auf Französisch gedruckt worden war, nahmen nicht mehr als fünfzehn Personen daran teil. Außer der Gastgeberin und dem Ehrengast erschien noch ein weiterer Norweger, ein junger Herr mit dem den Polarhelden gleich ansprechenden Namen Astrup: Arvid Astrup, ein Vetter der jungen Frau des Holzhändlers, der schönen Dame in Rot, an diesem Abend die Tischdame des Ehrengasts. Sie war ziemlich groß, dunkelblond, ausgesprochen lebhaft und strahlend selbstbewusst – der Mittelpunkt der Aufmerksamkeit aller.

Den Gästen rund um die Tafel war sofort klar, was in dem Augenblick geschah, als der Polarreisende dem tief smaragdgrünen Blick Lady Bennetts begegnete. Er hatte die Göttin des Glücks getroffen. Der Polfahrer wurde von einem unwiderstehlichen Drang erfüllt, sie «zu ergreifen und zu entführen».

Weihnachten rückte näher. Der Chef orderte Wein und Zigarren für seine Männer. «Schicke Wisting & Helmer jedem kr. 500.00», schrieb er Leon, «aber sag ihnen, sie sollen *absolut* die klappe halten. Sonst bekommen sie richtig ärger.»

Manche Gaben erhält man im Verborgenen wie Bestechungen,

Klassisches Profil unter edwardianischem Hut. Frau Bennett, etwas über zwanzigjährig.

andere darf die Welt ruhig sehen. Das berühmte alte Kindermädchen Betty war krank geworden. «Bring ihr bitte jeden tag, den sie im krankenhaus liegt, frische blumen und was süßes.»

Aber nicht alles lässt sich mit ein paar Hundertern und frischen Blumen regeln. In Kristiania erhielt Rechtsanwalt Nansen wegen Gustav Amundsens Finanzaffären Besuch vom Anwalt am Obersten Gericht, Bugge. «Wie üblich brennt es an allen Ecken», berichtete Nansen und legte eine Liste über mehr als dreißig geplatzte Wechsel bei. Zusätzlich erhielt der berühmte Bruder ein ärztliches Attest über Kapitän Amundsens Geisteszustand. (Auch Gustav Amundsen wurde mit Kapitän angeredet.)

Ein völlig «zerrissener und mitgenommener» Bruder hatte «Dr. Dedichens Sanatorium für Geisteskranke» aufgesucht und dem medizinischen Sachverständigen seine tragische Geschichte anvertraut. Dabei hatte sich herausgestellt, dass sich alles auf den aufopferungsvollen Einsatz für die *Gjøa*-Expedition zurückführen ließ: «Als Roald heimkehrte, erhielt der Bruder jedoch nicht die Unterstützung, die er sich erhofft hatte, und dies hat ihn tief getroffen. Er hat, nachdem er wg. seiner Opfer für den Bruder in Konkurs gehen mußte, Mangel gelitten, und das im wesentlichen, weil er aus Ehrenhaftigkeit und Stolz Schulden beglich, zu deren Rückzahlung er nicht verpflichtet war.» Buskens Unglück hatte seine Ursache also letztlich im Erfolg des Bruders. «Zudem macht er sich Selbstvorwürfe, die jedoch keinen krankhaften Eindruck erwecken, vielmehr könnte man erwarten, daß sein Zustand ihnen ein gänzlich anderes Gepräge hätte verleihen können als das vorliegende, indem sie nur wenig artikuliert werden und kaum gänzlich unmotiviert sind.» Gustav Amundsen hatte seinen Glauben an den berühmten Bruder noch nicht ganz aufgegeben, allerdings war er zutiefst enttäuscht, «insofern als er weder die ökonomische Unterstützung erhielt, die er sich erhoffte, noch auch nur einen schwachen Abglanz des Ruhms, in dem er sich so gern gesonnt hätte».

Über Leon unterstützte Roald seine Schwägerin Malfred, die mit dem schwierigen und unsteten Bruder zurechtkommen musste, mit monatlichen Zuwendungen. Im Übrigen bat er Leon und Advokat Nansen, die Dinge, so gut es ging, in Ordnung zu bringen. «Ich stehe ja ganz außen vor.»

Busken war mehr und mehr zu einem drohenden Schatten geworden, der den Polarreisenden von Erfolgsgipfel zu Erfolgsgipfel verfolgte. Zu Beginn des Herbstes hatte Leon geschrieben: «Die Bedingung für weitere Zuwendungen von Deiner Seite sollte sein, daß sie *umgehend* von Bunnefjord wegziehen. Wir brauchen hier Arbeitsfrieden und keinen Capt. Amundsen Nr. 2.»

Doch Roald fiel es schwer, sich von dem zweiten Kapitän Amundsen loszusagen. Der wusste ihn an seinen schwachen Punkten zu fassen: Er war kein Bettler, der Geld wollte, sondern es galt «Ehrenschulden» zu begleichen. Im Übrigen brauchte er eine Arbeit, die er antreten, und ein Haus, in dem er wohnen konnte.

Der Polfahrer setzte seine Hoffnung auf Gade, der inzwischen Direktionsmitglied in der neugegründeten norwegischen Amerika-Linie geworden war. «Nur zwei worte. Mein bruder, Gustav, sucht eine anstellung bei der Amerikalinie – ich weiß nicht, was für eine. Wenn du etwas für ihn tun kannst, so tu es. Es würde mich mindestens fünf jaare jünger machen, wenn ich ihn in einer festen stellung unterbringen könnte.»

Am 11. Dezember erhielt Leon aus Belfast eine enttäuschende Weihnachtsbotschaft: «Ich komme nicht nach hause. Ich finde, es ist zu viel hekktik für ein, zwei taage.» Der Polfahrer hatte andere Pläne geschmiedet. Die Tournee auf den Britischen Inseln näherte sich ihrem Ende. Trotz des augenscheinlichen Erfolgs erwiesen sich die Einkünfte als deutlich geringer als erwartet. Schlimmer noch, der englische Agent deutete an, Amundsen solle in den Fällen, in denen Wohltätigkeitsvereine an den Vorträgen Verluste gemacht hatten, auf einen Teil seines Honorars verzichten, «wie es andere große Entdecker ebenfalls taten».

Der Polarentdecker verstand das als Provokation. In einem Brief aus Dublin, datiert auf den 12. Dezember 1912, schrieb er Leon: «Nicht *eine einzige* öre lasse ich diesen verdammten engländern nach. Sag ihm das mit deutlichen worten. Ich kenne den vertrag nicht, aber ich habe nicht vor, auch nur in einem punkt dieser plumpuddingnation nachzugeben. Sag ihm, ich sei nicht auf achse und würde arbeiten, um die engländer zu unterhalten, sondern für den eigenen unterhalt und um die notwendigen mittel für die weitere faart zusammenzubringen.» Die Entrüstung richtete sich nicht nur gegen den Impresario Gerald Christy, sondern gegen die gesamte Nation. «Nach meiner reise durch dieses land pfeife ich auf die wünsche anderer.»

Loyal setzte Leon die Anweisungen seines Bruders um, wenn auch in höflicheren Formulierungen. Dabei war er über die Heftigkeit von Roalds Reaktion verblüfft. In seinem Antwortschreiben versuchte er, das Bild mit einem Hinweis auf Leutnant Nilsen behutsam zu korrigieren. (Der Skipper der *Fram* war erst vor kurzem nach Europa gekommen und hatte einige Tage mit dem Chef in England verbracht.) «Nilsen scheint Deine Sicht auf die Engländer nicht zu teilen, von denen er meint, sie hätten Dich überall sympathisch aufgenommen. Hoffe, Ihr kommt zu einem Compromiß.»

Doch weder Leon noch Leutnant Nilsen konnten das Knurren

besänftigen, das in der Seele des Polarreisenden allmählich zu einem Chor höhnisch hurrarufender Engländer anschwoll.

Am 16. Dezember verließ der Entdecker des Südpols das Reich der Plumpuddinge und hielt Einzug in Paris. «Amundsen wurde wie ein König empfangen und zum Großritter der Ehrenlegion ernannt, eine Auszeichnung, die noch kein anderer Entdeckungsreisender jemals erhalten hat», schrieb der norwegische Botschafter Wedel-Jarlsberg in seinen Memoiren. Die Franzosen wussten einen Napoleon des Eises zu ehren. Drei Tage später wurde er vom König in Rom empfangen.

Da Außenminister Christophersen ernsthaft erkrankte, kam der Südpolfahrer um die Reise nach Nizza zu der geplanten Geburtstagsfeier herum. Stattdessen eilte er nach der Italienvisite zurück nach Paris, um Don Pedro und seiner Tochter eine Prachtausgabe der *Eroberung des Südpols* dort zu überreichen. Ein längeres Zusammensein mit Familie Christophersen an den Ufern der Seine war allerdings nicht vorgesehen.

Leon wiegte sich in der irrtümlichen Annahme, der Bruder würde nach seiner Absage der weihnachtlichen Heimkehr die Feiertage in Paris verbringen. Dann aber erhielt er auf Umwegen «Mitteilungen, daß Du Weihnachten in London zu verbringen gedenkst. Davon hatte ich keine Ahnung. Ich glaubte, Du wolltest mit den Christophersens zusammensein, doch nun denke ich, da hättest Du auch ebensogut nach Hause kommen können, wo Du doch London so langweilig findest und es vermutlich kein billiges Vergnügen wird.»

Auch Paris wäre kein billiges Vergnügen geworden, aber ein ausgedehntes Weihnachtsfest in Don Pedros Familienkreis hätte womöglich zu einem ausgesprochen vorteilhaften Engagement geführt. Nun aber durfte sich der Geschäftsführer endgültig von Don Pedros goldüberzogener Tochter verabschieden. Gleichzeitig hielt er den Zeitpunkt für gekommen, dem Polarflaneur eine Einführung in die Grundlagen der Ökonomie zu geben: «Wenn Du nun Deine Reise fortsetzt, solltest Du Dir vor Augen halten, daß das, was Du einnimmst, nicht Verdienst ist, sondern Capital, und daß es darauf ankommt, sowenig vom Capital anzugreifen wie möglich. Wenn Du Dich daran hältst, wirst Du bei Deiner Rückkehr aus dem Norden wahrscheinl. so viel Capital auftreiben können, daß die jährlichen Zinsen ein hübsches Einkommen abwerfen. Im entgegengesetzten Fall wird der Ertrag kaum den Bedarf befriedigen, und gezwungen zu sein, vom Capital zu zehren, nimmt auf Dauer ein trauriges Ende. Noch habe ich nicht alle Hoffnung aufgegeben, Dich Weihnachten zu sehen», schloss Leon seine eindringliche Adventsbotschaft. Auch er kannte die Schwachstellen seines Bruders. Hätte er aber geahnt, welche Kräfte Roald nach London zogen, dann hätte er sicher alle Hoffnung auf ein gemeinsames Weihnachtsfest am Bunnefjord fahrenlassen.

Der Südpolreisende feierte den Heiligen Abend im Pariser Palais von Botschafter Wedel-Jarlsberg. Er nutzte die Gelegenheit, um wegen Herman Gades diplomatischer Zukunft vorzufühlen. Baron Wedel-Jarlsberg galt seit langem als der große alte Mann der norwegischen Diplomatie; es wäre nur folgerichtig gewesen, wenn er bald den Posten des Außenministers übernommen hätte.

Am ersten Feiertag Frühstück bei Christophersens, und dann adieu, Carmenzia!

Nicht, dass Don Pedros Tochter der Bewunderung des Südpoleroberers nicht würdig gewesen wäre. Dreizehn Jahre später hob der Geldmogul nicht ohne Stolz hervor, dass bei seinem Besuch in Buenos Aires kein Geringerer als der Prince of Wales, der Kronprinz des Empires, seiner Carmenzia seine Aufwartung gemacht hätte. Der Polarwanderer replizierte galant bis zur Hofpoetik: «Er hätte kaum einen edleren und vornehmeren Gegenstand für seinen Respekt und seine Bewunderung finden können als Ihre Tochter. Ich hoffe, Sie verstehen mich nicht falsch, wenn ich sage, daß sie mir all diese Jahre hindurch als das höchste Ideal einer Frau erschienen ist.» Als sinnfälligen Ausdruck für das Unantastbare, Überhöhte, um nicht zu sagen Unpersönliche in dieser Äußerung ist Amundsen unbemerkt in die offizielle Rechtschreibung zurückgeglitten.

In London stieg er im Hotel Carlton ab. Zum Jahreswechsel sollte er an Bord des Dampfers *St. Paul* gehen und Kurs auf die Neue Welt nehmen, doch die letzten Tage dieses triumphalen Jahres wollte er in der langweiligen Hauptstadt des verhassten Imperiums zubringen. Wir wissen nicht genau, was er dort tat, aber wir wissen, weshalb er da war.

Sie hieß Kiss. Alle nannten sie so. Getauft war sie auf den Namen Kristine Elisabeth Gudde, geboren am 10. Februar 1886 in Trondheim.

Bankbuchhalter und Revisor Peter Gudde, Jahrgang 1853, und seine ein Jahr jüngere Frau Laura hatten vier überlebende Kinder. Älteste war die Tochter Gudrun, geboren 1881, dann folgten die beiden Söhne, Niels, geboren 1883, und Trygve, geboren 1884. Kiss war die Jüngste. Die Familie wohnte erst in der Kongensgate, später Lillegården 4. Sie gehörte dem soliden Bürgertum an, musste aber mit einem Dienstmädchen auskommen und galt keineswegs als vermögend.

Beide Söhne absolvierten die Kadettenakademie, doch nur einer besuchte die Universität. Trygve legte das Juraexamen ab. Die jüngste Tochter war das Nesthäkchen. Wenn die Älteste ein neues Kleid bekam, konnte die Mutter sagen, «Kiss braucht nur ein schlichtes Jungmädchenkleid und ein blaues Band im Haar, um hübsch auszusehen». An jungen Burschen, die nur zu gern Fräulein Gudde nach der Musikstunde den Geigenkasten nach Hause trugen, herrschte kein Mangel.

Das Familienleben nahm eine Wendung, als eines Tages ein wohlhabender englischer Geschäftsmann in die Stadt kam. Obwohl sich Charles Peto Bennett fast im Alter von Kiss' Vater befand, heiratete er die jüngste Tochter des Hauses. Noch bevor Norwegen selbständig wurde, hatte Kiss die Krönungsstadt Trondheim bereits verlassen. Mit ihrem welterfahrenen Ehemann war sie auf eine lange Reise gegangen, und sie war noch keine einundzwanzig, als sie bereits zwei Söhne zur Welt gebracht hatte. Den jüngeren in Australien.

Bankbuchhalter Guddes Familie, etwa zwei, drei Jahre nach der Jahrhundertwende in Trondheim aufgenommen. Hintere Reihe von links: Niels, Gudrun und Trygve. In der Mitte die Eheleute Laura Sofie und Peter. Vorn die jüngste Tochter, Kristine Elisabeth.

Später nahm das Paar seinen Wohnsitz in London, zusammen mit der alten Mutter des Holzgroßhändlers, in einer weitläufigen Wohnung in Stamford Hill. (Ehen zwischen älteren Männern und jungen Frauen hatten bei den Bennetts Tradition; der längst verstorbene Vater war noch zu Zeiten der Französischen Revolution zur Welt gekommen.) Des Weiteren wohnte ebenfalls ein anderer Sohn des Hauses in den weitläufigen Zimmerfluchten, ein Pianist.

Die Ehe zwischen Charles Peto Bennett und seiner jungen Frau dürfte dem Verhältnis zwischen einem schützenden Vater und seiner noch nicht ganz erwachsenen Tochter geglichen haben. Sie war nicht nur blutjung, sondern stammte auch aus einem kleinen Land und kannte sich in den überwältigenden Verhältnissen der Weltstadt nicht aus. Der Ehemann hielt sie streng. Er litt an der Eifersucht des älteren Mannes gegenüber einer viel jüngeren Gattin.

Kiss aber verfügte über eine starke Persönlichkeit. Sie war intelligent und von rascher Auffassung, besonders im Hinblick auf das gesellschaftliche Spiel. Sie war ihrem Mann mit einem unverbrüchlichen Pakt verbunden, doch innerhalb dieses Rahmens erarbeitete sie sich eine Art Ebenbürtigkeit. Ihre Bedürfnisse waren grundverschieden, doch lebten sie eine Ehe, in der sie gegenseitiger Respekt und vor allem die beiden Söhne miteinander verbanden.

Auch wenn er das Geld verdiente und verwaltete, bekam sie ihren Anteil an den Segnungen des Reichtums und Freude an der Stellung ihres Mannes. Schon 1906 kam ihr Bruder Niels nach London, um eine Karriere in der Branche seines Schwagers einzuleiten. Später erschien Trygve für einen Studienaufenthalt und Vetter Arvid Astrup, auch er, um eine Laufbahn unter der schützenden Hand des Holzhändlers zu beginnen.

Natürlich fehlte etwas. 1912 war Kiss Bennett sechsundzwanzig Jahre alt, aufgeschlossen, lebenslustig, realistisch, aber auch romantisch. Sie befand sich auf der Sonnenseite eines Lebens im mondänen Zentrum der Welt. Nach Schwangerschaft und Geburten wollte sie etwas von ihrer verlorenen Jugend nachholen. Vielleicht hatte sie ein paar Abenteuer; in König Edwards England durfte man ein wenig leichtsinnig sein. Vieles wurde toleriert. Bis auf einen Skandal. Den tolerierte man nicht.

Und da kam der stolze Eroberer des Südpols in die Stadt. Ein Landsmann. Sie holte ihr rotes Kleid aus dem Schrank und spielte ihre weiblichen Trümpfe aus – und wie sie sie zu spielen verstand. Welch erstaunliches Talent sie darin an den Tag legen konnte! Herr Bennett hatte nichts gegen Polentdecker. Er wusste ein Wettrennen zwischen Männern zu schätzen, am liebsten motorisiert, aber Hunde ... nun gut, der Holzgroßhändler hatte auch nichts gegen Hunde. Dieser Polarreisende sollte ein bedeutender Mann sein, hoch geschätzt in Automobilistenkreisen, und wenn es seiner Frau Spaß machte ... also auf ins Savoy!

Als Roald Amundsen an der Schwelle zum neuen Jahr 1913 an Bord der *St. Paul* ging, war er mit Kiss Bennett ein Liebesverhältnis eingegangen, von dem er glaubte, es würde sich als stärker erweisen als ihre Ehe.

Von diesem Zeitpunkt an kam keine andere Frau mehr in Betracht. Weiterhin erhielt er vereinzelt Briefe von Sigrid Castberg. Wiederholt bat er Herman Gade, sich der «Gjøvikaffäre» anzunehmen. Im Januar schrieb er selbst aus Amerika, dass alles aus und vorbei sei. «Auch ich bin jetzt für mein teil so gebunden – und zwar *vollständig* und *komplett* –, daß ich keinen schritt mehr in irgendeiner richtung unternehmen kann, was ich sonst möglicherweise getan hätte.» Der Polfahrer verzichtete auf Sigg Castberg und gab Kiss Bennett den Vorzug.

Frau Castberg wurde 1913 geschieden und erhielt gleichzeitig eine Anstellung im Sozialministerium, vermutlich durch ihren Schwager, den Minister. Der Obergerichtsanwalt heiratete etliche Jahre später eine bedeutend jüngere Frau. Siggen wurde eine alte Dame, sie starb 1958, hat aber nie wieder geheiratet.

Es gibt einige Ähnlichkeiten zwischen Sigg und der neun Jahre jüngeren Kiss. Beide waren sie starke Persönlichkeiten, fähig, die Initiative zu ergreifen, auch gegenüber Männern. Ihr gemischter nationaler Hintergrund (Sigg war halbe Amerikanerin) erlaubte ihnen eine unabhängigere Stellung im Verhältnis zu ihrer jeweiligen Umgebung. Sie waren extrovertiert, auffallend schön und umschwärmt – das perfekte Objekt für die Bewunderung eines Mannes. Sie waren Frauen in hoher gesellschaftlicher Stellung. Und beide gehörten anderen Männern.

Innerlich fühlte sich auch Roald Amundsen nach den Weihnachtstagen in London wie ein verheirateter Mann. Selbst das unbeschwerte Junggesellenleben mit dem engen Freund Gade schien in eine neue Phase einzutreten: «Wie ich dir mitgeteilt habe, bin ich nun voll und ganz gebunden und auf diesem gebiet auf ewig ein ‹guter junge›.»

Der Polarforscher sollte bald das Mandolinenspiel lernen.

21 Ein Ultimatum

Durch Kristiania hallte ein Schuss. Doch der Luxusdampfer mit Roald Amundsen an Bord kreuzte in der Winternacht über den Nordatlantik. «Letzte Nacht hat sich Hjalmar Johansen im Sollipark erschossen», berichtete Leon seinem Bruder in einem Brief vom 4. Januar 1913, «was Du vermutlich schon auf telegraphischem Wege erfahren hast.»

Hjalmar Johansen hatte sein Rasierzeug und eine unbezahlte Rechnung in Frau Byes Hotel zurückgelassen und war die Karl Johan und den Drammensvei hinaufgegangen. Im Sollipark hatte er seinen sechsschüssigen Militärrevolver gezogen und sich an die Stirn gehalten. Vermutlich sollte der Schuss nur ihn treffen. Er streifte aber mindestens zwei weitere Männer: Fridtjof Nansen und Roald Amundsen. Die Nation traf er mitten ins Herz.

Zwei Tage danach begleiteten Leon Amundsen und Jørgen Stubberud gemeinsam mit zwei Verwandten des Toten den Sarg vom Rikshospital zur Vestbanestation. Leon hatte einen Eisenbahnwaggon reserviert, der die sterblichen Überreste von Hjalmar Johansen aus der Hauptstadt in seinen Heimatort Skien überführen sollte. Auf dem Sarg lag ein großer Kranz mit einer kleinen Visitenkarte. Darauf Roald Amundsens Name. «Überbring Johannesens angehörigen mein herzlichstes beileid. Da ich sie und die umstände nicht kenne, kann ich es unmöglich selbst tun», schrieb der Polarreisende von der anderen Seite des Meeres.

Die Kosten für die Beerdigung am 9. Januar wurden nach Absprache von den beiden Arbeitgebern Nansen und Amundsen gemeinsam übernommen. Leon versuchte den Bruder so gut es ging durch die tragische Begebenheit zu lavieren, ohne dass es ans Heuchlerische grenzte. «Aufgrund des Verhältnisses zwischen ihm und Dir glaubte ich nicht mehr tun zu können, als ich Dir schon geschrieben habe. Einen Kranz mit Schleife niederzulegen und am Grab eine Dankesrede zu halten hielt ich unter den gegebenen Umständen nicht für angebracht. Von Christiansand sind noch angereist: Nilsen, Prestrud und Hassel, die wohl der Meinung waren, ich hätte zu wenig getan, denn aus den Zeitungen ersehe ich, daß Prestrud noch einen Kranz mit ein paar schönen Worten von Dir hingelegt hat. Ich finde, er hätte von den Kameraden sein sollen. Nansen schickte einen prächtigen Kranz mit Inschrift und ließ ihn von jemandem aus Skien aufs Grab legen, er selbst kam nicht wegen eines ‹Krankheitsfalles in der Familie› (was ich für unglücklich halte) und das war wohl auch die Ansicht der Leute aus Skien.»

Es scheint, als wären weder Leon noch die Bürger in Johansens Geburtsort ganz darüber im Bilde gewesen, welches Schicksal Polhøgda in diesem Winter getroffen hatte. Sonst hätten sie vielleicht akzeptiert, dass Fridtjof Nansen lieber am Totenbett seines jüngsten Sohns blieb, als am Grab seines Begleiters zu reden. Doch er schrieb einen Nachruf, der mit den Worten endete, Hjalmar Johansen habe eine «Seele besessen, in der es keinen Falsch gab».

Wenn es sich so verhielt, wer aber hatte sich dann falsch gegen Johansen betragen? Fridtjof Nansen selbst? Johansens militärische Vorgesetzte? Roald Amundsen? Die Kameraden aus Framheim? Hatte die ganze Nation den einfachen jungen Sportsmann, der zum umjubelten Polarhelden aufgestiegen war, im Stich gelassen? Vielleicht ließen ihn gleich mehrere im Stich, und ganz sicher war da jemand zu kurz gekommen. Trotzdem bleibt es problematisch, jemandem die Verantwortung für sein eigenes Leben abzuerkennen.

«So traurig es auch ist», schrieb Leon am Tag nach dem Schuss, «war es wohl das Beste so, denn eine Besserung erschien ja ausgeschlossen.» Dies war die allgemein herrschende Ansicht. «Der Tod ist ihm sicher wie eine Befreiung erschienen», stand im *Morgenbladet* zu lesen. Doch Roald Amundsens Triumph wurde dadurch für immer mit Hjalmar Johansens Tragödie verbunden. Der Knall im Sollipark blieb wie ein Echo des Startschusses zur Schlittenexpedition in der Luft, als Roald Amundsen nicht hatte warten können, weder mit dem Erreichen des Polpunkts noch damit, als Erster nach Framheim zurückzukommen, als Hjalmar Johansen das Leben von Leutnant Prestrud rettete und damit den Ruf der gesamten Expedition. Jetzt hatte Roald Amundsens Südpolreise doch noch ihr erstes Todesopfer gefunden.

Schon in der Ankündigung des Südpolbuchs im *Geographical Journal* wenige Wochen später wurde die heikle Frage gestellt, inwieweit Johansens Ausschluss von der Polabteilung ursächlich zu seinem vorzeitigen Ende beigetragen haben mochte.

«Gestern abend volles haus in der Carnegie Hall und große begeisterung. Bekam hier wie in Washington eine mächtige goldmedalje.» Am 15. Januar erhielt Leon den Bericht über den Empfang in den USA. «Nach diesem glänzenden auftakt habe ich allen grund zu glauben, daß wir ein gutes geschäfft machen werden.» Der amerikanische Agent Lee Keedick unterstrich die Begeisterung des Polarforschers: «Captain Amundsens erster Vortrag in New York brachte mehr Dollars in die Kassen als je ein Vortrag eines Entdeckungsreisenden in dieser Stadt.» – Noch ein Rekord.

Amundsen wurde zum Lunch mit Präsident Roosevelt geladen und gemeinsam mit dem offiziellen Entdecker des Nordpols, Admiral Peary, gefeiert. Fotos der beiden, zusammen mit einem Dritten, Ernest Shackleton, gingen um die Welt. Leon war begeistert: «Keedick benutzt sie doch wohl als Reklame!», aber auch auf der Hut: «Du darfst Dich mit diesen Herren nicht auf Geschäfte einlassen, vor allem nicht mit Shackleton, der alles verspekuliert hat, was er eingenommen hat (3–400 000 Kr.).»

Es lag noch nicht lange zurück, seit Leon zu berichten wusste, dass Sir Ernests Bruder in Südafrika wegen Betrugs verhaftet worden war. Eine deutliche Parallele zu Bruder Gustav, gegen den wegen seines Umgangs mit den Geldern aus der Kasse von *Kysten* mittlerweile ebenfalls eine Anzeige lief. Nach Beratung mit Rechtsan-

Die Herren der Pole. Von links: Kapitän Roald Amundsen, Sir Ernest Shackleton und Admiral Peary. Philadelphia, 16. Januar 1913.

walt Nansen und einer Einschätzung der Beweislage hielt Leon es für das Klügste, die fraglichen 1600 Kronen vom Konto Roalds zu überweisen. Es kostete, den Namen Amundsen sauber zu halten.

Am 11. Februar 1913 platzte die Bombe. In der Nacht zuvor hatte die *Terra Nova* die Zivilisation erreicht. Das Telegramm mit Captain Scotts Schicksal erreichte die Welt. Die gesamte britische Polmannschaft war auf dem Rückweg ums Leben gekommen. Drei von ihnen waren in ihrem Zelt etwa auf dem 80. Breitengrad gefunden worden. «Traurig, aber nicht unerwartet», kommentierte Leon am gleichen Tag. «Ich habe Ltnt. Nilsen gebeten, im Namen der Exp. Karten beim englischen Botschafter abzugeben.» Gut, dass Leon die Etikette wahrte. Aus Chicago antwortete Roald: «Ich habe telegramme an Evans [den stellvertretenden Leiter der Expedition;

Anm. d. Verf.] und die frauen von Scott & Wilson geschikkt. Nach England natürlich nicht.» Man kondoliert schließlich nicht einer feindlichen Nation im Krieg.

Einige Tage später vertiefte Leon seine Überlegungen zu der Tragödie in einem Brief an den Bruder: «Diese schreckliche Katastrophe ist selbstverständlich auch hier das Gesprächsthema des Tages. Viele haben sicher mit diesem Ausgang gerechnet, da ja die gesamte Expedition auf nicht gerade vertrauenerweckende Weise organisiert worden war. Jetzt bin ich der Meinung, es ist für alle Seiten gut, daß Du am Südpol gewesen bist, weil man sonst nämlich ziemlich sicher sein könnte, daß unweigerlich eine neue britische Expedition mit dem gleichen Ziel und wahrscheinlich ohne etwas an der alten Methode zu ändern aufgestellt werden würde. Die Folge wäre Katastrophe auf Katastrophe wie seinerzeit mit den Versuchen in der Nordwestpassage.» Dies sei eine Einschätzung, die die Briten, Leon zufolge, im Lauf der Zeit noch teilen würden. «Wenn es bei irgend jemandem einen Grund für Bitterkeit geben sollte, dann hätte Scott den größten Anlaß für solche Gefühle gehabt. Aber es sieht nicht so aus, als habe er etwas in dieser Richtung geäußert, und darum darf man von ihm sagen, er sei ebensosehr ein Gentleman wie ein Held gewesen.»

Weder Verbitterung noch Nachdenken prägten die Reaktion der amerikanischen Öffentlichkeit. Es war Sensationslust. «Scotts trauriges ende hat meinen vorträgen ungeheuren auftrieb gegeben», schrieb der Polfahrer aus Chicago. «Das publikum, das angefangen hatte zurückzugehen, ist nun wieder auf alter höhe.» The show must go on.

«Mein Bruder ist wohl einer derjenigen, denen der Tod Scotts am nächsten geht», schrieb Leon an den Leutnant der *Gjøa,* Godfred Hansen. «Es ist wohl kaum angenehm für ihn, Vorträge über den eigenen Triumph zu halten, während er in Gedanken doch unweigerlich bei der traurigen Katastrophe weilt.» Nach außen hin aber durfte kein Zusammenhang zwischen Triumph und Katastrophe eingeräumt werden. «Deine Gefühle», schrieb Leon dem Bruder, «beschränken sich auf herzliche Anteilnahme. Und an diesem

Standpunkt muß festgehalten werden, ganz gleich was im weiteren Verlauf des Dramas noch geschehen mag.» Wiederum steht hier Leon als der ausgewogene Stratege da, mit einem Blick, der weit über die Abendeinnahmen hinausreichte.

Die Tragödie des Verlierers hatte einen doppelten Effekt für den Sieger Amundsen. Vor allem in der englischen Presse wurde Kritik laut. Doch norwegische Auslandsvertretungen konnten auch von einer steigenden Hochachtung vor der Leistung des Norwegers berichten, unter anderem in Deutschland. Der norwegische Vizekonsul in Melbourne sandte folgendes Aide-Mémoire ans Außenministerium: «Es ist äußerst bemerkenswert, wie die Nachricht über Scott's Expedition indirekt Amundsens Popularität hier draußen gesteigert hat. Zum ersten hat die Mitteilung, daß Scott Amundsens Zelt fand, die heimlichen Zweifel ausgeräumt, die der gemeine Mann – allen Observationen zum Trotz – darüber hegen mochte, ob Amundsen wirklich den Pol erreicht hat. Zweitens hat Scott's unglückliches Schicksal bei den Australiern erst das rechte Verständnis dafür geweckt, welch große Leistung Amundsen tatsächlich vollbracht hat.»

Im Lauf des Winters begannen Zeitungsgerüchte darüber zu kursieren, dass Roald Amundsen seine nächste Expedition mit etwas so ungeheuer Modernem wie einem Aeroplan auszurüsten gedächte. Wer sollte in diesem Fall das Gerät fliegen? Der Erste, der sich meldete, war der Hundeschlittenführer Helmer Hanssen. Er teilte Leon schriftlich mit: «Ich möchte Ihnen mitteilen, daß ich unwiderstehliche Lust verspüre, mich mit dem Gebrauch eines solchen Fortbewegungsmittels vertraut zu machen.»

Der Geschäftsführer äußerte sich reservierter. «Es ist doch wohl nicht Deine Absicht, daß Du selbst so etwas für den Vorstoß [zum Nordpol; Anm. d. Verf.] benutzt. Ich glaube mehr an Hunde, Skier und Schlitten und finde nicht, daß Du von diesem System abgehen solltest. Doch einen schnellen Flieger für Rekognoszierungen dabeizuhaben, wäre sicher von Nutzen.»

Die Reaktionen des Polreisenden selbst fielen, gelinde gesagt, widersprüchlich aus. Am 20. März erschien es ihm «möglich, einen solchen mitzunehmen». Nur eine gute Woche später schrieb er Leon: «Aeroplan ist bloß amerikan. Quatsch!» Im weiteren Fortgang des Frühjahrs stand auf einmal fest: «Helmer & Wisting sollen beide fliegen lernen, aber das hat zeit bis San Francisco.»

Don Pedro wurde mit einem Brief vom 19. April in Kenntnis gesetzt. Da schien bereits alles entschieden zu sein. «Ich habe für die fahrt 2 hydroplane bestellt. Bei einem flug, an dem ich in San Francisco teilnahm, ging mir auf, welchen nutzen ich von diesen fortbewegungsmitteln haben kann. Die gefaar herunterzufallen ist geringer, als ich glaubte.» Die geflügelten Fortbewegungsmittel regten die Phantasie des Entdeckers an. Ihm grauste davor, zu Nansen nach Haus zu kommen und mit den ozeanographischen Studien beginnen zu müssen. Stattdessen hielt er Ausschau nach neuen, inspirierenden Tätigkeitsfeldern, die die «Hauptreise» spannend und verlockend machen könnten.

In diesem Winter und Frühling in Amerika lastete ein schwerer Druck auf Roald Amundsen. Erst der Schuss in Kristiania, dann das Telegramm von der *Terra Nova*. Beides bedrohte sein Renommee. Hinzu kamen alle Arten von Erwartungen aus verschiedensten Richtungen. Ständig ging es um Geben und Nehmen. Der Unternehmer John Gade, der fast 20000 Kronen in die Südpolunternehmung gesteckt hatte, war während der Tournee durch die Staaten unermüdlich für Roald Amundsen im Einsatz. Er hoffte, dass es sich für seinen Bruder auszahlen würde.

Herman Gades kaum zu verkennender Misserfolg beim norwegischen auswärtigen Dienst bedrückte den Polfahrer. Ende Februar setzte er sich hin und schrieb dem neuernannten Staatsminister Gunnar Knudsen («gratuliere zum strahlenden Sieg der Linken») vom Einsatz der Brüder Gade für das Vaterland und über «Herman Gades zukunftsaussichten in Norwegen». In den Schlussappell legte der Polarheld sein gesamtes Prestige. «Als mein lieber freund aus tagen der kindheit und als ein mann, den ich stets für sein nobles, kluges und reifes wesen hoch schätzte, wäre ich Ihnen über alle maaßen dankbar, wenn Sie ihm die anerkennung erweisen könnten, sich für die arbeit im staatsdienst aufopfern zu dürfen, nach der er schon so lange trachtet.»

Die Brüder Amundsen hatten noch weitere unerledigte und drängendere Belange mit der norwegischen Regierung zu regeln. Schon im Winter hatte Leon eine Audienz bei Staatsminister Knudsen erhalten und dort alarmierende Signale vernommen. Es bestand keinerlei Aussicht auf eine neuerliche Bewilligung von Geldern für die Expedition. Außerdem: «Bratlis Versprechungen an die Leute waren ihm unbekannt. Und was noch schlimmer ist, er erwägt die Möglichkeit, das Ordenswesen abzuschaffen, und meinte, die vorige Regierung hätte dafür sorgen sollen, wie versprochen Don Pedros Sohn, Ltnt. Nilsen und Gade zu dekorieren. Ich werde jetzt Bratli aufsuchen und, wenn nicht alles klargeht, Audienz beantragen. Die Sache muß in Ordnung gebracht werden, speziell für den jungen Christophersen, sonst gäbe es einen Skandal. Du weißt, daß wir Don Pedro im Herbst telegraphiert haben: Perucho wird zum Ritter ernannt.»

Zudem musste der Geschäftsführer mitteilen, dass sowohl der Skipper als auch die Mannschaft der *Fram* «große Erwartungen hegen, was sie von Dir und dem Staat zu erwarten haben».

Mehrere Expeditionsteilnehmer wandten sich mit besonderen Anliegen an den Chef. Der schwierigste Fall war und blieb Bjaaland, dem Amundsen bereits Geld versprochen hatte, um ihm beim Aufbau seiner Skifabrik zu helfen. Nach und nach belief sich die Gesamtsumme auf 20000 Kronen, die Leon für verloren hielt. «Bjaaland ist sicher ein ausgezeichneter Kamerad und geschickt für die verschiedensten Arbeiten, aber als Geschäftsmann ist er mir unbekannt.» So mancher Tausendkronenschein aus der Expeditionskasse verschwand in der wackligen Wiege des Skisports. Der Chef hatte sein Wort gegeben, und er gab seine Kronen.

Die Nachrichten über unzuverlässige Politiker machten auf den Mann, der großen Wert darauf legte, seine Versprechen zu halten, heftigen Eindruck. Die Reaktion fiel drastischer aus, als der Geschäftsführer vorhergesehen hatte. Am 26. Februar teilte der Polfahrer aus Ottawa mit: «Habe soeben Nansen, Fr. einen langen brief geschikkt und ihm gesagt, daß ich vorhabe, alle arbeit für die expedition einzustellen, bis *sämmtliche* versprechungen eingelöst sind. Mit anderen worten ich stelle meinem lieben vaterland ein ultimatum und bitte dich, es den rechten adressaten zuzustellen, wer immer das sein mag. Wahrscheinlich Gunnar Knudsen. Sag ihm also, daß ich, bis *alle* versprechungen – mir von der vorigen regierung gegeben – erfüllt werden, die expedition aussetze oder – möglicherweise – gänzlich beende. Die versprechungen der vorigen regierung lauten: Nilsen's beförderg. zum kapitän oder auszeichnung mit Olav. Geld oder anstellungen für meine kammeraden, wie ich es in meinem schreiben an Bratli vorschlug. Perutcho's und Gades auszeichnungen. Ohne *vollständige* und *apsolute* erfüllung – wiederhole G.K. alles – stelle ich jede arbeit ein.»

Das war ein Schlag nach Roald Amundsens Geschmack, ausgebrütet während der raschen Ortswechsel auf der anderen Seite des Atlantiks. Als Leon informiert wurde, rollte die Sache schon, war der Brief an Nansen unwiderruflich abgeschickt. Der Polarbezwinger hatte die resolute Haltung des starken, kompromisslosen Mannes eingenommen: «Jetzt heißt es entweder – oder. Ich habe diesen ewigen schlendrian satt.»

Gleichzeitig informierte Amundsen Don Pedro von seinem «ultimatum». Der schlimmste «Versprechensbruch» betraf ja gerade den Sohn des Sonnenfürsten. Ein Wort ist ein Wort, eine Auszeichnung eine Auszeichnung; um keinen Preis darf das Vertrauen des Mäzens aufs Spiel gesetzt werden: «Ich habe soeben Fridtjof Nansen geschrieben und ihm mitgeteilt, daß gebrochene versprechen eine zu gefährliche grundlage für den beginn der drift im eis darstellen. Meinem bruder habe ich order erteilt zu handeln – ohne daß *alle* zusagen erfüllt werden, lege ich meine arbeit nieder.» Alles für Don Perutcho!

Am 12. März erhielten Fridtjof Nansen auf Polhøgda und Leon Amundsen in Svartskog ihre Briefbomben. Keiner der beiden war von der Haltung des Polstürmers sonderlich erbaut. Leon antwortete: «Habe mit dem Alten gesprochen, der sich höchst erstaunt zeigte und meinte, es wäre eine traurige Sache, wenn im Hinblick auf die Fortsetzung der Expedition etwas schiefginge, eine leidige Affäre insgesamt, auch für Dich selbst, da sie auf scharfe Kritik träfe, weil die Reise zum Südpol vor allem unternommen wurde, um Gelder für den Norden zusammenzubringen. Im übrigen sind wir übereingekommen, daß ich den Staatsminister aufsuchen und ihm privat den Inhalt Deines Schreibens so mitteilen werde, wie Du es von mir erbeten hast, daß ich aber im übrigen all meine Arbeit ohne jede Änderung fortsetze. Anders geht es auch gar nicht, denn wenn ich mit dem aufhöre, was wir gerade tun, riskieren wir, für einen Aufbruch im nächsten Jahr zu spät fertig zu werden.»

Während sich der Professor ins Turmzimmer zurückzog, um alles noch einmal gründlich durchzudenken, suchte der Geschäftsführer gleich am nächsten Tag den Premierminister in seinem Büro auf. Allerdings ließen sich die Dinge nicht mit einem Federstrich bereinigen. «Ich finde, Du solltest ruhig bleiben und das Ganze nicht forcieren», schrieb Leon seinem Bruder. «Die Sache verhält sich doch so, daß *nur* die Ordensverleihungen bisher hätten vorgenommen werden können. Von Stellungen kann doch nur für diejenigen die Rede sein, die zu Hause bleiben. *Wenn* sie sich etwas suchen, werden sie auch eine Stelle bekommen, und mehr kann man schließlich nicht erwarten.» Danach erteilte Leon dem Bruder eine Nachhilfestunde über parlamentarische Arbeit, ehe er schloss: «Sollte man sich verweigern oder die Versprechen nicht einlösen, dann wird die Situation eine andere – dann, finde ich, wäre es an der Zeit, zu protestieren.»

Doch der Polfahrer ließ sich nicht beschwichtigen. In seinem Antwortbrief beharrte er, dass besonders der Mannschaft, die ihm in den Norden folgen wollte, nach der Rückkehr feste Stellungen im Staatsdienst garantiert werden sollten. «Das ist, was Bratli versprochen hat und was ich umgesetzt verlangen *muß*, da ich die jungens davon bereits in kenntniss gesetzt habe.» Also: «Noch einmal – ich *verlange* die einlösung der versprechen. Helmer soll mitgeteilt werden, daß ihn bei der rükkehr eine stellung beim zoll erwartet, ebenso die anderen posten, die ich genannt habe. Laß dich nicht damit abspeisen, es ließe sich ‹leider nichts machen›. Es läßt sich nicht nur machen, es wird auch gemacht werden.»

Da die Aussicht auf staatliche Zuschüsse gering war, hatte Leon bei seinem Treffen mit dem Staatsminister eine alte Idee wieder-aufgegriffen, nämlich «die Frage von Briefmarken zugunsten der Expedition, was Knudsen nicht für ausgeschlossen hielt, und wenn wir eine Briefmarkenserie erhalten könnten, hielte ich das für vorteilhafter als einen staatlichen Zuschuß». Ein Thema, das in den Finanzierungsplänen der beiden Brüder in vielen Varianten immer wiederauftauchen sollte. Die Idee von Polbriefmarken hatte ihren Hintergrund darin, dass Leon Amundsen ein überaus eifriger Briefmarkensammler war. Doch auch dieser philatelistische Ansatz war nicht geeignet, übers Knie gebrochen zu werden. Um keinen neuerlichen Ausbruch auf der anderen Seite des Großen Teichs heraufzubeschwören, fügte Leon hinzu: «Du solltest die Sache mit Ruhe betrachten, bis wir sehen, was sich tut. Den Apparat richtig in Fahrt zu bringen, halte ich für einigermaßen aussichtslos.»

Doch die Antwort des Polarforschers erfolgte gleichwohl im Kommandoton: «Sieh zu, daß du diese briefmarkensache hinbekommst.»

Endlich, am 2. April, hatte sich auch der Recke auf Polhøgda zurechtgesetzt und sein Antwortschreiben zu Papier gebracht. Es erreichte Amundsen zwanzig Tage später in North Dakota. «Bekam gerade einen siebenseitigen brief vom ‹Alten›», meldete er kleinlaut nach Hause. «Er hat meinen zorn persönlich genommen, was überhaupt nicht so gemeint war.»

Nach Leons Besprechung mit dem Staatsminister hatte der Amerikareisende bereits von Premier Knudsen einen Brief mit der Versicherung der besten Absichten seitens der Regierung erhalten. Amundsen war sich also recht sicher, dass er auch mit seiner kompromisslosen Haltung seine Forderungen würde durchsetzen können. Doch mit dem Brief an Nansen trat er eine Lawine aus der Vergangenheit los, die sich mit ihrer gesamten Wucht und Masse über ihn wälzen sollte.

22 Das große Versprechen

Der sieben Seiten lange Brief aus Polhøgda stellte im Grunde die Antwort auf das Schreiben dar, das Leon Amundsen zweieinhalb Jahre zuvor von Madeira mitgebracht hatte. Zum ersten Mal legte Fridtjof Nansen darin dem Landsmann, der zum Rivalen im Wettkampf um den Südpol wurde, seine Gedanken und Gefühle offen.

Nur zwei Wochen bevor er Roald Amundsens Ultimatum erhielt, war Nansens jüngster Sohn Åsmund nach langer Krankheit gestorben. Amundsens Schreiben erreichte Nansen in einer Phase der Besinnung, in der es ihm gerade nicht leichtfiel, Schicksalsschläge zu akzeptieren.

Nach den sieben Seiten an Amundsen schrieb Nansen einen noch längeren Brief an Captain Scotts väterlichen Förderer, den ehemaligen Präsidenten der Royal National Society, Admiral Sir Clements Markham. Darin legte er sein ganzes Gewicht in die Verteidigung seines jüngeren Landsmanns. Er machte ihn geradezu unangreifbar, indem er ihn als den Vollender seines eigenen Werks darstellte. Auch wenn dieser Brief den Charakter einer nationalen Verteidigungsschrift hat, ist er doch zugleich auch vertraulicher und differenzierter als der Brief an Amundsen gehalten. Er setzt damit ein, dass er die eigene Trauer zum Ausdruck bringt: «Es ist nicht immer notwendig, in die Polarregionen zu reisen, um Leiden und Schmerz zu begegnen.»

Im Brief an Amundsen erwähnt Nansen die persönliche Trauer nicht mit einem Wort. Er konzentriert sich voll und ganz auf die Situation des Adressaten. Der Brief an den britischen Admiral war an einen gleichwertigen Freund gerichtet, Amundsen dagegen wurde mit der Nachsicht behandelt, mit der ein verständnisvoller Lehrer seinen besten Schüler zur Ordnung ruft: «Ich denke mir, daß die vielen Vorträge in diesem nervenaufreibenden Land auch an Ihren Kräften gezehrt haben, Sie nervös machten und aus dem Gleichgewicht brachten.»

Nansen begreift nicht, wie es Amundsen einfallen kann, die gesamte Expedition aufs Spiel zu setzen wegen einiger «gebrochener Versprechen», Übernahmen in den Staatsdienst, Beförderungen und Ordensverleihungen betreffend – eitler Krimskrams und bürokratische Petitessen aus höherer Warte. Es sei denn, er sei in Wahrheit die ganze Sache leid, «aber dann würden Sie es mir besser geradeheraus sagen». Der Schüler selbst steht in den Augen des Meisters als derjenige da, «der sein großes Versprechen brechen würde», wegen lauter Kleinigkeiten.

Fridtjof Nansen nutzt die Gelegenheit, einmal im Klartext über die Dinge zu reden, die Amundsen «vielleicht nicht begriffen» hat, nämlich «daß ich für Sie ein größeres Opfer gebracht habe als für irgendeinen anderen lebenden Menschen, indem ich meine Reise zum Südpol aufgab, den Schlußstein in meinem Lebenswerk als Polarforscher, und indem ich auf die *Fram* verzichtete, damit Sie die Drift über das Nördliche Eismeer ausführen können».

Was meinte Nansen mit «als für irgendeinen anderen lebenden Menschen»? Der Professor wählt hier seine Worte ebenso spitzfindig wie Amundsen, wenn er weder die Wahrheit offenbaren noch lügen will. Er unterlässt es, auf die Toten zu verweisen. Das tut er im Brief an Markham nicht: «Ich muß gestehen, daß ich bis zum letzten Augenblick schwach war und zweifelte, und vielleicht war ich nicht einmal stärker, als daß im entscheidenden Augenblick letztlich der Gedanke an meine Frau für meinen endgültigen Entschluß den Ausschlag gab, als (im September 1907) Amundsen erschien, um meine Antwort einzuholen.»

Es verleiht Fridtjof Nansen zweifellos eine tragische Dimension, dass er sich sein menschliches Motiv selbst als Schwäche auslegte. Vor dem Landsmann wollte er hingegen weder seine menschliche

Seite noch sein eigentliches Motiv enthüllen. Ganz im Gegenteil legte er bewusst und mit Nachdruck die gesamte Last auf Amundsens Schultern.

Die Eroberung des Südpols sei «eine selbstverständliche Frucht meiner gesamten Erfahrung, im Vergleich mit unseren Strapazen im Treibeis stand mir das Ganze als lockendes Abenteuer vor Augen». Hier stellt nicht nur der Meister dem Nachfolger gegenüber klar, dass der Pol mit *seinen* Methoden erobert wurde, er schließt sich auch Johansens Äußerungen nach der Rückkehr an, denen zufolge 90° Süd nichts seien gegen 86° Nord.

Nachdem er sehr pädagogisch die Geschichte Jahreszahl für Jahreszahl (inklusive 1905) durchgegangen ist, schreibt der Meister, er habe «blutenden Herzens den Plan [aufgegeben], den ich so lange vorbereitet hatte und der mein Leben erfüllen sollte, und zwar zugunsten Ihrer Fahrt, weil ich das für das Richtigste hielt und für das, was Norwegen am besten dienen würde». Das Vaterland ist das höchste Ziel im Nansen'schen Universum, ein Ziel, dem die große Tat und die Wissenschaft dienen sollen. Daher darf er auch einräumen, dass er sich gefreut habe, als er die Nachricht erhielt, die *Fram* werde nach Süden laufen, auf dass der Pol ebenfalls «von Norwegern» erobert werden konnte.

Der Professor antwortet Amundsen im Namen der Nation. Für Nansen war Norwegen etwas Größeres als das, was Roald Amundsen im Auge hatte, als er sein Ultimatum stellte. Und darum öffnete der Erbauer der Nation diesen Blick auf seine eigene innere Landschaft. Damit glaubt er gezeigt zu haben, «daß Ihre Erbitterung gegen Norwegen, weil Sie glauben, Versprechungen seien hierzulande so billig, nicht nur berechtigt ist. Wenn nun alles in allem das Ergebnis lautet, Sie zogen mit der *Fram* aus und unternahmen die Fahrt, die ich deshalb aufgab, damit Sie die andere Fahrt unternehmen konnten, aus der bislang nichts geworden ist – ja, dann kommt es mir so vor, als würde sich das Leben manchmal überaus verwunderlich gestalten.»

Der Brief aus Polhøgda könnte in seiner rückwärtsgewandten Selbsterforschung vom alternden Ibsen geschrieben sein. Er ist ein vernichtendes, aber nicht unsensibles Dokument, ein Versuch, den jüngeren Nachfahren auf den rechten Weg zu bringen. Auf jeden Fall schließt der Professor mit der Versicherung, er würde «aus aufrichtiger Freundschaft gern verhindern, daß Sie aus Mißstimmung Dinge tun, die Sie später und zu spät bereuen könnten».

Schon am Tag nach Eingang des Briefs erhält Fridtjof Nansen ein Telegramm aus Amerika: «Everything OK writing.»

In dem angekündigten Brief heißt es dann: «Es ist durchaus möglich, daß ich die kräftige zurechtweisung brauche, die Sie mir geben. Hätte ich von irgend jemand anderem diese schläge erhalten, hätte ich mich bestimmt zur weer gesetzt. Ihnen schulde ich so viel – ja, noch viel mehr als mir bewusst war –, daß ich still den nakken beuge und hinnehme.»

Allerdings kann Amundsen es nicht ganz lassen, auf die Bedeutung der kleinen Dinge hinzuweisen: «Mir stellt es sich so dar, daß viele große unternehmungen mißglükkt sind, weil bagatellen übersehen wurden. Klein, wie sie einem hier in der zivilisation vorkommen mögen – ob Helmer Hanssen zum zöllner befördert wird oder nicht, ob Wisting eine stelle als leuchtturmwärter erhält, wie es ihm versprochen wurde usw. –, bin ich doch außerordentlich besorgt, daß diese kleinigkeiten im lauf der jahre einer langen und einförmigen drift im eis groß und für die wichtige aufgabe gefährlich werden könnten. Meine erfahrung ist, daß auf einer polarreise absolute disciplin nötig ist.» Diese Argumentation lässt sich vorausschauend nennen, sie sagt aber auch einiges über Roald Amundsens Angst, Autorität zu verlieren, Angst vor der eigenen Besatzung. Hjalmar Johansens Name stand deutlich zwischen den Zeilen zu lesen.

Insgesamt fiel dieser Brief nicht weniger demütig aus als der, den er von Madeira geschickt hatte. «Ich bitte Sie zum schluß, mir nicht böse zu sein. Ich werde all meine kraft und meinen willen auch in den letzten teil der reise legen.»

Dem Bruder gegenüber äußert er sich etwas kesser: «Vom ‹Al-

Zweimal Kapitän Amundsen. Aufgenommen im Sommer 1918 auf Uranienborg. Zwischen den Brüdern Gustav und Roald steht Leons vierzehnjähriger Sohn Nicolay.

ten› bekam ich einen ziemlich scharfen brief, habe ihm aber einen knallbonbon zurückgeschickt, ruhig natürlich. Du bekommst ihn später zu lesen. Auch er ist beleidigt.»

Mitten in dieser nationalen Auseinandersetzung erhält Leon noch eine unerwartete und recht dramatische Aufforderung aus Amerika: «Sieh zu, daß du Uranienborg verkaufst, und befreie mich davon. Ich würde mich bei dem gedanken bedeutend leichter fühlen.»

Die Hausfrage hängt, wie sich herausstellt, eng mit einem anderen privaten Problem zusammen. Der Polarforscher hat einen

Brief von seiner Schwägerin Malfred bekommen. Es geht um Busken. «Demzufolge hat er sie offenbar damit gequält, ihr seinen selbstmord anzudrohen. Ich kann – in vielen situationen – respekt vor jemandem empfinden, der sich das leben nimmt, aber nicht vor einem, der damit droht. Mir scheint, es sieht so aus, als würden ihm alle außenstehenden, Bugge, Dediken usw., recht geben. Das überrascht mich nicht, denn er ist ein guter ankläger.» Der Polfahrer scheint geneigt, dem Druck nachzugeben, seinem Bruder ein eigenes Haus zu verschaffen. «*Aber* – erst müssen wir zusehen, Uranienborg quitt zu werden. So wie ich für eine reihe von vielen jaaren fortzugehen und dabei zwei häuser zu besitzen, das geht unmöglich. Das neue, das gekauft werden soll, wird genug unkosten machen.»

Für Roald Amundsen war Uranienborg nicht bloß eine Immobilie, es stellte auch eine Bindung an die Nation dar. Doch wenn er vor Fridtjof Nansen den Nacken beugte, hielt er sich gegenüber Norwegen allgemein umso unbeugsamer. «Ich werde mit Knudsen reden, wenn ich nach hause komme, aber sag ihm noch einmal, was ich dir im vorigen brief geschrieben habe: wenn das versprochene nicht bis aufs i-tüpfelchen erfüllt wird, höre ich auf.» Leon gegenüber folgt das Eingeständnis, das er Nansen nicht direkt geben konnte: «Im grunde habe ich das ganze gründlich satt – und meine lieben landsleute ebenso. Versprechungen über versprechungen – das ist alles.»

Der Verkauf von Uranienborg beinhaltet eine größere und dramatischere Befreiung als nur die von einem Grundstück am Bunnefjord. «Ich werde mich auch freier fühlen, indem ich mich von allen banden daheim frei weiß. Die behandlung, die uns nach der südpolaffäre zuteil wurde, bringt mich dazu, die amerikanische staatsbürgerschaft zu beantragen. Wenn ich das nächste mal nach hause komme, steht es mir frei, mich hier sogleich einbürgern zu lassen. Du weißt selbst, unter wieviel leichteren verhältnissen ich da arbeiten könnte.»

Die Drohung von Norwegens größtem Sohn, die Staatsbürgerschaft zu wechseln, wird mit Blick auf Staatsminister Knudsen aufgetischt. Es handelt sich um die Drohung, die Nordwestpassage, den Südpol, den Nordpol und überhaupt alles auszuflaggen. Anders als für Nansen bedeutet Norwegen in Amundsens Universum eben nicht das Höchste. Den höchsten Wert stellt, wenn wir dem Brief glauben wollen, seine «Arbeit» dar. Und worin besteht sie? Nicht darin, Wissenschaft zu treiben, nicht darin, Naturgesetze zu enthüllen, wie Nansen es ihm gern abpressen möchte. Seine Arbeit besteht darin, die Welt zu entdecken. Und für diese Lebensaufgabe erfüllt Norwegen die Funktion einer Ressource, einer Staatskasse. Wenn es nichts mehr zu holen gibt, darf man die Staatsangehörigkeit wechseln. Der Polarreisende ist zur Auswanderung nach Amerika bereit wie andere Emigranten auch, von Armut getrieben.

Einen klugen Zug beachtete Roald Amundsen bei dieser Serie von Breitseiten gegen die norwegische Regierung immerhin. Er schoss sie über Leon ab. Es entsprach auch der Rollenverteilung der Brüder. Roald spielte die kompromisslose Urkraft, den unbeugsamen Willen. Leon durfte mit dieser Kraft agieren, verfeinerte sie aber mit Takt und diplomatischer Klugheit. So konnte Roald Amundsen als der starke, furchtlose Mann auftreten, ohne seinen Anstrich von Zivilisiertheit zu verlieren. Nur Nansen gegenüber hatte er sich bloßgestellt und das Gesicht verloren. Schon zum zweiten Mal.

Am 19. Mai, noch immer von Kanada aus, versuchte der Polfahrer, Leon eine Art Erklärung zu geben: «Der Alte hatte vielleicht recht, als er meinte, ich sei irritiert. Wenn er auch den grund dafür gekannt hätte, wäre er vielleicht nicht so überrascht gewesen. Die nachrichten über Gustav haben mich doch sehr aufgebracht.»

Es war also gar nicht der Bruch der Versprechungen vonseiten der Regierung, sondern eine Familienangelegenheit, die ihn dazu brachte, mit dem Abbruch der Expedition zu drohen. – Kleine Unebenheiten können auch große Unternehmungen kippen. «Es war nicht genug, seine schulden zu bezahlen, man durfte ihm auch noch ein haus kaufen, damit er nicht geisteskrank wurde oder sich das leben naam. Unter solchen bedingungen blieb ja nichts anderes übrig als einzuwilligen.»

Auch wenn der Professor von dieser Begründung wohl kaum weniger «überrascht» gewesen wäre, steht doch fest, dass sich Amundsen über längere Zeit hinweg als Opfer einer Erpressung fühlte. Um seines lieben Friedens willen zahlte er. Gleichzeitig wusste er, dass jede Zahlung als Investition in neue trügerische Sumpflöcher enden würde. An Leon schrieb er: «Du weißt doch genau, daß ich beim kauf eines hauses für Gustav auch für dessen instandhaltung und unmengen anderer dinge aufkommen muß. Wir kennen ihn doch beide, du und ich, gut genug, um zu wissen, daß er dieses haus für ständiges weiteres anpumpen nutzen wird. Mal für dies, mal für jenes.»

Zudem gab es da noch etwas, das sich erstaunlich bedrückend auf den Polarreisenden auswirkte: die Kälte. «Da du mir gleichzeitig von dem langen winter geschrieben hast, der nun noch einmal zurückgekommen ist, was im Bundefjord üblich zu sein scheint, und von den beschwerlichen bedingungen sowie deinem entschluß, den winter in der stadt zu verbringen – was ich gut verstehen kann – so fand ich es an der zeit, das anwesen loszuschlagen.»

Leon hatte um die Weihnachtszeit selbst die Frage aufgeworfen, was der Bruder angesichts der nahen Expedition mit seinem Hausbesitz zu tun gedenke. Das hitzige und labile Muster von Roalds Attacken hatte ihn dann davon abgebracht. Außerdem griff die Frage in sein eigenes Leben ein.

Leon und Familie harrten den Winter über in Uranienborg aus und hielten mit Skiern, Schlittschuhen und Schlitten die Verbindung zur Außenwelt aufrecht. Was Gustav anging, stand Leon in dauernder Verbindung mit seiner leidgeprüften Schwägerin Malfred. Die folgende Zusammenfassung eines Gesprächs mit ihr hatte er Roald schon zuvor übersandt: «Sie erzählte mir so einiges über Busken, der nach Aussage des Arztes an massiven Sinnesstörungen leidet. Er hat von Zeit zu Zeit abwechselnd Anfälle von Raserei und dann wieder Apathie und ist dann vollkommen fertig. Es kam auch heraus, daß er in letzter Zeit öfters einen über den Durst getrunken hat, wenn er nach Hause kommt, und vermutlich ist überhaupt der Alkohol die Ursache für alles.»

Leon hat nicht ganz verstanden, wie sehr den Bruder der ständige Druck von Gustavs Seite belastete. Doch er hat geahnt, dass etwas hinter den vielen unerwarteten Reaktionen steckte. «Der Alte meinte, Du seist aufgrund der anstrengenden Reise gereizter Stimmung gewesen, und das gleiche habe ich mir aus Anlaß des Blitzverkaufs von Uranienborg gedacht.»

Auch wenn Roald Amundsen den Nacken gebeugt hatte, wartete er gleichwohl voller Spannung auf die Wirkung des «Knallbonbons», den er nach Polhøgda geschickt hatte. Nachdem er erst einmal seinem Herzen Luft gemacht hatte, zeigte sich der Professor jedoch wieder bester Laune. Allerdings konnte er es sich in seiner Antwort nicht verkneifen, den springenden Punkt an der von Amundsen in seiner schwachen Verteidigung vorgetragenen Bedeutung von Bagatellen für «große Unternehmungen» aufzugreifen. «Sie sagen, man müsse auch auf die kleinen Dinge achtgeben. Das ist sicher so, und ich glaube bewiesen zu haben, daß ich einen guten Blick dafür habe, wie wichtig sie nicht zuletzt für Polarexpeditionen sind. In dem Punkt können wir also leicht Einigkeit erzielen.»

Fridtjof Nansen verschenkt nichts länger an der Haustür. Egal, worauf sich der junge Amundsen auch berufen mochte, es war längst «bewiesen». Dessen gesamtes Wirkungsfeld lag innerhalb der von Nansen sorgfältig erprobten Methoden. Der Meister wollte sich von seinem Schüler nicht belehren lassen.

Kann es da verwundern, wenn der Jüngere begann, sich für Flugzeuge zu interessieren? Fridtjof Nansen war auf Skiern in Husebybakken herumgesprungen, aber er hatte niemals Polarforschung aus der Luft betrieben.

Während seiner Amerikatournee im Frühjahr 1913 durchlebte Roald Amundsen eine Krise. Sie wurde nicht durch Hjalmar Johansens Selbstmord oder Captain Scotts Tod ausgelöst. Sie drehte sich nicht um Schuldgefühle. Die Frage nach Schuld – oder besser nach Schulden – wurde erst durch den Brief aus Polhøgda akut. Um Nansens und das hieß um Norwegens willen musste er in den Norden weiterziehen. Es war zu einer Frage der Ehre geworden, zu einem Pakt, der durch Captain Scotts Tod endgültig besiegelt wurde.

Amundsen kannte sämtliche Bedingungen für diesen Pakt; auch Fridtjof Nansens eigene Südpolpläne waren ihm nicht neu. Wenn er trotzdem einen verzweifelten Versuch unternahm, die Handlungsfreiheit zurückzugewinnen, mussten ihn starke Kräfte dazu treiben.

Nansen gegenüber mussten die nicht eingelösten Zusagen der Regierung als Begründung herhalten. Norwegen hatte ihn enttäuscht, den Chef, seine Jungs und seine Mäzene. Diese Argumentation war zu schwach, Nansen zerdepperte sie mit einem Schlag. Als taktischer Zug gegenüber der Regierung sollte sie sich allerdings als recht glücklich erweisen. Doch lässt sich das Ultimatum nicht bloß als Taktik auffassen, dazu enthielt es viel zu viel Verzweiflung.

Leon gegenüber lieferte der finanzielle Druck vonseiten Gustavs eine psychologische Begründung. Der Gedanke an einen weiteren Selbstmord in der unmittelbaren Umgebung war natürlich alles andere als angenehm. Insgesamt deutet allerdings wenig darauf hin, dass Schuldgefühle je ein starkes Antriebsmoment in Roald Amundsens Psyche gewesen wären.

Es muss noch ein weiterer versteckter Grund der Krise, um nicht zu sagen der Revolte des inzwischen vierzigjährigen Polarforschers in jenem Frühjahr 1913 zugrunde liegen. Denn um eine Revolte handelte es sich, um einen illusorischen Versuch, sich loszureißen – von der Nordpolexpedition, von Nansen, von Uranienborg, von der Familie, von Norwegen, von dem ganzen Leben, das so festgelegt und starr auf ihn wartete. Der Polfahrer war an einem Punkt angekommen, wo ihm dieser ganze Berg von Verpflichtungen den Weg zu einem neuen Ziel versperrte, das er entdeckt hatte. Der Nordpol stand ihm im Weg zu seinem Glück.

Seit der Aufgabe von Carmenzia war in der Korrespondenz zwischen Roald und Leon von Frauen nicht mehr die Rede. Nichtsdestoweniger hatten sich wichtige Dinge ereignet, seit sich die Brüder das letzte Mal persönlich gesehen hatten. Zu diesem Zeitpunkt gab es für den Polarreisenden zu diesem Thema nur einen Vertrauten, Herman Gade. Es steht zu vermuten, dass er dem Bruder über das neue Ereignis in Roalds Leben einen Wink gegeben hat, aber ein offenes Thema war es noch nicht, keine Begründung, die man hätte offen auf den Tisch legen können.

Herman Gade sollte an der Jungfernreise des neugebauten Amerikadampfers *Kristiansfjord* über den Großen Teich teilnehmen, und Roald schlug vor, die Rückreise nach Europa im Juli gemeinsam anzutreten. «Aber – ich nehme auf keinen fall die norwegische linie, da ich, wie du dir denken kannst, erst nach London muß, ehe ich nach hause fahre. So bekäme ich anbord gute gelegenheit, mit dir über die sache zu reden und deinen guten raat zu hören.»

Der Polarforscher hatte guten Rat auch bitter nötig. Zusätzlich zu allen anderen Bindungen und Verpflichtungen hatte er sich auch noch «ernsthaft» an eine Frau gehängt, die bereits in einer Ehe mit einem anderen festsaß. Obendrein sollte er mal eben zum Nordpol. Das hatte Fridtjof Nansen beschlossen, ein für alle Mal. Weniges konnte einem leidenschaftlich Verliebten absurder vorkommen, als die eigene Verbannung in eine tiefgefrorene Männergesellschaft im Eismeer zu organisieren. Während sie in die durchaus erträglichen Konventionen der Ehe eingebunden war, würde er in einer Falle hocken, die absolute körperliche Isolation bedeutete.

Kiss war das neue Ziel in Roald Amundsens Leben und der tiefste Anlass für seine Krise. Sie war der Grund, den er nicht anführen durfte, viel wichtiger als der Wortbruch der Regierung oder Bruder Gustavs Erpressungen. Es war eine Krise, aber keine aus Schuldgefühl, sondern eine aus Selbstbehauptungswillen. Er wollte auf das Recht pochen, auf der Grundlage der eigenen, privaten Bedürfnisse sein eigenes Leben zu führen.

Roald Amundsen hatte Ruhm und Ehre erworben. Er war dabei, ein reicher Mann zu werden. Die «Ehrenschulden» an Gustav konnte er in Kronen und Öre begleichen; von seinen übrigen Verpflichtungen konnte er sich durch ein rabiates Ultimatum befreien. Doch die Schuld gegenüber Fridtjof Nansen, die durch Hjalmar Johansens Revolver und Captain Scotts Todesmarsch vor Norwegen und der Welt bezeugt worden war, musste er mit Jahren seines Lebens bezahlen.

Nichts kam Amundsen teurer zu stehen, ausgerechnet jetzt, da er endlich die Frau erblickt hatte, die Göttin des Glücks, die an einem offenen Fenster sitzend auf ihn wartete. Nach Nansens erbarmungsloser Zurechtweisung hatte er begriffen, dass er, wenn er sein «großes Versprechen» brach, für alle Zeit als ein Ehrloser dastehen würde. Er hätte in Norwegen wie in England sein Gesicht verloren. Und für einen Mann ohne Ehre wäre die Schlacht um das Glück von vornherein aussichtslos verloren gewesen.

Sämtliche Wegweiser deuteten ins ewige Eis.

23 Ein Polarforscher spielt Mandoline

In Captain Scotts Todeszelt lag ein abgelaufener Schuh, in dem Schuh lag ein Leinenbeutel, in dem Beutel lag ein Umschlag, und in dem Umschlag steckte ein Brief. Doch dieser Brief wurde nicht eher gelesen, als bis er seinen Adressaten erreichte: An Seine Majestät König Haakon, Schloss, Kristiania.

Roald Amundsens Südpolbrief, datiert am 17. Dezember 1911, kam im Mai 1913 mit der *Terra Nova* nach England. Dort wurde er König Georg V. übergeben, der ihn mit der Post an seinen Schwager und Cousin Haakon VII. weitersandte. «Ich hatte es vollständig vergessen», schrieb der Polfahrer, als er erfuhr, dass der Brief endlich seinen Empfänger erreicht hatte.

Am 1. Juni wurde Tryggve Gran in Kristiania empfangen. Der junge norwegische Leutnant hatte als Skiläufer an Scotts Expedition teilgenommen. Er war auf Nansens Aufforderung hin ausgewählt worden, befand sich jedoch in einer Zwickmühle, als bekannt wurde, dass die Norweger mit einer eigenen Expedition zum Südpol unterwegs waren. Damit hatte Gran jede Hoffnung aufgegeben, einen Platz in der eigentlichen Polmannschaft zu erhalten. Seine Skier kamen erst zum Einsatz als Kreuz auf Captain Scotts Grab.

Tryggve Grans und Roald Amundsens Wege sollten sich oft kreuzen, auf dem Boden und in der Luft. Und ihr Verhältnis sollte etliche Umschwünge erleben. Bei der Rückkehr des vierundzwanzigjährigen Leutnants aus der Antarktis war Amundsen distanziert und misstrauisch. Man konnte ja nicht wissen, was Scotts Lakai so alles zu erzählen hatte. «Ich hoffe, Du bist nicht angetreten, um

T. Gran zu begrüßen», schrieb er Leon noch immer aus Amerika. «Das wäre vollkommen überflüssig. Der Mann ist ein Trottel.»

Doch Leon war angetreten. «Gran kam gestern aus Bergen und wurde vom Präsidium der geogr. Gesellschaft mit Steen an der Spitze empfangen, Borchgrevink, Vorsitzender der norwegischen Kaufmannsvereinigung, und eine Menge Menschen. Als erster brachte Borchgrev. 3 × 3 aus, worauf Steen eine lange Rede mit noch mal 3 × 3 hielt und Gran dankte. Das war am Sonntag abend 10.15 h, und ich nahm das Fahrrad, um ihm meine Aufwartung zu machen.» Es gab «reichlich Teilnehmer und Jubel» zum Empfang von Captain Scotts Mitläufer in Kristiania.

Leon hatte Kondolenzbriefe an die Royal Geographical Society und die offiziellen Vertreter des Empires in Norwegen übersandt. Bei der Heimkehr Leutnant Grans drehte er im Dienst der Diplomatie eine weitere Runde mit dem Rad. Außerdem kümmerte er sich darum, in Erfahrung zu bringen, was der Leutnant eigentlich zu berichten hatte. Sverre Hassel erhielt den Auftrag, Gran in Kristiansand einen Besuch abzustatten, wo Hassel als Zöllner Dienst tat. Ende Juni erhielt Leon den vertraulichen Bericht darüber, was hinter den Linien der Konkurrenz in der Antarktis vor sich gegangen war. «Er war ausgesprochen liebenswürdig und zuvorkommend. Bei den Engländern hat es nicht die geringste Mißstimmung wegen der Konkurrenz gegeben. Die, die mehr an die Hunde glaubten als an die Ponies, haben gewettet, daß wir den Pol zuerst erreichen würden, die übrigen setzten auf Scott. Er war der Meinung, Scott persönlich sei durch die neue Lage ziemlich niedergeschlagen gewesen, aber er hat nie etwas dergleichen gesagt. Und selbstverständlich waren die Automobile beschissen.» In einem Kommentar an den Bruder folgerte Leon, die Missstimmung gegenüber den Norwegern sei nicht in Scotts Lager entsprungen, sondern «Curzon, Keltie & Co. waren die Hauptanstifter der Eifersüchtelei».

Was hatte Scott und seine vier tapferen Begleiter umgebracht: Kälte, Hunger oder die Enttäuschung? Offiziell ging Roald Amundsen die Diskussion nichts an. In einem Brief an Leon teilte er diesem gleichwohl seine Sicht der Dinge mit.

Der Polarreisende wurde in Amerika ständig über die Ausrüstung der bevorstehenden Expedition auf dem Laufenden gehalten. Unter anderem erhielt er die Information, dass mehrere Dosen mit verdorbenem Pemmikan aus der Herstellung der dänischen Konservenfabrik J. D. Beauvais entdeckt worden waren. Der Ernährungsberater der norwegischen Polarfahrer, Professor Torup, ordnete eine gründliche Untersuchung an, da Scotts Mannschaft von der gleichen Firma beliefert worden war. Wenig später teilte Leon mit, die Lieferungen seien komplett storniert worden.

Roalds Anmerkung dazu ist bemerkenswert: «Freut mich, daß du Beauvais losgeworden bist. Es war sein pemmikan, der Scott umgebracht hat. Aber darüber bewahren wir stillschweigen.»

Nach einer halbjährigen Tournee kreuz und quer durch dieses «nervenaufreibende» Land mit mehr als 160 Vorträgen konnte Amundsen die USA zum Monatswechsel Juni/Juli 1913 endlich verlassen. Er hatte 40 000 Dollar verdient und meinte, das sei «besser als nichts!». Weder der Geschäftsführer noch Don Pedro, der das Geld zur Ausrüstung der Expedition in Buenos Aires entgegennahm, zeigten sich sonderlich zufrieden. Alle glaubten, der Impresario Lee Keedick hätte das beste Geschäft gemacht. Es sah danach aus, als würden die gesammelten Einkünfte der Südpolexpedition gerade einmal die Hälfte dessen betragen, was Nansen durch die erste Reise der *Fram* verdient hatte. Er soll sich besonders auf dem englischen Buchmarkt eine goldene Nase verdient haben.

Zu Hause in Norwegen hatte das Storting inzwischen seine Tagesordnung so weit abgearbeitet, dass es dem Eroberer des Südpols ein jährliches Ehrengehalt von 6000 Kronen aussetzte. Ursprünglich war ihm ebenso wie seinerzeit Nansen eine Professur angeboten worden. Doch nach einiger Bedenkzeit hatte der Kapitän das Angebot ausgeschlagen, teilweise fühlte er sich eine Spur zu unakademisch, teils fürchtete er die Freiheitsberaubung, die das beinhalten konnte. Auch die Mannschaft hatte eine «nationale Belohnung» erhalten, eine Einmalzahlung von 4000 Kronen für sämtliche Teilnehmer. Aus diesem Anlass hatte der Leiter der ersten *Fram*-Expedition dem Geschäftsführer folgenden Rat erteilt: «Im

Hinblick auf die finanzielle Belohnung meinte der Alte, das Geld sollte festgelegt und in Form einer Leibrente ausgezahlt werden, weil er sonst aus Erfahrung und, wie ich finde, zu Recht fürchtet, das Ganze werde nur Schaden anrichten und im Handumdrehen ausgegeben.» Nach einer Extrasitzung erhielt auch die Witwe von Hjalmar Johansen mit ihren vier Kindern den Ehrensold. Darüber hinaus wurde Leon ein letztes Mal tätig, damit Johansens *Fram*-Uhr samt Goldkette nicht unter den Hammer käme. Ein Andenken sollte die Familie wenigstens behalten.

Am 10. Juli trug sich Roald Amundsen im Hotel Savoy in London ein, während sein Begleiter Herman Gade über Hamburg weiter nach Hause reiste. Es war das erste Mal, dass der Südpolbezwinger nach Captain Scotts Tod die britische Hauptstadt besuchte. Aber es handelte sich nicht um einen Kondolenzbesuch. Sein Anliegen war privater Natur.

Nach einem halben Jahr der Trennung stand Roald Amundsen wieder am Ziel seiner Träume. Er brauchte keinen Sextanten, um es in Amhurst Park 28, Stamford Hill, zu finden. Er brauchte nicht das kräftige Volumen seiner Stimme, um sie zu erreichen, unter dem Anschluss Nummer 2127. Er ist da. Am Ziel.

Etwa zehn Tage blieb der Polfahrer in London. Den Rest des Sommers musste er brav der Ozeanographie opfern. In Bergen wurde ihm, obwohl er eigentlich Amateur auf dem Gebiet war, die halbe Leitungsstelle für das noch zu gründende Meeresforschungsinstitut angetragen. Das Angebot schmeichelte, war aber uninteressant. Immerhin verwendete er sich dafür, bei Don Pedro vorzufühlen, ob der sich eine geringfügige Zuwendung für das geplante Institut vorstellen könne.

Der äußerst distanziert formulierte Bittbrief zeigt deutlich, wie wenig sich Amundsen selbst und sein Wirkungsfeld mit diesem aufgezwungenen Fachgebiet identifizierte. So bettelt man um ein Nein: «Hiermit erlaube ich mir also, Sie zu fragen, ob Sie etwas zum aufbau eines meeresforschungsinstituts in Bergen beitragen möchten – und atme erleichtert auf! Es hat mich zwei monate gekostet, dieses anliegen zu formulieren, so schwer lag es mir auf der seele. Leider verspreche ich oft etwas aus unbedachtsamkeit und muß später dafür bezaalen.» Der Polarforscher sah keinen Grund, weshalb die Meeresforschung Überweisungen vom Konto seines Mäzens erhalten sollte. Don Pedro war ganz seiner Meinung. Sein Geld sollte mit dem glorreichen Namen Roald Amundsen verbunden sein, nicht mit ordinären Instituten zu Wasser oder zu Lande.

Erst nach seiner Rückkehr und einer öffentlichen Auseinandersetzung mit Exstaatsminister Bratlie konnte der Polarreisende einen Schlussstrich unter seine Abrechnung wegen der gebrochenen Versprechungen ziehen. «Von Knudsen wird jetzt *alles* in Ordnung gebracht», schrieb er Leon. «Wenige aanen, wie wichtik diese sache für mich gewesen ist. Du aber verstehst wohl, wie sehr das verhältnis zwischen den jungs und mir gestärkt wird, wenn sie erst begreifen, wie man sich für sie eingesetzt hat.»

Im Herbst 1913 fand eine markante Truppenverlegung im Rahmen dessen statt, was immer noch die dritte *Fram*-Expedition genannt wurde. Der oberste Leiter und sein Geschäftsführer, die Brüder Amundsen also, begaben sich in den Bunnefjord nach Uranienborg, während sich Skipper und Besatzung auf den Weg nach Südamerika machten, um das Polarschiff in Bewegung zu setzen.

Schon im Spätherbst 1912 war die Idee aufgekommen, die *Fram* durch den Panamakanal fahren zu lassen, unter Umständen als erstes Schiff überhaupt. Das hätte nicht nur eine enorme Wegverkürzung in der Anfahrt zur Beringstraße bedeutet, sondern auch ein wenig Reklame eingebracht. Roald Amundsen war sofort begeistert und tat alles, um das Vorhaben zu verwirklichen. Ein amerikanisches Unternehmen war mit dem Abschluss des ewigen Projekts beauftragt, das der Kanalbau dargestellt hatte, und in den USA setzte sich nicht zuletzt John A. Gade hartnäckig dafür ein, den Segen der Behörden zu erhalten. Es wurde am Ende beschlossen, dass die Entdecker beider Pole, Amundsen und Peary (niemand sprach mehr von Cook), beide an Bord des berühmten Polarschiffs als Erste den Kanal durchfahren sollten, eventuell im Kielwasser eines US-Kriegsschiffs.

Die *Fram* erreichte die Kanaleinfahrt bei Colón am 3. Oktober 1913. Wegen vorübergehender Abwesenheit von Thorvald Nilsen stand das Schiff unter dem Kommando von Leutnant Christian Doxrud. Den Leutnant hatte inzwischen der Fliegerbazillus gepackt, und man sprach von ihm als dem «Leiter des Fliegerkorps der Expedition». Die Fahrt von Buenos Aires war nicht ganz einfach gewesen, berichtete er an die Leitung im Heimatland. «Ich muß gestehen, es war die schwierigste, die ich in meiner Laufbahn als Schiffskommandant zu bestehen hatte, da alle Jungs, die in Buenos Aires an Bord kamen, durch all die Feiern und Ehrungen mehr oder weniger verwöhnt waren – und dann wurde ich, ein gänzlich Außenstehender, ihnen vor die Nase gesetzt.» Es war nicht einfach, das Kommando über Roald Amundsens lorbeerbekränzte Mannschaft zu übernehmen. «Im großen und ganzen wollten sie allesamt Kapitän sein.»

In Colón übernahm dann wieder Thorvald Nilsen die ehrenvolle Aufgabe des Kapitäns der Kapitäne auf der *Fram*. Dann war alles bereit für den großen Sprung vom Atlantik hinüber in den Stillen Ozean. Nur eine Winzigkeit fehlte noch: Der Kanal war nicht fertig. Zwei Monate lang blieb das Polarschiff auf Reede und wartete auf ein Startsignal.

Nach einem pessimistischen Telegramm von Kapitän Nilsen, abgeschickt am 10. Dezember, mussten die Pläne schließlich doch geändert werden. «Ich höre, daß man inzwischen von einem Start 1914 munkelt», schrieb Leon. «Jetzt muß ernstlich gehandelt werden!», antwortete Roald, der den Bunnefjord inzwischen verlassen hatte und sich in Berlin aufhielt. Der Panamakanal war gecancelt. (Erst spät im Jahr 1914 sollten die ersten Schiffe eingeschleust werden.)

Die missglückte Operation löste an Bord der *Fram* mächtige Frustration aus. «Fast alle fluchen auf die Amerikaner, Goethals und alles, was mit dem Kanal in Verbindung steht», schrieb Nilsen später. Oberst Goethals war der «König der Kanalzone» und dafür verantwortlich, dass das Polarschiff nicht auf die eine oder andere Weise durch den Panamakanal bugsiert wurde. Amundsen nannte ihn kurz und bündig einen «Pöbel».

Das Polarschiff machte sich auf die mühsame Rückreise entlang der Küste Südamerikas. Nun war vorgesehen, das breit bauende Schiff von einem schnellen Schlepper an den Haken nehmen und von der Magellanstraße an der Südspitze des Kontinents bis hinauf nach San Francisco schleppen zu lassen. Dort sollte der Chef an Bord kommen und die Ausrüstung vervollständigt werden. Dann so früh wie möglich im Sommer 14 «Leinen los» und hinauf zur Beringstraße im Norden Alaskas, um endlich ins Eismeerbassin zu gelangen. Eine Weltumsegelung. Endlos!

Während die *Fram* in Colón lag und auf die Kanalbuddler wartete, trat Roald Amundsen noch rasch eine weitere Vortragsreise an. Auf dem Kontinent gab es noch eine Reihe wichtiger Veranstaltungslokale, die er auf seiner vorigen Runde nicht abkassiert hatte. Am 14. November begann er in Kiel und arbeitete sich von dort hinab bis Wien und Budapest.

Vor seinem Aufbruch instruierte er Leon, das Nachbargrundstück von Uranienborg, Rødsten, zu erwerben. Anstatt sein Haus am Bunnefjord zu verkaufen, ging er nun daran, den Grundbesitz dort noch zu erweitern. Wahrscheinlich hat ihn Leon überredet, doch an Uranienborg als Dauerwohnsitz festzuhalten. Zu dem neuen Grundstück gehörte eine Villa als Heim für den Geschäftsführer mit Frau und Kindern. Dazu kamen noch Uranienborgs Dienstbotenwohnungen für die unermüdliche Betty und weniger ausdauernde Dienstmädchen. Im Sommer war der Besitz ein Paradies, im Winter der hinterletzte Winkel. Der Polarreisende hatte das Anwesen im Sonnenschein erlebt. Er entschied, erteilte Anweisung und reiste ab.

Während der Panamakanal noch wie ein halbfertiger Sumpf dalag, gingen die Arbeiten am Bunnefjord den Herbst über hurtig voran. Es wurde an den Häusern gezimmert, Brunnen wurden gegraben, Rohrleitungen verlegt, Telefonmasten errichtet. Am

26. November erhielt der Polfahrer Bericht: «Zur Feier des Tages, Königins Geburtstag, stehen die Häuser in Flaggenschmuck, und an die Arbeiter werden Schnaps und Zigarren verteilt. Sie sind mit Sicherheit keine Royalisten, sollen aber trotzdem gesagt bekommen, wofür sie den Schnaps bekommen. Ausschlagen werden sie ihn gewiß nicht.»

Nach einem Monat war der größte Teil der Tournee absolviert, 44000 Kronen kassiert. Was nun, großer Mann? Sollte er nach Südamerika hinüberfahren und das Kommando über sein Schiff übernehmen? Oder nach Hause reisen und die Ausrüstung organisieren? Wie wäre es mit einem Abstecher nach Bergen, um die Widerwärtigkeiten der Ozeanographie zu studieren? Für einen Expeditionsleiter gibt es ja tausend Dinge zu erledigen. Was wird wohl das Dringendste für einen Mann sein, der sich auf fünf, vielleicht sechs Jahre im ewigen Eis vorbereitet?

Am Abend des 14. Dezember 1913 checkte Kapitän Amundsen im Hotel Savoy in London ein. Eine Woche später schickte er Weihnachtsgrüße an Bruder Leon, Frau Aline, die Kinder und Betty: «Ich feiere heiligabend in aller stille für mich, bin aber in gedanken bei euch und nehme am fest teil.» Das Letzte ist ein gutgemeintes Weihnachtsmärchen. Roald Amundsens Gedanken befanden sich exakt in der gleichen Stadt wie er selbst. «Ja, nun bin ich also hier», schrieb er am gleichen Tag an Herman Gade, «und habe es so gut, wie es ein mensch vermeindlich haben kann.»

Das war der Stand der Dinge auf der dritten *Fram*-Reise Weihnachten 1913: Der Geschäftsführer wie immer auf seinem Posten am Bunnefjord; das Polarschiff unter dem Kommando von Leutnant Nilsen irgendwo in der Karibik unterwegs auf seiner endlosen Fahrt nach Süden, und der Chef selbst getrennt von allem in seinem Pinguinaufzug, an einem einsamen Restauranttisch im Hotel Savoy auf das weiße Damasttuch starrend. In Gedanken weilte er weder daheim noch an Bord der *Fram*, da spielte er unter einem erleuchteten Fenster auf Stamford Hill Mandoline.

Die Villa Nedre Rødsten war das Zuhause von Aline und Leon Amundsen mit ihren vier Kindern, wenn sie sich nicht im Ausland aufhielten. Vor dem Eingang steht der Mercedes der Familie, zwischen Haus und Garage rechts führt ein Pfad hinab zu Bettys Häuschen und Villa Uranienborg.

Am 3. Januar musste sich der Polreisende aufraffen. Er packte die Koffer und begab sich nach Biarritz. Dort sollte der frisch ernannte Ritter Don Perutcho vom St.-Olavs-Orden (endlich!) mit einer französischen Adeligen die Ehe eingehen. Ein wenig Glanz über die Familie Christophersen zu werfen war «gute Politik».

Dann ging die Vortragsreise weiter. Der Entdecker des Südpols schien sich in der Alten Welt wohlzufühlen. «Der letzte vortrag in Wien war mein größter erfolg», schrieb er nach Hause. «2000 glänzend festlich gekleidete menschen in den schönsten räumlichkeiten, die ich je gesehen habe, und nicht endender applaus. Ein denkwürdiger abend.» Egal ob er im ewigen Eis unterwegs war oder in zivilisierten Gegenden, gewisse Qualitätsansprüche mussten gewahrt bleiben. «Wohne diesmal im Adlon», meldete er aus Berlin. «Ein herrliches hotel, das erste am platz – seit man im Kaiserhof etwas nachlässig geworden ist.»

Keine Bequemlichkeit schätzte der Polfahrer so hoch wie ein luxuriöses Badezimmer. Ein modernes Bad war eine Erfindung des 20. Jahrhunderts, genauso wie das Flugzeug. Unverzichtbar für einen Mann auf der Höhe der Zeit. Er badete jeden Tag. Nicht nur unterwegs auf Tournee, sondern auch zu Hause. In Uranienborg ließ er eine Badewanne einbauen, die sowohl mit Süß- wie mit Meerwasser gefüllt werden konnte. Von den ersten Häusern des Kontinents schickte er weitere Anweisungen nach Hause. Alles sollte ordentlich und präsentabel sein: «Hängt mir kein häßliches waschbekken auf!» Bald war die Einrichtung komplett: WC, Wanne, ein stummer Diener und – ein Bidet. «Du mußt die kleine fontäne im badezimmer unbedingt mit kalt- und warmwasseranschluß ausrüsten.» Es kommt auf die Details an.

Während seines Berlinaufenthalts gab Amundsen am 8. Februar selbst ein Essen, das in seinem Verlauf zur «Antarctic Conference» gekürt wurde. Der eine der beiden Gäste im Adlon war Captain Scotts ehemaliger Zweitkommandierender, Captain Edward Evans. Wie zu Shackleton hatte Amundsen ein gutes Verhältnis zu Evans aufgebaut, der im Übrigen mit seinem inzwischen toten Chef nicht gerade auf gutem Fuß gestanden hatte. Dem Norweger hatte er für seine Aufenthalte in London bereits die Nutzung des Expeditionsbüros überlassen. Nach dem Essen in Berlin übersandte er als weiteren Beweis seiner Freundschaft einen ausgesuchten Satz Westenknöpfe. Der zweite Gast war der Leiter der *Deutschland*-Expedition, die etwa zeitgleich mit der *Fram* und der *Terra Nova* in der Antarktis gelegen hatte, Wilhelm Filchner, Entdecker der Prinzregent-Luitpold-Küste. Der Offizier aus Bayern wurde an jenem Abend praktisch für die bevorstehende Expedition des Norwegers angeheuert. Die aerodynamische Abteilung wuchs beständig an.

Roald Amundsen hatte sein Vergnügen an diesem gemütlichen Zusammensein dreier Großmächte auf dem antarktischen Schauplatz. Nicht nur wegen des Weins, des Essens oder der Gespräche, sondern, schrieb er Leon: «Es sieht so gut aus.» Der Polarreisende besaß ein Talent, sich selbst von außen zu sehen.

Am 18. Februar hätte er sich für die Überfahrt nach Amerika

an Bord des Passagierschiffs *Olympic* begeben sollen. Damit wäre er zumindest im Prinzip schon einmal nach Norden, Richtung Beringstraße, aufgebrochen. Doch die Überfahrt wurde auf Ende April verschoben. Amundsen fuhr stattdessen nach London. Wohin auch sonst? Er wollte tunlichst das Aufgehen der Knospen in Englands Hauptstadt nicht versäumen, diesen letzten Frühling vor dem ewigen Eis. Zehn, zwölf Tage später verließ er die Stadt an der Themse, um eine letzte Runde durch Europa zu drehen, nach Paris und noch einmal Wien. Reiste er allein oder mit einer geliehenen Glücksgöttin?

Endlich, um den 17. März 1914, wurde der Polarreisende zurück im Winterland erwartet, um vor dem endgültigen Aufbruch sein Nest zu polstern. «Es ist wohl am besten, die erste nacht im Grand zu verbringen», schrieb er Leon. «Wenn der Schnee gut ist, können wir ja auch nach Hause laufen.» Es ist Zeit für eine Skitour.

24 **Die schwarzen Tierchen**

«Montevideo, 25. März 1914.
Beck starb am achtzehnten März an Hirnentzündung
Matrose Skaanes Apendicitis Hospital
Müssen ins Dock und Öl bunkern
Trockenfisch über Bord geworfen.
Nilsen»

Nur schlechte Neuigkeiten von der *Fram*. Drei, vier Monate waren seit der Aufgabe des Panamakanals verstrichen, und das Polarschiff hatte erst wieder die Küste von Uruguay erreicht. Noch ein weiter Weg zur Magellanstraße, von Frisco ganz zu schweigen!

Was nun, Roald?

Was nun, Leon?

Tja, das Antworttelegramm: «Order abwarten, Herzliche grüße Amundsen». Norwegens Stolz, das Wikingerschiff, das königliche Schiff, das Flaggschiff *Fram* war ein Unglücksschiff geworden. Es war ein für Eis und Schnee konstruiertes Schiff. Jetzt hatte es fast zwei Jahre in den Tropen gelegen und sich herumgetrieben. Das Schiff sollte zum Nordpol, aber es kam nicht voran.

Schon als sie vor Buenos Aires lag, war die *Fram* von Ratten überrannt worden, Hunderten von Ratten. Dann folgten Kakerlaken, Motten, Schimmel und Fäule. Nicht zu vergessen «die schwarzen Tierchen», auch «Fischfliegen» genannt. Skipper Nilsen berichtete von ihnen in einem langen Brief, der dem deprimierenden Telegramm folgte: «In den letzten Tagen in Colon stellten wir fest, daß sich im Laderaum etliche Würmer fanden, ca. 1 cm lang und schwarz. Glaubten, sie kämen vom Fisch. Gleichzeitig oder etwas früher begann der Fisch zu stinken, und es war an Bord kaum auszuhalten, das heißt in der Vorderkajüte. Bei genauerem Nachsehen stellte sich heraus, daß sich die Würmer im Lauf der Zeit in den Fischen entwickelt hatten, vielleicht oder wahrscheinlich waren die Larven schon seit Norwegen im Fisch, obwohl es natürlich nicht sicher ist. Die 2000 kg Kaffee haben wir nach oben geholt und im Arbeitsraum gelagert. Die Würmer verwandelten sich nach und nach in eine Art Fliegen mit überaus hartem Panzer. Wenn wir auf sie traten, knackte es wie beim Knacken einer Nuß. Später drangen die schwarzen Tiere (Fliegen) in Sundbecks, Doxruds und meine Kajüte ein, so daß wir Klarschiffmachen anberaumten. Am Ende wurde es so arg, daß ich beschloß, den Fisch bei nächster Gelegenheit über Bord zu werfen. Ich wollte ihn nicht in den Golf oder die befahrene Floridastraße kippen, sondern warten, bis wir weiter hinaus kämen. Am 2.ten Januar gingen alle dreihundert Packen über Bord. Um zu vertuschen, von wem sie stammten, schnitten wir von dem ersten Packen das Ende ab, auf das die Adresse gemalt war. Doch das ließen wir gleich wieder bleiben. Es war nämlich schwarz vor Tierchen. Um so viele von ihnen wie möglich zu erwischen, mußten die Packen vollständig über Bord gehen. Die meisten von ihnen gingen auch sofort unter. Von den Fischen waren nur noch Haut und Gräten übrig. Der Rest waren Millionen Tierchen. Eine schlechte Angewohnheit von ihnen war es auch, daß sie sich in Holz fraßen, und eine Menge Kisten im Lastraum war voll mit Puppenschalen in ebenso vielen Löchern.»

Der Trockenfisch war nicht der einzige wertvolle Proviant, der über Bord geworfen werden musste. Ein paar hundert Kilo Kartoffeln und mindestens die gleiche Menge Konservendosen mit Lammfrikassee, Dorschrogen und Karamellpudding gingen den gleichen Weg. Die Verpflegung litt, das Schiff litt, und – am allerschlimmsten – auch die Mannschaft litt. «Nein, dieser Törn zerstört das gesamte Verhältnis», schrieb Skipper Nilsen, «wir sind alle mehr oder weniger angefressen, und jeder muß mit Seidenhandschuhen angefaßt werden. Sogar Stubberud. Seit er in Kristiania mit Rønne auf die Rolle ging und gut ‹chum› mit ihm wurde, hat er sich gänzlich verändert, und ich glaube, R. hat einen sehr schlechten Einfluß auf S. In Buenos Aires sollen sie drei Tage lang einen draufgemacht haben, ohne einmal an Bord zu kommen. Aber es würde zu lange dauern, all die Geschichten zu erzählen, die ich über alle gehört habe. Am meisten übrigens über Doxrud.»

Die Stimmung war eine Sache, die Gesundheit eine andere. Südamerika hatte der Mannschaft viele teure Krankenhausbesuche eingebracht. Matrose Skaanes, der laut Telegramm an Blinddarmentzündung erkrankt war, hatte erst in Buenos Aires angeheuert und war den Brüdern Amundsen folglich unbekannt. Wirklich tragisch verhielt sich die Sache mit Andreas Beck, dem gewaltigen Teddybären von Eislotse aus Tromsø, eigentlich eine der Schlüsselfiguren für die bevorstehende Nordpolexpedition.

Er erkrankte Anfang März. Doch wie sollte man ihn behandeln? Seit sich Dr. Svendsen auf der zweiten *Fram*-Reise selbst erschossen hatte, war kein Arzt mehr an Bord. «Welche Krankheit Beck hat, ist uns ein Rätsel», notierte Nilsen am 17. März ins Tagebuch. «Erst glaubte ich, es wäre das Nikotin, dann geistige Verwirrung, dann Hirnentzündung. Er hatte keine Schmerzen, der Puls war normal, Temperatur normal. Wir wissen bloß, daß er ‹doppelt gesehen› hat, und sehen, daß er dahinschwindet.» Auch Wisting wusste keinen Rat. Und das, obwohl er seit seinem letzten Aufenthalt an Bord des Polarschiffs Medizinmann, Zahnarzt und Blechschmied geworden war.

Am 18. war es vorbei. «Beck starb fünf Minuten vor zwei am Mittag. Wisting und ich waren bei ihm. Es ging so schnell, daß wir die anderen gar nicht dazuholen konnten. Er gab keinen Ton von sich und hatte einen sehr leichten Tod. Ein letzter Atemzug, und es war zu Ende.»

Am nächsten Vormittag musste der schwere Körper den gleichen Weg gehen wie Kartoffeln, Konservendosen und Trockenfisch. Er wurde in eine Fahne gewickelt, die Maschine gestoppt. Es herrschte Flaute. Kapitän Nilsen las das Vaterunser. Die Besatzung der *Fram* sang «Wer weiß, wie nah mir mein Ende ist». Der Eislotse versank im Meer – auf 33° Süd.

Am 25. März erreichte das Schiff Montevideo. Die Maschine brauchte Öl, die Schraube musste repariert, vor allem aber der Rumpf kielgeholt werden. Das Polarschiff war derart tropisch überwuchert, dass es auf See fast stand. Ehe das Frühjahr vorüber war, musste das Schiff in San Francisco sein. Der Polarheld hatte für den 29. April auf der *Olympic* gebucht. Jede Menge Ausrüstung befand sich auf dem Weg an die Westküste der USA, Flugzeuge waren längst angekauft.

Thorvald Nilsen ging an Land und setzte sein deprimierendes Telegramm an die Brüder Amundsen ab: Beck tot, der Trockenfisch über Bord, müssen ins Dock ...

Was nun?

Schon am 26. März stand die Entscheidung fest. Die Brüder telegraphierten ihrem treuen Helfer, dem norwegischen Konsul in San Francisco, Henry Lund: «Expedition auf 1915 verschoben.» Noch eine Verschiebung. Die Reise, die 1909 nach Norden gehen sollte, war nun schon um sechs Jahre verzögert. Das Schiff musste umdirigiert werden, die Vorräte zurückgeschickt, umgeladen oder nachgeschickt werden. Was für ein Sumpfloch!

«Es war meine schwere Pflicht, wie es heißt», schrieb Amundsen einige Jahre später, «Befehl zu geben, das Schiff zu säubern und so schnell wie möglich nach Hause zu kommen. Es gab keinen anderen Ausweg mehr als den durch die Nordostpassage.»

Die *Fram* wurde nach Horten zurückbeordert. Wieder einmal musste der alte Ehrenmann Don Pedro tief in die Tasche greifen und zigtausend Dollar aufbringen, um das Schiff für die Überfahrt instand setzen zu lassen. Glücklicherweise hatte Roald, das heißt Leon, daran gedacht, ihm telegraphisch zum Geburtstag zu gratulieren, ebenso wie er an die goldene Hochzeit des alten Konsuls Lund in Frisco gedacht hatte. Es sind die kleinen Dinge, auf die es ankommt. Auch in der alltäglichen Diplomatie der Polarforschung.

Nicht bloß der Zeitplan war gestorben, auch die Reiseroute war hinfällig geworden. Nach all den tropischen Widrigkeiten gab es Roald Amundsen auf, um Südamerika zu segeln, um das Eismeerbecken durch die Hintertür der Beringstraße zu erreichen. Jetzt musste er die *Fram* ebenso wie Nansen ganz oder teilweise durch die Nordostpassage führen, den mühsamen Weg entlang der sibirischen Küste.

Die dritte *Fram*-Expedition stand wieder an ihrem Ausgangspunkt. Als das Schiff Mittsommer 1914 Horten erreichte, waren sämtliche Bestandteile der Expedition wieder in Norwegen versammelt. Möchte man Roald Amundsens Begründung akzeptieren, der zufolge der Marsch zum Südpol allein eine wirtschaftlich notwendige Maßnahme zur Ermöglichung der Nordpolexpedition gewesen sein soll, dann muss man zu dem Ergebnis kommen, dass das Ganze ein absolutes Fiasko darstellt. Fünf verlorene Jahre. Das Schiff ruiniert, Ausrüstung und Mannschaft in Auflösung begriffen. Selbst wenn der Polarheld im Lauf von zwei Jahren bedeutende Summen einnahm, beliefen sich die verlorenen Investitionen und die enormen laufenden Kosten sicher mindestens auf die gleiche Höhe. Dank Don Pedro besaß der Polfahrer allerdings noch den größten Teil seines persönlichen Kapitals.

Was hatte er also in diesen fünf Jahren gewonnen, seit die Expedition zum ersten Mal aufgebrochen war?

Den Südpol.

Für Roald Amundsen war er den Preis wert. Die ökonomische Begründung war nie etwas anderes als eine Ausrede. Darum lässt sich das Ganze auch nicht einfach als ein schlechtes Geschäft abschreiben. Aber warum musste das, was so strahlend begonnen hatte, so kläglich enden? Hat der Polarreisende am Ende vollständig die Kontrolle verloren?

Amundsen verließ die *Fram* im März 1912 in Hobart. Seitdem war das Schiff buchstäblich seinen eigenen Kurs gesegelt. Waren die Katastrophen vielleicht unausweichlich, vorprogrammiert wie die Larven im Trockenfisch? Oder hatte es gerade etwas damit zu tun, dass der Kapitän sein Schiff verließ und der Polfahrer die Zügel aus der Hand gab? Sämtliche Triumphe Roald Amundsens verdankten sich ausgesprochenen Willensanstrengungen. Wollte er überhaupt in den Norden?

Nein, eigentlich wollte er das nicht. Jedenfalls nicht auf diese Weise. Zwei geographische Punkte hatte der Polfahrer in den beiden zurückliegenden Jahren gemieden: die *Fram* und Norwegen, sein Schiff und seine Heimatbasis. Sonst hatte er sich so ziemlich überall blickenlassen. Er war dem Geld nachgejagt, dem Glück und der neuen verheißungsvollen Technik, die ihn über die *Fram*, über das Eismeer und über Nansen erheben sollte, dem Fliegen. Es hat den Eindruck, als ob ihn das Schicksal des Polarschiffs nicht im mindesten berührt hätte. Vielleicht waren die Verzögerungen für ihn Erleichterungen, teuer, aber einem Mann willkommen, der die Zivilisation eigentlich gar nicht verlassen wollte, der nicht bereit war für das Eis.

Nach seiner Rückkehr nach Norwegen wohnte Amundsen teils im Grand Hotel, teils in Uranienborg. Was den Polarforscher am 26. März, dem Tag, an dem die «schwere» Entscheidung fiel, am meisten beschäftigte, war der Versuch, Kiss Bennetts Schwester Gudrun (verheiratete Maus) ans Telefon zu bekommen. Er plante nämlich ein Essen im Familienkreis. War etwas gegen ein kleines Fest einzuwenden?

«Die Zukunft der Polarforschung liegt in der Luft. Ich bin so kühn, für mich selbst Anspruch auf die Auszeichnung zu erheben, der erste Polarforscher gewesen zu sein, der diese Tatsache erkannt und praktisch verwertet hat.» So lauten Roald Amundsens selbstbewusste Worte in *Mein Leben als Entdecker*. Endlich, gegen Ende des Lebens, präsentierte er seine eigene Methode und verwies Nansens Hunde, Skier und Schlitten in die Museumsvitrinen.

Dabei war Roald Amundsen *nicht* der erste fliegende Polarforscher. Ingenieur Andrées tragische Ballonfahrt zum Nordpol fand 1897 statt, schon ehe der junge Amundsen seine erste Polarexpedition als Lehrjunge antrat. Als Amundsen gleichwohl so «kühn» war, eine solche Behauptung aufzustellen, legte er daher Wert auf die Präzisierung «erster *ernstzunehmender* Polarforscher». Wer aber ist wohl «ernstzunehmender» gewesen, der Ballonpionier Andrée oder der Flugphantast Amundsen? Lassen wir die Frage auf sich beruhen. Die Pointe ist, dass Amundsen in seinem Buch den Ingenieur als dummdreist und unseriös abqualifizieren musste, um den «Luftweg» als *seine* Methode reklamieren zu können. Und das, obwohl er früher seine große Bewunderung für den fliegenden Kollegen zum Ausdruck gebracht hatte. So wichtig war es offenbar für ihn, sich von Fridtjof Nansens geliehenem Pelzanzug zu befreien und sagen zu dürfen, er sei auch selbst ein Pionier gewesen, ein Bahnbrecher vom Rang seines Landsmanns.

Auch Nansen kam zu der Einsicht, dass die Zukunft der Polarforschung ebensowohl in der Luft wie im Meer lag. Doch für den Professor bedeutete «Luft» ein Element für meteorologische Beobachtungen, ebenso wie das Meer ein wissenschaftliches Forschungsfeld darstellte. Seinem Nachfolger waren sämtliche Elemente dem einzigen Feld untergeordnet, für das er einiges echtes Interesse aufzubringen vermochte, der Geographie.

Roald Amundsen war spät auf diese Welt gekommen. Wer seinen Namen noch auf der Landkarte verewigen wollte, dem blieb wenig Zeit, sehr wenig Zeit. Dass der, der etwas entdecken wollte, in die Höhe musste, war seit dem Aufkommen des Ausgucks an der Mastspitze allgemein bekannt. Ein gutes Jahrzehnt nach Ingenieur Andrées Luftnummer begann die technische Entwicklung der Fliegerei Fahrt aufzunehmen.

Der Durchbruch war Blériots Überfliegung des Ärmelkanals 1909. Im gleichen Sommer stellte Roald Amundsen Versuche mit einem menschentragenden Flugdrachen an. In jenem Stadium der Flugzeugentwicklung glichen die Maschinen alle, mehr oder weniger, motorisierten Drachen. Der Zweck eines solchen Drachens bestand primär darin, sich für das Manövrieren des Schiffs einen Überblick über die Eisverhältnisse zu verschaffen. Doch je höher man kam und je größer der Radius wurde, desto mehr eigneten sich die fliegenden Apparate als Geräte für die eigentliche Tätigkeit des Entdeckers: neues Land zu erblicken.

Hinzu kam ein weiteres Moment, das Amundsen dazu brachte, den Blick zum Himmel zu richten. Mit Blériots sensationellem Flug war auf einen Schlag klargeworden: die wahren Helden der Zukunft würden die Flieger sein.

Die erste Maßnahme des Polarreisenden nach dem vorläufigen Zusammenbruch der Expedition bestand darin, den Verkauf der beiden Seeflugzeuge anzuordnen, die er in San Francisco gekauft hatte. Zu jener Zeit mussten Flugzeuge noch zu Schiff verlegt werden, und es hätte teuer werden können, sie per Schiffsfracht nach Norwegen zu überführen. Außerdem waren sie vermutlich schon nicht mehr auf dem neusten Stand der rasanten technischen Entwicklung.

Zusammen mit seinem alten Drachenexperten, Hauptmann Einar Sem-Jacobsen, begab sich Amundsen auf den Kontinent, um neues Fluggerät zu beschaffen. Am 4. Mai besuchten sie das deutsche Expeditionsmitglied in Berlin. Dr. Filchner legte sich in diesem Frühling einen Fliegerdress zu und begann mit der Ausbildung für den bevorstehenden Zug.

Von Deutschland ging es weiter nach Frankreich, der herausragenden Fliegernation. Dort erwarb die Expedition ein Flugzeug für 20 000 Franc, eine Farman. Nach einigen Tagen in Paris, einen Besuch im Maxim eingeschlossen, verabschiedete sich Amundsen von seinem Fliegerhauptmann, der mit dem Auftrag zurückblieb, die Maschine in den Norden zu verbringen. Der Chef nahm einen anderen Weg, vermutlich über den Kanal.

Wieder zu Hause, war es an der Zeit für ihn, auch selbst das Fliegen zu lernen. Amundsen besaß sein Patent als Kapitän und Steuermann, nun wollte er bei Sem-Jacobsen als erster norwegischer Zivilist den Flugschein machen. Die Prüfung fand am 11. Juni 1914 in Gardermoen statt und wurde glänzend bestanden. Der Schüler, der insgesamt zwanzig Flugstunden genommen hatte, stürzte nur ein einziges Mal ab. Der König gratulierte telegraphisch.

Der vielseitige Skiflieger Tryggve Gran (1889–1980) war einer der wagemutigen jungen Männer, die Roald Amundsen ihren Atem in den Nacken bliesen.

Kurz vorher hatte Captain Scotts Skisachverständiger, Tryggve Gran, die Prüfung als Militärflieger abgelegt. Am 30. Juli 1914 unternahm der Fünfundzwanzigjährige ein halsbrecherisches Wagestück, einen Flug über die Nordsee von Schottland ins norwegische Jæren in vier Stunden und zehn Minuten. An einer Schnur um den Hals beförderte der Leutnant bahnbrechend ein Stück Luftpost, adressiert an Königin Maud von Norwegen.

Wie durch ein Wunder erreichte Skiflieger Gran norwegischen Boden, noch ehe der Benzintank leer war und der Erste Weltkrieg ausbrach. Am gleichen Tag wurden in Europa die Mobilmachungen verkündet, zwei Tage später gingen die Kriegserklärungen heraus. Plötzlich war der Weltkrieg eine Tatsache. Die Zeit friedlicher Expeditionen war vorüber.

Der vierzigjährige Roald Amundsen mobilisierte am 3. August mit einem Schreiben an die norwegische Regierung: «Hiermit erlaube ich mir, dem norwegischen heer mein flugzeug, eine Maurice Farman 1914, ohne bedingungen zum geschenk zu machen. Gleichzeitig wäre ich dankbar, wenn ich dem flugwesen des heeres als flieger *im mannschaftsdienstgrad* beitreten dürfte. Hochachtungsvoll Roald Amundsen».

Am gleichen Tag traf ein Telegramm aus Berlin ein. Der zweite Pilot der Expedition, Wilhelm Filchner, ersuchte um Urlaub «für die Dauer des Krieges».

Im Frühsommer hatte das Storting für einen Neustart der dritten *Fram*-Expedition 200 000 Kronen bewilligt. Amundsen veranschlagte die Gesamtkosten auf 400 000 Kronen und stand selbst für die verbleibende Hälfte ein. Am 27. August verzichtete er auf den staatlichen Anteil. Staatsminister Knudsen dankte: «Ich verstehe, daß es ein großes Opfer von Ihrer Seite bedeutet, das Sie auf diese Weise dem Vaterland bringen, und ich glaube, die Öffentlichkeit wird es zu schätzen wissen.»

Die meisten Besatzungsmitglieder wurden einberufen. Die *Fram*, die mitten in dem einen Monat zwischen den Schüssen in Sarajewo und den schlussendlichen Kriegserklärungen in Horten eingelaufen war, wurde Oscar Wisting zum Löschen ihrer Ladung überlassen. Einer Zeitung gegenüber äußerte Roald Amundsen, die Reise sei wegen der unsicheren Zeiten aufgegeben worden.

«Was sind Ihre eigenen Zukunftspläne?

Ich habe schlichtweg keine. Zur Zeit lebe ich in Svartskog», antwortete der Polarforscher, der nicht damit rechnete, so bald als Militärpilot Flügel zu bekommen. Bis auf weiteres blieb Norwegen neutral. Bis auf weiteres war Amundsen Privatmann. Frei.

Gerettet durch den ganz großen Gongschlag.

25 Das Schiff der Königin

Nach Ausbruch des Krieges begann für Roald Amundsen eine ungewohnt friedliche Zeit, anders als jede andere Phase seines turbulenten Lebens. Die Welt, die sein unbegrenzter Tummelplatz gewesen war, verwandelte sich mit einem Schlag in einen Kriegsschauplatz, auf dem die friedlichen Feldzüge des Forschers überall auf militärische Frontverläufe und politische Hindernisse stießen. Allein Sir Ernest Shackleton gelang es gerade noch, mit seiner zweiten Antarktisexpedition südwärts zu verschwinden, ehe jede Möglichkeit zu einer Entdeckungsreise illusorisch wurde.

Als einfacher Militärflieger in einem neutralen Land stand der ehemalige Polarforscher Roald Amundsen ohne Beschäftigung da. Er verschränkte die Arme und ließ sein Kapital arbeiten. In den USA hatte er noch 25 000 Dollar geparkt, die Hermans Bruder, der Finanzmensch John Gade, gewinnbringend anlegte. Für die Schifffahrtsnation Norwegen und den, der die Lage zu nutzen verstand, nahm der Krieg bald die Gestalt eines Huhns an, das goldene Eier legte. Roald Amundsen besaß genügend Geld, um etwas zu investieren – und einen Bruder Leon, der zu investieren verstand.

Im Spiel der historischen Kräfte landeten die Brüder Amundsen wieder im traditionellen Familiengewerbe, dem Seehandel. Im Haus ihrer Kindheit auf Hvidsten hatte es auf einem Sockel eine Kanonenkugel gegeben. Sie stammte aus dem Krimkrieg, dem Krieg, der ihren Vater zu einem wohlhabenden Mann gemacht hatte. Jetzt machten die Aktien des neuen Kriegs die Söhne reich.

Nur ein würdiges Ziel blieb dem Entdeckungsreisenden noch

zu erreichen: das Glück. Nur eines kann die ganze Energie eines Mannes binden: die Frau. Nur in einer Stadt auf der ganzen Welt: London.

Ähnlich wie im Verhältnis zu Sigg Castberg hat auch die Verbindung zu Kiss Bennett das Aussehen einer stillschweigenden Übereinkunft – scheinbar bequem, im Kern aber zutiefst unbefriedigend. Jedenfalls für den Polfahrer. Roald Amundsen war kein Mann der Kompromisse. Er konnte durchaus Dinge vor sich herschieben, er konnte verdrängen und verschweigen. Doch früher oder später folgte er dem Drang, die Dinge auf die Spitze zu treiben, zu einem definitiven Alles oder Nichts.

Hinter ihm lag die Zimmerwirtin mit jenen fatalen Zinkeimern, und seine Flucht aus Belgien lag ebenso hinter ihm wie die zerrüttete Ehe der Castbergs. Vielleicht war er nicht der Schuldige, in jedem Fall aber der Auslöser. Er war wie ein Eindringling erschienen, wie ein Eroberer. Oder war er es, der erobert worden war?

Einem Mann wie Roald Amundsen winkten aus jedem Fenster heiratswillige Frauen, wenn es das war, worauf er es anlegte. Doch der Polbezwinger wollte nicht, dass man es ihm so leicht machte; er brauchte Widerstand. Er hatte es nicht auf Ziele abgesehen, die er ohne Eroberung haben konnte. Das Glück sollte seinen Preis haben. Die Liebe wollte Opfer.

Es sieht so aus, als habe der Poleroberer seit seiner Rückkehr aus der Antarktis 1914 zum ersten Mal wieder Weihnachten in Norwegen gefeiert. Zum Jahreswechsel aber war er erneut verschwunden. Roald Amundsen und Kiss Bennett sollten sich in der kommenden Zeit häufig sehen. Er fuhr nach London; sie kam nach Norwegen. In Kristiania wohnte sie gern in einem Hotel in den waldigen Höhenzügen über der Stadt. Dort besuchte sie ihre ältere Schwester Gudrun, die mit dem deutschstämmigen Unternehmer Robert Maus verheiratet war. Doch mehrere Male war sie auch in der versteckten Residenz des Polarreisenden in Svartskog zu Gast. Auf diese Weise schien das Verhältnis eine Balance gefunden zu haben. Doch der Erstürmer des Südpols war kein Balancekünstler.

Im Herbst 1915 reiste Roald Amundsen nach London. Diesmal mit besonderen Absichten. Auf Fragen des ältesten Bruders Tonni antwortete Leon: «Roald ist in London, von wo sie vermutl. beide bald zurückkommen werden.» – Vermutlich beide? Wollte er endlich die Braut entführen, die Dinge auf die Spitze treiben und seinen Willen durchsetzen? Später erhielt Leon Post aus London. Sie klang weniger entschieden: «Sollte ich nicht zurückkommen, sei bitte so herzensgut und verfahre mit meinen schiffsaktien als wären es deine eigenen.»

Jeder Briefwechsel zwischen Norwegen und dem kriegführenden England wurde kontrolliert und zensiert. Um sein Privatleben vor den Einblicken Außenstehender zu schützen, bat der Polfahrer den eigenen Bruder, sämtliche Briefe durchzusehen, ehe sie nach London weitergeleitet wurden. Roald besaß seine eigene Sicherheitskontrolle. Nichts mehr sollte nach außen durchsickern. Eine Person nannte er ausschließlich «K». Leon erwähnte sie in jener Zeit nie anders als indirekt.

Wie alle Spekulanten betrachtete auch Amundsen den Krieg unter ökonomischen Gesichtspunkten. «Wie laufen die geschäfte?», fragte er Leon gegen Weihnachten 1915. «An frieden glaube ich nicht, darum wäre es vielleicht günstig, einen teil der aktien zu behalten.» Zum eigentlichen Kriegsgeschehen hatte er zu diesem Zeitpunkt einen klaren Standpunkt: «Deutschland sollte längst die sympati jedes rechtdenkenden menschen verspielt haben.»

Es sieht danach aus, als hätten sich seine eigenen Sympathien gerade in diesem ersten Kriegsjahr verschoben. «Frag Roald, ob er noch immer zu den Deutschen hält», heißt es in früheren Briefen der Familie. Es steht fest, dass er Deutschland und die Deutschen seit seinen Studientagen in Hamburg mit einigem Wohlwollen betrachtete. Während die Vertreter des Empires ihr unerhörtes Hurra auf die Hunde ausgebracht hatten, las der Kaiser, wie aus diplomatischen Kreisen verlautete, sein Südpolbuch mit allergrößtem Interesse.

Und er selbst hatte Deutschlands führenden Polarforscher in seine nächste Expedition einbezogen. Der frisch ausgebildete Flieger Wilhelm Filchner war im Übrigen noch immer guter Hoffnung, bald in den Norden kommen zu können. Im Frühjahr 1915 schrieb er optimistisch von den Schlachtfeldern: «Bis zum Herbst wird sicher alles aus und der Sieg wird bei unseren Fahnen sein, denn Sie machen sich gar keinen Begriff, mit welchem Heldentum und welcher Gotteszuversicht sich unsere Leute schlagen.»

Im weiteren Verlauf des Krieges hielt sich Wilhelm Filchner tatsächlich in Norwegen auf. Als Leiter eines deutschen Marinebüros in Bergen wurde er in einen Spionageskandal verwickelt und musste eiligst das Land verlassen. Seinen Memoiren zufolge blockierte das eine heimliche Friedensinitiative, die sich im November 1916 in der Ritterburg von Lysaker mit ihm selbst und Fridtjof Nansen als Mittelsmännern zwischen deutschen und britischen Stellen anspann. Noch ein Jahr danach bedauerte Nansen, dass er nicht «den Versuch unternommen» habe.

Wenn nicht schon vorher, wurde Roald Amundsen sicher während seiner Aufenthalte in London gegen jegliche Sympathie für die Deutschen geimpft. Seine Antipathie gegen das Empire saß tief, aber wenn England schon nicht seins, so war es doch zumindest *ihr* zweites Heimatland. Und er war Patriot ihrer beider Länder. Kiss Bennetts Bruder Niels Gudde, der sich zwischen den Schlachten in England erholte, war von indischem Polo zum aktiven Kriegsdienst in der Kavallerie übergegangen. Hielt man sich in London auf, musste man sich auf eine Seite stellen. Der Krieg prägte dort mit seinen blutigen Neuigkeiten die Tage und mit seinen ekstatischen Feiern des Lebens die Nächte.

Gleichwohl war es nicht die welthistorische Dramatik, die Roald Amundsen in jenen Jahren beschäftigte. Das taten vielmehr die privaten Dramen und menschlichen Erschütterungen. Den Herbst 1915 verbrachte er mit seiner Auserwählten allein. Doch vor Weihnachten kamen ihr Mann und die Söhne nach Hause; «darum ist sie in schrekklicher aufregung», vertraute er Aline und Leon in einer offenherzigen Zeile an.

Den 22. Januar 1916 hat der Polreisende als Stichtag ausersehen, an dem er vollständig untertauchen will. Schon vor Weihnachten schreibt er an Leon: «Laß *keinen* meinen späteren aufenthaltsort wissen.» Der Plan steht fest. Irgendwie muss «die entführung» stattfinden. Leon erhält letzte Vollmachten, ehe das Brautgefolge in den Untergrund geht. «Wenn ich voraussichtlich in kürze von hier abreise, werde ich völlig aus dem verkehr gezogen sein, und dann solltest du die güte haben, in allem für mich zu handeln», schreibt er am 18. Januar.

Doch auch im Februar laufen noch Briefe aus London ein. «Das geld scheint in diesem land ganz besonders rund zu sein und hat eine verblüffende fähigkeit, davonzurollen. Sei so nett und überweise 1000 ans bankhaus Hambro, damit es für eine weile reicht.» Am 18. Februar trifft aus London ein Brief mit sieben beigelegten indischen Kriegspostmarken und der Nachricht ein, dass der alternde Baron Wedel-Jarlsberg zum zweiten Mal geheiratet habe.

Einen knappen Monat später meldet Leon seinem Bruder Tonni, dass «Roald nächste Woche zu Hause erwartet» wird. Tonni stellt die entscheidende Frage: «Kommt er allein, oder ist die Frau bei ihm?» Leon am 22. März: «Roald ist wieder hier, und es sieht gut aus.»

Anstelle der «Frau» brachte Amundsen einen Entschluss mit. Er wollte seine Arbeit wiederaufnehmen. Der Nordpol stand auf der Tagesordnung. Roald Amundsen hatte Kiss Bennett in die Enge getrieben, ihr eine Entscheidung abverlangt. Sie aber hatte sich nicht entscheiden können oder, was wahrscheinlicher ist, London gewählt. Der Brautraub gründete auf Illusionen.

Wir dürfen vermuten, dass er ihr Bedenkzeit einräumte: Einmal zum Nordpol und zurück. Er glaubte, die Zeit würde für ihn arbeiten; die Söhne würden erwachsen, der Mann alt. Gleichzeitig würde der Stern des Polbezwingers aufgehen. Wie war es mit Sigg Castberg gegangen? Auch sie hatte nein gesagt – bis er aus dem Eis zurückkehrte. Da stand sie am Ufer und winkte ihm mit der Scheidungsurkunde willkommen.

Roald Amundsen kehrte nach Norwegen zurück und erklärte, er wolle das alte Versprechen gegenüber Nansen und der ganzen Nation einlösen. Er würde zum Nordpol gehen. Auf der Spitze des Eisbergs wartete die Prinzessin.

Zwei Tage nach seiner Ankunft schrieb er dem inzwischen wieder nach Chicago umgezogenen Herman Gade zuversichtlich, er hoffe, der Zivilisation schon im Sommer 1917 den Rücken kehren zu können. «Hier wird derart gestritten und geprügelt, daß ich mich an dem tag erleichtert fühlen werde, da ich allem und allen den rükken weise. Der zeitpunkt für die fortsetzung meiner arbeit ist der beste. Persönlich habe ich mich nie frischer gefühlt und mehr dazu aufgelegt, die dinge anzugehen, als gerade jetzt. Hinzu kommt, daß ich durch günstiges anlegen meines vermögens mein kapital derart vermehrt habe, daß ich nun vollkommen unabhängig und im stand bin, alles selbst zu bezaalen. Kannst du dir die genugtuung vorstellen, die einem das gibt? Wohl kaum, denn du kannst nicht die perspektive des bettlers einnehmen.»

1916 hatte der Polfahrer einen großen Teil seiner Schiffsaktien abgestoßen. Leon hielt sein eigenes Paket noch zurück, räumte aber bald ein, dass der Verkaufszeitpunkt «glücklich» gewesen sei. Roald hatte sein Kapital verdoppelt und noch Papiere in der Obhut Gades und Leons. Der Polfahrer konnte sein eigenes Schiff bauen.

Schon im Herbst 1914 hatte die Hauptwerft der Marine in Horten veranschlagt, dass sich die Reparaturkosten für die *Fram* auf etwa 100 000 Kronen belaufen würden. Als man die Frage zwei Jahre später erneut aufwarf, zeigte sich, dass die Fäulnisschäden noch bedeutend zugenommen hatten. Amundsen selbst bezeichnete den ehemaligen Stolz der Nation als «Wrack». Doch als er nun beschloss, nicht noch einmal auf die «Alte» zu bauen und lieber ein neues Schiff auf Kiel legen zu lassen, steckten mehr als nur ökonomische Gründe dahinter.

Die *Fram* war Eigentum des Staates. Das hatte manchen Vorteil, bedeutete aber auch die Abhängigkeit von Regierung und Parlament. Außerdem war sie, historisch und moralisch gesehen, noch immer Nansens Schiff. Sicher widerstrebte es dem Polfahrer nicht, sich von diesem Vehikel der Vergangenheit zu lösen. Seinem Naturell entsprechend zog Amundsen es vor, sein eigenes Schiff in Auftrag zu geben: 1 Stck. Polarschiff bei der Werft Chr. Jensen in Asker.

Endlich kam wieder Bewegung in die Sache. Den Sommer verbrachte er in London. Im Herbst kamen ihm Zweifel am Zeitplan. Er brauchte noch ein weiteres Jahr. Außerdem schien es mit der finanziellen Unabhängigkeit nicht mehr weit her zu sein. «Ich gehe zum staatsminister und frage, womit ich von da rechnen kann», schrieb er Leon. In der Adventszeit reiste er nach Amerika, um zusammen mit Herman Gade die Proviantfrage zu regeln.

Leon Amundsen war in den Kriegsjahren aus Svartskog weggezogen. Mittlerweile lebte er im Süden Norwegens, wo er sich außerhalb von Arendal das Gut Fredly gekauft hatte. Auch der Geschäftsführer war in diesen hitzigen Zeiten ein wohlhabender Mann geworden. Der Polfahrer titulierte ihn neuerdings mit voller Berechtigung als «Schiffsreeder» Amundsen. Als residierender Sørländer durfte Leon nun Tonni bitten, ihm die neuesten Pläne des Bruders vor dessen Abreise nach Amerika zu referieren, und Tonni wusste zu berichten, dass Roald wieder einmal das Anwesen am Bunnefjord loswerden wollte. Um die gleiche Zeit richtete sich der Polarreisende nämlich eine vornehme Wohnung in der Thomas Heftye gate in Oslo ein. In der gleichen Straße wohnte Kiss Bennetts Schwester Gudrun Maus mit Familie. An diesem strategisch wichtigen Ort wollte der Polreisende also sein neues Basislager errichten. Der älteste Bruder schloss sein Referat mit einem Wunsch: «Ich hoffe, er schafft die Erdumrundung und kommt über London retour.» – Auch Tonni hatte begriffen, was das eigentliche Ziel der Expedition war.

Doch auch diesmal sollte aus dem Hausverkauf nichts werden. Nicht zuletzt die steuerliche Seite gab Leon zu denken. Der Polarforscher hatte seinerzeit unter Hinweis auf seinen Einsatz für das Vaterland in der Heimatkommune Oppegård lebenslange Steuerfreiheit erhalten. In der von Sozialisten dominierten Hauptstadt besaß er eine solche Garantie nicht. Es handelte sich, Leon zufolge, um «beträchtliche Summen». Weder Fredly noch die neue Stadtwohnung sollten für die Brüder Amundsen dauerhafte Domizile werden.

Nachdem er mit den Gades in Chicago gefeiert hatte und nach

Die Brüder Amundsen. Vorn: Busken und Leon, dahinter Tonni und Roald. Uranienborg, Sommer 1918.

dem Abschluss der Geschäfte in New York traf der Polarreisende Anfang Februar 1917 in London ein. Erst fast einen Monat später war er zurück in Norwegen; wohlbehalten, obwohl es kein Spaß mehr war, zwischen all den U-Boot-Periskopen die Nordsee zu überqueren.

Dramatische Dinge hatten sich aber zwischenzeitlich am friedlichen Bunnefjord ereignet. Jørgen Stubberud von der *Fram*-Besatzung soll einen Selbstmordversuch unternommen haben. Leon, der durch die Dienerschaft informiert wurde, berichtete, der ehemalige Südpolwanderer sei «unheilbar verrückt» geworden, «traurig, aber verständlich». In etwa der gleiche Kommentar wie damals, als sich Johansen im Sollipark erschoss. Ganz so unheilbar konnte

Stubberud jedoch nicht erkrankt sein, denn er kam über seine Störungen hinweg und sollte länger leben als jeder andere der neun Framheim-Bewohner, bis er fast hundert Jahre alt war.

Sowohl der Polarforscher als auch sein Bruder, der Reeder, waren um diese Zeit ziemlich davon überzeugt, dass es nur noch eine Frage der Zeit sei, bis Norwegen in den Krieg gegen Deutschland hineingezogen würde. Besonders Leon mit seinen starken Banden nach Frankreich war sehr dafür, dass Norwegen aktiv eingreifen sollte. Andererseits steckten beide in dem Dilemma, als Kriegsgewinnler von den Schrecknissen des Krieges zu profitieren. Es lässt sich als Doppelmoral, vielleicht aber auch als Ausdruck einer nagenden Verzweiflung interpretieren, dass Leon im März 1917 zur Feder griff und damit zu einem «Denkmal für unsere Seehelden» aufrief. Es war das einzige Mal, dass Leon Amundsen nicht im Auftrag des Polarreisenden öffentlich die Initiative ergriff. «Die Sache sollte bald in Angriff genommen werden, solange sich noch leicht Geld sammeln läßt.» Dem Redakteur von *Norges Handels- og Sjøfartstidende* schrieb er: «Es sollte das größte Denkmal des Landes werden, errichtet, wo man den schönsten Platz am Meer finden kann.»

Auch der Polarforscher stand im Begriff, aktiv in die historischen Begebenheiten einzugreifen. Er plante eine Vortragsreise. Nicht zum Besten seines eigenen Portemonnaies, sondern zur Verteidigung des Königreichs. Und damit nicht genug, bereitete sich der Militärflieger im Mannschaftsdienstgrad darauf vor, persönlich in den Krieg zu ziehen. Womöglich war es nur noch eine Zeitfrage, ehe die Zeppeline des Kaiserreichs mit ihrer Bombenlast über das Vaterland einschwebten. Am 13. März unterrichtete er Leon: «Hätte eigentlich diese woche flugübungen aufnehmen sollen, um bereit zu sein, die ersten zepiline zu perforieren. Doch wegen des starken schneefalls waren sämtliche übungen eingestellt, und ich muß bis zu meiner rükkehr warten. Hoffe, die ‹Zeppen› halten sich so lange fern, obwohl ich glaube, daß es bald soweit sein wird.»

Roald Amundsens Tournee zu Verteidigungszwecken bildete eine Abweichung von seiner sonstigen Leitlinie, sich streng auf das eigene Arbeitsgebiet zu konzentrieren. Während sich Nansen von der Polarforschung auf ein ständig erweitertes wissenschaftliches, politisches und humanitäres Wirkungsfeld ausgebreitet hatte, ging Roald Amundsen den entgegengesetzten Weg in eine beständig engere Spezialisierung und Konzentration auf seine ganz eigene Tätigkeit und Welt. Seit der unvermeidlichen Ansprache zum 17. Mai 1907 gibt es nicht viele Beispiele derartiger Auftritte zur allgemeinen Aufklärung und Erziehung des Volkes. Er wollte Nansens Rolle nicht länger spielen als unbedingt notwendig.

Die Vorträge zur Landesverteidigung bedeuteten einen Rückfall. Sie waren Nansens Aufgabe und Nansens Sache. Doch nun mussten sie sich bewähren. Der Volksredner Roald Amundsen tourte ganze sechs Wochen durch den nordnorwegischen Schärengarten. Der Zulauf war rege, doch die große Erweckung blieb aus. Nach Aussage des Reporters von *Nordlys* bekam er in Kabelvåg das Versammlungslokal des örtlichen Arbeitervereins «rammelvoll»; zu referieren gab es jedoch wenig: «Er wollte uns lediglich an den großen Weltenbrand draußen in Europa erinnern und warum es für uns wichtig sei, eine solide Landesverteidigung und eine dauerhafte Neutralität zu bewahren. Die Sozialisten seien vaterlandslose Gesellen und wollten überhaupt keine Verteidigung, behauptete er. Ich glaube kaum, daß sein Vortrag bei den Zuhörern ankam. Ich hatte eher den Eindruck, daß die Massen ziemlich mißvergnügt darüber, daß sie nichts Neues zu hören bekommen hatten, nach Hause gingen.»

Von den Vesterålen klang es positiver. Es wurde berichtet, der Polfahrer habe für seine Nordpolexpedition nicht weniger als zweihundert Kilo Ziegenkäse bestellt. «Damit hat unser berühmter Landsmann zwei Fliegen mit einer Klappe geschlagen: Er hat sich ein erkleckliches Quantum des anerkannt guten Rafsundkäses gesichert und die Leute von den Vesterålen auf bessere Gedanken gebracht. In Bø, das den U-Booten am meisten ausgesetzt ist, wurde zur Beruhigung ein Verteidigungsverein gegründet.»

Als er aus dem Norden zurückkehrte, waren die deutschen Zeppeline noch immer nicht zu Angriffen auf die norwegische Hauptstadt übergegangen. Damit blieb der Kriegseinsatz des Polarreisenden vorläufig auf die nordnorwegischen Vereinslokale begrenzt, und auf die Börse. Zunächst jedenfalls.

Ehe er sich auf den Weg in den Norden machte, hatte Amundsen das Storting darum ersuchen müssen, die 200 000 Kronen zurückzuerhalten, auf die er 1914 so großzügig verzichtet hatte, da die Expedition, wie man in der Zeitung lesen konnte, «viel teurer wird als früher angenommen». Auf Staatsminister «Gunnar» konnte er sich verlassen. Innerhalb von vierzehn Tagen ging das Geld wieder auf Amundsens Konto ein.

Bis zum Stapellauf spekulierte man, wie das neue Polarschiff wohl heißen solle. Die Zeitungen tippten überwiegend auf *Betty,* zu Ehren des unsterblichen Kindermädchens, das noch immer in einem Nebengebäude auf Uranienborg existierte. Sein voriges Schiff trug den unnorwegischen Frauennamen *Gjøa,* doch war es längst getauft, ehe der Polfahrer es als Eigner übernahm. Und welche Frau gab es schon in Roald Amundsens Leben, abgesehen von Betty?

Natürlich hätte er auch wie Nansen ein ganz anderes Wort, eine Devise als Namen wählen können. Doch im Fall Amundsens hätte das Motto «Erster» lauten müssen. Das aber passte nicht mehr so recht, seit der Nordpol erreicht war und schon die *Fram* die Drift durch das Eis bewältigt hatte. Der Polfahrer hatte eine bessere Idee. Am 2. Juni kam die Antwort vom Schloss: «Die Königin erteilt mit Freude ihr Einverständnis mit Ihrem Vorschlag. Haakon R.». Das Schiff sollte *Maud* heißen, weiblich und national zugleich. Dabei war es ebenso breit, wie die Königin schlank war.

Der Stapellauf fand in aller Frühe statt, an Roald Amundsens privatem Nationalfeiertag, dem 7. Juni 1917. Das Polarschiff wurde nicht dekadent mit Champagner, sondern mit seinem ureigenen Element getauft, mit Eis. «Der stapellauf war perfekt, und das ganze wurde ein leuchtendes fest», notierte der Polfahrer voller Optimismus über das Schiff und die Zukunft in sein Tagebuch.

Das königliche Schiff *Maud* wird zu Wasser gelassen, Volden in Asker, 7. Juni 1917.

Mit Herman Gade zusammen hatte er in Amerika die Proviantfragen geregelt. Der Plan sah vor, es in San Francisco zu beladen. Also hatte er, ungeachtet des Weltkriegs, die alte Route wiederaufgenommen: durch den Panamakanal und dann entlang der amerikanischen Westküste hinauf in die Beringstraße. Der verschmähte Diplomat Herman Gade leistete seinen Einsatz in Amerika übrigens nicht umsonst. Instruktionen gingen in beide Richtungen. Durch den besten Freund in Kristiania stand Gade wenigstens ein diplomatischer Kanal noch offen: via Polfahrer direkt zum Staatsminister. «Ich werde in nächster zukunft mit G. K. reden und ihm alles, was du wünschst, ins ohr flüstern.»

Doch wie so oft zuvor: die Reise musste verschoben, der Plan geändert werden. Am 10. Juli schrieb Amundsen dem Freund in Chicago: «Ich hatte gehofft, möglichst schon im herbst loszukommen, und dann über S. Frisco, aber es geht nicht. Darum muß ich versuchen, von hier zu starten, und gleich nach norden zu gehen, nächsten sommer – 1918.» Das bedeutete, Verpflegung für fünf Jahre musste nach Norwegen verschifft werden, mitten durch den U-Boot-Krieg.

In seinem verbissenen Ringen mit Großbritannien hatte das Deutsche Reich im Februar den uneingeschränkten U-Boot-Krieg erklärt. Daraus resultierte unter anderem die massenweise Versenkung norwegischer Handelsschiffe samt den dazugehörigen Verlusten an Menschenleben. Im April 1917 erfolgte die offizielle Kriegserklärung der USA an Deutschland, und im Oktober unternahm Roald Amundsen seinen Einmannfeldzug gegen die kaiserliche Gesandtschaft in Kristiania.

«Als norwegischer seemann erlaube ich mir, als persönlichen protest gegen die deutschen hinmordungen friedlicher norwegischer seeleute meine deutschen auszeichnungen zurückzugeben.» Mit dieser Deklaration knallte der gemeine Flieger und einfache Matrose dem deutschen Botschafter seine kaiserlichen Orden auf den Tisch. Er war schon nach der Durchquerung der Nordwestpassage bei einer feierlichen Audienz im Berliner Schloss von Wilhelm II. persönlich dekoriert worden.

Roald Amundsen teilte nicht Nansens souveräne Einschätzung des Ordenswesens als ein wenig ansprechender Auswuchs menschlicher Schwächen. Für ihn bedeuteten Orden reelle Werte. Als motivierende Kraft, als Handelsware und Tauschmittel hatte diese Art von Metallartikeln vollkommen ihren Wert auf jenem Jahrmarkt der Eitelkeiten erwiesen, auf dem er nun einmal auftreten musste. Einen Orden zurückzugeben stellte für einen Roald Amundsen keine billige Form von Protest dar. Der Kollege Sverdrup folgte wenige Tage später seinem Beispiel. Fridtjof Nansen hielt sich gerade als Gesandter der Regierung in Washington auf, und seine Auszeichnungen lagen irgendwo auf Polhøgda in einer Schublade. Dort verblieben sie unberührt, bis das Blutbad zu Ende war.

Amundsens diplomatischer Bruch mit dem Kaiser wurde nicht nur im Heimatland, sondern in der gesamten kriegführenden

Welt beachtet und kommentiert. Auch in Deutschland. In einer Flut von Glückwünschen kam auch ein Brief aus Trondheim: «Nehmen Sie meine aufrichtige und warme Anerkennung Ihres freien und mannhaften Auftretens durch Rückgabe der deutschen Auszeichnungen entgegen.» Unterzeichnet von Rechtsanwalt und Reserveoffizier Trygve Gudde. Der gemeine Flieger hatte unzweifelhaft an mehreren Frontabschnitten Erfolge zu verzeichnen.

Damit aber war der Feldzug noch nicht beendet. Roald Amundsen hatte Blut geleckt. Er wandte sich an seinen Freund John A. Gade, der während des Krieges als amerikanischer Marineattaché in Skandinavien Dienst tat, und fragte ihn, ob er nicht die Formalitäten aus dem Weg räumen könnte, die den norwegischen Polarforscher daran hinderten, in die Royal Navy einzutreten. Landsleute wie der Pilot Tryggve Gran oder «Schwager» Niels Gudde kämpften bereits in englischen Uniformen, warum sollte ausgerechnet er davon ausgeschlossen sein, wo er doch den prächtigsten Körper von allen besaß.

John Gade wandte sich an den zuständigen Admiral und erhielt zur Antwort, man würde sehr gern eine Sightseeing-Tour zu den derzeit umkämpften Frontabschnitten arrangieren, damit sich Herr Amundsen zunächst einen Überblick über die Lage verschaffen könne. Nach der Anekdote mit den Orden hatte man begriffen, dass der Polarforscher im Dienst der Propaganda mehr ausrichten konnte denn als Kanonenfutter an der Front.

Tatsächlich absolvierte Amundsen einen «äußerst interessanten besuch an den drei fronten». In einem Brief an Leon wusste der Krieger von einer «außerordentlich angenehmen zeit» bei alten Freunden in Paris zu berichten. Hingegen sah er keine Veranlassung mitzuteilen, dass er während seines Aufenthalts als Gast der Regierung im Hotel Meurice einem jungen Amerikaner Audienz gab. Der bescheidene US-Boy tat im Air-Force-Hauptquartier in der französischen Hauptstadt Dienst, doch sein größter Wunsch war, den Norweger auf seiner arktischen Reise begleiten zu dürfen. Leider sah Amundsen keine Möglichkeit, diesen exotischen Wunsch zu erfüllen.

Später sollten sich die beiden in einem anderen Hotel in einem anderen Land wiederbegegnen. Lincoln Ellsworth hatte erst zum ersten Mal an Roald Amundsens Tür geklopft.

Mitte Februar logierte der Entdeckungsreisende im Londoner Ritz. Anfang März traf er in den Vereinigten Staaten ein, wo er die Bundesstaaten im Nordwesten bereisen sollte, um amerikanische Bauern für die europäischen Schützengräben anzuwerben. John Gade zufolge erzielte er «verblüffende» Resultate.

Den ganzen Winter über wurde in Amerika daran gearbeitet, die Exporterlaubnis für Proviant und Ausrüstung der *Maud*-Expedition zu erhalten. Dabei leistete Fridtjof Nansen, der sich in Washington aufhielt, um die Versorgung Norwegens mit Lebensmitteln zu sichern, seinem jüngeren Kollegen einen letzten Dienst. In Zusammenarbeit mit den Brüdern Gade brachte er eine Absprache mit den Behörden zustande, der zufolge die Ausrüstung trotz der strengen Kriegsrestriktionen ausgeführt werden durfte und Norwegen im Lauf des Frühjahrs erreichen sollte. Ende April kehrte auch der Polarreisende aus den Propagandagebieten im Nordwesten zurück.

Es kann einem schon ein wenig merkwürdig vorkommen, womit sich ein «seriöser» Wissenschaftler wie Roald Amundsen in seinem letzten Jahr, bevor er zu einer auf womöglich fünf Jahre zu veranschlagenden Expedition aufbrach, beschäftigte. In den ersten Kriegsjahren spielte er den bemittelten, soignierten und stets reisenden Gentleman. Wenig später hatte er «allem und allen den rükken» weisen wollen. Doch in dem Moment, da der Aufbruch tatsächlich näher rückte, wollte er auf einmal unbedingt eine Rolle im kriegführenden Europa spielen. Erst will er sich im neuentstandenen Heldenjob als Flieger in die Luft schwingen und sich dann unbedingt in britischer Uniform zum Kriegseinsatz melden. In den heroischen Initiativen dieses Mannes in seinen mittleren Jahren liegt etwas Melodramatisches und Unrealistisches. Welchen Kampf focht er eigentlich aus? Wofür kämpfte er? Eines war jedenfalls sicher: es war nicht mehr die Zeit der Zivilisten. Jedenfalls nicht in London.

Im Frühjahr 1917 hatten die Zeitungen gemeldet, ein Sergeant Herland sei zum Flieger der Expedition ernannt worden: «Er also wird gemeinsam mit Amundsen den Vorstoß zum Pol unternehmen.» Der Unteroffizier hatte bereits durch einen tollkühnen Flug von Kongsvinger nach Lillestrøm Aufsehen erregt. Doch ein Jahr später war von einem Flugzeug an Bord der *Maud* keine Rede mehr. Die zentrale neue Idee war unmerklich auf Eis gelegt worden.

Kaiser Wilhelms Zeppeline konnten jederzeit mit ihrer todbringenden Bombenlast angeschwebt kommen. Alles in allem war es also vielleicht nicht der richtige Zeitpunkt, um rares Fluggerät aus dem Land abzuziehen. Solange der Krieg andauerte, gehörten Flugzeuge in den Himmel über Europa. Da, im Scheinwerferlicht der Luftabwehr, lag die eigentliche Arena der Helden.

Jegliche Luftakrobatik im ewigen Eis würde dagegen deplatziert wirken. Es war weder die Zeit noch der Ort für zivile Heldentaten. Ob nun ein Mann mehr oder weniger sein Leben aufs Spiel setzte, machte im Licht der enormen Verlustlisten, mit denen die Öffentlichkeit Tag für Tag bombardiert wurde, keinen besonderen Eindruck.

Es kam nicht so darauf an, was an Bord der *Maud* geschah. Das Wesentliche war die Abwesenheit. Er wollte vermisst werden. In seiner Abwesenheit würde *sie* ihre Entscheidung treffen.

Ihn aus der Umarmung des Eises befreien.

26 In der Umarmung des Eises

Am 24. Juni 1918 verließ die *Maud* Kristiania, kurz vor dem Ende des alten Europas. Nur eine Woche vorher war Königin Mauds Cousin, der russische Zar, mitsamt seiner Familie irgendwo im fernen Sibirien hingerichtet worden. Die Schützengräben zogen sich dicht wie Blutgefäße durch das zentrale Europa. Und es war nur noch eine Frage von Monaten, bis weitere Kaiserreiche in den Staub sinken würden.

Das Königinnenschiff *Maud* erinnerte an etwas Großes und Vielversprechendes. Fünfundzwanzig Jahre war es her, seit die *Fram* aus einem zu den Bernadottes verurteilten Norwegen ausgelaufen war. Damals war es eine Reise der Hoffnung und der Selbständigkeit mit Norwegens Freiheit als höchstem Ziel gewesen. Die *Maud*-Expedition war eine bleiche Wiederholungstat, doch zugleich eine festliche Jubiläumsveranstaltung. Im Prinzip handelte es sich noch immer um die dritte Reise der *Fram*.

Auch das Schiff, die *Maud* selbst, war eine überarbeitete, etwas verkürzte Ausführung von Nansens und Colin Archers Originalkonstruktion. Der Plan wie die Route stammten durch und durch von Nansen, das heißt, Amundsen wollte etwas weiter östlich ins Eis gehen, um damit auf einem nördlicheren Kurs zu landen. Während die *Fram* ihre Westdrift westlich der Neusibirischen Inseln begonnen hatte, sollte die *Maud* östlich davon ins Rennen gehen, bei der Bennett-Insel. Diese Route würde sie nicht bloß näher an den Nordpol heranführen – das einzige der selbstgesteckten Ziele, das die *Fram*-Expedition nicht erreicht hatte –, es würde sie auch in das unerforschte Gebiet zwischen dem Pol und Alaska bringen.

Der Zeitung *Tidens Tegn* gegenüber äußerte der Polarforscher vor der Abreise, es bestehe «unbestreitbar eine Wahrscheinlichkeit, daß es dort drinnen irgendwo festes Land gibt».

Die *Maud* war ein Forschungsschiff, aber auch so etwas wie eine Luxusyacht, elegant eingerichtet und mit Einzelkajüten für die gesamte Mannschaft. Die bestand aus neun Mann. Erst wenige Wochen vor dem Ablegen hatte Amundsen den Veteranen von der *Gjøa* und der *Fram,* Helmer Hanssen, zum Skipper der *Maud* berufen. Damit wurde Oscar Wisting Erster Steuermann, der Schwede Sundbeck Erster Maschinist, und als vierter Veteran von der *Fram* kam auch der nicht mehr ganz junge, aber noch immer handwerklich tatkräftige Martin Rønne mit. Die übrigen vier waren gänzlich frisch: Tessem, Knudsen, Tønnesen und, endlich, der Geophysiker Dr. Harald U. Sverdrup, der einzige echte Wissenschaftler der ganzen Mannschaft.

Das neunte Mitglied schloss sich der Expedition erst bei der Ankunft des Schiffs am 14. Juli in Tromsø an. Roald Amundsen hielt sich nie länger als unbedingt nötig an Bord seiner Polarschiffe auf. Diesmal nahm er die Hurtigrute. Worin bestand eigentlich *seine* Aufgabe an Bord? Auf seiner ersten Expedition war er sowohl Skipper als auch Leiter der wissenschaftlichen Arbeiten gewesen. Auf der *Maud* hatte er diese Aufgaben beide delegiert. Gleichwohl versah er einen doppelten Auftrag. Zum einen war er als Entdecker dabei. Früher hatte er die Vorstöße zum magnetischen Nordpol und zum Südpol geleitet; diesmal sollte er den Angriff auf den Nordpol führen. Wenn es so weit war. Zum anderen war er in einer privaten Angelegenheit unterwegs.

Amundsens Kajüte war eine Klosterzelle, die wie ein Brautgemach eingerichtet war. Die Decke über der Koje war mit einem Seidenbehang ausgeschlagen, auf dem gestickte weiße Möwen über einen tiefroten Himmel flogen. «Freunde hatten meine Kajüte ausgestattet», schrieb er in seinem Buch über die Nordostpassage, «und es war so hübsch und schön ausgeführt, daß ich errötend die Augen niederschlug, als ich das erste Mal eintrat. Man hätte glauben können, ich ginge auf Hochzeitsreise.» An der Wand über dem Schreibtisch hingen zwei englische Strophen, auch sie in Buchstabenstickerei.

The stars are with the voyager
Wherever he may sail
The moon is constant to her time
The sun will never fail.

But follow, follow round the world
The green earth and the sea
So love is with the lover's heart
Wherever he may be.

Ja, genau, er ging auf Hochzeitsreise. Die Braut war in seinem Herzen dabei, in seiner roten Kajüte und auf dem Schiff, das er leuchtend weiß hatte streichen lassen. Die Fahrt hatte zwei Ziele: den Nordpol und London.

Die *Maud* verließ Tromsø am 16. Juli, Amundsens sechsundvierzigstem Geburtstag. Zwei Tage darauf nahm die Expedition Abschied von einem Vardø im Festtagsschmuck. Nach dem Verlassen der norwegischen Küste bekam Amundsen wirklich Angst, das Forschungsschiff könnte «von deutschen piraten versenkt werden». Doch bald erreichte es friedlichere Gewässer außerhalb der Reichweite des deutschen Kaisers.

Einen Monat nachdem sie Norwegen verließen, schickten die Expeditionsmitglieder von Chabarowsk auf dem Festland südlich von Nowaja Semlja noch einmal Post nach Hause. Dort heuerte der Chef auch einen zehnten Mann an, einen einundzwanzigjährigen halb norwegischen Russen, der Sundbeck an der Maschine helfen sollte. «Er heißt Olonkin», meldete der Polfahrer seinem Geschäftsführer. Der Vorname war nicht so wichtig. Die nächste Meldung erfolgte einige Wochen später von der Dickson-Insel. Von dort wurden auch Telegramme abgesetzt, doch konnte die Station keine Signale *aus* Norwegen empfangen.

Die unglückselige Mannschaft. Die Besatzung der *Maud* vor der Abreise von Kristiania. Sitzend von links: Erster Maschinist Sundbeck, der Chef, Skipper Hanssen, Erster Steuermann Wisting. Stehend: Tessem, Tønnesen, Dr. Sverdrup, Knudsen. Segelmacher Rønne sollte erst in Horten zusteigen, während die Bernhardiner zurückblieben und fein auf Uranienborg aufpassten.

Dann verging ein Jahr.

Ein unglückseliges Jahr.

Die *Maud* passierte am 9. September Kap Tscheljuskin, Asiens Nordspitze, auf den Tag genau fünfundzwanzig Jahre nach der *Fram*. So weit lag das Schiff im Plan. Doch bald wurde es vom Eis eingeholt und musste sich für den Winter eine Leeküste suchen. «Der winkel, den wir uns ausgesucht haben», schrieb der Polarreisende an Leon, «oder besser der einzige, der uns offen stand, war eine kleine einbuchtung hier an der nordküste der Tscheluskihalbinsel, 21 kvartmeilen [= Seemeilen] von der nordspizze. Dieser winkel bekam den namen Maudhavn.»

Nach einem Jahr des Eingeschlossenseins wird auf der *Maud* eine Postsendung zusammengestellt. Dieser postalische Aufbruch beinhaltet die ersten Anzeichen innerer Auflösung. An Leon schreibt Amundsen: «Tessem schikke ich unter dem vorwand, die post zu überbringen, nach hause. Die wirkliche ursache ist, daß er unter einem schlechten kopf leidet und über lange zeit sehr melankolisch ist.»

Zu Peter Tessems Begleiter ersieht der Chef einen anderen Problemfall aus, den er gern loswerden möchte, Emanuel Tønnesen. «Mit Tønnesen ist es etwas andres. Er erhält seinen abschied wegen nachlässigkeit & ungezogenheit, wie das beigelegte schriftstükk, ein auszug aus dem journal, dir beweisen wird. Ich wünsche, daß dieser auszug in bereitschaft gehalten wird für den fall, daß er bei seiner heimkehr teater zu machen gedenkt, und dann vollster gebrauch davon gemacht wird. Führt er sich artig auf, dann laß ihn zufrieden. Er ist bloß ein grüner dummer junge, der noch ein paar weihnachtsgrützen braucht, ehe er verwendbar wird.»

Der große Zusammenstoß mit dem jungen Tønnesen hat im Juni 1919 stattgefunden. Nach einigen weggeworfenen Kohlestückchen kam es zwischen dem Chef und dem respektlosen Sechsundzwanzigjährigen zu einem hitzigen Wortwechsel. Allerdings wird Tønnesen wieder in Gnaden aufgenommen, noch ehe der Brief an Leon fertig ist. «Im grunde ist er ein prächtiger bursche, den ich kaum entbehren kann.» Auch wenn Tønnesen gegen das erste Gebot an Bord gesündigt hat: Du sollst keine Aufsässigkeit gegenüber dem Chef zeigen, ist und bleibt er ein harmloser junger Kerl ohne jegliche Autorität. Wenn er darüber hinaus noch als reuiger Sünder auftritt, kann sich der Chef dazu herablassen, Gnade vor Recht ergehen zu lassen. Tønnesen ist nicht im mindesten ein Rebell vom Format eines Johansen.

Wer aber soll dann Tessem nach Süden begleiten? Der Chef hat Paul Knudsen bereits im Visier. Als die Frage bei Tisch zur Sprache kommt und Knudsen sich freiwillig meldet, ist die Sache entschieden. Mitte September verlassen die beiden Maudhavn, um sich nach Südwesten auf den Weg zur nächsten Telegraphenstation zu machen. Beide sind erfahrene Jäger und gut ausgerüstet. Außerdem nehmen sie sechs Hunde mit. Trotzdem ist ihr Abschied von der *Maud* der Auftakt zu einer Tragödie und einem Mysterium, das Roald Amundsen noch manchen Kummer bereiten wird.

Dem Brief an Leon folgt der erste Teil eines Manuskripts, das später den Titel *Die Nordostpassage* erhält. Was dem Polarreisenden aber «am meisten am herzen liegt», ist, den Bruder zu instruieren, wie mit den Einnahmen aus der Buchveröffentlichung verfahren werden soll, damit Betty und die Brüder finanziell abgesichert werden: «Das ist ein geschenk, das ich bei lebendigem leib mache, und hat nichts mit meinem aufgesetzten testament zu tun. Sorge unbedingt dafür, daß die beiden dinge getrennt bleiben.»

Damit enthüllt der Polfahrer, dass er vor dem Aufbruch sein Testament gemacht hat. Da es offenbar weder die Brüder noch das Kindermädchen bedachte, muss es zugunsten einer außenstehenden Person getroffen worden sein. «Alles, was durch das buch einkommt, sollst du auf deinen namen einzahlen», schreibt er Leon, «damit die summe nichts mit dem zu tun hat, was ich sonst hinterlasse.»

Amundsen hatte demnach bereits Befürchtungen, dass er die Expedition der *Maud* nicht überleben könnte. Ihm schlug das Gewissen gegenüber seinen Angehörigen, von denen einige nicht imstande waren, sich selbst zu versorgen, während das Testament allem Anschein nach als Geste an eine Person gedacht war, die längst reichlich versorgt war. Weiterhin: «Sollte ich umkommen, dann tu für Hanssen & Wisting, was du kannst. Rønne & Sundbeck wüßte ich ja auch gern beloont, besonders aber die 2 ersten.» Der Polfahrer bereitete sich nicht auf das Scheitern der Expedition vor, sondern auf sein eigenes persönliches Ende.

Mit der gleichen Postsendung schickte Amundsen einen Bericht an seinen Arzt, Dr. Roll in Kristiania. Er enthielt eine Krankheitsgeschichte von einiger Dramatik und setzte gleich nach der Ankunft in Maudhavn ein. «Am 30. septr. 1918 bin ich von der laufplanke aufs eis gestürzt und habe mir den rechten oberarm an mindestens 2 stellen gebrochen. Einmal etwas oberhalb des ellbogens und einmal gleich unterhalb des schultergelenks. Wisting, der einige ausbildung in der behandlung solcher fälle erhalten hat, verband mich. Abgesehen von 14 tagen gewaltiger krämpfe in den umliegenden musseln, ging das ganze gut. 5 wochen danach – ich sollte die binde noch eine woche drauflassen – kam ich auf dem eis einem bären ins gehege und wurde umgeworfen. Ich schaffte es, aus den klauen des bären und anbord zu kommen.» – Der Bär wurde im entscheidenden Augenblick von einem Hund mit Namen Jakob abgelenkt und dann von Dr. med. Wisting mit der Büchse letal behandelt.

Noch einen dritten fast tödlichen Zwischenfall im ersten halben Jahr auf der *Maud* konnte der Polfahrer seinem Krankenjournal hinzufügen. Diesmal aus dem eingegrabenen magnetischen Observatorium. «Es gab da keine ventilation. Licht und wärme verschafften wir uns mit einer 100-Lux-Lampe (petroleum). Nach einer weile bemerkte ich während der observationen, wie ich kurzatmig wurde. Achtete indeß nicht weiter darauf, bis ich plötzlich am 10 decbr. ein gefühl bekam, ich sollte mich vorsehen. Atemzüge wurden kurz und beschwerlich, gleichzeitig kloppfte der puls mit voller faart – nicht unter 150. Ich mußte die observation, mit der ich beschäftikt war, abbrechen, um an die luft zu stürzen. Meine beine wollten mich nicht mehr tragen, als ich nach draußen kam, aber die 200 meter anbord des schiffes schaffte ich doch.»

Roald Amundsen glaubte, eine Vergiftung erlitten zu haben. Den Winter über hatte er Probleme mit dem Herzen, dem Atmen und dem Puls. «Können Sie daraus etwas ablesen? Können knochenbrüche, die begegnung mit dem eisbär und die stikkstoffgeschichte das herz angegriffen haben? Ich persönlich fürchte, es ist so, versuche mich aber selbst zu überzeugen, daß das ganze bloß nervös ist.» Abschließend gestand der Polarreisende seinem Arzt, dass er zeitweilig an Schlaflosigkeit litt. «Sonst habe ich es gut in der gefangenschafft – essen, trinken, licht und wärme für viele jaare.» Er vermisste also mit anderen Worten nichts. Bis auf das Glück.

Doktor Roll war leider verhindert, seinem Patienten eine Diagnose zu stellen; die musste er bis auf weiteres dem örtlichen Kollegen, Blechschmied Wisting, überlassen. Später aber legte der Polarforscher seine sibirische Krankengeschichte mehreren Ärzten vor. Irgendetwas stimmte nicht mit dem Herzen. Aber was?

Amundsen nahm sich das Problem in *Mein Leben als Entdecker* zu neuerlicher Behandlung vor. Dort erhielt auch die «Begegnung» mit dem Eisbären vom 8. November 1918 eine neue Dimension: «Ich hatte immer gehört, daß ein Mensch, der seinen sicheren Tod vor Augen hat, wie ich es tat, als ich unter dem Bären lag, alle bedeutsamen Ereignisse seines vergangenen Lebens lebhaft und schnell in seinem Geiste vorüberziehen sieht. Aber meine Gedanken beschäftigten sich, als ich dalag und den Todesstreich erwartete, mit gar nichts Bedeutsamem. Im Gegenteil, aus all meinen Erlebnissen tauchte nur eine Londoner Straßenszene vor meinem Geiste auf, die in jenem Augenblick gewiß nur als frivoler [im Original: «inhaltsloser»] Gedanke zu bezeichnen war. Ich legte mir nämlich die Frage vor, wieviel Haarnadeln wohl in London an einem Montagmorgen auf den Gehsteigen von Regentstreet zusammengefegt werden mögen! Die Bedeutung dieses närrischen Einfalls in einem der ernstesten Augenblicke meines Lebens muß ich den Psychologen überlassen, aber ich habe immer darüber nachdenken müssen, was für seltsamer Reaktionen die menschliche Seele im Augenblick höchster Not fähig ist.»

Was würde Freud dazu sagen? Genau diese Frage stellte sich der in Florø niedergelassene Arzt Otto Kratter, als er Amundsens Autobiographie las. Am 31. Januar 1928 erhielt er Antwort aus Wien.

«Geehrter Herr Kollege
Ihr Zitat ist wirklich sehr interessant. Der sonderbare Gedanke Amundsen's im Moment der Todesgefahr muß eine Erklärung zulassen. Leider wäre die Befragung des kühnen Polarforschers nach seinen Assoziationen dafür unentbehrlich. Ohne solchen Anhalt kann man nur sagen, der Einfall zeigt, daß A. jede Hoffnung auf Rettung aufgegeben und sich

(sein Leben) als wertlos hingestellt hat. Warum dies désinteressement in dieser Form zum Ausdruck gekommen,
das wäre lehrreich durch eine Analyse an ihm zu erfahren.
Ihr sehr ergebener
Freud»

Dr. Kratter, der selbst psychoanalytisch praktizierte, unternahm viele Jahre später einen auf damals zugänglichem biographischem Material beruhenden Deutungsversuch. Doch vergeblich suchte er nach dem Schlüssel, der die Hauptstadt des Empires mit Haarnadeln in Verbindung brachte, den verlorenen Requisiten des Weiblichen.

Es ist kaum anzunehmen, dass Roald Amundsen sein heimliches Leben auf Sigmund Freuds Couch ausgebreitet hätte. In dem Fall wäre jedenfalls schnell ans Licht gekommen, weshalb seine Gedanken im Augenblick des Todes ausgerechnet nach London schweiften. Vielleicht wäre ein Straßenfeger in der Regent Street genau der Richtige gewesen, um das Seelenleben des Polarentdeckers zusammenzufegen. Es war nicht gerade eine lustige Filmrevue, die da an jenem nebligen Novembermorgen, der beinahe sein letzter geworden wäre, vor seinem inneren Auge vorbeiflimmerte. Aber bedeutungslos war sie ganz und gar nicht.

Ein verletzter Roald Amundsen kam aus dieser ersten Überwinterung an der Küste Sibiriens hervor. Der stolze Polarreisende hatte sich in einen reisenden Rekonvaleszenten verwandelt. Schon hatte er den Plan aufgeben müssen, das Schiff zurückzulassen, wie es Nansen seinerzeit getan hatte. Vor dem Aufbruch waren Vorbereitungen getroffen worden, auf Kap Columbia an der Nordspitze von Ellesmere Island Depots anzulegen. Der Plan sah nämlich vor, von der *Maud* aus eine Schlittenexpedition über den Nordpol und die arktischen Inseln Kanadas bis nach Grönland zu unternehmen. Ahnungslos arbeitete Leon zu Hause in Kristiania weiter daran, die Vorräte an Ort und Stelle bringen zu lassen. Der alte Schiffsgenosse Godfred Hansen sollte die praktische Ausführung übernehmen. Noch ahnte er nichts vom mäßigen Vordringen der *Maud* und davon, dass die Kajüte des Leiters in eine Krankenklause verwandelt worden war.

Roald Amundsen war angeschlagen, aber er war nicht gebrochen. Am 18. Mai trug er ins Tagebuch ein: «Wir hatten keinerlei fest aus anlaß des 17. Unser nationaltag ist der 7. juni & ich erkenne keinen anderen an.» (Leutnant Hansen durfte noch immer auf seine Zigarren warten.) In seiner Schiffszelle in Sibirien vertiefte er sich erneut in seine private Sprachreform. In seiner Einsamkeit fasste er eine Vorliebe für die Verdoppelung von Konsonanten. Dies war phonetisch korrekt, verdoppelte aber praktisch auch den Schreibaufwand. Am 9. Oktober 1919 fand er die Lösung: «Das zeichen ᵛ bedeutet doppelter konsonant.» Eine Weile verwendete der Polfahrer dieses Verdoppelungszeichen, aber auch das wurde kein fester Bestandteil seiner stets sich ändernden Rechtschreibung.

Innerlich war er rastlos. Im Grunde neidete er Tessem und Knudsen den Tag, an dem sie abziehen durften. «Ich wünschte, ich käme nach süden, um neues zu hören», heißt es im Brief an Leon.

Mitte September schaffte es die *Maud* endlich, aus dem Eis freiund weiter nach Osten voranzukommen. Doch schon ehe der Monat zu Ende ging, musste die Expedition nach einem neuerlichen Überwinterungshafen Ausschau halten. Da es unmöglich geworden war, weiter nach Norden vorzustoßen, legte sich das Schiff vor die Insel Ajon zwischen den Neusibirischen Inseln und der Beringstraße. Dass sich Missmut breitmachte, ist nicht zu übersehen. Ging es eigentlich um eine Expedition zum Nordpol oder um eine Verbannung nach Sibirien?

«Habe heute Rønne & Tønnesen ihren abschied gegeben und ihnen mitgeteilt, daß sie nach hause gehen sollen», trug der Chef am 26. September ins Tagebuch ein. Beide bekamen ihr Führungszeugnis aufgestempelt: «Rønne ist ein aufwiegler, der einem hinterrücks übles antut. Tønnesen ist ein dummer lümmel, der es absolutt nicht verträkt, wenn man nett zu ihm ist, ohne unverschämt und verstokkt zu werden. Es kommt darauf an, alle schätlichen elemennte loszuwerden, ehe wir diese welt verlassen.»

Martin Rønne war bereits einige Male als offensichtlich betrunken aufgefallen. In dunklen Stunden konnte den Segelmacher ein unwiderstehlicher Drang befallen, Schnaps aus Kaffeebechern zu trinken. Und ebenso wie die *Fram* auf ihrer Reise nach Süden führte die *Maud* einen üppigen Alkoholvorrat mit sich. Doch damals wie diesmal war ein unerbittliches System von Rationierungen in Kraft gesetzt worden. Selbst gestandene Männer wie Lindstrøm und Johansen hatten sich der Maßhaltetyrannei des Chefs unterwerfen müssen. Gleichwohl war es nicht der Trinker, sondern der «Aufwiegler» Rønne, der bei dieser Gelegenheit entfernt wurde.

Am 1. Dezember 1919 machten sich Wisting und Hanssen auf einen langen Marsch nach Nome an der Beringstraße. Eine neuerliche Sendung Post von der *Maud* wurde von ihnen auf den Weg gebracht, und Tønnesen sollte doch dorthin geleitet werden, wo er hingehörte, in die Zivilisation. Nun durfte Rønne bleiben, hatte er Gnade gefunden. Außerdem hätte er den Marsch niemals durchgestanden.

Obwohl die Mannschaft schrumpfte, wurde die zweite Überwinterung nicht einsamer als die erste. Auch wenn sie von der Zivilisation abgeschnitten war, stand die Expedition dauernd in Kontakt mit anderen Menschen. Dr. Sverdrup legte seine naturwissenschaftlichen Aufgaben beiseite und widmete sich voll und ganz den, wie Amundsen sich ausdrückte, «Wilden».

Am 4. Dezember 1919 erreicht der Friede die norwegische Kolonie. Ein reichliches Jahr nach der deutschen Kapitulation können umherstreifende Russen Amundsen die letzten Neuigkeiten aus der Weltgeschichte mitteilen. Am Tag darauf notiert er im Tagebuch: «Wir feiern und flaggen aus anlaß des friedensschlusses und der flucht des kaisers. Hoffentlich hatt ihn sein schlingel von soon – dieser widerliche kronprinz – begleitet.» In seinem Hass ist der Polarreisende unversöhnlich und dehnt ihn gern gleich auf die nächste Generation mit aus. Wenige Monate später erhält er neue unbestätigte Meldungen über das Schicksal des Erzfeindes: «Es laufen gerüchte um, wird mir erzählt, daß Wilhelm, der deut-

Amundsen im Salon der *Maud*

sche mörder, auf einer einsamen insel ausgesetzt worden sein soll, wie damals Napoleon. Eine vielzu milde strafe für diese untiere.» Leider sitzt der Kaiser zu diesem Zeitpunkt sicher und bequem in einem Schloss mitten im zivilisierten Holland. Der Polfahrer dagegen befindet sich selbst auf einer «einsamen insel». Wie ungerecht die Welt doch sein kann.

Auch mit dem Essen an Bord der *Maud* ist nicht alles so, wie es sein soll. Da Lindstrøm nicht dabei ist, hätte der Chef gern «einen gelben oder schwarzen Koch angeheuert. Die kolorierten eignen sich dazu besser als wir weiße. Jetzt haben wir nunmal keinen *festen* koch, und das ist sehr ärgerlich», schreibt er in einer Art Feuilletonbrief an Leon. Rønne, der sonst die meisten Handwerke beherrscht, erweist sich als untauglich. Da auch sonst keiner in der Kombüse richtig zurechtkommt, beschließt der Chef, es selbst zu versuchen. Er legt seinen ganzen Ehrgeiz in die neue Profession und sticht bald die Lindstrøm'schen *Hot Cakes* mit selbstgebackenen Brötchen zum Frühstück aus. «Chef und Koch hört sich komisch an», notiert er ziemlich mit sich zufrieden am Neujahrstag, «repräsentiert aber die beiden wichtiksten stellungen auf einer faart wie dieser.» Für die wissenschaftliche Ausbeute verspricht das nichts Gutes.

Doch hängt der Chef die Wissenschaft keinesfalls an den Nagel. Ende Mai 1920 nimmt er ein winziges Eisbärjunges zu sich, dem er den Namen Marie gibt. Wer war denn Marie? Eine Jugendliebe aus Hvidsten oder Kristiania vielleicht – oder hieß seine ehemalige belgische Zimmerwirtin so? Roald Amundsen griff niemals einen Namen einfach nur so aus der Luft. Er war ein Träumer, aber kein Dichter.

Mit dem Eisbärjungen können die Hagenbeck'schen Tierversuche wieder belebt werden. Der Chef übernimmt eigenhändig die Dressur. Zunächst geht es darum, das Zutrauen des Tiers zu erwerben. Das Tagebuch: «Verhältnis Marie – ich wird ständig besser.» Doch leider, nach einem Monat bekommt er die Bärentatzen zu spüren und muss daraufhin den kleinen Wildfang abschreiben: «Kloroformierte ‹Marie› am vorm. aus dem Leben.» Das stellt aber keinen Gegenbeweis gegen Hagenbecks Theorie dar: «Unter der erfahrnen hand eines dompteurs hätte sie vielleicht umgännglich werden können, aber ich mußte es aufgeben», schlussfolgert der Chef bescheiden.

Nach mehr als einem halben Jahr, am 14. Juni 1920, kommen Hanssen und Wisting zurück zur *Maud*. Es war eine strapazenreiche Wanderung, aber sie sind Tønnesen losgeworden und bringen ein Telegramm von Leon an den Chef mit. Nome in Alaska haben die beiden nicht ganz erreicht. Die Telegramme haben sie mit Müh und Not von Anadyr am Beringmeer abgesetzt.

Erst jetzt erfährt Amundsen, dass Tessem und Knudsen nicht nach Norwegen zurückgekehrt sind. Da Hanssen aus irgendeinem Grund Leons telegraphische Nachfrage nach den beiden nicht beantwortet hat, setzt sich der Chef selbst hin und schreibt. Er schildert das Ganze noch einmal von vorn. «Tessem ließ sehr bald nach dem aufbruch der exp. von Norwegen erkennen, daß er an einer fürchterlichen stimmunk litt. Es war so schlimm, daß ich ihn mir gegen weihnachten vornehmen und um eine erklärunk bitten mußte. Da gap er mir zur antworrt, daß er fühle, er sei nicht stark genuk für diese reise. Ich frakte ihn darauf hinn, op er lust hätte heim zu reisen. Darauf antwortete er, er könne sich nichts besseres wünschen. Ich selpst hielt den weg von Maudhavn zur telegraphenstation auf Dickson und von da weiter nach hause für völlig gefahrlos – wegen der vielen depots, die Otto Sverdrup 1915 angelegt hatt. *Ausschließlich als vorwand für seine heimschikkung erfand ich die notwendigkeit, posst nach hause schikken zu müssen.* Er brauchte einen begleiter, und Knutsen bot sich an, weil er Sverdrup auf seiner depottour begleitet hatte.»

In diesem Brief an Leon lanciert der Polfahrer auch gleich die erste von vielen Theorien darüber, warum die beiden bis dahin weder Norwegen noch die Telegraphenstation auf Dickson erreicht hatten. Sie bezieht sich auf eine «solide steinhütte», die die beiden bei Maudhavn bauten, und er vermutet, sie könnten schlichtweg darin überwintert haben, um Eisbärjagd zu treiben. In dem Fall dürfen sie keine Gnade erwarten. «Sollten sie nämlich eine derart pflichtwidrige handlung begangen haben, sollen sie keinerlei anerkennung erhallten. In dem Fall mußt du mein schreiben an den König vernichten, worin ich um die verdienstmedalje für die 2 bitte.» Der Chef macht sich Gedanken über die Familien, die «in größter angst schweben», doch Sorgen, dass die beiden Bärenjäger tatsächlich nicht mehr auftauchen sollten, macht er sich vorläufig nicht.

Der junge Tønnesen kämpft sich indessen via Nome in die Zivilisation durch, sieht allerdings keinen Grund, sofort in die Heimat zurückzukehren. Den norwegischen Stellen in New York gibt er ein paar vertrauliche Informationen über den Zustand der *Maud*-Expedition. Per Telegramm werden sie nach Norwegen weitergeleitet. Unter anderem berichtet er von der «Begegnung» mit dem Bären und von der Krankheit des Chefs: «Amundsen stark gealtert – kein

Wissenschaftliches Experiment oder gefühlsmäßige Neuorientierung? Roald Amundsen und das Eisbärjunge Marie.

Gebrauch Spirituosen Kaffee Tabak – Stimmung offenbar ständig Nullpunkt.» Der allgemeine Zustand hört sich nicht viel besser an: «Verhältnis Mannschaft nicht gut – alle mögen Amundsen dagegen keiner Helmer Hanssen.»

Schon an Bord der *Maud* behauptete Tønnesen, der Skipper und der Erste Steuermann, Wisting, also nicht der Chef, wollten ihn loswerden. Auch wenn das im Hinblick auf Amundsen nicht zutraf, lassen die Äußerungen erkennen, dass Hanssens Position an Bord nicht die allerbeste war. Würde der Chef auch weiterhin seine Hand über den Kameraden aus den stolzen Unternehmungen am Südpol und in der Nordwestpassage halten?

27 Rosenmöwen

Der Eismeerbefahrer Helmer Hanssen erkannte vermutlich nie ganz, mit welchen Anliegen er unterwegs war, als er Ende März 1920 Anadyr an der äußersten Spitze des unendlichen Sibiriens erreichte. Anadyr konnte weder zaristisch noch bolschewistisch genannt werden, es lag außerhalb jeglicher staatlichen Kontrolle. Immerhin lag es innerhalb der Welt; es besaß eine Telegraphenstation. Und die erreichte Helmer Hanssen – als *postillon d'amour*.

Zusätzlich zu den Presse- und Geschäftsdepeschen ging eine private Mitteilung Roalds an Leon Amundsen durch den Draht: *«Inform elizabeth our arrival in nome alaska end july this year all vell love signed roald amundsen.»*

Schon vor Hanssens und Wistings Aufbruch von der *Maud* am 1. Dezember 1919 hatte der Chef also beschlossen, über Nome zu gehen, ehe sie erneut ins Polarmeer vorstoßen wollten. Bei der Ankunft in Anadyr waren anderthalb Jahre seit dem letzten Kontakt zur Außenwelt vergangen. Für einen Bräutigam ohne Braut eine lange Zeit.

Die Verbindung von Anadyr in die Außenwelt war kompliziert. Erst nach zehn Tagen erhielt Helmer Hanssen Leon Amundsens Antwort aus Kristiania. Sie enthielt die Nachricht, dass Tessem und Knudsen noch nicht in Norwegen eingetroffen waren. Doch sie besagte noch mehr als das. In Formulierungen, die Helmer Hanssen nicht entschlüsseln konnte, berichtete sie entscheidende Neuigkeiten von Kristine Elisabeth Bennett. Und diese Nachricht brachte Helmer Hanssen mit zurück zur *Maud*.

Am 25. Juni 1920, zehn Tage nach Wistings und Hanssens Rückkehr, brachte der Chef zum ersten Mal die Frage zur Sprache, wer die Expedition bei der Ankunft in Nome verlassen wolle. Leon gegenüber beschrieb er den Vorgang wie folgt: «Vor einigen taagen sakte ich den jungs, daß ich natürlich juristisch das recht hätte, sie anbord festzuhalten und sie zu zwingen, mich von Nome weiter auf der exp. zu begleiten. Doch moralisch fant ich, ich hätte nicht das gleiche recht. Ich zok es daher voor, dem ungeschriebenen gesetz zu folgen, ihnen die freie waal zwischen bleiben oder an land gehen zu lassen.»

Das Ergebnis der Unterredung hielt der Chef unmittelbar im Tagebuch fest: «Hanssen gab da auch sofort zur antwortt, daß er in Nome abgehen wolle. Er hat sich nicht wohl gefühlt, ist müde und zerschlagen, so daß ich ihn gut verstehen kann. Auch Rønne will nach hause. Er ist jetzt zu alt. Andre haben sich noch nicht gemeldet.»

Man hört den verständnisvollen Ton heraus, auch wenn Hanssens geschwächte Konstitution ein wenig überraschend kommt. In der darauffolgenden Woche gab der Chef in dem ausführlichen Brief an den Geschäftsführer, den er nun unter der Feder hatte, eine völlig andere Version der Hintergründe, die zum Rücktritt des Skippers führten. «Ich habe seit langem grunt, mit H. unzufrieden zu sein. Er hat sich nicht gut aufgeführt. Hat auf meine anordnungen gepfiffen und ständig in aller anwesenheit unverschämte antworten gegeben. Ich habe sowohl ihm als auch mir gegenüber einen groben feeler begangen, indem ich ihn hier anbord zum shipper machte. Das ist ihm zu kopf gestiegen, gleichzeitig war er nicht im geringsten für die stelle kvalifiziert. Neulich hatte ich eine lange unterredung mit ihm und gab ihm zu verstehen, daß er seinen abschied zu nehmen *hat*. Andernfalls würde ich das übernehmen. Das ging ihm nah, und mir tat es weh. Aber die fortsetzung dieser expedition muß auf der gruntlage der bisherigen erfaarungen erfolgen, und gefühle gehören ins meer geworfen. Er hat sich mit allen an bord überworfen und *muß* das felt räumen, wenn wir wieder friedliche zustände haben wollen.»

Die Konferenz mit der Besatzung war ein Scheinmanöver. Dazu muss angemerkt werden, dass Amundsens Expeditionstagebücher nur bis zu einem gewissen Grad privaten Charakter haben; in erster Linie wurden sie als Materialgrundlage für den späteren offiziellen Bericht geführt. In einem Brief an den alten *Gjøa*-Mitstreiter Peder Ristvedt kommentierte Amundsen den Hinauswurf des Skippers auch ein Jahr später ganz auf der Linie des Briefs an Leon: «Ja, wie Sie wissen, habe ich Hanssen verloren. Der feeler lag ganz bei mir, Ristvedt. Ich dachte, ich würde meinem alten kameraden etwas gutes tun, wenn ich ihn zum führer der *Maud* ernenne. Hätte ich es bloß nie getan.»

Darin muss man Amundsen vermutlich recht geben: Es war falsch, den Eismeerfischer zum Kapitän eines Forschungsschiffs zu befördern. Der Fehler resultierte daraus, dass Amundsen eine Eigenschaft höher schätzte als alle anderen: Treue. Helmer war seinem Führer durch die Nordwestpassage gefolgt und bis zum Südpol; er hatte im Dienst mehr Eifer und Unterwürfigkeit gegenüber seinem Chef an den Tag gelegt als jeder andere. Aber zwischen der Heimkehr der *Fram* und dem Aufbruch der *Maud* lagen sechs Jahre, sechs Jahre in Glanz und Gloria – selbst der raffinierteste Untergebene konnte von so viel Ehre Oberwasser bekommen.

Die Ausmusterung Skipper Hanssens öffentlich an die große Glocke zu hängen wäre sowohl für die *Maud*-Expedition als auch für Roald Amundsen persönlich eine beträchtliche Belastung gewesen. Nicht einmal Helmer Hanssen selbst, dessen gesamtes Renommee auf der Zusammenarbeit mit Amundsen beruhte, hatte dadurch etwas zu gewinnen. Folglich ging der Skipper freiwillig über die Planke.

Mit seinem großzügigen Freiheitsangebot wurde Amundsen gleich zwei Mann los, denen er ohnehin den Abschied gegeben hätte. «Rønne ist sehr zusammengefallen und leidet schwer an gicht, daher schikke ich diese 2 von Nome aus gemeinsam nach hause», schrieb er an Leon.

Dann aber, am 4. Juli, geschah das Unerwartete. Im Tagebuch heißt es: «S-beck hat seine stelle gekündikt. ‹Er will nach hause›!!

Ein desertör ist er.» – Knut Sundbeck, der Chefmaschinist, der seinerzeit die Maschine der *Fram* rettete und den Amundsen zum Zeitpunkt der Abreise noch als «Genie» ansah, auf gleicher Höhe mit Lindstrøm, bat um seine Freiheit. An Leon: «Gestern kam S-beck weinend zu mir und sagte, er wolle nach hause. ‹Er ist mutlos›. – Damit hätte ich nie gerechnet. Er weiß doch selpst, daß er nicht zu ersetzen ist, in Nome schon gar nicht. Ich betrachte seine heimreise fast als feige flucht. An ihm festzuhalten, fällt mir nicht ein.» Das war ein nicht einkalkulierter Preis, den der Chef für die Komödie zahlen musste, die er über die Freiheit und das moralische Selbstbestimmungsrecht des Einzelnen inszeniert hatte.

Es bestand ein entscheidender Unterschied zwischen einem freiwilligen und einem scheinbar freiwilligen Abgang. Dementsprechend wurde auch die weitere Behandlung differenziert. «Rønnes und Hanssens heimreise bezahle ich», schrieb der Chef seinem Geschäftsführer, «aber unter keinen umständen die des gesunden und munteren S-beck. Er geht mit meiner gesammten verachtunk. Ein ganzer mann ist er mit sicherheit nicht. Für Hanssen habe ich auch nicht viel über, wie du dir denken kannst. Rønne dagegen ist wirklich mitgenommen und für die weiterreise nicht geeignet. Kannst du ihm etwas gutes tun, dann tu es. Laß die rückkehr der herren in größter stille geschehen. Je eher sie vergessen sind, desto besser.»

Um weitere Missverständnisse hinsichtlich Freiheit und Moral zu umgehen, drehte der Chef die Frage um. «Beim frühstükk heute frakte ich, wer mir denn von Nome aus weiter folgen wolle. Sverdrup, Wisting und Olonkin antworteten alle, sie würden mir unter allen umständen folgen», referierte er im Tagebucheintrag vom 5. Juli. «Bisher haben wir ja noch gar nichts ausgerichtet. Erst mit dem abgang von Nome können wir zeigen, was wir taugen – und da kneifen die meisten den schwanz ein und hauen ab. Pfui teufel, welche schande!»

Es ist nicht zu viel gesagt, wenn man behauptet, dass sich die *Maud*-Expedition mit noch vier verbliebenen Teilnehmern mehr oder weniger aufgelöst hatte. In seinem bündigen Fazit hat der Chef selbst eine der Ursachen benannt: In zwei Jahren hatte die Expedition «noch gar nichts» erreicht. Es ist eine Übertreibung, zumindest was Dr. Sverdrup betrifft, aber dennoch: keines der Ziele war erreicht worden. Das Unternehmen stand praktisch vor einem Neuanfang. So gesehen ein natürlicher Zeitpunkt für seinen Leiter, die Mannschaft freizustellen. Trotzdem ist es auffällig, dass nun insgesamt schon sechs Mann – freiwillig oder unfreiwillig – abgesprungen waren. Sie verließen das unglückliche Königinnenschiff, und sie verließen Roald Amundsen. Nur noch zwei aus der Anfangsbesatzung waren dabei.

Amundsen vermochte es nicht, seine Männer zwei Winter lang zu motivieren. Seine körperlichen Leiden hatte er irgendwie überwunden, aber mit seinen Gedanken war er nicht an Bord. Der Chef zerrieb sich zwischen zwei Polen. Das machte es für seine Männer nicht leicht, ihm zu folgen.

Es war nie leicht, Roald Amundsen zu folgen. Auch früher schon war es gerade der Chef, der für Stress und Missstimmung sorgte. Auf der *Maud* scheint er eine zurückgezogenere Rolle gespielt zu haben. Er nahm nie am Kartenspielen teil, saß lieber mit einem Roman still im Salon oder in seiner Kajüte mit einem eingerahmten Gedicht an der Wand. Allerdings war der Chef auch weder in Gjøahavn noch in Framheim der soziale Mittel- und Integrationspunkt gewesen; das war Adolf Henrik Lindstrøm. «Grüß Lindstrøm von mir», schrieb Roald an Leon, «und sag ihm, ich hätte ihn nie mehr vermißt als jetzt.» Er schrieb das zwar im Gedanken an den Koch, aber Lindstrøm war mehr als ein Koch. Er war der rundliche, gutmütige Stabilisator. Er stand für das Wohlbefinden an Bord. Er verwandelte die zugigen Außenposten in kuschelige kleine Zuhause. Lindstrøm war die Hausfrau der Polarforschung: leicht übersehen, aber unersetzlich.

Nur drei Mann aus der ganzen Mannschaft hatten sich dafür entschieden, bei ihrem Chef zu bleiben. «Merk dir diese 3 mann, die sich entschlossen haben, mir unter allen umständen zu folgen und bis zum letzten ihre pflichtt zu tun», schreibt er Leon im Ton eines Feldherrn vor der letzten Schlacht. Welche Motive trieben jene drei?

Für Gennadij Olonkin war die Sache klar. Er war sozusagen aus dem hungernden und revolutionserschütterten Russland gerettet worden. An Bord der *Maud* war sein Überleben gesichert. Und Monat für Monat überwies der Geschäftsführer der Expedition die Heuer von 200 Kronen an seine norwegischstämmige Mutter und den Vater in Murmansk. Für den jungen Olonkin stellte die *Maud* ein Glückslos des Schicksals dar, das Schiff der Chancen und Gelegenheiten, ein glückliches Fahrzeug. Der Chef schätzte den ausdruckslosen, aber beflissenen Russen, auch wenn er sich nach und nach die eine oder andere Aufsässigkeit zuschulden kommen lassen sollte. Olonkin war eigentlich Telegraphist, bis dato war es jedoch noch nicht gelungen, eine drahtlose Verbindung von der *Maud* zur Außenwelt herzustellen. Amundsen hatte ihn als Gehilfen Sundbecks angeheuert. Nach der «Flucht» des Maschinisten blieb Olonkin mit einer großen Verantwortung zurück.

Im Gegensatz zu Olonkin war Harald Ulrik Sverdrup zu Beginn der Reise ein Mann, dem alle Wege offenstanden. Er besaß eine hervorragende Ausbildung und stammte aus einer der führenden Familien Norwegens. Als Meteorologe und Meeresforscher war er der wichtigste Mann an Bord. Das heißt, das gesamte wissenschaftliche Profil, das die Expedition gewinnen würde, hing von ihm ab. Da aber alles andere fehlschlug, widmete er sich in Sibirien ganz der ethnographischen Erforschung der Tschuktschen. Damit stand die Expedition vorderhand nicht ganz ohne Forschungsergebnisse da. Außerdem brachte seine Arbeit es mit sich, dass er sich weniger als jeder andere an Bord aufhielt.

Der zweiunddreißigjährige Wissenschaftler war enttäuscht, dass er seine eigentliche Fachkenntnis noch nicht hatte anbringen können. Doch sah er es als seine Pflicht an, solange er dazu körperlich imstande war, auf seinem Posten zu bleiben. Zudem war ihm auch vollkommen bewusst, dass er kaum eine Wahl hatte. Würde er die Expedition verlassen, dann würde er damit augenblicklich seinen Ruf im Heimatland ramponieren. Dr. Sverdrup besaß seine eigenen Aufgabenbereiche und eine im Verhältnis zum Expeditionsleiter klar definierte Position. Davon abgesehen hatte er sich entschlossen, den Chef als eine absolute Macht zu respektieren. Er verhielt sich zugleich demütig und selbstbewusst. Außerdem besaß er genügend geistige Kapazitäten, um sowohl die Expedition wie Roald Amundsen in größeren Zusammenhängen zu betrachten. Auch wenn sich alles andere negativ entwickeln sollte, würde er aus der Situation das Beste für sich und seine Forschungen herausholen.

Für den dritten Teilnehmer besaßen Roald Amundsens Worte unbedingte Geltung. Oscar Wisting folgte seinem Heerführer wie ein tapferer Soldat. Wenn es sein musste, bis zum Letzten.

Und wie stand es um den Chef selbst? Die Expedition hatte zwei nutzlose Jahre hinter sich und vielleicht noch eine Ewigkeit vor sich. Hätte er nicht die Niederlage eingestehen und an Land gehen sollen? In seinem langen Brief an Leon schrieb er: «Wäre ich selbst gesunnt, dann würde ich mich einen drekk um all diese unannehmlichkeiten scheren, aber leider bin ich derjenige, der von allen als erster nach hause fahren sollte. Mein herz ist nicht wie es sein sollte und erlaubt mir nicht viele trainingsläufe. Ich kämpfe dagegen an, so gut ich kann, aber du weißt – die kälte, der mangel an sonne und die große verantwortung werden meine arbeit bald beenden.»

Das klingt mehr nach Todessehnsucht als nach Angriffslust. Jedenfalls war von dem geradezu legendären Optimismus nicht mehr viel übrig. Sein gesundheitliches Alibi, die Sache abzubrechen, hatte er sich besorgt. Seine eigentliche Aufgabe bestand ja darin, den Vorstoß zum Pol zu führen. Das war ein «Trainingslauf», der eine erstklassige Physis verlangte. Wenn die im Eimer war, ergab sich die Schlussfolgerung von allein. Er hätte «nach hause fahren» sollen.

Nach Hause wohin?

«Na ja, aufrichtig gesagt, ziehe ich es vor, hier draußen zu bleiben, anstatt in die unveränderten verhältnisse zurükkzukehren, wie sie aus deinem telegr. über London hervorzugehen scheinen. Außerdem sage ich wie der Franzose: Le vin est tilé il faut le boire. Jetzt muß ich den kampf zu ende fechten, wie der ausgang auch aussehen mag.» Roald Amundsen konnte sein Selbstmitleid nicht länger unterdrücken. Die Hochzeitsreise war zu einer Reise in den Tod geworden.

Was stand in Leons Telegramm? Welche Botschaft hatte Helmer Hanssen den weiten Weg von Anadyr mitgebracht? Viele Worte waren es nicht, doch Leon hatte sie – wie immer, dürfen wir annehmen – mit Präzision und Diskretion gewählt. Genug, um den weiteren Kurs des Polfahrers tiefer hinein ins Eis festzulegen.

Dass in London «unveränderte verhältnisse» geherrscht hätten, darf man nicht so wörtlich nehmen. Im Gegenteil, die Lage hatte sich verändert. Zuungunsten von Roald Amundsen und zum Besseren für Frau Bennett. Leons Informant in London war der stets zur Stelle seiende Diplomat Herman Gade.

Nach der Abreise der *Maud* hatte die unermüdliche Verwendung des Polarforschers für seinen besten Freund endlich Früchte getragen. Herman Gade war zum norwegischen Botschafter in Rio de Janeiro ernannt worden. Wahrscheinlich handelte es sich nicht unbedingt um den Ortsnamen, den der Polfahrer in das staatsministerielle Ohr geflüstert hatte. Aber es war allemal ein Anfang. Herman Gade hatte einen Titel, eine Aufgabe und eine Uniform bekommen, die seiner würdig waren. Doch hieß das noch lange nicht, dass der unternehmungslustige Herr nun das ganze Jahr über auf seinem Posten ausharrte und auf den nächsten Karneval wartete. Zum Neujahr 1920 befand er sich in London.

«Herzlichen Dank für Deinen freundlichen Brief aus London und dessen Inhalt, der ja von ganz speziellem Interesse war», schrieb Leon Amundsen an Herman Gade, «ich hoffe, Du hast einen Anlaß gefunden, Betreffende später aufzusuchen, und daß ich erwarten darf, darüber weiteres von Dir zu hören.» Dieser Brief ist auf den 9. Februar 1920 datiert. Knappe zwei Monate später gingen die Schlussfolgerungen weiter nach Anadyr. Welcher Art Informationen «von ganz speziellem Interesse» hatte der Diplomat schon beschaffen können, ehe er «Betreffende» persönlich traf?

Es war nicht zu übersehen. Charles Peto Bennett hatte seiner Frau ein neues Heim verehrt. Es handelte sich um ein gediegenes Landhaus, einen Herrensitz auf ausgedehnten Ländereien bei Cobham im idyllischen Surrey außerhalb Londons. Leigh Court hieß das Anwesen, ländlich, aber komfortabel, mit Tennisplatz und Park, und doch zugleich ganz in der Nähe des Nabels des Imperiums und der Welt gelegen. Ein Traumhaus für eine Traumfrau.

Das Ganze machte mehr den Eindruck eines Sich-neu-Einrichtens als eines baldigen Bruchs. Im Hinblick auf die Ehe deutete tatsächlich alles auf «unveränderte Verhältnisse in London» hin. So viel konnte Leon nach Anadyr andeuten.

Da saß er. Der Polfahrer mit seiner vergifteten Lunge und seinem geschwächten Herzen, mit einem an zwei Stellen gebrochenen, verkürzten Arm, mit langen Narben von Bärenkrallen auf dem Rücken. Da saß er, der Bräutigam in seiner einsamen Hochzeitssuite, und er sah die weißen Möwen der Hoffnung auf rotem Grund davonfliegen, ins Herz getroffen von einem Telegramm aus Anadyr.

«So love is with the lover's heart
Wherever he may be.»

Erst in einem Brief, den er am 5. August 1920, mehr als zwei Jahre nach dem Aufbruch aus Norwegen, von Nome in Alaska abschickte, gab Roald Amundsen seinem Bruder folgendes Bekenntnis: «Ich sollte dir sagen, daß ich vor der abreise von zu hause Uranienborg Kiss geschenkt habe.»

Leon Amundsen dürfte diese stark verspätete Mitteilung mit ungläubigem Staunen aufgenommen haben. In Abwesenheit des Bruders verwaltete er beide Liegenschaften am Bunnefjord. Im Sommer wohnten er und seine Familie auf Rødsten. Zudem machten die Anwesen einen wesentlichen Teil von Roald Amundsens Kapital und damit auch von dem der *Maud*-Expedition aus.

Die Angelegenheit verhielt sich folgendermaßen: Am 26. Juni

Champagner im Park. Von links: Ehepaar Niels und Eileen Gudde (in England schrieb sich der Name Gude), Charles Peto Bennett mit dem anderen Ehepaar Astrid und Trygve Gudde. Dahinter rechts: Kiss Bennett. Das Bild stammt von einem Sommertag auf Leigh Court in den zwanziger Jahren.

1918 hatte Roald Amundsen Rechtsanwalt Trygve Gudde eine Vollmacht erteilt, mit der dieser zugunsten seiner Schwester Kiss über Uranienborg *und* auch über Rødsten verfügen durfte. Ursprünglich hatte er eine Schenkung auf Kiss Bennetts Namen ausstellen wollen, aber aus praktischen Erwägungen ließ man es bei der Vollmacht bewenden. Vermutlich hatte der Polfahrer bei gleicher Gelegenheit mit Advokat Gudde sein neues Testament aufgesetzt. Zu Kiss' Gunsten.

Die *Maud* war zwei Tage vorher abgesegelt. Roald Amundsen war zurückgeblieben, um unter anderem seine privaten Verhältnisse juristisch zu ordnen. Als Vertraute zog er diesmal nicht den üblichen Berater, Rechtsanwalt Nansen, und Geschäftsführer Leon hinzu, sondern Kiss Bennetts Bruder, Anwalt Gudde. Höchstwahrscheinlich nahm der Anwalt aus Trondheim danach mit Amundsen zusammen die Hurtigrute. War vielleicht sogar Kiss selbst in Kristiania dabei – und hinterher auf dem Schiff nach Norden? Höchstwahrscheinlich nicht. Nicht nur wegen des Kriegs, vielmehr liegt die Vermutung nahe, dass sie die Schenkung und auch die Vollmacht ausgeschlagen hätte. Denn wenn Kiss Bennett Roald Amundsens Haus übernahm, musste sie es tun, um auch darin zu leben.

Der Gedanke dahinter zählt. «Ich habe es getan, damit ihr für alle zeiten ein heim sicher ist», begründete der Polreisende seine Großzügigkeit. Die Wahrheit ist, dass er alles aufs Spiel setzte: seine Zeit, sein Schiff, seine Männer und sein Haus.

Damit, dass er sein Haus wegschenkte, hatte sich der Polfahrer den Rückzug abgeschnitten. So wie Nansen einmal die Parole ausgegeben hatte: Die Westküste oder der Tod, befand sich nun auch Amundsen in einer Zwangslage: Die Göttin des Glücks oder ewige Verbannung. So hatte er es eingefädelt, und so mag er es empfunden haben.

Hat Amundsen in diesem Spiel um das Glück mit handfesten Werten als Einsatz sein altes Kindermädchen und die nicht vermögenden Verwandten zugunsten einer steinreichen Lady geopfert?

Jedenfalls konnte er Leon gegenüber nicht das eine gestehen, ohne, um sein Gewissen zu beruhigen, gleich zu den anderen überzugehen: «Verdiene ich an dem buch so viel geld, daß ich Betty 150 kr. im monat geben kann, will ich das gern tun. Auch Malfr. & Gust. möchte ich gern helfen.» Die einzige Hoffnung für die nächsten Angehörigen war und blieb das Buch.

Der Polfahrer zweifelte nicht einen Augenblick daran, dass das Buch besser glücken würde als die Reise. Schade nur, dass er seinem schriftstellerischen Einsatz nicht größere Priorität einräumte. «Meine stellung als koch hat mich leider davon abgehallten, meine schreibereien fortzusetzen, aber ich schikke meine tagebücher, die du einem fixen kerl wie z. b. Vilhelm Krag zur behandlung übergeben kannst.» Wenn nur Tessem und Knudsen bald mit den verschwundenen Kapiteln auftauchen würden, «wovon ich fest überzeugt bin», dann sollte das Manuskript mit ein paar poetischen Tricks bald auf 200 000 Wörter kommen. Wieder sollte der verkannte Romantiker Vilhelm Krag den polfahrerischen Wortmarathon ans rettende Ufer bringen.

Es rief ein Vogel über leere Meere,
weit vom Lande.

Als das literarische Rohmaterial endlich von Nome auf die Reise ging, war es für nicht weniger als 300 000 Kronen versichert. Grob gerechnet 1 Krone pro Wort und 100 000 für Karten und Fotos. Das sollte doch wohl Bettys alte Tage und Gustavs Zukunft sichern. Mit der *Eroberung des Südpols* hatte der Polbezwinger auch in der Verlagswelt neue Rekorde erzielt. Das Nachfolgeprojekt, die Nordostpassage, hatte nur einen Haken: sie war schon bezwungen. Die Story war alt. Jeder wusste, dass sie in der Beringstraße endete.

Das Aufsehenerregendste an dem Manuskript, das Amundsen nach Hause schickte, war die Widmung. Sein erstes Buch hatte er «Botschafter Dr. Fridtjof Nansen» gewidmet. Das zweite «der tapferen, kleinen Schar ... Auf einer leeren Seite seines dritten Titels, *Nordostpassagen*, findet sich folgendes:

«Für das Geburtstagskind.
Maudhavn, Tscheljuskin, 10. Februar 1919.
Roald Amundsen»

Auf dem prominentesten Ehrenplatz seiner nationalen Unternehmung hielt der Polarreisende eine Art kryptische Mitteilung für angebracht. Mit einem Federstrich verwandelte er den offiziellen Bericht der Expedition in ein privates Geburtstagsgeschenk. Ein Rätsel für die norwegische Nation, ein Gesellschaftsspiel für die Welt. Wer hatte Geburtstag, wo, wann, und was hatte das mit der Nordostpassage zu tun?

Die wenigen Eingeweihten erkannten sofort, dass sich des Rät-

Der Rhododendron blüht. Diese Amateuraufnahme ist vermutlich die einzige, auf der Kiss Bennett und Roald Amundsen gemeinsam zu sehen sind. Wahrscheinlich stammt sie aus einem der beiden letzten Sommer vor Abfahrt der *Maud*.

sels Lösung in London fand. Ganz offensichtlich war sie nicht; auch die Widmung im Südpolbuch war datiert, aber das Datum 10. Februar 1919 lieferte den Schlüssel. An diesem Tag feierte Kristine Elisabeth Bennett ihren dreiunddreißigsten Geburtstag.

Die Widmung darf wohl als eine, gelinde gesagt, sonderbare Aktion für einen Polarforscher bezeichnet werden, der sich selbst später als «ernstzunehmend» qualifizierte. Im Tiefsten war sie berechtigt. Die Fahrt der *Gjøa* gründete auf Fridtjof Nansens Prestige und Unterstützung. Die Erstürmung des Südpols stand und fiel mit der loyalen Besatzung des Schiffs. Die Reise mit der *Maud* hatte ihren tiefsten Grund im Kampf um Kiss Bennetts Gunst. So weit war es gekommen.

Die Widmung war selbst ein Mittel in diesem Kampf. Bevor er abreiste, hatte er ihr alles vermacht. Jetzt schenkte er ihr noch einen Platz in der Geschichte. Womöglich wollte er ihr damit geradezu die Gelegenheit schaffen, vortreten, das Rätsel um das Datum auflösen und die Maske fallen lassen zu können und ihre große Liebe zu ihm zu erklären. Mit der Widmung, von der er selbst erwartete, dass sie in alle Sprachen der Welt verbreitet werden würde, hatte der Polfahrer wieder einmal eine Sache auf die Spitze getrieben und die Degenspitze auf die Brust des Holzgroßhändlers gesetzt.

Auch das «vorwortt» des neuen Buches, darin im Faksimile seiner Handschrift und in seiner privaten Rechtschreibung wiedergegeben, ist auf den 10. Februar 1919 datiert. Es lässt sich leicht als Rede auf das Geburtstagskind lesen, als Gruß des unermüdlichen Freiers von den goldenen Küsten. «Nicht mit einem straalenden sieg, der es sich in seiner herrlichkeit leisten kann, einen schleier des vergessens über die kehrseite der medalje zu decken und nur ihre polierte vorderseite zum vorschein kommen zu lassen, hinter uns, sondern mit dem langen, langen weg zum ziel vor uns, eingehüllt in die undurchdringlichen kleidungsschichten der zukunft. Was verbergen sie? Ohne zweifel sowohl sieg wie niederlage, trauer & freude, hoffnung & enttäuschung.» Der geduldige Realismus des Mandolinenspielers («noch dräut das Dunkel der Polarnacht») wird darin bald von wachsender Hoffnung abgelöst: «Jedoch, im süden haben wir eine röte waargenommen, noch schwach wie auf der wange des mädchens, aber mit jedem tag, der kommt, an stärke zunehmend. Wir wissen, was das ist. Es ist die sonne, die jubelnd ihre fakkel schwingt, höher und immer höher, um ihre kostbaren gäste hervorzulocken, das licht & das leben. Sei willkommen, du gesegneter taak, von der nacht haben wir genuk.» – Wahrlich ungewohnte Töne von einem Mann der Tat.

Doch auch als naturlyrischer Schwärmer sah Roald Amundsen den Kurs klar vor sich. Er hatte den «langen, langen weg zum ziel» nicht aus den Augen verloren. Das Ziel war bloß nicht, wie so viele Male zuvor, ein geographischer Punkt. Ebenso wenig konnte es in einer glänzenden Medaille auf der Brust materialisieren. Das Ziel war das echte Licht. Ein Zustand: Tag, Glück, Liebe. Es lag nicht in der Kälte, in der Mitte des Polarbeckens, sondern in der Wärme, im Schein der dreiunddreißig Kerzen, bei ihr. Das Ziel war das Geburtstagskind.

Die letzten Tage vor dem Einlaufen in Nome beschäftigte sich Amundsen damit, die materielle Ausbeute der Expedition zu verteilen. Zunächst musste das Vaterland seinen Anteil erhalten: «Sowohl die mammutzähne wie auch die reichhaltige vogelsammlung sind ein geschenk von mir an den norwegischen staat. Diese sind nämlich nicht von der exp. gesammelt, sondern von mir privat angekauft und also mein eigentum.» Transaktionen mit offiziellen Stellen wurde gern der Charakter von Schenkungen verliehen. Auch wenn die Unterscheidung zwischen Expeditionsleiter und Privatmann im Fall Roald Amundsen nicht so recht einleuchtet.

Eine enorme Sendung wurde da vorbereitet. Über fünfzig Ballen sollten verschifft werden, darunter vierzig Eisbärfelle, Bündel mit Braunbär-, Eis- und Blaufuchspelzen und außerdem eine Menge Handarbeiten, die während der endlosen Winter an Bord der *Maud* angefertigt worden waren, samt einer Masse anderer Dinge.

«Über alles peltswerk, bär und fukks im wesentlichen, soll Kiss disponieren dürfen. Es würde mich freuen, wenn meine familie ihr damit behilflich sein könnte.» Es handelte sich um Ware von beträchtlichem Wert. Der Umgang mit ihr wurde im nächsten Brief an Leon präzisiert: «Sei so nett und gip alles peltswerk zur sorgsamen aufbewaarung einem peltshändler, bis Kiss ihre bestimmungen trifft.» Genau wie mit dem Haus; alles wird zur Disposition gestellt, uneingeschränkte Vollmachten werden erteilt, nur die «bestimmungen» fehlen noch.

Es handelte sich, wie gesagt, um bedeutende Vermögenswerte. Der Stolz des Polarforschers war die Vogelsammlung, die er im vorangegangenen Frühjahr erworben hatte, zehn Kisten plus eine zusätzliche. «In der vogelsammlung befinden sich 18 feine expl. der äußerst seltenen rosenmöwe, Larus Rossi, samt 9 der nahezu unbekannten Sabinermöwe, Larus Sabinii [heute: *Xema sabini*, Schwalbenmöwe; Anm. d. Ü.]. Der wert dieser 27 vögel ist unschätzbar. Wirkliche kenner dürften wahrscheinlich finden, sie allein machten die exp. bezaalt. Das würde mich nicht überraschen.» Den Geschäftsführer würde es vermutlich umso mehr überraschen. In jedem Fall handelte es sich wahrlich um ein kostbares Geschenk an den norwegischen Staat. Etwas *zu* kostbar. «Außer den genannten 18 *offeziellen rosenmöwen* schikke ich noch eine andere kisste mit

20 stk. der gleichen sorte. Sie ist als nr. 100 gekennzeichnet. Nimm sie sofort beiseite und verstekke sie gut.» Es gab eben doch eine strenge Trennungslinie zwischen staatlicher Donation und streng privatem Federschmuck.

«Ich habe Kiss geschrieben, wie sie verwendet werden sollen. Ich will nämlich, daß sie in London die besten leute nimmt, um aus diesen wunderbaren federn 2 fächer herstellen zu lassen. Den einen soll sie selbst bekommen, den anderen möchte ich dich bitten, der königin als erinnerunk an Mauds reise durch die NO-passage zu verehren, gleichzeitig mußt du sie darüber aufklären, von welchem vogel seine federn stammen.»

Zwanzig Vögel = zwei Fächer, einer pro Königin. Sie konnten sich hinter ihren Rosenmöwen verstecken, die scheue Königin Maud und die heimliche Königin Elisabeth. «Drott» (Herr, Herrscher) lautete der Spitzname, den der Polarreisende seinem wohlsituierten Rivalen in England verliehen hatte. Er war der «König», der Königin Elisabeth an seiner Seite hatte.

Maud war eigentlich wohl bloß ein Deckname, eine geliehene Königin. Am liebsten hätte der Polfahrer sein Schiff sicher auf den Namen seiner eigenen Königin *Elisabeth* oder *Kristine* getauft. Es ist anzunehmen, dass er darum bat und hoffte, wie er Sigrid Castberg um ihr Versprechen gebeten hatte, ehe er zum Südpol aufbrach. Bis fünf Tage vor der Schiffstaufe hatte er gewartet, ehe er sich vom Schloss den Namen der anderen Königin holte.

«Es kommt auch eine menge anderer dinge», schloss er seine Anweisungen an Leon, «die am besten in Uranienborg aufgehoben werden, bis Kiss über sie entscheiden wird.» Die Rosenmöwen waren die Morgengabe. Der Rest die Fangausbeute des Versorgers.

Je mehr Puzzlesteinchen ihren Platz finden, umso mehr nimmt sich die Fahrt der *Maud* als das Werk eines Träumers aus, wie ein Schiff, das auf dem Meer der Illusionen zu Wasser gelassen wurde. Bei seinem Abschied von Norwegen hatte Roald Amundsen die Mandoline über Bord geworfen und alles eingesetzt, um das Glück zu erringen. Er war auf die Knie gefallen, hatte aber kein «Ja» erhalten, sondern allenfalls ein «Vielleicht». Im sicheren Vorgefühl, sein Ziel zu erreichen und seine Braut zu gewinnen, war er zu seiner vorgezogenen Hochzeitsreise aufgebrochen. Er hatte seiner «Zukünftigen» nicht bloß ein Zuhause geschenkt, er rackerte sich auch draußen in der eisigen Wildnis unermüdlich dafür ab, ihren Unterhalt zu sichern.

Stehen wir hier einem furchtlos verwegenen Liebenden gegenüber, der den Mut aufbringt, alles auf die ganz große Liebe zu setzen? Oder waren das alles lediglich pathetische Manifestationen für den schwindenden Realitätssinn eines verwirrten Mannes, Zeugnisse eines verdunkelten Gemüts?

In einem Punkt stand Roald Amundsen zumindest im Begriff, seinen Realitätssinn zu verlieren. Er glaubte, als reicher Mann auftreten zu können, obwohl nicht einmal mehr ein Jahr vergehen sollte, ehe er den Staat schon wieder um Hunderttausende angehen musste. Das Auffälligste sind die überzogenen Erwartungen, was die Einnahmen aus dem Buchverkauf betraf. Das Buch, das im Normalfall zur Finanzierung der Expedition hätte beitragen sollen, wurde einer Art Familienfonds übereignet, und zwar mit deutlich unrealistischen Verkaufszahlen vor Augen. Die Möwen, die er im Tauschhandel erworben hatte, sollten einen Stückpreis von 20000, 30000 oder gar 50000 Kronen erzielen. Wunschdenken scheint die traumatischen Fügungen der Wirklichkeit kompensieren zu sollen.

Was das Glück betraf, hatten die Illusionen einen Dämpfer erhalten. Leons Telegramm hatte die Dinge zurechtgerückt, wohin sie gehörten – nach London. Trotzdem klammerte sich Roald Amundsen weiterhin an «Bestimmungen», von denen er nicht einsehen wollte, dass sie längst getroffen waren.

Amundsen gab nicht auf. Er stand wieder am Anfang seiner Jagd nach dem Nordpol und der Göttin. Sein Herz war angegriffen, seine Männer hatten ihn verlassen, er aber folgte dem einzigen Kurs, den es für ihn noch gab. Der Polfahrer wollte zurück ins ewige Eis, den «Kampf ausfechten».

Nach Hause schickte er einen Schwarm Rosenmöwen und legte ihr vierzig Eisbärfelle zu Füßen.

28 Kakonita Amundsen

«Als ich vor anker ging», hielt Amundsen nach dem Durchfahren der Beringstraße in seinem Tagebuch fest, «war es mir nach dem durchsegeln der NO-passage und durch ihre vereinigung mit der NW-passage von 1906 geglükkt, als erster die umseglung des arktischen ozeans zu vollenden. In unserer rekordzeit kann dies einige bedeutung haben.»

Das war ein magerer Trost am Ende einer missglückten Nordpolexpedition, ein Versuch, dem Unbedeutenden Bedeutung zu verleihen. Bis dahin hatte die Nordwestpassage noch keinerlei praktische Relevanz erlangt. Als Leistung, als symbolische Handlung war sie unanfechtbar: Die *Gjøa* war das erste Schiff, das die Passage vollständig befuhr. Die Nordostdurchfahrt hatte hingegen Nordenskiölds *Vega* schon vierzig Jahre vor Amundsen bewältigt. Eine Sache kann aber bekanntlich nur einmal entdeckt werden. In diesem Fall war die *Maud* Nummer drei.

Als der Norweger es schaffte, die beiden Passagen zu «vereinen», geschah das allein kraft seiner Person. Die Schiffe und die Expeditionen waren verschieden, nur Roald Amundsen war der Gleiche – der einzige Mensch, der den gesamten Arktischen Ozean umrundete, wenn wir Helmer Hanssen einmal ausblenden.

Nach Durchqueren der Straße, die inzwischen nicht nur zwei Kontinente, sondern auch zwei Ideologien trennte, erreichte der Chef am 29. Juli 1920 Nome in Alaska an Bord eines Schleppers. Ohne großes Aufsehen konnte er seine Telegramme aufgeben. Einige Tage später traf die *Maud* ein und ankerte in den ausgedehnten Untiefen vor Nome.

Der Aufenthalt in der Zivilisation währte nur kurz. Um Zeit zu sparen, beauftragte Amundsen seinen örtlichen Helfer, den norwegischstämmigen Goldminenbesitzer Jafet Lindberg, der sich um die Verschickung der Expeditionsausbeute kümmern sollte, auch mit einem Bericht an den Geschäftsführer. Außerdem durfte sich der gleiche Lindberg der drei abgemusterten Expeditionsmitglieder annehmen. Es ist ersichtlich, dass der Chef sie nicht gerade in schmeichelhaftem Licht erscheinen ließ. «Alle hier spürten, daß die Männer, die den Kapitän verließen, nicht ihre Pflicht erfüllt hatten», schrieb Lindberg.

In der Zwischenzeit war Amundsen darauf gekommen, dass er es sich nicht leisten könne, für einen der drei Aussteiger die Heimreise zu bezahlen. In Nome war man der Ansicht, es sei unter keinen Umständen «gerechtfertigt», den Rückzug auch noch zu bezahlen. Folglich durfte Lindberg ihnen Arbeit besorgen, was sich als schwierig herausstellte, da «keiner für diese Leute Verwendung hatte, weil man sie als Verräter ansah, um nicht zu sagen Angsthasen». Der einzige Ausweg war, sie in der Mine unterzubringen. Doch nur der fünfzigjährige Skipper Helmer Hanssen akzeptierte das Angebot, nach Gold schürfen zu dürfen. Letzten Endes bekamen die drei Verbindung zu norwegischen Stellen, und nach einem quälenden Monat als ehrlose Schufte in Nome konnten sie den langen Heimweg über Seattle und dann mit der *Hellig Olav* über den Atlantik antreten.

In einem Beschwerdebrief an den Anwalt der Expedition, Alexander Nansen, gab der gichtgeplagte Martin Rønne nachträglich folgende Schilderung des Aufenthalts in Nome: «Wie Sie wissen, kamen wir in Nome ohne einen Cent in der Tasche an Land und einzig angewiesen auf Lindberg, der uns in die Gruben schoichen sollte [nicht nur der Chef hatte seine eigene Rechtschreibung; Anm. d. Verf.], wo wir für unsere Heimreise arbeiten sollten, und unsere Wechsel für die Familien wurden gesperrt und in Nome bekahmen wir keine Hilfe von dem, der sich norwegischer Konsul nannte, ein Privatmann half uns mit dem Tellegramm nach hause, und Antwort kam nach 23 Tagen. Da ich an Ischiasbeschwerden

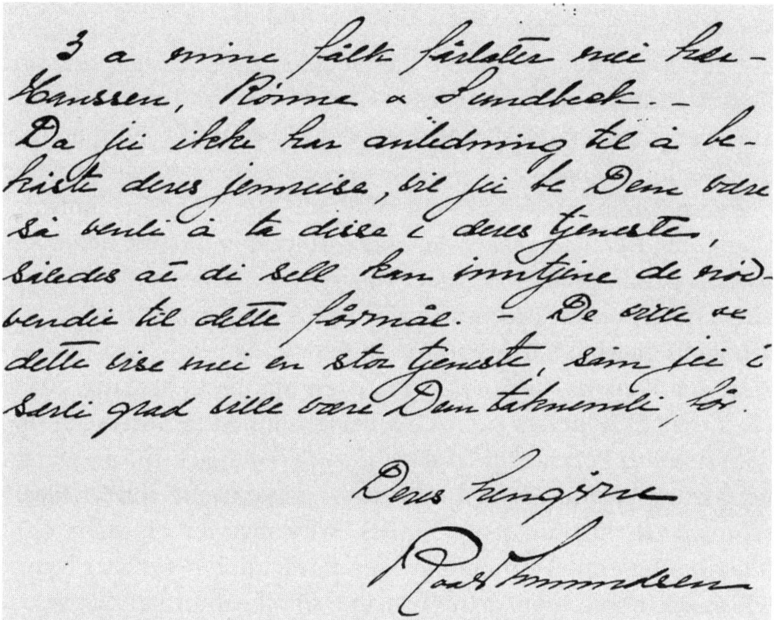
3 a mine fålk fårlåter mei her-
Hanssen, Rönne a Sundbeck. –
Da jei ikke har anledning til å be-
kiste deres jemreise, vil jei be Dem være
så venli å ta disse i deres tjeneste,
siledes at di sell kan inntjene de nöd-
vendie til dette förmål. – De ville ve
dette vise mei en stor tjeneste, sam jei i
serli grad ville være Dem takknemli, för.

Deres hengivne
Roald Amundsen

Handschrift- und Orthographieprobe des Polfahrers. Der Brief, datiert «Nome, 31. 7. 20», ist an den norwegischstämmigen Minenbesitzer Jafet Lindberg gerichtet, der sich des Skippers, des Maschinisten und des Segelmachers annehmen sollte.

leidend von der Maud an Land kam, lehnte ich es ab, Arbeit in den Gruben anzunehmen, weil ich eine solche Arbeit, den ganzen Tag im Wasser stehend, unmöglich aushalten konnte. Vom 8ten August bis zum 8ten September lief ich also dort herum und wußte keinen anderen Ausweg, als meine Wäsche zu verkaufen, um zu leben. Das gleiche mußte Sundbeck tun. Hanssen meldete sich einige Tage in der Grube, bis er Kleider und Schuhe zu sehr verschlissen hatte.» – Wahrlich eine traurige Abmusterung für ehemalige Südpolhelden.

Ehe sich die drei Ehrlosen aus dem Staub machten, wusste Lindberg noch einen ergänzenden Gesichtspunkt zum Tessem-Knudsen-Mysterium beizutragen: «Nach allem, was ich nicht nur vom

Kapitän, sondern auch von denen, die ihn hier verlassen haben, aufschnappen konnte, hatten diese beiden gute Gründe, sich mit ihrer Heimreise nicht zu beeilen.» Noch ein versteckter Hinweis auf unerquickliche Zustände unter der Besatzung an Bord des Unglücksschiffs *Maud*.

Amundsen richtete sich für den kurzen Aufenthalt in Lindbergs Haus ein. Der Gastgeber, der auch Tønnesens deprimierenden Bericht gehört hatte, als dieser durch Nome kam, war verblüfft, einem energischen Polfahrer zu begegnen, der ganz dem Amundsen glich, der nach der Durchsegelung der Nordwestpassage vierzehn Jahre zuvor die Stadt zum ersten Mal besucht hatte. Auch Lindbergs Arzt attestierte nach einer gründlichen Untersuchung, dass sich der Polarforscher physisch wie psychisch in «perfekter» Verfassung befand. Entweder muss die Behandlung von Dr. Blechschmied-Wisting außergewöhnlich wirkungsvoll gewesen sein, oder die Leiden des Patienten waren tatsächlich nervlicher Natur, wie er selbst in seinem Schreiben an Dr. Roll gemutmaßt hatte.

Dass der Polfahrer in der Begegnung mit der Zivilisation aufblühte und Energie und Tatkraft ausstrahlte, dürfen wir vielleicht als Ausschlag der starken Schwankungen in Roald Amundsens Gemüt auffassen. Obwohl er so viel Zeit seines Lebens in Einsamkeit und Isolation zubrachte, hatte er doch stets ein Bedürfnis nach menschlichem Umgang. Und nun war er endlich aus dem Totwasser der Depression herausgekommen; es war Zeit, neue Beschlüsse ins Leben zu setzen, für einen Neuanfang und für frische Zuversicht.

Alles ging recht flott in Nome. Nach nur zehn Tagen verließ die *Maud*, geleitet von einer Handvoll Glück wünschender heimischer Boote, den kleinen Ort in Alaska wieder. Amundsen nahm sich nicht einmal die Zeit, auf Post oder Nachschub zu warten. Nicht weniger als einundzwanzig Kisten und Postsäcke waren von Seattle unterwegs nach Nome, aber der Polfahrer hatte nicht einen Tag zu verlieren. Die wichtigsten Versorgungsgüter waren an Ort und Stelle beschafft worden, und per Telegraph war die drängendste Kommunikation mit der Außenwelt bewerkstelligt worden. Das musste offenbar reichen. Jetzt galt es, hinauszukommen, ehe die Beringstraße zufror.

Außerdem fuhr Kapitän Amundsen mit einer unverantwortlich kleinen Besatzung und befürchtete offenbar, man könnte ihm Schwierigkeiten machen: «Es gab ärger, weil wir bloß zu viert abfuhren, aber es war die einzige möglichkeit, loszukommen», schrieb er Leon eine Woche später von Kap Deschnjow an der Beringstraße. Auch ein überlegter Mann wie Dr. Sverdrup scheint Bedenken gehabt zu haben. «Für die Zukunft bin ich nicht ganz ohne Sorgen», schrieb er seinem fachlichen Ratgeber, Professor Wilhelm Bjerknes. «Wir werden ja so wenige sein. Und eine etwas seltsame Gesellschaft ist es auch.»

Der Chef sah keinen Grund zur Besorgnis, auch wenn in diesen Gewässern der Gedanke an einen Nachruf nie fernlag. «Schärf denen zu hause ein, um uns 4 nicht bange zu sein», ermahnte er Leon. «Wir haben es gutt. Aber alles kann schiefgehn, und wenn es so sein sollte, bitte das norwegische storting von mir, es soll die 3 wakkeren kerle nicht vergessen, die an meiner seite standen und mir halfen.»

Das einzige neue Besatzungsmitglied, das der Chef in Nome anheuerte, war die nicht mehr ganz junge Eskimofrau Mary oder «Marry» in der phonetischen Schreibung Amundsens. Glücklicherweise gab es für Eingeborene einen Sondertarif, denn ansonsten war es zu teuer geworden, Mannschaft zu werben. Mary sollte kochen und an Bord Ordnung halten. Übrigens hatte Helmer Hanssen sie vor der Abreise getroffen und in ihr die «Tuttsi» seiner lotterhaften Überwinterung auf Herschel Island vierzehn Jahre früher wiedererkannt. «Na, dann viel Glück», lautete sein lakonischer Kommentar zum Abschied.

1941 gab Helmer Hanssen, der bis 1956 lebte, seine Erinnerungen heraus: «Durch Treibeis. Achtzehn Jahre mit Roald Amundsen». Sie waren bereits einige Jahre zuvor auf Englisch unter dem etwas hochtrabenderen Titel *Voyages of a modern Viking* erschienen. Gemäß der polarliterarischen Tradition wählte Hanssen eine eher großzügige Haltung gegenüber den Launen des Schicksals.

Er fühlte keinen Drang, zwanzig Jahre nach seinem persönlichen Schiffbruch als Skipper der *Maud* noch mit seinem Chef oder mit sich selbst ins Gericht zu gehen. Es war «eine Zeit voller Licht und guter Erinnerungen, von Anfang bis Ende bloß schöne Erlebnisse».

Schon einen Tag nach dem Aufbruch von Alaska wird das Schiff vom Eis gestoppt. Nachdem es erst am Ostkap festliegt, kann es sich nach und nach durch die Beringstraße schlängeln, schafft aber nicht viele Meilen an der Küste Sibiriens entlang. Bald wird die *Maud* beim Kap Serdse-Kamen gegen die Küste gedrückt. Ihr steht unausweichlich die dritte Überwinterung bevor. Drei Winter, das war die Zeit, die die *Fram* brauchte, um ihre stolze Fahrt durch das Polarmeer zu vollenden. Es war die Zeit, die die *Gjøa* für die Nordwestpassage benötigte. Nach drei Wintern würde die *Maud* am Nullpunkt sein.

Momentan befindet sie sich im Land der Tschuktschen und kann Verbindung zu Einheimischen und durchziehenden Händlern aufnehmen. Ansonsten muss die Stimmung mit einfachen Mitteln hochgehalten werden. Das neue Jahr 1921 wird mit einem beliebten Sport aus Framheim eingeweiht: «Gestern abend premiere im pfeilewerfen, die sehr gelungen ist», notiert der Kapitän im Tagebuch. «Alle sehr zufrieden.»

Es ist Zeit für die kleinen Ereignisse und für die kleinen Menschen im Leben des großen Entdeckers. Schon eine Woche vor dem Jahreswechsel hat der allerkleinste Akteur in der Biographie des Polfahrers seinen Einzug an Bord der *Maud* gehalten.

Außer der Eskimofrau Mary alias Tuttsi, die nach einiger Zeit an Sinnesverwirrung zu leiden beginnt und zu Verwandten an Land gebracht werden muss, heuert der Chef zeitweilig weitere Eingeborene für anfallende Arbeiten an Bord an. Einer von ihnen ist ein junger Mann namens Kakot. Eines dunklen Tages bringt er ein kleines Bündel zum Schiff.

Am 4. Januar trägt der Chef ein: «Ich habe Kakonetta, Kakots 4jährige kleine tochter, behandelt. Legte sie splitternakkt auf den

Das Kind, das aus der Kälte kam. Kakonita an Bord der *Maud*.

eßtisch und wusch sie mit *permanganat of polaich*. Sie hat exem am ganzen körpper, große wunden.» Das kranke, schmutzige und unterernährte Tschuktschenkind hat keine Mutter. Darum soll es bei seinem Vater auf dem Königinnenschiff sein.

Nach einigen Wochen hat das Bündel begonnen, Persönlichkeit zu entwickeln. Land gibt es nicht zu entdecken, auch wichtige Observationen stehen nicht an. Darum führt der Polarforscher Journal über die kleinen Begebenheiten: «Sie ist ein putziges kleines ding, furchbar hässlich, schrekklich ungeschikkt, aber ausgesprochen komisch. Wir wetteifern darin, sie zu verwöhnen. Sie tut alles, um sich mit ihren 4 bis 5 jaaren schon nüzzlich zu machen. Sie wird jeden abend am ganzen leip gewaschen. Wenn sie fertik und fein gekämmt ist, kommt sie in die kajüte, um sich dem ‹opa› zu zeigen.» Kakonita hat das Schlüsselwort gefunden.

Der Polarreisende schmilzt dahin. Nach Jahren in Kälte und Dunkelheit, Jahren unter Eisbären und wettergegerbten Männern, in denen das weibliche Element lediglich als gerahmtes Gedicht an der Kajütenwand vorkam, tritt plötzlich ein Kind aus der Kälte ein und nennt ihn «Opa». Das heißt, er hat sich ja darum gekümmert und ihm das Wort beigebracht.

Ende Februar bricht Kakot auf, um sich eine neue Frau zu suchen. Da es so aussieht, als würde seine Werbung auf fruchtbaren Boden fallen, zieht der Chef die Konsequenzen: «Ich habe aus diesem grund Kakonita ganz zu mir genommen. Ich habe sie liepgewonnen und möchte sie ungern in den händen einer stiefmutter sehen. Im schweiße meines angesichts arbeite ich an ihrem ausschlag. Jetzt reibe ich sie nur morgens und abend mit meel ein, und vorläufig sieht es gut aus.» Der Polarforscher pudert, knetet und legt seine gesamte Energie in die neue Aufgabe. Und seine Mühe wird belohnt. «Kakonita, meine kleine pflegetochter, ist mir nun völlig verfallen», schreibt er Ende März. «Ich glaube, sie liebt ihren ‹Oppa›.»

Auch wenn Kakots neue Ehe eine sehr flüchtige Affäre bleibt, kommt an Kakonitas neuem Status als Pflegekind des Polfahrers kein Zweifel mehr auf. Schon in Gjøahavn trug er sich mit dem Gedanken, ein Eskimokind zu sich zu nehmen. Kakonitas Adoption aber ist keine begründete oder experimentelle Handlung, sondern eine rein gefühlsmäßige Reaktion, eine ganz einzigartige Allianz. Die Kleine stapfte auf eigenen Beinen unmittelbar in das frostgeschädigte Herz des Polfahrers. An einem stillen Märztag schreibt er: «Jetzt bin ich ganz allein zurükkgeblieben und habe nicht *einen einzigen* menschen zum reden, außer Klein-Kakonita. Sie versteht mich besser als die andren.» Die Vierjährige füllt die Leere im Inneren des grau werdenden Mannes.

Mit dem zweiten der beiden weiteren Tschuktschenmädchen, die Amundsen adoptierte, verhielt es sich anders. Es wurde sozusagen auf Bestellung geholt, damit Kakonita die Begleitung einer «Kollegin» hatte, wenn sie sich an ein neues Leben in der Zivilisation gewöhnen sollte. Die Expedition stand schon seit dem vorigen Winter in Verbindung mit dem Händler Charlie Carpendale am Kap Deschnjow. Er war Australier, aber mit einer Einheimischen verheiratet. Eines Tages im April tauchte Oscar Wisting bei ihnen auf. Für eines der Mädchen in der neunköpfigen Kinderschar sollte es der entscheidende Tag seines Lebens werden.

Am 19. April notierte Amundsen: «Am Nachm. gegen 4 kam W. vom Ostkap zurükk und brachte eine von Carpendale's töchtern mitt. Sie ist ein süßes mädchen, still und artig und dazu ganz hüpsch. Ca. 10 jaare. Ich habe vor, sie mit Kakonita nach hause zu schikken, damit sie beide anständig erzogen werden. Die wildere kleine Nita hat schon vollständig das kommando übernommen, aber es sieht so aus, als würde es ganz gut funktionieren. Die ältere ist ruhig und freundlich und richtet sich ganz nach der kleinen.»

Dass ihm die Kleinere am nächsten stand, zeigte Amundsen auch darin, dass er ihr seinen Namen gab: Kakonita Amundsen. Die Ältere besaß ja bereits einen bürgerlichen Familiennamen, nur der Vorname musste noch ein wenig korrigiert werden: «Dem kleinen Frl. Carpendale, das übrigens für sein alter ganz schön groß ist, habe ich den namen Camilla gegeben, der ihrem Tschuktschennamen noch am nächsten kommt. Übersetzt bedeutet er ‹kleine Muschi›, was ja an sich ganz nett sein kann, meine freunde und verwandten bei ihrer vorstellung aber ein wenig peinlich berühren könnte.»

Einige Wochen später durfte der Chef eine dritte Pflegetochter in die Bücher aufnehmen. «Sie ist ein ca. 12 jaare altes dienstmädchen unseres freundes Tenak. Sieht typisch wie ein tsehutscher aus, vielleicht mit ein wenig japanesischem oder chinesischem blut dabei.» Dieser letzte Mischling verschwand allerdings recht bald wieder aus der schnell anwachsenden Familienchronik des Polarreisenden.

Roald Amundsen vermochte für «primitive» Völkerschaften, ihre Lebensweise und ihre Fertigkeiten viel Bewunderung aufzubringen. Und doch blieben sie für ihn anderen Normen unterworfen als Angehörige der Zivilisation. Er konnte zartfühlend und angetan sein, aber er war auch der unumschränkte Herrscher, Herr über Leben und Tod, ein Eroberer der alten Schule. In Gjøahavn hatte er als Chef die Todesstrafe zumindest als Drohung eingeführt. Ein Eintrag im Tagebuch beweist, dass er auch an Bord der *Maud*, «wenn nötig», nicht vor endgültigen Lösungen zurückschreckte.

Ein Mann bot ihm seine Arbeit an, der dem Vernehmen nach einen Verwandten umgebracht haben sollte. Der Chef zeigte sich barmherzig und wollte ihm eine Chance geben: «Nun, wir wollen sehen, wie er sich aufführt. Benimmt er sich nicht durch und durch anständig, mache ich kurzen prozeß und werfe ihn an land. Später, im eis, kenne ich eine noch kürzere methode.»

Es ist erstaunlich zu sehen, wie sich Roald Amundsen in dieser letzten und anscheinend aussichtslosesten Überwinterung auf der *Maud* neue Zuversicht erarbeitet. So fest das Schiff auch im Eis eingeschlossen liegt, scheint er sich menschlich doch aus dem Totwasser herauszuarbeiten. Seine körperlichen Probleme hat er überwunden. Er ist den größten Teil der Mannschaft und damit auch die Unruhemomente an Bord losgeworden. Den überwiegenden Teil des Winters, den Sverdrup und Wisting auf einer ausgedehnten Schlittenexpedition verbringen, befindet er sich de facto als einziger Norweger an Bord des Schiffs. Der Umgang mit dem unterwürfig auftretenden Nomadenvolk liegt seiner umgänglichen Herrschernatur. Er gibt ihm ein Gefühl der Sicherheit, das seinen Gefühlen Spielraum eröffnet.

In seinem Verhältnis zu Kiss hat er eine Art innerer Stabilität erreicht. Er hat ihr sein Geburtstagsgeschenk, ihre Morgengabe und seinen Versorgungsbeitrag übersandt. Mehr kann er vorläufig nicht tun. Alles andere muss er dem gedruckten Wort, den gerupften Vögeln und den gegerbten Eisbären überlassen. Anstatt in seiner Kajüte nervenaufreibenden Grübeleien nachzuhängen, darf er auf dem Esstisch ein quicklebendiges kleines Mädchen waschen und pudern. Wenn der Achtundvierzigjährige auch kein Bräutigam geworden ist, so ist er doch zumindest Großvater geworden.

Als Roald Amundsen mit dem Königinnenschiff aufbrach, war das vordringliche Ziel, *zurückzukehren*, «über London». Dass dies via Polpunkt geschehen sollte, verstand sich sozusagen von selbst.

Die Konstruktion des Schiffs, der Kurs durchs Polarmeer, alles war erprobt und konnte als machbar gelten. Er selbst war einer der führenden Akteure der Polarforschung, der Mann, dem alles gelang. Er musste nur noch die Früchte einsammeln. Drei dunkle Jahre hatten ihn gelehrt, wie hoch sie hingen. Er musste kämpfen, um sie zu erreichen.

Schon Bjørnstjerne Bjørnson hatte beim Auszug Nansens den Nordpol einen «Schmuck für Sieger» genannt. Diesen Schmuck musste Amundsen nun pflücken und an seine Brust heften. Das war das Einzige, was noch zu tun blieb. Der introvertierte Schwärmer trat in den Hintergrund, der Sportsmann erwachte.

Seine Gedanken haben begonnen, um neue Pläne zu kreisen. Er entschließt sich zu einem taktischen Rückzug nach Seattle, wo das Schiff einer notwendigen Überholung unterzogen werden kann. Und er will das Parlament um neuerliche Unterstützung angehen. Erhält er weitere Zuschüsse, dann will er «zwei aeroplane und erfahrene flieger haben, möglichst einen offizier der norwegischen marine». Am 27. April ist der Plan fertig. «Nie sind wir entschlossener gewesen, loszulegen, als jetzt.»

Die Lösung lag in der Luft. Sobald im November 1918 der Weltkrieg zu Ende gegangen war, hatten Engländer und Amerikaner mit Planungen für Luftexpeditionen zum Nordpol begonnen. Doch niemand befand sich näher am Ziel als Roald Amundsen. Er hatte den Flugschein in der Tasche und er hatte die *Maud*, die sich aus einem achteraus zurückgebliebenen Polarschiff in eine vorgeschobene Luftlandebasis verwandeln ließ.

Der Polfahrer kann es kaum noch erwarten, bis das Eis ihn freigibt. Er beschließt, das Schiff zu verlassen. Nur eins hält ihn noch zurück: Kakonita.

Am 25. Mai ist auch dieses Problem geregelt: «Ich habe mich nämlich entschlossen, mein kleines Knubbelchen mitzunehmen. Ich bin heftig in sie verliebt und sie in mich, es wäre also ein schwerer verlust für uns beide, wenn wir uns trennen würden.» Natürlich muss dann auch Camilla mit. Also macht sich Roald Amundsen mit seinen beiden Ziehtöchtern per Schlitten auf den Weg entlang der

Küste zum Kap Deschnjow. Von dort werden sie von dem Walfänger *Herman* über die Beringstraße nach Nome übergesetzt. Eigentlich ist das Schiff in die andere Richtung unterwegs, doch sein Kapitän, der aus Sandefjord stammt, lässt sämtliche Wale Wale sein, um den Wünschen seines großen Landsmanns zu willfahren.

Am 17. Juni 1921 trifft der Polfahrer wieder einmal in der Goldgräberstadt Nome ein. Er kabelt seine Pressemitteilungen über das letzte Fiasko der *Maud* und «gleich danach telegr. ans Storting mit ersuchen um assistenz, kr. 300 000,–».

An einem der letzten Junitage des Jahres 1921 begibt sich der gebeutelte, aber ungebeugte Nordpoleroberer Roald Amundsen an Bord der *SS Victoria,* des einzigen Schiffs, das die Route Nome – Seattle befährt, und das auch nur im Sommer. Der hochgewachsene Mann wird von zwei kleinen Figürchen begleitet. Auch wenn sie ganz oder zur Hälfte einem Nomadenvolk Sibiriens entstammen, sollen sie bald als Amundsens *zwei Eskimomädchen* weltbekannt werden.

Alle drei sind unterwegs in eine anstrengende Phase ihres Lebens. Für die Kleinen wird die Welt auf den Kopf gestellt werden, für den Polfahrer soll es rundgehen. Drei Jahre hat er verbummelt. Von nun an hat er keine Minute mehr zu verlieren.

I II III **IV** V VI

Die Jagd nach dem Nordpol

29 Der Fliegende Holländer

Anstatt mich mit dem passierten aufzuhalten, springe ich gleich zu den geschäfften, die die zukunft betreffen.» So schreibt Roald Amundsen von Bord der *SS Victoria* seinem Bruder Leon und setzt hinzu: «Indem ich davon ausgehe, daß du mir ein letztes mal beistehst.»

Leon Amundsen ist nicht länger Papierschiffchenmillionär. Nach dem Platzen der Spekulationsblase ist er aus großen Höhen gefallen, aber mit den Füßen zuerst gelandet und immer noch gut und gern seine 200 000–300 000 schwer. Er und vor allem seine Frau Aline wären gern nach Frankreich zurückgegangen, doch wie so oft landete die Familie wieder am Bunnefjord. Die beiden älteren Brüder Tonni und Busken betreffend, ist alles beim Alten: Andauernd werden neue Illusionen ausgebrütet, die in enttäuschten Hoffnungen, Kündigungen, alten Schulden und neuen Hilfsersuchen enden.

Die letzten drei traurigen Jahre hindurch hat sich Leon um die heimlichen Geschäfte der *Maud*-Expedition gekümmert. Es ging um Information, um Finanzen und um Personalfragen. Auch wenn er die Heuerzahlungen sofort eingestellt hat, teilt der Geschäftsführer nicht die verurteilende Haltung des Chefs gegenüber den abgemusterten Truppen. In einem Brief an Gade stellt er fest, dass es «an und für sich verständlich genug ist, daß es zumindest für verheiratete Männer eine wirklich lange Abwesenheit bedeutet».

Als Familienvater sieht Leon auch die menschliche Seite dieser langen Trennungen. Für einen kultivierten Mann wie Dr. Sverdrup ist es ganz natürlich, dem Geschäftsführer zu danken: «Aus allen Briefen von daheim habe ich erfahren, wie sorgsam Sie darauf bedacht waren, Neuigkeiten von der Expedition meinen Angehörigen stets zur Kenntnis zu bringen, ehe sie in der Zeitung zu lesen waren, und wie Sie Manuskripte, Photographien usw. zur Verfügung stellten; was man zu Hause sehr zu schätzen wußte.»

In seinem Brief von der *Victoria* erteilt der Polfahrer nun Anweisungen für etwas, das man fast eine neue Expedition oder doch zumindest einen neuen Anfang nennen kann. Er benötigt «*augenblikklich* eine liste über konserven für 10 mann und 4 jaare». Außerdem «5 fässer trokkenfisch (hundefutter), 20 ziegenkäse, 20 Rochefourt und 20 st. norwegischen gammelost, 500 fl. saft», nicht zu vergessen eine Telegraphenstation und «2 aeroplane». An Mannschaft braucht er Maschinist und Pilot. «Ansonsten nehme ich bloß eingeborene». Alles soll zum Abgang von Seattle im Frühling 1922 bereitstehen.

Ganz oben auf der Liste bestellt der Chef die Übersendung von Frau Wisting. «Ich habe es ihm versprochen, als kleines dankeschön.» Vielleicht war es nicht unbedingt die Liebesgeschichte des Jahrhunderts, aber auch der Mann für alles aus Horten mochte nach drei Jahren im Eismeer romantische Anwandlungen haben.

Andererseits kann der Polarforscher schon einmal vorwarnen, dass «eine menge dinge» nach Hause geschickt werden. «Von größtem interesse sind meine beiden kleinen mädchen.» Er umreißt auch einen Plan für deren Zukunft. Zunächst für Camilla, die er inzwischen doch eher auf zwölf schätzt. «Für sie habe ich mir gedacht, sie sollte so ausgebildet werden, daß sie – wenn sie in ca. 5 jaaren heimreist – imstande sein soll, ihren landsleuten da oben zu helfen. Was da als erstes erforderlich ist, ist reinlichkeit und ein verständniss für sie. Sie ist sehr kluk und wird leicht begreifen. Die andere – Cakonita – ist ‹mein eigenes kleines mädchen›. Versteh mich nicht falsch, ich habe sie von ihrem vater verehrt bekommen.» Mit ihr hat er anderes im Sinn: «Ein süßeres kleines mädchen gibt es nicht auf dieser welt. Ich sehe sie vollständig als mein eigenes an, so daß sie also für immer zu hause sein soll.»

Die zwölfjährige Camilla Carpendale in Nome, ehe sie für die Zivilisation eingekleidet wurde.

Als eigentliche Pflegeeltern sollen Leon und Frau Aline auftreten, denn für sich selbst sieht er nicht viele Jahre zu Hause vor. «‹Nita› liebt ihren ‹Opa›», schreibt er, «aber das gibt sich schnell, wenn sie mich einmal nicht mehr sieht.» Der Polfahrer ist aus Schaden klug geworden.

Die *Victoria* trifft am Nachmittag des 4. Juli 1921 in Seattle ein. Die Stadt ist ein rasch aufstrebender Verkehrsknotenpunkt und Handelszentrum in hügeliger Umgebung an der Pazifikküste, nicht weit von der kanadischen Grenze. Sie zählt mehr als 300 000 Einwohner und bildet damit einen starken Kontrast zu allen windigen Nestern, die der Polarreisende in den letzten drei Jahren zu Gesicht bekommen hat. Hier, in diesem Zivilisationsdschungel, will er seine Basis für die nächsten Jahre aufschlagen, fern von allen ehemaligen Bezugspunkten.

Seine einzigen Begleiter sind zwei Kinder eines sibirischen Nomadenvolks. Der Polfahrer hat Leon telegraphisch gebeten, einen Koffer mit Kleidern zu schicken.

Bei der Ankunft in Seattle schließt Amundsen das Tagebuch von der *Maud*. Zuvor aber liest er noch acht Telegramme aus Europa. Fünf sind geschäftliche Mitteilungen, darunter eine vom Redakteur der Zeitung *Aftenposten* und eine von Staatsminister Blehr. Weiter: «2 telegr. von K, eins von G & R.» Die beiden letzten Initialen stehen für Gudrun und Robert Maus. Das K kennen wir. Es ist das einzige Mal, dass es in den drei adretten Tagebüchern auftaucht, die in drei langen Jahren gefüllt wurden. Ein Expeditionstagebuch war kein sicherer Aufbewahrungsort für die geheimsten Gedanken des Reisenden.

Wie und wo aber stand Roald Amundsen innerlich bei seinem vorläufigen Rückzug nach Seattle? «Es ist ganz sicher keine lust, die mich jetzt wieder ins eis dort oben treipt, sondern das gefühl, es ist meine pflichtt.» So schreibt er Leon nach Hause und fügt hinzu, «Nansen hat zweifellos recht mit seiner strömungstheorie, es geht nur darum, an der richtigen stelle einzusetzen.» Treibt ihn nach drei dunklen Jahren und der völligen Erschöpfung aller Ressourcen der Expedition tatsächlich immer noch das alte Versprechen gegenüber dem Professor? Oder kann er nicht mit der Tatsache leben, dass die *Maud* so vollständig in ebendem Gebiet gescheitert ist, in dem Nansen mit der *Fram* seine größten Triumphe errang?

Nach drei Wochen in Seattle schreibt Amundsen an Trygve Gudde in Trondheim. In diesem Brief ist nicht von Nansens Theorien die Rede; gegenüber Kiss Bennetts Bruder erlaubt er es sich, tiefer in den inneren Mahlstrom seines Gemüts zu tauchen. «Hier bin ich also wieder, ein pendent zum fliegenden holländer, verurteilt zu ewiger faart auf dem Eismeer. Ich sollte mich im grunde furchtbar enttäuscht fühlen, vermag es aber gar nicht recht – so wie die dinge liegen. Die sache ist die, daß ich zu hause absolut nichts zu tun habe. Ebensogut kann ich da noch ein paar jaare im eis zubringen – fern von foxtrot und boxkämpfen.»

Die Geschichte des Polarreisenden ist die Chronik eines Heimatlosen geworden. De facto hätte er auch nach Hause fahren können; Wohn- und Schlafräume standen leer und warteten auf ihn.

Zwei dubiose Gestalten. Haakon H. Hammer und Roald Amundsen an einer Straßenecke in Seattle.

Doch gedanklich gehörte er noch ins Eis. Es war nicht die Pflicht, die Roald Amundsen weitertrieb. Es war eher Rastlosigkeit. Er war ein Mann ohne festen Ankergrund, ein Schiff auf der Drift, der Fliegende Holländer.

Der bevorstehende Zug war im Übrigen eine Maßnahme, um die Selbstachtung zu wahren, eine ritterliche Handlung. Er wollte nicht derjenige sein, der das Idyll auf Leigh Court durcheinanderbrachte. «Ich habe schon viele nachrichten von K erhalten», schloss er den Brief an Gudde. «Ich kann gar nicht sagen, wie froh ich bin, euch in der schönen umgebung auf dem lande zu wissen. Daß ihre jungen kräftik & munter sind, sagt sie. Gott sei lop & dank. Hat sie es oft schwer im leben gehabt, so geht es ihr nun gut.»

Die Rosenmöwen waren nicht in London eingetroffen. Als Leon praktische Komplikationen meldete, erhielt er neue Anweisung aus Seattle: «Mach zwei gruppen aus den rosenmöwen, falls fächer unmöglich. Gip die eine der königin und stell die andere möglichst unter glas auf Urbg. auf.» Dort sollten sie stehen, die geflügelten

Botschafter der Liebe, ausgestopft und unter Glas, in den leeren Zimmern von Uranienborg. Da stehen sie noch heute, ein paar geschichtslose Vögel in einer Vitrine in Roald Amundsens Museum.

Völlig ausgestorben standen die verschmähten Räume am Bunnefjord damals aber nicht da. Leons Familie hatte sich auf Rødsten eingerichtet, und der Polreisende verfiel auf eine Lösung für den vor kurzem gekündigten Bruder Busken: «Ich schikke ihm eine elektr. maschiene zum schleifen von rasierklingen, die er leihen darff. Damit kann er seinen unterhaltt verdienen und auf Urbg. wohnen.» Später schlug er für den mittlerweile ebenso unglücklichen großen Bruder Tonni vor, dass auch er einziehen dürfe: «Da kann er ja seine hühner und tauben züchten.»

In Seattle schloss Roald Amundsen bald neue Bekanntschaften. Die skandinavische Kolonie in der Stadt war groß, und der sagenumwobene Norweger hatte keine Probleme, Zutritt zu finden. Sofort wurde er von dem wohlhabenden Geschäftsmann Einar Beyer aus Bergen empfangen. Zwar hatte er sich eine eigene kleine Wohnung gemietet, doch die erschien dem Bergenser nicht gut genug, und so, schrieb Amundsen an Leon, «hat er mir sein eigenes großes, prächtiges & herrlich gelegenes haus angeboten».

Nach zehn Tagen in Seattle konnte der heimatlose Eismeerbefahrer bereits konstatieren, dass sich ihm alle Türen öffneten. Großzügige Freunde und neue Geschäftspartner rannten sie ihm ein. «Bin täglich mit einem dänen zusammen, Hammer.» Es ist das erste Mal, dass der Name fällt.

Wenig später erhielt Leon eine ausführlichere Beschreibung des neuen vertraulichen Wohltäters seines Bruders, des beleibten, wenn auch erst dreiunddreißigjährigen Schiffsmaklers Haakon H. Hammer, «sohn von kommandeur Hammer in der dänischen marine und verheiratet mit einer dame aus deutschland, baronesse ‹Pumpernikkel›. Er hat mich hier in allem unterstützt. Mir mein eigenes, gemütliches kleines kontor eingerichtet mit assistenz seines gesamten büropersonals. Er war absolut einzigartig und muß Olav bekommen, wenn er nach hause fährt. Er hat mich von vielen ausgaben befreit und will es auch weiterhin tun. Er ist chef einer firma mit namen: The Universal Shipping & Trading Co. Er ist mein freund, sekretär, ratgeber u.v.m.»

Einen Teil dieser Beschreibung seines neuen «Agenten» wollte der Polfahrer gern von Leon an die heimatliche Presse weitergeleitet sehen. Jeder, der dem Nationalhelden in fremden Häfen weiterhalf, hatte Anspruch auf Öffentlichkeit und die Sympathie der Massen, abgesehen vom St.-Olavs-Orden. «Hammer selbst ist einer der angesehensten bürger Seattles und besitzt sowohl in der geschäftswelt wie in gesellschaftlichen kreisen mächtigen einfluß. Einen besseren & tüchtigeren ratgeber & assistenten hätte R.A. nie bekommen können.» Roald Amundsen hatte seinen Retter gefunden. Die Parallelen zu Dr. Cook sollten noch mehr und mehr ins Auge fallen.

Der Polarreisende kam aus Jahren unter einfachen Nomaden zurück und war von diesem Wunder der Kaufmannschaft geblendet. «Ich weiß schlichtwekk nicht, was ich ohne ihn getan hätte. Die norweger sind ja an sich kluk und gut genuk, doch scheinen ihnen die meisten von Hammers eigenschafften zu fehlen. Dazu kommt noch, daß er ein durch und durch gebildeter mann ist.» Zur Krönung des Ganzen sollte er auch noch bestens mit den dänischen Prinzen Aage und Axel befreundet sein, die auch einmal in Seattle vorbeischauten.

Das Glück schien sich zu wenden. Am 19. Juli erhielt der Polfahrer Bescheid, dass das Parlament bis zu 500 000 Kronen für die weitere Ausstattung der *Maud*-Expedition bewilligt hatte. Und ehe der Sommer zu Ende ging, erreichte das Schiff mit eigener Maschine Seattle. Nun sollte es endlich die seit langem überfälligen Reparaturen erhalten. In einem Brief an Professor Bjerknes summierte Sverdrup die wissenschaftlichen Ergebnisse: «Unglück folgte auf Unglück, und noch einmal sind zwei Jahre verloren.» Allerdings sollte auch Sverdrup – nach einjährigem Aufenthalt unter amerikanischen Akademikern – etwas von seinem Optimismus wiedergewinnen.

Zwei Tage nach der *Maud* traf Frau Wisting ein. Wie bestellt. Alle wurden im prachtvollen Haus des Chefs untergebracht. Das Leben bestand nun aus Zirkusbesuchen und Autoausflügen. Den Chauffeur spielten der kultivierte Däne und der Chef selbst. Es brauchte nämlich zwei Fahrzeuge, um die gesamte Besatzung samt den beiden Eskimokindern, der Ehefrau aus Horten und den Picknickkörben zu transportieren. Während er auf seine Aeroplane wartete, legte sich der Polfahrer ein Automobil zu.

Während am Schiff die Schraube und andere wichtige Teile ausgetauscht wurden, machten die vier Polfahrer eine teure Zahnbehandlung durch. Auch da sah es nach einem Totalaustausch aus: «bekommen unsere zähne gezogen und gold stattdessen eingesetzt», verkündete der Chef nach Hause. «Im mund seh ich nun aus wie ein echter Klondykemann, leider.» Zusätzlich ließ er das Herz und den doppelten Armbruch aus der ersten Überwinterung untersuchen. Dabei stellte sich heraus, dass der gebrochene Arm etwas verkürzt war. Davon abgesehen hat er sich verblüffend gut gehalten: «Ein einzigartiger und äußerst interessanter fall, sagen die ärzte.»

Freute sich der Chef auch darüber, seine getreue Mannschaft in Seattle zu sehen, irritierte ihn doch mächtig die Nachricht, dass die drei Ausgemusterten letztlich auf Kosten der öffentlichen Hand nach Hause reisen durften. «Daß Hanssen, Rønne & Sundbeck – *auch nur eine einzige øre* – erstattet bekommen, ist ein faustschlag mitten ins gesicht von uns 4», schrieb er an Leon. Der verbissene Hass den dreien gegenüber wird noch einmal dadurch unterstrichen, dass Amundsen seinem Geschäftsführer ausdrücklich verbot, ihnen ein Gratisexemplar der *Nordostpassage* zu übersenden, den Bericht, an dem sie alle Anteil besaßen und zu dem Helmer Hanssens Schlittentagebücher wesentlich beitrugen.

Den ganzen Herbst über hatten die heimatlichen Repräsentanten der Expedition mit den «Deserteuren» zu tun, die sich ungerecht behandelt fühlten. Nicht weniger aber war man mit dem Geheimnis um Tessem/Knudsen beschäftigt. Schon früher im Jahr war eine Suchexpedition nach den beiden losgeschickt worden, doch setzte der Chef nicht viel Vertrauen darein, dass der ausgesandte «Holzsoldat» etwas finden würde. Eher konnte er sich vorstellen, mit Wisting zusammen selbst einen Zug nach Sibirien hinüber zu unternehmen, um das «Rätsel» zu lösen. Wisting besaß im Übrigen seine eigene Theorie, die Amundsen «einleuchtend» fand und die er Leon folgendermaßen darlegte: «Tessem war vereinzelte male äußerst schwarzer stimmunk. Dann ertrug er *absolut* nichts. Knudsen war zwar äußerst geduldig, aber wenn er einmal wütend wurde, begann er zu toben. Jetzt meint W., es hat eine tragödie gegeben. Und das erscheint mir im moment als die einzige lösung. *Darüber kein wort zu irgendwem!*»

Im Frühjahr 1922 traf die Nachricht ein, der Suchtrupp hätte einige Gegenstände norwegischer Herkunft gefunden und in der Asche eines großen Feuers einen verbrannten Leichnam. Einer hätte die Leiche des anderen verbrannt. Da man den Betreffenden nicht identifizieren konnte, wurde eine Gedenktafel für beide errichtet. Im Sommer 22 machte eine russische Expedition neue Funde: Erst stieß sie unter anderem auf zwei wasserdichte Postpakete, das eine adressiert an Direktor Bauer vom magnetologischen Institut in Washington, das zweite an Leon Amundsen, Kristiania. Zuletzt stolperte sie auf der Dickson-Insel über eine zur Hälfte aufgefressene Leiche. Auf der Innenseite des Eherings dieses Mannes stand eingraviert: «Deine Pauline». Es war Tessem. Der Fund wurde im Winter 1923 bekannt.

Der Aufenthalt im Eismeer hatte Roald Amundsen seiner menschlichen Umgebung gegenüber nicht versöhnlicher gestimmt. Nach einer Weile legte er sich auch mit der norwegischen Kolonie in Seattle an, diesen «örtlichen Hafergäulen». Dies geschah durch eine «kräftige batalje», die er Herman Gade nicht ohne Stolz in einem Brief schilderte. Ausgangspunkt war ein an und für sich gutgemeintes Angebot, sich in die Leif-Eriksson-Loge aufnehmen zu lassen. «Wiederholte male tauchten diese Söhne Norwegens bei mir auf, erwähnten aber nie auch nur mit einem wort die geheimniskrämerei dieses vereins. Als ich mit meinen 2 jungen Wisting & Olonkin in den klub kam, um aufgenommen zu werden, servierte man mir altar, psalmgesang und anderen quatsch. Doch als sie anfingen, uns zu belehren, wie wir leben und uns benehmen sollten, und zu dem thema auch noch gelübde verlangten, platzte mir der kragen und ich las den verehrten ca. 300 herren der Söhne Norwegens nach allen regeln der kunst die leviten. Dann drehten wir ihnen den rükken, die jungs folgten mir, und wir gingen. Du wirst hieraus verstehen, daß die örtlichen hafergäule und ich nicht die besten freunde sind.»

Ebenso wenig entwickelte sich das Zusammenleben mit Frau Wisting zu eitel Sonnenschein. Sie integrierte sich nie richtig ins Expeditionsmilieu, auch wenn sie sich als Köchin und Kindermädchen für die beiden Ziehtöchter nützlich machte. «Ich glaube, sie ist froh, wenn sie wieder abreisen kann, und wir, Wisting & ich, auch», schrieb der Polfahrer Leon Anfang November. «Wisting hat sie teilweise von ihrer ‹vornehmheit und feinen manieren› kuriert, aber, wie gesagt, sie paßt nicht.»

Mehr und mehr setzte für Roald Amundsen das Eismeer die Normen. Als Leon den ersten Fliegersergeanten für die neue Mannschaft anwarb, ging er kein Risiko ein, auch wenn der Sklavenvertrag so schon deutlich genug war. «Er muß *ausdrükklich* darauf aufmerksam gemacht werden, daß er – ohne die geringste grimasse – jede arbeit zu übernehmen hat, und sei es hundescheiße schaufeln u. ä. dieser art.»

Dass der Polarforscher zwei Flugzeuge samt Piloten bestellt hatte, flößte den heimatlichen Wissenschaftskreisen, bei denen die Expedition ebenfalls um finanzielle Unterstützung ersuchte, kein sonderliches Vertrauen ein. Die Forschungsabteilung personell zu verstärken, lehnte Amundsen telegraphisch ab; da wollte er lieber noch einen Alleskönner mitnehmen. Für den Polfahrer kristallisierte ein solcher Allrounder allmählich zu einer Art menschlichem Ideal: der Mann, der alles kann, der alles macht, der jeden Befehl ausführt, «ohne die geringste grimasse».

Für seine Getreuen beschloss er, die Heuer auf 400 Kronen im Monat zu verdoppeln, die Neuen sollten weiterhin zu 200 Kronen angeworben werden. «Interesse soll weiterhin die treibende kraft bleiben.» Während der Russe und der Mann aus Horten die Dinge in Seattle am Laufen hielten, begab sich Sverdrup, der Tausendsassa mit Promotion, an die Universität Washington, wo er sich bald darauf mit einer Amerikanerin verlobte. Endlich lächelte das Glück der Wissenschaft.

Eigentlich hatte sich der Polfahrer gedacht, seine beiden Pflegetöchter dem kinderlosen Ehepaar Hammer und Frau Baronesse mit nach Europa zu geben, doch nach etlichen Überlegungen wurde Frau Kanonier Wisting mit der Aufgabe betraut.

In jedem einzelnen Brief nach Hause hatte der Polfahrer Leon Anweisungen über die Behandlung der Mädchen erteilt. So sollten sie unbedingt mit Hüttenschuhen ausgestattet werden und niemals nasse Füße bekommen. Des Weiteren durften sie niemals für etwas bestraft, sondern im Gegenteil nur auf liebevollste Weise erzogen werden. Im Geist sah er vor sich, wie Kakonita mit der alten Betty auf Uranienborg Karten spielte. An Camilla meinte er ein neues Talent entdeckt zu haben: «Sie ist sowohl hüpsch wie auch graziös, es kann also sein, daß tanzen etwas für sie ist. Sie lebt im tanzen und denkt an nichts anderes. Ich habe beide bei einer tanzschule angemeldet. Und wenn Camilla tatsächlich talent besitzt, kann sie sich später an der ballettschule in Kopenhagen fortbilden.»

Als es auf Weihnachten zuging, traf der Polarforscher auf einmal auch eine Entscheidung für sich selbst. Er wollte Sir Alex Mackenzie aufsuchen, «den angesehensten herzspezialisten auf der welt. Die untersuchungen hier sind nicht beruhigend durchgeführt worden», bekam Leon zu wissen. «Es ist doch möglich, daß mir Mackenzie wirklich guten rat erteilen kann. Ich glaube, die auswirkungen der langen dunklen winter werden das schlimmste für mich. Vielleicht kann er mir medizin verabreichen.» – Und wo konnte der Polarreisende guten Rat und stärkende Tropfen für sein krankes Herz finden? In London selbstverständlich.

Da der Kontakt keineswegs unterbrochen war, darf angenommen werden, dass Kiss selbst den Herzspezialisten ins Spiel gebracht hat. Er war der Vorwand, den er brauchte. In mehreren

Schreiben hatte er den stets umherschweifenden Freund Gade gebeten, Kiss auf ihrem neuen Gut in Surrey aufzusuchen, «wo sie es so herrlich hat». Doch wozu sich mit trockenen Berichten begnügen, wenn man selbst reisen und die unerreichbaren Herrlichkeiten mit eigenen Augen sehen kann?

Eine vierköpfige Reisegruppe: zwei Erwachsene und zwei Kinder, dem Anschein nach eine komplette Familie, die Seattle nach den Weihnachtsfeierlichkeiten verlassen sollte. An dieses Weihnachtsfest der *Maud*-Expedition knüpft sich übrigens eine merkwürdige Anekdote, die von Oscar Wistings Weihnachtsgeschenk.

In Odd Arnesens Buch *Roald Amundsen wie er gewesen ist* findet sich eine ausführliche Schilderung, wie Roald in größter Heimlichkeit eine langersehnte Frau aus Horten nach Seattle geschmuggelt haben soll: «Plötzlich geht die Schiebetür zum Speiseraum auf und – Wisting will seinen Augen nicht trauen: Da steht seine Frau leibhaftig an Amundsens Seite. Amundsen lächelt sanft, vereint die beiden und genießt seinen kleinen Triumph. So war er.»

Am größten war die Überraschung für Frau Wisting, als sie das Histörchen über das Weihnachtsgeschenk im Frühjahr 1922 zum ersten Mal in der Zeitung las. «Sagen Sie, dürfen die Zeitungen eigentlich alles schreiben, was sie wollen und was ihnen einfällt?», fragte sie den Geschäftsführer brieflich. «Das von Wistings Weihnachtsgeschenk ist ja von Anfang bis Ende eine Lüge.»

Die Geschichte war, wie Elise Wisting ganz richtig feststellte, «eine Lüge». Doch in ihrer gesamten Anlage ist sie eine echte Kopfgeburt des Polfahrers, sowohl was die Heimlichkeit der Durchführung als auch den szenischen Effekt angeht. Außerdem wurde sie in der Zeitung von einer gut informierten Huldigung an den treuen Wisting eingerahmt, ganz in Amundsens Geist formuliert. Der Tausendsassa aus Horten sollte nun als würdiger Nachfolger des untreuen Helmer Hanssen zum herzensguten Helfer des Nationalhelden aufgebaut werden. Im Dienste dieser größeren Sache sollte sich da Frau Wisting in ihre Rolle als «kleiner Triumph» des Polfahrers in den düsteren Jahren der Niederlage schicken.

30 Engelbregt Gravning

Im Großen und Ganzen war der Plan der *Maud*-Expedition unverändert der gleiche. Im Prinzip handelte es sich noch immer um die dritte Reise der *Fram*. Man lag in Seattle und rüstete für einen vierten Versuch einer Drift über das Polarmeer.

Allerdings hatte Leon Amundsen in der Zwischenzeit in Kristiania die Piloten Leutnant Oskar Omdal und Sergeant Odd Dahl engagiert. Das Flugwesen der Marine hatte der Expedition zwei seiner Sopwith Camel zur Verfügung gestellt, die bereits in Horten zur Verladung vorbereitet wurden. Zusammen mit der Telegraphenstation stellten sie die Neuerungen der Expedition dar. Keiner der Beteiligten aber entwarf einen wirklich neuen Operationsplan. Die Flugzeuge sollten vom Eis um das Polarschiff vor allem zu Rekognoszierungsflügen starten. All das würde zu einem steigenden Interesse der Öffentlichkeit an der Unternehmung beitragen.

Erst als Roald Amundsen am 5. Januar 1922 mit Kurs London Seattle verließ, kristallisierte sich allmählich eine neue Idee heraus. In dem Moment, da er sich geistig von seinem Schiff verabschiedete, vollzog Amundsen endgültig den Sprung aus der alten in die neue Zeit.

Als er abreiste, ließ er die *Maud* in Oscar Wistings Obhut zurück und seine Geschäfte in den Händen von Haakon H. Hammer.

In Begleitung zweier Eskimomädchen (ihre ethnische Verwandlung war nun definitiv) und einer älteren Frau aus Horten traf der Polfahrer in New York ein. Wer es nicht besser wusste, hätte sie für ein beliebiges Ehepaar halten können, das Opfer einer launischen doppelten Mutation geworden war. Doch man wusste es besser.

Das exotische Gefolge des Polarerforschers weckte in der sensationslüsternen Wolkenkratzerstadt beträchtliches Aufsehen. «Das interesse an den kleinen war enorm», schrieb er danach an Don Pedro. «Die Nordwestpassage, der Südpol und die Nordostpassage konnten sich damit nicht messen. Das hotel, in dem wir wohnten, war den ganzen tag belagert.»

Am 13. Januar gingen Frau Wisting und die Iglumädchen an Bord der *Stavangerfjord*. «Es war hart, sich von den kleinen zu trennen», klagte Amundsen Haakon Hammer. Der Polfahrer hatte so viel Geschmack am Familienleben gefunden, dass er seinen Agenten und Stellvertreter in Seattle mit «Onkel Haakon» ansprach, wie es auch die Mädchen taten. Doch damit nicht genug, verlangte er, dass der Schiffsmakler seine eigenen Briefe ebenfalls mit «Onkel Haakon» unterschrieb.

Sobald die dreiköpfige Begleitung außer Sicht war, zog Amundsen ins Ritz-Carlton-Hotel um, «mein gutes altes Ritz». Jetzt kamen die Geschäfte an die Reihe. Sein erster Besuch galt der akustischen Berieselung. «Machte gestern einen spaziergang und suchte den alten Edison auf. Er wird der exp. ein grammofon mit 300 aufnahmen schikken. Damit haben wir 3 und kommen vermutlich damit aus.» Ansonsten ging es um Flugzeuge.

Bald konnte Roald Leon informieren: «Habe in New York einen aeroplan aufgetrieben, der sich mindestens 26 stunden in der luft halten kann. Den zu bekommen ist von allergrößter wichtigkeit. Er ist 15 000 dollar teuer, wird sich aber vielfach bezahlt machen. Schon im zweiten jaar werden wir das schiff verlassen und über den pol fliegen können, quer über die unbekannten landgebiete, und in bewohnten orten landen.»

Der neue Plan machte rasche Fortschritte. Leon brauchte nur noch die Verhandlungen zum Abschluss zu führen: «Mr Henry Woodhouse [Präsident der *Aerial League of America;* Anm. d. Verf.] in New York kümmert sich um die ganze Angelegenheit. Sei so nett und bestelle bei ihm telegraphisch einen ‹Larsen Aeroplan› des typs, über den wir uns einig geworden sind, wenn er bis zum 15. april flugbereit sein kann.»

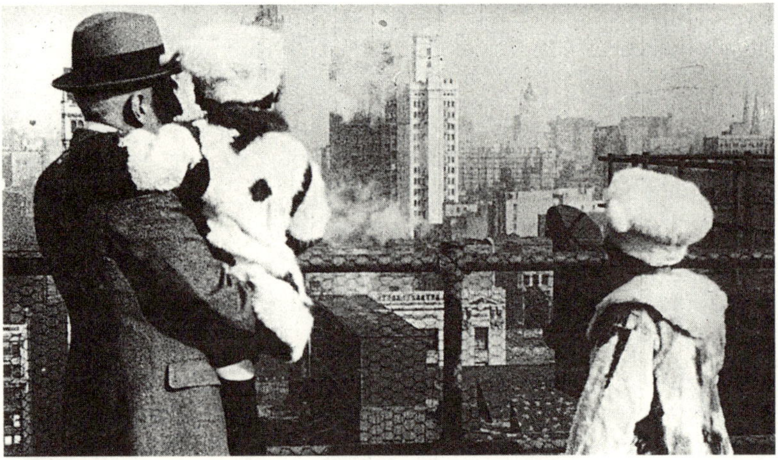

Aus Sibirien nach New York. Opa Amundsen zeigt eine seltsame Landschaft, und der Pressefotograf bekommt ein gutes Bild. Kakonita (auf dem Arm) und Camilla tragen eskimoinspirierte Mäntel und Mützen.

Selten legte Roald Amundsen so viel Wert auf Tarnung wie bei der nun folgenden Rückreise nach Europa. Schon vor der Abreise ging er mit neuem Namen, falschem Bart und Hornbrille in den Untergrund. Um seiner neuen Identität Substanz zu geben, suchte er eigens die norwegische Botschaft in Washington auf. Am 19. Januar, zwei Tage vor der Abreise, schrieb er «Onkel Haakon» zufrieden: «In Wash. konnte ich meine papiere bestens in ordnung bringen. Engelbregt Gravning wird als spezialkurier des norwegischen staats reisen, und alle türen stehen im offen!»

Am 30. Januar 1922 checkte Engelbregt Gravning im Strand Palace in London ein. Der verkleidete Polreisende erreichte die Hauptstadt des Empires in etwa gleichzeitig mit der Nachricht vom Tod Sir Ernest Shackletons. In Südgeorgien hatte sein Herz ausgesetzt, genau in dem Moment, da er seine dritte Antarktisexpedition beginnen wollte. Sir Ernest wurde neben der privaten Kapelle des norwegischen Walfängers C. A. Larsen in Grytviken auf der Insel begraben.

Die tiefempfundene Trauer Roald Amundsens über den Tod des Kollegen vermochte keine Zeitung zu bringen, da der Norweger in jenen Tagen nicht existierte. Der Eroberer des Südpols war nicht aufzutreiben, weder in Amerika noch in Norwegen oder in London. Doch in einem an «Onkel Haakon» adressierten Brief mit dem Datum «London, 2.2.1922» verlieh Engelbregt Gravning seinen Gefühlen Ausdruck: «Traurig das mit Shackleton. Wie geht's mit Wisting?»

Ausgerechnet das Herz hatte den Polfahrer ins Zentrum des Imperiums geführt. Pflichtschuldig suchte er den namhaften Spezialisten einige Male auf, und der Doktor verfasste eine längere Abhandlung mit schönen Diagrammen, fand aber kaum das ernsthafte Interesse seines Patienten, hatte der sich doch längst selbst diagnostiziert: Das Herz litt «unter den langen dunklen wintern». Für ihn war das winterlich-neblige London die Stadt des Sommers und der Sonne. Dort fand er auch seine Medizin: eine kurze Zugfahrt aufs Land.

Ja, doch, der Herrensitz Leigh Court übertraf die Junggesellenvilla am Bunnefjord. Das dreigeschossige Ziegelgebäude im englischen Landhausstil mit Erkern und hohen, gefaschten Fenstern stand luftig und kühl unter hohen Bäumen am Ende einer langen Auffahrt. Efeu rankte über die ziegelrote Fassade. Hinter dem Haus zog sich der Rasen in Terrassen hinab. Dort konnte Kiss Bennett Herrscherin in ihrem eigenen Reich sein. Während der alte Bennett seinen Geschäften nachging oder seinen Klub in London aufsuchte, konnte sie ausgedehnte Spaziergänge durch die Wälder und Ländereien unternehmen, die ihr Mann in großem Umkreis aufgekauft hatte. Sie konnte Familie oder Freunde für kürzere oder längere Aufenthalte einladen, Gesellschaften ausrichten und die Rolle der Gastgeberin spielen, die sie so ausnehmend gut kleidete. Der Tee wurde draußen auf dem Rasen auf silbernen Tabletts serviert. Jeden Sonntag nach dem Gottesdienst gab es Champagner. Dienerschaft war ausreichend vorhanden: drei im Haus, drei in der Küche und drei für Garten und Park. Dazu kam noch ein Chauffeur für den soliden alten Rolls-Royce des Hausherrn.

Nach einer kleinen Spritztour mit dem Wagen oder mit dem Zug durch das idyllische Surrey konnte Mrs Bennett zudem mitten im pulsierenden, berauschenden London aussteigen. Kiss mochte das frische Landleben, und sie liebte es, unter Menschen im Mittelpunkt zu stehen, in Cafés, bei Diners und auf Bällen. Sie konnte aus dem Vollen schöpfen, und sie konnte es sich leisten, alles, was sie noch nicht hatte, an die Tür liefern zu lassen.

Der Holzhändler hatte seiner Kiss wahrhaftig eine Residenz geschenkt, die einer Königin würdig war. In diesem Reich war nicht der Polfahrer König, eher kam er einem spannenden und romantischen Besucher gleich, einem vagabundierenden Troubadour, die Kehle voller leidenschaftlicher, aber altbekannter Balladen. Er besaß einen klangvollen Namen und den Glorienschein, der die ländliche Herrlichkeit in einen märchenhaften Glanz tauchte.

Der Polfahrer stand wieder unter dem Fenster der Göttin. Er hatte sich der Hoffnung hingegeben, sie würde mit ihm nach Norwegen weiterreisen. Nicht als Herr Polarforscher und Frau Gemahlin, aber doch wenigstens als Engelbregt Gravning nebst Frau eines Holzgroßhändlers, in aller Diskretion. Darum war ihm sein Inkognito so wichtig.

Am 10. Februar meldete er Leon: «Es gibt eine kleine änderung im programm. Kiss ist verhindert, und ich warte bis freitag, den 24. febr., komme also montag, den 27. an.» Verhindert – das war sie doch immer. Verhindert, ihre Söhne zu verlassen, verhindert, einen anderen zu heiraten. Vielleicht war es gerade dieses Verhindertsein, das einen Mann reizte und herausforderte, der es sonst nicht gewohnt war, Hindernisse etwelcher Art zu dulden.

Ansonsten hatte Norwegens «spezialkurier» in London nicht sonderlich viel auszurichten. Sein Herz hatte er den Händen des Spezialisten anvertraut, die *Maud* Wisting und Hammer überlassen, den Flugzeugkauf Leon. Er fragte sich: Hatte der Geschäftsführer die Bedeutung dieses neuen Elements auch in ihrer ganzen Tragweite erkannt? «Wie schon gesagt wird es für die ökonomische ausbeute der exp. größere bedeutung haben als irgendwas anderes. Mit ihnen [den Flugzeugen] können wir ja praktisch *die ganze zeit* von und zur *Maud* fliegen. Du weißt, das bringt einige kronen in die kasse, wenn wir die ersten sind, die über den pol fliegen», schrieb er Leon. Im gleichen Brief wurde die Taktik für die Ankunft in Kristiania festgelegt: «Du mußt unbedinkt dafür sorgen, daß ich gleich nach Urbg. fahren kann. Wie schon gesagt, halte ich mich die ganze reise über in meiner kabine auf und trage eine brille, wenn ich an land gehe.»

Die Heimkehr des Polreisenden an einem Montag im Februar vollzog sich ganz nach dem Rezept der Rückkehr vom Südpol. Die Heimlichkeit war zur Gewohnheit geworden, zur Bequemlichkeit. Sie sagt aber auch etwas über einen Mann, der nicht seine Handlungsfreiheit aufgeben wollte, indem er sich der Öffentlichkeit auslieferte. In Seattle hatte er einen anderen Heerführer auf dessen Siegesparade durch die Stadt beobachtet, den französischen Kriegshelden Marschall Foch. «Der arme Mann», schrieb Amundsen an seinen Bruder, «ich hatte mittleid mit ihm. Er sah aus wie ein tier im käfik, das sich ganz seinem schikksal ergeben hat.»

Für einen siegreichen General bedeuteten die endlosen Paraden einen Teil seiner Pflicht. Roald Amundsen wollte sich den Forderungen und Erwartungen der Gesellschaft nicht so unterwerfen, wie es Ferdinand Foch oder – naheliegender – Fridtjof Nansen getan hatten. Er wollte überhaupt keine anderen Pflichten übernehmen als die, die er sich selbst auferlegte. Er ließ sich nicht einfangen; er war nach wie vor der unabhängige Souverän. So verstand er es, zu überrumpeln und zu beeindrucken; es verlieh ihm aber auch den Anstrich eines Mannes, der etwas zu verbergen hatte und der Anflüge eines schlechten Gewissens zeigte.

In einem Brief an Gudrun und Robert Maus erklärte er sein Inkognito damit, dass er nicht «die Zeitungen am Hals» haben wolle. «Außerdem», fügte er hinzu, «möchte ich nicht gern gefrakt werden, welchen weg ich genommen habe.» Er kam über London, und er hatte etwas zu verbergen. Wie die meisten Männer, die mit einer verheirateten Frau zusammen waren, empfand auch er unerklärlicherweise einen Hauch von schlechtem Gewissen.

«Den kleinen mädchen geht es hier draußen in dieser herrlichen frischen lufft ganz ausgezeichnet, und sie grüßen tante Adelheid und onkel Haakon vielmals», schrieb der Polbezwinger seinem Agenten in Seattle. In den Wochen in Svartskog durfte er sich in seiner Rolle als Großvater seiner sibirischen Töchter gefallen. Die Angelegenheiten in Seattle wurden voll und ganz Hammer überlassen, den er «ohne das leiseste bedenken» zum «generaldirektor» der Expedition ernennen würde. «Ich vertraue Ihnen voll und ganz und schätze Ihr kluges mitdenken überaus», versicherte er dem dänischen Amerikaner während der langen Trennung.

Und während die Mädchen zwischen den sonstigen Blondschöpfen aus Svartskog die Schulbank drückten, blieb dem Polfahrer genügend Zeit, über seinen neuen Plan zu grübeln, der sich auf das Langstreckenflugzeug bezog, das Leon inzwischen für ihn in New York bestellt hatte. Wieder einmal hockten die beiden Brüder allein am Bunnefjord zusammen und heckten Pläne aus. Eis bedeckte das Meer vor der Tür, und es lag noch Schnee. Die Hänge hinab zu den beiden Holzvillen waren so steil, dass niemand sie im Winter freiwillig hinabfuhr. Zwei furchteinflößende Bernhardiner mit den romantischen Namen Romeo und Julia bewachten Uranienborg. Und daher wusste niemand, dass draußen am Bunnefjord jetzt Herr Gravning wohnte und eigentlich Roald Amundsen hieß. Wieder einmal kannte nur Leon seine Pläne. Sie handelten vom Nordpol, erinnern aber an den Südpol, an die Strategie, die schon vor dreizehn Jahren festgelegt wurde. Sie setzten eine Erklärung auf, steckten sie in einen Umschlag und versiegelten ihn. Leon nahm ihn in Verwahrung.

Erst am Abreisetag, dem 17. März 1922, konnten die Bürger von Kristiania in den Zeitungen ausführliche Interviews mit dem Polarreisenden lesen, der zum ersten Mal seit dem Sommer 1918 wieder das Vaterland besuchte. Mehr Menschen als gewöhnlich strömten zum Hafen, um die *SS Stavangerfjord* zu verabschieden. Doch an der Gangway war kein Nationalheld zu erblicken; er war schon in aller Diskretion um neun am Vormittag an Bord gegangen.

Um halb elf empfing er Gudrun und Robert Maus zu einem privaten Abschiedsbesuch in seiner Kabine. Erst da konnte er ihnen die Grüße der Schwester in England ausrichten. Roald Amundsen fühlte sich Kiss Bennetts Familie in Norwegen gegenüber fast wie ein Schwager, als Freund der Erwachsenen und als «onkel Herzensgut» der Kinder.

Auch wenn er sich in dieser Frage ebenfalls äußerst loyal verhielt, stellte Frau Bennett für Leon kaum die Wunschlösung für das Privatleben seines Bruders dar. Seine eigene Frau war eine prinzipienfeste Persönlichkeit, und beide hätten sie den Polfahrer sicher am liebsten ordentlich verheiratet und mit einer Schar Kinder im Nachbarhaus am Bunnefjord gesehen.

Erst als die *Stavangerfjord* gegen Mittag vom Anleger losmachte, konnte die Menschenmenge Roald Amundsen auf der Kommandobrücke erspähen. «Er hatte den Mantel abgelegt, und mit entblößtem Haupt nahm er die Huldigungen entgegen», schrieb der Reporter des *Dagbladet*. «Jetzt konnten alle sein scharfes, charakteristisches Antlitz sehen. Neue Ovationen stiegen zu ihm hinauf, und während die Nationalhymne angestimmt wurde, winkte er der Stadt ein letztes Lebewohl.» Das Vaterland hatte zuletzt doch noch einen Blick auf seinen großen Sohn erhaschen können.

«Das war ja ein schikker Abgang», schrieb er mit selbstzufriedener Ironie an Leon. «Der eismeerfahrer winkt vom höchsten topp der brükke & die ganze hoffnungsvolle jugent heult von unten beifall. Wenn nur alles so gut zusammenpasst, wird es gutgehn.» Draußen vor der norwegischen Küste brach sich der Oceanliner zwischen all den Schmugglerbooten Bahn, die in jenen Prohibitionszeiten das Land umzingelten, dann ging es hinaus aufs offene Meer.

Auf der Liste der zweiundzwanzig Passagiere in der ersten Klasse stand auch Omdal, Oskar, Kristiania. Der Pilot war schon mal da. Fehlten nur noch die Flügel.

«*Alle* hier haben nur eine meinung», erklärte Roald Amundsen Leon brieflich nach seinem Eintreffen in New York, «nämlich, daß das Larsenflugzeug allen andren in langflügen überlegen ist.» Zu-

Erste Etappe einer neuen Expedition. Roald Amundsen und Oskar Omdal an Bord der *Stavangerfjord*. Der Chef wurde bald 50, der Leutnant war 27.

sätzlich zu diesem Langstreckenflugzeug erhielt er völlig überraschend noch «einen herrlichen aeroplan, neu, mit instrumennten und drahtlos nach Seattle geliefert – von Curtiss. Er hatt eine flugfähigkeit von 7 stunnden. Habe daher einen Aero übrig. Werde sehen, op ihn jemant kaufen will. Wenn nicht, schikke ich ihn der Armee zu haus.» Die Entwicklung schritt wirklich rasant voran: Das Modernste von gestern taugte gerade noch für den militärischen Einsatz von morgen.

Amundsen wollte sein «Larsenflugzeug», das eigentlich eine von dem dicklichen dänischamerikanischen Lizenzhändler John M. Larsen gelieferte deutsche Junkers F-13/JL-6 war, mit Zwischenlandungen in vier Tagen von der Ostküste nach Seattle verlegen. Als Pilot und Bordmechaniker fungierten zwei Amerikaner, ansonsten Leutnant Omdal, der mutige Passagier Horace Gade (Hermans jüngster Bruder) und der Chef selbst. Die Geschichte dieses Flugs machte bald die Runde durch die Zeitungsspalten der Welt.

In einem auf den 12. April, nach der Rückkehr ins New Yorker Ritz, datierten Brief gab der Polflieger Leon einen eigenen Bericht.

Das Unglück war bereits am ersten Tag eingetreten: «Um ½2 uhr nachm. lief ca. 125 meilen von Cleveland der motor, der 3.te zylinder, heiß, fraß sich fest, und der ganze laden blieb stehn! Wir waren ca. 6000 fuß hoch. Es blieb nichts anderes übrig, als unter ständigem ausschauhalten nach einem landeplatz nach unten zu schweben. Doch wir waren in schlechtem gelände für eine nootlandung. Ein kleiner offener flekk war alles. Dem trudelten wir in spiralen entgegen. Es dauerte nicht lange. Als wir über dem landeweg einschwebten, streiften wir einen baumwipfel und landeten mit einem fürchterlichen ‹bomp› auf dem hang. Auf unseren dikken gummireifen & soliden fehdern hüpften wir, glaube ich, wieder 10 meter in die höhe, rutschten dann mit 50 meilen faart den hang hinab, passierten zwischen 2 großen baumwurzeln hindurch und spießten uns schließlich an einer 3. dikken auf, mit dem resultat, daß wir in die höhe flogen, einen saltemortale schlugen und auf dem kopf landeten. Wäre der solide rahmen nicht gewesen, wären sicher fleischklopse aus uns geworden. So aber kamen wir mit einem kräftigen stooß davon. Horace & ich sind ein wenig lahm im kreuz. Vielleicht ist es das alter.»

Danach saß der in die Jahre gekommene Luftakrobat im Ritz fest und musste auf eine neue Maschine warten. «‹Elisabeth› war rundum versichert», schrieb er beruhigend an «Onkel Haakon».

Elisabeth. Schon vor dem Start hatte das Flugzeug seinen Namen weg. Odd Arnesen erwähnt in seinem Amundsen-Buch, dass die Maschine auf dem Curtiss-Flugfeld mit einer Flasche Champagner getauft wurde. In dem Fall dürfen wir wohl annehmen, dass bei der Gelegenheit gleich beide Maschinen der Expedition ihre Namen erhielten. Der «herrliche» kleinere Aeroplan war ja ein Geschenk des Flugzeugbauers Curtiss. Nichts war natürlicher, als dass die beiden Maschinen die Namen *einer* Frau zwischen sich aufteilten. Die zweite wurde *Kristine* getauft.

Der Mannschaft der *Maud* erzählte Amundsen, so Odd Dahl, der Name, der in großen Lettern auf die Curtiss gemalt stand, stamme von einer alten Tante. Der Polfahrer hatte inzwischen ein ausgeprägtes Raffinement darin entwickelt, seine Umgebung hinters

Licht zu führen. Kein einziger seiner Männer wusste von einer Frau mit Namen Kristine Elisabeth Bennett. Sie selbst aber würde es begreifen, genau wie die Widmung zu ihrem Geburtstag. Der Flug zum Pol erfolgte unter ihrem Namen. Noch immer schwebte der Nordpolflieger in der Hoffnung, sie würde aufstehen und ihren Platz in der Geschichte einnehmen, sobald er ihr den Siegeskranz zu Füßen legte.

Im Lauf seines unfreiwilligen Extraaufenthalts in New York wurde der rastlose Entdecker auf eine «noch größere» Junkers aufmerksam. In den Hallen des Zolls standen zwei Exemplare. Durch Hinterlegung von 2000 Dollar sicherte er sich eins von ihnen als Ersatz für die einstmals so «überlegene», nun aber so grausam malträtierte Larsen-Maschine. Wie schon gesagt, die Flugzeugentwicklung schritt rasch voran. Den Namen aber behielt er bei; auch die neue Junkers hieß *Elisabeth*.

Es endete damit, dass das Flugzeug den Zug nahm. Der Polfahrer hatte keine Zeit mehr zu verlieren.

Endlich, Anfang Mai findet sich Roald Amundsen wieder im Basislager der Expedition in Seattle ein. Um ihn sammelt sich die neue Mannschaft der *Maud*. Der neue Maschinist Syvertsen erweist sich als «hervorragender mann». Einen gewissen Eriksen dagegen will der Chef schon vorab per Post «sofort vor die tür gesetzt» sehen. «Seine haltung gegenüber W. zeigt, daß er nichts taugt.» Wisting ist der Maßstab dafür geworden, wie sich ein Mann zu verhalten hat. Fortan ist nicht nur der Chef in Achtung und Ehren zu halten; die gleiche Ehrerbietigkeit ist auch dem Treuesten der Treuen zu erweisen, Oscar Wisting.

Zuletzt hat sich der Chef noch erweichen lassen, einen wissenschaftlichen Assistenten für Dr. Sverdrup einzustellen. Der schwedische Magister Artium Finn Malmgren wird eilends nach Seattle beordert. Damit soll die Wissenschaft ihre Kompensation für das fliegende Mädchen für alles erhalten. Aber sicher darf sich keiner fühlen: «Ich werfe ihn sofort raus, wenn er forderungen stellt», kündigt der Chef seinem Geschäftsführer zu Hause an.

Nach einem Jahr in akademischen Kreisen sieht der frisch verlobte Dr. Sverdrup der Zukunft wieder optimistisch entgegen. Von Professor Bjerknes in Kristiania hat er seine Instruktionen für die wissenschaftliche Arbeit erhalten: «Vor allem muß uns die *Maud* die Temperaturen der Nordkalotte verschaffen, und zwar sowohl am Boden wie in der Höhe. Hoffentlich lassen sich die Drachen einsetzen. Hingegen möchte ich aus nachvollziehbaren Gründen von einem übertriebenen Einsatz der Aeroplane zu wissenschaftlichen Zwecken abraten.» Der Professor befand sich noch im Drachenzeitalter. Aber gut, mochten es die akademischen Kreise halten, wie sie wollten. Die *Maud* war für jedes Zeitalter gerüstet.

Auch Steuermann Karl Hansen und die Piloten Omdal und Odd Dahl trafen in Seattle ein. Außer den beiden, zur Überraschung Einzelner, ein weiterer Flieger. In New York hatte der Chef einen kanadischen Offizier angeheuert, doch war der zwischenzeitlich schon wieder durch einen Landsmann ersetzt worden, Leutnant Fullerton. Während sich alle Teilnehmer an den anfallenden Arbeiten beteiligen mussten, wurde der Kanadier an Bord wie ein Gast behandelt. Laut Odd Dahls Memoiren hatten weder er noch Omdal zu diesem Zeitpunkt eine Ahnung von den wirklichen Flugplänen des Chefs. Nur der Mann aus Horten wurde vor der Abfahrt von Seattle mit den nötigsten Informationen versorgt.

Olonkin mitgerechnet, der Wisting während der gesamten Phase der Verproviantierung der *Maud* assistierte, und die für später vorgesehene Verstärkung durch Tschuktschen, war die Expedition nun vollständig. Das heißt, ein Mitglied sollte noch hinzustoßen. Am 26. Mai berichtete der Polfahrer seinem Geschäftsführer: «Gestern gap ich ein essen für Hammer. Sehr geglükkt. Ich unterrichtete alle gäste von seiner ernennung zum ritter von Olav [was sich als etwas voreilig herausstellen sollte; Anm. d. Verf.] und zum ‹ehrenmitglied der expedition›. Überreichte ihm ein diplom. Das schätzte er höher als den Olav.»

In den letzten Wochen vor dem Aufbruch geriet die Expedition in Liquiditätsprobleme. Gemeinsam mit seinem Retter und «Onkel» Hammer versuchte der Polarreisende, ein paar geldeinbrin-

Flieger Odd Dahl nach seiner Ankunft in Seattle und am Beginn einer langen abenteuerlichen Forscherkarriere. Dahl, 1898 in Drammen geboren, starb erst 1995 und war damit der letzte Überlebende von allen Männern Amundsens.

gende Vorträge zu improvisieren. Als das nicht klappte, blieb nur noch ein Ausweg – Don Pedro. Sicherheitshalber hatte Amundsen seinen fernen Mäzen schon vor der Abreise aus Norwegen von seinen Flugplänen in Kenntnis gesetzt. Als er sich nun an seinen alternden Wohltäter wandte, legte der Polfahrer noch einmal seine rebellische Rechtschreibung beiseite. «Ich weiß, es hört sich etwas abenteuerlich an, doch läßt es sich bestimmt verwirklichen. Wir besitzen ja dem Vernehmen nach bereits die führende Stellung in der Polarforschung zu Wasser und zu Lande. Lassen Sie uns nun versuchen, sie auch in der Luft zu erringen.»

Unmittelbar vor der Abreise trafen aus Argentinien telegraphisch 6000 Dollar ein. Der Polfahrer atmete erleichtert auf. «Ja, er ist ein wahrer freund», schrieb er Leon. «Gott sei mit ihm», schrieb Don Pedro.

In den allerletzten Maitagen trafen fünf enorme Kisten mit den zerlegten und sorgfältig verpackten Flugzeugen ein. Sie wurden noch an Bord eines bereits randvollen Schiffs verstaut, das nun für seinen vierten Versuch bereitlag, das Polarmeer zu durchqueren. Am Samstag, dem 3. Juni 1922, glitt das Königinnenschiff *Maud* aus dem Hafen von Seattle. Eine Marinekapelle spielte. Und auch wenn es noch vier Tage bis zum einzigen anerkannten aller Nationalfeiertage waren, stimmten die «Hafergäule» aus vollen Hälsen an: «Ja, wir lieben dieses Land ...» Kapitän Wisting führte das Kommando an Bord. Kein Nationalheld winkte von der Brücke.

Der Chef verließ Seattle am gleichen Tag, jedoch auf einem anderen Fahrzeug. Anstatt wochenlang auf dem schlingernden, überladenen Polarschiff zuzubringen, zog er es vor, die erste Etappe nach Nome mit dem Passagierdampfer *Victoria* zurückzulegen. Noch ein paar Tage in zivilisierten Verhältnissen sind nicht verkehrt. Der traditionsreiche Dampfer verfügte sogar über sechs Kabinen mit eigenem Bad, von denen eine selbstverständlich dem Herrn zustand, der sich mit den Titeln Entdecker des Südpols, Eroberer der Nordwestpassage und Befahrer der Nordostpassage schmücken durfte; zurzeit unterwegs zum Nordpol.

An Bord der *SS Victoria* machte Roald Amundsen eine Bekanntschaft, die biographische Folgen haben sollte. Wenn er auch nicht das Schicksal traf, so doch immerhin – eine Frau.

31 Eine Schönheit aus Alaska

Roald Amundsen führte ein Leben im Verborgenen. Es zog ihn in noch «verborgene Gebiete», er kartierte einige der letzten weißen Flecken dieser Erde. Doch er hüllte sein eigenes Leben in Nebel. Er spielte mit seiner Gegenwart Verstecken und verwischte seine Spur für die Geschichte.

Frauen stellen das am allerbesten versteckte Gebiet im Leben des Polarreisenden dar. Sein Verhältnis mit der, die so viele Entscheidungen seines Lebens beeinflusste und darin ein so bedeutungsvolles Kapitel einnahm, mit Kristine Elisabeth Bennett war den meisten außerhalb des engsten Familienkreises vollkommen unbekannt. Die Frau allerdings, die als erste und zunächst fast unbemerkt mit Roald Amundsens Geschichte in Zusammenhang gebracht wurde, war eine nicht identifizierte Amerikanerin. Fast zufällig wurde sie erstmals 1941 in *Aftenposten* erwähnt, dann, gegen Ende der 1940er Jahre, von Harald U. Sverdrup in einer unpublizierten biographischen Skizze. Am meisten Substanz erhielt sie bis dato in den 1981 von Jan H. Landro aufgezeichneten Memoiren Odd Dahls. Aber auch er nannte sie nicht mit Namen, sondern nur «the mysterious Lady».

Nach den Überwinterungen auf der *Maud,* als der große Traum, Kiss zu erobern, im Keller seines Herzens begraben werden musste, stürzte sich Amundsen fast manisch in Aktivitäten. In seinen Verhältnissen zu anderen wechselte er blitzschnell von vorbehaltlosem Vertrauen zu brüsker Zurückweisung.

Im Lauf der letzten Überwinterung war ein Bedürfnis nach neuen gefühlsmäßigen Bindungen zum Vorschein gekommen. Es begann vorsichtig, tastend mit dem Eisbärjungen Marie, das nach einigen Wochen wachsenden Zutrauens plötzlich ein Opfer von Chloroform wurde. Danach trat die kleine Kakonita auf, der er seinen Namen gab und die er – bis auf weiteres – lebenslang an sich band. Unmittelbar nach der Ankunft in Seattle stürzte er sich in das überfließende Geschäftsverhältnis mit «Onkel Haakon». Mit dem dicklichen Danoamerikaner und seiner adeligen Madame Pumpernickel oder «Tante Adelheid» und den beiden Adoptivtöchtern baute er binnen kürzester Zeit so etwas wie eine Pseudofamilie um sich auf, in der alle ihren «Opa» gernhatten.

Auf der anderen Seite brach er auf geradezu hasserfüllte Weise mit mehreren seiner vertrautesten Mitarbeiter aus strapazenreichen und harten Jahren. Seinen neuen Männern drohte er schon vor ihrem Eintritt den Rauswurf an. Diese Labilität war schon die ganze Zeit in der ansonsten zielgerichteten Persönlichkeit des Entdeckers sichtbar gewesen, nach der Überwinterung des Herzens und dem Platzen der Illusion trat es aber stärker in den Vordergrund.

Trotz aller Aufs und Abs und aller Schwierigkeiten hielt Amundsen jedoch an Kiss ebenso fest, wie er am Nordpol festhielt. Sie waren seine beiden Ziele, unauflöslich miteinander verknüpft. Allerdings gab es nur noch einen zu erobernden Pol, auf der Welt aber noch viele Frauen.

Wahrscheinlich ist der Polfahrer Bess Magids zum ersten Mal auf der Fahrt mit der *SS Victoria* begegnet.

Es existiert ein Brief, in dem sie ganz kurz ihr Verhältnis zu Roald Amundsen darlegt. Er ist an ein amerikanisches Paar norwegischer Herkunft gerichtet und mit dem Datum 7. Mai 1968 versehen. In diesem Brief, dem einzigen bekannt gewordenen Dokument, in dem sie selbst dieses Verhältnis bestätigt, erwähnt sie ein Zusammentreffen auf der *Victoria* auf ihrem Weg nach Nome. Auch wenn ihr wichtigster Auftritt in Amundsens Leben erst später erfolgte, möchten wir schon an dieser Stelle ein möglichst genaues Bild der «mysterious Lady» einfügen.

Sie hieß also Bess, und sie war wunderschön; nur 155 Zentimeter groß, das Haar schwarz und kurzgeschnitten, die Farbe der Augen beschrieb sie selbst als «schokoladencrème». Ihr Hintergrund war wie ihr ganzes Leben sehr bunt zusammengewürfelt und darum nicht mit vergleichbarer Präzision zu beschreiben.

Bess kam als jüngstes einer großen Schar von Kindern in Winnipeg, Kanada, zur Welt. Ihr vollständiger Name lautete Elizabeth Patricia Berger. Der Vater stammte aus Straßburg im Elsass und betrieb einen Vieh- und Pferdehandel, die Mutter kam aus Kiew. Die junge Schönheit wurde sehr frühzeitig verheiratet, wie sie später ihrer Tochter erzählte, sogar so früh, dass sie mit ihrem Alter schwindeln musste, um zum Aufgebot zugelassen zu werden. Mit angegebenen achtzehn Jahren heiratete sie 1914 Samuel Magids, war aber in Wahrheit erst sechzehn Jahre jung.

Sam Magids war ein russischer Jude, sicher Jahre älter als sie und vermutlich schon länger damit beschäftigt, sich eine Existenz als Geschäftsmann aufzubauen. Zusammen mit seinem Bruder Boris (Jahrgang 1891) errichtete er eines der größeren Handelshäuser Alaskas, *Magids Brothers.* Mit einem Startkapital, das sie allem Anschein nach im Goldrausch erworben hatten, gründeten die Brüder nicht weniger als acht Handelsniederlassungen in Gebieten, die hauptsächlich von Eskimos und Goldgräbern bevölkert waren. Die Firma kaufte und verkaufte ihre Waren in Seattle, Chicago und San Francisco, doch hielt sich das Ehepaar Magids auch häufiger in New York auf und unternahm Reisen nach China oder Russland.

Bess besaß einen starken Willen und eine energische Persönlichkeit. Sie beherrschte die Kunst, in unterschiedlichsten Verhältnissen zu überleben. Sogar unter Eskimos und Goldgräbern verstand sie noch, ihre Schönheit zu pflegen. Es wurden Schuhe und Kleider bestellt, die von den vornehmsten Lieferanten maßgeschneidert wurden. Sie nahm in vollem Umfang an den Geschäften Anteil und kutschierte ihr Hundegespann genauso gut durch die Weiten Alaskas wie die Brüder Sam und Boris. Nebenher galt sie als leidenschaftliche Pokerspielerin, bekannt für ihre hohen Einsätze und guten Nerven.

Man kann sich vorstellen, dass diese raubeinige Prinzessin die perfekte Frau für Roald Amundsen hätte sein können. Doch als sie sich im Sommer 1922 begegneten, war sie trotz ihrer erst vierundzwanzig Jahre bereits seit acht Jahren verheiratet, und ihr Herz war längst vergeben.

Die Schiffstour entlang der Küste Kanadas und Alaskas dauerte zehn bis vierzehn Tage. Reichlich Gelegenheit für einen oberflächlichen Flirt oder gar eine nähere Bekanntschaft. Der Polfahrer war allein unterwegs, das heißt mit Bad. Vor ihm lag das Eismeer und hinter ihm Mrs Bennett in einem grünen Park unter hohen schattigen Bäumen, mit Tennisplatz und Automobilen und von einer Schar Freunde und Verwandter umgeben. Sollte er sich da in seiner Einsamkeit auf der Rückseite der Neuen Welt einen tiefen Blick in die schokoladenbraunen Augen dieser hübschen kleinen Frau versagen?

Reiste auch sie allein? Oder befand sich Mr Magids an ihrer Seite? Immer gibt es einen Herrn in der Nähe, einen Herrn Bennett, einen Herrn Castberg, einen Herrn in Antwerpen und einen Herrn Magids. Brauchte er *die* vielleicht ebenso wie ihre Frauen? Brauchte der werbende Amundsen männliche Konkurrenz, Nebenbuhler, Gegenspieler? In seinem Verhältnis zu Frauen war Roald Amundsen kein Entdecker, der jungfräuliches Land oder ungeschliffene Juwelen entdeckte, sondern ein Eroberer. Vielleicht lag ein erotisches Spannungsmoment in der Eifersucht, darin, einen Rivalen auszuschalten? Aber ein ritterlicher Kampf musste es sein, ein Dreieck gegenseitiger Toleranz. Die Frau musste die Wahl treffen; sie musste den anderen verlassen, um *ihm* ihre Liebe zu beweisen. Wir wissen nicht, ob er sich an Bord der *Victoria* aufhielt oder irgendwo in Alaska; die Hauptsache war, dass es einen Mr Magids gab.

Am 9. Juni, Roald Amundsen genoss seine neue Bekanntschaft und seine warmen Wannenbäder, wurde in Kristiania ein Umschlag geöffnet. Nach der offiziellen Version befand sich der Polfahrer an der Spitze seiner Männer an Bord der *Maud*. Die Parallele zu den

Abläufen zwölf Jahre zuvor, als die *Fram* nach Süden lief, während Leon in Kristiania die heimlichen Pläne bekanntgab, ist schlagend.

Als diesmal das Vorhaben eines Flugs zum Nordpol der Presse mitgeteilt wurde, war der Plan jedoch in einigen Punkten schon wieder Makulatur. Die hochgelobte Junkers-Larsen war schon in einen Haufen Schrott verwandelt und durch eine noch größere Junkers jüngerer Bauart ersetzt worden. Außerdem wurde in Kristiania verkündet, Roald Amundsen wolle von Point Barrow nach Kap Columbia auf Ellesmere Island fliegen, wo Godfred Hansen Depots für die Schlittenexpedition der *Maud* angelegt hatte. Doch auch nachdem der Plan besiegelt war, schwankte der Polfahrer in seinen ständig revidierten Anweisungen an Leon immer wieder zwischen einer Landung auf Ellesmere oder auf Spitzbergen. Am Ende zog er Spitzbergen vor, behielt aber das unbewohnte Kap Columbia in Reserve. Dorthin war es beträchtlich kürzer.

Leon Amundsen ging mit vier Kristiania-Blättern *(Aftenposten, Morgenbladet, Morgenposten* und *Tidens Tegn)* Absprachen über die Exklusivrechte an Telegrammen, die den Flug betrafen, ein. 15 000 Kronen sollten die Redakteure dafür bezahlen, oder umgerechnet 1000 Kronen pro Stunde, denn die Flugzeit für die Überfliegung des Polarbassins wurde mit fünfzehn Stunden veranschlagt.

Der Polfahrer unterstrich in seiner Bekanntmachung, dass es sich nicht um ein «hasardiöses unternehmen» handele. Und vermutlich von Leon wurde hinzugefügt, es drehe sich ausschließlich um «eine Ausweitung» des ursprünglichen Plans; Grundlage sei und bleibe stets «die wissenschaftliche Arbeit und keinerlei rein sportliche Erwägung. Gelingt der Flug, spricht alle Wahrscheinlichkeit dafür, daß Amundsen später, wenn die Route erst aus der Luft aufgeklärt ist, diese auch mit der ‹Maud› zurücklegen und seinen ursprünglichen Plan ausführen wird. Der Flug ist lediglich ein Mittel, nicht das Ziel.» Das Letztere hervorzuheben war außerordentlich wichtig, denn Amundsen hatte die Gesamtsumme von 700 000 Kronen von der norwegischen Regierung schließlich als Leiter der wissenschaftlichen Expedition der *Maud* erhalten.

Nach der Enthüllung in Kristiania hielt Schiffsmakler Hammer in Seattle eine Pressekonferenz ab. Die dort gegebenen Informationen unterschieden sich in mehreren Punkten von den Erläuterungen in Kristiania. Der Flug etwa wurde eher auf fünfundzwanzig als auf fünfzehn Stunden berechnet. Und als Piloten wurden Fullerton und Omdal angegeben, in Kristiania lediglich der Norweger. Zur Beruhigung hieß es in dem Schreiben an das norwegische Volk: «Für den fall, daß wir irgendwo abstürzen sollten, führen wir das nötikste an ausrüstung und proviant mit uns.» Hammer dagegen teilte mit, es werde vor allem Treibstoff mitgenommen. «Abgesehen von den notwendigen Instrumenten gibt es ein paar Sandwiches, Verpflegung für einen Tag und Wasser, ein Gewehr und Munition. Das ist alles.» Abschließend teilte der «Generaldirektor» der Expedition mit, er werde im Juli nach Europa gehen, «um die Flieger in Empfang zu nehmen».

Als Begründung für diesen aufsehenerregenden Vorstoß hatte Roald Amundsen etwas kryptisch angegeben, «daß die entwikklung bewirkt hat, daß ich gezwungen war, meinen plan zu erweitern». Es gab etliche Umstände, die den Polfahrer in die Luft zwangen, doch vor allem war – vorzugsweise noch im Planungsstadium – seit dem Ende des Weltkriegs ein von mehr oder weniger seriösen Akteuren geführter internationaler Wettlauf darum entbrannt, wer als Erster zum Nordpol fliegen würde. Seit dem sensationellen Flug über den Ärmelkanal wurde die Öffentlichkeit mit immer neuen Rekorden und Entfernungen auf dem abenteuerlichen Gebiet der Luftfahrt überhäuft.

Einer der damals aktiven Teilnehmer an diesem Luftzirkus um den Nordpol war Captain Scotts alter Kampfgenosse Tryggve Gran. Als Amundsens Plan bekanntgegeben wurde, hielt er sich gerade auf Spitzbergen auf, um die eigenen Möglichkeiten für einen Flug zum Pol zu erkunden. «Die Geschichte wiederholt sich, und noch einmal kann ich Roald auf dem Weg zum Pol schreiben – in einem Flugzeug», schrieb Scotts ehemaliger Kamerad in sein Tagebuch. «Ja, möge ihm das Glück diesmal beistehen. Ich sage nein, sein Plan kann nicht glücken. Es muß eine Art Verzweiflung sein, die ihn zu einem solchen Hasardspiel treibt.» Es bedurfte schon einer gehörigen Portion halsbrecherischen Wagemuts, ehe dem Nordseeüberflieger Gran Bedenken kamen. Würde Tryggve Gran zum Nordpol fliegen, dann würde er sich nicht mit Butterbroten und einem Gewehr begnügen; dann würde sein Vorhaben eine Rückkehr mit Schlitten und Hunden vorsehen. Ein Glücksspiel bliebe es ohnehin noch.

Doch das Vertrauen in den Eroberer des Südpols war noch immer stärker als die Vernunft. Die Fliegerabteilung des Heeres setzte umgehend einen Repräsentanten nach Spitzbergen in Marsch. Es sollte alles für die Landung vorbereitet werden.

In Nome verlässt Roald Amundsen den Dampfer mit Frau, Bad und weißen Tischtüchern und entert an Bord der *Maud*. Er hat einige Tage auf das Eintreffen des vollbeladenen Schiffs mit dem Querschnitt einer Badewanne warten müssen. Dann geht es der Beringstraße entgegen.

Am 29. Juni wird das Schiff von der Strömung gestoppt und sucht einen Ankerplatz am Kap Deschnjow auf. Dort empfängt Amundsen via Stavanger Radio ein beunruhigendes Telegramm von Leon. Es geht um Hammer. Der genaue Inhalt ist nicht bekannt, die Reaktion des Polfahrers aber eindeutig: «Aufklärung über Hammer war fürchterlich. Hoffe, er hat die exp. nicht ausgeplündert.» Weiter teilt er dem Bruder mit, dass Wisting die ganze Nacht wach gelegen habe. «Wir haben sie ja alle beide so über die maaßen gemocht.» (Frau Baronesse Adelheid war inbegriffen.)

Umgehend widerruft er beim norwegischen Konsul in Seattle telegraphisch Haakon Hammers Vollmacht. «Hammer bat mich per telegramm um eine erklärung. Ich antwortete ihm, in meiner abwesenheit könne es nur einen bevollmächtigten geben und der seist du», übermittelt der Chef an Leon.

Was der Geschäftsführer zu Hause in Norwegen aufdeckte, hat sicher mit unlauterem Geschäftsgebaren des «Generaldirektors» in Seattle zu tun. Oder brutaler ausgedrückt: Der Inhaber von Roald Amundsens Generalvollmacht war ein Schwindler! Wie aber waren derart sensationelle Erkenntnisse so plötzlich ans Licht gekommen?

Leon Amundsen hatte von seinem Bruder den Auftrag erhalten, für den Retter der Expedition und «Onkel Haakon» in Seattle 1 Stck. St.-Olavs-Orden zu beschaffen. Der Polfahrer hatte zwar bereits ein Fest zu Ehren des St.-Olavs-Ritters in spe gegeben, hätte aber doch eigentlich aus Erfahrung wissen müssen, dass kein Orden sicher im Hafen war, ehe er fest an die betreffende Brust geheftet wurde. Vermutlich im Zusammenhang mit der Prüfung der Ordenswürdigkeit dürfte Leon Informationen über gewisse Mängel im geschäftlichen Verhalten des ausgewanderten Dänen erhalten haben.

Auch wenn sämtliche Alarmglocken schrillten, geht aus dem Brief Roalds hervor, dass er eine direkte Konfrontation mit Hammer vermied. Und es sollte sich herausstellen, dass der Schiffsmakler dadurch keineswegs nachhaltig aus dem Polarbusiness ausgeschlossen wurde. Noch im Mai 1924 sollte Roald Amundsen erneut wegen eines St.-Olavs-Ordens anfragen. Dann allerdings mittels einer streng vertraulichen Voranfrage bei der norwegischen Gesandtschaft in Kopenhagen. Daraufhin sondierte der norwegische Botschafter bei seinem amerikanischen Kollegen. Dieser bestätigte, dass es gegen die betreffende Person wegen gewisser Dinge Ermittlungen gegeben habe, die Sache aber seinerzeit niedergeschlagen worden sei. Vorläufig. Auch wenn die letzten Auskünfte die fragliche Person «in einem bedeutend günstigeren Licht» erscheinen ließen als ursprünglich befürchtet, empfahl der Botschafter in seinem Antwortschreiben an den Polarreisenden, von einer Auszeichnung abzusehen, da die Sache in Amerika oder Dänemark zu öffentlichen Angriffen auf den Betreffenden oder schlimmstenfalls sogar auf die amtierende norwegische Regierung führen könne. Haakon H. Hammer war definitiv keine astreine Referenz.

Abgesehen vom «Ehrenmitglied» der Expedition war der Chef von seiner Mannschaft recht erbaut. Zwar verließen drei der eingeborenen Mitglieder die *Maud* bei ihrem Aufenthalt am Kap Deschnjow, aber «Cakot, Nitas vater, bleibt weiter bei uns». (Man

Die *Maud* auf der Reede von Deering. Die Mannschaft ist gerade mit der waghalsigen Operation beschäftigt, den Rumpf der *Kristine* an Land zu bringen. Die *Elisabeth* steckt noch in ihren großen Kisten auf Deck.

beachte, dass der souveräne Beherrscher der Sprache jetzt auch im Namen des Vaters wie zuvor in dem der Tochter das K gegen ein C ausgetauscht hat.) «Er ist die treuherzigste seele, die mir begegnet ist, und wird ein unschätzbarer mann auf urbg. sein», schrieb er Leon. Es gehört noch zum Abschluss dieser Anekdote, dass der Küchengehilfe Kakot nach mehreren Anläufen regelrecht von der *Maud* floh und daher nie seine ihm zugedachte Stellung als Mädchen für alles auf Uranienborg antrat. «Er fühlte sich bestimmt sehr einsam an Bord und sehnte sich zweifellos nach seinen Leuten», schrieb Odd Dahl in seinen Memoiren.

«Alles wird gloria gehen», verkündete Amundsen, ehe die *Maud* das Ostkap mit Kurs auf Point Barrow verließ, wo die Flugexpedition an Land gesetzt werden sollte. Zwischenzeitlich musste das Schiff jedoch noch einmal einen Hafen aufsuchen, um günstigere Eisverhältnisse abzuwarten. Diesmal auf der alaskanischen Seite bei einem winzigen Ort namens Deering am Kotzebuesund. Die Wahl dieses Nothafens erweist sich als alles andere als zufällig, wenn man weiß, dass die Handelsniederlassung in Deering von Magids Brothers betrieben wurde. Dort feierte der Polarforscher schon sein erstes Wiedersehen mit der Lady von der *Victoria* – und mit ihrem Mann. Getreu seinen Gepflogenheiten verließ Amundsen das Schiff. Mit dem Ehrengast der Expedition, Leutnant Fullerton, quartierte er sich an Land ein.

Im Verlauf der wenigen Wochen, die das Schiff bei Deering vor Anker lag, feierte der Entdecker des Südpols am 16. Juli 1922 seinen fünfzigsten Geburtstag. Es wurde auf Film festgehalten, dass das Geburtstagskind alle fünfzig Kerzen gleich im ersten Versuch auspustete. Ansonsten durfte eher Frau Magids das Gefühl genießen, gefeiert zu werden. Laut Dahl wurde ihr eines der Expeditionsgrammophone verehrt, obzwar es genau genommen ein Geschenk des Wohltätigkeitsvereins norwegischer Frauen (und nicht Edisons) an die Besatzung darstellte. Der Höhepunkt aber nahte, als der Chef beschloss, zu Ehren der zahlenmäßig geringen Ortsbevölkerung im Allgemeinen und seiner neuen Freundin im Besonderen eine Flugshow zu veranstalten.

Odd Dahl berichtet, dass es eine ganze Woche in Anspruch nahm, um eine brauchbare Landepiste zu planieren. Absolut waghalsig war es, die Curtiss in Einzelteilen auf einem Floß an Land zu rudern. Doch nichts brachte ein Paar Frauenaugen mehr zum Strahlen als der Anblick von Flugzeugen am Himmel. Die junge Mrs Magids, die eine passionierte Musherin war, wusste diese futuristische Geste in ihrer sonst so zurückgebliebenen Umgebung sicher zu schätzen.

Während die *Maud* noch in Deering ankerte, kam das abrupte Ende von Leutnant Fullertons Gastspiel bei der Expedition. Wenn wir Odd Dahl Glauben schenken wollen, fiel der Kanadier einer vorsätzlichen Intrige seiner norwegischen Fliegerkonkurrenten zum Opfer: «Als Liebling der Damenwelt, der er war, begann Omdal Amundsens Freundin seine Aufwartungen zu machen.» Als sie sich beim Chef darüber beschwerte, soll Omdal die Schuld sofort Fullerton in die Schuhe geschoben haben. Daraufhin soll der Kanadier augenblicklich gefeuert worden sein, und Omdal blieb als einziger Pilot der Expedition im Leutnantsrang übrig. So sagt Sergeant Dahl.

Amundsen selbst gibt im Tagebuch folgende Version des Vorfalls: «Der aufenthalt in Deering war über alle maaßen behaglich. Freundliche hilfsbereite menschen. Leider war ich gezwungen, Fullerton zu verabschieden. Plötzlich zeikte er eine neue & sehr unangenehme seite, nämlich herumzulaufen und böse gerüchte in die welt zu setzen. Was der grunt dafür war, begreife ich nicht. Ich habe ihn die ganze zeit wie einen freund behandelt. Vielleicht war gerade das der grunt! Seine entlassunk geschah nach den bestimmungen des vertrags. Wisting, Sverdrup & ich verhörten und verurteilten ihn und setzten ihm den stuhl vor die tür. Herr & frau Magids, unsere unermütlichen und lieben gastgeber, schikken ihn mit dem ersten postschiff nach Nome.»

Ende Juli 1922 telegraphierte die *Maud* nach Hause, aufgrund der vielen Verzögerungen im Eis sei der Flug zum Pol auf den nächsten Sommer verschoben worden. Die Entscheidung könnte einem etwas verfrüht erscheinen, doch wegen der zunehmenden Nebelbildung in den nördlichen Gebieten während des Sommers wurden die Monate Mai und Juni als die günstigsten angesehen. Und sollte der Flug missglücken, wäre es auch das Beste, wenn sich die *Maud* beruhigend weit außer Reichweite befände. Der Polfahrer hatte die Nase voll von seinem Königinnenschiff und keine Lust auf eine Auffangstation, die neuerliche Überwinterungen an Bord bedeutet hätte.

Am 28. Juli verabschiedete sich der Chef zusammen mit Pilot Omdal und Reidar Lund, einem Fotografen von *Bio-Film,* von der *Maud*. Das Polarschiff sollte sich unter dem Kommando von Kapitän Wisting und mit dem Aufklärungsflugzeug *Kristine* an Bord so schnell wie möglich ins Eismeer begeben, während die drei anderen mit der großen Junkers an Bord des amerikanischen Schoners *Holmes* nach Point Barrow verfrachtet werden sollten.

«Es war eine mehr als seltsame empfindung, die Maud im nebel verschwinden zu sehen», schrieb der Chef an jenem regennassen Abschiedstag ins Tagebuch. «Beide partien gehen einer ungewissen zukunft entgegen. Wir, die fliegen sollen, vielleicht nicht am wenigsten. Doch eins ist sicher, erfüllen wir unsere beiden aufgaben, dann ist die größte polarfahrt aller zeiten vollbracht.» Trotz aller neuerlichen Rückschläge scheint der Optimismus ungebrochen. Noch ließ sich ein vier Jahre andauerndes Fiasko in einen historischen Triumph verwandeln!

An Leon schrieb der Polfahrer von der *Holmes:* «Ich fühle mich außergewöhnlich frisch und ganz besonders zu einem aufgelegt: dem transarktischen flug der Maudexp.!»

32 Der Kolumbus der Lüfte

Maudheim nannte Roald Amundsen seine Überwinterungsbasis an der Küste Alaskas. Der Name war ein taktischer Zug. Es sollte nicht der Anschein erweckt werden, er hätte sein Schiff verlassen. Im Gegenteil machte die Flugabteilung nur den vorgeschobensten Posten der Gesamtnordpolexpedition aus, so wie es seinerzeit die Landabteilung getan hatte, als sie mit Hunden und Schlitten ihren Einzug in Framheim hielt. Der Unterschied bestand nur darin, dass sie diesmal nach Erfüllung des Auftrags und Eroberung des Pols nicht das Schiff abholen sollte. Sie würden selbst zur *Maud* fliegen. Sobald der Polbezwinger erst seinen Triumphzug durch die Metropolen der Welt, Paris, Wien, Rom und London, absolviert hätte. Auf diese Weise sollte die Rückkehr ins Treibeis keine Bedrohung mehr darstellen.

Anstelle von Point Barrow, dem nördlichsten Vorsprung Nordamerikas, hatte Amundsen einen anderen Ort etwas weiter südlich gewählt und sich in dem äußerst beschaulichen Wainwright an Land setzen lassen. Der Strand eignete sich gut als Landebahn, und außerdem hätten sich die 500 Einwohner von Barrow als lästig herausstellen können.

Hier, an dieser windigen kargen Küste etwas nördlich des 70. Breitengrads, errichtete Roald Amundsen ein Heim. Im ersten Monat besaß es drei Bewohner: den Chef, den Fliegerleutnant und den Fotografen und Kameramann, bis Lund sein Heldenidyll im Kasten hatte und von der *Holmes* abgeholt wurde.

«Unsere arbeit kommt schnell voran», trug der Chef auf die erste Seite eines neuen Expeditionstagebuchs ein. Es war klein und handlich und würde an dem Tag, da sich das Flugzeug in den Himmel schwingen sollte, nicht viele zusätzliche Gramm ausmachen. «Eßzimmer, küche und unsere beiden schlafräume sind jetzt fertik. Der heerd steht mitten in der küche & der eßtisch zwischen ihm & dem fenster. Das ist prakktisch und gemütlich. Wir werden ausgezeichnet mit trinkwasser versorgt, in dem massen kleiner tiere schwimmen, aber gekocht genieren sie nicht.»

Bei aller Barschheit legte Roald Amundsen einen erstaunlichen Hang zum Häuslichen an den Tag. Er hatte wenig Sinn dafür, à la Nansen und Johansen in Höhlen zu überwintern. Der Chef mochte es gern «schön & prakktisch». Maudheim wurde nicht nur mit zwei Schlafzimmern ausgestattet. «Vorgestern hat O imprägniertes segeltuch auf dem boden verlegt. Heute habe ich blaue portieren aufgehängt. Wir machen es uns gemütlich! O & ich sind uns einik, daß man über uns norrweger nur gutes sagen soll.» Der Polfahrer setzte seine ganze Ehre als Hausfrau in sein Heim, für den Fall, dass einmal eine umherstreifende Eskimofrau hereinschauen sollte.

Der Chef übernahm den Küchendienst, und Omdal zeigte sich als der weitaus praktischere Handwerker und Zimmermann der beiden Maudheimer. «O. ist durch und durch geeignet für dieses unternehmen: einsichtig, arbeitsam, fürsorglich und überaus angenehm im umgang.» – Doch, der schlaksige, jungenhafte Leutnant war ein Mann ganz nach dem Geschmack des Chefs. Dass Oskar Omdal abenteuerlustig und zu fast allem bereit war, lag in der Natur der Sache; doch über den mutigen Einsatz hinaus schien er keine höheren Ambitionen zu hegen, was Führung oder irgendwelche besonderen Resultate anbetraf. Odd Dahl, der mit der Curtiss an Bord der *Maud* verblieb, sollte mit der Zeit ganz andere Eigenschaften an den Tag legen. Für seine Zwecke hatte der Chef den Richtigen gewählt, als er den fleißigen und verträglichen, weniger anstrengenden und weniger reflektierten Omdal auf diesen kühnsten aller Vorstöße mitnahm.

Der Leutnant war mit dem Zusammenleben ebenfalls zufrieden. «Der Kapitän kocht und putzt für mich», schrieb er in einem Brief

Die Junkers *Elisabeth* im wettergebeutelten Maudheim. Der Chef ganz rechts.

an Lund. «Nichts ist ihm gut genug. Leckere feine Kuchen und Delikatessen tischt er auf und einen Schnaps zum Essen. Ja, es geht mir gut hier.»

Das Einzige, was in diesem kuscheligen Haushalt in Wainwright fehlte, waren Kinder. Doch wie so oft fand Amundsen auch dafür Ersatz. Diesmal waren es der Welpe «Columbus» und das Fuchsjunge «Mikkel». «Mikkel & Columbus sind feine kameraden. Sie spielen zusammen als würden sie sich schon ewig kennen. O., der sich um Mikkel kümmert, kann mit ihm tun und lassen, was er will. Ja, jetzt ist hier leben in der hütte.» Aus dem Ärger mit Marie klug geworden, wusste der Polarreisende, dass er sich mit Geduld wappnen musste. «Ich bin ganz hingerissen von Mikkel, aber das umgekeerte scheint zeit zu brauchen.»

Die größte Zuwendung brachten die beiden Männer aber selbstredend *Elisabeth* entgegen, der sie ihren eigenen Hangar errichteten. «Er paßt auf die maschine auf wie auf ein kind», notierte der Chef. Sache des Leutnants war es, sich praktisch um die alltäglich anfallenden Arbeiten zu kümmern. Der Polfahrer aber entwickelte die kühnsten Träume für die Zukunft.

Gegen Ende November verließ Roald Amundsen Maudheim. Er marschierte zuerst nordwärts nach Point Barrow. Dort fand er einen «eingeborenen Postboten» und geeignetes Schlittengeschirr für die Weiterfahrt. Am 1. Dezember trug er ins Tagebuch ein, dass er bald «mit Magids gespann nach Deering starte». Eine knappe Woche später traf er am Handelsposten ein. «Bin in Magids geschäfft einlogiert, das jetzt von Mr Henry versehen wird.»

Bess Magids hat in ihrem viel später geschriebenen kurzen Brief behauptet, sie habe Amundsen in Deering mehrere Male getroffen. Sein Tagebuch kann darauf hindeuten, dass er sich jenes eine Mal mit einem männlichen Ladenhüter begnügen musste. Jedenfalls verließ er den Ort nach drei Tagen wieder. Wiederum mit Hunden und Schlittenausrüstung der Familie Magids ausgestattet. Nun schien eine andere Frau zu ziehen.

Amundsen setzte Kurs auf Nome. In der Autobiographie wird diese Schlittenreise als «schwerste Wanderung meines Lebens» deklariert. Nachdem er am Jahrestag der Südpoleroberung, dem 14. Dezember, in der Goldgräberstadt eingetroffen war, schrieb er sehr viel nüchterner an Leon: «Ein wenig anstrengend war die tour schon, aber mein herz hat sich wakker geschlagen.»

Als Grund für diesen Ausflug über Hunderte von Meilen gab der Polarreisende vor, er habe Neuigkeiten von der *Maud* in Erfahrung bringen, das Zeitsignal abhören und nicht zuletzt «etwas mehr stoff für das nächste buch» sammeln wollen. Irgendetwas schien ihm zu sagen, dass sich ein in fünfzehn bis zwanzig Stunden absolvierter Flug zwischen Buchdeckeln als etwas magere Kost ausnehmen könnte. Außerdem gehörte in jedes Polarbuch eine Hundeschlittentour. Und selbstredend lockte auch die Zivilisation. «Ja, jetzt ist hier leben in der hütte», hatte er in Maudheim geschrieben;

aber ein bisschen trist konnte es einem Mann von Welt mit dem ruhelosen Drang eines Roald Amundsen dort schon vorkommen.

In Nome war er immer gern gesehen und bekam bald sein bequemes Logis mit Bad und allem. Die gute alte Mary bekochte ihn. Um Omdal machte er sich keine Sorgen: «Er ist bestens ausgerüstet und wird einen prima winter da oben haben. Unser haus ist das erste & beste an der küste.» Der Polfahrer verkniff es sich nicht, Leon gegenüber zu erwähnen, dass bereits Immobilienhaie Schlange stünden, um es zu übernehmen. «Ich nehme an, es wird 5000 $ einbringen, die wir vermutlich gern mitnehmen.»

Roald Amundsen kam nach Nome, um sich zu amüsieren. Es war vielleicht die letzte Gelegenheit vor der ganz großen, definitiven Überwinterung im Polarmeer. In einem realistischen Augenblick schrieb er jedenfalls seinem Freund Herman Gade im schönen Rio: «Die wahrscheinlichkeit ist verdammt groß, daß wir unsere gebeine dort oben auslegen.» In der Goldgräberstadt aber ging es «verteufelt lebhaft» zu. Und auch Leon, der den Winter an mondänen Orten wie Nizza oder Baden-Baden zubrachte, konnte er von einer sehr lebendigen Weihnachts- und Silvesterfeier berichten. Der frischgebackene Fünfziger war tatsächlich in der Form seines Lebens: «Habe auf der fahrt 10 kilo verloren und sehe, wie es heißt, ganz außergewöhnlich gut aus. Bin dünn wie eine boonenstange & fühle mich besser als je zuvor.»

Bereits zwei Tage nach seinem Eintreffen wurde ihm *Mauds* neue Position gemeldet. «Großartig. Könnte nicht besser sein», notierte er ins Tagebuch. Der Erfolg war schon zur Hälfte ein Faktum. «Jetzt kommt es auf Omdal & mich an.»

Doch ehe Roald Amundsen sein Leben für den großen Wurf aufs Spiel setzte, wollte er ein Knäuel seelischer Verwicklungen entwirren. Dies war vermutlich der wichtigste Beweggrund, mit dem er die Telegraphenstation in Nome aufsuchte. Es war bald ein Jahr vergangen, seit er Kiss in London verlassen hatte. Zwischenzeitlich hatte er Bekanntschaft mit der Schönheit von Alaska geschlossen. Im Kielwasser seiner Überfahrt mit der *Victoria* mochte er Kiss ein Signal geschickt haben, das er in der Einsamkeit von Maudheim

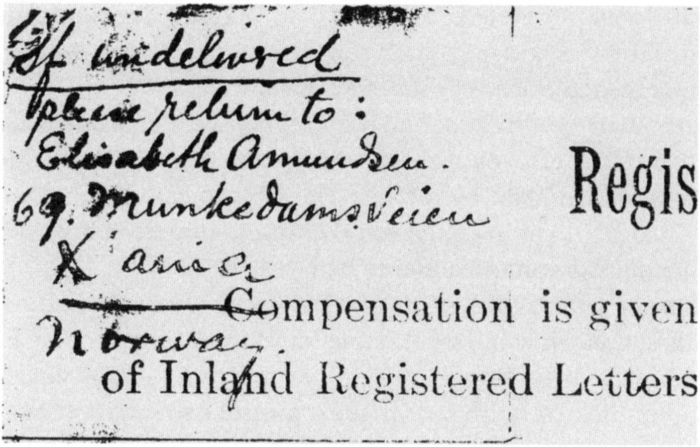

Die Rückanschrift auf einem dem Polfahrer nach Alaska geschickten Päckchen. Die Adresse ist die von Malfred und Gustav Amundsen. Der Name aber lässt aufhorchen: Elisabeth Amundsen. Die Handschrift ist die Frau Bennetts.

ausgiebig bereuen durfte und später als unverzeihlichen «feeler» bezeichnete.

Der reguläre Postverkehr zwischen Nome und London dauerte damals bis zu siebzig Tage. Daher mussten Telegramme im Stakkatotakt binnen vierzehn hektischer Tage mit allen Missverständnissen aufräumen. Nach etlichem Hin und Her von Bitten, Anklagen und Versicherungen konnte der Polarreisende erleichtert aufatmen: «Gott sei lop & dank ist bald alles wieder beim alten», trug er am 8. Januar in sein Tagebuch ein. «Ich bin lange genug ein landesflüchtiger und heimatloser gewesen.» Der Fliegende Holländer bereitete sich auf die Landung vor.

Am 10. Februar 1923, ihrem siebenunddreißigsten Geburtstag, hielt der Polfahrer entzückt im Tagebuch fest: «Alle meine herrlichsten wünsche, meine besten gedanken & liebsten grüße gehen an dich!»

Am 25. Januar, nur zwei Tage nach dem letzten Telegramm aus London, hatte er eine neue Aktion von größter Wichtigkeit in Gang gesetzt. Folgende Nachricht hatte Rechtsanwalt Gudde in Trondheim erhalten: «Alle maßnahmen ergreifen, um Elizabeth Urbg. gesetzlich zu sichern.» Zum zweiten Mal wollte der Polfahrer seine Liebe besiegeln, indem er ihr sein Haus Uranienborg schenkte. Diesmal jedoch nicht in Zeiten von Wohlstand und Überfluss, vielmehr handelte er unter ökonomischem Druck.

Mitten im gefühlsmäßigen Großreinemachen war nämlich ein Geschäftsschreiben von H. H. Hammer aus Seattle eingetroffen. Es ließ Schlimmes befürchten.

Etwa um diese Zeit, im Januar 1923, musste der Polfahrer zum ersten Mal der Tatsache ins Auge blicken, dass er sich finanziell am Rande des Abgrunds bewegte. Die Mittel der Expedition waren erschöpft, der Geschäftsführer musste Heuern und laufende Ausgaben aus eigener Tasche vorstrecken. Das drängendste Problem waren die Schulden in Seattle, die sich inzwischen auf rund 20 000 Dollar beliefen. Hammer und Frau hatten sich im Herbst in Europa aufgehalten und Leon Amundsen getroffen. Der Geschäftsführer hatte den «Generaldirektor» höchstens mit der Kneifzange angefasst. Höflich, aber bestimmt hatte er jede Haftung für die Ausgaben der Expedition in Amerika abgelehnt, da ihm der Chef versichert hätte, die Schulden dort seien bereits durch die Zuwendungen Don Pedros gedeckt. Hammer dagegen hatte seinerseits darauf beharrt, dass sämtliche Ankäufe mit Roald Amundsens Vollmacht und Zustimmung getätigt worden seien; nur: «Es war unmöglich, einen vollständigen Überblick darüber zu erhalten, was gekauft worden ist und wieviel wir schulden.» So schrieb Hammer in einem aufklärenden Brief an Leon über die hektische Phase vor dem Aufbruch der Expedition aus Seattle. Er erklärte dem Geschäftsführer, dass er dem Polfahrer vor der Abreise der *Maud* die steigenden Ausgaben dargelegt habe, doch «Roald lachte darüber und sagte, ich würde schon klarkommen».

Es war stets die Taktik des Polarforschers gewesen, vor seinen Schulden in der ruhigen Gewissheit davonzusegeln, dass die Minusposten der Vergangenheit schon durch die vergoldeten Großtaten der Zukunft ausgeglichen werden würden. Zusätzlich hatte er diesmal mit zwei Geschäftsführern auf zwei Kontinenten operiert. Beide waren über die tatsächlichen Verhältnisse auf der jeweils anderen Seite des Atlantiks in Unkenntnis gehalten worden. Bis auf weiteres fühlte sich der Polarreisende noch relativ sicher und weit vom Schuss. «Es wird wohl etwas faul sein an dem stinkenden fisch, aber es ist mir unmöglich, jetzt herauszufinden was», schrieb Roald an Leon.

Er versuchte nun, auf Leons Seite des Großen Teichs Land zu gewinnen, und bekräftigte Leons Skepsis gegenüber Hammers Ehrbarkeit: «Du hast sicher klug darin gehandelt, dich nicht mit ihm einzulassen.» Gleichzeitig hatte er allen Grund, eine klärende Konfrontation zu vermeiden. «Hammer trägt vielleicht teilweise die schuld an den verlusten, obwohl ich mich nicht traue, das zu behaupten. Man sollte allerdings auch in betracht ziehen, daß er die gelder der expedition oftmals gerettet hat.» Der Polfahrer wand sich. In seinem Innersten wusste er sehr genau, wem die Verantwortung zufiel.

Durch die blitzschnelle Erweiterung der Expedition als traditioneller Schiffsreise um eine fliegende Abteilung mit eigenem Basislager war jede Kostenkalkulation außer Kontrolle geraten. Amundsen war eine neue Idee gekommen, die er mit den Mitteln der alten finanzierte, ohne dass diese aufgegeben worden wäre. Das musste teuer werden.

Wenn Amundsen nun Rechtsanwalt Gudde bat, Kiss Uranienborg gesetzlich zu sichern, dann bedeutete das nicht weniger, als dass er sein Haus gegen einen möglichen Konkurs absicherte – und nicht weniger aktuell: gegen seinen möglichen Tod. Sollte er den Flug nicht überleben, dann würde das Haus am Bunnefjord nicht den Gläubigern in die Hände fallen, sondern seiner rechtmäßigen Erbin in den Schoß: Kiss.

«Danke, daß du das mit Uranienborg so schnell geregelt hast», schrieb Roald Trygve Gudde später. «Das ganze war ja eine völlig gesetzliche affäre, da es ja schon seit 4 jaaren überschrieben war.»

Mit Hilfe der Vollmacht aus dem Jahr 1918 hatte der Anwalt im Lauf des Frühjahrs die Schenkungsurkunde auf Uranienborg ausstellen lassen. Um zu verhindern, dass Kiss Bennett dadurch ins Licht der Öffentlichkeit geriet, wurde das Haus auf Niels Guddes Namen eingetragen. Der älteste Bruder hatte sich zu diesem Zeitpunkt als Holzgroßhändler in Manila niedergelassen, wo er auch als norwegischer Konsul fungierte.

Am 14. März griff Roald Amundsen zu einer noch drastischeren Maßnahme. Sie betraf sein zweites Grundstück am Bunnefjord. Das Tagebuch: «Heute Telegr. an Nansen [den Anwalt; Anm. d. Verf.] und bat ihn, Rødsten zu verkaufen, damit ich mir eine weile meine gläubiger vom leip halten kann.» Durch eine Bank in Nome begannen die ihm schon in den Nacken zu pusten. «Man hat sogar vorgehabt, mich zu arretieren», teilte er Leon mit. «In geschäfften sind die amerikaner so kallt wie eis.»

Ansonsten stand die Überwinterung in Nome keineswegs im Zeichen von Depression. Der Polfahrer engagierte sich in der lokalen Sportart Hundeschlittenrennen. Er gab regelmäßig den Startschuss für die antretenden Damen ab und war keiner, für den das Rennen schon vor Ende der Feier am nächsten Morgen zu Ende ging.

Der Aufenthalt in der Goldgräberstadt gestaltete sich überaus eindrucksvoll und erlebnisreich, auch wenn sich nicht alles als Stoff für das gedachte Buch eignete. Sogar ein Lebenszeichen seiner Pflegetöchter aus Uranienborg erreichte ihn. Sie verbrachten dort den Winter mit zwei älteren Dienstmädchen. Camilla versicherte ihm, sie seien beide «kluge und flinke kleine Mädchen», die in der Schule gute Leistungen brächten. Während sie auf ihren «Opa» warteten, sei ein anderer Mann zu Besuch gekommen: «Der Pastor war hier und hat uns getauft. Jetzt sind wir also Christen.»

Am 13. April 1923 ließ Roald Amundsen seine Peitsche über seine elf Hunde knallen und nahm Kurs auf Wainwright. Allein. Nur eins konnte ihn noch retten.

Einen knappen Monat später, am 9. Mai, konnte er sich als nach seiner Schlittenpartie wohlbehalten in Maudheim eingetroffen notieren. Weiter: «Es war erfreulich Omdal wiederzusehen und zu hören, daß alles in ortnunk ist. ‹Elizabeth› steht fest mitten im schnee angebunden. Klar zum abfluk.»

Der Start zum aufsehenerregendsten Langstreckenflug unter extremen klimatischen Bedingungen und über enorme unbekannte Gebiete wurde auf den 20. Juni 1923 festgesetzt. Der erste Probeflug nach Montage der Maschine fand bereits zwei Tage nach der Rückkehr des Polfliegers nach Wainwright statt. Der eigentlich bemerkenswerte Tag in der Geschichte der Expedition sollte aber der 11. Mai werden.

In Anwesenheit des Südpolentdeckers und einer Handvoll örtlicher Anwohner gelang es Fliegerleutnant Omdal an diesem Tag, die mit Landeskiern ausgerüstete *Elisabeth* von der gefrorenen Küste Alaskas abheben und der Wolkendecke entgegensteigen zu lassen. Nach damaliger sachkundiger Einschätzung war das keine geringe Leistung mit einer Maschine, die im vorigen Sommer in drei großen Kisten in Wainwright angekommen und nach einer arktischen Überwinterung ohne Hilfe professioneller Monteure an Ort und Stelle zusammengebaut worden war. Die *Elisabeth* konnte fliegen!

Der Leutnant drehte eine Runde über dem «Ort» Wainwright, dann wendete er seinen Metallvogel und kam in niedriger Höhe über die eisbedeckte Bucht eingeschwebt. Die Schilderung des Folgenden überlassen wir Roald Amundsens Tagebuch: «Stark sinkend näherte er sich den häusern und kam gerade noch über sie hinwekk. Dann ging er wenige meter von dem platz entfernt, an dem er aufgestiegen war, auf der lagune nieder. Der linke ski knickte wekk, die maschine machte eine halbe drehunk und kantete über auf den rechten flügel. Alles ohne gefahr für menschenleben. Wir sprangen alle hinzu. Das untergestell, an dem der linke ski befestigt war, war gebrochen. O. berichtete, der motor hätte sehr unbefriedigend gearbeitet. Morgen wird er einen schriftlichen bericht über die angelegenheit anfertigen. Nach dem habe ich wenig hoffnung auf einen fluk. Was wir bekommen haben sieht nach flikkwerk aus.»

Zwei Tage nach dem verunglückten Probeflug erhielt Amundsen Gelegenheit, einem Postkurier nach Norwick Post mitzugeben. Er gab ihm ein Telegramm und einen Brief an die beiden wichtigsten Menschen in seinem Leben mit auf den Weg, an Kiss und an Leon. Erst zwei Monate später erhielt der Geschäftsführer, der sich zu der Zeit gerade in Dover aufhielt, das Telegramm mit der Nachricht, dass der Flug zum Pol abgeblasen wurde. Doch in der Zwischenzeit hatte sich beiderseits des Polarmeers schon wieder eine Menge ereignet.

Nur weitere zwei Tage nach dem Abgang der Post hatte der Polfahrer seinen Entschluss bereits wieder umgestoßen: «Wir haben uns entschieden, trotz allem aufzubrechen. O. ist dabei, die fahrgestelle zu reparieren und zu verstärken. Wenn er damit fertik ist, macht er sich an den motor. Es *muß* gehen!» Auch wenn Roald Amundsen diese verbissene Willensäußerung mutterseelenallein in Maudheim in sein kleines schwarzes Büchlein notierte, richtete er doch den Blick zum Fenster hinaus und wandte sich mit der entscheidenden Frage an die Welt: «Was würdet ihr alle sagen, wenn wir aufgäben?»

Die Schneeammern flatterten ums Haus, und Graugänse zogen in großen Schwärmen über den Himmel. Warum sollte die *Elisabeth* das nicht auch können? Nach einigen Tagen war das Fahrgestell repariert, und die Maschine unternahm eine Skitour über den Hang. «Die aussichten für einen fluk sind soweit sehr gut.»

Verglichen mit der Südpolexpedition war der Flug zum Nordpol ein Unternehmen ohne jede Rückversicherung. Entweder erreichte die Maschine eines ihrer beiden Ziele, Kap Columbia oder Spitzbergen, oder die Welt war um zwei Menschenleben ärmer. Amundsen traf nicht die geringsten Sicherheitsvorkehrungen, weder vor der Küste Alaskas noch im Norden Kanadas oder auf Spitzbergen. Seine gesamte Aufmerksamkeit konzentrierte er auf den Start. Was immer ihnen unterwegs zustoßen mochte, wollte er nehmen, wie es kam.

Zu Hause in Norwegen aber stellte man sich sehr wohl die Frage:

Was, wenn Kapitän Amundsen und sein unerschrockener Begleiter irgendwo im Eismeer landen und auf Skiern weiterlaufen müssen? Sollte sie dann nicht jemand am Rande des Eises erwarten?

Die norwegische Armee entschied, mit dem Marinefahrzeug *Farm* und zwei Flugzeugen zu Aufklärungszwecken eine Sicherungsexpedition nach Spitzbergen in Marsch zu setzen. Das ganze Manöver würde sich auf rund 100 000 Kronen belaufen, aber: «Roald Amundsen ist ein Mann von solchen Dimensionen, daß man nicht untätig die Hände in den Schoß legen kann, wenn ihm etwas zustoßen sollte», verkündete der Verteidigungsminister des Miniaturvolkes.

Dann aber trat unerwartet auch eine privat organisierte Sicherungsexpedition auf den Plan. «Onkel Haakon» hatte sich mit der Firma Junkers zusammengetan und ein weiteres Empfangskomitee mit Kameramann und eigenem Flugzeug bereitgestellt. Dass der dänische Amerikaner Hammer mit eigenem Langstreckenflugzeug und einem erstklassigen Team nach Spitzbergen flog, weckte sofort das Misstrauen der Norweger, denn schließlich war der Flug tour-retour Spitzbergen–Nordpol deutlich kürzer als die Distanz zum Pol von Alaska aus. Ließen sich der Dano-Ami und die deutschen «Junker» etwa nach Norden schippern, um Amundsen den Pol noch wegzuschnappen? Den gesamten Frühsommer hindurch wurde in norwegischen Zeitungen heftig spekuliert.

«Es kommt darauf an, die vielen kleinen dinge nicht zu vergessen», notierte der Polfahrer, und es kam ihm vielleicht so vor, als zitiere er sich selbst. Schließlich war er als vorausdenkender Stratege und Meister der Details bekannt. «Ein Schräubchen» kann reichen, um alles zunichtezumachen, erklärte Nordseeüberflieger Tryggve Gran einer Zeitung auf der anderen Seite der Welt.

Etwas hatte er vergessen, aber was? Ein kleines Schräubchen oder eine Mutter? Vielleicht nicht einmal ein «kleines ding», sondern etwas wirklich Großes und Wichtiges? War womöglich das Gewicht des Treibstoffs zu hoch, die Distanz zu weit, der Motor zu schwach? Vielleicht war es schlechterdings unmöglich, das

Fast am Nordpol. Haakon H. Hammer während der Junkers-Expedition nach Spitzbergen. Die Figur des Danoamerikaners entsprach nicht ganz den Vorstellungen der Norweger von einem Polarentdecker.

Polarmeer in einem Flugzeug zu überqueren? Vielleicht war das Flugzeug, mit dem man es schaffen könnte, einfach noch nicht erfunden? Was half es da, wenn alle Schrauben am Platz, die Skier versteift und die Fresspakete geschnürt waren? Die Fahne lag in jedem Fall bereit. «Sollte eigentlich geflaggt haben», schrieb der Polflieger am 7. Juni, «doch mir tat es in dem dikken nebel, den wir den ganzen tag hatten, leid um unsre feine seidenfaane.» Besser, sie für den Nordpol aufzuheben. Da würde bestimmt schönes Wetter sein.

Dann kam der 10. Juni, ein weiterer Tag zum Ankreuzen im Kalender. Das Flugzeug sollte in der Luft getestet werden. Der Bericht über diesen Versuch fiel kurz und knapp aus: «Beim versuch, heute vorm. in die luft zu gehen, brach die akkse zwischen den skiern erneut.» Damit war alles vorbei. Es blieb nur noch die Beantwortung der Frage: Was würde die Welt sagen?

Am Tag danach überreichte der Leutnant dem legendären Entdecker vier Butterblümchen, die ersten des Jahres. Das besänftigte. Doch am nächsten Tag blauer Himmel. «Denk nur, wir hätten anstännije sachen gehapt! Aber wozu darüber nachdenken. Es hilft ja nicht. Aber die, die das untergestell des apparats fabriziert haben, sollten prügel beziehen.»

Am Tag bevor der Flug stattfinden sollte, war in Norwegen das Telegramm mit der Absage eingetroffen. Absoluter Tiefpunkt. Die Armee beorderte ihre Sicherungsexpedition nach Hause. Völlige Frustration. Wer war der Sünder? Der PR-Mensch Hammer oder jener andere Danoamerikaner, Larsen, der dem Norweger eine untaugliche Junkers angedreht hatte? Oder konnte es womöglich der Nationalheld Roald Amundsen selbst sein, der vermessen die Welt zum Narren gehalten hatte?

An dem Tag, als der eigentliche Flug zum Pol hätte stattfinden sollen, es war der 20. Juni, erwachte der Expeditionsleiter bei strahlendem Sonnenschein und klarem Himmel. Perfektes Flugwetter. «Ich hätte fluchen & toben mögen», trug er in absoluter Stille ein. «Wüßte gern, op mir auch nur eine seele helfen wird, nächsten sommer von Spitzbergen aufzusteigen. Mit 100 000 kronen sollte es sich machen lassen.» Wie oft das Fahrgestell auch zusammengebrochen sein mochte, Roald Amundsens Initiativkraft war nicht gebrochen. Ein neues Flugzeug befand sich in der Entwicklung, er hatte eine neue Basis auf Spitzbergen ausgeguckt und intuitiv erkannt, dass sich seine Bonität als Investitionsobjekt auf einem Minimum befand. Um diese für ihn neue Einsicht zu kompensieren, brachte er einen völlig unrealistischen Kostenvoranschlag zu Papier. So hielt er seinen Optimismus am Leben.

Als ersten Ersatz für seinen abgeschmierten Traum legte er sich zwei neue «pflegekinder» zu, zwei Vogeljunge, denen er vielleicht das Fliegen beibringen konnte. Aber auch diesmal war ihm kein

Glück beschieden. «Das eine vogeljunge starp heutnacht, das andere ist am morgen ausgerissen. Kein erfolg!», trug er ins Tagebuch ein. «Ist aber auch bloß natürlich für so einen alten junggesellen!»

An seinem einundfünfzigsten Geburtstag, dem 16. Juli 1923, begann die Demontage von *Elisabeth*. «Nur das skelett steht noch am strant.» Am gleichen Tag havarierte auch *Kristine* bei einem letzten Versuch, im Eismeer aufzusteigen.

Die *Maud* lag bei den Neusibirischen Inseln eingefroren und würde nie die optimistischen Hoffnungen des Chefs über eine reelle Drift im Eis erfüllen. Mit ihr als Basis und Südpolfahrer Wisting auf dem Rücksitz war es Sergeant Dahl gelungen, für einige Erprobungsflüge vom Packeis abzuheben. Amundsen würde sie später als die ersten Flüge «über das wirkliche drifteis» einstufen. Doch an jenem Sommertag war es definitiv vorbei, und Odd Dahl konnte in seinen Memoiren das Fazit ziehen, dass die Maschine für arktische Verhältnisse vollkommen ungeeignet war: «Die Curtiss Oriole war schließlich für carlifornische Verhältnisse gebaut, sie war ein gepolstertes und hübsch ausgestattetes Sonntagsflugzeug, das Filmsterne aus Hollywood zu verschiedenen Drehorten bringen sollte.» Sie war mit anderen Worten im Eismeer ebenso fehl am Platz wie Ponys in der Antarktis.

Am 8. August lief die *Holmes* in Maudheim ein. Amundsen hatte sich entschlossen, bei nächster Gelegenheit dem Flugzeugbauer Curtiss zu telegraphieren, «ob er uns mit neuen apparaten ausrüsten» wolle. Der Kapitän der *Holmes* überreichte ihm nun eine Handvoll Telegramme, unter denen sich eins von Haakon H. Hammer befand. Es besagte, dass eine Junkers für ihn zur Disposition stehe für einen Flug *«from here»*.

Als er das Telegramm aufgab, hielt sich Hammer mit seinem deutschen Team noch in Norwegen auf, und viele fragten sich, ob er den Flug zum Nordpol nicht vielleicht selbst wagen wolle. Das wies der Danoamerikaner jedoch entschieden von sich. «Die einzige sportliche Lösung» sei, alles Material Amundsen zur Verfügung zu stellen.

Doch auch diese neuerliche Offerte wurde in Norwegen ungnädig aufgenommen. Statt als ritterliche Geste verstanden zu werden, stempelte man sie als «dreistesten Reklame-Humbug für die deutschen Junkers-Fabriken» ab. In einem ungewöhnlich offenherzigen Kommentar schrieb *Dagbladet* aus Kristiania: «Das Ganze erinnert unangenehm an den Mann, der so lange davon spricht, Selbstmord zu begehen, bis ihm am Ende nichts anderes mehr übrigbleibt, als sich tatsächlich aufzuknüpfen. Kaum ist er glücklich dem Tod in der Umarmung der Polarnacht entronnen, da lädt ihn sein guter Freund Mr Hammer schon nachdrücklich zu einem Todesflug zum Pol ein, und zwar mit dem gleichen Flugzeug, das der umtriebige Reeder aus Seattle ausgerüstet hat, um Amundsens Leben zu ‹sichern›.»

Das Ganze erinnert unweigerlich an russisches Roulette. Doch als der Polfahrer das Telegramm entgegennahm und in die Revolvermündung blickte, sah er lediglich Hoffnung darin aufblitzen: «Das brachte mich dazu, so schnell wie möglich nach Süden aufzubrechen und das Angebot anzunehmen.» Mit diesen Worten schloss Roald Amundsen das Expeditionstagebuch, in das nie eine Expedition notiert werden sollte.

Diesmal entschloss er sich, auf eine andere Stimme nicht zu hören: «Rate von Hammers Flugprojekt ab.» Das Telegramm stammte von Leon Amundsen.

33 Ein verbrecherischer Optimist

Roald Amundsen hatte weder abgehoben, noch war er gelandet; er verließ Maudheim, den Außenposten der großen Illusionen, in einer schwebenden Gemütsverfassung. Haakon H. Hammer, der ihn ein halbes Jahr zuvor mit horrenden Schuldforderungen verschreckt hatte, lockte ihn nun mit dem Versprechen neuer Flugzeuge zu sich. Beide, der Polfahrer und sein Agent, hatten die Bodenhaftung verloren. Beide waren bankrotte Phantasten auf dem Weg in neue Höhen.

Am 17. September 1923 traf Amundsen via Nome in Seattle ein. Am Tag darauf kam Hammer aus Europa, im Gepäck ein Angebot über nicht weniger als «3 massive metallaeroplane von Junkers in Deutschland». In einem Brief an Herman Gade teilte der Polfahrer mit, dass er sich nun – verständlicherweise – einen anderen Typ wünsche, der 125 000 Dollar kosten würde. «Persönlich wäre ich nie auf den gedanken gekommen, eine solche summe aufzubringen, aber Hammer ist sicher, es in kürzester zeit zu schaffen. Und nach dem, was ich von ihm gesehen habe, weiß ich, er wird es durchsetzen.»

Der Mann, den ganz Norwegen inzwischen wie einen Hochstapler mit Misstrauen beäugte, avancierte in den Augen des Polarforschers von einem geschäftlichen Allerweltsclown zu einem Finanzgenie der Extraklasse. Der Stern des armen Leutnants hingegen, der etwa um die gleiche Zeit mit einem unverkäuflichen Schrotthaufen von Flugzeug in Seattle einlief, befand sich in steilem Sinkflug: «Omdal ist in vielerlei hinsicht ein trottel – und auch sehr unzuverlässig», hieß es nun in einem Schreiben an Leon.

Dort in Seattle brüteten die beiden wiedervereinigten Optimisten neue Pläne für einen Polflug im nächsten Jahr von Spitzbergen nach Alaska aus. Der Polfahrer schluckte das Faule am «stinkenden fisch» und erkannte die Geldforderungen des Agenten an. Hammer garantierte dafür im Gegenzug Finanzierung und neue Gewinne, sobald der Flug erst vollbracht wäre. Als sich die beiden über Chicago auf den Weg zur Ostküste begaben, besaß Hammer wieder Roald Amundsens uneingeschränkte Vollmacht.

Am 29. Oktober 1923 trug sich Engelbregt Gravning im Palace Hotel in London ein. Zeit, sich die Wunden zu lecken.

Nach einigen Tagen mit Kiss fuhr er nach Dover, wo Leon noch immer mit seiner Familie lebte. Dort wurde der Bruder über die neuesten geschäftlichen Veränderungen ins Bild gesetzt. Leon setzte durch, dass man das Flugprojekt endlich von der *Maud*-Expedition trennte.

Ehe Roald England verließ, unternahm er einen dringlichen Versuch, Leon und Frau Aline zu überreden, mit den ihm am nächsten Stehenden Kontakt aufzunehmen: «Kiss vor allem. Mach ihr eine freude und besuche sie.» Doch es scheint nicht, dass das Ehepaar Amundsen einmal eine Spazierfahrt von Dover nach Leigh Court unternommen hätte.

Engelbregt Gravning nahm den Heimweg über Kopenhagen. Als er dort auf der Straße erkannt wurde, gab er zu, Roald Amundsen zu sein und sich auf Durchreise nach Berlin zu befinden.

Am 9. November 1923 traf der frisch enttarnte Roald Amundsen mit dem Auslandszug in Norwegen ein. Es war der gleiche wolkenlose Herbsttag, an dem General Ludendorff und der Gefreite Hittler (die Welt hatte noch nicht gelernt, seinen Namen zu buchstabieren) ihren dilettantischen Putschversuch in München inszenierten. Zur Erleichterung Europas wurden die beiden Herrn bald in sichere Verwahrung genommen.

«Der zug hielt glükklicherweise in Ljan & schwupps war ich draußen», bekam Dover zu wissen. Die letzten Kilometer nach Svartskog ging er demnach zu Fuß. Das in Kristiania am Bahnsteig versammelte Pressekorps der Hauptstadt durfte ein weiteres Mal konstatieren, dass es um eine Heimkehr Roald Amundsens ins Vaterland geprellt worden war.

Am nächsten Tag füllte die Niederlage Ludendorffs die Titelseiten.

Mit seinem eigenen Maß gemessen, war Amundsen ein heimkehrender «desertör». Doch über sich selbst saß er nicht zu Gericht. Dafür urteilte das Volk über ihn. Zum ersten Mal zeigte man ihm im Heimatland die kalte Schulter. Was in der Bevölkerung noch an Sympathien übrig war, wandte sich Wisting und Sverdrup an Bord des Polarschiffs *Maud* zu, das noch immer heroisch durch das Totwasser vor der Küste Sibiriens irrte. Alle, die an eine fliegerische Heldentat des nationalen Idols geglaubt hatten, fühlten sich zum Narren gehalten.

Was war aus der stolzen Polartradition geworden? Ein gebrochener Ski oder eine geknickte Achse hatten gereicht, um sämtliche Hoffnungen kippen zu lassen; teure Sicherungsexpeditionen waren für nichts und wieder nichts ausgelaufen; man hatte nicht eine einzige Bravourleistung erlebt, nur diesen Halbdänen Hammer mit seiner werbefinanzierten Junkers-Show. Alles, was Fridtjof Nansen, Otto Sverdrup und auch Roald Amundsen selbst aufgebaut hatten, war zuschanden. Ein kleines Volk hatte sich vor der großen Welt bis auf die Knochen blamiert.

«Roald Amundsen nimmt die wechselhaften Stimmungen seiner Landsleute mit der ihm eigenen Ruhe», lautete die Schlagzeile über einem der inquisitorischen Interviews, die zu geben sich der Polarreisende nach seiner Rückkehr gezwungen sah.

Mit Hammer in Amerika und Leon in England fühlte er sich in Svartskog einigermaßen isoliert. «Ich wünsche mir, du wärst jetzt hier», schrieb er an Trygve Gudde in Trondheim. «Ich würde deinen gesunden rat unentlich schätzen. Kann mich hier an niemanden wenden. Muß allein zurechtkommen.»

Die Reihen um den Nationalhelden begannen sich zu lichten. Die alte Betty war inzwischen bettlägerig und in einem Pflegeheim untergebracht. «Sie ist die gute laune vom dienst & wird von allen gemocht», schrieb Roald an Leon. Die Mädchen dagegen waren wohlauf und fleißig: «Beide sind nr. 1 in der schule.»

Wenn Amundsen den Telegrammen aus Amerika trauen sollte, würde es nicht mehr lange dauern, bis auch er sich mit einem ersten Platz schmücken konnte. Hammer meldete sichere Zusagen über 100 000 Dollar. «Ist das so», schrieb Roald hoffnungsvoll an Leon, «dann muß man ihn ja ein genie auf diesem gebiet nennen.» Hammer organisierte nicht nur den eigentlichen Flug zum Pol, sondern stellte bald auch eine Sicherungsexpedition auf die Beine. Die U. S. Navy versprach, «der große amerik. riesenzeppilin wird uns zu hilfe kommen. Das hört sich doch gut an!» Dollars und Zeppeline flogen drahtlos durch den Äther, aber noch immer lag unbeantwortet die Frage in der Luft: Genie oder Scharlatan?

Eine Woche nach der Heimkehr meldete sich Amundsen zur Audienz bei seinem alten Förderer auf dem Schloss. König und Polfahrer besprachen den Fall Hammer. Das Außenministerium hatte das Staatsoberhaupt mit ausführlichem Hintergrundmaterial «gebrieft». Alte Vorwürfe, aber «schlächte» Neuigkeiten. «Und doch meinte der könig genau wie ich», belehrte er den überskeptischen Leon, «man soll einen mann nicht für immer verdammen, wenn er einmal was verbrochen hat, aber selbverstänntlich die augen offenhalten.»

Doch der Einsiedler von Svartskog wurde mehr und mehr überwältigt von all der internationalen Unterstützung, die Hammer zu mobilisieren imstande war. Ein nationaler Charakter war der Expedition nicht länger anzusehen. «Meine hochtrabenden landsleute um hilfe anzugehen, kann ich nicht», schrieb er nach Dover. «Aber ich glaube doch, daß sie schon angelaufen kommen, wenn sie sehen, daß es ernst ist. Für den augenblikk amüsieren sie sich damit, zu lachen.» Das schrieb er so leicht hin, doch so ziemlich das Schlimmste, was einem Roald Amundsen widerfahren konnte, war es, zu einer komischen Figur zu werden. Sein vordringlichstes Ziel bestand darin, die eigene Seriosität wiederzugewinnen. «Ich hoffe, ich schaffe es, das gelächter wieder in ernst zu verkehren.»

Am 19. Dezember verkündete *Tidens Tegn*: «Die Verwirklichung des Plans ist gesichert.» Haakon Hammer war in Kristiania eingetroffen und hatte seine Paketlösung unter Einschluss amerikanischer Beteiligung und Finanzierung auf den Tisch gelegt.

In den folgenden Tagen hagelte in der Öffentlichkeit eine Serie von Angriffen auf Roald Amundsen und seine neuen Männer nieder. Der Nordseeüberflieger Tryggve Gran schrieb, der Zug zum Pol basiere auf «Glück, Glück und noch mal Glück». Sollten sie abstürzen (und das tat man häufiger), würde keiner von Amundsens amerikanischen Begleitern den anschließenden Marsch auf Skiern durch die Eiswüste überleben: «Die Männer, die Amundsen mit seinem neuen Plan aufführt, gehören gewiß nicht zu der Art Individuen, die ein gewissenhafter Leiter mit ins ewige Eis nähme», schrieb Gran und prophezeite gleich Rettungsexpeditionen für «Zigtausende». Der Vorsitzende der Norwegischen Geographischen Gesellschaft ließ durchblicken, dass auch Amundsen nicht mehr «so stark» sei, wie er für ein solches Unternehmen sein sollte.

Der alte Antarktiswanderer Carsten Borchgrevink hielt den Augenblick für geeignet, an die mangelnde «Plantreue» des Kollegen auf der dritten *Fram*-Reise zu erinnern, als die Augen der Welt ebenfalls auf Norwegen ruhten: «Da geht es nicht an, nach unbekümmerter Burschenart im letzten Moment den Kurs zu ändern. Durch so etwas verliert man seine Würde, und die moralische Seite der Angelegenheit ist für die Nation von nicht geringer Bedeutung.»

Fridtjof Nansen, der noch immer jedes Mal um einen Kommentar gebeten wurde, wenn neue Meldungen von der Drift der *Maud* eintrafen, schützte diplomatisch klug vor, er hätte noch nicht die Zeit für ein Studium der neuen Pläne gefunden. Dann blickte die graue Eminenz der Polarforschung auf die Uhr: sie hatte es eilig, die Welt zu retten.

Dagbladet meldete sich mit der Forderung zu Wort, es müsse nun endlich Licht ins «Polardunkel» gebracht werden, und wies darauf hin, dass Amundsens Aktivitäten in den letzten Jahren vollständig unter Ausschluss der Öffentlichkeit stattgefunden hätten, obwohl öffentliche Gelder geflossen seien und nationale Interessen auf dem Spiel gestanden hätten. Das Blatt setzte ein großes Fragezeichen hinter die Vorgeschichte der Flugexpedition. Es hätte da etliche unaufgeklärte Vorgänge gegeben. «Niemand weiß bis heute, was an Bord der ‹Maud› vorging und -geht. Wir kennen nicht den Grund, weshalb Tessem und Knudsen das Schiff verließen und sich auf einen gefahrvollen Rückmarsch begaben, der sie das Leben kostete. Wir wissen nicht mit Bestimmtheit, warum Kapitän Helmer Hanssen und andere später in Amerika von Bord gingen. Und wir halten es für nicht vollständig aufgeklärt, warum Roald Amundsen am Ende selbst die ‹Maud› verließ, seine eigentliche Expedition aufgab und statt dessen einen abenteuerlichen Flug plante.»

Das Vertrauen in Roald Amundsen war blind gewesen. Die Ausgaben des ganzen Landes für seinen großen Sohn waren beträchtlich. Die Rechnung schien nicht länger so selbstverständlich aufzugehen. Fragen drängten sich auf.

In Uranienborg feierte der Polfahrer kosmopolitische Weihnachten im Kreis der Familie mit den beiden Mädchen, «Onkel Haakon» und Tante Adelheide von Pumpernickel. Am vierten Tag reisten die Hammers nach Kopenhagen ab und nahmen die Mädchen «bis auf weiteres» mit. Wenig später folgte ihnen der Polfahrer. Zwischenzeitlich passte Leutnant Omdal aufs Haus auf. Der große Flieger von Maudheim sah sich zum Hausmeister von Uranienborg degradiert.

In Kopenhagen traf Amundsen mit Vertretern der deutschen Dornier Flugzeugwerke zusammen. Am 7. Januar konnte er Leon mitteilen, es sei ein Vertrag unterzeichnet worden «über den bau von 2 großen flugbooten, und mit denen sollte es möglich sein, die tour quer rüber zu machen». Damit war alles geregelt. Die Dornier-Werke beschafften die Flugzeuge, Hammer das Geld, und der Polflieger selbst trug mit Feder und Unterschrift sein Scherflein bei. So einfach konnte es gehen.

Der endgültige Vertrag umfasste am Ende ganze drei Flugboote vom Typ Wal. Die Expedition nahm Formen an. Außer den Amerikanern sollten nun auch Italiener an ihr teilnehmen. Das lag nahe, weil die Dornier-Flugzeuge in Marina di Pisa gebaut wurden. Des Weiteren meldeten sich endlich noch zwei weitere norwegische Teilnehmer zusätzlich zu Omdal. Es handelte sich um die beiden Leuntnants Hjalmar Riiser-Larsen und Leif Dietrichson von den Marinefliegern. Der Letztere hatte an der Sicherungsexpedition der Marine nach Spitzbergen teilgenommen, wohingegen Riiser-Larsen zu Amundsen schon in Alaska Kontakt aufgenommen hatte. «Viele ausgezeichnete ratschläge. Guter kerl», notierte sich der Polfahrer, nachdem er das Schreiben des Leutnants gelesen hatte.

Nach Amundsens Heimkehr hatten sie sich auch persönlich kennengelernt. Und da Riiser-Larsen genauso wie sein Freund Dietrichson im Gegensatz zum jungen Omdal verheiratet war, hatten es sich beide reiflich überlegt, ehe sie den Entschluss fassten, sich auf das neue Husarenstück des alternden Junggesellen einzulassen.

Der und Hammer trieben jetzt ein gewagtes Spiel auf internationalem Parkett. Noch im Januar kam es zu einem Notenwechsel zwischen den Außenministerien Norwegens und der Vereinigten Staaten. Es ging um die Frage eines denkbaren territorialen Konflikts. Wem würde eventuell neuentdecktes Land zufallen?

In einem Interview mit einer amerikanischen Zeitung soll Amundsen geäußert haben, er wolle kein neues Land für Norwegen in Besitz nehmen, erst recht nicht, wenn es vor Alaska liege. Der norwegischen Presse erzählte er das genaue Gegenteil, nämlich dass er auf alle Landgebiete Ansprüche als Norweger erheben werde. Das versetzte wiederum Hammer in leichte Nervosität, denn der stand gerade im Begriff, die noch fiktiven Gebiete bereits den Amerikanern zu verkaufen, und sprach sich dahingehend aus, der amerikanische Pilot Davidson dürfe gern seine Flagge auf den Inseln des Eismeers aufpflanzen.

An Amundsen schrieb er am 22. Januar aus Kopenhagen schärfer als gewöhnlich: «Es war meine Absicht, wenn ich nun wieder hinübergehe, genau das hervorzuheben, da es schließlich nationale Gefühle weckt und das Geld leichter rollen läßt. Man kann doch, zum Teufel noch mal, nicht erwarten, daß die Amerikaner das ganze Fest bezahlen, wenn man öffentlich erklärt, das Land, sofern man es findet, solle norwegisch sein. Ich weiß, es ist lächerlich, darüber zu reden, aber unsere Freunde drüben sind nun einmal lächerlich, und sie verlangen zu hören, daß das Land – sofern da überhaupt Land ist – amerikanisch wird!»

In einer Mitteilung der norwegischen Botschaft in Washington an das Außenministerium in Kristiania heißt es, Hammer habe für sich und Amundsen dem amerikanischen Marineministerium eine schriftliche Erklärung gegeben, der zufolge die noch zu entdeckenden Kontinente Amerika zufallen sollten.

Am 8. Februar wandte sich der norwegische Außenminister direkt an Amundsen, um in der Sache Klarheit zu erhalten. Leon, mittlerweile aus Dover herübergekommen, formulierte die Antwort und stellte klar, dass er, d. h. Roald Amundsen, niemals eine solche Erklärung abgegeben habe. «Meiner Meinung nach kann neues Land nur von dem Land annektiert werden, unter dessen Flagge man segelt.» Unter der norwegischen also.

Auch wenn die Durchführung von den Amerikanern abhing, war eine von Spitzbergen abgehende Expedition doch in jedem Fall auf das Placet der norwegischen Behörden angewiesen. Mochte es auch einen herben Rückschlag für Hammers Finanzkonstruktion bedeuten, konnte Amundsen, als das Doppelspiel aufgegeben werden musste, doch nicht dem Ausflaggen seiner eigenen Expedition zustimmen, wie wenig er sich im Augenblick auch seinen misstrauischen oder hohnvollen Landsleuten verbunden fühlen mochte.

Der *business man* Hammer, in der amerikanischen Presse auch als *arctic explorer* tituliert, war darauf eingestellt, aus den fiktiven Landmassen herauszuschlagen, was sie in der Welt der Einbildung wert waren. Für Amundsen verhielt es sich etwas anders. Seit Pearys Erfolg zog ihn nicht so sehr der Pol selbst ins Nördliche Eismeer. Sicher gab es viele gute Gründe, diesen sagenumwobenen Punkt in allen gedachten Unternehmungen zu berücksichtigen, aber was Roald Amundsen wirklich interessierte, waren eben genau die großen noch unentdeckten Gebiete zwischen dem Pol und Alaska. Seit der Konzeption der *Maud*-Expedition war er der Überzeugung, es gebe Land in diesem riesigen Areal. Dieses Land, ob groß oder klein, war in Wirklichkeit vielleicht das einzige, das es noch wert war, entdeckt zu werden, ehe die Erde endgültig vermessen war. Alle redeten vom Nordpol. Aber nicht Roald Amundsen. Er sprach von einem transarktischen Flug. Und er dachte an Land.

Vielleicht hatte die Geschichte doch noch Platz für einen neuen Kolumbus.

Es lag an den strengen Beschränkungen des Versailler Vertrags, dass die Dornier-Werke ihre Flugboote vom Typ Wal nicht in Deutschland bauen durften. Darum sollten sie gleich von Marina di Pisa nach Norwegen fliegen und sich von dort ebenfalls mit den eigenen Motoren (von Rolls-Royce) im Juni nach Spitzbergen hinauf vorarbeiten.

Vor der geplanten Überführung der Maschinen brach unter den vielen Expeditionsteilnehmern hektische Reiseaktivität aus. Am 1. April 1924 schrieb Amundsen aus Pisa an seinen Bruder: «Hier sind alle wilt vor begeisterung, so daß vorläufiger kreditt kein problem ist.» Nicht nur Norweger und Amerikaner investierten nationale Gefühle in das große Unternehmen. «Reise morgen nach Rom – überwiegend zu reklamezwekken. Die Fabrikk will eine große affäre draus machen, und so nett, wie sie waren, muß ich ihnen ja helfen.»

Von Rom ging es weiter zu neuen angenehmen Bekanntschaften: «Stoppe einen tag in Mailand, um bei Musolini vorbeizuschauen. Freue mich drauf.»

Ende des Monats war er wieder zu Hause. Dann ging es gemeinsam mit Riiser-Larsen aufs Neue nach Süden. Den Hausschlüssel erhielt Leon zugeschickt, der sich nach einem Zwischenaufenthalt in Dover wieder auf dem Weg nach Svartskog befand. «Auf der oberen weranda liekt ein stapel posst. Hatte keine zeit, irgendwas zu beantworten.»

In Kopenhagen standen wichtige Geschäfte an. «Alles geht gut & onkel Haakon bettelt einiges zusammen.» Am 12. Mai kam der Polfahrer auf Blitzbesuch nach Svartskog. Diesmal hatte er die Mädchen bei sich, Camilla und Kakonita waren seit Weihnachten nicht mehr zu Hause. Bei der ganzen Hektik um «Opa» und «onkel Haakon» waren die beiden Nomadenkinder in einem geeigneten Institut in Dänemark untergebracht worden. Nun waren Aline und Leon endlich wieder da und konnten sich ihrer annehmen.

Siebzig Jahre nachdem alles zusammengebrochen ist, ist es aussichtslos, das Bauwerk von Haakon H. Hammers Finanzierungskunststücken rekonstruieren zu wollen. Es bestand aus allem Möglichen, angefangen mit Zeitungsverträgen und Filmrechten bis hin zu Briefmarkenausgaben und diversen Schenkungen. Die Hauptsache aber ist: Als die drei kostbaren Aeroplane bei der Übergabe im Juni 1924 – zumindest mit einem Abschlag – bezahlt werden sollten, war nicht der kleinste Betrag aufzutreiben.

Im absolut letzten Augenblick also stellte der gute Hammer auf einmal fest, dass die Expedition auf allen Seiten von Betrügern und Halunken umgeben war, für die Verträge kaum das Papier wert waren, auf dem sie geschrieben standen. Und mitten in diesem ganzen Wirrwarr schaffte es der Polarheld obendrein auch noch, mit seinen ungeschickten Telegrammen die besten Karten den Gegnern in die Hände zu spielen. Aber, schrieb Hammer in einem leicht verzweifelten Geschäftsbrief am 8. Juni aus Paris, sollte alles schiefgehen, dann hätte er immer noch einen heimlichen «Trumpf» im Ärmel. Und auch wenn er am Tag zuvor noch ein wenig mutlos gewesen sei, gebe es keinen Grund zum Pessimismus, «der Ausdauernde gewinnt IMMER». Als er diesen Brief las, erblickte sich der Polfahrer selbst im Spiegel.

Am Abend des 26. Juni 1924 gab Roald Amundsen folgende schicksalsschwere Mitteilung heraus: «Da hinreichende finanzielle unterstützung nicht zu beschaffen war, muß die expedition vorerst ausgesetzt werden.» Die Entscheidung war nach einer Besprechung mit Leutnant Dietrichson gefallen, der mit letzten

Mit Glückwünschen und den Versicherungen seiner Bewunderung erhielt Amundsen dieses Porträt Benito Mussolinis beim Gipfeltreffen in Mailand.

Nachrichten aus Pisa sofort nach Svartskog geeilt war. Noch am gleichen Tag wurden Riiser-Larsen und Omdal, die sich in Rom aufhielten, aufgefordert, umgehend nach Hause zu kommen. Das war's.

«Hammer war nicht immer ein verläßlicher geschäftsmann», räumte der Chef in einem Brief an Herman Gade ein und zog endlich die Konsequenzen: «Hammer ist nur noch geschichte & die vollmacht in meinem besitz.»

Auf erstaunliche Weise flatterte das ehemalige «genie» weiterhin um die Welt. Mitte Oktober meldete die norwegische Gesandtschaft in Tokio, Hammer und Frau seien auf eine Weltumsegelung gegangen. Der Bruder Leichtfuß besuchte die Kaiserstadt, um ein Flugzeug zu besichtigen, das sich dort angeblich auf Roald Amundsens Rechnung im Bau befand. Da durfte man doch anfragen, ob sich die Japaner nicht vorstellen konnten, sich an der Finanzierung des nächsten Flugs zum Pol zu beteiligen.

Endgültig rechnete Amundsen mit seinem fliegenden Bevollmächtigten in seiner Autobiographie ab, in der er Hammer mit dem Ausdruck «ein verbrecherischer Optimist» abstempelte. Er selbst wusch die Hände in Unschuld und behauptete: «Ich hatte nicht den leisesten Verdacht gegen Hammer, bis ich im Frühling 1924 nach Marina di Pisa kam.» In Wahrheit ist der Polarreisende aber schon im Sommer 1922 von seinem Bruder Leon vor dem windigen Geschäftsmann gewarnt worden.

Roald Amundsen *wollte* an Hammer glauben. Aus dem einfachen Grund, weil Hammer an *ihn* glaubte. Nach ihrer gemeinsamen Unverantwortlichkeit, mit der sie die Ökonomie der *Maud*-Expedition untergruben, waren sie beide darauf angewiesen, sich aus diesem Sumpf «auszufliegen». Ohne zur juristischen Seite von Hammers, milde gesagt, unglücklichen Finanztransaktionen Stellung zu nehmen, muss aber doch festgestellt werden, dass, wenn die Bezeichnung «verbrecherischer Optimist» auf den einen der beiden Geschäftspartner zutrifft, sie ebenso für den anderen gilt.

Roald Amundsen bog sich die Menschen mehr und mehr nach seinen eigenen Bedürfnissen zurecht. Brauchte er einen Retter, dann war Hammer ein Erlöser, brauchte er einen Sündenbock, war der gleiche Mann ein Betrüger. Genauso wie sich Omdal über Nacht von einem Fliegerass in einen Trottel verwandelt hatte. In Roald Amundsens Universum existierte nur eine konstante Größe: er selbst.

34 Die Reise nach Drøbak

Die Kombination Roald Amundsen – Haakon Hammer war so unheilträchtig, wie die Zusammenarbeit zwischen den Brüdern Roald und Leon Amundsen glücklich war. Anstatt die schwachen Seiten des Polfahrers auszugleichen, hatte der Agent sie noch verstärkt. Dass der korpulente Händler selbst als «arctic explorer» auftreten wollte, hatte noch dazu beigetragen, der Polarforschung das komische Aussehen eines Zirkus zu verleihen.

Die geschäftliche Diskretion, die taktvolle Diplomatie, das Vertrauensverhältnis zu Regierungskreisen – alles, was Leon in bald zwanzig Jahren aufgebaut hatte, war nun stark beschädigt. In erster Linie durch Roald Amundsens eigene übereilte und kaum fundierte Flugideen, dann aber auch durch den vollständigen Mangel an Einblick des dänischen Amerikaners in das spezielle und äußerst komplexe Geschäftsfeld der Polarforschung.

Amundsen hatte sein Realitätssinn im Stich gelassen. Nicht zum ersten Mal. Doch er war es gewohnt, ein Korrektiv an seiner Seite zu haben. Um diese Aufgabe zu übernehmen, fehlten dem neuen Mann an seiner Seite jegliche Voraussetzungen.

In seinen Memoiren erklärt der Polfahrer frank und frei, dass ihm geschäftliches Geschick völlig abging und er sich auf diesem Gebiet stets auf andere verlassen musste. «Bis dahin hatte mich mein Vertrauen in andere bei solchen Anlässen nie in Verlegenheiten gebracht. Ich tat, was man mir riet, und alles ging in Ordnung.» Mit diesen Worten unterstrich er die eigene kindliche Unschuld, machte aber auch seinem Bruder ein ebenso eindeutiges wie unbeabsichtigtes Kompliment.

Roalds Kumpanei mit Haakon Hammer war eine schwere Belastung für sein Verhältnis zu Leon. Er hatte mit einem falschen Spatenstich nach dem anderen seine eigene Glaubwürdigkeit untergraben. Das galt nicht nur für die Geschichten rund um Hammer; auch die Immobilientransaktionen im Zusammenhang mit Uranienborg und Rødsten beunruhigten Leon. Im Hinblick auf seinen Bruder, aber auch auf sich selbst.

Das Ganze begann schon 1920, als der Polfahrer (mit zweijähriger Verspätung) gestand, Uranienborg (und in Wahrheit auch Rødsten) weggeschenkt zu haben. Bei seinem Aufbruch mit der *Maud* war er ein wohlhabender Mann gewesen; doch nach zwei missglückten Jahren im Eis hatte sich seine wirtschaftliche Lage schon bedeutend verschlechtert. Derjenige, der andauernd dafür sorgen musste, dass sich auf dem Konto der *Maud*-Expedition genügend Geld für die Zahlung der Heuer und andere Ausgaben befand, war Leon. Von dem Moment an, da die Reserven Roalds und die staatlichen Subventionen aufgebraucht waren, schoss der Geschäftsführer die Summen aus eigener Tasche zu. Nach und nach war Leon Amundsen dadurch nicht nur der Geschäftsführer seines Bruders, er war auch dessen größter Gläubiger geworden.

Als Sicherheiten für diese ständig wachsende Schuld besaß er die Grundstücke am Bunnefjord. Auch die *Maud* stellte einen beträchtlichen Wert dar, doch musste man immer damit rechnen, dass sie untergehen könnte. Ein Polarschiff im Packeis war unter Bonitätsgesichtspunkten etwa ebenso viel wert wie ein Kriegsschiff in einer Seeschlacht.

Daher ist es nicht weiter verwunderlich, dass sich Leon persönlich betroffen fühlte, wenn sein Bruder in einer plötzlichen Anwandlung das eine oder andere dieser Besitztümer plötzlich verkaufte oder verschenkte. Mittlerweile fühlte er sich den Transaktionen des Bruders gegenüber so unsicher, dass er nach der zweiten Schenkung im Frühjahr 1923 direkten Kontakt zu Rechtsanwalt Gudde aufnahm, um sich erklären zu lassen, welches der Anwesen denn nun Konsul Gudde (und das hieß Kiss) überschrieben worden war.

Nun erhob Kiss Bennett aber nie Anspruch auf ihre Besitzrechte. Im Gegenteil empfahl sie Roald, Uranienborg auf dem freien Markt zu verkaufen, was Amundsen sich jedoch aus Angst vor seinen Gläubigern niemals traute. Als sich die Fragen nach Gegenwerten und Sicherheiten im Frühjahr '24 zuspitzten, geschah das auch in einem offensichtlichen Zusammenhang mit der Tatsache, dass der Polfahrer nicht nur in halsbrecherische finanzielle Jonglierkunststückchen verwickelt war, sondern ebenso ein gefährliches Spiel mit dem eigenen Leben trieb. Sofern sich Roald Amundsen tatsächlich einmal auf Flügeln über das Polarmeer erheben würde, wäre das voraussichtliche Ergebnis kein Ringen zwischen Staaten um die Inbesitznahme neuer Länder, sondern ein Scharmützel unter den Gläubigern. Wer würde die Verluste tragen, falls Amundsen ins Meer stürzte?

Da sich die Immobilien mithin nicht auf dem freien Markt losschlagen ließen, akzeptierte der Polfahrer die Lösung, sie Leon zu überschreiben. Doch mit Uranienborg und Rødsten waren die Auslagen des Bruders, die sich allmählich der Gesamtsumme von 100 000 Kronen näherten, bei weitem noch nicht gedeckt. Seit über einem Jahr hatte Leon daher einen Antrag an das Parlament auf Bewilligung eines größeren Kredits vorbereitet. Als er sich mit Roald im Mai in Svartskog traf, drängte er, die *Maud*-Expedition solle sich um Mittel aus dem staatlichen Forschungsfonds bewerben. Doch Roald wollte nicht. Entweder wollte er nicht auf Kosten der Flugunternehmung Zuwendungen in etwas stecken, an das er nicht mehr glaubte, oder – und das liegt näher – er war einfach zu stolz, seine undankbaren Landsleute um noch mehr Geld zu bitten.

Damit befand sich Leon in einer prekären Lage: Er sollte weiterhin auf unbestimmte Zeit Geld in eine Polarreise mit höchst ungewisser Zukunft pumpen, und das ohne jede Sicherheit oder Aussicht auf Rückzahlung. Roald, der unverbesserliche Optimist, war sicher, es würde sich alles regeln, wenn nur die Flugzeuge erst starten könnten. Das sah Leon anders. Er war im Gegenteil ziemlich davon überzeugt, dass die ganze Kiste abschmieren würde, noch ehe die Flugzeuge Pisa verließen.

Doch in dem Moment, da er einmal mit dem Fuß aufstampfte, hatte sich Leon in Roald Amundsens Universum schon disqualifiziert. Auch wenn er sein Amt als Geschäftsführer nicht niederlegte, ging er lediglich als finanzieller Garant vom Tisch, und damit war er im gleichen Boot gelandet wie der Rest der untreuen Besatzung. Diese Art von Einwendungen und Vorbehalten akzeptierte der Chef niemals. Ein Mann für alle Fälle war und blieb ein Mann für alle Fälle – bis er zum «desertör» wurde.

Von diesem Zeitpunkt an setzte ein raffiniertes und ziemlich ausuferndes Drama um die beiden Nachbargrundstücke am Bunnefjord ein. Eine zentrale Rolle in dieser Intrige spielte Norwegens Botschafter in Brasilien, Herman Gade. Schon im November 1923 hatte er seinem Freund finanzielle Unterstützung angeboten, um dessen Häuser zu retten. Der Polarreisende aber versicherte, im Fall des Falles würde er Uranienborg nicht mit «wehem herzen» aufgeben. «Ich bin es apsolut gewöhnt, von hier wegzugehen», schrieb er im Dezember. Gleichwohl schätze er das fürsorgliche Angebot des Freundes «höchlich».

Der Drahtzieher hinter der Kabale war jedoch jemand anderer. In geschäftlichen Fragen ließ sich Amundsen immer von anderen beraten. Da gab es Leon, Alex Nansen, die Brüder Gade, Trygve Gudde oder Haakon Hammer. Nun aber stand ein Comeback bevor. Gustav Amundsen, der im finsteren Tal der Lichtscheuen wandelte, seit die *Gjøa*-Expedition vor zwanzig Jahren aufgebrochen war, stand auf einmal in den Startlöchern, um seine Position als Vertrauter des Polreisenden zurückzuerobern.

Bei Roalds Rückkehr aus Alaska lebten Tonni und Busken in gewohnt miserablen Umständen. Den ehemaligen Milchpulverfabrikanten Tonni hatten nicht nur ökonomische Rückschläge getroffen; ihn hatten auch Frau und Tochter verlassen. In den späteren Jahren enthalten die Briefe des Polfahrers immer wieder Befürchtungen, sein ältester Bruder könnte seinem Leben ein Ende setzen. Doch Tonni wankte und schwankte unter hohem Verbrauch auf Kosten seiner Verwandten immer weiter. Nachdem die Trockenmilch im Sande verlaufen war, gedachte er, sich auf Hühner zu verlegen.

Unbeständigkeit war bis dahin auch Buskens Markenzeichen gewesen. Er wanderte ebenfalls von Illusion zu Illusion, ohne sich selbst und seine Familie unterhalten zu können. Durch zwei Verbindungsglieder, seine Frau Malfred und Bruder Leon, lebte Gustav Amundsen die meiste Zeit von der Gnade des Polarreisenden. Busken hatte einmal über ausgezeichnete Beziehungen verfügt, aber leider wagte niemand mehr, auf Kapitän Amundsen sen. zu setzen. Dafür war sein Ruf allzu zweifelhaft geworden. Doch über zwei Aktivposten verfügte er noch: Er glaubte an Roald, und er hasste Leon.

Als Leon irgendwann Mitte Mai klarmacht, dass er keine weiteren Zahlungen mehr an die *Maud* leisten wird, erfolgt der Umschlag unmittelbar. Am 5. Mai hat der Polarreisende noch wie verabredet Trygve Gudde schriftlich gebeten, die Schenkungsurkunde für Uranienborg von Niels Gudde auf Leon umzuwidmen. Nur zwölf Tage später erhält der Anwalt einen weiteren Auftrag, datiert auf den 17. Mai: «Da du haus & einrichtung hier einigermaßen kennst, bitte ich dich, den niedrigstmöglichen preis – so niedrig, wie du es für vertretbar hältst – anzusetzen und die schenkunk rükkgängig zu machen.»

Nun also will Amundsen die Grundstücke, die er erst vor wenigen Tagen seinem Bruder überschrieben hat, urplötzlich zu einem Spottpreis verkaufen. Der Aktion liegen ein paar spezielle Voraussetzungen zugrunde. Zum Ersten ist es Roald Amundsen gewohnt, über Eigentum zu verfügen; ganz gleich, wer der formelle Eigentümer sein mag. Leon war auch früher schon, unter anderem aus steuerlichen Erwägungen, als Besitzer von Uranienborg und Rødsten eingetragen. Ihre geschäftlichen Beziehungen hatten früher symbiotischen Charakter, mit Leon als dem praktischen Ausführer und Roald als oberster Instanz. Nun beabsichtigt der Polfahrer souverän, das Eigentum seines Bruders zu verkaufen, als bestünde diese alte Einheit noch immer unverändert. Vielleicht hätte Leon das Spiel sogar mitgespielt, wenn da nicht noch etwas anderes ge-

Familienidyll am Rand des Bankrotts. Der zukünftige Besitzer von Uranienborg, Herman Gade, mit seinen beiden Alicen (Frau und Tochter) und dem Polfahrer mit seinen Ziehtöchtern.

wesen wäre: Roald wollte zu einem Minimalpreis verkaufen. Und zwar nicht auf dem offenen Markt, sondern unter der Hand. An Herman Gade.

Mit dem Kollaps in Pisa einen Monat später zerstob auch jede Hoffnung auf eine baldige Besserung von Roald Amundsens finanziellen Schwierigkeiten. Das bedeutete, eine neue Rolle wartete auf ihn: der einsame Kampf des Gladiators gegen die Gläubiger.

«Ich muß gegen sämtliche wölfe antreten, die langsam näher kommen», schreibt er Herman Gade am 10. Juli. «Ihre zaal ist legion & einer ist gieriger als der andere. Doch kann man ihnen in die augen sehen, ohne zu zwinkern, ziehen sie sich zurück, weißt du.» Nach dieser poetischen Einleitung kommt der Polbezwinger zur Sache: «Ich weiß, daß Gustav dir wegen des grunnstükks hier geschrieben hat. Er hat es allerdings ohne mein wissen getan. Er ist nerwöser und änkstlicher als ich. Ein dach über dem kopf werde ich wohl immer finden.» Aha, Gustav also war es, der hinter den Kulissen agierte; der Held tat es unwissentlich.

Botschafter Gade versteht den Wink und antwortet umgehend per Telegramm aus Riga. Ja, doch, der Polarforscher könne weiterhin auf seinen gutsituierten Freund zählen. Nun agiert Roald auf sämtlichen Kanälen, per Telegraph und per Post: «Dank für dein gestriges telegram aus Riga & für all die hilfe, die du mir leisten willst. Ja, du hast dich wahrlich als treuer freund erwiesen, & du darfst mir glauben, daß ich dir das nicht vergesse. Ich habe dir tellegraafisch geantwortet & gebeten, direkt mit Nansen [dem Anwalt; Anm. d. Verf.] zu handeln, da ich in der affäre ja nicht vorkommen darf. Entscheidest du dich auch für Uranienborg, kannst du dir da einen netten kleinen ausflugsplatz einrichten, wenn ihr in Norwegen seid. Ich werde schon drauf aufpassen.»

Wenn sich Gade erboten hat, eines oder «auch» beide Grundstücke zu erwerben, ist so doch von Anfang an klargestellt, dass der Polfahrer weiterhin darüber zu verfügen gedenkt. Auffällig, in welch anderem Licht der unzugängliche Krähwinkel am Bunnefjord nun auf einmal erscheint: «Glaub mir, es ist heute herrlich hier. Der fjord liegt blank und ruhig da, die sonne brennt von einem wolkenlosen himmel.» Das wichtigste Verkaufsargument ist aber nicht die Landschaft, sondern mehr noch der menschliche Aspekt: «Wir werden an diesem geschützten & gemütlichen ort viele schöne stunden haben, wenn ihr kommt, um für eine weile auszuruhen. Vollständige, apsolute ruhe kann man hier finden. Man ist ja fast so isoliert wie am Pol.»

Der im Ausland lebende Gade wird genauso wie Rechtsanwalt

Gudde die ganze Zeit über die hinter dem Ganzen steckenden Umstände in Unwissenheit gehalten. Das ist ein durchgängiger Zug im Verhalten Amundsens; nie legte er einer einzigen Person sämtliche Seiten seines Wesens offen. Jedem zeigt er sich ein bisschen vertraulich, aber allen bleibt mindestens eine Seite verborgen. Gade ahnt kaum, dass er lediglich eine Figur im Kampf gegen den schlimmsten aller «desertöre» darstellt, dass inzwischen Leon der große böse «wolf» ist.

Wenn der Bruder partout nicht Eigentümer der beiden Anwesen werden darf, hat das nichts mit dem «geschützten & gemütlichen ort» zu tun und ebenso wenig mit Geld. Roald Amundsen ist seinen Freunden und Mitspielern gegenüber immer großzügig gewesen; genauso konsequent war er aber in seiner Verachtung und seiner Kleinlichkeit gegenüber vermeintlichen Verrätern. «Desertören» gönnte er nicht einmal ein Freiexemplar der *Nordostpassage,* und seinen ehemaligen Partner, diesen Bruder im Wolfspelz, wollte er um keinen Preis über die Anwesen am Bunnefjord thronen sehen.

Die ursprüngliche Absprache zwischen den beiden Brüdern sah vor, dass Leon beide Grundstücke inklusive der Inneneinrichtung von Uranienborg für einen Gegenwert von 75 000 Kronen überschrieben werden sollten. Dieser Betrag war von Roalds Schulden bei Leon abzuziehen. Das bedeutete für den Polfahrer durchaus kein unvorteilhaftes Abkommen, denn der reelle Wert lag bei etwa 50 000 Kronen. Der Freundschaftspreis für Gade sollte sich nun aber aufgrund einer sehr speziellen Schätzung auf nur etwa 25 000 Kronen belaufen. Am 14. Juli ging dieser Betrag bei Advokat Nansen mit dem Auftrag ein, dafür beide Grundstücke zu erwerben.

Gegen Ende Juli kommt es dann aber zum Zusammenstoß zwischen den Brüdern. Am 26. erhält Gade folgendes Telegramm: «Kauf Rødsten auf der stelle. Formalitäten verzögern verkauf Uranienborg eine weile. Roald.»

Die Formalitäten bestehen in der Tatsache, dass Leon nach der Überschreibung faktisch der Besitzer von Uranienborg ist und das

Haus nicht unter Wert verscherbeln will. Für Rødsten ist noch keine neue Schenkungsurkunde ausgefertigt, und deshalb kann Leon den Verkauf höchstens durch einen Protest in seiner Eigenschaft als Gläubiger hinauszögern. Was er auch tut. In einer neuerlichen Schätzung wird Rødsten allein auf 22 000 Kronen taxiert.

«Was soll ich tun?», fragt der Polbezwinger Gade in seinem nächsten Brief. «Eine bittere feintschafft hat sich entwikkelt und geht so weit, daß seine kinder durch meinen garten laufen und mir ins gesicht kukken ohne zu grüßen. Ganze schaaren fremder blagen ziehen johlend & kreischend zu meinem badehaus – nur um mich zu ärgern.» Die Wölfe heulen in allen Ecken. Sie lassen sich nicht länger mit einem Blick bannen. «Ich mußte schlösser am gartentor anbringen lassen, um diesen ärger zu bremsen, & es hat geholfen.»

Der Polarheld ist in einen klassischen Nachbarschaftskrieg geraten. Liebend gern würde er nach Rio umziehen, «aber es würde mich ärgern, meinem verehrten herrn bruder den kampfplatz zu überlassen. Er würde vor stolz plazzen, wenn er es schaffte, mich von hier zu vertreiben.» Kann er schon nicht den Nordpol erobern, muss er doch wenigstens am heimischen Staketenzaun auf Posten bleiben. «Glükklicherweise habe ich Gustav, der mir in diesen zeiten eine unschätzbare stüzze ist. Er ist früü und späät für mich im einsatz.» Amundsens brüderliches Mädchen für alles erlebt eine neue Blüte. «Früü und späät» arbeitet er für sein großes Ziel, die Vision der beiden Kapitäne Amundsen, der Jüngere und der Ältere, brüderlich Wand an Wand jeder in seinem Haus am Bunnefjord. Und Leon, der Erzrivale, ist in die dunkelste Ecke verbannt.

In *Mein Leben als Entdecker* verdreht der Entdecker die ganze Angelegenheit und stellt das Verhalten seines Bruders und Geschäftsführers als «Verrat» dar, indem er behauptet, es sei Leon gewesen, der «erklärte, daß er Maßnahmen treffen werde, um das Haus zur Bezahlung meiner Schuld an ihn zu verkaufen». In Wirklichkeit versuchte doch der Polfahrer seine Häuser aus seiner Konkursmasse zu retten, indem er sie pro forma Botschafter Gade überschrieb.

«Es schien alles klar zu sein», fasst Amundsen für Gade zusammen, «aber ich habe nicht hinreichend mit meinem bruder Leon gerechnet.» Durch seinen Anwalt Albert Balchen, der sich zu Roalds Verblüffung als Jugendfreund Herman Gades erweist, gelingt es Leon, den Ausverkauf beider Anwesen zu stoppen. «Du kannst dir nicht vorstellen, wie unbehaglich es hier jetzt ist.»

Da wohnen die beiden Brüder jetzt also Seite an Seite, und laut Grundbucheintrag besitzt jeder das Haus des anderen. Durch Rechtsanwalt Nansen verlangt Roald die Räumung; ohne Erfolg. Vielleicht weil er selbst im Glashaus sitzt. Die Atmosphäre ist kaum besser als seinerzeit in Framheim zwischen dem Chef und Hjalmar Johansen, nachdem das letzte Wort gesagt war. Einer von beiden muss gehen.

Wahrscheinlich kam Gustav auf die Lösung. Was, wenn der Polfahrer Konkurs anmeldet? Konkurs – Roald Amundsen persönlich? Welche Schande! Schande für wen? Eine Schande ja, aber doch für das undankbare Volk, für den untauglichen Geschäftsführer und nicht etwa für den Helden der Nation, denn der hat sich mit Geld doch niemals abgegeben.

Außerdem, das Leben geht auch nach einem Bankrott weiter. Das kann Gustav bestätigen. Er hat es schließlich schon selbst durchgemacht. Von dem Moment an, da Konkurs erklärt ist, kann Leon weder Anrechte auf Uranienborg noch auf Rødsten geltend machen. Die Überschreibungen haben zu einem Zeitpunkt stattgefunden, als der Polarreisende bereits insolvent war. Also gehört alles in die Konkursmasse.

Doch gibt es überhaupt jemanden, der Roald Amundsen bankrott erklären wird? Nein, nicht einmal Leon. Er ist der größte Gläubiger, und er kennt die finanziellen Verhältnisse seines Bruders besser als jeder andere. Roald Amundsen hat Liquiditätsprobleme, aber er ist nicht zahlungsunfähig. Zumindest nicht, wenn die *Maud* wohlbehalten aus dem Eis zurückkehrt. Schon zweimal hat der Chef versucht, sein Forschungsschiff durch Telegramme zur Rückkehr aufzufordern, aber selbst mit einem Telegraphen an Bord ließ sich ein Schiff, das fest im Eis eingeschlossen lag, nicht leicht manövrieren. Keiner konnte sagen, wann es in den Hafen der Zwangsversteigerung einlaufen würde. Die Gläubiger waren bereit zu warten. Auch Leon.

Wenn etwas passieren soll, muss man es selbst machen. Am 2. September übergibt Roald Amundsen seinen Besitz dem Konkursgericht Follo. Der Skandal ist da. Die Welt ist schockiert.

Am 18. September begibt sich der Polarreisende auf eine kurze, aber wichtige Expedition. Er fährt nach Drøbak. An seiner Seite im Ford die steile Steigung von Uranienborg hinauf: Gustav. Endlich hat er seinen Platz eingenommen, der Mann, der sich das ganze Leben mit Gläubigern herumgeschlagen hat, der sich hier einen Fünfziger lieh und da einen Hunderter, der sich den einen oder anderen Tausender erbluffte und der sich aus schierer Angst verstecken musste, von Leuten, die er um ein paar Kronen geprellt hatte, die Hucke voll zu kriegen.

Der Polfahrer kennt das Führungszeugnis seines Bruders. Aber was hatte König Haakon noch über Hammer gesagt? «Man soll einen mann nicht für immer verdammen». Gustav Amundsen war von sehr viel handlicherem Format als der aufgeblasene Däne. Sein Leumund war so zusammengeschrumpft, dass er in die Tasche des Polfahrers passte. Ein bequem zu handhabender Mann fürs Grobe.

Exakt Schlag halb zwölf treffen die beiden zur anberaumten Verhandlung vor dem Konkursgericht ein. Außerdem anwesend sind Rechtsanwalt Einar W. Nansen, der nun mehr und mehr seinen Vater in der Sozietät vertritt, sowie ein weiterer junger Anwalt, Leif S. Rode. Er wird zum Konkursverwalter bestellt. Der spätere Präsident der «Vereinigung zur Beförderung des Skisports» ist seit Kindertagen ein großer Bewunderer des Polarhelden. Leon erscheint nicht. Das ist nicht sein Metier.

Advokat Rode ist trotz seiner Wintersportinteressen nicht ganz darüber im Bilde, auf was er sich einlässt, als er sich bereit erklärt, die Rolle von Roald Amundsens Konkursverwalter zu übernehmen. In den nächsten Jahren wird er einen nicht unwesentlichen Teil der norwegischen Polarforschung zu verwalten haben.

In der Bestandsaufnahme gibt er zu Protokoll, die *Maud*-Expedition sei von «geradezu außergewöhnlich unglücklichen Eis- und Strömungsverhältnissen» verfolgt. «Darin muß man den wesentlichsten Grund für den Konkurs suchen.»

Als Grund dafür, sich selbst bankrott zu erklären, gibt Roald Amundsen ein sehr ritterliches Motiv an, nämlich «die übrigen Gläubiger zu schützen», damit niemand sagen könne, er habe zugunsten seines Bruders agiert. Das Argument hebt nicht nur seine eigene Rechtschaffenheit hervor; es birgt außerdem den Vorteil, den Bruder zu treffen.

Gade gegenüber drückt er sich deutlicher aus: «Indem er jedes entgegenkommen verweigerte, hat mich Leon dazu getrieben. Jetzt *muß* er gegenüber dem Konkursvermögen nachgeben.» In einem Brief an Don Pedro kleidet er den Bruch mit dem Bruder in würdigere, aber auch heroisch verklärende Formulierungen: «Leider muß ich Ihnen mitteilen, daß mein Bruder Leon nicht mehr mein Geschäftsführer ist, da er sich in dem Moment zurückzog, als Schwierigkeiten auftraten. Ich bin daher nun ganz allein – aber doppelt stark.»

Der Botschafter in Rio reagiert mit einem «Schok», als er von dem Konkurs liest, meint aber auch, «es wird etliche ernsthaft zum Nachdenken bringen». In Buenos Aires wird die Neuigkeit ebenfalls mit Bestürzung zur Kenntnis genommen. Trotz einer gesundheitlichen Schwäche wird Don Pedro von «Scham und Trauer über unsere Landsleute erfüllt, die alle berechtigten Ansprüche auf Unterstützung, die Sie unter den gegenwärtigen widrigen Umständen haben, mißachten konnten». Die dänische Zeitung *Politiken* stellte fest, Norwegen habe sich «dem konsternierten Kopfschütteln der Welt ausgesetzt».

In einem Brief an Botschafter Gade rückte der Anwalt des Polfahrers, Alex Nansen, zurecht, es sei nicht ganz richtig, zu behaupten, «der norwegische Staat und die norwegische Nation hätten nichts unternehmen wollen, um Amundsens Konkurs abzuwenden. Amundsen selbst wollte sich nämlich nicht an den Staat oder die Öffentlichkeit wenden. Er selbst wollte das Konkursverfahren eröffnet sehen, und die Nachricht darüber traf sicher die meisten überraschend.»

Am Tag nach der Verhandlung in Drøbak lässt sich der Polreisende von *Tidens Tegn* interviewen. Es wird Zutritt zu der versiegelten Junggesellenvilla am Bunnefjord erteilt, deren Wert samt Mobiliar nun mit zweimal 15 000 Kronen veranschlagt worden ist. «Ich bin so wunderbar einsam», erklärt das nationale Idol, das nichts mehr besitzt bis auf seine «beiden kräftigen Arme». Er beklagt sich nicht, obwohl: «Ich hätte ja gern meine beiden ziehtöchter behalten, aber es ging nicht.» Auf einmal werden die beiden Mädchen zu Elementen der wissenschaftlichen Arbeit erklärt: «Das war letztlich auch ein Experiment. Sehen Sie, die Leute oben in Nome und jenen Gegenden wollen nicht zugeben, daß Eskimos lernfähig sind. Es ist eine gängige Vorstellung, daß sie nur bis zu einem gewissen Entwicklungsstand gebracht werden können, bis dahin und nicht weiter.» Da der Polarforscher jedoch feststellen kann, dass seine «Kinder richtig schlau geworden» sind, darf seine eigene These als weitgehend bestätigt gelten.

Amundsen kann den Lesern mitteilen, dass die Pflegetöchter Uranienborg noch am gleichen Tag für einen viermonatigen Aufenthalt bei Frau Wisting in Horten verlassen haben, «und dann werden sie nach Hause zurückkehren».

Nach Hause? Für Camilla Carpendale, die einige Jahre früher als geplant zu ihrer großen Geschwisterschar heimkehrte, kann man das gelten lassen; aber für Kakonita Amundsen? War nicht Uranienborg ihr Zuhause? Der Polfahrer hatte sie doch als seine eigene Tochter angenommen. Und nun schrieb er sie als «auch ein Experiment» ab, als einen Verlustposten in der Konkursmasse unter vielen anderen.

Das Leben der Ziehtöchter war von geordneten Verhältnissen in den Häusern am Bunnefjord abhängig, davon, dass sich Aline und Leon Amundsen um sie kümmerten. Indem Roald Amundsen mit seinem Bruder brach, opferte er zugleich seine Töchter.

35 Der Millionärssohn

Am gleichen Tag, an dem die Reste von Roald Amundsens Familienexperiment, die beiden Nomadenmädchen Camilla und Kakonita, aus der Konkursmasse herausgelöst und in den Zug nach Horten gesetzt wurden, schrieb der Polarreisende einen wichtigen Brief. An Kiss. Außerdem fing er ein neues Tagebuch an. Er führte es in «Du»-Form wie einen an sie gerichteten fortlaufenden Monolog: «Habe dir heute einen langen brief geschikkt. Es wird dir nicht gefallen, aber ich muß offen sein.»

Der Polfahrer war bankrott. Der Flug zum Pol war in sich zusammengefallen, die *Maud*-Expedition heimbeordert (allerdings sollte das Schiff noch ein ganzes Jahr brauchen, ehe es sich endlich aus dem Eis befreien konnte), das Haus vom Gerichtsvollzieher versiegelt. Hammer, der geniale Retter, hatte sich aus dem Staub gemacht, und Leon, dieser familiäre wie geschäftliche Fixpunkt, dieser brüderliche Rückhalt hatte sich im Lauf des Sommers in seinen erbittertsten Feind verwandelt.

Doch Roald Amundsen stand nicht ohne Freunde da. Draußen in der Welt gab es noch seine vermögenden Gönner Herman Gade und Don Pedro Christophersen. Außerdem hatte er noch sein Mädchen für alles, Gustav. Vielleicht war es ihm auch gelungen, den einen oder anderen herablassend grinsenden Landsmann zum Nachdenken und zu einem Blick in den Spiegel zu veranlassen.

Der Konkursverwalter hatte ihm erlaubt, eine bereits geplante Vortragstournee durch die Vereinigten Staaten anzutreten, um Geld für die Heuer der *Maud*-Besatzung hereinzubekommen. Aber die Koffer dazu gab er nicht frei. Amundsen packte in Pappkartons.

«Ich habe eine menge gepäkk, weil ich mit Alaska vor augen pakke. Ich gehe schließlich ins eksil, meine liebe», schrieb er, an Kiss gewandt, ins Tagebuch. «Die begebenheiten der letzten zeit haben dazu geführt, daß ich mich hier nie wohl fühlen werde. Darum bleibe ich auf der anderen seite des Atlantikks bis du mich rufst. Und wenn du nicht rufen willst, nun, dann lege ich meine knochen dort oben im norden zur ruhe. Wie die dinge jetzt liegen, halte ich mein haus in Wainwright noch für den besten aufenthaltsort. Da kann ich ein *mann* bleiben. Aber hier nur Gott weiß was. Da ist das gesunde, frische leben in der natur, das einem stärke & krafft einbläst. Da will ich, wie gesagt, auf dich warten. Findest du mich deines rufs nicht wert, dann sag es mir. Du hast ja deinen freien willen, nach dem *muß* ich mich richten.»

Roald Amundsen zog Bilanz – wie üblich, ohne den Realitäten übertriebene Bedeutung beizumessen. Die Endstation des freiwillig in die Verbannung Gehenden, das Haus in Wainwright, gehörte selbstverständlich zur Konkursmasse und konnte schon veräußert sein, ehe er es überhaupt erreichte. Das Wichtigste war wohl, aus Norwegen wegzukommen. Wieder einmal gab er den Fliegenden Holländer. Nur Kiss konnte ihn noch in ein Leben unter Menschen zurückrufen. Entehrt und gerupft, legte er sein Schicksal in ihre Hände. Nichts hatte er ihr mehr zu bieten, keine Eisbären, die er ihr zu Füßen legen konnte, keine Rosenmöwen auf vergoldeten Sockeln, keine Flugzeuge, die ihren Namen trugen, kein geheimes Nest an einem spiegelblanken Fjord. Nur sich selbst kann er ihr, der Frau eines steinreichen Mannes, offerieren. Dabei hat der Polarheld Mrs Bennett noch nie so gebraucht wie jetzt.

Am Tag vor der Abreise wurde er von Albert Balchen, dem Anwalt seines Bruders, darüber informiert, dass Leon beweisen wollte, dass Uranienborg schon 1918 übereignet worden war und demnach nicht zur Konkursmasse, sondern ihm gehörte, seitdem die Besitzurkunde von Niels Gudde auf ihn überschrieben worden war. Es wuchs damit die Gefahr, dass der Name von Frau B. in die Affäre hineingezogen werden könnte. In Roald Amundsens Augen ein klarer Fall von «blackmailing».

Diese schlimmen Aussichten traten dann allerdings zugunsten einer anderen Neuigkeit in den Hintergrund. Aus London erhielt er einen Brief, der alle seine Fragen beantwortete. Damit gab es einen neuen Gedenktag in der Chronik des Polarfahrers: «25. *sept.* 1924. Ewig wird er als der schönste tag meines lebens vor mir stehen. Mein kleines mädchen ist mein, mein, mein!» Der Polarreisende hielt an seinem Strohhalm fest.

Am Tag darauf verließ er Norwegen. Der bankrotte Nationalheld ließ sich durch die Hintertür eskortieren, nach Göteborg. Gustav begleitete ihn bis Moss. Dann war er allein; doch nicht ganz. Sein Tagebuch hatte er noch und seine «drahtlose», telepathische Verbindung zu Kiss. Außerdem hatte er neue Post erhalten.

«Ja, jetzt bist du wieder liep & süß. Genau wie in alten zeiten.» Ständig träumte der Polarheld von «alten zeiten». Das war, bevor er alles auf eine Karte setzte und von ihr verlangte, aus ihrer Ehe auszubrechen, während er an Bord der *Maud* im Eismeer wartete. Es waren die idyllischen Tage des Weltkriegs, als man es sich in London gemütlich machte und alles nach ihren Vorstellungen lief. Damals war sie «liep & süß» gewesen. Später hatte er sie dazu gezwungen, zu zeigen, wer von beiden der Stärkere war.

Amundsen war der einzige Norweger an Bord des Amerikadampfers *Drottningholm*. «Sehr angenehm.» Der Bankrotteur reiste erster Klasse und dinierte am Kapitänstisch. Kiss' Briefe flößten ihm neuen Lebensmut ein, die Welt bot sich wieder heller dar. «Den ganzen tag laufe ich herum & und plaudere mit dir, schikke dir zu tausenden drahtlose. Dein kleiner empfänger ist doch in ordnunk????» Glich die Fahrt mit der *Maud* einer Hochzeitsreise ohne Braut, so erinnert er nun an einen alten Ehemann auf Geschäftsreise: «Das kleine miniaturporträt von dir begleitet mich immer & steht jetzt zusammen mit der uhr, die du mir geschenkt hast, auf meinem nachttisch. Ich habe mein eigenes kopfkissen mit all den dingen, die du genäht hast. Ich benutze auch all deine taschentücher. Du siehst also, ich bin voll von dir. Drahtlose gehen tag & nacht an dich ab & *müssen* ankommen.» Solange er an «sein frauchen» glauben kann, ist er «stärker als je».

Nein, Roald Amundsen war ganz gewiss kein gebrochener Mann. Bald durfte der Landesflüchtige an Deck erleben, wie die schwedische *Drottningholm* die *Bergensfjord* mit lauter Landsleuten an Bord abhängte. Und eines Tages trug sich im Speisesalon ein kleines Ereignis zu, das deutlich bewies, wie viel Popularität er noch in der Welt genoss: «Es war richtik rührend, heute die menschen zu hören. Mit ausnaame eines ammerikaners und eines dänen sind alle hier schweden. Unter anderem spielte die musik heute unser norwegisches liet von der Sennerin beim sonntagsessen. Hier wird zwar im allgemeinen nicht geklatscht, aber nach diesem lied klatschten alle wie verrükkt. Eine schöne huldigung an mein land und mich. Das war so nett, daß es mir guttat.» Es war lange her, seit der Polfahrer zuletzt die erbauliche Wirkung von Applaus erleben durfte.

Selbstredend hat die Verehrung des Volkes auch ihre dunklen Seiten. «Die welt ist voller lauernder versuchungen, und der, der keine stütze hat, fällt so leicht.» Dachte der Polfahrer dabei vielleicht an eine andere Schiffsreise? Vielleicht an eine andere Frau, über die er vor ein paar Jahren auf einer Schiffspassage nach Nome gestolpert war? Doch all das sollte vergessen sein. In Kiss' Schatten verblasste selbst die schönste Frau an Bord zu einem störenden Element beim Minigolf. «Diese frauenzimmer sind alle verrükkt. Oppwohl ich nicht *ein einziges* wortt mit ihnen gewechselt habe, wollen sie alle mit mir photographiert werden & mit zum pol kommen. Sie langweilen mich so unendlich. Kannst du dir etwas dümmeres vorstellen? Ich pfeif auf sie, dank dir, mein gesegnetes mädchen.»

Den großen Plan des Fliegens hatte Roald Amundsen natürlich nicht aufgegeben. *«Noch ist Polen nicht verloren»*, hatte er Don Pedro nur wenige Tage nach dem Konkurs auf Deutsch geschrieben. Der Polbezwinger war ein vorsätzlicher Optimist. «Es nützt nichts, aufzugeben, Don Pedro. Wer das tut, spricht sein eigenes todesurteil.»

Im Prinzip war doch lediglich ein weiteres Jahr verlorengegangen. Die Zusammenarbeit mit den drei norwegischen Piloten würde weitergehen. Nicht einmal der Vertrag mit den Dornier-Werken war aufgelöst worden. In der Fabrik bei Pisa gab man sich damit zufrieden, dass Hammer, der nach dortiger Meinung «die Finanzierung mit unglaublichem Leichtsinn betrieben hatte», nun aus dem Unternehmen ausgeschieden war. Zu Riiser-Larsen besaß der deutsche Direktor hingegen vollstes Vertrauen.

Das Erste, was der norwegische Leutnant herausfinden musste, war, ob ihr ehemaliger italienischer Verbündeter, Locatelli, eventuell selbst an einen Flug zum Pol dachte und ihnen zuvorkommen könnte. Direktor Schulte-Frohlinde glaubte indes kaum daran, dass die Polarbegeisterung der Italiener bis zum nächsten Sommer andauern würde, «vor allem da das Faschistenregime einen kräftigen Dämpfer erhalten hat und Mussolini vielleicht nicht einmal bis dahin im Amt bleibt». Über den Nordpol zu fliegen gehörte nicht für jede Regierung zum Programm.

Parallel zu seinen Grundstücktransaktionen hatte Amundsen vergebliche Anstrengungen unternommen, neue Gelder für die Expedition lockerzumachen. In seiner Abwesenheit übernahm Riiser-Larsen dieses mühsame Geschäft, nun in Zusammenarbeit mit der Norwegischen Luftverkehrsvereinigung. In der Presse wurden Andeutungen gemacht, der neue Flug würde unter *gemeinsamer* Leitung des Leutnants zur See und des alten Polfahrers stehen. Außerdem sollte er unter Regie der Luftverkehrsvereinigung nur bis zum Pol führen und nicht hinüber nach Alaska. Der Hersteller in Pisa hielt diesen Beschluss für «außerordentlich glücklich, da man ja unbedingt zuerst in diesem Raum Erfahrungen sammeln muß, ehe man sich an die große Herausforderung eines Fluges nach Alaska wagen kann». Roald Amundsens großes Projekt stand im Begriff, in die Köpfe anderer überzugehen.

«Ich war der Verzweiflung näher als jemals in den vierundfünfzig Jahren meines Lebens», schrieb der Polfahrer in seinen Memoiren. Dabei scheint er sich bei seiner Ankunft in New York in einer geradezu bemerkenswert positiven Stimmung befunden zu haben. Er wurde von einem Vertreter seines Agenten abgeholt, der ihm «deinen herrlichen Brief überbrachte». Sofort ging er daran, Artikel und Vorträge für den amerikanischen Markt auszuarbeiten. «Keedick ist wie üplich mein manager & mit den aussichten sehr zufrieden», teilte er Herman Gade mit. Standesgemäß logierte der Eroberer des Südpols im großartigen und repräsentativen Waldorf-Astoria. Das Einzige, was ihn in der Weltstadt plagte, war die unerträgliche Hitze.

Am 8. Oktober tritt die große Wende ein, plötzlich und wie im Märchen. Roald Amundsen empfängt an diesem Tag eine Pressedelegation zum Tee. Später wird er ans Telefon gerufen. Ein Amerikaner mit Namen Ellsworth, Lincoln Ellsworth, bittet um eine Unterredung. «Als ich seine Stimme hörte», berichtete der Amerikaner viele Jahre später in seinen Memoiren, «war ich genauso aufgeregt wie ein junger Jäger, der zum ersten Mal einen Elch aufs Korn nimmt.»

Amundsen trug in sein Tagebuch ein: «Spät am nachm. kam ein mann mit namen Lincoln Ellsworth, 42 jaare alt, den ich im krieg in Paris kennengelernt habe. Eine kräftige, stattliche erscheinunk. Er würde gern mitfliegen. Er verfügt über 20 000 $, die er mir anbietet, hofft aber, auch seinen vater zu interessieren, der schwer reich sein soll. Vielleicht wird etwas draus.» Noch mag der Polflieger nicht recht daran glauben. Der bescheidene Amerikaner sieht eher wie ein Pfadfinder aus als wie ein Mäzen.

Und doch, das Wunder geschieht: ein neuer Don Pedro tritt in Roald Amundsens Leben.

Fünf Tage später treffen sich die beiden erneut. «Aß heute mittag mit Lincoln Ellsworth», steht im Tagebuch. «Ich sagte ihm, er solle alles zusammenkratzen, was er bekommen könne, und kommen. Er ist großartig. Sein vater soll sehr reich sein & alles aus der westentasche bezaalen können.»

Dann begibt sich der Polarreisende auf seine Vortragstournee.

Am 26. Oktober ist er zurück im Waldorf-Astoria. Dort wartet ein Brief von Kiss auf ihn. Drei Tage später die unglaubliche Neuigkeit: «Ellsworth hat mir 90 000 dollar angeboten, was bedeutet, daß der flug so gut wie gesichert ist. Nach hause telegraphiert und mich nach den aussichten dort erkundigt.» Noch wagt er keine neuen entschlüsse zu fassen. Wie weit kann er Ellsworth senior trauen? Der hat schließlich die Hand auf der Geldbörse.

James W. Ellsworth war ein hagerer fünfundsiebzigjähriger Multimillionär, ein klassischer Kapitalist mit einer Villa in Florenz, einem Schloss in der Schweiz und einem Wolkenkratzer in Chicago. Die Ellsworths gehörten zu den vornehmsten Familien der USA, ihr Reichtum kam vornehmlich aus Kohlegruben. Das Verhältnis zwischen dem kühlen, autoritären Vater und seinem einzigen Sohn war äußerst angespannt. Lincoln, der früh seine Mutter verloren hatte, war ausgebildeter Ingenieur und hatte sich dem Abenteuer verschrieben. Dem alten Herrn missfiel besonders, dass er Pfeife rauchte.

Amundsen traf den einst so willensstarken, inzwischen aber geschwächten James W. Ellsworth zum ersten Mal auf seiner Farm in Hudson/Ohio. Nach der Rückkehr mit dem Nachtzug nach New York telegraphierte er Kiss, das Geld sei gesichert und die Flugzeuge seien bestellt. Dann setzte er sich hin und schrieb noch einmal ausführlicher: «*Zuerst* schreibe ich dir, dann Riiser-Larsen mit dem auftrag, jetzt die expedition zu beginnen.» Die Reihenfolge ist wichtig. Seit seiner Rückkehr vom Südpol war Kiss die treibende und inspirierende Kraft hinter Amundsens Aktivitäten. Keine wichtige Anordnung ging nach Kristiania heraus, ehe nicht die Dame in London informiert worden war. «Jetzt habe ich also noch einmal begonnen & diesmal auf einer gesunderen basis», schließt er im Tagebuch.

Am 9. November fand die zweite Begegnung mit dem alten Ellsworth statt, diesmal in New York. Der kränkelnde Vater empfing seinen athletischen Sohn und dessen ergrauendes Idol in seiner Bibliothek. Der Gast taxierte rasch: «Gemälde für 75 000 $ pro stükk bedekken sämmtliche wände. Hier und da kunstgegenstände von 400 vor Chr. In einem der räume auf dem fußboden ein teppich aus dem 11.ten jaarhundert!!»

Zum dritten Mal wurde dem Polarforscher die fragliche Summe

zugesichert. Der stinkreiche Kapitalist stellte nur eine einzige Bedingung: Der Sohn musste das Rauchen aufgeben!

Amundsens und Ellsworths Absichten wurden in amerikanischen Zeitungen sofort publik. Der neue Partner war jedoch skeptisch gegenüber einer Zusammenarbeit mit der Norwegischen Luftverkehrsvereinigung eingestellt. Der Polfahrer hatte sich nur in seiner tiefsten Not mit der Bitte um Hilfe an sie gewandt. Nun war er in der Lage, telegraphisch mitteilen zu können, dass das Verhältnis neu überdacht wurde, schärfte aber auch ein, dass «Riiser augenblikklich die 2 aeroplane bestellen soll».

Am 15. November schrieb er ins Tagebuch: «Es ist herrlich, einem menschen zu begegnen, der in so hohem grad vertrauen zu einem hat wie Ell. zu mir.» Der Mann besaß augenscheinlich Wistings Ergebenheit und Don Pedros Portemonnaie; außerdem teilte er die seltsame Überzeugung, dass ein Flug über unbekannte Eiseinöden das höchste Glück auf Erden bedeutete.

Ellsworth repräsentierte das Geld, doch Riiser-Larsen musste sich weiter um die Durchführung kümmern. Beides notwendige Voraussetzungen für das nun bevorstehende glückliche Comeback Roald Amundsens als Polarforscher. Um eine Flugexpedition unter derart extremen klimatischen Bedingungen vorzubereiten, bedurfte es einer fachlichen Kompetenz, die der Skiläufer und Schlittenfahrer zu keiner Zeit besaß. Hjalmar Riiser-Larsen, ein zupackender vierunddreißigjähriger Fliegerleutnant, war genau der Mann, den Amundsen brauchte, um seine Visionen umzusetzen. Nach einem letzten erlösenden Telegramm wurde Riiser-Larsen umgehend von seinem Dienst in der Armee freigestellt und konnte sich an die praktische Organisation von Amundsens und Ellsworths Flug zum Pol machen.

«16. 11. – Der 12. jaarestag! Ein herrlicher tag war das. Viele wunderbare erinnerungen. Gutnacht. Gott beschütze dich.» Mitten in den vielen hektischen Dingen, die zu erledigen waren, feierte der Polfahrer Jubiläum. Ein Dutzend Jahre war vergangen, seit er im Hotel Cecil in London seiner Glücksgöttin begegnet war. Seitdem hatte sie seine schmachtende Mandoline aus den fernsten Weltgegenden vernommen. Aber nun würde es nicht mehr lange dauern, bis sie ihn mit Kurs auf den Nordpol abheben sähe.

Vorher noch eine kurze Vortragsrunde.

Überall, wo er hinkam, fragte er sich gespannt, ob wohl Post aus London auf ihn wartete. All ihre Berichte las er mit brennendem Interesse, aber auch latent beunruhigt: «Ein herrlicher brief, aber meine kleine freundin, du scheinst auch mächtik viel unterwegs zu sein: grafen & gräfinnen, herzöge & herzoginnen! Auf bälle gehst du auch und du tanzt?» Womit er nicht andeuten wollte, auch nur leiseste Bedenken zu hegen. «Deine briefe machen mich überfroh & glükklich. Ich weiß, ich habe dich für alle zeit & ewigkeit, alle zweifel sind wekk.»

In Gedanken begleitete der Polflieger Kiss, die Weihnachten in Trondheim feiern wollte. Er selbst kehrte in sein geliebtes Waldorf-Astoria zurück: «Kam am morgen um 9 uhr hier an, und du hättest sie alle sehen sollen! Vom bellboy bis zum manager straalten sämmtliche gesichter. Ich mußte jedem die hand schütteln! Ich scheine sehr beliept zu sein.»

In New York warteten aber auch unvorhergesehene Komplikationen auf ihn: «Ellsworth kam sogleich. Er hat viele unannehmlichkeiten mit dem vater. Der ist ein alter sonderling & gänzlich unmöglich mit ihm auszukommen. Außerdem ist er schwer krank. Jetzt ist ihm eingefallen, der sohn solle die tour apblasen. Doch der sagte entschieden nein dazu und hat den alten stehenlassen.»

Ellsworth senior wollte dem Polarreisenden 80 000 Dollar schenken, wenn sich im Gegenzug der Sohn aus der Expedition zurückzöge. «Das ist verlokkend für einen armen mann – aber nicht für mich! Nur ein filou & verräter könnte sich auf sowas einlassen. Lincoln Ellsworth hat mir anlaß gegeben, mich wieder aufzurappeln, und dafür soll er auf ewig meine *treue freundschaft* haben. Es tut mir leid, ein familienspalter zu sein, aber mir scheint, die umstände machen es notwendig.»

Auch gegenüber seinen amerikanischen Gläubigern musste Amundsen einen Offenbarungseid leisten. Aber diese neuerliche

Erniedrigung nahm er mit großer Ruhe hin. Der junge Ellsworth hatte ihm einen nerzgefütterten schwarzen Gehrock mit Astrachankragen verehrt. «Jetzt bin ich also Millionär!»

Die beiden neuen Freunde dinierten gemeinsam im St. Regis. Doch in seinen Gedanken, und im Tagebuch, war der Polfahrer drauf und dran, die winterliche Weltstadt zu verlassen: «Morgen besteige ich mit dir den zug, und am heiligen abend frühmorgens um 7 steigen wir in trondheim gemeinsam aus. Hurra, dann feiern wir weihnachten zu hause, tanzen um den baum und singen: Frohe weihnacht!»

Tatsächlich verbrachte der Polarreisende den Heiligen Abend im Hotelzimmer, allein mit seinen Träumen. «Dank, dank, meine süßeste kleine frau, für das weihnachtspräsent. Was für ein nietliches halstuch! Aber das hebe ich auf, bis wir uns wiedersehen. Hier wage ich es nicht, in solchen gay colours herumzulaufen!»

In seinem Erinnerungsbuch *Lockende Horizonte* schilderte Lincoln Ellsworth jene Zeit als einen «schrecklichen Winter», in dem er mit seinem kranken alten Vater im Streit lag, der es längst bitter bereute, diesem todgeweihten Flug zum Nordpol seine Unterstützung zugesagt zu haben.

Der alte Ellsworth focht einen verbissenen Kampf darum aus, seinen Sohn aus den Klauen des Polfahrers zu retten. «Ach, du heiliger bimmbamm, es gibt ärger», kritzelte Amundsen unter dem Datum des 26. Dezember ins Tagebuch. «Ich glaubte so sicher, Ellsworth auf meiner seite zu haben, und nun kommt er heute und sagt, er müsse sich zurückziehen, wenn ich nicht ein drittes flugzeug besorgen könne. O ja, wunderbar. Und was ist der grund? Nun ja, er hat auf einmal angst um sein leben. Irgend jemand hat ihm wohl ein licht aufgestekkt, daß das hier etwas gefährlicher wird als ein spaziergang auf der 5th avenue, und jetzt sucht er ein hintertürchen. Wie viele *männer* gibt es noch auf der welt? Das führt jetzt womöglich dazu, daß mir der alte E. mein recht auf die flugzeuge überhaupt bestreitet. Wir werden sehen! Ich habe ja nicht viel zu bieten, liebste Kiss, aber eins habe ich jedenfalls noch, den mann in mir.»

Schon am folgenden Tag wurde Amundsen klar, dass er Ellsworth missverstanden hatte. Der suchte lediglich nach einer Möglichkeit, seinem Vater im Hinblick auf die Sicherheit der Expedition irgendwie entgegenzukommen. «Heute ging alles gut mit Ellsworth. Ich habe ihn gestern ganz falsch eingeschätzt und nehme jedes wort zurükk. Sein ganzes leben hängt von diesem fluk ap.» Der Millionärssohn legte sein Leben in die Hände des Polfahrers.

Gleichwohl schloss man um die Jahreswende eine Art Kompromiss. Dabei scheinen Rücksichtnahmen sowohl auf den alten Ellsworth wie auf die heimische Luftverkehrsvereinigung eine Rolle gespielt zu haben. Da es sich schnell herausstellte, dass Mittel für ein weiteres Flugzeug unmöglich zu beschaffen waren, verzichteten Amundsen und Ellsworth junior auf ihr ursprüngliches Vorhaben, bis nach Alaska zu fliegen. Sie erklärten sich bereit, ihren Flug als Vorerprobung für «den kommenden Transpolarflug» zu definieren. In seinen Memoiren schreibt Ellsworth, dass er und Amundsen ihren Unterschriften zum Trotz an der heimlichen Verabredung festgehalten hätten, «den Flug gleichwohl nach Alaska fortzusetzen, wenn alles gutginge».

Die Gesamtkosten zur Durchführung der Flugexpedition überstiegen alles, was Ellsworth aufzuwenden vermochte. Der Polfahrer war der Ansicht, die Differenz dürften seine Partner in Norwegen zur Verfügung stellen. In diesem Zusammenhang wurden die Liegenschaften am Bunnefjord aufs Neue in die Finanzierungsmodelle einbezogen.

In Abwesenheit seines Freundes hatte sich Herman Gade an Don Pedro Christophersen gewandt und vorgeschlagen, sie sollten das Projekt eines Erwerbs von Uranienborg und Rødsten gemeinsam verwirklichen; nun aber für den reellen Gegenwert, in etwa das Doppelte dessen, was sich der Polfahrer vor seinem Konkurs vorgestellt hatte, nämlich 40 000–50 000 Kronen. Der alte Mogul erklärte sich selbstredend zu dieser freundschaftlichen Handreichung in Notzeiten bereit. Damit ging bald ein verlockend hoher Betrag auf Advokat Nansens Amundsen-Konto ein und wartete, wie mit ihm verfügt werden sollte.

Die Luftverkehrsvereinigung ließ nicht lange mit dem Vorschlag auf sich warten, das Geld vorläufig in die Expedition zu investieren. Amundsen erklärte sich einverstanden und richtete eine – wenn auch halbherzige – diesbezügliche Anfrage an die beiden edlen Gönner. Doch Gade roch Lunte. Er erteilte nicht bloß dem Ansinnen eine Abfuhr, sondern wies auch Anwalt Nansen an, «wenn die Frage aktuell wird, die Häuser in *meinem Namen* zu erwerben». Manchmal war es notwendig, den Polfahrer vor anderen und sich selbst zu beschützen.

Allerdings wird das Eigentumsrecht an einem Haus nicht allein dadurch entschieden, dass man eine ausreichend hohe Kaufsumme auf den Tisch blättert. Der Konkursverwalter war einverstanden, die Grundstücke durch die Hände von Gade und Don Pedro von Roald Amundsen zurückkaufen zu lassen, doch das war der Hauptgläubiger, Leon Amundsen, nicht. Er war noch immer der Auffassung, die beiden Anwesen gehörten ihm, und beschloss, die Sache nun gerichtlich klären zu lassen. Doch weder für Roald noch für Leon drehte es sich im Kern noch um die beiden Häuser im Schweizer Stil; beiden ging es längst darum, recht zu behalten.

Während Roalds Abwesenheit beaufsichtigte Gustav Uranienborg, und Leon wohnte noch immer auf Rødsten. «Das letzte Mal, als ich in Baaleryd brygge an Land ging, tat Leon das ebenfalls», berichtete Busken dem Polarreisenden. «Ich nutzte die Gelegenheit, um ihm auf ruhige Weise mitzuteilen, was ich auf dem Herzen hatte. Ich kann nur sagen, er machte eine jämmerliche Figur.»

Was Leon gegen Gustav auf dem Herzen hatte, ließ er durch seinen Anwalt dem Konkursrichter mitteilen: «Die hier in Rede stehende Gegend war und ist stark von Schmugglern frequentiert, und der Park von Uranienborg wurde beispielsweise bei Abwesenheit von Herrn Roald Amundsen als Lagerplatz für Alkoholkanister u. dgl. benutzt. Seitdem Hr. Roald Amundsen wieder abreiste, vermeint Hr. Leon Amundsen wiederum vermehrte Aktivitäten auf dem Fjord wahrgenommen zu haben, und er hegt daher die Befürchtung, das Grundstück könne erneut von Schmugglern benutzt werden.»

Nach dem Zerwürfnis. Leon Amundsen mit Frau und seinen beiden jüngsten Töchtern, Aline und Lilli, auf dem Weg in die Sommerfrische 1926.

Der Polfahrer erhielt indessen zwischen den Jahren von seinem wohlhabenden neuen Freund einen anderen festen Wohnsitz angeboten. Lincoln Ellsworth schlug die mittelalterliche Burg Schloss Lenzburg in der Schweiz als angemessenen Altersruhesitz vor. Darauf antwortete Amundsen laut Tagebuch, indem er eine weitere Alternative ins Spiel brachte: «Nein, warten Sie nur, bis Sie in London gewesen sind, dann werden Sie sehen, wo ich den Rest meines Lebens verbringen werde!!!»

Seit er mit der *Maud* aufbrach, war sich Amundsen nicht mehr so sicher gewesen, dass Kiss bald für ihn da sein würde. Auch der Silvesterabend stand ganz in ihrem Zeichen: «12 jaare – vergnügen, freude, schmerz, all das haben wir nur durchgemacht, um das bauwerk jedes jaar prächtiger & solider zu erbauen. Ja, dank dir herrlichste aller frauen ist es geglükkt. Was ich dir verdanke kann ich nicht in worte fassen. Jetzt kann ich dir nur danken. Später, hoffe ich, ein leben in innigster zärtlichkeit. Du weißt, ich bin bei dir, meine liepste, du fühlst und ahnst es doch die ganze zeit, nicht?»

Es klingt wie eine Dankesrede für zwölf Jahre unter einem Dach, doch in Wirklichkeit ist er dem ehelichen Glück keinen Schritt nähergekommen. Im Lauf dieser Jahre waren allerdings viele andere Gebäude in sich zusammengestürzt, und darum brauchte er sie jetzt nötiger denn je.

Am nächsten Morgen, dem ersten des Jahres 1925, erwachte er in Gedanken gleich wieder bei ihr: «Guten Morgen, mein Kleines, und das beste aller neuen jaahre für dich. Kannst du den kuß auf der stirn fühlen? Auf den augen? Wangen? Mund? Brüsten? – Nein, ich höre jetzt besser auf. Aber es ist ein guter anfang für den ersten tag des jaares!»

Am 5. Januar machte er sich auf eine neue Runde mit dem Lichtbilderkasten. Der Zulauf zu seinen Vorträgen erfüllte sämtliche Erwartungen, und im Verlauf der gesamten Amerikatournee konnte er «dem löwen» zu Hause 27000 Kronen «in den rachen werfen». Doch auf dieser letzten Runde befiel ihn eine wachsende Unruhe. Die Expedition lief auf festen Gleisen an, und der Konkurs ging seinen Gang; seine Verunsicherung kam aus tieferen Regionen. Er spürte, dass ihm Kiss zu entgleiten drohte. «Wo bist du?», fragte er schon nach der ersten Woche des neuen Jahres. Er musste jede ihrer Bewegungen verfolgen. Er musste an ihrer Seite sein, wo immer sie sich auch aufhalten mochte.

Im Lauf weniger Wochen geriet ihr gesamtes Verhältnis, das prächtige und solide Bauwerk, ins Wanken. Er stellte fest, dass ihre Briefe seltener kamen, und hatte sie im Verdacht, mit einem anderen Mann zu korrespondieren. Nach dem abendlichen Vortrag am 18. Januar schrieb er: «Ich weiß nicht, op du noch mein bist. Um Gottes willen, nimm den zweifel von mir, der mein gemüt schon wieder zu vergifften beginnt. Vergib mir.» Der letzte Brief, den er bis dahin erhalten hatte, war auf den 26. Dezember datiert – kein Neujahrsgruß.

In Boston wohnte Roald Amundsen bei Herman Gades jüngstem Bruder Horace, und dort erhielt er ein Telegramm. Kiss war krank gewesen. «Was, um alles in der welt, hat dir gefehlt? Schreib mir augenblikklich. Gott gebe, daß du hoffentlich wieder gesund bist.» In Ungewissheit musste er die Fahrt fortsetzen. «Dein brief reicht mir vielleicht & vielleicht auch nicht.» Drei Tage später, am 23. Januar: «Ich fühle mich nicht länger wohl. Das sichere fundament, auf dem ich scheinbar stehe, gibt nach.» Die Eifersucht in ihm wuchs; es gab da einen kanadischen Geschäftsmann, einen Freund der Familie: «Campbell geht mir nicht aus dem kopf. Vor zehn jaaren hättest du dich kaum auf eine korrespondenz mit einem mann eingelassen.» Der Polfahrer träumte sich noch immer zurück in den Krieg und die Schützengräben.

Am 27. Januar kam er nach New York zurück. Kein Liebesbrief wartete im Hotel auf ihn. Stattdessen fegte ein Blizzard durch die Stadt. «5th avenue zu einem bürgersteik geworden. Großartig!»

Und statt der ersehnten Zeilen von Kiss bekam er einen unheilträchtigen Brief von Ellsworth senior. Da er sich selbst zu schwach fühlte, hatte er das Schreiben einem vertrauten Mitarbeiter diktiert, aber eigenhändig seine Unterschrift daruntergesetzt. Der alte Großindustrielle behauptete, Amundsen habe das auf seiner Farm in Ohio getroffene Finanzierungsabkommen bei mehreren Anlässen gebrochen, und die Art, wie der Polarreisende mit Geschäftsabsprachen umgehe, habe bei ihm, Ellsworth, auch große Bedenken hinsichtlich der praktischen Durchführung der Expedition geweckt. Der alte Herr berichtete, die Sorgen hätten seine Gesundheit bereits vollständig ruiniert. Er sei davon überzeugt, dass sein Sohn auf dem Flug ums Leben kommen werde, und wenn an dem Beschluss festgehalten werden sollte, werde er selbst diese «Prüfung nicht überleben». Es handelte sich um den letzten Versuch eines gebrochenen Vaters, das Leben seines einzigen Sohnes zu retten. Die Argumentation war schlüssig, aber ohne Wirkung. Lincoln Ellsworth hatte sein Leben in Roald Amundsens Hände gelegt.

Noch einige Tage mit Essen, Diners und Vorträgen, dann, am 3. Februar 1925, bestieg der Polarreisende das Schiff, das ihn nach

Europa zurückbringen sollte. Bei der Abreise erhielt er endlich Post. «Aber ich verstehe dich nicht. Du frakst, mit welchem schiff ich komme & ich weiß mit bestimmtheit, daß ich es dir in 5 verschiedenen briefen gesakt habe.»

Es stand seit langem fest, dass der Polfahrer über London zurückkehren wollte. Der Gedanke, nach Alaska zu emigrieren, wurde im gleichen Moment beerdigt, in dem Ellsworths Dollarbündel auf den Tisch kamen. Offenbar hatte Frau Bennett keinen Anlass gesehen, ihren Arktisreisenden vor seiner Ankunft in der Hauptstadt des Empires ein wenig anzuwärmen. Sie ermunterte ihn, wenn er sich von ihr fortbewegte; doch wenn er auf dem Rückweg näher kam, zog sie sich entsprechend immer reservierter zurück. *Seine* Göttin lebte in London, doch der Held *ihrer* Träume durfte gern in einer Hütte an der fernen, stürmischen Küste Alaskas hausen.

Als er auf dem amerikanischen Dampfer seine Kabine bezog, wurde ihm mitgeteilt, der Kapitän wünsche ihn während der Überfahrt beim Essen zu seiner Rechten zu platzieren. «Das wäre auf einem englischen fahrzeuk ganz sicher nicht passiert.» Überhaupt hatte er sich diesmal in Amerika mächtig populär gefühlt. Und «als ich gestern in meine kabine kam, stand da ein kolossales blumenbukett mit den unglaublichsten roosen.» Kiss sollte sich bloß nicht zu sicher fühlen. «Mögen auch die kerle ‹verrückt› nach dir sein, so gipt es doch auch noch das eine oder andere mädchen, das sich nach deinem alten jungen umblikkt. Gutnacht.»

36 Du überall auf der Welt Geliebte

Als Kind hatte Roald Amundsen einen von Jules Verne inspirierten Traum, in dem er ein elektrisch angetriebenes Schiff baute, das ihn elegant und mühelos durch die Eismassen zu den Polen trug. Als ihn fünfzig Jahre später der Kapitän eines modernen Passagierschiffs zu sich auf die Brücke einlud, war er trotzdem verblüfft, wie weit die Technik fortgeschritten war. «Es lohnte, sich das anzusehen», hielt er im Tagebuch fest. «Das merkwürdigste war, daß niemand am ruder stand! Das schiff wurde je nach einstellung mit elektrischer krafft gesteuert. Das wirkte seltsam!»

In der Polarfliegerei nahm Amundsen die Rolle eines Pioniers der modernen Technik ein, doch sein eigentlicher Beitrag beschränkte sich auf die Phantasie. Von Technik verstand er nichts; umso mehr verstand er sich darauf, wie man mit ihr spielte.

Die Badewanne mit ihren wirkungsvollen, aber begreiflichen Hähnen war und blieb auch auf dem Ozeandampfer sein Lieblingsspielzeug. «Was glaubst du, was ich für ein schönes bad habe. Ich kann mir zum beispiel aussuchen, op ich in süß- oder salzwasser baden möchte.» In seiner Badewanne mochte er gern Kapitän sein; bei den Mahlzeiten weniger: «Kein signal zur essenszeit, jeder ißt, wann er will. Das gefällt mir nicht.»

Jeden Tag marschierte Amundsen viereinhalb Stunden über das Promenadendeck. Es brauchte schon Stapel über Stapel von Planken aus Tropenholz, um den Atlantik zu Fuß zu überqueren. Mrs Bennett hatte zum Beispiel mit Teakholz aus dem Fernen Osten ein Vermögen verdient. Die Augen des Polfahrers wurden von den Reflexen auf dem glänzend lackierten Deck geblendet. Am 10. Februar 1925 schrieb er: «Tausend glükkwünsche zum geburtstag, mein schönes kleines mädchen. Ich wünschte, ich könnte heute bei dir sein, um dir alles zu sagen, was ich gern sagen möchte. Du hast doch mein telegr. bekommen?»

Eigentlich wollte er dem Geburtstagskind Blumen schicken, war sich aber nicht sicher, ob ihr das gefallen würde. «Außerdem bekommst du heute ja so viele blumen – vermutlich sogar aus Canada!»

Zwei Tage darauf nahm er sich in einem Londoner Hotel ein Zimmer. Leigh Court draußen bei den Bennetts war voller Gäste aus Norwegen. Der Polreisende, der während der gesamten Überfahrt streng moralisch gehandelt hatte, kam nun aber in der Weltstadt ein wenig unter die Räder. Gott weiß, wie er in derart schlechter Gesellschaft landen konnte. «Der gastgeber war ein fürchterlicher schweinepriester.» Und von welcher Sorte waren die Damen? Am folgenden Tag vertraute er sich Botschafter Vogt an. «Aber er sagte, ich müsse mir keine sorgen machen, falls uns jemand gesehen hätte, denn die damen wären durch und durch *all right*. Das ist ja schon mal ein troost. Das wäre aber auch verflixt gewesen, wenn mich jemand in gesellschaft zweifelhafter damen gesehen hätte. Das letzte, was ich brauchen kann. Es soll mir eine lehre sein.» Glücklicherweise rief Kiss am nächsten Tag an: «Um halb sechs hörte ich deine liebe stimme, also fühle ich mich gut.»

Den gesamten darauffolgenden Tag verbrachte er neben dem Telefon, «aber es ist natürlich schwierig für dich, mit all diesen menschen im haus». Vergeblich. Um neun ging der Polarforscher zu Bett.

Dann: dramatische Nachrichten aus Leigh Court: «Glaub mir, das war ein schokk zu hören, daß du bettlägrig bist. Geht es aber nicht auch mit dem teufel zu, daß du jedesmal krank & unpäßlich bist, wenn wir uns treffen?» Dieses Spiel war für den Polarreisenden eine Nummer zu raffiniert. Er begriff nicht, dass die «Unpässlichkeiten» einer Frau lediglich das probateste Mittel sein können, einen Verehrer auf Telefonabstand zu halten. «Aber, Herrschafts-

Automobilspazierfahrt mit Sonnenschirm und Zigarre. Vorn Kiss Bennetts ältester Sohn Alfred. Hinten Mr Bennett und Niels Gudde. Unter dem Sonnenschirm Astrid Gudde und Peto junior. Die Idylle knipste Trygve Gudde 1923.

zeiten, es ist schon herrlich, nur deine gesegnete stimme am telefon zu hören. Ich hoffe, bald kommt die verbindung Oslo–London zustande, damit zwischendrin nicht immer so viel zeit vergeht.»

Endlich war es der Glücksgöttin genehm, den Eroberer des Südpols zu empfangen. Das Tagebuch am 17. Februar: «Es war herrlich, heute bei dir zu sein. Du hättest hinterher meinen gang und meine haltung sehen sollen, mit denen ich durch die straßen spazierte. Ich fühlte mich nämlich wieder als mann. Das leben, das ich führe, zwingt mich offt genuk, mich selbst als eine art eunukk zu sehen oder als jemand, der nicht weiß, wohin mit seinen kräfften. Es ist ein apscheuliches gefüül, das oft eine starke niedergeschlagenheit mit sich bringt. Ich weiß nicht, op du mich verstehst, aber ich glaube, du tust es. Ja, Gott weiß, wie sehr ich auf den tag warte, an dem ich voll und ganz mann – und du ganz frau sein darfst.»

Der Gesundheitszustand der Göttin stabilisierte sich offenbar wieder. «Ich beginne zu fühlen, daß ich mein kleines frauchen wiederhabe, ganz wie in früheren zeiten.» Weitere Tage in der Nähe der Geliebten schlossen sich an. Selbst nach einem munter beschwingten Abend im Carlton fühlte sich der Polfahrer all seinen Rivalen überlegen: «Nun, meine süße kleine, du kannst sagen & tun, was du willst, doch ich werde dich immer gleich lieben, denn jetzt weiß ich, was ich vorher nie so voll & ganz wußte, daß du immer & ewig mein sein wirst. Dieses gefühl, du, stärkt mir den rükken und wird mich bis ans ziel führen.»

Auf diesem Gefühl konnte er bis zum Nordpol fliegen, ja, vielleicht sogar bis nach Alaska.

Am 21. Februar war es Zeit für den Abschied. Die Göttin des Glücks trug ein rotes Kleid. Er litt «höllenkwalen», als der Zug aus dem Bahnsteig fuhr. «Ich dachte, ich verliere alles auf der Welt.» Im Verlauf weniger Monate hatte er sie, jedenfalls in seiner Einbildung, gewonnen, verloren und wiedergewonnen. Vielleicht hatte er das rote Kleid gerade zum letzten Mal gesehen, unterwegs zu einem Ziel, das gleichbedeutend mit dem Tod sein konnte. «Mein ganzes leben bist du.»

Roald Amundsen fasste Kiss Bennett als eine Art magnetischen Pol auf, als eine starke Anziehungskraft in dauernder Bewegung. Tatsächlich ähnelte sie mehr dem geographischen Polpunkt; starr und mathematisch unbeweglich saß sie ortsfest in Leigh Court. Er selbst war es, der schwankte, zwischen den Höhen der Gewissheit und den Abgründen der Eifersucht.

In Marina di Pisa traf der Chef seinen stellvertretenden Kommandeur, Hjalmar Riiser-Larsen. Gemeinsam inspizierten sie die Flugboote, die endlich fertiggestellt wurden. Der Leutnant repräsentierte die fachliche Kompetenz, der Polfahrer die Phantasie.

Am 25. Februar nahmen sie den Zug Richtung Norden. Die Flugzeuge sollten per Schiff transportiert werden. Es war das einzig Sichere: Dampfschiff und Dampflokomotive. «Riiser-Larsen ist ein außergewöhnlich angenehmer reisebegleiter. Ruhig und umgänglich. Mit seinen 6 fuß & 4 überrakt er alle & die italiener glotzen wie wild.»

Nach dreißigstündiger Zugfahrt kamen die beiden Norweger in der Nacht auf den 28. Februar 1925 in Berlin an. Das Datum bedeutet einen Wendepunkt in der Geschichte der Weimarer Republik. An diesem Tag starb ihr erster Präsident, der Sozialdemokrat Friedrich Ebert. In Amundsens Tagebuch heißt es: «Allerschönstes wetter. Aus anlaß des todes des präsidenten ist die ganze stadt ein meer von fahnen, alle auf halbmast.»

Die beiden konnten eine Menge erledigen, ehe der Leutnant nach Kiel weiterreiste. Der Polfahrer dinierte mit dem norwegischen Botschafter und ließ es ansonsten ruhig angehen. Er wohnte im Hotel Kaiserhof, das in naher Zukunft Hitlers Stammhotel in der Hauptstadt werden sollte. «Ein schönes, prächtiges ekkzimmer zum Wilhelmsplatz hinaus und ein schönes bad. Hätte ich dich doch bei mir. Ich sehne mich mehr denn je, du. Am schlimmsten ist es, wenn ich ganz allein bin.»

Das nächste Zusammentreffen mit Riiser-Larsen fand in Kopenhagen statt. Dort wurden sie von dem norwegischen Reeder Ivar Christensen zu einem «Zug durch die Gemeinde» eingeladen. Er war der «schweinepriester», der Amundsen erst wenige Wochen vorher in zweifelhafter Damenbegleitung ins Savoy gelockt hatte. Als der Polfahrer, diesmal aus Schaden klug geworden, einen Besuch der Nachtklubs ablehnte, erkundigte sich der Reeder anzüglich, ob er sich womöglich nicht sonderlich für Frauen interessiere. «Nein», gab der Nationalheld mit felsenfester Stimme zur Antwort, «nur für eine; aber die kann ich verdammt gut leiden.»

Am 4. März um zwölf Uhr hielt der Auslandsexpress ganz kurz in Kolbotn südöstlich der norwegischen Hauptstadt, die durch einen demokratisch gefassten Beschluss zum Jahreswechsel ihren urnorwegischen Namen Oslo zurückerhalten hatte. Noch immer lag Schnee. Drei Männer warteten mit Pferd und Schlitten. Der örtliche Kaufmann, Kapitän Gustav Amundsen und ein Journalist, der den Braten gerochen hatte. Tatsächlich stieg der Polfahrer aus. «R-Larsen fuhr mit dem zug weiter nach Oslo und wurde da von der ganzen meute, reporter & fotografen, in die zange genommen.»

Leider erwarteten ihn keine Briefe, bis auf einen alten, der aus New York nachgesendet worden war. «Du erwähnst einen traum. Was war es für einer? Sei doch bitte so lieb und glaube nicht an träume, sondern – an mich.» Wieder nahm er «den drahtlosen in vollen betrieb» und versuchte, Kontakt herzustellen, und schon wieder begann etwas zu knacken und zu rauschen. «Ist es nicht eine erleichterung für dich, wenn ich apreise? Eine plage weniger.»

Auf Uranienborg wurde der Polfahrer sogleich mit diversen geschäftlichen Dingen konfrontiert. «Man behelligt mich andauernd mit dem konkurs.» Noch immer war die Eigentumsfrage strittig. Leon unternahm mehrere vergebliche Versuche, zu seinem Bruder Kontakt aufzunehmen, erst durch seinen Anwalt, dann auch persönlich. Noch immer bestand die Gefahr, dass der Name von Kiss Bennett in die Beweisführung hineingezogen werden konnte. In diesem Punkt reagierte der Polarreisende äußerst empfindlich. Er verweigerte ein Gespräch mit der Gegenpartei, konnte sich aber auch drastischere Maßnahmen vorstellen: «Ziehen sie deinen namen hinein, dann gnade ihnen Gott. Dann schrekke ich vor nichts zurükk. Prügel werden sie beziehen.»

Am 9. März traf Amundsen in der Hauptstadt mit Vertretern der Norwegischen Luftverkehrsvereinigung zusammen. Ihr Vorsitzender war Dr. Rolf Thommesen, Besitzer und Chefredakteur von *Tidens Tegn,* der damals modernsten und in vielerlei Hinsicht tonangebenden Tageszeitung. Im gleichen Jahr, in dem Blériot den Kanal überquerte, promovierte Thommesen mit einer Arbeit über den «Künstler in der griechischen Kunst». Später entwickelte er eine mit nostalgischer Begeisterung für die nordische Großmachtzeit gepaarte Schwäche für den Science-Fiction-Zirkus der Fliegerei. Auch wenn er selbst später einmal für eine Wahlperiode im Storting saß, besaß er sehr viel mehr Zutrauen in Männer der Tat als in die blassen Untertanen des Parlamentarismus. In der Zusammenarbeit mit Roald Amundsen sollte Dr. Thommesen jedoch überreichlich erfahren, dass auch starke Männer schwache Seiten haben.

Der Chefredakteur wurde zum geschäftlichen Leiter einer Gesellschaft bestellt, die für den Flug zum Nordpol verantwortlich zeichnete, denn die Belange der Expedition sollten nicht mit den ruinierten Finanzen des Expeditionsleiters vermischt werden. Und mit Ellsworths Kapital im Rücken war Amundsens Stellung als Chef unanfechtbar über jeden Einspruch erhaben. Andere wichtige Persönlichkeiten wurden Major Johan Sverre, Norwegens Mitglied im Internationalen Olympischen Komitee, und der Jurist Arnold Ræstad, der erst vor nicht allzu langer Zeit von einem kurzen Gastspiel als Außenminister zurückgetreten war. Auch er ein ausgeprägter Nationalist mit besonderem Interesse an einem arktischen Imperialismus.

Als Amundsen nach diesen vielversprechenden Verhandlungen nach Svartskog zurückkehrte, wartete endlich wieder einmal ein «herrlicher» Brief aus London auf ihn, und am folgenden Tag, dem 11. März, kam die telegraphische Benachrichtigung, dass das Schiff mit den Flugzeugen an Bord von Marina di Pisa abgegangen sei. Der Zug kam ins Rollen. Nach einigen Tagen steigender Unruhe verspürte der Polfahrer wieder die unzerstörbare «Einheit» mit seiner Göttin in London. «Ich brauche so sehr die gewissheit, mich von dem einzigen wesen auf der welt geliebt zu wissen, das mir etwas bedeutet.»

Kiss Bennett muss über außergewöhnliche Anlagen für übersinnliche Phänomene wie Gedankenübertragung und ähnliche unerklärliche Dinge im Grenzbereich der logischen Vernunft verfügt haben. Während er die neuesten Errungenschaften der Technik in seinen Dienst nahm, war Roald Amundsen durchaus imstande, ihr auf diesem Gebiet zu begegnen. In einer Welt, in der Schiffe ohne Rudergänger gesteuert werden konnten und sich Telegramme ohne Drähte übermitteln ließen, konnten wohl auch die Gedanken zweier Unzertrennlicher durch die Luft fliegen, oder?

«Kannst du mich spüren? Kiss, Kiss, Kiss – das hier ist unser radiosender, verstehst du – ich liebe dich mit meiner ganzen seele!»

Außer mit seinen geschätzten Piloten samt Ehefrauen verkehrte der Polflieger in dieser letzten Periode vor dem Aufbruch ins ewige Eis vor allem mit Gustav und Familie sowie Gudrun und Robert Maus. Zudem erhielt er lieben Besuch von Kiss Bennetts beiden Söhnen, Alfred und Peto, die in diesem Winter in den Büros der Holzfirma Westye Egeberg in Oslo untergebracht waren. Am 21. März trafen die beiden etwa Zwanzigjährigen mit dem Zug in Kolbotn ein, um die letzte Woche bei dem Polarforscher zu verbringen. Sie kamen nicht zum ersten Mal nach Uranienborg, aber die Art der Freundschaft zwischen ihrer umschwärmten jungen Mutter und dem weltberühmten Entdecker ahnten sie nicht. Wie gut, dass er es gewohnt war, seine Spuren zu verwischen: «Als wir hier ankamen, lag ein dikker stapel briefe auf meinem tisch. ‹O›, sagte Peto, ‹da ist post für mich.› Aber ich hatte den violetten umschlak auch schon entdekkt, und schwupps ließ ich ihn wie mit einem zaubertrikk verschwinden. Um ein haar hätte er ihn gesehen. Und dann prost. Jetzt sind die beiden mit büchern in den betten verschwunden, und ich sitze hier und schreibe der mama.»

Es spricht Bände über den Einsatz seines Stellvertreters, in welchem Umfang sich der Chef in den letzten Tagen vor der Abreise in den Norden seinem Besuch widmen und häuslichen Tätigkeiten wie Holzhacken oder der Reparatur des Badehäuschens, Spaziergängen und Reifenspielen hingeben konnte. «Es macht ganz den eindrukk, als würde es deinen jungen gefallen», notierte er zufrieden ins Tagebuch. «Sie sind schlicht vernarrt in norwegischen Ziegenkäse. Ja, meine freundin, es macht spaß, solche gäste zu haben. Sie haben mächtik appetit und sind über die maaßen dankbar für alles, was sie bekommen. Deine jungen machen dir wirklich alle ehre, und man kann nicht fehl darin gehen, daß einmal prächtige männer aus ihnen werden.»

Am 24. März bewilligte das norwegische Parlament 25 000 Kronen, um ein Transportschiff der Kriegsmarine, die *Farm*, zu Amundsens Verfügung zu stellen. Diesmal jedoch nicht ohne kontroverse Debatte. 87 stimmten für, 54 gegen diese äußerst bescheidene öffentliche Unterstützung der fliegerischen Nordpolexpedition. «Es geht darum, den Namen Norwegens mit den Gebieten der Arktis zu verbinden», erklärte Staatsminister Mowinckel für die Regierung.

«Heute machten sich die ersten 4 auf den weg», notierte der Polfahrer am 26. März 1925. «Es herrschte großer trubel am bahnhof. Ich überlege, wie ich sie am dienstag an der nase herumführen kann!» Da wollte er selbst den Zug nach Norden nehmen – mit angeklebtem Bart und Sonnenbrille?

In der Nacht auf Montag, den 30., traf Lincoln Ellsworth mit der *Oscar II.* in Oslo ein. So blieb dem zurückhaltenden Millionär gerade ein Tag, um Roald Amundsens Gastfreundschaft in Svartskog in Anspruch zu nehmen. Zusammen mit Alfred und Peto unternahmen die beiden Expeditionsleiter einen Spaziergang durch den frühlingshaften Wald. Im Übrigen packte Amundsen und vollendete seinen «letzten schritt». Bei diesem Tagebucheintrag denkt man in erster Linie an ein Testament. Seinen Letzten Willen setzte er aber erst während seines Zwischenaufenthalts in Tromsø auf. Zum ersten Mal zum Vorteil für die Brüder Gustav und Tonni. Doch dann wurden die beiden unsicheren Kantonisten durchgestrichen und durch «meine Schwägerin, Frau Malfred Amundsen» ersetzt.

Roald Amundsens Vermögenswerte befanden sich zu dieser Zeit in der Hand des Konkursverwalters; trotzdem ist es nicht ohne Bedeutung, dass er seine Schwägerin als Alleinerbin einsetzte. Im Gegensatz zu ihrem Mann war Malfred Amundsen nämlich eine überaus integre Frau und genoss großes Ansehen, nicht zuletzt bei ihrem berühmten Schwager. Zudem war sie Kiss und ihrer Schwester Gudrun Maus freundschaftlich verbunden. Sollte er unterwegs verschwinden, war es für den Polflieger wichtig zu wissen, dass seine privaten Hinterlassenschaften in sichere Hände gerieten.

Am Abend vor der endgültigen Abreise stiegen Amundsen und Ellsworth im Grand Hotel ab, wo die Luftverkehrsvereinigung noch ein Galadiner ihnen zu Ehren veranstaltete. Eine Reihe führender

Persönlichkeiten mit dem Handelsminister und dem alten Polarkämpen Otto Sverdrup an der Spitze nahmen im Rokokosaal Platz. «In einer vertiefunk mitten auf dem vierekkigen festtisch stand die erdkugel, schneebedekkt mit baumwolle, und auf jeder seite zwei aeroplane, fertig zum start.» Laut Zeitungsberichten wurden nette Reden auf die Arktisreisenden gehalten. Amundsen bedankte sich für die Feier, indem er ein *skål* ausbrachte auf die beiden anwesenden Damen, die Frauen von Thommesen und Ræstad.

Am Abreisetag aßen Ellsworth und Amundsen in der bescheidenen Wohnung von Gustav und Malfred auf dem Munkedamsvei. Nur der engere Familienkreis war außerdem noch zugegen: Gustav junior, genannt «Gogo», seine Frau Aslaug, Alfred und Peto. Danach war es Zeit für den Abschied am Ostbahnhof. Der Polfahrer hatte es aufgegeben, die Öffentlichkeit abschütteln zu wollen. Etliche Leute gaben ihnen das Geleit, unter ihnen ein Reporter, der allein sechzig amerikanische Gazetten repräsentierte. Amundsen und Ellsworth trugen beide Nelken im Revers. Wie ein Bräutigam und sein Trauzeuge winkten sie aus dem offenen Zugfenster Lebewohl. Das Tagebuch schilderte den Abschied am 31. März so: «Brach um 6.50 Uhr nachm. auf. Eine menschenmenge am bahnhof. Am ende des bahnsteigs standen Alfred & Peto, Malfred & Gustav, Aslaug & Gogo und winkten ein letztes adieu. Ich meinte dich unter ihnen zu sehen.» Der Polfahrer erlebte eine glückliche Stunde im Zentrum der Aufmerksamkeit. Er befand sich in Harmonie mit sich selbst. «Jetzt schaukeln wir nach norden & bald geht es ernsthaft los. Ich bin froo, ich spüre dich bei mir. Dann wird es auch gehen.»

Am nächsten Morgen wurden die beiden Expeditionsleiter von Trygve Gudde in Trondheim in Empfang genommen. Im Haus des Anwalts wurde ein Frühstück serviert. Eine Konversation führte man auf Englisch, über den Polflug, und eine zweite auf Norwegisch, über den Konkurs. Als Amundsen durch Amerika tourte, war Kiss' Bruder nach Oslo gefahren und hatte mit den Anwälten Nansen und Rode verhandelt. Nun konnte er den Polreisenden aus erster Hand informieren.

Zusammen mit seiner jungen Frau und seiner kleinen Tochter begleitete er die raubeinigen Gäste zum Anleger, wo sie das nach Norden abgehende Schiff der Hurtigrute bestiegen. Auch hier großer Bahnhof zum Abschied mit Studentenchor und Ansprachen. Dem Polfahrer prägten sich vor allem die Studentenmützen ein. Ansonsten notierte er, dass in Trondheim die Wohlfahrtsmarken zugunsten der Polarexpedition ausverkauft waren. 14000 Marken mit dem von Per Krogh gezeichneten Flugzeug mit Eisbären waren den Verkäufern innerhalb einer Stunde aus den Händen gerissen worden. Kiss Bennetts Geburtsstadt gab Norwegens großem Sohn einen jubelnden Abschied.

Am 4. April zogen Amundsen und Ellsworth bei Apotheker Zapffe in Tromsø ein. «Ells. hat sich nicht vorstellen können, daß es so nette, gastfreundliche menschen auf der welt gipt.» Während der Amerikaner auf Einkaufstour ging, hängte sich der Norweger ans Telefon, um zu hören, wie es um die Expedition stand.

Die Hauptstreitmacht befand sich noch ein gutes Stück weiter südlich, in Narvik. Dort stand der erste kritische Punkt bevor, das Umladen der Flugzeuge von einem Schiff auf ein anderes. Die Maschinen waren in sechs riesigen Kisten untergebracht, hinzu kamen einundzwanzig weitere Kisten mit Werkzeug und Ersatzteilen. Das nicht sonderlich große Eismeerfahrzeug *Hobby* sollte die kostbare Fracht weiter nach Norden transportieren. Das Schiff wurde durch die übergroßen Flugzeugkisten an Deck derart instabil, dass es erst grünes Licht von den Meteorologen der Expedition abwarten musste, ehe es sich an die Überfahrt wagen durfte. Nur zu fliegen erschien noch riskanter.

Erst am 8. April lief die *Hobby* in Tromsø ein. Am Abend fand wieder ein Fest mit Rednern und Männergesangverein statt. Die Wetteraussichten waren günstig. Um fünf Uhr früh am Morgen des 9. April 1925 liefen beide Schiffe aus, der Marinetransporter *Farm* mit einem im Bug montierten Geschütz und die überladene, tief im Wasser liegende *Hobby* mit dem mechanischen Schatz der Expedition an Deck. Nach einer Flugexpedition sah das alles nicht aus.

Die Mannschaft war völlig anders zusammengesetzt als bei Amundsens früheren Expeditionen mit der *Gjøa*, der *Fram* oder der *Maud*. Sie bestand aus vier wichtigen Berufsgruppen: Piloten, Mechanikern, Meteorologen und Pressevertretern. Darüber hinaus umfasste sie ein Spektrum vom Direktor der Dornier-Werke, Schulte-Frohlinde, bis zu Segelmacher Rønne. Der rheumageplagte Deserteur von der *Maud* hatte zwischenzeitlich ebenfalls den Gang nach Canossa angetreten und war vom Chef in Gnaden aufgenommen worden. Er war einfach als Spezialist unentbehrlich. Auch 1925 gab es noch Tätigkeiten, die man keinem Mechaniker überlassen konnte. Da Kapitän Wisting noch mit der *Maud* im Eis festsaß, wurde Martin Rønne der Einzige von Amundsens alter Mannschaft, der mit auf die neue Reise ging.

Und wie war es um die Konkurrenz bestellt? Wie immer, wenn Roald Amundsen seine Pläne spann, schwirrten die Namen von Konkurrenten durch die Luft. Seit langem war allen klar, dass ein Luftschiff das optimale Fahrzeug für einen Flug über das Eismeer wäre. Es würde allerdings einen riesigen technischen und organisatorischen Aufwand erfordern. Die Amerikaner hatten diesbezüglich Überlegungen angestellt, bis der Präsident eingriff und das Ganze stoppte – es wäre zu teuer gekommen, selbst für eine Großmacht. Als wichtigster Rivale blieb zu diesem Zeitpunkt eine britische Expedition unter Leitung eines Vierundzwanzigjährigen mit dem isländischen Namen Grettir Algarsson. Der junge Abenteurer hatte sich mit einigen von Shackletons alten Kameraden zusammengetan und baute an seinem eigenen Luftschiff.

Während Amundsen Richtung Norden unterwegs war, setzte Redakteur Thommesen Hebel in Bewegung, um so viel wie möglich aus dem Konkurrenten herauszubekommen. Er schickte den Korrespondenten seiner Zeitung zu Algarsson, um ein Interview mit ihm zu führen. Daraus resultierte ein ganzseitiger Aufmacher in *Tidens Tegn* über die Vorbereitungen der Briten und die Theorien ihres Expeditionsleiters zur Überlegenheit der nordischen Rasse. Der Konkurrenzaspekt war wesentlich, um das allgemeine Interesse der Öffentlichkeit zu erhöhen und damit auch die Ein-

Die Flugzeuge werden gelöscht. Eismeerschiff *Hobby* hat mit seiner gefährdeten und kostbaren Fracht Kings Bay erreicht.

künfte der eigenen Unternehmung. Gleichzeitig aber wandte sich Thommesen an die norwegische Botschaft in London, um von dort eine nüchterne Einschätzung von Algarssons Plänen «und ganz besonders hinsichtlich des Zeitpunkts seiner Abreise von England» zu erhalten. Aus London bekam der Chefredakteur seitdem fortlaufende Berichte von keinem Geringeren als Amundsens altem Mitarbeiter Kristian Prestrud, der an der Botschaft Dienst tat. Der Leutnant aus Framheim hielt das Projekt der Briten allerdings für «eine ziemlich schlampig vorbereitete Angelegenheit». Andererseits, um es mit den Worten von *Tidens Tegn* auszudrücken, «wer weiß schon, wem Frau Fortuna in diesem Spiel ihre launische Gunst schenken wird?».

Nach wenigen Stunden schon geraten die *Farm* und die *Hobby* in schlechtes Wetter. Die Schiffe bekommen schwere See und miserable Sicht. Bald verlieren sie die Verbindung untereinander. Amundsen und Ellsworth an Bord des Marinetransporters schweben in höchster Ungewissheit über das Schicksal der *Hobby*. Wird die Decksladung alles überstehen, oder befinden sich die Fluggeräte schon auf dem Meeresgrund? Der Kontakt zur *Hobby* ist abgerissen, am Nachmittag des 11. April aber läuft auf der *Farm* nicht weit von der Bäreninsel ein anderes, gänzlich unerwartetes und nicht weniger unheilschwangeres Telegramm ein.

Kiss ist wegen einer akuten Blinddarmentzündung operiert worden. Die Nachricht ist von einem gemeinsamen Bekannten in England unterzeichnet. Amundsen telegraphiert sogleich an Gustav: «Wie K.? Informiere mich augenblikklich.» Mit einem Schlag ist wieder alles ungewiss. Die *Hobby* ist mit den Flugzeugen in Sturm und Schneegestöber verschwunden. Aber was bedeutet das jetzt noch? «Ich habe nur eine bitte & einen brennenden wunsch, daß Gott seine hand über mein kleines mädchen halten & sie mir bewahren möge.» Ohne Kiss bringen ihn keine Flügel zum Pol. Alles hängt von ihr ab.

Am 13. April läuft die *Farm* in Kings Bay, Spitzbergen, ein. Amundsen schwebt in Ungewissheit über die *Hobby* und über Kiss. «Ich habe noch keine antwort auf mein telegramm an Gustav erhalten und bin sehr beunruhigt. Setze mich jetzt an den drahtlosen & schikke noch eins. Du weißt, du bist alles, was ich habe. Du weißt, ich liebe dich & bete dich an. Du weißt, daß ein Leben ohne dich – selbst wenn wir getrennt leben müssen – unerträglich ist.»

Am Abend darauf steht er in Sorgen versunken an Deck der *Farm*, als ein Leutnant kommt und ihm sein Glas reicht. Danach notiert Amundsen ins Tagebuch: «Ich nahm das Fernglas und ganz richtig: Aus dem Eis kam die Hobby, groß & schwer, mit ihrer Deckslast. Ein seufzer der erleichterunk & ein gefühl warmer dankbarkeit durchströmten mich, ein inniger dank an die geschikkten, mutigen burschen und ein warmer dank an ihn, der in allem seine hände zu haben scheint.» Bald ist alles in Aufregung, und der Ruf «Die *Hobby* kommt!» wird von einem donnernden Hurra abgelöst, als das Schiff an die Eiskante gleitet.

Die ganze Nacht hindurch wird gefeiert, doch erst am Nachmittag des 15. April erhält der Chef die allerwichtigste Meldung aus Oslo: «Telegramm England. Alles gut.» Im Tagebuch bedankt er sich noch einmal bei Gott. «Ich kann wieder zu atmen beginnen.»

Für einige hektische Frühjahrswochen stand die kleine Bergmannssiedlung Ny-Ålesund gänzlich im Zeichen der Polarreise. Fast wie fünfzehn Jahre vorher in Framheim. Obwohl eine ganze Welt zwischen beiden lag, nicht nur buchstäblich gemeint. Inzwischen war der Sprung von Ski und Hunden ins motorisierte Zeitalter erfolgt. Das Tempo gehörte einer neuen Realität an. Es musste keine Überwinterung mehr vorbereitet werden. Vor dem 2. Mai sollten die Maschinen zusammengebaut und startklar sein.

Jeden Tag stellte Amundsen auf der Telegraphenstation von Ny-Ålesund seine Uhr nach dem Zeitsignal des Pariser Eiffelturms. Doch wenn seine Uhr so auch stets die genaue Zeit anzeigte, stand er selbst im Begriff, allmählich zeitlos zu werden, repräsentierte er doch den gleichen ruhelosen Entdeckergeist wie Leifur Eiríksson, Kolumbus, Vasco da Gama oder John Franklin. Als letzter großer Weltentdecker war er zwar der führende Kopf der Expedition. Bei der praktischen Arbeit aber stellte er nicht mehr die treibende Kraft dar wie noch in Framheim. Seit den allerersten Vorgesprächen in Marina di Pisa stand vielmehr Riiser-Larsen in enger Verbindung mit dem Direktor der Dornier-Werke. Mit ihrem Mechanikerstab brachten die beiden nun einen langen technischen Prozess zum Abschluss. Alles hing von Konstruktion und Montage der Flugboote ab, und Amundsen wusste, dass das nicht sein Fachgebiet war. Ebenso wenig wie die Wetterkunde. Und die würde über den Zeitpunkt des Starts entscheiden. Nicht einmal mit der Navigation eines Flugzeugs war der alte Skiläufer sonderlich vertraut.

Da er und Ellsworth jedoch während des Flugs als Navigatoren fungieren sollten, mussten die Leutnants Riiser-Larsen und Dietrichson ihren Vorgesetzten einige dringend notwendige Nachhilfestunden in diesem Fach erteilen. Und für alle Fälle musste der

Amerikaner auch noch einen Schnellkurs im Skilaufen absolvieren. Endlich hatte der Chef etwas, das er einem anderen beibringen konnte.

Es waren zehn Grad unter null, die Tage waren rund um die Uhr hell und klar. Rund um die kleine Ansammlung buntgestrichener Häuschen ragten weiße Gipfel in den Himmel. Der Polläufer hatte Zeit, seine eigene Loipe um diesen unwirklichen Ort irgendwo zwischen Zivilisationslärm und absoluter Stille zu spuren. «Meine gedanken sind immer & ewig bei dir», schreibt er an Kiss gerichtet mit seiner mikroskopisch kleinen Bleistiftschrift in das schwarze Tagebuch.

An einem Tag erfolgte ein Probelauf der Flugzeugmotoren. Rolls-Royce hatte seinen eigenen Mechaniker mitgeschickt. Die Weltpresse verfolgte noch die kleinste Begebenheit mit größtem Interesse. «Bei einem ist der vergaser eingefroren!», verzeichnete der Chef. «Na gut, ich war und bin immer mißtrauisch gegenüber maschinen in der kälte.» Er hatte Captain Scotts denkwürdige Motorschlitten nicht vergessen.

Die beiden Flugboote verfügten über zusammen vier Motoren. Das machte addiert vier Chancen. Der Ballonpionier hatte lediglich eine einzige besessen, wie Amundsen in einem Interview erklärte: «Ein kräftiger Sturm hätte ihn vielleicht hinübergeweht.» Eine einzige Chance allein war einen Versuch wert. Der Polfahrer brachte dem schwedischen Ingenieur mehr und mehr Verständnis entgegen. Zuerst hatte er Franklin für sein Martyrium bewundert, dann Nansen wegen seiner Fähigkeiten und nun Andrée – wofür? Mut hatten sie alle bewiesen. Doch der Herr Ingenieur legte einen Fatalismus an den Tag, der Nansen völlig fernlag. Salomon August Andrée hatte auch nicht das Martyrium gesucht, die heroischen Leiden im Kampf für einen Sieg, sondern er hatte sich schlicht an die Gewalt der Elemente oder Gottes Hand ausgeliefert. Der Flug des Ballons *Örnen*, «der Adler», hatte eine religiöse Dimension angenommen. Er hätte nur dann glücken können, wenn der Herr Andrée mit einer gnädigen Luftströmung gelenkt hätte.

Es war Roald Amundsens Absicht, den Polflug auf Danskö zu beginnen, der gleichen Insel, von der «der Adler» achtundzwanzig Jahre früher zu seiner optimistischen Fahrt zum Nordpol aufgestiegen war. Seitdem hatte ihn niemand mehr gesehen.

An einem der letzten Apriltage rief Amundsen Ellsworth und die beiden Piloten Riiser-Larsen und Dietrichson zu einer wichtigen Besprechung zusammen. Sie fand in der nicht gerade prächtigen Direktorenwohnung der Grubengesellschaft statt, in der Amundsen zusammen mit seinem alten Freund Fritz G. Zapffe, dem Materialverwalter der Expedition, einquartiert war. Der Chef eröffnete den Herren, dass er den Plan, bis nach Alaska durchzufliegen, keineswegs aufgegeben hatte. Im Gegenteil hatte er vor, den Flug mit der einen Maschine fortzusetzen, während die andere am Pol die Halse machen sollte.

Natürlich handelte es sich bei der Maschine, die weiterfliegen sollte, um die Amundsens, wohingegen Ellsworth umkehren sollte. Der Chef wusste, dass er als Mechaniker auf seinen ehemaligen Chefpiloten Omdal zählen konnte; doch außerdem war er von der Zustimmung eines der beiden Piloten abhängig. Dazu hielt das Tagebuch fest: «Traf auf den absoluten widerstand von R-L und teilweisen von D. Ergebnis war, daß ich es aufgeben mußte.»

Die widersetzlichen Vorstellungen der Fliegerleutnants entsprangen der schlichten Berechnung von Faktoren wie Distanzen und Treibstoffmengen, aber selbstverständlich auch dem Umstand, dass eine Änderung der Expeditionsziele gegen sämtliche Vereinbarungen nicht zuletzt auch mit der administrativen Leitung der Luftverkehrsvereinigung verstoßen würde.

Roald Amundsen hatte sich ein neues Madeira vorgestellt. Noch einmal würde er die Welt überraschen und hinters Licht führen. Wenn ihm das dieses Mal nicht gelang, schuldete sich das nicht zuletzt zwei Dingen: Zum Ersten war er nicht der wahre Chef der Expedition; er musste sich seinem stellvertretenden Kommandanten beugen. Zum Zweiten, er hatte keine Rückendeckung. Diesmal stand kein Leon zu Hause bereit, um das neue Vorhaben in die Tat umzusetzen. Er hatte nicht allein die operative und fachliche Leitung der Expedition aus den Händen gegeben, sondern auch die administrative Kontrolle über die Vorgänge. Ohne dass er selbst es mitbekommen hatte, war die Position des Chefs von der eines Alleinherrschers auf die eines konstitutionell eingeschränkten Monarchen herabgestuft worden.

Er musste sich fügen, tat das aber nicht ohne einen letzten rhetorischen Rundumschlag: «Ich frage mich wieder einmal: wo ist der mut der jugend geblieben? Wenn sie sich nicht an eine apsolutt sichere planung anklammern können, ziehen sie die fühler ein. Nun gut, ich muß es vorläufig aufgeben, kann nicht allein fliegen. Aber wenn wir vom pol zurükkommen, nehme ich die sache noch einmal auf. Sind sie dann nicht bereit, telegr. ich der Luftverkehrsvereinigung.»

In diesen Zeilen steckt der Triumph des grau gewordenen Helden über die Männer von morgen. Es steht mehr dahinter als nur ein aufgeblasenes Sich-in-die-Brust-Werfen. Ganz sicher dachte er dabei zurück an die *Belgica*, als er mit seinen fünfundzwanzig Jahren als Erster Steuermann bereit gewesen war, dem Kommandanten des Schiffs in den unbekannten antarktischen Winter zu folgen. Er hatte den Schritt in das Zeitalter der Luftfahrt, in dem die Folgen von Waghalsigkeit noch viel unvorhersehbarer wurden, eben doch noch nicht vollzogen. Wie immer beschloss er den Tagebucheintrag des Tages mit einem Gruß an Kiss: «Gott segne dich, mein mädchen. Gutnacht. Wo sind die echten männer hin?»

Am 2. Mai, dem Tag, an dem beide Maschinen fertig zum Abflug sein sollten, machte er, an die Frau in London gerichtet, eine Art innerer Bestandsaufnahme: «Du verstehst mich doch und du verstehst, wie schlecht es um mich steht. Op es mir einmal gutgehen wird? Laß mich erst tour & retour zum pol fliegen und dann sehen. Eins tröstet mich in höchstem maß und macht alles andere zu null: Du bist gesund! Liebe Kiss, du weißt, daß ich dich von ganzem herzen liebe, und du weißt, daß ich nur für eine einzige sache arbeite: dich zu bekommen! Gott helfe dir (und mir).»

Es musste für Amundsen naheliegend sein, die beiden alten Flugzeugnamen wieder zu beleben: *Kristine* und *Elisabeth*. Doch vermutlich war die Aufmerksamkeit zu groß, eine Flugzeugtaufe auf Spitzbergen wäre um die ganze Welt gelaufen. Darum ließ er die Maschinen in der Öffentlichkeit namenlos. Sie mussten sich mit ihren Fabriknummern N-24 und N-25 begnügen. Im Herzen des Polfliegers trugen sie längst ihre Namen.

Am 3. Mai konnte er den Erhalt eines Telegramms von Staatsminister Mowinckel bestätigen, dem zufolge er durch Ermächtigung des Parlaments im Namen Seiner Majestät des Königs von Norwegen neues Land in Besitz nehmen durfte. Es war nicht das, worauf er gewartet hatte. «Hätte ich nur einen winzigen telegr. gruß von dir bekommen, wäre alles in schönster ortnunk gewesen!»

Zwei Tage später liefen *Farm* und *Hobby* aus, um weiter nördlich auf Danskö einen geeigneten Flugplatz ausfindig zu machen. Noch immer war es kalt, und die Motoren bereiteten andauernd Probleme. «Ich glaube, diese schwierigkeiten sind gut», behauptete der Chef programmatisch im Tagebuch. «Man lernt so viel daraus.» Auf seinen täglichen Skiwanderungen über das Eis des Fjords hatte er eine Robbe mit neugeborenen Jungen entdeckt. Während sich Mechaniker und Piloten mit den Flugzeugen herumschlugen, zog er allein oder mit Ellsworth los, um die jungen Heuler zu besuchen und zu sehen, ob sie nicht bald schwimmen konnten.

Offizielle und private Abschiedstelegramme begannen einzuströmen, von Gade, von Gustav, der dazu befördert wurde, sich mit dem Decknamen Kjeldsen zu melden, und sogar von den beiden Jungen, Alfred und Peto. Die letzte Postsendung nach Süden wurde zusammengestellt. «Habe dir geschrieben, wie üplich. Ich sehne mich nach post aus dem süden. Wird ein wort von dir dabeisein? Aber nein. Hast du mich völlig vergessen?»

Die Schiffe kamen mit schlechten Neuigkeiten von Andrées alter Basis in Virgohavn zurück. Die Bedingungen für einen Start von Danskö hatten sich als unmöglich erwiesen. Sie mussten demnach von Kings Bay aufsteigen. Sobald die Temperaturen ein wenig stiegen, liefen die Motoren wie Uhrwerke. Nun lag es an den Meteorologen, auf Grundlage von Sicht, Windrichtung und Temperaturverhältnissen den historischen Augenblick festzulegen. Der Chef konnte es sich leisten, Däumchen zu drehen («es ist das letzte mal, daß ich grund dazu habe»). Telegraphisch war die Nachricht eingegangen, dass der junge Algarsson sein Polabenteuer abgebrochen hatte. «Das kommt uns gut zupaß, jetzt brauchen wir nichts zu übereilen.»

Daheim in Norwegen glaubten viele an einen Start am 17. Mai. Sie wussten nichts von Amundsens privater Rangliste nationaler Feiertage. In Ny-Ålesund beging man ihn lediglich mit «Olympischen Spielen» im Sackhüpfen und Kissenschlacht auf dem Eis. Am 18. erhielt der Chef eine Vorankündigung der Wetterfrösche, dass es bald so weit sein würde.

Die Flugzeuge wurden auf dem Eis in Startposition geschoben, die Tanks bis zum Anschlag gefüllt. Darauf folgten drei nervenaufreibende Tage.

Das Telegramm, auf das der Chef wartete, kam nicht. Gleichwohl meinte er die ganze Zeit in Verbindung zu stehen: «Tag & nacht, unaufhörlich sind meine botschaften an dich abgegangen, und ich habe das gefühl, der drahtlose hat ausgezeichnet funktioniert.»

Tagebucheintrag vom 19. Mai: «Morgen nachm. um 3 uhr heben die großen zugvögel ab und fliegen nach norden. Ich weiß & fühle, daß ihr alle nerwös seid, aber wir sind es nicht im mindesten. Wir gehen ebenso ruhig zum flug wie zum früstükk. Ich persönlich bin in dem moment, in dem wir aufsteigen, rehabilitiert. Dann dürfen die schandmäuler verstummen. – Und nun adjö du über alles auf erden geliebte. Wenn du mir einen gedanken schikkst, laß ihn sein wie in alten zeiten.»

Doch auch an diesem Tag kamen sie noch nicht weg. Die Meteorologen fühlten sich nicht ganz sicher. «Das schlimmste ist, die schornalisten ruhig zu halten. Sie wollen nämlich unentwekt unsere apreise melden, aber wir wollen von keiner meldung etwas wissen, ehe wir mit sicherheit fliegen können.» Dann klarte es auf.

Am 21. Mai 1925 schloss Roald Amundsen sein schwarzes Tagebuch in Du-Form: «Um 3 uhr geht's los. Leb von herzen wohl und vergiß nicht, daß dich dein junge bis zum letzten atemzug aus ganzer seele geliept hat. Grüß deine 2 prächtigen söhne. Ich weiß, sie werden immer deine große freude im leben sein!

Adjö! meine freundin.

Roald»

Mit diesen Worten nahm Roald Amundsen von Kiss Bennett Abschied. Es war am Tag von Christi Himmelfahrt.

37 Im Reich des Todes

Die Berge werfen ein gewaltiges Echo über Kings Bay zurück. Mit Vollgas jagt N-25 über das Eis. Es ist 19.40 Uhr am Abend des 21. Mai 1925. Für einen Moment verschwindet das Flugboot in einer Wolke aus Schnee. Dann hebt es ab. An Bord Roald Amundsen. Die Maschine nimmt Kurs auf den Nordpol.

Drei Minuten später startet auch N-24 und nimmt die Verfolgung auf.

Etwas völlig Neues und bis dahin nie Erprobtes fand in diesen Minuten statt. Ein historisches Ereignis, etwa am Scheidepunkt zwischen Jules Verne und Juri Gagarin. Durch die Luft und durch Nebelwolken in 3000 Metern Höhe über eine leicht gewölbte Eisfläche. Temperatur −10°, Tage ohne Nächte. Eine Reise ins große Nichts. Was erwartete sie?

Kolumbus hatte gewusst, dass es auf der anderen Seite Land gab. Ebenso wusste Amundsen, dass auf der anderen Seite Alaska lag. Aber was lag dazwischen? Das war die noch offene Frage.

Wie bei Ingenieur Andrée gehörten zu jeder Besatzung drei Mann. N-25 wurde von Hjalmar Riiser-Larsen geflogen, der Chef fungierte als Beobachter, und als Mechaniker war Karl Feucht von den Dornier-Werken mit an Bord. Schon zu Beginn des Jahres war festgelegt worden, dass der kleingewachsene Mechaniker als Vertreter Dorniers am Flug teilnehmen sollte. Der überaus schüchterne Feucht stammte aus Württemberg und gehörte norwegischen Zeitungen zufolge «erkennbar der alpinen Rasse» an. Dass Direktor Schulte-Frohlinde ausgerechnet ihn auswählte, hatte vermutlich drei Gründe: erstens war er ein tüchtiger Mechaniker, zweitens wog er nicht viel, und drittens behauptete er von sich, ein geübter Skiläufer zu sein.

N-24 wurde von Leif Dietrichson geflogen, der hoch aufgeschossene Leutnant zur See besaß neun Jahre Erfahrung als Pilot, nur ein Jahr weniger als der noch größere Riiser-Larsen. Beobachter war der erst vor kurzem von Dietrichson angelernte Lincoln Ellsworth. Ohne den Amerikaner oder richtiger ohne seinen Vater hätte sich Roald Amundsen nicht in der Luft befunden, sondern nach wie vor blank und ohne eine Krone in der Tasche am Boden festgesessen. Seit über zwölf Jahren träumte Ellsworth davon, bei der Entdeckung des Kontinents dabei zu sein, den sein Landsmann Peary einmal nördlich von Grönland gesichtet zu haben glaubte, das noch nicht gefundene Crocker Land. Glücklicherweise war der Amerikaner bescheiden. An Bord von N-24 war Dietrichson ermächtigt, im Fall des Falles die Flagge einzurammen und Land in Besitz zu nehmen. Dritter Mann an Bord war Oskar Omdal. Er war der Jüngste und zugleich derjenige, der schon am längsten für den Chef arbeitete. Infolge seiner noch nicht ausgezahlten Gehälter flog Omdal nicht nur als Mechaniker von N-24 mit, sondern auch als Roald Amundsens Gläubiger.

Die Aeroplane waren aus dem ultramodernen Material Duraluminium gebaut, die Besatzungen aber trugen traditionelle Polarkleidung. Hinter kleinen Windschutzscheiben hockten sie an der freien Luft, der Beobachter ganz vorn. Wenn nötig konnte der Mechaniker in die Motorgondel hinaufklettern, die längs zum Rumpf über den Tragflächen montiert war. Mit seinem Bootsrumpf sollte das Fluggerät sowohl auf Wasser wie auch in Eis und Schnee landen können.

Beide Maschinen waren beim Start mit je einer halben Tonne Übergewicht belastet, weil sie unter anderem die komplette Polarausrüstung für einen eventuellen Rückmarsch über Eis mitführten: Skier, Schlitten und Boote aus Segeltuch. Die Flugzeuge waren deutsche Konstruktionen, in Italien gebaut und mit englischen Rolls-Royce-Motoren ausgestattet – die Skier aber kamen aus Norwegen. Bei der Zusammenstellung der Ausrüstung hatte

Polarforscher oder Astronauten? Die Besatzung von N-25: Karl Feucht, Hjalmar Riiser-Larsen und Roald Amundsen.

Riiser-Larsen sechs Paar Ski aus dem fremdartigen Hickoryholz abgelehnt und stattdessen auf norwegischer Esche bestanden. Wie er dem Chef gegenüber begründete, «vornehmlich um eine durch und durch norwegische Ausrüstung zu erhalten». Auch er war nicht für einen Import ausländischer Holzarten zu begeistern.

Nach etwa acht Stunden Flug sollten die Maschinen die unmittelbare Umgebung des Polpunkts erreichen. N-25 entschloss sich zu einer Landung, um genaue Observationen anzustellen. Eine der ungeklärten – und vielleicht nicht unwichtigsten – Fragen lautete, ob es im Polarbassin überhaupt geeignete Landeplätze geben würde. Die Maschinen waren auf offene Wasserflächen oder ebene Eisflächen von nicht gerade geringer Ausdehnung angewiesen.

Hjalmar Riiser-Larsen fand eine schmale Eisrinne, in der das Flugboot wassern konnte. Die Landung ging soeben noch gut, ohne dass das Flugzeug vom Eis beschädigt wurde, das sich zu beiden Seiten der Rinne auftürmte. Dann waren alle auf den Breitengrad gespannt. Es dauerte eine Weile, ehe sie richtig begriffen, wo sie gelandet waren. Jedenfalls nicht am Nordpol.

Sie befanden sich im Reich des Todes.

Nach einigen Tagen im Packeis klettert Amundsen auf die Tragfläche von N-25. Er setzt das Fernglas an die Augen – und sieht das Gleiche, was Captain Scott am Südpol durch sein Glas erblickt hatte: eine norwegische Fahne.

Durch die Wasserung in der äußerst schmalen Eisrinne war N-25 unbeweglich zwischen den Eiswänden eingeklemmt worden. Drei Mann konnten sie nicht wieder flottmachen, nicht einmal ein norwegischer Hüne, eine internationale Legende und ein deutscher Mechaniker. Sobald ihnen diese Lage klarwurde, machte Riiser-Larsen den Schlitten fertig. Ohne Verstärkung gab es nur einen Ausweg, den zur nächstgelegenen Küste. Der Proviant sollte für einen Monat reichen. Das war die Zeit, die ihnen blieb. Nur eine Frage stand noch offen: Wo war N-24?

Die Antwort lag nur wenige Kilometer von ihnen entfernt in den Eisformationen. Treu war ihnen N-24 auf den Sinkflug gefolgt. Nach ihrer Landung konnte ihre Besatzung feststellen, dass sie sich auf 87° 43' nördlicher Breite befanden. Nicht am Nordpol. Welche Enttäuschung!

Nachdem sie die Position bestimmt hatten, drängte sich auch ihnen eine Frage auf: Was war aus N-25 geworden? Dietrichson machte Andeutungen, Amundsen könne gleich wieder gestartet und allein zum Pol weitergeflogen sein. «Sähe ihm ähnlich», fügte er hinzu.

N-24 ließ sich leicht manövrieren, war aber leckgeschlagen; ein Schaden, den sie sich gleich beim Start zugezogen hatte. Außerdem lief ein Motor nicht mehr, und der Pilot war schneeblind geworden. Was sie nun noch tun konnten, nachdem alles Übrige erledigt war, war, die Flagge zu hissen.

Es ist die Flagge, die Roald Amundsen am 23. Mai durch seinen Feldstecher erblickt. Trotz der kurzen Trennung konnten auch

Nützliche Fahnen. Leutnant Riiser-Larsen verständigt sich mit dem Kollegen Dietrichson, auf 87° 43' Nord.

Nansen und Johansen bei ihrem Zusammentreffen mit Jackson auf Franz-Josef-Land nicht glücklicher gewesen sein als Amundsen in diesem Moment über den Anblick eines Lebenszeichens. Bald stellen die beiden Marineleutnants Kontakt her, indem sie wie Semaphore Signalflaggen schwenken. Nach einem weiteren Tag bemerken sie zudem, dass die beiden Flugzeuge nicht still liegen. Sie bewegen sich mit nicht unbeträchtlichem Tempo aufeinander zu. Hat nicht schon Fridtjof Nansen darauf aufmerksam gemacht, dass sich das Packeis in permanenter Bewegung befindet? Welches Glück, dass sie unter diesen Umständen nicht auseinandergetrieben werden!

Glück, alter Polfahrer, unverschämtes Glück, oder eiskalte Berechnung? Das fragt sich Roald Amundsen an dem Morgen, an dem er aufsteht und die Drift der Flugzeuge erkennt, und er möchte sich gern die Antwort geben: Es gibt kein Glück. Was sich durch menschliche Berechnung nicht erklären lässt, besitzt seine Erklärung in etwas außerhalb davon Liegendem. Es ist kein Glück, es ist Fügung.

Durch nonverbale Kommunikation verständigen sich die beiden Gruppen darauf, ihre Kräfte zu vereinen, um N-25 wieder in die Luft zu bekommen. (N-24 wird später eingehend inspiziert und unter den herrschenden Bedingungen für irreparabel erklärt.) Auch wenn sie nur durch ein paar hundert Meter getrennt sind, ist das Aufeinanderzugehen äußerst schwierig. Treibeis ist ein trügerisches Element, abwechselnd meterhoch und millimeterdünn, hart wie Feuerstein und weich wie Moos, unüberwindliche Barrieren wechseln mit offenem Wasser.

Am 26. Mai machen sich Ellsworth, Dietrichson und Omdal nach mehreren missglückten Versuchen erneut auf den Weg. Jeder trägt vierzig Kilo auf dem Rücken und Skier an den Füßen, mit losen Bindungen, weil sie sich über sehr dünnes Eis fortbewegen müssen. Gegen die Schwerkraft der Rucksäcke trägt auch jeder einen Rettungsgürtel der Marke «Thetis», auf dem Weg nach Norden Hurtigruten abgekauft. Der Chef und Riiser-Larsen gehen ihnen von der N-25 entgegen. Bald zeigt sich, dass auch in einem sehr kurzen Fußmarsch sowohl höchste Dramatik als auch strahlende Heldentaten liegen können.

«Gerade als wir dahinten ankamen, hörten wir ein schrekkliches geheul & mir schwante das schlimmste», schreibt Amundsen am gleichen Abend ins Expeditionstagebuch. «Sie waren ins wasser gefallen, aber wie viele? Sie waren hinter hochgepreßtem eis verborgen, so daß wir sie nicht sehen konnten. Die situation war ein alptraum der fürchterlichsten art.» In diesem Moment hing die Expedition an ihrem bis dahin dünnsten Faden. Zuerst verschwindet Dietrichson durch das Eis, dann auch Omdal. Beide klammern sich an die Eiskante, doch am anderen Ende zieht der Polarstrom. Gleichzeitig greift die Eiseskälte nach ihnen. Die Skier verschwinden in der Tiefe. Das allein ist schon schlimm genug, denn Reserveskier führt die Expedition nicht mit. Noch ist ein Paar übrig, das Ellsworths.

Ganz vorsichtig schiebt der Amerikaner seinen in Norwegen hergestellten Eschenholzski Dietrichson entgegen. Der Leutnant greift zu und lässt sich auf sicheres Eis ziehen. Darauf eilt Ellsworth zu Omdal hinüber, der bereits beginnt, das Bewusstsein zu verlieren. Die Strömung, die einmal das Polarschiff *Fram* über das Eismeer führte, schickt sich an, das willenlose Opfer zu verschlucken. Doch in letzter Sekunde wird der Ski zur Rettungsplanke für den entkräfteten Mechaniker. Die nationale Holzart beweist ihre Zähigkeit auch im Zeitalter der Flugmaschinen.

Als Lincoln Ellsworth dem Chef wenig später die beiden triefnassen Untergebenen übergibt, kann er nicht wissen, dass er zwar zwei Menschenleben und doch zusammengenommen nur noch fünfeinhalb Lebensjahre gerettet hat. Für beide Leutnants sollte das eiskalte Tauchbad am 87. Breitengrad ein böses Omen sein.

Endlich sind die Kräfte vereint. Alle können gemeinsam darangehen, N-25 an den Himmel zu befördern. Sie beschließen, die Tagesrationen zu kürzen und sich eine Frist bis zum 15. Juni zu setzen. Schaffen sie es bis dahin nicht, muss ein neuer Entschluss gefasst werden: ob sie sich noch weiter für einen Start abmühen oder sich nicht durch die Luft, sondern zu Fuß auf den Weg machen wollen. Mit dem Proviant, der ihnen dann noch verbleibt, heißt die Alternative aber in Wirklichkeit, ob sie auf dem Marsch oder an Ort und Stelle sterben möchten.

Ellsworth erwähnt in seinen Memoiren, Amundsen sei in den wenigen Tagen, die sie sich nicht gesehen hätten, deutlich gealtert. Und das, obwohl doch mit dem Abflug von Spitzbergen ein «fürchterliches joch» von seinen Schultern genommen sein sollte. In seinem endgültigen Bericht schreibt der Polfahrer allerdings, dass er sich schon zu diesem Zeitpunkt für rehabilitiert hielt: «Und würden wir auch abstürzen, wo wir uns befanden, konnte der stempel der ernsthaftigkeit doch nicht mehr ausgelöscht werden.» Tatsächlich ist die Lage mehr als ernst. Mochte der Chef auch «die höhnische verachtung» abgeschüttelt haben, die er so lange gespürt hat, jetzt sitzt er mit der ganzen Last der moralischen Verantwortung für die Männer da, die ihn auf seinem, genau besehen, egozentrischen Ausflug begleiten.

Roald Amundsen ist der Einzige der sechs, der das Eis als Element kennt. Mit der Summe seiner verfrorenen und strapaziösen Erfahrungen ist er genau der Richtige, um eine Handvoll Männer durch lebensfeindliche Verhältnisse wie diese zu führen. Der Himmel, der Nebel, das Eis – alles fließt in dieser Welt ohne den Wechsel von Tag und Nacht ineinander.

Der Chef teilt sie schnell und routiniert in einigermaßen gleichmäßige Abschnitte auf: arbeiten, ausruhen, essen, schlafen. Er berechnet Stunden, wie er Kekse und Pemmikan rationiert. Auf diese Weise kehrt die Zeit zurück; die Ewigkeit wird in den Hintergrund geschoben. Mit seinen erprobten Routinen legt er den Grund zu neuer Hoffnung.

Doch einen Weg aus der Katastrophe kennt er auch nicht. Hätte er es für möglich gehalten, wäre er aufgebrochen und hätte seine Männer die 750 Kilometer zum Kap Columbia geführt, wo sein ehemaliger stellvertretender Kommandant Godfred Hansen im ersten Jahr der *Maud*-Expedition ein Depot angelegt hatte. Aber der Polreisende kennt das Eis, er weiß, dass es unmöglich ist. Schon 750 Meter können in diesen unberechenbaren Verhältnissen übermenschliche Anstrengungen bedeuten. Die einzige Hoffnung führt durch die Luft. «Wie nah wir an zu hause sind – 7 stunden fluk – aber unter den verhältnissen doch so weit», hält er im Tagebuch fest.

Die Hoffnung ruht in den Händen von Riiser-Larsen. Er ist der Flieger. Der wortkarge Hüne spürt die Verantwortung auf seinen Schultern lasten. Feucht garantiert für die Maschine. Alles ist in Ordnung, sie müssen nur in die Luft kommen. Ein Flugzeug haben sie. Ihnen fehlt nur die Startbahn.

Das ist die große Aufgabe: Sie müssen eine Startbahn anlegen, lang und eben genug, damit eine Maschine wie die N-25 mit Treibstoff und sechs Mann an Bord darauf abheben kann. Dazu verfügen sie über Messer, Skistöcke, eine Axt und ein paar hölzerne Spaten. Das Werkzeug ist ein Problem, aber nicht das größte. Sie befinden sich im Presseis, in ständiger Bewegung. Jeder Plan, jede Anlage steht unter permanenter Bedrohung durch die Riesenkräfte der Natur.

Am 29. Mai geht Leitung und Besatzung der ganze Ernst der Lage auf. Erst da verabschieden sie sich von jeder Überlegung, zum Pol weiterzufliegen. Das Einzige, was noch in Frage kommt, ist ein Rückflug nach Spitzbergen. Es geht nur noch darum, zu überleben.

Gemäß dem neuentwickelten Echolotprinzip haben sie einen Lotungsschuss zum Meeresgrund abgefeuert. Nach Ablauf von fünf Sekunden können sie sich ausrechnen, dass die Entfernung bis zum nächsten festen Boden 3750 Meter beträgt.

Der Deutsche wird langsam melancholisch. Auf so etwas ist er nicht vorbereitet. Jeder der anderen ist auf die eine oder andere Weise mit der Planung oder zumindest mit der Wunschvorstellung, über die Arktis zu fliegen, seit Jahren befasst. Der Mechaniker aus Württemberg hat vielleicht Lust auf ein kleines Abenteuer gehabt, aber er ist kein Abenteurer und erst recht kein Polfahrer. Karl Feucht gehört in einen lauten, dunklen Hangar, aber nicht in die Stille unter dem ewig hellen Himmel des Eismeers. Er ist beileibe kein Feigling. Den gesamten Weltkrieg hindurch ist er an Bord von Zeppelinen über Frankreich und England geflogen. Er kennt die Schrecken des Krieges besser als die norwegischen Leutnants und der amerikanische Ingenieur. Aber das hier ist ein neues und ihm unbekanntes Schlachtfeld. Die tödliche Kälte hat bereits alles um sie her vereinnahmt. Nach der Schufterei des Tages sitzt Feucht oft apathisch da und zerbröselt Kekse oder, was noch schlimmer ist, die Tabaksration. Ellsworth schluckt seinen Ärger hinunter. Amundsen tobt.

In *Lockende Horizonte* berichtet Lincoln Ellsworth, sie seien alle kräftig dabei gewesen, «Polarnerven» zu entwickeln. Auch der Chef irritiert die anderen: «Er trank die Schokolade kochend heiß, als wäre es das Selbstverständlichste von der Welt.» Zu sechst hausen sie im Rumpf des Flugzeugs. Sie leben und schlafen in der Enge der Maschine, wenn sie nicht draußen arbeiten. Eines Nachts werden sie vom Gebrüll Riiser-Larsens aus dem Schlaf gerissen. Das Flugboot droht vom Eis in die Tiefe gepresst zu werden wie andere Polarschiffe vor ihm. Ein ums andere Mal muss die Maschine aus dem Griff des Eises befreit werden. Ein Startversuch nach dem anderen misslingt; Apathie macht sich breit. Die Arbeit geht weiter.

Sie haben sich bis zum 15. Juni Zeit gegeben. Es gibt begründete Zweifel, ob sie es bis dahin schaffen können. Nur der Chef hat schon Wunder erlebt.

Am 9. Juni misst Riiser-Larsen mit seinen langen Schritten ein Feld aus, das er als neue Startbahn für geeignet hält. Sie werden zehn Tage brauchen, um es einzuebnen. Mit den knappen Rationen können sie nicht länger als acht Stunden am Tag arbeiten. Der Chef ist Experte darin, Eisblöcke mit einem an einem Skistock befestigten Messer zu zerschneiden. Die beiden kräftigen Leutnants können besser Schnee schaufeln. Ihnen wird klar, dass der Chef nicht gern von anderen übertroffen wird. Doch es spornt sehr an, den Alten zu demütigen.

Am 10. Juni sieht Amundsen eine Richtung Nordwesten fliegende Gans. «Sollte das Crocker Land bedeuten?», fragt er im Tagebuch. Vielleicht liegt eine Insel oder gar ein Kontinent zwischen ihnen und Grönland. Wartet dort vielleicht das Wunder auf sie? Wenn, dann ist es ein Land ohne Lebensmitteldepots. Aber weiter südlich können sie vielleicht etwas jagen. Am gleichen Tag schießt Dietrichson auf zwei Gänse. Daneben.

Das Tagebuch am 11. Juni: «Fingen morgens um 9 uhr an schnee zu schaufeln, um 1 waren wir so fertig, daß wir aufhören mußten.» Sie müssen eine vierhundert Meter lange Strecke von hohem, dichtem Schnee säubern. Mit unzulänglichem Werkzeug und schwindenden Kräften. Sie haben schon so viele gescheiterte Versuche hinter sich. Da kommt Omdal mit seinem wichtigsten Beitrag zu Amundsens Heldenchronik. Der Mechaniker ist ein einfacher Mensch, er denkt mit den Fußsohlen. «Und wenn wir den Schnee feststampfen?»

Den gesamten nächsten Tag stehen sechs Männer da und stampfen im Schnee. Gut, dass sie keiner sieht. Es ist neblig.

Sie schreiten die Bahn noch einmal ab. Es stellt sich heraus, dass sie hundert Meter länger ist, als sie anfangs glaubten. «Eine schöne zugabe», notiert der Chef ins Tagebuch. Für ihn persönlich bedeutet es eine Zugabe von drei Jahren. Ohne diese hundert Meter wäre sein Leben hier zu Ende gewesen, auf dem Eis nahe dem Nordpol. Sie wären einfach verschwunden, genau wie Andrée und seine beiden Begleiter mit dem «Adler». Kein schlechter Abschluss. Fast perfekt. So weit.

Die Zugabe sollte nicht einfach bloß «schön» sein. Im Leben von sechs Männern können hundert Meter ganz unterschiedlich lang sein. Für die Hälfte von ihnen bedeuten sie lediglich eine Verlängerung; Dietrichson, Omdal und der Chef selbst werden alle ihr Leben im kalten Element beenden. Ellsworth und Riiser-Larsen dagegen haben jeder noch ein langes, abenteuerliches Leben vor sich. Beide werden in die Antarktis fliegen, und erst dort werden sie unbekannte Gebiete kartieren. Der melancholische Mechaniker wird in einen dunklen Hangar zurückkehren. Wahrscheinlich lebte er lange genug, um in der großen europäischen Havarie unterzugehen.

Es ist Sommer. Die Temperatur steigt gegen null. Klettert sie darüber hinaus, weicht die Startbahn auf und wird unbrauchbar. Am 14. unternehmen sie zwei Startversuche, die beide misslingen. Für einen dritten ist es zu spät. Der Untergrund ist nicht mehr fest genug. Sie werden es am nächsten Tag wieder versuchen. Das ist der ominöse 15. Juni. Schaffen sie es auch dann nicht, dürfen sie die unselige Diskussion darüber beginnen, wie sie sterben möchten. Dann liegt es am Chef, eine Lösung für alle zu finden.

Riiser-Larsen schläft in dieser Nacht nicht. Ein ums andere Mal klettert er aus dem Flugzeugrumpf, in dem sich die Kameraden in unruhigem Schlaf wälzen. Der Pilot liest das Thermometer ab, prüft die Windrichtung, wandert ruhelos über die Eisfläche, die das Flugfeld darstellt, stellt Berechnungen an und markiert Abstände mit schwarzen Filmnegativstreifen. Alle Zahlen müssen stimmen, die Gradzahl, die Meterzahl, die Zahl der Umdrehungen pro Minute, die Zahl der Treibstoffliter, die Anzahl Kilogramm, die in die Luft gewuchtet werden müssen. Sie haben nur noch eine Karte, auf die müssen sie alles setzen. Ausrüstung, Proviant, Skier,

Waffen – es muss alles zurückgelassen werden, damit die Maschine abheben und mit minimalem Treibstoff Spitzbergen erreichen kann. Auch das Kerosin bedeutet Gewicht. Nach fünfhundert Metern müssen sie oben sein.

Der Nebel liegt dicht. Wie bei der Abfahrt aus Gjøahavn; wie bei der Abfahrt von Framheim. Die Stille ist absolut. Ihr Lager hat keinen Namen bekommen, es lag außerhalb der Welt. Nur der Kopf des Piloten guckt aus der Maschine. Die anderen liegen im Rumpf wie in einem dunklen Gemeinschaftsgrab. Die Motoren laufen an. In diesem Augenblick hängt alles einzig und allein von Hjalmar Riiser-Larsen ab. Glücklicherweise wiegt er keine hundert Kilo mehr. Will er den Start wirklich riskieren, dann muss er auch abheben. Wenn nicht, zerschmettert die Maschine an den Eisblöcken am Ende der Startbahn.

Er gibt Gas, das Flugboot gleitet gut. Bald erreicht er den kritischen Punkt, an dem er entscheiden muss: alles riskieren, um alles zu gewinnen, oder den Schub rausnehmen, um die Maschine zu retten. Die Geschwindigkeit bewegt sich an der unteren Grenze, aber Hjalmar Riiser-Larsen hat ein gutes Gespür; er versucht es.

Der Chef im Tagebuch: «Wo wir saßen, konnten wir nichts sehen, nur die geschwindigkeit an den bewegungen erfühlen. Plötzlich begann sie zu rütteln, als wollte sie den boden verlassen. Endlich gab es einen letzten rukk, und wir fühlten, daß wir in der lufft waren. Das gefühl der erleichterung war unbeschreiplich.»

Es war haarscharf: «Erst unmittelbar vor dem ende der eisscholle hob die maschiene ap. Wenn nicht wären wir alle ein ruinierter schrotthaufen gewesen.» Omdal stieß im Moment des Abhebens ein Triumphgeheul aus. Es war das zweite Mal, dass er brüllte. Das erste Mal war der Todesschrei, den er ausgestoßen hatte, als er durch das Eis gebrochen war. Der Chef krabbelte nach vorn zum Piloten, legte ihm ein Stück Schokolade auf den Schoß, so groß wie eine Streichholzschachtel. Das war der Dank.

Doch es hatte sich Größeres ereignet als die beherzte Tat eines Fliegers, etwas, das menschliche Berechnung überstieg. Der Polfahrer hatte es zuvor schon in dramatischen, unheilvollen Sekunden erlebt: Schiffe waren geborgen worden, Menschenleben gerettet. Und auch diesmal hatte die Zeit an die Ewigkeit gerührt. Fünfundzwanzig Tage lang hatten sie sich in einer schwimmenden, weißen Unwirklichkeit aufgehalten. Eine Bartrobbe hatten sie gesehen, einen Tordalk und drei Gänse; ansonsten war alles um sie herum unbelebt gewesen. Nur die Kälte hatte Konsistenz besessen.

Diesem gnadenlosen Dasein unterworfen, hatte sich der Polfahrer an eine höhere Macht gewandt: «Ich glaube, ich habe Gott in diesen wochen tausendmal um hilfe angefleht, und die dinge haben einen solchen verlauf genommen, daß ich fest & sicher glaube, daß er uns die hand gereicht hat.»

38 Auferstehung

Die ganze Welt hatte zu dem Nebelmeer hinaufgestarrt. In der ersten Woche hieß es: Die kommen schon. Sie brauchen nur ein paar Tage mehr für ihre wissenschaftlichen Untersuchungen. Roald Amundsen ist nicht jemand, der eine Arbeit nicht gründlich macht. Wie lange war er denn am Südpol?

Nach zwei Wochen begannen *Farm* und *Hobby* am Eisrand nördlich von Spitzbergen zu patrouillieren. Nach drei Wochen bestand keine Hoffnung mehr, dass sie durch die Luft zurückkehren würden. Jetzt war Kap Columbia die letzte Chance oder dass sie sich auf Skiern auf den Weg nach Grönland gemacht hätten. Aber da war niemand, um sie in Empfang zu nehmen. Es wurde Zeit für Rettungsexpeditionen. In Norwegen, in Europa und in den USA liefen Vorbereitungen dazu an. Je weniger Hoffnung, desto mehr Vorschläge.

Der Welt stand eine Überraschung bevor.

Der Flug zurück aus dem Reich des Todes dauerte acht Stunden und fünfunddreißig Minuten. Die Spannung war ins Unerträgliche gestiegen. Sie konnten nicht mehr landen und *mussten* Land erreichen, ehe der Tank leer war. Dietrichson hatte die lebenswichtige Aufgabe des Navigators übernommen. Als sie Land sichteten, waren sie durch Steuerungsprobleme gezwungen, notzulanden oder besser notzuwassern, denn da hatten sie offenes Wasser unter sich. Doch sie saßen in einem Flugboot und konnten die letzten fünfundzwanzig Kilometer bis zum Nordkap des Nordostlands von Spitzbergen, wenn auch durch ziemlich raue und hohe See, schwimmend zurücklegen.

Die sechs hatten noch kaum festen Boden unter den Füßen, da kam schon der Trawler *Sjøliv* in die Einsamkeit gedampft. «Der 15. juni wird mir mit einem warmen dank an Gott, der alles so gut für uns fügte, ewig als feiertag im gedächtnis bleiben», trug Roald Amundsen ins Tagebuch ein, nachdem sich auch noch dieses letzte Glied in der mirakulösen Kette glücklicher Umstände eingefunden hatte.

N-25 wurde an der Franklinstraße vertäut, dann ließ die *Sjøliv* alles sausen, was mit Fischfang zu tun hatte, und nahm mit ihrer kostbaren Fracht an Bord Kurs auf die Kings Bay. «Als wir Virgohavn passierten, flogen all unsere Flaggen in die Toppen und die kleine ‹Sjøliv› stand im Festtagsputz», heißt es im offiziellen Bericht des Polfahrers. «Gern wollten wir das Andenken des Mannes ehren, der als erster versucht hatte, das Polarmeer durch die Luft zu überqueren – Salomon August Andrée. Gab es Menschen auf der Welt, die seiner mit mehr Berechtigung gedenken konnten als wir sechs, die wir über den Ort blickten, an dem er 1897 seine kühne Fahrt begonnen hatte? Ich glaube nicht. Wir dippten unsere Flagge und fuhren weiter.»

Als sich der junge Amundsen für seine erste Expedition die Nordwestpassage zum Ziel setzte, ging es ihm darum, das Werk zu vollenden, das sein großes Idol in der Jugend, Sir John Franklin, begonnen hatte. Die Großtat seiner späten Jahre war Ingenieur Andrée gewidmet; nun sollte seine Odyssee ans Ziel geführt werden. Sowohl der Engländer als auch der Schwede hatten das Schicksal herausgefordert, und beide hatten den Tod gefunden. War *er* es, den Roald Amundsen eigentlich überwinden und besiegen wollte? In dem Fall war er dem Ziel diesmal sehr nah gekommen.

Gegen ein Uhr in der Nacht auf den 18. Juni 1925 läuft der unscheinbare Fischtrawler in den Hafen der Kings Bay ein. Am Kai liegen das Expeditionsfahrzeug *Hobby* und das Kriegsschiff *Heimdall* samt zwei Aufklärungsflugzeugen. Beide Schiffe stehen unter Dampf, weil sie noch in der gleichen Nacht zu einer Suchfahrt nach Norden aufbrechen sollen. Ein paar schaulustige Grubenarbeiter haben sich ebenfalls am Kai versammelt. Die zurückgebliebenen Mitglieder von Roald Amundsens Expedition und die Offiziere der *Heimdall* kommen gerade den Weg zum Ufer hinab. Sie saßen vorher in der Wohnung des Direktors zusammen und haben die Aussichten erörtert. In den letzten Wochen gab es überhaupt nur ein Thema. Lange haben sie gegen die Zweifel angekämpft und versucht, sich Hoffnung zu machen. Doch inzwischen haben sie den Glauben verloren.

Im Bug des Trawlers, der dem Land zugleitet, stehen sechs bärtige Männer. Sie winken. Doch keiner achtet auf sie. Alle Blicke sind auf die beiden Schiffe mit den beiden Flugzeugen gerichtet, die hinaussollen, um zu suchen. Man hat in Kings Bay keine Flugzeuge mehr gesehen, seit ... Plötzlich erkennt jemand Roald Amundsen. Es wird wild durcheinandergerufen. Amundsen ist zurückgekommen! Er ist von den Toten auferstanden.

Ein Wunder ist geschehen. Keiner traut seinen Augen. Jeder muss sie anfassen und berühren. Aber sie sind es. Sie sind tatsächlich zurückgekommen.

Doch aus einer anderen Welt.

Noch draußen vor der Direktorswohnung werden Zigarren rundgeboten. Proviantmeister Zapffe hat sie in Bereitschaft gehalten. Sechs Stück liegen in einer Kiste. Eine für jeden. So stehen sie also da und paffen ihre Siegerzigarre, wie Amundsen und seine Männer es auch am Südpol taten. Es wird fotografiert. Doch als man die Aufnahmen entwickelt, gleichen sie nicht denen, die Olav Bjaalands Kamera damals vor fast vierzehn Jahren aufgenommen hat. Vielmehr ähneln sie denen, die an gleicher Stelle von Captain Scott per Selbstauslöser gemacht wurden. Alle sechs sind vom Tod gezeichnet. So hätten Robert Scott und seine Mannen ausgesehen, wenn sie mehr Glück gehabt und ihre Siegerzigarren im Basislager am Kap Evans erreicht hätten. Die Augen glänzen in den struppigen, schmutzigen Gesichtern, aber nur die Glut der Zigarren kündet von einem strahlenden Triumph.

Im Haus dann finden die Gefühle einen kollektiven Ausdruck: Die Gemeinschaft von Expeditionsmitgliedern, Marineoffizieren,

Grubenarbeitern und Seeleuten fängt spontan an zu singen. Ein Psalm wäre vielleicht naheliegend gewesen, aber ihnen liegt die Nationalhymne auf den Lippen. Für die sechs Erschöpften eine weitere harte Probe. «Es war schwer, die beherrschung zu wahren», schreibt Roald Amundsen im Tagebuch. Dann darf er endlich erzählen.

Und diesmal hat er wirklich was zu erzählen. Diesmal war es kein Tanz über das Eis, diesmal war es ein Kampf ums nackte Überleben, und es wird eine Erzählung aus dem Eis auf einer Höhe mit den Leidensgeschichten von Franklin, Shackleton und Scott. Sie handelt nicht von Rationen und Tagesetappen wie die Saga vom Südpol. Sie handelt nicht einmal vom Nordpol. (Waren sie überhaupt da?) In erster Linie geht es um das menschliche Drama, das sich jenseits der äußersten Grenze menschlicher Existenz im Herrschaftsbereich des Todes abgespielt hat. Der Sieg, das war nicht ein mathematischer Punkt, sondern das Leben selbst.

Am folgenden Tag gehen 5000 Worte hinaus in die Welt. Am 19. Juni werden die Titelseiten der Zeitungen für die Sensationsmeldung frei gemacht. Bald tickern Hunderte von Telegrammen bei der Station in Ny-Ålesund ein. Unter zahllosen anderen schicken zum gleichen Datum drei Frauen dem Polflieger ihre Glückwünsche. Sigg aus Oslo: «Hurra, gratuliere.» Kiss aus London: «Überwältigt vor Freude.» Und Bess aus Nome: «Skaal!»

Auch eine Traueranzeige kommt per Telegraph aus Italien. James W. Ellsworth, der Mann, der die Flugzeuge bezahlt hat, ist am 2. Juni in der Villa Palmieri in Florenz gestorben. Genau wie er vorhergesagt hat. Der Preis für den Sieg war bezahlt. Der alte Ellsworth musste nicht mit ansehen, wie sein Sohn Zigarre rauchte.

Am 25. Juni verließ die Expedition Kings Bay mit Blasmusik, Salut und gesenkten Fahnen. Sowohl die Mannschaft wie auch das Flugboot waren an Bord des geräumigen Kohlenfrachters *Alber W. Selmer* untergebracht.

Zum ersten Mal seit der Nordwestpassage sollte Roald Amundsen in seiner langen Karriere als Held wieder einmal eine echte

Die Zigarre nach dem Sieg

Heimkehr erleben. Die triumphale Reise entlang der norwegischen Küste weckte Erinnerungen an die *Fram* und ihre Krönungsreise mit dem Wikingerkönig Fridtjof Nansen von Tromsø nach Kristiania im Sommer 1896. Diesmal war das Vaterland schon feierlich gestimmt, denn sein erster Premier nach der Unabhängigkeit, Christian Michelsen, war soeben verstorben und wurde zwei Tage vor dem Einzug der Nordpolflieger zur letzten Ruhe geleitet.

«Das sieht munter aus!», notierte der Chef ins Tagebuch, als ihm aus dem Süden gemeldet wurde, welche Festlichkeiten sie in der Hauptstadt erwarteten. Nachdem ihr die gesamte Küste entlang zugejubelt worden war, ging die Heldenschar in der Marinebasis Horten an Land. Am nächsten Morgen sollten sie Oslo aus der Luft einnehmen. Es war das einzige Mal, dass Roald Amundsen in seinem eigenen Expeditionsfahrzeug zurückkehrte. Die *Gjøa* beendete ihren aktiven Dienst in einem Park in San Francisco. (Erst zum hundertsten Geburtstag des Polarfahrers wurden ihre Reste nach Oslo überstellt.) Die *Fram* war unbeachtet wie in einer Nacht-und-Nebel-Aktion zurückgekehrt. Das Unglücksschiff *Maud* hatte noch nicht einmal einen Hafen in Alaska erreicht. Doch dieses eine Mal kam Roald Amundsen, der Eroberer des Eises, an der Spitze seiner Männer an Bord seines eigenen geflügelten Schiffs.

«Endlich kommt der große Brummer, N-25, gefolgt von den Flugbooten der Marine, von Süden herangeflogen», heißt es in einem Zeitungsbericht von jenem festlichen Sonntag, dem 5. Juli 1925. «In weitem Bogen schwebt der Riesenvogel über die Stadt ein. Von dort oben muß sie wie ein Meer von Fahnen und geschwenkten Taschentüchern aussehen. Draußen vor Huk setzt Riiser-Larsen seine Maschine aufs Wasser. Einer der beiden Propeller läuft wieder an, und langsam gleitet sie zwischen die Reihen von Booten. An Deck der Kriegsschiffe sind die Mannschaften zum Salut angetreten, und als N-25 die *Tordenskjold* erreicht, krachen von ihr und der Festung Akershus 13 Salutschüsse, worauf auch die *Curacao* mit dumpfem Donner ihre Kanonen hören läßt.»

Das Publikum wurde vom Brummen der Maschine ebenso ergriffen wie von den Kanonenschüssen. Rechtsanwalt Nansen bezeugte dies tags darauf in einem Schreiben an seinen bankrotten Klienten: «Der feierlichste Augenblick gestern war, als ‹No 25› heranschwebte und wir die Wesen darin erblickten, und als dann noch die Kanonen vom alten Akershus den Söhnen des Landes ihr Willkommen entgegendonnerten wie damals meinem Bruder vor 29 Jahren, da weinte ich trotz meiner 62 Jahre, vielleicht weil ich besser als je zuvor verstand, was ein solcher Tag für Norwegen wert ist.»

In einer Schaluppe wurden die Helden zur Ehrenbrücke gerudert, wo der Ehrenpavillon stand. Auf Anregung von Riiser-Larsen hatten die drei Leutnants beim Kurzaufenthalt in Horten ihre Zivilkleidung gegen Uniform getauscht. Dadurch erhielt die Privatarmee des Polfahrers plötzlich einen offiziellen Anstrich. Durch einen simplen Verkleidungstrick vollführte der Zweitkommandierende seinen Militärputsch. Der Chef scheint sich diesem Auftritt des norwegischen Leutnants nicht widersetzt zu haben. Als ein italienischer Oberst die gleiche Zirkusnummer ein Jahr später wiederholte, sollte seine Reaktion ganz anders ausfallen.

Nach Reden und dem Absingen der Hymne ging der Triumphzug

Das geflügelte Polarschiff. N-25 hat auf dem Oslofjord gewassert und, von Booten begleitet, Kurs auf die Ehrenmole genommen.

in einer Kutsche weiter hinauf zur Wohnstatt Seiner Majestät, wo Orden und Auszeichnungen warteten. Fünfzigtausend begeisterte Landsleute waren auf den Beinen und begleiteten die Schlag auf Schlag folgenden Arrangements. Zwischen Mittagessen im Grand und Abendessen im Schloss fand der Polfahrer auch Zeit, Oslos Arbeiterpartei bei einem großen Empfang auf Hovedøya zu grüßen. An diesem unvergesslichen Sommertag schlüpfte Roald Amundsen wieder in die Rolle Fridtjof Nansens: der Wikingerkönig, der sein Volk in nationalem Begeisterungstaumel vereint. «Der Empfang war fürstlich», trug er nüchtern ins Tagebuch ein.

All das ging weit über seine Erwartungen hinaus. Die Expedition hatte schließlich nicht ihr Ziel erreicht. Sie hatten lediglich ihr Leben gerettet. Doch die Begeisterung war maßlos, und trotzdem stand Amundsen gerade in diesem Moment an seinem eigentlichen Ziel. Das Volk drückte ihn an seine Brust, er wurde von der ganzen Welt gefeiert. Die Menschen waren gar nicht auf den geographischen Punkt erpicht. Sie wollten nicht ihre Atlanten korrigiert sehen, sie wollten Futter für ihre Phantasie. Sie wollten Abenteuer, herausragende Leistungen und Martyrien – sie wollten *ihn*.

Roald Amundsen besaß einen Sinn für theatralische Effekte. Aber nicht für deren Kern. Sein ganzes Leben lang versuchte er, vor den Augen des Publikums genau das zu verbergen, was es sehen wollte: das menschliche Drama. Das war es, was Robert Scott zum eigentlichen Sieger im Wettlauf um den Südpol gemacht hatte.

Während Amundsen mit einiger Leichtigkeit den Südpol bezwungen hatte, musste er im Ringen mit dem Nordpol die eigene Unzulänglichkeit einräumen. «Wir haben dort oben getan, was wir konnten», erklärte er beim Galadiner auf dem Schloss, «und da wir mehr nicht ausrichten konnten, sage ich – und ich scheue mich nicht, das einzugestehen –: Wir haben getan, was wir konnten, und jetzt muß Gott sich um den Rest kümmern.» Der Polarreisende hatte die Begrenztheit des Menschen erkannt und war Gott nähergekommen.

Bei seiner Ankunft in Oslo wurde Amundsen ein Brief aus London ausgehändigt. Zum ersten Mal, seitdem die Flugzeuge Richtung Nordpol abhoben, verlieh er seinem Expeditionstagebuch durch die Verwendung des «Du» privateren Charakter: «Du ärmste, ärmste – wie du gelitten hast. Ja, ich sehne mich nach dir. Könnte ich dich nur bald wiedersehn.»

Kiss hatte kein Abschiedstelegramm nach Spitzbergen geschickt, aber es ist deutlich, dass sein alles überschattendes Verschwinden sie erschütterte. Gleich am nächsten Morgen übermittelte sie einen telegraphischen Kuss ins Grand Hotel, wo der Polflieger auf Kosten des Hauses eine halbe Etage bewohnte. «Dank für den Morgenkuß. Der war schön. Gip mir mer. Ich dürste nach dem langen fasten.» Der Polarreisende befand sich auf dem Weg zurück in die profane Welt.

Am Abend des 6. Juli fand in der britischen Gesandtschaft unter Teilnahme von König Haakon und Königin Maud ein Ball statt. Der Nationalheld erhielt Gelegenheit zu einem ausgiebigen Schwätzchen mit dem Monarchen. «Du», schrieb er anschließend, wieder an Kiss gewandt, ins Tagebuch, «ich glaube er ist es, der durch seine handlungsweise das ganze land in dieses extase versetzt hat.» Im Universum des Polfahrers steckte hinter allem jemand: Gott hinter dem Wunder, der König hinter dem Volk.

Am 7. Juli kehrte der Triumphator endlich heim in sein offiziell vom Gerichtsvollzieher versiegeltes Haus in Svartskog. «Unten am Hang standen ca. 100 menschen mit blumen versammelt. Draußen im fjord um ein enormes mittsommerfeuer lagen ca. 30 hübsch ausstaffierte boote.» Es waren nicht mehr als neun Monate vergangen, seit er diesen Ort der Schande wie ein Flüchtling verlassen hatte. Nun verging kein Tag ohne Fest und Feier. Begeisterte Besucher klopften an, und Ausflugsboote defilierten vorbei, senkten grüßend die Flagge.

Auch die nächsten Angehörigen drängten sich um den heimgekehrten «Schwager». Trygve Gudde und Frau kamen aus Trondheim zu Besuch, Robert Maus zu einem Essen aus der Stadt. Von Bygdøy schrieb Kiss' alte Tante Caro Astrup und bettelte, dass er sie besuche, da sie selbst «einen schlimmen Fuß» habe. Kiss, die seit ihrer äußerst ungelegenen Erkrankung ihre Schwester Gudrun auf Leigh Court zu Gast hatte, schickte in einem nicht abreißenden Strom Briefe und Telegramme nach Uranienborg.

Alles flog ihm zu. Er brauchte nur zu nehmen, was ihm gefiel. Dornier erbot sich, ein Riesenflugzeug zu bauen, mit dem er den Flug über den Pol und weiter bis Alaska vollenden könne. «Es soll eine spannweite von 47 metern haben!», trägt er begeistert ins Tagebuch ein. «Kolosal – ich brauche nichts zu bezahlen. Nehme das angebot wahrscheinlich an.»

Am 20. Juli erhielt er ein Telegramm aus London, bei dem man stutzt. «Du glaubst also, Du kommst in einem Jahr? Das wäre schön, aber Du weißt, ich mache mir in dieser Hinsicht keine Hoffnungen.» – Seine Reaktion im Tagebuch klingt unerwartet nüch-

Zurück auf dem Siegerpodest. Ein tadellos gekleideter Roald Amundsen, den Südpolbowler in der Hand, zwischen Leif Dietrichson in Marineuniform und Lincoln Ellsworth im Sportdress, bejubelt vom norwegischen Volk.

tern, fast skeptisch. Ist sie nicht mehr die absolut Einzige? «Hatte heute einen strom von gästen hier, amerikaner & andre.»

Ihre ganz besondere Aufwartung machte Amundsen in den ersten Wochen nach der Rückkehr die schwerreiche französische Kaufhauserbin und Regattaseglerin Virginie Hériot, die sich nach ihrer Scheidung mit ihrer Luxusyacht *Ailée* (der ehemaligen *Meteor IV* Kaiser Wilhelms II.) gerade in norwegischen Gewässern aufhielt. «Was in aller welt mag sie nur in mir sehen?», fragte sich der Polfahrer in kleidsamer Bescheidenheit im Tagebuch. «Jung, schön & reich. Sie kann nun wahrlich einen finden, der besser zu ihr paßt!» Gleichwohl war der alternde Eroberer mehr als geneigt, die Fünfunddreißigjährige zu treffen, und zwar sowohl in der französischen Botschaft wie bei ihm zu Hause in Svartskog und an

Bord ihrer «herrlichen yacht». Vielleicht ist es gar nicht so merkwürdig, dass Kiss in ihrem ländlichen Idyll so weit vom Zentrum des Geschehens auf einmal ihre Position bedroht fühlte.

In jenen warmen Sommertagen jagte ein Ereignis das andere: Essen und Empfänge in ausländischen Gesandtschaften, im Grand und in Kongsgården, unterbrochen von erfrischenden Bädern im Meer. Am 23. teilte der Polfahrer den «Verwandten» Maus und Gudde seine Verhinderung mit. «*Mußte* zur konferenz. Kam am nachmittag 6 uhr zurükk & fand deine 2 briefe vom 17.ten & 20.ten. Danke meine liebe. Du sagst, du wirst in einem jaar fertik sein! Was meinst du? Kommst du? Laß es mich wissen.» Wieder ganz neue Töne. Sie erneuert ihre lockenden Versprechen, und er verlangt klare Auskünfte. Es tut sich etwas, in Leigh Court ebenso wie in Uranienborg.

Gleichzeitig gibt es wichtige Neuerungen im Hinblick auf den Nordpol. Am Samstag, dem 25. Juli, betritt eine neue Figur das Universum des Polfahrers: «Der italienische luftschiffkonstrukteur Nobile kam heute nach Oslo & am nachm. mit R-L hierher. Mehr davon später.» Der Polfahrer hat keine Zeit. Sogar ein Zeppelin muss erst einmal warten. Um fünf hupt ein Auto. Geschickt von Baron Wedel-Jarlsberg, um den Triumphator zu dessen Herrensitz auf Skaugum zu chauffieren. Dort bringt ihm die berühmte Sängerin Nellie Melba ein privates Ständchen. Er selbst darf sich ein Lied aussuchen: «Home, sweet home». Der Gastgeber resümiert den Abend in seinen Memoiren folgendermaßen: «Solange ich lebe, werde ich diesen wunderbaren Gesang in der Dunkelheit und Amundsens tiefe Bewegtheit niemals vergessen.»

Eine halbe Stunde vor Mitternacht ist Amundsen zurück in den Salons seiner Konkursmasse in Svartskog. «Wunderbar!», notiert er ins Tagebuch. Dann ab in die Koje!

Am nächsten Tag endet die Hitze in einem heftigen Wolkenbruch. Aus London kommt ein Brief von Gudrun Maus. Sonst nichts.

Dienstag, den 28. Juli, knirscht wieder wichtiger Besuch über den Kies vor Uranienborg: «Nobile, Ræstad, R-L und Omdal kamen am vorm. Wir besprachen den plan, nächstes jaar in einem luftschiff zu überfliegen. Wird ca. 2 millionen kronen kosten. Den ganzen tag schön.»

Roald Amundsen stand im Begriff, das Angebot eines großen Flugzeugs von Dornier zugunsten von Oberst Nobiles Luftschiff auszuschlagen. Schon im April 1924 war er gemeinsam mit seinem Agenten Hammer mit Nobile zusammengetroffen und hatte einen Probeflug in der neuesten aller schwebenden Konstruktionen absolviert. Während der Amerikarundreise hatte er zudem Möglichkeiten mit dem deutschen Zeppelinexperten Dr. Hugo Eckener erörtert. Weder sein Stellvertreter Riiser-Larsen noch der Chef selbst bezweifelten, dass ein Luftschiff das optimale Vehikel für einen Flug Spitzbergen–Alaska wäre. Anscheinend stand nur das Geld einem solchen Flug im Weg.

Kurz nach der Rückkehr und schon vor dem Treffen mit den Dornier-Leuten hatte Amundsen Oberst Nobile in Italien telegraphisch zu vertraulichen Gesprächen nach Oslo eingeladen. Wenn der Polflieger die preisgünstige neue Großmaschine der Deutschen so rasch zugunsten des Italieners verwarf, lag das vielleicht nicht einmal in erster Linie an einer Überlegenheit des Luftschiffs, sondern an zeitlichen Erwägungen, einem Faktor, den Amundsen oft wichtiger nahm als Geld oder Sicherheit. Während das Großflugzeug erst noch gebaut werden musste, brauchte das Luftschiff lediglich umgebaut zu werden. Unter Druck gesetzt, erklärte sich der Oberst bereit, den Flug bereits im Sommer 1926 zu versuchen. Für den, der die Welt entdecken wollte, konnte ein Jahr entscheidend sein – ehe es zu spät war.

Zum damaligen Zeitpunkt sah es so aus, als könnte Amundsens gefährlichster Rivale kein Geringerer als Fridtjof Nansen werden. Schon im Herbst 1924 hatte der deutsche Zeppelinkapitän Bruns Pläne für eine international zusammengesetzte Luftschiffexpedition unter Leitung des berühmten Norwegers präsentiert. Nansen hatte großes Vertrauen in die Möglichkeiten von Luftschiffen in der meteorologischen, ozeanographischen und geographischen Forschung geäußert. Eine Fahrt konnte allerdings frühestens im

Sommer 1927 stattfinden, da es den Zeppelin dafür noch gar nicht gab und der Retter der Welt noch etliche andere Eisen im Feuer hatte.

Nichts wäre für Roald Amundsen bitterer gewesen als der Anblick des alten Skiläufers und Hundeschlittenfahrers Fridtjof Nansen im freien Flug über dem Polarmeer. Die Luft gehörte ihm, Roald Amundsen. Erst mit dem Fliegen hatte er sich von seinem alten Meister emanzipieren und eine neue, eigene Ära in der Polarforschung einleiten können. Ausgerechnet von Nansens mächtigem Schatten wieder eingeholt zu werden wäre das Schlimmste für ihn gewesen. In dem Moment, als er Oberst Nobiles widerwilliges *va bene* für die halsbrecherische Jahreszahl 1926 in der Tasche hatte, fürchtete er Nansens schwerfällige internationale Maschinerie nicht mehr.

Amundsen begann sein nächstes Buch: *Die Jagd nach dem Nordpol. Mit dem Flugzeug zum* 88. *Breitengrad*. Täglich schrieb er zwei- bis dreitausend Wörter. Ende des Monats verzeichnete er «ungefähr 10 000 worte, aber ich brauche 30 000, also weiter». Bald zog auch der lyrisch begabte Leutnant Riiser-Larsen in das Schriftstellerhaus in Svartskog. Der Chef hatte nicht vor, die Masse der Wörter allein zu stemmen.

Am 5. August fuhr er geschäftlich in die Stadt. Er begutachtete die neuen Lichtbilder und klärte, dass die Premiere seines neuen Vortrags bereits eine Woche später im Nationaltheater stattfinden sollte. Des Weiteren besprach er sich mit seinem Verleger und holte vom Journalisten der Expedition, Fredrik Ramm, das Versprechen über zusätzliche 15 000 Wörter für das Buch ein. Bald konnten die Kronen zu rollen beginnen.

Aber es ereignete sich noch etwas an diesem sonnig klaren Mittwoch. «Bekam telegr. von K., daß sie samstag abreist.» Sie kam! In wenigen Tagen würde sie in Svartskog sein. In einem Jahr würde sie ganz zu ihm kommen. Das Ziel kam tatsächlich in Reichweite. Er brauchte nur noch die Arme auszustrecken.

«Telegrafierte: Verhältnisse verändert. Rate von abreise ab. Schreibe später.» Er wollte Kiss nicht mehr! Er riet ihr davon ab, zu kommen. Das war der Umsturz. Die Verhältnisse *hatten* sich geändert.

Was war geschehen?

Zweieinhalb Monate waren vergangen, seit Roald Amundsen Kiss Bennett seinen Abschiedsgruß geschickt und Kurs auf den Nordpol genommen hatte. «Vergiß nicht, daß dich dein junge bis zum letzten atemzug aus ganzer seele geliept hat.» Seitdem war ihm ein neues Leben geschenkt worden.

Ihre ersten Briefe nahm er froh und dankbar entgegen. Trotz der Grenzerfahrungen, die hinter ihm lagen, schien sich der Polflieger rasch wieder in die Beschränkungen des alten Verhältnisses hineinzufinden. Erst als sie Auf- und Ausbruch und vollständige Vereinigung in Aussicht stellte, ging er auf Abstand. Im gleichen Augenblick, da sie Tickets nach Norwegen bestellte, kündigte er den Bruch an.

Denn genau das tat er. In einem zwei Jahre später an Niels Gudde geschriebenen Brief beleuchtete Amundsen die Auflösung des Verhältnisses. Konsul Gudde, der seit längerem in Asien lebte, hatte dem Polflieger eine Einladung, vermutlich nach London, telegraphiert, die dieser «leider» ablehnen musste, «aus dem grunt, daß sich die verhältnisse seit dem letzten mal, als du & ich uns trafen und so viele unvergeßliche stunden miteinander verbrachten, nach und nach verändert und nun einen ganz anderen charakter angenommen haben». Diese allmähliche Distanzierung begann mit dem Telegramm aus Svartskog.

Es ist mehr als wahrscheinlich, dass sich Kiss auch dieses Mal im entscheidenden Moment wieder nicht aus den vielen Verankerungen ihrer Ehe losgerissen hätte. Doch der Polfahrer hatte bereits ein Wunder erlebt, und als die Göttin tatsächlich Billetts bestellte – wenn auch nur für einen Kurzbesuch –, begannen die Wunschträume der Wirklichkeit bedrohlich auf den Leib zu rücken.

Hinter alldem ist ein Muster erkennbar. Das Gleiche hatte sich mit Sigrid Castberg abgespielt. Vor seinem Aufbruch zum Südpol hatte er sie bekniet. Zwei Jahre später, während er noch in Argentinien weilte, war sie auf ihn zugekommen, doch da war es zu spät: Sie war nicht gekommen, als *er* sie gebeten hatte. Danach brach er jeden Kontakt ab. Zwei Dinge waren dabei von Wichtigkeit: Zuerst hatte *sie* ihn zurückgewiesen, und zweitens fand sein Rückzug aus Rücksichtnahme auf sie statt. Er verzichtete aus Anstand und Ritterlichkeit.

Der Polfahrer hatte sie gebraucht, *bevor* er aufbrach. Die Frau war eine treibende Kraft. Sie gab Fleisch und Blut für die große Kraftprobe. Mit der Stunde des Triumphs wurde sie überflüssig. Sigg hatte den Südpol verkörpert, wie Kiss den Magnet hinter dem Nordpol darstellte. Winterlang hatte der Polfahrer gekämpft, um sein Ziel zu erreichen. Nun war es vollbracht, er hatte seinen Ruf wiederhergestellt. Im nächsten Sommer würde er trockenen Fußes auf den Flügeln des Triumphs nach Alaska segeln.

Bald dreizehn Jahre lang spielte er «die Mandoline unter ihrem Fenster». Sobald sie die erste Stufe zu ihm hinab nahm, ließ der Ritter sein Instrument fallen und galoppierte auf seinem hohen Ross davon.

Dem Telegramm folgte ein Brief nach London. Darin legte er seine Gründe dar. Die Schlussfolgerung war nicht schwer zu ziehen, denn es war ursprünglich die ihre, doch nun konnte er endlich akzeptieren, was *ihren* Zurückweisungen die ganze Zeit zugrunde gelegen hatte: der Bund mit dem Ehemann und – vor allem – Rücksichtnahme auf die Kinder. Das Entscheidende ist, wer der Verletzte ist. In dem Brief an Niels Gudde schrieb er: «Ich will dich nicht mit erklärungen ermüden, worin diese veränderungen bestehen, sondern lediglich sagen, daß ich sie aus tiefstem herzen bedaure.»

Roald Amundsen hatte den Nordpol nicht erreicht. Doch aus dem Flugzeug hatte er ihn fast sehen können. Und mit den Echolotschüssen hatte er mit Sicherheit feststellen können, dass das Ziel auf dem Grund des Meeres lag.

So hatte er seine beiden Pole erobert. Für jeden von ihnen hatte er die Gunst einer Frau errungen. Doch in der Stunde des Sieges zog er sich zurück. Nur in dieser Lage konnte er es unter Wahrung seines ganzen Stolzes tun. In der Doppelklimax von Anbetung und Zurückweisung befand er sich auf seinem höchsten Punkt.

Roald Amundsen suchte nicht das Glück, sondern das Leiden. Oder, um es präziser auszudrücken, er suchte nicht Zärtlichkeit, sondern Mitleiden.

Es gab jemanden, den er mehr liebte als alles sonst auf der Welt.

I II III IV **V** VI

Der verlorene Kontinent

39 Mussolini sei Dank

Zu den Tönen der «Norwegischen Rhapsodie» hebt sich der Vorhang. Vor eine schlichte Dekoration, die norwegische Fahne, tritt Roald Amundsen, schlank, wettergegerbt. Es ist der 14. August 1925, und der neue Vortrag des Entdeckers erlebt seine Welturaufführung. Erst eine Woche zuvor hat er sein neuestes Buch abgeschlossen (22 000 Wörter). Doch sein eigentliches Medium ist – das Theater.

Das Premierenpublikum ist in Gala. In der ersten Reihe sitzt Baron Wedel-Jarlsberg, der Diplomat hinter dem Svalbardtraktat, umgeben vom diplomatischen Korps. Weiter hinten ist der Saal mit in- und ausländischer Prominenz gefüllt. Sowohl der amtierende wie der designierte Premierminister sind anwesend. Man nimmt zur Kenntnis, dass Madame Hériot die norwegischen Gewässer noch nicht verlassen hat. Unmittelbar ehe sich der Vorhang hebt, nimmt die königliche Familie in ihrer Loge Platz.

Es ist halb sechs am Nachmittag, Veranstaltungsort das Nationaltheater in Norwegens Hauptstadt und das gegebene Stück dem zeitunglesenden Publikum bereits in groben Zügen bekannt; aber die Glasplatten kommen frisch aus dem Fotolabor, und die Handlung erscheint derart mirakulös, dass man sie gern aus dem Mund des Dramatikers selbst hören möchte. Roald Amundsen darf wieder in seine Rolle schlüpfen und den heimkehrenden Polarforscher mimen, den Mann, der die Welt entschleiert und der neue Bilder aus dem Dunkel hervorzaubert.

Der Kritiker des *Dagbladet* vermeldet am nächsten Tag, der Polfahrer habe «seinen Vortrag gänzlich frei und mit lauter, angenehmer Stimme gehalten». Außerdem bekräftigt er, normalerweise sei die Aula der Universität der gegebene Ort für wissenschaftliche Vorträge, doch für die gestrige Vorstellung habe das Nationaltheater genau den passenden Rahmen abgegeben. «Seit Ibsen und Bjørnson hat niemand mehr die Phantasie des norwegischen Volkes so in Bewegung versetzt wie Amundsen. Seine Leistung sprach unser Vorstellungsvermögen unmittelbar an. Wir alle benötigen Motivation, und Roald Amundsen hat sie in uns zum Klingen gebracht. Sein Tatendrang, sein Vorwärtsdrang, sein Traum und sein Verlangen haben derart stark auf uns gewirkt, daß wir ihrer teilhaftig wurden.» – Selbst die kapriziöseste Primadonna konnte mit einer solchen Kritik zufrieden sein.

Scotts und Amundsens Doppelbiograph Roland Huntford schrieb, Amundsen habe «sämtliche Instinkte eines Künstlers besessen». Diese Beobachtung weist tatsächlich auf den Kern seines Wesens. Roald Amundsen war Polarforscher mit künstlerischer Ader. Und das nicht, weil er wie Nansen oder Julius von Payer künstlerisches Talent besessen hätte. Gemessen an seinen Auflagenzahlen und dem Stoff, aus dem er schöpfen konnte, liegt seine schriftstellerische Leistung um Breitengrade von dem entfernt, was man große Literatur nennt, und selbst seine sparsamen Skizzen beschreibender Natur reichen, um die völlige Abwesenheit von künstlerischem Talent zu bescheinigen. Seine Schaffenskraft war sehr eingleisig, sie beschränkte sich auf die Tat.

Ohne es selbst zu ahnen, befand sich Roald Amundsen in diesen Tagen auf dem Gipfelpunkt seiner Laufbahn. Den Nordpol hatte er nicht erobert, dafür aber die Herzen der Menschen. Dagegen sollte sich sein Flug über das Polarmeer als Sinkflug erweisen.

Keine äußere Begebenheit konnte verhindern, dass Roald Amundsen immer weiter in eine Phase innerer Auflösung hineintrieb. Er hatte sich von den beiden Menschen losgerissen, die ihm am nächsten standen, zuerst von Leon, abrupt und erbittert, und nun auch, stückchenweise und ritterlich, von Kiss.

Leon Amundsen war der unverzichtbare Puffer zwischen dem unberechenbaren Polarreisenden und einer komplizierten Um-

Polarreisender und Bühnenkünstler. Nach der Premiere seines neuesten Vortrags verlässt Roald Amundsen das Nationaltheater.

welt gewesen. Die Beziehung zu Kiss Bennett beruhte in vielem auf Illusionen, und doch hatte sie ihm inneren Halt gegeben, ein Ziel, das er verfolgen konnte. Beide waren eigenständige Persönlichkeiten, die mit beiden Beinen in ihrem eigenen Leben standen. Fortan sollte sich der Polfahrer mehr und mehr Menschen suchen, die bereit waren, sich ihm zu unterwerfen.

Henrik Ibsen, der große Dichter des Nationaltheaters, beschloss seine Autorenkarriere mit *Wenn wir Toten erwachen. Ein dramatischer Epilog*. Dieser Titel hätte genauso gut über dem aktuellen Vortrag des Polfliegers stehen können. Ein Epilog zu seinem Leben hätte hingegen seine Einsichten besser aus einem früheren Ibsen-Stück bezogen: *Ein Volksfeind*. Die Handlung darin endet mit einer «großen Entdeckung», indem die Hauptperson, Doktor Stockmann, den ebenso stolzen wie verfehlten Schluss zieht: «Der stärkste Mann hier auf dieser Welt, das ist der, der ganz für sich allein steht.»

Für die Welt stand Amundsen quasi über Nacht wieder als erfolgreicher Entertainer mit atemberaubenden Einnahmen da. Doch da die wirtschaftliche Seite der Flugexpedition juristisch von seinen privaten Vermögensverhältnissen getrennt war, stand er noch immer im Schatten des Konkurses. Auch wenn der Immobilienstreit mit Leon inzwischen vom Konkursgericht in die nächsthöhere Instanz gegangen war, durfte der Polfahrer allein durch die Gnade des Konkursverwalters weiterhin in Uranienborg residieren. Doch trotz seiner erwiesenen Gastfreundlichkeit musste Anwalt Rode in einem Rapport melden, dass sein Verhältnis zu Roald Amundsen «zeitweilig» äußerst gespannt sei. «Gleichzeitig Nationalheld und Konkursschuldner zu sein ist eine schwierige Situation und macht das Verhältnis auch für den Konkursverwalter nicht leicht.» Als der Anwalt in Erinnerung brachte, dass auch etwaige persönliche Einkünfte Amundsens aus der Expedition dem Konkursvermögen zufielen, brachte das den Polfahrer «gewaltig in Harnisch». Der arme Amundsen-Bewunderer Rode wurde regelrecht angegriffen, den großen Sohn der Nation zu einem «unmündigen wikkelkind» zu machen.

Zwei Tage vor dem Premierenabend im Nationaltheater traf die Meldung ein, die *Maud* sei aus dem Eis vor Sibirien freigekommen. Kapitän Wistings Schiff hatte seinen Vorstoß zum Nordpol definitiv aufgegeben und segelte Richtung Nome – ausschließlich die Solvenz ihres Eigners vor Augen. Auch die Gläubiger meinten einen Silberstreif am Horizont zu sehen.

Am 22. August machten sich Amundsen und Hjalmar Riiser-Larsen auf den Weg nach Italien. Der Polarreisende wäre vermutlich gern in aller Diskretion die Gangway hinaufgeentert, aber in Begleitung eines Fliegerhelden von elefantösen Ausmaßen ließ sich ein Inkognito auch nicht mit falschem Bart und Sonnenbrille aufrechterhalten. Also begaben sich die beiden auf eine Stippvisite in die Ewige Stadt, und niemand konnte bestreiten, dass sie ein Luftschiff im Visier hatten. Vor Amundsens innerem Auge gingen sie schon an Alaskas Nordküste an Land. Nun waren sie dabei, die ultimative Reise vorzubereiten, die letzte große Entdeckungsfahrt.

«Dank Mussolinis großem interesse an der sache wurde alles schnell und zu ausgezeichneten bedingungen geregelt», resümierte Amundsen die römischen Verhandlungen in seinem späteren Bericht. Es vereinfachte das Ganze, dass Benito Mussolini als Diktator in der Etablierungsphase persönlich den attraktiven Posten als Minister der Luftwaffe übernommen hatte. Am 1. September wurde der Vertrag über die Übernahme eines Luftschiffs von den beiden unterzeichnet, dem hochgewachsenen Napoleon des Eises und dem kurzgeratenen Römer. Damit war der Weg für eine reibungslose Zusammenarbeit zwischen Gleichgesinnten frei.

Bester Stimmung gönnten sich der Polreisende und der Premierleutnant eine wohlverdiente Spazierfahrt mit dem Auto durch die schöne Umgebung der italienischen Hauptstadt. Riiser-Larsen nahm die Rückbank ein, Amundsen setzte sich nach vorn zum Chauffeur. Am Steuer saß an diesem sonnendurchfluteten Spätsommertag kein Geringerer als der, der sie in einem Dreivierteljahr mit einem Luftschiff über das Polarmeer gondeln sollte: Umberto Nobile. Lediglich Ellsworth fehlte; ansonsten saß die gesamte Expeditionsleitung im Automobil des Obersts. Die Landstraßen um Rom bildeten somit den Auftakt zur späteren transarktischen Tour durch die Luft.

Diese kleine Spazierfahrt füllt in der Autobiographie des großen Entdeckers nicht weniger als zwei ganze Seiten. Der kritische Punkt war das Tempo eingangs jeder Kurve. Selten haben sich die beiden zuvor bereits schwer geprüften Norweger enger von der Umarmung des Todes umklammert gefühlt als in Nobiles Fiat. Der Expeditionsleiter fand nicht nur die akute Situation lebensbedrohlich, sondern begann sich auch große Sorgen hinsichtlich ihrer gemeinsamen Zukunft zu machen. «Sein ganzes Gehaben während dieses Ausfluges zeugte von äußerster Nervosität, Zerfahrenheit und Mangel an ausgeglichenem Urteil.»

Erst fünfzig Jahre später äußerte sich der Chauffeur zu seinem, wie er meinte, «völlig normalen» Fahrverhalten. Der damals schon neunzigjährige Luftschiffkonstrukteur wies zunächst darauf hin, dass er seit 1910 im Besitz eines Führerscheins war und nur ein einziges Mal von der Straße abgekommen sei, und das im Nebel. «Amundsen bemerkte, daß ich aufgrund der zentrifugalen Kräfte akzelerierte, wohingegen er nicht mitbekam, daß ich jeweils schon vorher gradweise die Fahrt herabgesetzt hatte», argumentierte Nobile auf seine sachliche Art. Nicht einmal über das Ziel der Spritztour sind sich die beiden einig gewesen. Amundsen meinte auf dem Weg nach Ostia zu sein, während Nobile die Hafenstadt Anzio ansteuerte. Der sich über fünfzig Jahre hinziehende Dissens erlaubt eigentlich nur eine Schlussfolgerung: Die beiden haben in ein und demselben Fiat gesessen, aber nicht im gleichen Kosmos.

Die gemeinsame Luftfahrt wurde nach der Probefahrt auf der Landstraße wider Erwarten nicht zu den Akten gelegt. Aber dieser Ausflug mit dem Oberst am Steuer, dem Chef auf dem Beobachterposten und dem Fliegerass auf dem Rücksitz enthielt bereits in etwa die meisten Motive, die die kommende Expedition prägen sollten.

Am 9. September wurde das Abkommen mit den Italienern auf der Generalversammlung der Norwegischen Luftverkehrsvereinigung in Oslo öffentlich bekanntgegeben. Zur allgemeinen Zufriedenheit verlautbarte, dass das Luftschiff N-1 auf seiner Fahrt den stolzesten aller Namen tragen würde: *Norge*. Premierleutnant Riiser-Larsen informierte die Versammlung. Der unsterbliche Polfahrer war erstaunlicherweise krank. Der Presse versicherte er jedoch beruhigend, «bei seiner Krankheit handele es sich lediglich um ein kleines Unwohlsein».

Am gleichen Tag, an dem die neuen Pläne auf den Zeitungsseiten erschienen, setzte sich Roald Amundsen an den Schreibtisch und formulierte einen kurzen Brief an Benjamin Vogt: «Lieber hr. Botschafter. Es tut mir so leid, ihnen schreiben zu müssen, daß ich nicht wie verabredet nach London kommen kann. Eine kleine unpäßlichkeit von nicht sehr ernster natur hat dazu geführt, daß mir mein arzt bis zu meiner abreise nach Amerika im oktober absolute ruhe verordnet hat.»

Nach der Rückkehr hatte Amundsen auch eine Einladung der

norwegischen Kolonie in London erhalten. Man wünschte sich, den sagenumwobenen Landsmann wieder genauso zu feiern, wie man es nach der Nordwestpassage und nach dem Südpol getan hatte. Eine Neuauflage des alles verändernden Fests am 16. November 1912 im Hotel Cecil stand bevor, genau dem Ort, an dem er der schönen Dame in Rot begegnet war.

Ein Monat war inzwischen seit dem entscheidenden Telegramm an Kiss ins Land gegangen. In der Zwischenzeit hatte er seine Vortragspremiere im Nationaltheater erlebt und in Rom den Vertrag über das Luftschiff unterzeichnet, das ihn an das endgültige Ziel seiner Träume bringen sollte. Die Verhältnisse *waren* verändert. Die Entscheidung des Polfahrers war gereift. Früher war sie diejenige, die von allen möglichen Wehwehchen befallen wurde, sobald ihr Verehrer anklopfte. Nun war er es, der bereit war, das Wohlwollen ganz Europas einem unguten Gefühl in der Magengegend zu opfern, um der Wiederholung in London zu entgehen. Roald Amundsen hatte sich definitiv von Kiss Bennett verabschiedet.

Selbstverständlich musste der Polarheld seine Absage zurücknehmen. Sie wurde weder in London noch sonst wo akzeptiert. Ein abgehärteter Polarreisender kann nicht Verträge über Zehntausende, Vorträge und Bankette oder Treffen mit Staatsoberhäuptern in etlichen Hauptstädten platzenlassen, weil er sich eines schönen Septembertages ein wenig indisponiert fühlt.

Der Polfahrer hatte sich in Begleitung seines Nächstkommandierenden hübsch auf den Weg zu machen, und bald konnten die Zeitungen wieder von der sich von Stadt zu Stadt fortpflanzenden Begeisterung schreiben. Roald Amundsens großartige Leistung war etwas, um das sich ein verwirrtes Europa Mitte der zwanziger Jahre in gemeinsamer Bewunderung scharen konnte, handelte es sich doch um ein existenzielles Urdrama, das den neuen Verhältnissen in der Alten Welt wohltuend fernstand. Unter den Prominenten im Kopenhagener Publikum befanden sich sowohl der Vertreter der neuen Sowjetrepublik als auch die im Exil lebende Kaiserinnenwitwe. Die Erzählung vom heroischen Kampf der Flieger und ihre wundersame Auferstehung ergriffen sie alle.

In der dänischen Hauptstadt wurde dem Polfahrer nach seinem Vortrag ein Lorbeerkranz um den Hals gehängt, doch noch während der feierlichen Bekränzung erschollen, laut Presseberichten, in dem proppenvollen Saal spontane Rufe: «Auf die Bühne mit Riiser-Larsen! Heraus mit dem Piloten! Worauf Riiser-Larsen in seiner gesamten stattlichen Erscheinung am Rednerpult erschien und den ihm zugedachten Teil des Beifalls entgegennahm.» Das Publikum erspürte durchaus, wer der wirkliche Held des Actiondramas war. Selbst unter dem Lorbeerkranz drohte der weißhaarige Hundeschlittenfahrer in den Schatten des Fliegers zu geraten.

Als sie in Prag, der Hauptstadt der noch jungen Tschechoslowakei, einfuhren, war der Bahnhof schon um sieben Uhr morgens überfüllt. In der abgedankten Kaiserstadt Wien fiel die Begeisterung kaum geringer aus. Alles war auf den Beinen, und der Polarreisende wirkte frischer als je zuvor. Einer Zeitung erklärte er, dass er nicht im Geringsten müde sei. «Von einer Stadt in die nächste zu jagen, dieses Tempo ist mein Element.»

Nur in Berlin, der Hauptstadt von Reichspräsident Hindenburgs und Mechaniker Feuchts Vaterland, fiel die Reaktion gemischt aus. Nicht zuletzt wegen seines antideutschen Auftretens während des Weltkriegs war Amundsen nun bei Teilen der deutschen Bevölkerung unbeliebt.

Zu seinem Vortrag in der vollbesetzten Krolloper am 17. September marschierte Polizei auf, um eventuellen Störungen zuvorzukommen. Draußen vor dem Gebäude wurde demonstriert, und es wurden nationalistische Flugblätter verteilt, aber sonst ging die Veranstaltung ohne Skandal über die Bühne. Lediglich in seinem Hotelzimmer wurde der Polarheld direkt mit seinen Gegnern konfrontiert, als sich ein Major a. D. eindrängte, um dem Norweger einmal seine kaisertreue Meinung zu sagen. Zum Ausgleich hielt Außenminister Gustav Stresemann auf dem Botschafterempfang im Hotel Adlon eine schöne und vergnügliche Rede auf den Ehrengast.

Die nicht immer dankbare Aufgabe, im Herbst weiter durch die deutschen Städte zu tingeln, wurde Hjalmar Riiser-Larsen übertragen. «Bisher ist es kaum einmal halb voll gewesen, und als Folge davon war es durch den starken Hall schwer, sich verständlich zu machen», berichtete er an die Luftverkehrsvereinigung. «Gegen meine Vorträge wird eine mächtige Propaganda aufgefahren. Man wütet gegen A. wegen der Ordensgeschichte und gegen A. und mich, weil wir ein italienisches Luftschiff verwenden und kein deutsches.»

Amundsens bevorstehende Expedition wurde als Konkurrenz zu Nansens internationaler Luftfahrtunternehmung betrachtet. Dr. phil. Hugo Eckener, der im Vorjahr die erste Nonstop-Atlantiküberquerung in einem Zeppelin vollbracht hatte, baute nun an einem Riesenzeppelin für dieses Vorhaben.

Beide Doktoren, Eckener wie Nansen, hatten sich gewünscht, Amundsen in die Internationale Gesellschaft zur Erforschung der Arktis hineinzuziehen, aber derartige akademische Konstruktionen waren nichts für einen Mann vom Schlage Amundsens. Nach einigen Ersuchen in dieser Richtung erteilte er Nansen seine definitive Antwort erst im Herbst 1926, und sie dürfte den alternden Friedenspreisgewinner ziemlich verblüfft haben: «Der grund ist ganz einfach der, daß ich letztes jaar auf meiner vortragsreise aus deutschland rausgeschmissen wurde, und deshalb nichts mehr mit dieser nation zu tun oder auch nur die entfernteste verbindung zu haben wünsche.»

Es war zehn Jahre her, seit er mit dem deutschen Kaiser gebrochen hatte. Jetzt brach er zum zweiten Mal, und das mit der ganzen Nation. Der erste Bruch hatte seinen ganz konkreten Anlass in den Angriffen deutscher U-Boote auf norwegische Seeleute, der zweite in einigen Flugblättern und der Zudringlichkeit eines kaisertreuen Exmajors. Der Polfahrer war nie «hinausgeschmissen» worden, im Gegenteil hatte ihn der führende Staatsmann der Republik geehrt. Das offizielle Deutschland hatte alles getan, um Ruhe und Würde um seine Person zu schaffen.

Der Bruch mit der Weimarer Republik zeigt eine Wirklichkeitsauffassung und ein Verhaltensmuster, die für die letzten Jahre im Leben des Polarforschers kennzeichnend sind.

Am Nachmittag des 26. September 1925 traf Roald Amundsen in der Londoner Victoria Station ein. Von seinem Fliegerass und dessen Frau begleitet, kam er aus Paris. Es sollte sein letzter Einzug in die Hauptstadt des Empires sein. Der Aufenthalt dauerte nur kurz.

Noch am gleichen Abend fand im Hotel Cecil ein Bankett statt. Einhundertsechzig festlich gekleidete Gäste waren zur Stelle, um ihren beiden Landsleuten zu huldigen. Botschafter Vogt hielt eine Rede auf den Polfahrer, der in seiner Antwort den Dank an seine Männer weiterreichte. Unter den Anwesenden befand sich übrigens auch der ehemalige Südpolfahrer Kristian Prestrud, noch immer mit der Gesandtschaft in London verbunden. Laut Zeitungsreferat sprach er «begeistert über seinen ehemaligen Chef Amundsen und brachte einen Toast auf seine Kameraden aus». Nach dem Essen verlagerte sich das Fest in den Norwegischen Klub, wo der Polfahrer zum Ritter von dessen Orden, «Der norwegische Bär», geschlagen wurde.

Es war vermutlich das letzte Mal, dass der neuernannte Bärenritter seine Göttin traf. Der Kontakt wurde ausgesprochen freundschaftlich aufrechterhalten, aber er fuhr nie wieder nach London. Nach einigen hektischen Tagen begab er sich am 30. September an Bord des Amerikadampfers. Europa überließ er seinen beiden Leutnants. Riiser-Larsen sollte den Kontinent bereisen, Dietrichson den Norden und die Britischen Inseln.

Und während die Norweger die Welt abfischten, kümmerte sich der Italiener Nobile um das Luftschiff *Norge*.

40 **Der Konzernchef**

Wenn Roald Amundsens erste Expedition an einen Junggesellenausflug oder an einen Seeräuberzug erinnerte, nahm seine letzte die Gestalt eines internationalen Konzerns an. Der Polfahrer hatte das Ziel festgelegt und den Termin vorgegeben, außerdem basierte das ganze Unternehmen auf seinem Namen und seinem Ruf. Aber nicht er führte die täglichen Geschäfte, ja, man kann nicht einmal sagen, dass er die leitende Hand gewesen sei.

Während er Richtung New York den Atlantik überquerte, befand sich das erste Expeditionsmitglied schon auf dem Weg nach Spitzbergen. Premierleutnant Johan Høver hatte den Auftrag, das Grundstück für ein neues gigantisches Bauwerk in Kings Bay auszusuchen. Später folgten Schiffsladungen mit Baumaterial, Halbfertigteilen, zwanzig Zimmerleuten und anderen Handwerkern. Das Ganze sah nach einer neuen Industrieansiedlung in der kargen Bergarbeitersiedlung aus.

Der Hangar für das Luftschiff *Norge* sollte auf einer Grundfläche von 110 × 34 Meter mit einer Höhe von 30 Metern errichtet werden und bestand aus einem riesigen engmaschigen Holzgittergerüst, das mit enormen Trossen auf einem Fundament aus Zement verankert wurde. Die Halle besaß kein Dach, aber die Seitenwände wurden mit Segeltuch bespannt, weil es in erster Linie darum ging, Windschutz zu bieten.

Im Vergleich zu dem Fertighäuschen, Modell «Framheim», das Holzschnitzer Stubberud und Skischnitzer Bjaaland im Verlauf weniger Tage auf der Unterseite der Erde zusammengebaut hatten, handelte es sich hier um ganz andere Dimensionen. Aber auch die Mannschaft in Kings Bay musste überwintern. Sie arbeitete bei niedrigen Temperaturen mit mächtigen Scheinwerfern in der Dunkelheit der Polarnacht.

Damit das Luftschiff *Norge* sicher den äußersten Vorposten erreichen konnte, mussten auf norwegischem Gebiet erst drei Verankerungsmasten zum Festmachen errichtet werden. Für den Transport durch Europa gab es bereits Landeplätze, aber das Gebirgsland im Norden besaß noch keine Einrichtungen für fliegende Riesenwale.

Die Expedition entstand so zunächst als bedeutendes Stück Ingenieurkunst auf dem Reißbrett. Oberst Nobile entwarf speziell für sein halbstarres Luftschiff den Hangar und die hohen Masten.

Es wurden Beschlüsse gefasst und Pläne umgesetzt, ohne dass Amundsen direkt involviert gewesen wäre. Der Polfahrer tat, was er immer getan hatte: Er absolvierte Vortragsreisen. Er war noch immer der Gleiche. Ausgetauscht worden war sein Bruder Leon, und zwar gegen einen international diversifizierten Expeditionskonzern.

Seiner Persönlichkeit nach war Amundsen so autokratisch wie ein Feldherr auf dem Schlachtfeld oder ein Künstler in seinem fiktiven Universum. Die demokratischen Faxen, die er zuweilen inszenieren musste, waren selten mehr als fadenscheinig. Gleichwohl hatte er schon frühzeitig Machtbefugnisse delegieren müssen. Es gab Etliche, die weitreichende Vollmachten von ihm erhalten hatten. Doch damit sollten sie in seinem Sinn agieren. Der Chef gab nur ungern das letzte Wort ab.

Erst mit dem versuchten Flug zum Nordpol war das anders geworden, da hatte er in seinem zweiten Mann eine energische Triebkraft bei den Vorbereitungen und einen hervorragenden Fachmann in der Praxis bekommen. Alles wurde im Geist des Chefs von einem Mann ausgeführt, der sein Vertrauen nie enttäuschte. Neben Lincoln Ellsworth war Hjalmar Riiser-Larsen der große Glücksgriff in dieser letzten Phase von Amundsens Laufbahn gewesen.

Der Luftschiffhafen in Kings Bay. Das Bild zeigt den Hangar und den Vertäuungsmast mit dem winzigen Bergarbeiterort Ny-Ålesund im Hintergrund. Die Skispur ist nur von symbolischer Bedeutung. (Sie führt auf das Denkmal für die fliegerische Heldentat des Vorjahres zu.)

Nun sollte alles ganz anders werden.

Der zentrale Fachmann in der Vorbereitungsphase wie bei der Durchführung der Unternehmung war diesmal durchaus kein williges Werkzeug in den Händen des Chefs. Umberto Nobile stand für eine ganz andere Kultur, für ein anderes Volk und für eine andere Flagge. Außer Nobile und Amundsen selbst nahmen noch drei weitere Männer Führungspositionen ein. Zunächst Rolf Thommesen, der Vorsitzende der Norwegischen Luftverkehrsvereinigung, die als verantwortliche Reederei des Luftschiffs auftrat. Dann der Fliegerheld Riiser-Larsen, der keineswegs geneigt war, seine Position als Stellvertreter des Chefs aufzugeben. Und schließlich der Amerikaner Ellsworth, der sich diesmal seinen Platz an Amundsens Seite für 100 000 Dollar erkauft hatte. Er stand für diesen bedeutenden finanziellen Beitrag, repräsentierte aber zugleich auch eine dritte Nationalfahne und – wie sich herausstellen sollte – ein komplizierendes psychologisches Element.

Nicht nur die Leitung der neuen Expedition war problematisch. Ebenso gab die Zusammensetzung der Mannschaft immer wieder Anlass zu Streitereien, gern mit nationalistischen Untertönen. Schon im Gefolge des ersten Galadiners auf amerikanischem Boden wurde der Chef vom ersten Personalkonflikt eingeholt.

Lincoln Ellsworth hatte sich mit seinen Dollars nicht nur eine formale Position, sondern auch eine reelle Funktion erkauft. Man hatte ihm die Schlüsselposition als Navigator des Luftschiffs zugesichert. Das war mehr, als Leutnant Dietrichson akzeptieren konnte.

Schließlich hatte Leif Dietrichson am 15. Juni 1925 die heldenhafte Navigation aus dem Reich des Todes zur Auferstehung vollbracht. Außerdem war er Ellsworths Lehrer in diesen Fragen und behauptete, der Amerikaner sei für eine derart verantwortungsvolle Aufgabe nicht ausreichend qualifiziert. Der Chef wurde darüber von der Leitung in Oslo unterrichtet. Er entschied, Dietrichson frontal mit Prinzipiengründen anzugehen. Am 17. Oktober kabelte er aus New York: «Es kann unmöglich durchgehen, daß er auf der konferenz der luftverkehrsvereinigung getroffene beschlüsse kritisiert. Tut er es, ist er völlig unbrauchbar. Disziplin ist das a & o. Ohne geht es nicht.»

Trotz aller Disziplin scheint die Leitung ein gewisses Verständnis für die Argumente des Leutnants aufgebracht zu haben. «Was D. bekümmert», heißt es im Antworttelegramm, «ist, daß er die Schuld bekommen wird, wenn die Navigation schiefgeht, aber nicht den ihm gebührenden Teil der Ehre, falls die Navigation erfolgreich verläuft.»

Roald Amundsen aber, der sich in New York mit seinem stinkreichen Kompagnon vereinte, war nicht gewillt, den Mann, der seine Karriere gerettet hatte, wieder zu degradieren. «E. ist bereit», schrieb er, «sich vom posten des navigators zurückzuziehen, sofern er vor dem aufbruch der exp. merkt, daß er der stellung nicht gewachsen ist. Das ist alles, was wir mit billigkeit erwarten können. Im übrigen ist Dietr. auftreten unbegreiflich, er kennt E. doch so gut und weiß ganz genau, daß er sich nie in etwas einmischen wird. Er wünscht sich nur, in den augen der welt etwas mehr geleistet zu haben als ein gewöhnlicher teilnehmer.»

Weder Amundsen noch Ellsworth, die beide Dietrichson überaus schätzten, wollten ihn aus der Expedition verlieren. Genau das aber geschah. Noch ehe das Jahr um war, zog sich Leif Dietrichson von der weiteren Teilnahme zurück, vorgeblich aus «familiären Gründen». Der Kompetenzstreit zwischen den beiden Beobachtern sollte später seine Parallele in einem sehr viel undurchsichtigeren Konflikt um die Führung des Luftschiffs zwischen Riiser-Larsen und Nobile finden.

Mitten in den Vorbereitungen der *Norge*-Fahrt fand endlich die *Maud*-Expedition ihr unrühmliches Ende. Bei ihrem Einlaufen in Nome am 22. August ging die Polizei an Bord. Das Schiff wurde beschlagnahmt und später zugunsten des Konkursvermögens nach Seattle verkauft.

Sieben Jahre lang hatte die *Maud* versucht, die Strömung zu erreichen, die sie über den Pol treiben sollte. Vergeblich. Jetzt war sie von der neuen Zeit eingeholt worden. Das Schiff, das die Erbin der *Fram* und der Stolz des Vaterlands hatte sein sollen, wurde zum Aktivposten einer Konkursmasse degradiert. Das Schiff, das mit dem Eis driften sollte, wurde abgewrackt zugunsten eines anderen Schiffs, eines Schiffs, das über den Himmel segelte.

Aus Sicht des Polfahrers war die *Maud*-Expedition vollständig misslungen. Doch das war nicht das einzig mögliche Fazit. Ihr wissenschaftlicher Leiter, Dr. Sverdrup, schrieb Professor Bjerknes in Norwegen: «Nach populären Gesichtspunkten ist unsere Fahrt zweifellos ein Fiasko. Ich persönlich fühle mich jedoch in keiner Weise deprimiert, weil ich glaube, daß unsere wissenschaftlichen Resultate derart umfangreich und wertvoll sind, daß die unsere in der Rangfolge der Polarexpeditionen, die die Geophysik mit neuen

Daten und neuen Sichtweisen bereichert haben, weit oben stehen wird.» Und wenn man richtig darüber nachdenkt, sollte es sich ursprünglich ja auch um eine wissenschaftliche Forschungsreise handeln.

Die drei tristen Jahre unter Wistings Kommando und Sverdrups Leitung waren ohne den Mannschaftsschwund während Amundsens Zeit an Bord vorübergegangen. Der einzige Todesfall ereignete sich im Juli 1923, als Maschinist Syvertsen laut Wistings Diagnose an einer Hirnhautentzündung starb.

Doktor Wisting machte übrigens noch eine weitere medizinische Entdeckung. Nach einiger Zeit im ewigen Eis teilte er dem Chef telegraphisch mit, dass der schwedische Wissenschaftler an einem Herzfehler leide. Mit dem doppelten Handicap, Schwede und Akademiker zu sein, hatte der Meteorologe Finn Malmgren ohnehin keinen leichten Stand an Bord. Dr. Sverdrup zog aus der Zusammenarbeit mit ihm und Odd Dahl großen Nutzen, aber für das praktische Seemannsleben ließ der Schwede wenig Eignung erkennen. «M. hat keine Kraft, ist ungeschickt und vergeßlich», berichtete Sverdrup vertraulich an Bjerknes.

Am Abend des 4. November trafen die ersten drei Besatzungsmitglieder der *Maud,* der Russe Olonkin, der Schwede Malmgren und der Norweger Karl Hansen, mit der Amerika-Linie in Oslo ein. Vor dem Landgang wurden sie noch einmal eindringlich an ihre Schweigepflicht erinnert, weil von dem eigentlichen Expeditionsbericht noch einmal ein paar Kronen für das Konkursvermögen erwartet werden konnten. Ironischerweise hielt ausgerechnet Konkursverwalter Rode die Willkommensrede. Kraft seines Amtes war er Leon Amundsens Nachfolger als administrativer Leiter der Expedition. Besonders im Vergleich zu dem triumphalen Empfang, der den Heimkehrern des missglückten Nordpolflugs bereitet wurde, lud die portionsweise Heimkehr von Teilen der Konkursmasse zu ironischen Kommentaren ein. So druckte auch *Dagbladet* einen bissigen Leitartikel über den «von der Welt vergötterten Leiter und seine verlassene Mannschaft».

Kapitän Wisting ging als Letzter von Bord. Erst nachdem er mit dem Chef in Amerika konferiert hatte, fuhr Oscar Wisting Neujahr nach Hause. Sogleich suchte er zwecks Übernahme der *Maud*-Besatzung durch das Luftschiff *Norge* Rolf Thommesen auf. Allerdings empfahl er, weder dem unbeholfenen Schweden mit dem Herzfehler noch Karl Hansen neue Heuer anzubieten.

Nach der Heimkehr des Kapitäns wurde am 3. Februar 1926 in Oslo ein Essen zu Ehren der Besatzung gegeben. Fridtjof Nansen, der ansonsten eine beharrliche Tendenz zeigte, sämtlichen Feiern seines Kollegen fernzubleiben, hielt nun die Festrede auf die Männer der *Maud*. Auch wenn ein Krieg die Welt in Schutt und Asche gelegt hatte und Dynastien in den Staub gestürzt waren, hatte der Professor nicht seine moralische Verantwortung für ebendiese Expedition vergessen. Für diese wissenschaftliche Unternehmung hatte er an einem Tag vor bald zwanzig Jahren auf sein eigenes Vorhaben, den Südpol zu erobern, verzichtet. Dafür hatte er seinen jüngeren Landsmann dazu genötigt, die Bußfahrt mit der *Maud* anzutreten. Jetzt war der wissenschaftliche Teil der Expedition endlich abgeschlossen. Die Entdeckungsreise, die abenteuerliche Tat, der sportliche Teil würde nicht vollendet sein, ehe die *Norge* in Alaska landete.

In seiner Rede legte der große alte Mann des Eismeers großes Gewicht auf die Forschungsergebnisse, Schätze, die «durch ihre eigene innere Glut und Kraft leben», auch wenn sie nicht vom vergänglichen «weltlichen Glanz» umgeben sind. Er gedachte der Opfer, Tessems, Knudsens und Syvertsens, der «in das kalte, einsame Grab des Polarmeers gesenkt» wurde. Nach den Toten «gedachte» der Professor auch des Leiters der Expedition, auf dem Weg «zu neuen Zielen mit dieser unbeugsamen rastlosen Energie, die wir alle bewundern».

Die Energie also bewunderte der Professor, nicht mehr den Menschen. Fridtjof Nansen wusste seine Worte mit großem Bedacht zu wählen. Und mit Blick auf den ganzen hochgerüsteten Zirkus, der gerade um das Luftschiff *Norge* aufgebaut wurde, schloss er seine Rede mit: «Ein Hoch auf die leise auftretenden Männer der *Maud*!»

Auch Harald U. Sverdrup hatte Gelegenheit gefunden, den Chef in Amerika zu treffen, ehe er den Atlantik Richtung Heimat überquerte.

In einer Notiz, die er in Hinsicht auf eine eventuelle Verfilmung von Amundsens Leben anlegte, hielt er fest: «Im November 1925, einige Monate nach der Rückkehr der *Maud*-Expedition, traf ich Amundsen in New York. Er fragte mich, ob ich mit ihm in seinem Hotel essen wolle, wo er eine Überraschung für mich habe. Die Überraschung stellte sich als die Dame aus Alaska heraus, die ebensogut hier ins Waldorf-Astoria zu gehören schien, wie sie damals in einen Handelsposten in Alaska gepaßt hatte.» Diese Dame war Bess Magids.

Sverdrup kannte sie, wie die anderen Männer der *Maud* auch, von ihrem Aufenthalt in Deering und beschrieb sie nicht nur als «sehr attraktiv», sondern auch als die einzige «seriöse Affäre» unter den Frauenbekanntschaften des Chefs. Zieht man das dreijährige enge Zusammenleben an Bord der *Maud* in Betracht, dann sagt diese Äußerung einiges über Roald Amundsens Talent aus, seine tiefsten Empfindungen für sich zu behalten.

Wie ein Schachtelteufelchen also tauchte die Alaskaschönheit Bess Magids plötzlich an einem Tisch im Restaurant des Waldorf-Astoria auf. Auch wenn sie ebenfalls anderweitig verheiratet war, scheint das Verhältnis zu Bess ungezwungener gewesen zu sein als die hoch ambitionierte Beziehung zu Kiss. Die beiden Liebesverhältnisse fanden unter sehr unterschiedlichen gesellschaftlichen Bedingungen statt. Das Milieu amerikanischer Geschäftsleute und Glücksjäger mag dem norwegischen Polarreisenden durchaus nähergestanden haben als die durch viele Konventionen reglementierte britische Oberklasse. Unter seinen vorurteilsfreieren Freunden in New York genoss der Norweger ein unbeschwertes Leben mit Cocktailpartys und Pokerrunden. Das Ehepaar Magids gehörte ganz selbstverständlich zu diesem Kreis – wenn es nicht geschäftlich zu exotischen Zielen wie Alaska, China oder Russland unterwegs war.

Amundsens Beziehung zu der energischen dunkelhaarigen

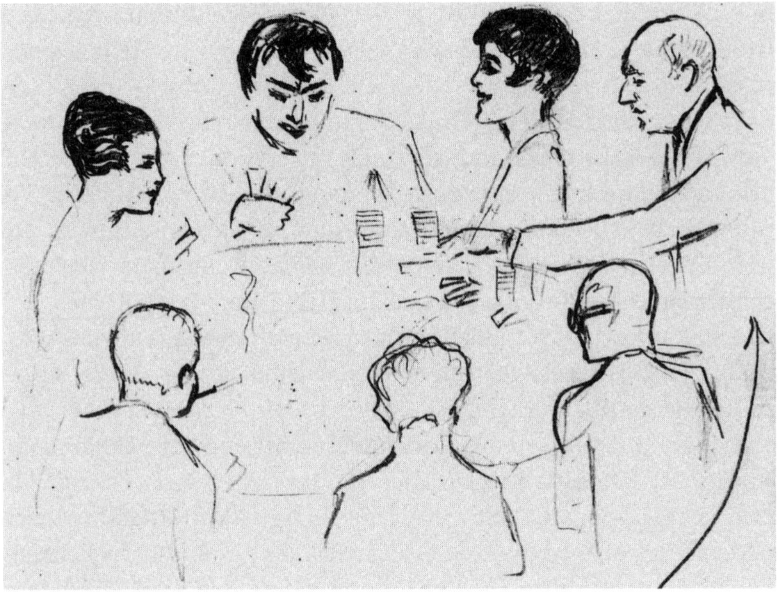

Ein Polarheld beim Poker. Diese bemerkenswerte Skizze erhielt Amundsen nach dem Abschluss des *Norge*-Flugs mit dem Brief einer jungen Bewunderin aus New York namens Julie Brown. Das Profil des Polfahrers lässt sich ganz rechts leicht wiedererkennen. Die Dame ganz links ist aller Wahrscheinlichkeit nach Anice Page Cooper, während die Konterfeis in der Mitte die Eheleute Sam und Bess Magids darstellen.

Schönheit besaß zu jener Zeit offenbar noch immer einen recht unverbindlichen Charakter. Doch da der Kontakt andererseits so schnell wieder angeknüpft wurde, darf man vermuten, dass der Polfahrer Bess Magids schon vor Augen hatte, als er den graduellen Rückzug von der Göttin auf Leigh Court einleitete.

Während seines Aufenthaltes in den Vereinigten Staaten fand Amundsen auch Gelegenheit, sich mit seinem Freund Herman Gade zu treffen, der diesen Winter in diplomatischer Mission in seinem zweiten Heimatland verbrachte. Wie stets unterstützte der Diplomat seinen Freund mit Rat und Tat. Auch Ellsworth stützte sich in verschiedener Hinsicht auf Gades Beurteilungen.

Ansonsten war der USA-Aufenthalt keine gute Zeit für den Polfahrer. «Mit meinen vorträgen läuft es, merkwürdig genug, schlecht», schrieb Amundsen seinem alten Mäzen Don Pedro. «Trotz der gewaltigen reklame, die ich hatte, rede ich oft vor leeren bänken. Vaudeville scheint das einzige zu sein, was die amerikaner zur zeit sehen wollen.» Der Kontrast zu Europa war unübersehbar.

Einen neuen Beweis der Begeisterung zu Hause lieferte das Erscheinen seines Berichts. Gade schrieb er dazu: «Das buch über den polflug kam am morgen des 8. oktbr. um 8 uhr in 10 000 expl. auf den markt – und war um 2 uhr nachm. ausverkauft und die 2. aufl. im drukk! Das dürfte rekord sein.»

Das Werk trug den Titel *Die Jagd nach dem Nordpol. Mit dem Flugzeug zum* 88. *Breitengrad* und enthielt somit eine dezente Aufrundung der exakten erreichten Position von 87° 43'. In den Verträgen mit amerikanischen Zeitungen war eine Honorarstufe beim Erreichen des 88. Breitengrads vorgesehen, und wegen der Fülle dramatischer Ereignisse im Buch galt es als vertretbar, das erhöhte Honorar zu zahlen. Nach dem, was sie durchgemacht hatten, gönnte ihnen die ganze Welt den Nordpol.

Amundsen hatte diesmal lediglich ein Drittel des Gesamtumfangs selbst geschrieben, aber wie immer erschien das Buch allein unter seinem Namen. Das war ein wunder Punkt, denn es bedeutete praktisch einen Vertragsbruch. Lincoln Ellsworth hatte sich nämlich nicht bloß in die Expedition, sondern auch in die Autorschaft eingekauft. Leider war der Bestseller der Saison aber in Druck gegangen, ohne dass man auf den Beitrag des Amerikaners gewartet hätte.

Wenn also auch ein Mitverfasser fehlte, war die Widmung dafür – wie immer – wohlüberlegt und diesmal auch von der Großmut und der erkämpften Ritterlichkeit des Polfahrers bestimmt:

«Den beiden, die alles Gute in der norwegischen Frau repräsentieren: Kirsten Riiser-Larsen und Gunvor Dietrichson, widmen wir dieses Buch.»

Auf platonischere Art konnte der Polfahrer kaum Gruß und Dank an «die norwegische Frau» in England schicken.

Es war nicht einmal ein Jahr vergangen, seit Roald Amundsen zuletzt mit seinen Vorträgen durch die Vereinigten Staaten getingelt war. Zwischen den beiden Tourneen hatte er eine Expedition in die Arktis geführt inklusive eines Kampfs ums nackte Überleben. Kein Wunder, dass der Fünfzigjährige allmählich zu spüren begann, dass seine Gesundheit angegriffen war. Gade schrieb er, er fühle sich nie «vollkommen allright». Schon vor Weihnachten wollte er die ganze Rundreise am liebsten abblasen, «weil ich nämlich nicht finde, daß das risiko, das ich dabei eingehe – meine gesundheit zu ruinieren – auch nur im geringsten im verhältnis zu den unbedeutenden einkünften und großen unannehmlichkeiten steht, die einen an so vielen orten erwarten».

Trotz der Enttäuschung in Amerika hätte der abgebrochene Flug zum Nordpol ein lukratives Geschäft sein können. Die Absprachen mit den Zeitungen, das Buch, der Film und die Vortragsreisen durch Europa erfüllten die wirtschaftlichen Erwartungen. Es war beabsichtigt, die Überschüsse aus dem «Rekognoszierungsflug» in die Finanzierung der nächsten Luftreise einzuspeisen. Doch selbst beachtliche Gewinne können sich in Verluste verkehren, wenn niemand gewillt ist zu sparen. «Das hätten die Teilnehmer und die Administration der Exp. einsehen und sogleich alle Ausgaben begrenzen müssen», heißt es im Kommentar des Buchprüfers. «Dies wurde leider nicht getan, und statt eines verhältnismäßig soliden ökonomischen Fundaments weist die Gesellschaft per 31. 12. 25 einen effektiven Unterschuß von kr. 60 000,– ohne nennenswerte Aktiva auf der Gegenseite auf, m. a. W. per 31. 12. 25 ist die Gesellschaft *vollständig insolvent*.»

Es zeigte sich, dass auch eine Aktiengesellschaft vom Verantwortungsbewusstsein des Einzelnen abhängig ist. Der Prüfer hielt es für angebracht, den Einsatz des Fliegerhelden besonders hervorzuheben: «Herrn R.-L. Ausgaben auf Vortragsreisen sind hoch, sogar sehr hoch.» Aber er war ja auch ein großer Mann.

Roald Amundsen beendete seine Tournee schon am 1. Februar, rund einen Monat früher als vorgesehen. So niedrig wie die Besucherzahlen war in etwa auch das Maß seiner Motivation. Die Einnahmen aus den Vorträgen gingen in das gemeinsame Fass ohne Boden und nicht in die eigene Tasche.

Obwohl Amundsen für den bevorstehenden Transpolarflug einen fast brutalen Zeitplan durchgedrückt hatte, hielt er es nicht für nötig, nach Beendigung seiner Arbeit in den Staaten nach Hause zu fahren. Im Gegenteil legte er noch, so kurz bevor das Ganze ins Rollen kommen sollte, einen guten Monat Urlaub ein. Erst in der ersten Märzwoche verließ er die USA. Die letzte Zeit verbrachte er in New York, wo er sich seinem neuen Hobby widmete: Cocktailshaking, in der entspannenden Gesellschaft ihn bewundernder Geschäftsleute und lebenslustiger Amerikanerinnen, unter ihnen das Ehepaar Magids.

Ein Grund für die fortgesetzte Abwesenheit des Polreisenden könnte darin bestanden haben, dass zu Hause in Norwegen immer noch unangenehme Dinge vonstattengingen. Am 18. Februar hielt Leon Amundsens Anwalt Albert Balchen sein Schlussplädoyer vor dem Osloer Obergericht. Dies waren seine letzten Sätze: «Abschließend möchte ich anmerken, daß ich vor der Revision des vorliegenden Falls beim Obergericht erklärt habe, mich einiger Beweismittel, die Guddes Vollmacht und die Überschreibung von Uranienborg auf Konsul Gudde betreffen, nicht bedienen zu wollen. In diesem Zusammenhang bittet mich mein Mandant, darauf hinzuweisen, daß er, sofern nun noch beim Obersten Gericht Berufung eingelegt werden sollte, diese Beweismittel dann in vollem Umfang zu verwenden gedenkt, da diese mehr als irgend etwas anderes Licht auf die Unstimmigkeiten zwischen den Brüdern und die Ursache ihrer Streitigkeiten werfen können.»

Damit deutete Leon an, dass er bis dahin noch nicht alle Fakten auf den Tisch gelegt hatte, und setzte den Bruder damit stark unter Druck. Das Bemerkenswerteste daran ist, wie deutlich Leon «Guddes Vollmacht» mit der «Ursache ihrer Streitigkeiten» in Zusammenhang brachte.

Als Bruder und als Geschäftsführer hatte Leon sein Verhältnis zu Roald auf zwei tragende Pfeiler gestellt: wirtschaftliche Absicherung durch die Immobilien und – das Wichtigste überhaupt – eine rückhaltlose Offenheit zwischen den Brüdern. Durch die heimliche Vollmacht für Rechtsanwalt Gudde im Jahr 1918 waren diese beiden Grundvoraussetzungen hintergangen worden. Es war das erste Mal gewesen, dass Roald Leon an der Nase herumführte. Das zweite Mal war das Doppelspiel mit Haakon Hammer und das dritte Mal, als er Herman Gade die Grundstücke verkaufen wollte.

Am 12. März lief der Polfahrer mit dem Amerikadampfer in Southampton ein. Ein halbes Jahr war vergangen, seit er zuletzt in England gewesen war. Damals war er ganze drei Tage geblieben, diesmal blieb es bei einem einzigen, an dem er die Hafenstadt nicht verließ. Seine beiden jungen Freunde Alfred und Peto hießen ihn willkommen. Die Bennetts waren jederzeit darüber informiert, wo er sich gerade aufhielt. Bei der Abreise am nächsten Tag hinterließ er einen Brief: «Liebe Kiss, nur zwei worte. War gerade mit deinen jungen zusammen und muß dir sagen, wie ich mich über die beiden freue. Ja, du hast wahrlich etwas, wofür es sich zu leben lohnt. – Außerdem ein warmer, inniger dank für die telegramme, die ich von dir & Peto [senior; Anm. d. Verf.] bekommen habe. Sie waren ein leuchtend heller punnkt in einem fahlen dunkel und Gott segne dich dafür. Dein ergebener Roald».

Dieser Brief, vielleicht der einzige noch existierende, von Roald Amundsen an Kiss Bennett dokumentiert deutlich den geänderten Charakter ihres Verhältnisses. Sie, die noch vor wenigen Monaten sein Ein und Alles gewesen war, hatte nun ihre Söhne, für die «es sich zu leben lohnt». Die Bekanntschaft mit dem Polfahrer war nun so beschaffen, dass auch der Ehemann seine telegraphische Unterschrift daruntersetzen konnte.

Aber noch immer war sie die Göttin, der «leuchtend helle punnkt» im Leben, während der Polfahrer weiter durch die Welt segelte, in ein «fahles dunkel» gehüllt.

41 Norweger in Rom

Am Nachmittag des 16. März hatte der Vorsitzende der Luftverkehrsvereinigung, Dr. Thommesen, nach Rom abreisen wollen, um dort im Namen des Landes und der Expedition das Luftschiff *Norge* in Empfang zu nehmen. Von einem Korrespondenten von *Tidens Tegn* wurde er dann jedoch darüber unterrichtet, dass Roald Amundsen noch am gleichen Tag in Oslo erwartet wurde. In Windeseile wurde im Büro des Chefredakteurs eine Besprechung anberaumt. Lincoln Ellsworth hielt sich bereits seit einigen Tagen in der Stadt auf, und so konnte Thommesen noch vor seiner wichtigen Reise nach Rom alle wesentlichen Fragen mit den beiden Expeditionsleitern erörtern.

Den ganzen Winter über hatten sich Amundsen und Ellsworth fern von allen internen Überlegungen und taktischen Planungen aufgehalten. Der Chef hegte zudem die Ansicht, über fast alles erhaben zu sein: «Für mich geht es einzig darum, ans ziel zu kommen», hatte er Thommesen im Februar geschrieben. «Damit vor augen kann alles andere umgemäht werden.»

Allerdings hatte sich Umberto Nobile im Januar fünf Tage lang in Oslo aufgehalten und auf Zusammenkünften mit der Luftverkehrsvereinigung eine Reihe heikler Probleme vorgebracht. Bei diesen Konferenzen hatten sich Amundsen und Ellsworth durch Riiser-Larsen vertreten lassen, der den Luftschiffbauer auch bei der Besichtigung eines weißen Phänomens, das sich Schnee nannte, begleitet hatte. Später hielt der Norweger schriftlich fest, dass der Oberst bei seiner ersten Begegnung mit diesem Element unhaltbar gefallen sei und man ihm erst wieder aufhelfen musste. «Von diesem Tag an war er spürbar nervös, was den Ausgang der Expedition betraf.»

Die empfindlichen Fragen drehten sich sämtlich um Italiens Ehre und die Stellung des Obersts in der Hierarchie der Expeditionsmannschaft. Welchen Namen sollte die Expedition tragen? Was war mit der italienischen Fahne? Was mit der Zusammensetzung der Mannschaft und den Befugnissen und Zuständigkeiten ihrer Führer? In all diesen Fragen lag Sprengstoff für Konflikte, und ohne Anwesenheit der vollständigen Expeditionsleitung ließen sich schlecht definitive Lösungen finden.

Die ganze Palette dieser Probleme wurde nun in Rolf Thommesens Büro in aller Schnelle durchgesprochen. «Danach schieden wir in bestem Einvernehmen», schrieb der Redakteur in einem späteren Bericht. Im nächsten Augenblick saß er im Zug nach Süden.

Schon vorher hatte der norwegische Gesandte in Rom in einem vertraulichen Memorandum ans Außenministerium festgestellt, dass alles, was die Beteiligung Italiens am Polflug betraf, dort als «Chefsache» der obersten Staatsführung behandelt wurde. Auf norwegischer Seite sah man hingegen das Luftschiff *Norge* als Privatsache Amundsens an. Damit war allerdings nicht gesagt, dass es sich nicht um eine Angelegenheit von nationalem Rang handelte, denn die Zeiten, in denen Roald Amundsen nur eine Privatperson war, waren lange vorbei.

Da die italienische Staatsführung sogleich das Propagandapotenzial des Unternehmens erkannt hatte, wurde ihr Anteil daran immer größer. In einer nachträglichen Aufstellung berechnete Thommesen Italiens gesamte finanzielle Beteiligung auf 840 000 Kronen. Demgegenüber belief sich der norwegische Beitrag aus öffentlichen und privaten Quellen samt Einnahmen auf weniger als 600 000 Kronen und der amerikanische, das hieß Ellsworths, auf knapp 570 000 Kronen. Solange man Mussolinis Gaben mit Dank annahm, war es auch nicht unbescheiden, wenn die italienische Beteiligung zumindest gleichwertig mit der amerikanischen anerkannt werden wollte.

Doch auch wenn das Königreich Norwegen von einer gesichtslosen parlamentarischen Regierung vertreten wurde, betrachteten sich Roald Amundsens Landsleute doch als eine Art Herrenvolk auf dem Gebiet der Polarforschung. Hier gab man nichts an der Tür, weder Respekt und Anerkennung noch Ehre. Es bahnte sich also ein nationaler Zusammenstoß zwischen den Schwarzhemden im Süden und den Blassgesichtern ganz oben im Norden Europas an.

Am kompromisslosesten war bis dahin Hjalmar Riiser-Larsen für Norwegens Sache eingetreten. Im Gegensatz zu Dr. Thommesen, dem administrativ Verantwortlichen, hatte Amundsens zweiter Mann durch Zugeständnisse an die Italiener auch nichts zu gewinnen. Dem Hünen, der in England eine Schulung für Luftschiffführer absolviert hatte, gefiel es nicht, im Schatten eines knirpsigen Italieners zu stehen. Sein ehrgeiziges Ziel war es, selbst die Führung über das Luftschiff *Norge* zu übernehmen.

Alle norwegischen Teilnehmer – mit Ausnahme des Chefs – waren im Lauf des Winters nach Rom gereist, um die notwendigen Schulungen zum Führen eines Luftschiffs zu erhalten. Aber das norwegische Grüppchen hatte sich in dem überdimensionalen Luftschiffhangar auf dem Flugplatz Ciampino ziemlich verloren gefühlt.

Oberst Nobile hatte sich ausbedungen, dass die Gondel nicht mehr als sechzehn Passagiere tragen dürfe, und fünf von ihnen sollten seine eigenen, speziell ausgebildeten Leute sein. Im Vergleich mit diesen Luftakrobaten fühlten sich die Norweger nicht wenig beiseitegesetzt. Wozu auch die norwegischen Skiläufer umschulen, wenn die Italiener die Kunst des Fliegens bereits vollkommen beherrschten?

Unter den mehr oder weniger arbeitslosen Norwegern griff denn auch bald Unzufriedenheit mit Nobiles Führung um sich. Mehr als einmal standen sie kurz davor, den nächsten Zug zurück nach Norden zu nehmen und das Luftschiff Luftschiff sein zu lassen.

Hjalmar Riiser-Larsens Gegenplan ging auf totale Konfrontation aus. Am 13. März legte der stellvertretende Kommandant in einem vertraulichen Schreiben an die Leitung zu Hause in Oslo dar: «Die äußerste Konsequenz, wenn wir die italienischen Forderungen rundweg ablehnen, wird nach Nobiles eigener Aussage darin bestehen, daß die italienische Regierung ihren Leuten die Teilnahme untersagt. Darauf bin ich seit langem vorbereitet und habe dementsprechend eine ausreichende Anzahl Norweger für einen Flug nach England auf alle Stationen eingeteilt. Dort könnte die norwegische Besatzung von hier mit Engländern komplettiert werden.»

Es war Riiser-Larsen, der für den Flug nach Norden einen Umweg über die Britischen Inseln arrangiert hatte, und er war es, der mehr als alle anderen auf einer größtmöglichen Zahl von norwegischen Teilnehmern an Bord insistierte. Weiterhin hatte der Zweitkommandierende dafür gesorgt, dass auf Spitzbergen noch weitere amundsenloyale Männer postiert wurden, denn er kalkulierte auch mit der Möglichkeit, die Italiener in einer gegebenen Situation von Kings Bay nach Hause zu schicken und die Norweger allein die Fahrt nach Alaska durchführen zu lassen.

Dass sich das Verhältnis zwischen norwegischen und italienischen Teilnehmern so wenig angenehm entwickelte, hatte sicher auch sprachliche Gründe. Nobile unternahm sogar einen Versuch, dieses Problem zu lösen. Um Zeitungsmeldungen und Fachtexte zu übersetzen, stellte er in der Fabrik in Rom einen eigenen Dolmetscher ein, die blutjunge dänischnorwegische Studentin Lise Lindbæk, die vorher eine Stellvertretung an der norwegischen Botschaft übernommen hatte. Sie spielte für die norwegischen Expeditionsmitglieder in Rom die Stadtführerin und konnte womöglich auch die Kommunikation zwischen den beteiligten Nationen verbessern.

Doch Mitte Februar meldete ein kopfschüttelnder Riiser-Larsen Dr. Thommesen: «Vor einigen Tagen deutete Nobile an, er gedenke seine norwegische Privatsekretärin, Fräulein Lindbæk, als Dolmetscherin mit nach Spitzbergen zu nehmen. Ich tat so, als hätte ich ihn nicht verstanden, um ihm nicht sagen zu müssen, wie lächerlich das wirken würde.» Die Norweger betrachteten den Gedanken nicht bloß als albern bis zum Weibischen, es war vielleicht auch ein listiger Plan, um hinter ihre geschlossenen Reihen zu gelangen. «Omdal erzählte mir, er habe das gleiche gehört, sie solle dabeisein, um Nobile darüber auf dem laufenden zu halten, worüber wir uns unterhalten.»

Lise Lindbæk kam nie nach Spitzbergen, arbeitete aber weiterhin für Nobile. Später wurde sie durch ihre antifaschistischen Reportagen bekannt, doch in ihrem Erinnerungsbuch *Brennende Erde* zeichnete sie ein sehr schmeichelhaftes Bild ihres Vorgesetzten. «Ich empfand sogleich eine unmittelbare und große Sympathie für meinen Chef und bekam nie einen Grund, diesen Eindruck zu revidieren. Er war 40 Jahre alt und sah blendend aus, eine beinah klassische Schönheit mit seinem reinen, edlen Antlitz und den geistvollen braunen Augen unter einer hohen klaren Stirn.» Das junge Fräulein Lindbæk hatte ein Auge für Männer. Unter den Norwegern wurde sie «am besten bekannt mit dem vorwitzigen und sympathischen Mechaniker Oskar Omdal».

Die Dolmetscherin gab darüber hinaus ein eindeutiges Bild von der starken Position Direktor Nobiles gegenüber seinen mehr als vierhundert Untergebenen: «In der Fabrik wußten alle, daß Nobile kein Faschist war und im Luftfahrtministerium viele Feinde besaß.»

Im Übrigen gab es noch einen weiteren sprachbegabten Norweger in Italien. Der junge, lebensfrohe und rastlose Dichter Nordahl Grieg hatte Chefredakteur Thommesen wissen lassen, dass er bereitstehe, auch kurzfristig die Stellung als Journalist der Expedition von Fredrik Ramm zu übernehmen, von dem er glaube, dass er früher oder später kalte Füße bekommen werde. Der Dichter war davon so überzeugt, dass er schon einmal im heruntergekommenen Venedig strategisch Posten bezog und geduldig auf seine Berufung in eine neue Zeit wartete. «Venedig ist heute ein Nichts», schrieb er seinem Bruder. «Eine von Faschisten und alten englischen Fräulein bevölkerte Stadt zu bewundern ist bloß ein lächerlicher Irrglaube. Gott weiß, ob man nicht auf so einer ‹Norge›-Reise, einer Reise, die absolut von 1926 durchdrungen ist, etwas erlebt, das größer ist als eine Drift über Eisgefilde, einen Eindruck bekommt, wohin die Kompaßnadel zeigt, neue Welten anstelle der alten.»

Nordahl Grieg wurde nicht in diese eisige Welt berufen. Leider. Gerade dieser ungewöhnlich hochgestimmte Poet hätte die *Norge* vielleicht vor ihrer Havarie in prosaischen Niederungen bewahren können.

Als Rolf Thommesen, von Major Sverre begleitet, am 19. März in Rom ankam, stellte er bald fest, dass «in der norwegischen Mannschaft heftige Aufregung» herrschte. Dr. Thommesen stand auch mit Nobile auf gutem Fuß und kam im Zeichen der Versöhnung in den Süden. Das aber passte nicht in die Pläne des stellvertretenden Kommandanten.

Thommesen staunte nicht schlecht, als nur wenige Tage nach ihm zwei weitere Führungsgestalten in der italienischen Hauptstadt aufkreuzten, «– und zwar keine Geringeren als Amundsen und Ellsworth. Sie waren augenscheinlich von Riiser-Larsen telegraphisch herbeigerufen worden und hatten Oslo Hals über Kopf verlassen.» Die letzten Märztage sollten erfüllt sein von intriganten Spielchen, privaten und nationalen Manövern. Sieht man von Nobiles internen Problemen mit eifersüchtigen italienischen Offiziersrivalen und der aufrührerischen norwegischen Truppe ab, bleiben immer noch fünf leitende Köpfe, von denen jeder mehr oder weniger legitime Interessen zu verteidigen hatte.

Rolf Thommesen, der im Nachhinein die Verwicklungen in einem «Bericht zur Vorlage vor dem Schiedsgericht» darlegte, hat offenbar sein Bestes versucht. Der Redakteur war zweifellos ein ausgeprägter Nationalchauvinist, gleichzeitig aber nicht ohne Sympathien für das junge dynamische Italien, und er legte seine ganze Ehre darein, dass die beiden Nationen ein gemeinsames imperialistisches Projekt auf die Beine stellten. Amundsen fiel es aber nicht leicht, sich über die persönlichen und nationalen Gegensätze zu erheben, und am schwierigsten war die Lage für Ellsworth, der sich in immer neue Zwangslagen bugsierte, laut Thommesens Urteil darin abwechselnd geleitet von «rein krankhaften Anlagen» und seiner «ungeheuren Abhängigkeit von Amundsen».

Hektische Tage in Rom. Von links: Rolf Thommesen (staatsmännisch gekleidet), Amundsen und Ellsworth. Dahinter: Mussolinis Offiziere.

In seiner Darstellung hat Thommesen großes Gewicht auf die psychische Verfassung des Amerikaners gelegt: «Ellsworth ist, wie alle wissen, die ihn kennen, ein außerordentlich ruhiger und bescheidener Mann, fast unterwürfig, aber es geschieht häufig, daß solche Menschen sehr verletzlich sind und daß sie Eindrücke sammeln und mit sich herumschleppen, die andere längst wieder vergessen haben. So verhielt es sich mit Ellsworth in hohem Maße. Die Schwierigkeiten, die er hat, um sich bei anderen Geltung zu verschaffen, führten auch dazu, daß er sich leicht von anderen in den Schatten gestellt fühlte. Seine Gefühle gegenüber Nobile in dieser Richtung sind hinlänglich bekannt; weniger bekannt ist, daß er ein fast ebenso ausgeprägtes derartiges Gefühl gegenüber Riiser-Larsen hegte.»

Die Eifersucht des Amerikaners war nicht neu. Dr. Thommesen zufolge besaß er seine eigene Theorie darüber, wer letztlich hinter seinem Ausschluss als Mitverfasser des letzten Expeditionsbuchs stand. Es war unmöglich, «Ellsworth davon abzubringen, daß es Intrigen Riiser-Larsens zu verdanken sei und daß diese nur möglich waren durch die Gunst, in der dieser bei Roald Amundsen stand».

Vor diesem Hintergrund überrascht es nicht sehr, wenn der Amerikaner anfänglich Riiser-Larsens großen Rivalen gewisse Sympathien entgegenbrachte. Noch einmal in den Worten Thommesens: «Später ging die Freundschaft in die Brüche, doch in Rom war es unübersehbar, daß er sich von Nobiles ruhigem Wesen mehr angesprochen fühlte als von Riiser-Larsens impulsiverer Persönlichkeit.»

In Rom war Ellsworth geneigt, mehrere Forderungen Nobiles zu unterstützen, dass nämlich sein Name in die offizielle Bezeichnung der Expedition aufzunehmen und er selbst als Autor an ihrem nachträglichen Bericht zu beteiligen sei. Amundsen dagegen schwenkte mehr und mehr auf Riiser-Larsens unversöhnliche Linie ein.

Eine bezeichnende Episode ereignete sich ganz am Ende des Romaufenthalts. Endlich war man zu einer Übereinkunft darüber gekommen, wie die Entscheidungsfindung zwischen den vier Leitern an Bord des Luftschiffs im Fall eines notwendigen Abbruchs des Fluges vonstattengehen solle. Als die Norweger wieder in ihrem Hotel ankamen, nahm Ellsworth Thommesen für ein Gespräch unter vier Augen beiseite. Darin drückte er sein Misstrauen gegenüber Riiser-Larsen in einer solchen Situation aus und erklärte, dass er die Übereinkunft so nicht unterstützen könne. Allerdings traute er sich auch nicht, dem Polfahrer seinen Gegenvorschlag zu unterbreiten. Das sollte Thommesen für ihn übernehmen.

«Ich begab mich daher in feierlicher Audienz hinauf zu Amundsen, der mein Anliegen mit einem heftigen Wutausbruch quittierte. Er durchschaute augenblicklich Ellsworths Absicht und brüllte: ‹Er hält zu Nobile.› Nach einigem Hin und Her schickte er mich mit einem entschiedenen Nein zu Ellsworth. Der gab allerdings nicht auf, sondern bat mich, Amundsen noch einmal aufzusuchen und ihm zu versichern, daß er Amundsens Freund sei und niemals etwas gegen ihn unternehmen werde, und darum könne er seinem Vorschlag unbesorgt zustimmen! Mit dieser etwas widersprüchlichen Begründung begab ich mich noch einmal zu Amundsens Zimmer, und diesmal hatte meine Audienz zur Folge, daß Amundsen von einem irrsinnigen Wutausbruch gepackt wurde, in Ellsworths Zimmer stürzte, ihn heftig zurechtwies und dann in sein Zimmer zurückstampfte. Als ich Ellsworth später aufsuchte, fand ich ihn am Boden zerstört, doch er erklärte mir, er werde der Verabredung zustimmen, wenn ich mein Ehrenwort verpfändete, daß Riiser-Larsen nicht im Polbuch schreiben werde. Ich sah nicht unbedingt den Zusammenhang zwischen diesen beiden Punkten, doch in Ellsworths Seele bestand er deutlich genug.»

Am 29. März 1926 sollte die feierliche Übergabe des Luftschiffs stattfinden. Aber vorher musste Lincoln Ellsworth die Expedition erst noch einmal aus einer akuten Finanzkrise retten; es gab kein Geld für die Versicherungen. Mit ein paar Telegrammen schaffte der reiche Erbe 20 000 Dollar herbei, die er der Luftverkehrsvereinigung zur Verfügung stellte, allerdings, so Thommesen, mit einer ausdrücklichen Bedingung: «daß ich ihm mein Ehrenwort darauf gab, daß Riiser-Larsen nicht im Buch schreiben würde». Das war glücklicherweise kein Problem, weil längst feststand, dass Oberst Nobile über die technischen Aspekte des Flugs schreiben würde.

Die Zeremonie im Hangar vor den Toren Roms wurde eine prächtige Veranstaltung, geprägt von nationalem Geltungsbedürfnis und faschistischer Begeisterung darüber, dass sich endlich ein heroisches Projekt abzeichnete. Im Namen der edlen Spender hielt der Diktator des Römerreichs, Mussolini, die Hauptrede. Thommesen, Chefredakteur eines Boulevardblatts, aber zur Feier des Tages in staatsmännischem Aufzug, dankte artig für das Luftschiff. Zeremonieller Höhepunkt war der Fahnenwechsel: Die italienische Flagge wurde eingeholt, die norwegische danach gehisst. Diese ehrenvolle Aufgabe lag in den Händen Oscar Wistings, des vornehmsten aller Mädchen für alles.

Um das Schiff zu taufen, musste allerdings doch etwas so Kurioses wie ein weibliches Wesen her. Keiner der beiden Junggesellen Amundsen und Ellsworth konnte mit Derartigem aufwarten. Umberto Nobiles gutaussehende Frau oder seine kleine Tochter kamen nicht in Frage, also musste wieder einmal Riiser-Larsens bessere Hälfte herhalten. «Natürlich hatte ich darauf bestanden, daß das Schiff nicht allein unter norwegischer Flagge fliegen, sondern auch den Namen meines Landes tragen sollte», schrieb der Polfahrer in seiner Autobiographie. Leider endete die ganze schöne Eindeutigkeit wieder im Zweideutigen. Als Ergänzung zur (norwegischen) Flagge am Heck waren auch die italienischen Farben auf den Rumpf aufgemalt worden, und der alte Name war noch nicht entfernt, als der neue mit Champagner eingeweiht wurde. Somit fuhr das Luftschiff *Norge* weiterhin auch unter seiner alten Bezeichnung N-1. Sinnigerweise erhielt es später (als Norwegens einziges Luftschiff) die norwegische Registrierungsnummer N-1, womit wieder alles in schönster Ordnung war. Scheinbar.

Während sich Kanonier Wisting, Benito Mussolini, Frau Riiser-Larsen und andere Nebenfiguren auf der historischen Bühne aufspielen durften, hielt sich der Polarreisende selbst wie ein anonymer Zuschauer im Hintergrund. Man hatte ihn bei der Rollenverteilung nicht schlichtweg übersehen, aber eigentlich hätte er gar nicht anwesend sein sollen. Amundsen und Ellsworth waren ohne Voranmeldung drei Tage zu früh erschienen, und sie verließen den Ort des Geschehens auch wieder noch am selben Tag, an dem die Champagnerflasche zerschellte, auch wenn das Luftschiff erst am 10. April von Ciampino aufsteigen sollte.

Auf verschiedene Weise glich Amundsens Rolle bis dahin zum Verwechseln der eines Zuschauers. Der Polfahrer war der Meinung, im Leben genug geschuftet zu haben; einmal wollte er sich auch in Spitzbergen an den gedeckten Tisch setzen. Dazu meinte Rolf Thommesen im Nachhinein: «Es war überhaupt in höchstem Maß beklagenswert, daß Amundsens Kenntnis der Expedition und der italienischen Mannschaft auf diese Weise so gering blieb. Abgesehen von dem Nobiles kannte er nicht einmal die Namen der Italiener. Gerade hier, wo es darum ging, herauszustreichen, daß die Führung norwegisch war, wäre vieles anders gewesen, wenn der Führer selbst ein stärkeres Gefühl dafür besessen hätte, daß nicht einmal eine berühmte Vergangenheit das tägliche Arbeiten und Anpacken ersetzen kann.»

Am 21. April 1926 lief der Dampfer *Knut Skaaluren* in der Kings Bay ein. An der Spitze seines Gefolges ging Roald Amundsen an Land. Am nächsten stand ihm dort – abgesehen von dem Amerikaner mit dem Geld – der Zeugwart Fritz G. Zapffe, der seit den Zeiten der *Gjøa* mit seinen Unternehmungen verbunden war. Auch wenn er nie selbst an einer teilgenommen hatte, durfte er sich rühmen, der Veteran unter Amundsens Männern zu sein.

Seit der Polfahrer die Urzeitlandschaft um Ny-Ålesund zehn Monate zuvor verlassen hatte, waren dort einige Veränderungen vor sich gegangen. Am meisten fiel der mächtige Luftschiffhangar in die Augen, der hinter den kleinen Häusern aufragte. Ebenso begeistert war der Arktisreisende vom Anblick eines Denkmals für den heldenhaften Flug des Vorjahrs. Am Tempo gab es nichts auszusetzen, selbst die Denkmäler ließen nicht auf sich warten.

Vier Tage nach seinem Eintreffen wurde Amundsen von einer Militärkapelle geweckt: Das Kriegsschiff *Heimdall* hatte am Kai in der Kings Bay festgemacht. Die Eingreifreserve bezog Posten. Auch diesmal wollte der norwegische Staat seinen großen Sohn nicht im Stich lassen. Jetzt fehlte nur noch das Luftschiff. Aber es hatte eine lange Reise zu bewältigen. Von Rom ging es nach Pulham, von dort nach Oslo und dann weiter nach Leningrad. Auf ein Signal aus Ny-Ålesund hin, dass alles bereit sei, würde es sich auf den Flug nach Vadsø, Spitzbergen, machen.

Am 29. April – die *Norge* wartet noch immer in ihrem Hangar vor der roten Stadt – legt noch ein Schiff in Kings Bay an. Es muss an der *Heimdall* längsseits gehen, weil diese keine Anstalten macht, ihren Liegeplatz zu räumen. Es handelt sich um den amerikanischen Dampfer *Chantier* mit dem Flugzeug *Josephine Ford* an Deck. Commander: Richard E. Byrd. Er möchte zum Nordpol.

Selbstredend kommt die Byrd-Expedition ungelegen, wenn auch nicht ganz unerwartet. Sowohl Amundsen wie Ellsworth kannten die Absicht des amerikanischen Luftwaffenoffiziers. Trotzdem wird sich der Norweger in etwa wie Captain Scott in dem Moment gefühlt haben, als er vom Ausbooten des Rivalen in der Walbucht erfuhr. Amundsen sieht selbst die Parallelität und macht das Beste aus der Situation. Er erkennt sogleich das Recht des Amerikaners auf freie Konkurrenz um den Nordpol an und wäscht damit auch sein eigenes Verhalten im Wettlauf zu einem anderen Pol sechzehn Jahre vorher rein.

Außerdem ist der Nordpol auch nicht mehr das, was er einmal war. Der Norweger hat bereits einen Lotungsschuss abgegeben, der bestätigte, dass die einzig lohnende Entdeckung nur jenseits davon, in dem Gebiet zwischen dem Pol und Point Barrow, liegen kann. Was ist die Überfliegung eines mathematischen Punkts schon gegen die Entdeckung eines neuen Kontinents?

Früh am Morgen des 7. Mai 1926 gleitet das Luftschiff *Norge* über das schneeglitzernde Spitzbergen. Wie eine Riesenzigarre. Der unbeschadete Flug vom fernen Rom bis hierher verheißt unbestreitbar Gutes für den bevorstehenden Triumph. Fein säuberlich wird sie eingeholt und in ihrer großen Schachtel verstaut.

Der Amerikaner hat es jetzt eilig. In der Nacht auf den 9. Mai verschwinden Commander Byrd und sein Pilot Floyd Bennett in ihrer Fokker Richtung Norden. Gegen vier am nächsten Tag ist die *Josephine Ford* wieder zurück – vom Nordpol. Früher als erwartet. Roald Amundsen empfängt sie mit offenen Armen.

Wie bei so vielen amerikanischen Konkurrenzunternehmen setzte man bald auch hinter dieses Fragezeichen. Schon bevor der Mai zu Ende war, schrieb einer von Amundsens Kontakten in Kings Bay über Byrd: «Allmählich sickert hier unter den Leuten durch, daß er selbst nicht so recht weiß, wo er eigentlich gewesen ist.» Sogar für ehrliche Menschen war es schwierig, sich über dem Polarmeer zurechtzufinden. Alles sah sich so schrecklich ähnlich. Darum konnte es letztlich auch egal sein, wo Commander Byrd tatsächlich gewesen war.

Während man auf das Aufsteigen des Zeppelins wartete, wurde in Ny-Ålesund Skiunterricht angesetzt. Amundsen hatte jedem Teilnehmer am Flug Ski verordnet. Darum erhielten die Südländer nun drei, vier Tage, um die Kunst zu erlernen, die man Fridtjof Nansen zufolge ab seinem dritten oder vierten Lebensjahr erlernen sollte. Skilehrer war der Fünfzigkilometerläufer Leutnant Bernt Balchen, der Riiser-Larsens speziell einberufener «Reservetruppe» angehörte. Die Aufgabe des später berühmten Fliegers war ziemlich aussichtslos. Selbst Tryggve Gran, der seinerzeit eine ganze Überwinterung zur Verfügung gehabt hatte, um Captain Scotts Männer im Skilaufen zu unterweisen, hatte zugeben müssen, dass Nansens These einiges für sich hatte. Balchens wichtigster Einsatz bestand darin, neue, solide Skier für die *Josephine Ford* zu schnitzen. Auf diesem Kufengestell norwegischer Produktion gewann der Amerikaner den Wettflug zum Pol. Anscheinend fühlten sich die Norweger ihren amerikanischen Konkurrenten enger verbunden als ihren italienischen Partnern. «Die armen Kerle hatten Heimweh nach ihrem sonnigen Napoli», schrieb der Skilehrer einigermaßen resigniert in seinen Memoiren.

Ursprünglich hatte Oberst Nobile vorgeschlagen, den Flug mit einer ausschließlich italienischen Mannschaft zu unternehmen, und nach dem Eintreffen des Luftschiffs zählte die «halbtropische» Kolonie nicht weniger als dreiundzwanzig Mitglieder. Seit dem Aufbruch von Rom hatten Riiser-Larsens Putschpläne nicht an Realismus gewonnen.

Die endgültige Besatzung des Luftschiffs wurde erst am Abreisetag, dem 11. Mai, festgelegt. Das Ganze geschah unter Abwägung von Gewicht, Kompetenz, Nationalität und alten wie neuen Schulden. Sechzehn Mann sollten es sein. Nobile durfte fünf seiner Spezialisten mitnehmen: einen Rüstmechaniker, einen Techniker und drei Mechaniker. Als Meteorologe stand trotz Kapitän Wistings Einwänden und seiner schwedischen Staatsbürgerschaft Finn Malmgren fest. Ansonsten besaß Vorrang, wer auf der *Maud* gefahren war. Treue war eine Tugend, die der Polfahrer höher schätzte als jede andere. Darum nahm auch Oscar Wisting, der Veteran vom

Südpol und aus der Nordostpassage, seinen Platz am Höhenruder ein, während dem verlässlichen Oskar Omdal die ehrenvolle Verantwortung für einen der Motoren übertragen wurde.

Doch selbst die größte Tugend kann einen kleinen Makel bekommen. Funktelegraphist Gennadij Olonkin war seit 1918 auf der *Maud* gefahren. Nur Wisting konnte eine längere Fahrenszeit im Dienst des Chefs vorweisen. Der Norwegisch sprechende Russe war von Rom mit der *Norge* geflogen und hatte seine Aufgabe zu aller Zufriedenheit ausgeführt. Jetzt bekam er auf einmal am Tag nach seiner Landung in der Kings Bay zu hören, dass er seine Position räumen solle. Man habe herausgefunden, dass er ein «vorübergehendes Ohrenleiden» habe. Der Russe traute seinen Ohren nicht. Das tat im Übrigen auch sonst keiner. Nicht sein Gehör disqualifizierte Olonkin, sondern seine Nationalität. Indem er gegen den Norweger Fridtjof Storm-Johnsen ausgetauscht wurde, der zufällig «vorübergehend» am Sender in Kings Bay Dienst tat, konnte vermieden werden, dass die Norweger an Bord in Unterzahl gerieten.

Olonkin war für seine verschlossene Miene und seine ausdruckslose Stummheit bekannt, gleichwohl wollte einer der Italiener bei dieser Gelegenheit das Steinantlitz weinen gesehen haben. Sieben lange Jahre hatte sich der treuherzige Russe an Bord der *Maud* auf Eis legen lassen, um nun unmittelbar vor dem entscheidenden Flug vom Tisch gewischt zu werden. Alles für Norwegen!

Chef des Funkwesens war Kapitän Birger Gottwaldt. Auf Anweisung von oben war er es, der die nationale Säuberung unter seinen Untergebenen durchführen musste. Fredrik Ramm, dessen nationale Gesinnung über jeden Zweifel erhaben war, sollte sich um den Pressedienst kümmern. Leutnant Emil Horgen durfte als Navigationsassistent mit hineinschlüpfen. Die beiden Letztgenannten waren auch schon mit der Vorjahresexpedition verbunden gewesen.

An der Spitze dieses fein ausgeklügelten Bauwerks aus Fachkenntnis und nationaler Zugehörigkeit thronten vier Leiter.

Lincoln Ellsworth besaß keine festgelegte Funktion an Bord. Er war dabei. Teils als williger Assistent, wo eine helfende Hand gebraucht werden konnte, teils als verkomplizierendes psychologisches Element beim Knüpfen von Intrigen. Seinem ewigen Nebenbuhler um Amundsens Gunst, Hjalmar Riiser-Larsen, wurde am Ende Ellsworths Traumjob übertragen, das Luftschiff zu navigieren. Zusätzlich zu dieser verantwortungsvollen Aufgabe stand der Zweitkommandierende ständig in der Schattenrolle als Führer des Luftschiffs und eventueller Retter parat.

Im Gegensatz zu den drei übrigen Expeditionsleitern war der Luftschifflenker Umberto Nobile kein Polarreisender. Der zierliche Süditaliener repräsentierte eher den intellektuellen Typus. Obwohl mit dem Rang eines Obersts dekoriert, war er seiner Ausbildung nach Ingenieur und bekleidete die Stellung eines Direktors. Nobiles alltäglicher Arbeitsplatz war der Schreibtisch. Für ihn war eine Luftfahrt eine Berechnung, die in die Praxis umzusetzen war.

Ein Luftschiff war ein großes, aber sensibles Ding. Für den Konstrukteur beruhte das Unternehmen auf einer Anzahl von Kalkulationen, in denen sämtliche Faktoren und Komponenten zu berechnen waren: Distanz, Gewicht, Temperatur, Luftfeuchtigkeit, Windstärke, Ballast, Treibstoff. Bei der gewaltigen Entfernung konnte der kleinste Fehler am Zeichentisch katastrophale Folgen haben. Wenn er persönlich teilnahm, ging Umberto Nobile auch davon aus, dass der Flug glücken würde. Er war kein Abenteurer, oder um es anders auszudrücken: Er überließ nichts dem Zufall. Aus fachmännischer Sicht bedeutete der Flug mit der *Norge* einen klaren Bruch mit dem von Andrée herrührenden Prinzip, das alle bisherigen Flugexpeditionen Amundsens gekennzeichnet hatte: Mut und Kühnheit als tragende Elemente. Man flog los und *hoffte*, auch wieder zurückzukommen. Umberto Nobile dagegen wusste, wenn das Luftschiff nicht oben bleiben und sein Ziel erreichen würde, war alles verloren, für ihn selbst und für Italien.

Insofern setzte der Italiener seine gesamte Ehre daran, das Schiff heil durch die Luft zu bringen, während sich der norwegische Teil der Besatzung darauf vorbereitete, die Expedition über das Eis zu-

Der Neffe und Sekretär des Polfahrers, Gustav S. Amundsen, in eigens angefertigtem norwegischem Pilotenanzug und mit den Skiern für eine eventuelle Notlandung. Leider gab es an Bord aber keinen Platz für den Leutnant. Als Trostpflaster durfte «Gogge» oder «Gogo», wie er auch genannt wurde, ein Kapitel zum Buch über die Expedition beisteuern.

rückzubringen. Erst dann, nach einer fälligen Landung, würde der alte Polwanderer wirklich die Führung übernehmen. Dann würden sich die überragenden Eigenschaften der Nordleute zeigen. Abgesehen von Byrds und Bennetts Blitzaktion hatte noch keine Polarexpedition stattgefunden, ohne mit dem Eis in Berührung zu kommen. Die Norweger beluden ihr Schiff mit Skiern und Polarausrüstung, überzeugt, dass die Italiener früher oder später von den richtigen Polfahrern abhängig werden würden.

Unter denen, die zurückblieben, als das Luftschiff aufstieg, stand neben dem späteren Fliegerass Bernt Balchen noch ein zweiter Leutnant am Boden: Gustav S. Amundsen. Auch der Neffe des Chefs gehörte zu den von Riiser-Larsen einberufenen Reservetruppen. Gemeinsam mit einem Häufchen anderer Landsleute und Italiener, die bis zum Schluss Hoffnung hegten, musste der junge Amundsen einem Platz in der Geschichte adieu winken, als die Trossen losgeworfen wurden und das Luftschiff in den Himmel aufstieg. Die Berechnungen des Obersts waren erbarmungslos. Ihr Ergebnis lautete 16.

Nur eine einzige lebende Ausnahme gab es: Titina, sein Hündchen.

42 Nobiles Hund

Unter der italienischen Flagge, in faschistischer Begeisterung segelt ‹Norge› in den Polarhimmel!» So lautete die Schlagzeile auf der Titelseite der Zeitung *Il Piccolo* am 11. Mai 1926. In Oslo wie in Rom gingen die Zeitungen aus Anlass des Starts der Expedition mit Extraausgaben auf die Straßen.

Aftenposten hatte seinen Chefredakteur Frøis Frøisland aus Oslo nach Rom geschickt, um darüber aus der Perspektive des neuen Partnerlands zu berichten. «Seit dem Ausbruch des Weltkriegs haben die italienischen Zeitungen sicher nicht mehr einen solch reißenden Absatz erlebt wie heute. Sogar beim Marsch der Schwarzhemden auf Rom dürfte nicht eine derartige Spannung, ein derart gewaltiges Interesse, ein so überwältigendes patriotisches Gemeinschaftsgefühl in der Luft gelegen haben wie heute in Rom.»

Der «Amundsen-Ellsworth-Nobile Transpolar Flight» war ein internationales Presseereignis von mächtigen Dimensionen. Zeitungen aus vielen Teilen der Welt, mit der *New York Times* an der Spitze, waren geschäftlich an der Unternehmung beteiligt und hatten so allen Grund, große Schlagzeilen zu bringen. Aber es ging um mehr als gute Auflagenzahlen, in mindestens zwei Ländern hatte das Ganze politische Dimensionen.

Mussolinis Presse konnte sich endlich in Neuigkeiten mit allen erwünschten heroischen und patriotischen Ingredienzien austoben. In Norwegen waren die Zeitungen noch enger mit dem Unternehmen verflochten. Vor allem natürlich durch die Person Thommesens, den Besitzer und Herausgeber von *Tidens Tegn* und *Oslo Aftenavis*. Der Polfahrer hatte es sich aber zur Gewohnheit werden lassen, mit mehreren Presseorganen gleichzeitig zu arbeiten, nicht zuletzt mit der rechten *Aftenposten*. Es war klar, dass die beiden Medienmoguln, der stark nationalistische Chefredakteur Frøisland und auch Thommesen, aus dem Flug der *Norge* alles herausholen wollten, nicht nur bei der verkauften Auflage, sondern auch im Politpoker.

«*Norge* stieg um 9.55 uhr a. m. auf. Strahlendes wetter, klar & still. −40,6°. Wir sind 16 mann.» Sein letztes Expeditionstagebuch begann Roald Amundsen nüchtern und exakt. Der alte Polfahrer hatte nicht die Kunst verlernt, auf die Uhr zu sehen, das Thermometer abzulesen und die Mannschaft durchzählen zu lassen. Doch als es an die Beschreibung des Luftschiffs ging, musste er zu poetischen Mitteln greifen: «Sie hob schön ab & breitete ihre federn aus.»

Welche Federn? Flugzeuge besitzen Flügel, aber doch nicht Luftschiffe; nicht einmal in der Poesie. Ein Zeppelin sieht vielleicht einem schwebenden Wal oder einem aufgeblasenen Dinosaurier ähnlich, aber keinem Vogel. Aber sie breitete ihre Federn aus. Hob da vielleicht der Pfauenthron ab?

In ovalen Rahmen waren auch König Haakon und Königin Maud mit von der Partie in der Führergondel, genauso wie sie stets an Bord von Roald Amundsens Schiffen mitgefahren waren. Viele Jahre später sollte der norwegische König einmal sein eigenes seetüchtiges Schiff mit Namen *Norge* bekommen, aber auch das Luftschiff *Norge* war ein königliches Schiff. Die N-1 war speziell dafür eingerichtet worden, dass sich Italiens Monarch Viktor Emanuel III. darin sein Königreich von oben betrachten konnte. Mit dem Umbau war natürlich aller königliche Luxus demontiert und entfernt worden. Nur der Thronstuhl war geblieben.

Oberst Nobile schreibt, er habe eigens für Amundsen einen samtbezogenen Lehnstuhl an einem der Seitenfenster aufgestellt. Der Polfahrer behauptet dagegen, er habe auf einem Aluminiumwassertank gesessen. Und in diesem Fall hat er vermutlich sogar recht, nicht was den Stuhl betrifft, wohl aber die Position. Der Pol-

Eine fliegende Theaterloge. Wäre die Kälte nicht gewesen, hätte die Führergondel der *Norge* einen komfortablen Aufenthaltsraum abgegeben.

fahrer wollte nicht an einem Seitenfenster sitzen, sondern ganz vorn an der großen Scheibe, die die gesamte Front der Führergondel einnahm.

Roald Amundsen stellte nicht weniger eine Majestät dar als Viktor Emanuel, die Miniaturausgabe eines Königs in Mussolinis Kulissen. Unbeweglich wie ein Alleinherrscher saß der Polfahrer da, mit dem Rücken zu seinen Untertanen. Ein ganzes Leben lang war er von Gottes Gnaden durch die Spiegelsäle des Eises gewandelt. Nicht einen Moment zweifelte er an seinem Recht, zu herrschen. Der König, der nach seinem Land Ausschau hielt.

Vorläufig wurde nur eine Wiederholung gegeben. «Das eis etwa so wie im vorjaar», notiert er pflichtschuldigst. «Alle mann eifrig bei der arbeit.» Was sie eigentlich arbeiten, ist nicht Angelegenheit des Chefs, solange alles «vorzüglich geht». Im nachträglichen Bericht befleißigte er sich noch eines Bildes aus dem Tierreich: «In allen drei Motorgondeln sah man Mechaniker klettern wie die Affen.»

Die akrobatischste der Darbietungen bekam der Chef gar nicht zu sehen; sie spielte sich fern von der Führergondel ab, wenn der Rüstmechaniker Alessandrini durch die Luke im Bug nach draußen klettern musste, um den Rumpf von außen zu überprüfen. In beißender Kälte robbte er bei einer Geschwindigkeit von 80 km/h auf der rundlichen Hülle des Luftschiffs vor und zurück. «Diese munteren, fröhlichen söhne des südens», wie der Chef sie nannte, beherrschten allerdings ihre Affenkletterkünste. Die Kälte war nicht angenehmer und die Fallhöhe nicht geringer als für einen Hundeschlittenführer über den Gletscherspalten der Antarktis.

Die Zeiten hatten sich verändert. Während die *Fram* und die *Maud* von Hunden überquollen und täglich vom Hundekot gereinigt werden mussten, war an Bord der *Norge* nicht ein Kläffen zu hören. Doch, eins.

Nobiles Foxterrier tippelte in der Gondel umher. Während die Hunde auf der *Fram* in der *Eroberung des Südpols* ganze Seiten füllten, stieg Titina nie zu einem erwähnenswerten Thema im *Ersten Flug über das Polarmeer* auf. Was sich der Polfahrer dabei gedacht hat, lässt sich erraten. Etwas nicht zu erwähnen ist ein Zeichen von Großmut. Nobiles Haustier war ein Verstoß gegen die Regeln. Der Polfahrer nimmt derart kleine Hunde gar nicht wahr. Handelte es sich überhaupt um einen Hund?

Oberst Nobile erklärte, das Tier habe sich an Bord geschlichen, habe nicht ohne sein Herrchen sein wollen. Der Polfahrer wusste Treue zu schätzen. Sie ist eine der edelsten Charaktereigenschaften eines Hundes, aber keine Funktion. Hunde sollen entweder vorneweg laufen und ihren Herrn ans Ziel ziehen, oder sie sollen zu Hause bleiben und auf Haus und Hof aufpassen. Ein Schoßhündchen aber gehört nicht in eine Polarexpedition. Es repräsentiert einen Schwachpunkt in der Organisation, einen psychischen Defekt des Luftschifflführers. Nicht der Hund ist von seinem Herrn abhängig, sondern der Oberst von seiner Titina.

Wenn der Polfahrer genauer darüber nachdenkt, kann das Tierchen ruhig dabei sein. Er guckt auf Wisting und denkt an den Schlachter. Nobiles Nippesfigürchen taxiert er auf fünf Kilo. Wisting versteht es, Hunde zu tranchieren und das meiste dabei zu verwerten. Viel wird es nicht für jeden, aber jeder soll den gleichen Anteil erhalten. In dem Moment, in dem sie aufs Eis hinabgehen, bestimmt er, der Chef, über Mensch und Tier und über die Größe der Rationen.

Hundekoteletts schmecken gut. Der Mann für alles kann kochen. Sein Gericht hieß immer nur «Köter». Der Polfahrer wirft einen Blick auf das spitze, dunkle, kleine Köpfchen. Der Körper ist glatt und weiß. Ist das überhaupt ein Hund?

Es wird sich zeigen.

Abends um zehn passierte die *Norge* 87° 30' Nord. Um einmal die Beine zu strecken, hatte sich der Chef erhoben und eines der Ruder übernommen. Da erhielt er ein Telegramm zugesteckt. Es war privat und teilte ihm von Konkursverwalter Rode mit, «daß beide häuser mein waren». Der Chef wollte am Ruder abgelöst werden. Er kritzelte ein paar Worte auf einen Zettel und gab ihn den Funkern. «Schickte Herman gleich ein danktelegramm.»

Diese knappen Einträge im Tagebuch enthüllen, dass ein bitteres Kapitel im Leben des Polfahrers seinen Abschluss gefunden hatte; nur wenige Stunden bevor er den Nordpol erreichte.

Der Rechtsstreit zwischen der Konkursverwaltung und Leon Amundsen wurde am 19. April durch einen Vergleich beigelegt. Das bedeutete, dass Leon auf eine Revision verzichtete und die prekären Verhältnisse im Privatleben seines Bruders nicht an die Öffentlichkeit trug. Damit fielen die Immobilien der Konkursmasse zu und durften daraus an Herman Gade und Don Pedro verkauft werden. Diesmal allerdings zum vollen Marktwert.

Das Danktelegramm an Herman Gade war absolut angebracht. Da der Konkurs noch nicht aufgehoben war, blieben sie auf seinen Namen eingetragen, doch in Wahrheit gingen sie wieder in den Besitz des Polfahrers über.

Dem Nordpol entgegenschwebend, behielt Roald Amundsen seine Gedanken für sich. Doch während er in die Eiswüste hinausstarrte, wusste er, dass das letzte Band zu seinem Bruder zerschnitten war. Gemeinsam hatten sie einmal ein Meisterstück vollbracht, sie hatten die ganze Welt hinters Licht geführt und Nord und Süd auf den Kopf gestellt. Der Preis dafür aber war hoch. Den Nordpol musste er nun allein erobern.

In dieser Stunde war auch das letzte Band zwischen Roald Amundsen und Kiss Bennett gelöst. Alle Verwicklungen um das Heim, das er ihr hatte schenken wollen, waren aus der Geschichte verschwunden. Die Öffentlichkeit brauchte keinem Zusammenleben nachzuschnüffeln, das nie zustande gekommen war.

Der Polfahrer war von allen Bindungen befreit. Er schwebte – in einem Schiff, das leichter war als Luft. Er hatte es *Norge* getauft, doch im Grunde befand er sich noch immer an Bord des Fliegenden Holländers.

Noch ein Ereignis trat vor dem Erreichen des Pols ein. «Mitternacht, 88° 30'. Ellsworths geburtstag. 46 jaare. Wir stießen mit tee auf ihn an.» Für den Amerikaner war es eine armselige und doch kostbare Geburtstagsparty. Zugleich fand sie an einem für den noch immer jungenhaften Junggesellen auf seiner rastlosen Jagd nach Abenteuern und körperlichen Herausforderungen bezeichnenden Ort statt. Erst sieben Jahre später sollte er ganz spontan heiraten. Glauben wir den Memoiren, hatte er seiner schönen Frau nicht viel zu sagen.

Bald konzentrierte sich das Interesse auf Riiser-Larsens hoch aufgeschossene Gestalt. Mit dem Sextanten in Händen stand er an einem der Seitenfenster. Während der Führer des Luftschiffs in einen Wolfspelz gehüllt war, trug der Navigator Sportanzug und Schirmmütze. In der Gondel herrschten Minusgrade. Die Thermoskannen mit den heißen Getränken waren eingefroren, aber der Hüne fror nicht. Um Essen aufzutauen, hatte er sich Karbonade in die Hosentasche gestopft. Sobald Riiser-Larsen 90 Grad feststellte, ging das Luftschiff tiefer, und die Motoren wurden abgestellt. Stille breitete sich aus, während das Schiff in der Luft hing.

Das Tagebuch des Chefs: «2.20 in der frühe, und wir sind am Nordpol. Werfen unsere flaggen ap. Die norwegische wehte schön. Der stokk drang senkrecht in den schnee ein. Das eis war in viele kleine schollen aufgebrochen. Wir waren in 200 m. höhe. −11. Der nebel hob sich gerade, als wir den pol erreichten, konnten die notwendigen obs. machen.»

Im Buch wurde die Fahnenzeremonie am Polpunkt deutlich ausstaffiert: «Hinaus sauste die schöne, doppelt genähte norwegische Seidenfahne. Eine Querstange war am langen Aluminiummast befestigt, genau wie eine Flagge, wodurch sie hervorragend flog. Sie landete perfekt, bohrte sich ins Eis, und in der leichten Brise entfalteten sich die norwegischen Farben.»

Dann fuhr der Polfahrer, der diesmal auch Ellsworth einschloss und darum in der dritten Person schrieb, fort: «Im selben Augenblick drehte sich Amundsen um und ergriff Wistings Hand. Gesagt wurde nichts, das war überflüssig. Die beiden gleichen Fäuste hatten am 14. Dezember 1911 die norwegische Fahne am Südpol aufgepflanzt.» In diesem Augenblick wurde der Kapitän des Unglücksschiffs *Maud* für seine Treue belohnt.

Genauso wichtig war, dass sich der Chef mit diesem Händedruck von einer Anklage reinwusch. Nämlich der, dass er Hjalmar Johansen deshalb von der Polabteilung ausgeschlossen hatte, weil er es einem Mann, der den bis dahin nördlichsten Punkt erreicht hatte, nicht gegönnt hätte, auch den allersüdlichsten zu betreten. Diese Klage war nun abgewiesen. Mit seiner wortlosen Geste demonstrierte der Chef seine Großmut. Er hob den untersetzten Mann aus Horten auf ein Niveau mit sich selbst. Beide waren sie als die einzigen Menschen auf der Welt Eroberer beider Pole.

Gegen die monumentalen Pranken der Norweger, die in einem Händedruck zwei Pole mit einer Nation verbanden, wirkte das einsame Fahnenzeremoniell des Amerikaners eher privat und etwas seltsam: «Wann wird je wieder ein Mensch an seinem Geburtstag die Flagge seines Landes am Pol aufpflanzen?»

Die Fahnen der Italiener werden im Buch nur summarisch erwähnt. Umso ausführlicher fiel ihre «Würdigung» dagegen in den Memoiren des Polfahrers aus. Dort wird auch verraten, dass der Chef nach dem wortlos feierlichen Moment Norwegens und dem «unbeschreiblichen Gefühl» beim Abwurf der Stars and Stripes angesichts der italienischen Veranstaltung in Lachen ausbrach. Brüllendes Gelächter kann auch eine heroische Äußerung sein: «Gefahren, Schwierigkeiten, Ärger, die sonst kaum zu ertragen wären, verlieren vor der rettenden Anmut des Humors ihren Stachel.»

Nobiles Fahne flog als letzte hinaus, aber sie war größer als die anderen. Es war die gleiche, die ursprünglich einmal am Heck der N-1 geweht hatte. Außerdem folgten ihr noch etliche weitere Fähnchen und Wimpel. In den Augen des Chefs verwandelte sich das Luftschiff unter der Regie des Obersts in einen «fliegenden Zirkuswagen». Für eine derartige Prachtentfaltung besaß der oberste Leiter der Expedition keinen Blick: «Daß ein erwachsener Mann und Offizier über so geringe Phantasie verfügt, daß er den Wert eines solchen Augenblicks nach dem Flächeninhalt seiner Symbole mißt und nicht nach der Tiefe des Gefühls, das dahinterliegt, das schien mir so komisch, daß ich laut auflachte.»

Von diesem Punkt aus führten alle Wege nach Süden. Der Polfahrer nahm seinen festen Platz am Panoramafenster ein. Jetzt sollte der Ernst beginnen. Der Nordpol war nicht das Ziel, er war erst der Startpunkt für den unbekannten Teil des Transarktisflugs. Jetzt kam zwischen dem Pol und Alaska der Teil der Erdoberfläche, den Roald Amundsen entdecken wollte. Hier wollte der Alleinherrscher *sein* Land finden.

Es handelte sich um den letzten wirklich bedeutenden Teil des Globus, von dem die Menschheit noch keinerlei Kenntnis besaß. Die zurückzulegende Strecke war etwa doppelt so lang wie die, die sie bereits hinter sich hatten. Während Spitzbergen auf dem 80. Breitengrad lag, erstreckten sich die Küsten Alaskas entlang des 70. Breitengrads auf der anderen Seite. Noch kein Schiff hatte die Tiefen dieses mächtigen Ozeans gelotet. Zwischen dem Pol und Amerika hätte ein ganzer Kontinent liegen können.

Wenige Stunden nach dem Überfliegen des Polpunkts brach die Funkverbindung ab. Die Welt hatte noch die Meldung erhalten, dass die Fahnen am obersten Punkt der Erdkugel aufgepflanzt worden waren. Alles in allem waren 55 Funktelegramme zwischen dem schwebenden Schiff und dem Sender Svalbard hin und her gegangen; 1583 Worte durch den Äther geflogen. Doch genau in dem Moment, als das Luftschiff die Grenze zum Unbekannten überflog, trat absolute Funkstille ein. Das Schiff hatte sich von den Wellen des Äthers losgerissen und war ins Ungewisse eingetaucht.

Der Polfahrer war nie ein Mann des Worts, und Oberst Nobile merkte sich, dass er sich nicht über die Stille beklagte. Später unterstellte der Italiener, Amundsen habe den Abbruch der Funkverbindung bewusst herbeigeführt. Er deutete sogar an, der Austausch Olonkins, der die Funkverbindung zwischen Rom und Spitzbergen permanent aufrechterhalten hatte, gegen den Nobile völlig unbekannten Storm-Johnsen könnte damit in Zusammenhang stehen.

Was immer hinter diesem Abbruch gestanden haben mag, jedenfalls kam er sehr gelegen. Roald Amundsen war nicht unbedingt ein Verfechter permanenten Kontakts mit der Umwelt. Er hatte besorgt mitverfolgt, wie sich die *Maud* mit ihrem Funktelegraphen selbst aus dem Zentrum der Aufmerksamkeit manövriert hatte. Andererseits hatte er erst letzten Sommer den Effekt eines totalen Verschwindens erlebt. Eine permanente Funkverbindung schwächte die Dramaturgie, sie hob das Überraschungsmoment auf. Die gesamte emotionale Wirkung, die Erleichterung, der Jubel – nicht zuletzt die Honorare, all das verpuffte durch das prosaische Ticken durch den Äther. Der drahtlose Kontakt war selbst ein Mysterium und funktionierte insofern wie ein Blitzableiter für das eigentliche Ereignis. Ein Entdeckungsreisender zog schließlich aus, um zurückzukehren.

Die Menschheit bewohnte den Planeten Erde seit Jahrtausenden, aber noch lag ein Teil dieser Welt ihren Blicken verborgen. *Einem* Mann war die schwindelerregende Aufgabe anvertraut, als Erster von oben auf dieses Unbekannte hinabzublicken. Die fünfzehn anderen waren nur dabei, um ihm dies zu ermöglichen. Seine einzige Aufgabe war, zu sehen. Die Welt als Erster zu entdecken.

Mit welchem anderen Welteroberer lässt sich Roald Amundsen in diesen Stunden vergleichen? Mit Napoleon, hoch zu Ross an der Spitze seiner Armeen im Anblick der schneebedeckten russischen Weiten? Mit Kolumbus oder Leif Eriksson auf ihren Schiffen auf hoher See? Etwas hatte der Polfahrer in diesem Augenblick mit allen Eroberern und Entdeckern der Weltgeschichte gemeinsam, und doch lag etwas Andersartiges und Unwirkliches über dieser letzten großen Entdeckung auf unserem Globus: Sie wurde sitzend vollbracht, im Verlauf weniger Stunden. Nur der Ausblick veränderte sich. Die einzigen Waffen des Eroberers waren sein Notizbuch und ein Fernglas.

Roald Amundsen saß nicht zu Pferd, er stand nicht auf der Brücke eines Schiffs, er schwang nicht die Peitsche über einem Hundeschlitten, er saß nicht einmal am Steuerknüppel eines Flugzeugs; er entdeckte die Welt von einem Zuschauerplatz, aus einer Theaterloge. Es war eine Premiere, in der realen Welt inszeniert.

«Sa gerade 3 möwen über eine eisrinne (?) fliegen», notiert er um 3.45 Uhr. Das Fragezeichen steht für: Land? Wo Leben ist, ist doch

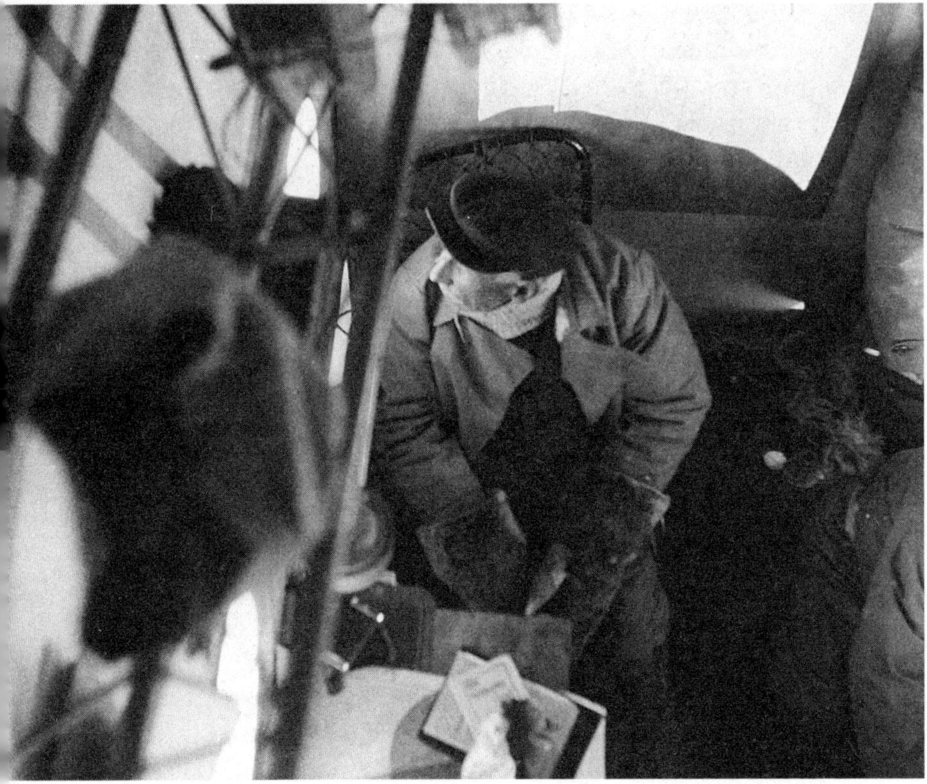

Die Hände im Schoß. Roald Amundsen, hier in Nobiles Lehnstuhl, hält geduldig Ausschau nach Land.

auch Land. Aber da ist kein Land, und da ist kein Leben. Nicht bevor Bärenspuren mehrere Breitengrade später neue Hoffnung wecken. Obwohl Eisbären weit herumstreifen. Wo Robben sind, sind auch Bären …

Ganz allmählich, nach Stunden über Stunden dämmert es dem Entdecker: Da ist nichts. Eine unendliche Illusion voller Leere. Es gibt kein neues Amerika, kein neues Grönland, kein Island, kein Franz-Josef-Land, nicht einmal eine Isle of Man. Es gibt kein Roald-Amundsen-Land.

Der Polfahrer konnte den Feldstecher in den Schoß legen. Es gab nur Eis. Er hatte entdeckt, dass es nichts zu entdecken gab.

Seitdem er vor bald zwanzig Jahren die Fahrt mit der *Fram* durch die Beringstraße nach Norden geplant hatte, träumte Roald Amundsen davon, sich diesen ausgedehnten Teil der Erdoberfläche untertan zu machen. Wie ärmlich sich das reale Erlebnis am Ende ausnahm, geht aus seinem Buch *Der erste Flug über das Polarmeer* hervor, in dem die Strecke zwischen dem Pol und Alaska auf knapp anderthalb Seiten abgehandelt wird.

Das Luftschiff wurde von Eisbildung auf seiner Außenwand bedroht, aber sonst traten erst nach dem Erreichen Alaskas Probleme auf, als sich die Wetterverhältnisse verschlechterten. Die Besatzung war erschöpft nach drei Tagen fast ohne Schlaf und nur mit gefrorenem Essen. Die Stimmung war nervös. Selbst Polarhündin Titina wurde unruhig. Wo und wie sollte das Luftschiff landen? Trotz heftiger Windböen entschied man sich schließlich für eine Landung auf dem Eis vor der kleinen Siedlung Teller zwischen Deering und Nome. Nach europäischer Zeit war es der Morgen des 14. Mai.

Hier, in dieser allerletzten Phase der Expedition, erlebte der Polfahrer endlich das «Wunder». Wieder einmal trat Er aus den Kulissen, der das Meer teilen und den Sturm stillen kann: «Noch während wir den Abstieg begannen, setzten von Land her kräftige, böige Windstöße ein. Plötzlich wurde es ohne jedes Vorzeichen völlig windstill und blieb so während der gesamten Landung», schrieb der Polfahrer in seinem Bericht. In Ermangelung eines irdischen Lohns wird die Luftfahrt auf ein göttliches Niveau gehoben. Der Polfahrer «zog den Hut» vor dem Skipper dieses Schiffs, aber irgendwo gab es ein größeres Steuerrad, ein tieferes Ruder, eine höhere Macht. «Ehre wem Ehre gebührt. Lassen Sie uns darin einig sein, ihm, der bei mehreren Anlässen während dieser Reise sichtlich seine Hand über uns gehalten und uns gerettet hat, die Ehre zu geben. Lassen Sie uns nicht darüber streiten, wer von uns der Beste war. Wir alle sind so winzig klein, wenn Gott der Allmächtige uns nicht beisteht.»

43 Nationalisten auf dem Festungsplatz

Das Verschwinden der *Norge* erbrachte ein optimales Echo in der Weltpresse. Am 13. Mai 1926, noch am Tag des Ereignisses, konnten Zeitungsleser weltweit erfahren, dass das Luftschiff den Nordpol überflogen hatte. Doch schon am nächsten Morgen wurden die Funkmeldungen durch Schlagzeilen ersetzt, die auf redaktionellen Mutmaßungen beruhten. Und am Samstag, dem 15. Mai, schwebte die Welt noch immer in Ungewissheit über den Verbleib der *Norge*. Erst am Abend traf die ersehnte Meldung von der Landung in Alaska in der Zivilisation ein.

In ihrer Sonderausgabe zum Nationalfeiertag am Montag, dem 17. Mai, zeichnete *Aftenposten* nach, wie die Neuigkeit in den Hauptstädten Oslo und Rom publik gemacht worden war. Die erste Reportage kam aus dem Osloer Grand Hotel. «Samstag abend war der Spiegelsaal voll besetzt, und es wurde wie üblich getanzt und geredet. Plötzlich steht der Sekretär der Luftverkehrsvereinigung, Ingenieur Alf Bryn, auf dem Podium, schlägt gegen sein Glas und verliest das Telegramm, daß die *Norge* in Teller gelandet ist. Großer Jubel.» Darauf werden die Nationalhymnen der drei beteiligten Staaten gespielt, aber damit ist es noch nicht vorbei: «Kurz darauf klopft Oberstleutnant Sverre an sein Glas und hält eine kurze Rede auf die Männer der *Norge* und ihre Tat. Und, schließt der Oberstleutnant, ich kenne niemanden, dem wir hier eher ein Hoch ausbringen sollten, als Frau Riiser-Larsen, die an dem Tisch dort hinten sitzt.»

Dieser recht spontane norwegische Festakt wirkt unweigerlich bescheiden neben dem, was sich gleichzeitig in der Hauptstadt Italiens abspielte: «Hunderttausend Menschen waren auf der Piazza Colonna versammelt, wo eine kleine norwegische und eine große italienische und die amerikanische Fahne wehten. Der gesamte Autoverkehr auf dem Corso stand, und die einmündenden Straßen waren gedrängt voll mit begeisterten Menschen, die schrien: Viva Italia und Norge! Unter enormer Begeisterung wurde die norwegische Fahne unter Mussolinis Fenster angebracht. Die ganze Nacht blieben die Menschen auf den Straßen. Ständig neue Extraausgaben wurden gelesen und die norwegische, italienische und amerikanische Flagge vor Mussolinis Fenstern bejubelt.»

An ebendiesem berauschenden Abend, als der Jubel durch ein erleuchtetes und flaggengeschmücktes Rom brandete, empfing der Diktator den Chefredakteur von *Aftenposten* zu einer Audienz und diktierte ihm folgende Grußadresse an das Brudervolk im Norden: «Der strahlende Erfolg der Polarexpedition erfüllt mich in meiner Eigenschaft als Italiener und als Regierungschef mit Freude und mit Stolz. Der unbezähmbare italienische Mut hat sich darin mit dem unbeugsamen nordischen Willen vereint, die geniale Kreativität des Lateiners mit der disziplinierten nordischen Schaffenskraft. Die beiden so unterschiedlichen Temperamente haben sich auf wunderbare Weise ergänzt. Das unsterbliche Vorhaben ist vollbracht, und einer der Siege, nach denen die Menschheit strebte, ist gemeinsam unter unseren Fahnen errungen worden. Die Bedeutung dieses Fluges auf verschiedensten Gebieten muß nicht eigens betont werden, doch dieser unser gemeinsamer Triumph soll und wird niemals vergessen werden. Durch ihn wird die alte traditionsreiche Freundschaft zwischen Norwegen und Italien noch mehr gestärkt und vertieft als zuvor.»

Das Königreich im Norden hatte in jenem Frühjahr eine seiner zahlreichen Regierungskrisen erlebt. Die amtierende linke Regierung war von einer rechten Minderheitsregierung abgelöst worden. Damit war Norwegens größte Tageszeitung, *Aftenposten,* zu einer Art Regierungsorgan geworden. Und ihr Chefredakteur Frøisland war offenbar der Meinung, von den Kooperationspartnern im Süden Europas einiges lernen zu können.

Am 29. Mai brachte *Aftenposten* auf der ersten und zweiten Seite ein ausführliches Interview mit Benito Mussolini. Das Porträt des Diktators wurde vom Lorbeerkranz des Siegers eingerahmt und trug die Überschrift «AUS DEM NEUEN ITALIEN». Den Norwegern wurde ein Mann der Tat in der politischen Arena präsentiert. Das Interview begann mit der «glücklichen Vollendung der Nordpolexpedition» und glitt ganz natürlich in eine ausführliche Darstellung von Mussolinis politischem Programm hinüber. Dabei blieb der Mann selbst das Wichtigste. *Il Duce* war ein Mann ohne hohle Phrasen, ein erfahrener Kampfpilot und ein schneidiger Autofahrer. Außerdem zeigte er sich unverwundbar gegen die Kugeln der vielen Attentäter. Er war in den «Mantel des Höchsten» gehüllt. «Nun marschiert er unantastbar an der Spitze von Italiens Schicksal, an der Spitze voran zum großen Ziel.» – Das war der Staatsmann in seiner Inkarnation als Expeditionsleiter. Vier Jahre war es her, seit er Rom eingenommen hatte. Jetzt marschierte er auf Oslo.

Zu dem Zeitpunkt, da «Italiens Neuerschaffer» die Frühstückstische der Bürger in Norwegen einnahm, war die vielversprechende Brüderschaft an Alaskas rauer Küste längst in sich zusammengebrochen. Die beiden so unterschiedlichen Temperamente nährten bereits eine unversöhnliche Feindschaft, die sich mit einer Geschwindigkeit vertiefte, die der neuen Zeit alle Ehre machte.

Im weiteren Verlauf des Sommers fasste ein amerikanischer Kommentator die Lage so zusammen: «Als die Polfahrer in Teller landeten, gab es für alle mehr als genug Ehre und Anerkennung, doch wenn dieses Gezänk so weitergeht, wird am Ende für keinen Ehre oder Anerkennung übrigbleiben.»

Dieses rasch um sich greifende Waschen schmutziger Wäsche in all seinen pikanten Details und unzähligen menschlichen und nationalen Facetten wiederzugeben ist heute nicht mehr möglich und auch nicht erstrebenswert. Der Hintergrund für den ganzen Streit war allerdings denkbar einfach: Vor der Abreise aus Rom hatten Amundsen und Ellsworth Nobile als dritten Leiter der Expedition akzeptieren müssen. Folgerichtig wurde über dem Pol auch die italienische Fahne (samt Zubehör) abgeworfen. Der Vorstand der Luftverkehrsvereinigung hatte eingesehen, dass der italienische Anteil an der ganzen Unternehmung einen Umfang erreicht hatte, der dieses Zugeständnis unumgänglich machte.

Roald Amundsen betrachtete dieses Übereinkommen seinerseits als eine zeitlich begrenzte und rein formale Angelegenheit, als Kniff, dessen man sich bedient hatte, um das Luftschiff endlich in den Norden zu bekommen. Und ganz unbeeindruckt von jeglicher Übereinkunft, spielte er weiterhin die einzige Rolle, die er wirklich beherrschte, nämlich die eines unumschränkten Chefs. Für den egozentrischen Italiener gab es in der Welt des Polfahrers keinen Platz. «Diesem lohnabhängigen Luftschiffführer eines norwegischen Schiffs, das einem Amerikaner und mir selbst gehörte, soll es nicht vergönnt sein, sich eine Ehre zuzuschanzen, die ihm nicht zukommt», schrieb er später in seinen Memoiren.

Das Problem bestand aber gerade darin, dass Nobile sehr wohl die Ehre zukam, und zwar in einem Grad, den sich der Polfahrer im Voraus nicht hatte vorstellen können und den er im Nachhinein nicht zugeben wollte. Rolf Thommesen sollte das Ganze in seiner juristischen Darlegung ziemlich treffend darstellen: «Was den Streit auslöste, war nichts anderes als das heikle und sensible Verhältnis, das sich immer zwischen einem nicht sachkundigen Leiter und einem fachlich versierten Kommandanten einstellen wird, und er wurde noch zugespitzt durch das Faktum, daß der Flug so erfolgreich war.» An den Rand dieses Resümees hat Amundsen mit eigener Hand geschrieben: «Da habe ich es bekommen!»

Als geographische Exploration war der Flug der *Norge*, in überflogenen Quadratkilometern gemessen, sehr bedeutend und stand anderen großen Entdeckungsreisen in der Geschichte der Menschheit nicht nach. Indem sie allerdings nur das Vorhandensein von Wasser und Eis bestätigen konnte, stellte das Ergebnis der Expedition jedoch eher so etwas wie eine Antiklimax dar. Die Expedition als Flugreise war dagegen nicht bloß geglückt; mit ihren 171 Flugstunden seit Rom, darunter 72 Stunden über dem Polarmeer, übertraf sie sämtliche Erwartungen. Und mit ihrem Kunststück auf dem Feld der Kommunikation kündigte die *Norge* eine neue Ära an.

Während des gesamten Flugs war die Führung durch den Polfahrer nicht ein einziges Mal sichtbar geworden. Er hatte sich nicht als Entdecker profilieren können und noch viel weniger als der heldenhafte Führer der Expedition unten auf dem Eis. Amundsen konnte Nobile nur im Rahmen einer gedachten Notlage angreifen, wie er es in seinen Memoiren tat: «Mit unverhohlener Empörung hielt ich ihm in unzweideutigen Worten vor, welch klägliches Schauspiel er auf dem Polareis geboten hätte, wäre die *Norge* unglücklicherweise zu einer Notlandung gezwungen gewesen, und bewies ihm, wie albern unter diesen Umständen seine Ansprüche auf die Führung wären.»

Am Tag nach der Landung begab sich der Polfahrer mit einem Hundeschlitten nach Nome. Bei sich hatte er seinen Kompagnon Ellsworth und seine beiden treuesten Männer, Wisting und Omdal. Mit diesem Gefolge wollte er seinen Einzug in der Goldgräberstadt halten und seine Karriere dort abschließen, wo sie vor zwanzig Jahren begonnen hatte, als die *Gjøa* auf der Reede vor Nome Anker geworfen hatte. Dem Italiener sagte er nicht einmal auf Wiedersehen.

Nobile kam später per Boot nach Nome, und nach und nach sammelte sich die gesamte Expeditionsmannschaft in dem kleinen Ort. Das Luftschiff blieb wie ein Wrack in Teller zurück. Demontiert sah die *Norge* etwa so jämmerlich aus wie ein an Land gespültes Walskelett. Auch wenn es noch von beträchtlichem Wert war, bestand wenig Interesse an seinem weiteren Schicksal. Roald Amundsen hängte sein Herz nie an seine ausgedienten Fahrzeuge.

Das Wiedersehen mit Nome endete als kalte Dusche. Nur ein paar Einwohner waren auf den Beinen, um den großen Entdecker willkommen zu heißen. Die Leute hatten erwartet, ein veritables Luftschiff auf den Ort zufliegen zu sehen, und nicht einen alten Arktisveteranen im Hundeschlitten. Zudem fand man nicht, dass

Der Chef spendiert ein Lächeln. Die Expeditionsteilnehmer an Bord der *Victoria*. Stehend von links: Riiser-Larsen, Ramm, Gottwaldt, Wisting, Omdal, Cecioni (verdeckt), Malmgren, Storm-Johnsen, Alessandrini (ganz hinten), Caratti, Pomella. Sitzend: Horgen, Amundsen, Ellsworth, Nobile mit Titina. Die Aufnahme machte der Italiener Arduino.

Amundsen trotz seines neuen Barts an sich eine sonderlich imposante Erscheinung war. Es machte bedeutend mehr her, als der echte Luftschiffführer an Land stieg und – um es mit den eigenen Worten des Hundeführers zu sagen – seinen «prahlerischen Einzug» hielt.

Die Expedition hatte einen umfassenden Vertrag mit der *New York Times* abgeschlossen. Doch auch wenn dadurch ein Honorar von fast 400 000 Kronen in Gefahr geriet, legte Amundsen keinerlei Eile an den Tag, seinen Verpflichtungen nachzukommen. Dem Vertrag gemäß hätte er Unmengen von Wörtern abliefern sollen, die vermutlich topographischen Beschreibungen neuer Landmassen und anderen aufsehenerregenden Entdeckungen gelten sollten. Leider gab es nicht viel zu berichten. Man hatte Bärenspuren entdeckt, sonst nicht viel.

Die Artikel, die schließlich per Telegraph von Nome abgeschickt wurden, hatte der Journalist Ramm verfasst. Amundsen und Ellsworth unterschrieben. Nobile protestierte sofort gegen die Auslassung seines Namens. Die administrative Leitung versuchte hektisch von Oslo aus, auf die Situation einzuwirken. Doch das überzeugte den Chef nur umso mehr davon, dass die Luftverkehrsvereinigung längst den Interessen der Italiener diente. «Wir waren zu jenem Zeitpunkt die ganze Sache derart leid, daß wir Thommesen und seine ganze Bande zum Teufel wünschten», lautete sein Kommentar auf die ewigen Ermahnungen von sogenannt verantwortlicher Seite.

Um seine Führungsposition und die Interessen seiner Nation zu wahren, entfaltete Nobile eigene Presseaktivitäten, die die italienische Version über die Expedition verbreiten sollten. Wegen dieses offenbaren Zerwürfnisses wurden die Wochen in Nome für alle Beteiligten eine Belastung. Am Ende des Aufenthalts dort telegraphierte Riiser-Larsen resümierend an Thommesen: «Jegliche Freude über die Durchführung der Expedition für alle zerstört, und keiner wünscht anderes, als nach Hause zu schleichen und, soweit möglich, alles zu vergessen. Bedauere, daß A's letzte eine bittere Erinnerung wurde.»

Endlich kam der sehnlichst erwartete Dampfer *Victoria*, und am 16. Juni konnte sich die Expeditionsmannschaft auf den Weg nach Süden begeben. Der Polfahrer schied ohne Bedauern von dem Ort, der für ihn seine ganze Laufbahn hindurch ein so wichtiger geographischer Punkt gewesen war.

In dem Buch, das er bald in Angriff nehmen sollte, erfolgte die bittere Abrechnung mit Nome, dem Kaff, in dem er, der Weltentdecker, von einem untergeordneten Mittelmeerbefahrer in den Schatten gestellt worden war. Amundsen bediente sich dazu der Methode, die er auch in seinen Memoiren so raffiniert anwendete. Er löschte Nome schlichtweg aus der Geschichte aus. Der Name war es nicht einmal wert, genannt zu werden. Es blieb ein Schandfleck für das «schöne Märchenland Alaska», das von «einem modernen, engstirnigen, arbeitskranken Individuum» bewohnt wurde.

Um den moralischen Verfall dieser «Individuen» in dem unnennbaren Ort zu erklären, holte der Polfahrer bis in die Psychiatrie aus und gab eine Analyse der im Winter so isolierten Menschen zum Besten: «Aus eigener Erfahrung wissen wir ja, wie ein Leben in der Abgeschiedenheit das gesunde, vernünftige Denken angreift. Beim einzelnen wirkt sich schon ein einziges Jahr aus. Was geschieht dann erst mit denen, die Jahr für Jahr so eingeschlossen leben? Ohne daß sie selbst eine Ahnung davon hätten, schrumpfen ihre Hirne auf ein Minimum zusammen, und man kann sich wohl denken, wie das Ergebnis aussehen wird, wenn diese mental angegriffenen Personen anfangen, andere Menschen und Verhältnisse mit dem bißchen Grips, das ihnen noch geblieben ist, zu beurteilen, als wären sie noch im Vollbesitz ihrer geistigen Kräfte.»

Nicht lange nachdem er wieder zu Hause in Norwegen saß, erhielt Roald Amundsen einen in Nome abgestempelten Brief, der ebenfalls ein Licht auf das Verhältnis zur ortsansässigen Bevölkerung wirft; jedoch aus einem anderen Blickwinkel und von einer anderen Person als ihm selbst ausgehend. Der Brief stammte von dem Kaufmann Charles Carpendale, Camillas Vater. Anlass war die überraschende Zurücksendung der beiden «Eskimomädchen», die anderthalb Jahre vorher erfolgt war.

Unter der Regie Gustav Amundsens waren Kakonita und Camilla mit einem norwegischen Schiff allein über den Atlantik zurückgeschickt worden. Im Fall Camilla Carpendales war die Sache nicht ganz so schlimm, da sie eine Familie hatte, zu der sie zurückkehren konnte. Wie aber stand die kleine Kakonita Amundsen da?

«Opapa» hatte nicht die geringste Vorsorge für das weitere Leben seiner Ziehtochter getroffen. Zunächst war auch Kakonita bei Familie Carpendale am Kap Deschnjow untergekommen, die sich allerdings bei ihrer eigenen großen Kinderschar nicht gerade darum riss, noch ein weiteres Maul zu stopfen. Doch was blieb dem Händler übrig? Den biologischen Vater suchen zu lassen? «Kakoot hat kein Zuhause & ist nichts weiter als ein Versager & wird auch von den übrigen Eingeborenen für nichts anderes gehalten», schrieb Carpendale über den Mann, der Roald Amundsen einmal sein Kind geschenkt hatte.

Nach einem außergewöhnlich harten Winter an der Küste Sibiriens hatte Familie Carpendale beschlossen, die Ureinwohner zu verlassen und in eine etwas zivilisiertere Gegend umzuziehen. «Es hätte der kleinen Nita das Herz gebrochen, wenn wir sie da zurückgelassen hätten. Sie hatte Angst vor Kakoot und konnte und wollte nicht einmal mit ihm reden, und unter den herrschenden Umständen in der Gegend hätte ich nicht einmal einen Hund dort zurückgelassen. Sie ist das liebste Kind, dem ich je begegnet bin, und jeder, der sie sieht, mag sie. Was soll mit ihr geschehen?»

Der Familienvater konfrontierte den Polfahrer mit seiner Verantwortung und endete mit einem Hinweis auf Nome: «Die Leute sagen, Du habest Dich verändert; ich aber möchte mich an den Amundsen erinnern, den ich vom Kap Deschnjow kenne, und weigere mich zu glauben, ehe Du es mir nicht selbst schreibst, daß Du wirklich willst, daß die kleine Nita, nachdem sie die Tischsitten des weißen Mannes und all das gelernt hat, von mir dahin zurückgeschickt werden soll ...»

Gleich, was der Polfahrer auf diesen Brief geantwortet haben mag, das Ende der Geschichte war, dass das kleine Fräulein Amundsen mit der Familie Carpendale nach Seattle zog, wo es später heiratete und Kinder bekam. Wenn Kakonita ein Experiment gewesen sein soll, fiel es jedenfalls nicht zugunsten des Pflegevaters aus.

An Bord der *Victoria* wurden die Expeditionsteilnehmer zu Gruppenaufnahmen zusammengestellt, aber während der zehn, zwölf gemeinsamen Tage wechselten der norwegische und der italienische Expeditionsleiter nicht ein Wort miteinander. In Seattle fand endlich der große Bahnhof mit vielen Booten auf dem Wasser, Flugzeugen in der Luft und Menschenmassen am Kai statt. Alles zu Ehren der heldenmütigen Luftschiffbesatzung. Doch ausgerechnet hier, inmitten des größten Trubels, kam es zur ganz großen Katastrophe.

Oberst Nobile und zwei seiner Mitarbeiter erschienen in «glänzenden Uniformen» an der Gangway. Das hatte ein formidables Versehen zur Folge, denn ein niedliches kleines Blumenmädchen, das am Ufer bereitstand, übersah den eher proletarisch gekleideten Polfahrer aller Polfahrer und überreichte den Willkommensstrauß einem dahergelaufenen Offizier mit einem süßen kleinen Hündchen zu seinen Füßen.

Sowohl im Expeditionsbericht wie in seinen späteren Erinnerungen ritt Amundsen eine heftige Attacke auf die Uniform des Italieners: «Das grenzte wohl schon an Perfidie.» Vor allem weil Nobile diese extraschwere Kluft zum Wechseln mitgenommen hatte, während die Norweger in unzureichender Kleidung über den Nordpol schlottern mussten. Das Argument wurde Jahrzehnte später entkräftet, als Nobile erklärte, die Italiener hätten ihre Uniformen den ganzen Flug lang unter ihrer Überbekleidung getragen. Für diejenigen aus der Besatzung, die schon in südlichen Breiten mit dem Luftschiff geflogen waren, bedeutete das keine Neuigkeit.

«Der Ärger über seinen vulgären und schlechten Geschmack, bei dieser Gelegenheit in so auffallendem Gegensatz zu seinen Kameraden aufzutreten, ließ meinen Zorn überkochen.» De facto stellten die drei goldbetressten Italiener nichts als eine Kopie der drei uniformierten Leutnants dar, die nach der Expedition des Vorjahrs so plötzlich zum Vorschein gekommen waren. Es war wohl sogar ihr gutes Recht, auf augenfällige Weise ihr Vaterland zu repräsentieren, genauso wie die Leutnants ihre Zugehörigkeit zur norwegischen Marine hatten betonen wollen. Von italienischer Seite handelte es sich bei der Expedition auch nicht um ein ziviles Unternehmen. Laut Vertrag mit dem Minister der italienischen Luftwaffe, Signore Mussolini, war als Führer des Luftschiffs ein «Offizier» abzustellen, und die italienischen Teilnehmer galten als «in Diensten der italienischen Regierung stehend».

Es lässt sich somit leicht nachweisen, dass Roald Amundsens Abscheu vor Uniformen durchaus national begrenzt war. Der Chef unterschied säuberlich zwischen Offizieren des Vaterlands und Soldaten einer zunehmend feindlich gesinnten Armee.

Bei den Feierlichkeiten in Seattle unternahm der Polfahrer dennoch einen halbherzigen Versuch, mit dem Oberst wieder ins Gespräch zu kommen. Jedoch nicht, indem er etwa Zugeständnisse gemacht hätte, sondern nach Nobiles Aussage dadurch, dass er die Schuld an dem Zerwürfnis nun Ellsworth zuschieben wollte. Nicht einmal die bedeutenden finanziellen Aufwendungen des Amerikaners konnten letztlich den Bruch verhindern.

Aus einigem Abstand gab Umberto Nobile später aus Anlass des fünfzigsten Jahrestags des Nordpolflugs eine recht ausgewogene Schilderung des weiteren Verlaufs: «Norweger und Italiener reisten getrennt aus Seattle ab und ließen sich auf ihrer Fahrt nach Osten durch die USA von ihren jeweiligen Auswandererkolonien feiern. Unsere Tour, die auf Anordnung Mussolinis durch unsere Botschaft in Washington und etliche Konsulate organisiert wurde, bestand aus einer Reihe ziemlich lärmender Veranstaltungen. Mussolini nutzte die Gelegenheit, um unter den zehn Millionen Italienern in Amerika politische Propaganda zu treiben. Daraus resultierte das Unausweichliche, nämlich daß sowohl Italiener wie Norweger ihre Verdienste an dem geglückten Flug – wohl oft auch auf Kosten der jeweils anderen – einseitig hervorhoben. Dadurch konnte sich die Spaltung beiderseits noch gründlich vertiefen.»

Egal, wie die Leitung des Transarktisflugs letztlich eingerichtet war, das eigentliche Haupt der gesamten Unternehmung war ohne Zweifel Roald Amundsen. Und wenn sich ein strahlender Triumph im Verlauf nur weniger Wochen in ein vollkommenes Zerwürfnis und eine moralische Niederlage für alle Beteiligten verwandelte, dann kommt das unweigerlich einem Bankrott des Polfahrers als Chef gleich. Roald Amundsen hat viele, ja, letztlich all seine großen Ziele erreicht. Ohne Führungsqualitäten wäre das nicht möglich gewesen. Die aber kamen nur unter gewissen Voraussetzungen zum Tragen. Trotz seiner immer häufigeren Wutausbrüche war Amundsen alles in allem ein kleinlauter Führungstyp ohne großes Getue. Gleichwohl forderte er vollständige Unterwerfung. Es fehlte ihm die Gabe, sich auf ein Gegenüber einzulassen. Von ihm als Chef wurde nur ein Kniender in Gnaden aufgenommen.

Genauso wie Kapitän Johansen war Oberst Nobile ein stolzer und ehrsüchtiger Charakter. Hjalmar Johansen war Nansens Mann gewesen. Umberto Nobile war Mussolinis Untergebener. Keiner von beiden war in der Lage, vor Roald Amundsen bedingungslos zu kapitulieren.

Die Rückreise der Norweger stand in deutlichem Kontrast zu der nasskalten Luftschifffahrt. Wenn es um Luxus bei hoher Geschwindigkeit ging, vermochte damals kein Transportmittel mit der Eisenbahn zu konkurrieren. Amundsen und seine Begleiter durchquerten den amerikanischen Kontinent in zwei Spezialwaggons mit eigenem «Negerdiener». Der Polfahrer konnte sein morgendliches Bad bei Tempo 100 genießen.

Am 5. Juli endete der Siegeszug in New York. «Als die Flieger in der Grand Central Station einfuhren, wurden sie von Musikkorps und langanhaltenden Ovationen Tausender begrüßt», schrieb der Korrespondent von *Aftenposten*. «Der kurze Aufenthalt verbot offizielle Empfänge. In einem flaggengeschmückten Autokorso fuhren die Flieger mit einer Polizeieskorte durch die Stadt zur *Bergensfjord*. Überall erregten sie gewaltiges Aufsehen.» Der Dampfer wartete. Der Polfahrer hatte es eilig. Jetzt wollte er nach Hause.

Seit der Landung in Teller wurde spekuliert, was die Expeditionsmitglieder in Zukunft tun wollten. Mussolini hatte bereits verkündet, Italien würde ein neues Luftschiff für den Einsatz in Polarregionen bauen. Ellsworth und Riiser-Larsen gingen, jeder für sich, mit neuen Flugprojekten um, während der Chef klargemacht hatte, dass es für seine Person jetzt genug sei. Als zukünftige Beschäftigungen nannte er harmlose Hobbys wie Bergsteigen oder vielleicht Lachsangeln. In einem per Telegraph geführten Interview an Bord der *Bergensfjord* fügte er seinen Schlaraffenlandvisionen jedoch eine noch schicksalsträchtig werdende Ergänzung

hinzu: «Aber daß ich meine Forschungsarbeit als beendet ansehe, bedeutet nicht, daß ich mich zur Ruhe setze. Wenn Menschen, ob im Norden oder im Süden, Hilfe brauchen, werde ich zur Rettung bereitstehen.»

Am 12. Juli wurde den norwegischen Helden (Malmgren eingeschlossen) in Bergen ein überschäumender Empfang bereitet. Jeder einzelne wurde von örtlichen Muskelprotzen in die Höhe gehoben und auf einem vergoldeten Stuhl an Land getragen. Alle neun Polfahrer trugen einheitliche zweireihige Anzüge. Ganz schnell und umtriebig hatte der Chef schon von Nome aus per Telegramm maßgeschneiderte Anzüge bestellt, die jeden bei der Ankunft in Seattle anziehbereit erwarteten. Damit war auch Amundsens Trupp uniformiert, wenngleich in Zivil. In den festlich gestimmten Menschenmassen warteten auch die Ehefrauen. Amundsen wurde von seinem Bruder Gustav und Botschafter Gade empfangen. Zimmer im Hotel Norge waren reserviert.

Vier verbitterte Führer, aufgenommen bei den Feiern in Seattle. Riiser-Larsen und Amundsen haben ihre Holzfällerkleidung gegen speziell angefertigte gleichartige Anzüge vertauscht. Ellsworth hat sich einen Hut zugelegt, während der «Putschist» Nobile in seiner italienischen Uniform mit Polarhündchen Titina an der Leine posiert.

Bei den vielen Veranstaltungen verstand es sich immer von selbst, dass nach der norwegischen Hymne auch die der USA und der Faschisten ertönten. Abgesehen von einzelnen Sticheleien in der Presse blieb die Feindschaft noch hinter korrekten Umgangsformen verborgen. Für Amundsen jedoch waren die Fronten ein für alle Mal verhärtet. Das bekam nicht zuletzt der Verwaltungsleiter der Expedition, Rolf Thommesen, zu spüren, als er im Cut an der Landungsbrücke erschien. «In Bergen begrüßte ich von ganzem Herzen die Teilnehmer der Expedition», schrieb er in seinem Bericht, «nur ihr Leiter selbst war ausgesprochen kühl. Trotzdem ging alles gut; wir nahmen gemeinsam an den offiziellen Feierlichkeiten in Bergen und Oslo teil, ohne daß etwas vorfiel. Amundsens Unterkühltheit dauerte indes hartnäckig an, und schließlich bat ich ihn um eine Unterredung, um Gelegenheit zu bekommen, sich einmal offen auszusprechen. Meine Ansprache geschah ganz freundlich, ich unterstrich meine herzlichen Gefühle für ihn und hob noch einmal hervor, daß es mir ausschließlich darum gegangen war, den Frieden zu bewahren und dafür zu sorgen, daß die Expedition tatsächlich loskam. Amundsen antwortete, er wünsche kein weiteres Gespräch mit mir, ich wisse selbst, was in Amerika vorgefallen sei. Eine Erklärung bekam ich nicht, die Luftverkehrsvereinigung hat überhaupt – weder mündlich noch schriftlich – je einen konkreten Anklagepunkt von Amundsen erhalten.»

·

Am 15. Juli lief die Expedition an Bord eines anderen Schiffs der Amerika-Linie in der norwegischen Hauptstadt ein. *Aftenposten:* «Gestern nachmittag, Schlag halb vier, glitt der mächtige Rumpf der *Stavangerfjord* herein und stoppte im Hafen unmittelbar vor der Ehrenbrücke. Eine Reihe flaggengeschmückter Boote bildete das Ehrenspalier zu beiden Seiten der ‹Wasserstraße› zur Brücke. Hoch oben kreisten drei Armeeflugzeuge mit sonnenglänzenden Tragflächen. Tausende erwartungsvoller Menschen säumten den Hafen und füllten den Tordenskjolds-Platz und die Straßen entlang der Kais. Um das Empfangspodium der Stadt knatterten die Fahnen im Wind. Weiß, Blau und Rot dominierten an der Ehrenbrücke. Die hohen, mächtigen Pfeiler, die große Schalen trugen, aus denen Rauch und Dampf aufstiegen, waren in Weiß und Blau gehalten. In der Sommerhitze wirkte das frisch und kühl und erinnerte an Eis und Schnee, Himmel und Meer. Von der Brücke zum Podium waren breite rote Läufer ausgerollt, und an ihnen aufgereiht warteten Frauen, die Arme voll roter Rosen für die heimkehrenden Polarhelden.»

Auch wenn die Begrüßung in Bergen – epochemachend – vom Rundfunk über das Fjell übertragen worden war, wollte sich die Hauptstadt einen gebührenden offiziellen Empfang, bei dem die Nebelhörner um die Wette tuteten und die Militärkapelle «Das nordische Volk will ziehen» spielte, nicht nehmen lassen. Nachdem der stellvertretende Bürgermeister und Parlamentspräsident Hambro ihre Reden anlässlich dieser letzten der vielen Heimkehren gehalten hatten, trat der Polfahrer selbst vor sein Volk. «Zufällig trug er die Flagge, die während der gesamten Reise vom Luftschiff geweht hatte, unter dem Arm», schrieb Riiser-Larsen später mit der gleichen wohlkalkulierten ungefähren Genauigkeit, die die meisten Geschichten des Fliegerhelden auszeichnen. Fotos zeigen, dass er selbst die zusammengerollte Fahne unter dem Arm gehalten hatte. Natürlich befanden sich die Requisiten nicht zufällig griffbereit an Ort und Stelle. Wie immer hatte der Polfahrer die szenischen Elemente vollkommen unter Kontrolle.

Die Regie war schlicht, aber effektvoll. Bevor er das Wort ergriff, übergab Amundsen seinem Requisiteur das Rosenbouquet, das er in der Hand hielt, und nahm stattdessen die besagte Stoffrolle in Empfang. *Aftenposten* gab seine anschließenden Worte folgendermaßen wieder: «Ich bin oft gefragt worden, was mich hinausgetrieben hat, wofür ich gearbeitet habe. Es war das hier (Amundsen entfaltet die norwegische Flagge). Diese Fahne ist zerfetzt und zerrissen, aber ich kann Ihnen versichern: Sie ist *rein!* Gott halte seine Hand über sie und über das ganze norwegische Volk. Es lebe Norwegen!»

Es war ein ergreifender Moment. Die Polarhelden, neun wettergegerbte Männer, kämpften jeder für sich einen heroischen Kampf gegen die Tränen. Bei einzelnen brachen die Dämme. Der Jubel erreichte seinen Höhepunkt. Kutschen rollten vor. Der Triumphzug setzte sich durch die Stadt fort, hinauf zum Schloss.

Der Tag nach der Heimkehr war Roald Amundsens Geburtstag. Der 16. Juli 1926 stand ganz im Zeichen einer aufsehenerregenden politischen Manifestation. Sämtliche Teilnehmer der Expedition hatten sich bereit erklärt, an einem Volksfest in der Festung Akershus unter Regie der Vaterländischen Jugendvereinigung teilzunehmen.

Die Vaterländische Vereinigung *(Fedrelandslag)* war im Vorjahr mit Fridtjof Nansen als Integrationsfigur und Fahnenträger ins Leben gerufen worden. Sie war als Bewegung eine Reaktion auf die destruktiven Kräfte der Zwischenkriegszeit, auf Klassenkampf und Parteigerangel. Wenn auch nicht unbedingt mit den gleichen Mitteln und schon gar nicht mit den gleichen Zielen wollte die Vereinigung doch um Nansens Heldengestalt ein «neues Norwegen» bauen, wie das «neue Italien» um Mussolinis Führergestalt geformt worden war.

Wahrscheinlich hat es vor der Zusage keine Diskussion unter den Polfahrern gegeben. Das arktische Milieu war in dieser national gesinnten Bewegung auffallend stark vertreten. Im Rat der Vaterländischen Vereinigung saßen außer Nansen die beiden Ozeanographieprofessoren Helland-Hansen und Hjort, dazu der Vorsitzende der Geographischen Gesellschaft, Rektor Skattum, und nicht zu vergessen: Hjalmar Riiser-Larsen. Zwei der wichtigsten Unterstützer der Bewegung waren die publizistischen Hauptakteure des *Norge*-Flugs, die Redakteure Thommesen und Frøisland.

Roald Amundsen erreichte den Festungsplatz an der Spitze ei-

Eine politische Geburtstagsfeier. Der 16. Juli 1926 auf der Festung Akershus. Hauptredner Nansen steht zwischen dem Vorsitzenden der Vaterländischen Vereinigung, Joakim Lehmkuhl, und dem an diesem Tag 54 Jahre alt werdenden Ehrengast. Gardisten des Königs halten die übrigen Gäste auf Abstand.

ner Autokolonne. Die königliche Garde bildete Spalier, Hörner bliesen einen neukomponierten Marsch. An der Seite des Geburtstagskinds saß kein Geringerer als Fridtjof Nansen. Die beiden weißhaarigen Giganten schwenkten leutselig ihre breitrandigen Hüte.

Professor Nansen hatte noch nie an einer norwegischen Willkommensfeier für seinen Kollegen teilgenommen. Auch diesmal kam er nicht, um Amundsen zum Geburtstag zu gratulieren. Nansen erschien auf Akershus allein mit dem Vorsatz, die politischen Früchte des *Norge*-Flugs einzuheimsen.

Die politische Botschaft des Professors wurde nicht plakativ vorgetragen, sie blieb eher halb versteckt, doch innerhalb seines rhetorischen Rahmens machte er sich den Polflug des Kollegen zunutze: «Wir brauchen eine nationale Erhebung. Es verlangt uns nach reinerer Luft, und da kommt Ihre Tat wie eine Befreiung. *Es gibt also doch noch Männer in Norwegen!* Es kommt darauf an, sich selbst zu finden, das Glück muß darin bestehen, die eigenen Möglichkeiten und besonderen Anlagen zu voller Entfaltung zu bringen. Ihr Beispiel, hell und leuchtend, wie es ist, wird Norwegens Zukunft erbauen.»

Das Nationale und das Männliche waren tragende Säulen in Nansens politischem Denken. Seine zahlreichen Initiativen in heimischer und internationaler Politik bauten ebenso wie seine überwältigenden humanitären Einsätze auf dem Prinzip des Expeditionsleiters. Die zugrundeliegende Triebkraft bildete der Kampf ums Überleben, und nichts war unmöglich für einen vernünftig handelnden Führer mit der Tatkraft, seine Pläne zu verwirklichen. Der Polarreisende mit seiner Führungsverantwortung am äußersten Rand der Existenz lieferte auch für den politischen Führer das Vorbild. «Vor allem war er ein *Mann*. Ein Wille aus Stahl, ein Menschenführer», hatte Nansen in seinem Nachruf auf Robert Peary geschrieben. Auch Roald Amundsens große Leistung würde «für Norwegens Jugend als anspornendes Beispiel für Mannesmut und Manneswille stehen».

In seiner Dankesrede replizierte der Ehrengast des Abends eine Auswahl ähnlicher Lobesworte an die Adresse seines großen Lehrmeisters und versicherte, der Name Fridtjof Nansen werde noch lange «in seinem Sternenglanz erstrahlen und Norwegens Jugend zu Handlung und Tat aufrufen». Als sich der Beifall legte, fiel das Orchester mit Griegs «Norrønakvadet» ein, ehe die Rednerliste mit bescheideneren Größen wie Redakteur Thommesen und dem Vorsitzenden der Vaterländischen Vereinigung schloss.

Als der frisch beförderte General Nobile am 3. August *seinen* Einzug im fahnengeschmückten Rom hielt, war in den amerikanischen Blättern schon der offene Pressekrieg zwischen ihm und Ellsworth ausgebrochen. Der Kampf um die Lorbeeren war in vollem Gang. In seiner Willkommensrede auf dem Balkon des Palazzo Chigi griff Mussolini direkt in den verbalen Schlagabtausch ein: «Darum möchten wir gern ein und für alle Male feststellen – und ich wünsche, meine Stimme möge die Kraft und die Macht des Donners haben –, selbst wenn wir mit römischem Gerechtigkeitssinn die Verdienste, die sich Ihre Begleiter anderer Nationen erwarben, anerkennen, so verdienen doch Sie die Hauptehre. Sie, ein Italiener, zeichneten die Pläne für das Luftschiff. Sie, ein Italiener, führten zusammen mit weiteren Italienern dieses Luftschiff an das Ziel dieses einzigartigen Fluges.»

Roald Amundsens Geburtstagsfest auf dem Festungsplatz war ein Kindergeburtstag gegen die wahnsinnige politische Umarmung, die Nobile zuteilwurde. Und doch war es der gleiche Stolz, der in der Brust der Redner pochte, und war es der gleiche nationale Wind, der die Fahnen beider Länder zum Flattern brachte.

44 Ein literarischer Selbstmord

Auch in übertragener Bedeutung war Roald Amundsens letzte Expedition ein enormer Luftballon, aufgepumpt mit amerikanischen Dollars, unverhülltem norwegischem Nationalismus und prall angeschwollenen faschistischen Ambitionen. Diese Mischung war hochexplosiv. Wahrscheinlich hätte niemand den Knall verhindern können. Roald Amundsen jedoch am wenigsten.

Von dem Tag an, da das Luftschiff gelandet und sein Lebenswerk vollendet war, begann sich alles um ihn aufzulösen. Der Polfahrer war immer unberechenbarer geworden, um nicht zu sagen leichter entflammbar.

«Er ist wütend auf Gott und die Welt, um im nächsten Augenblick wieder milder zu werden. Seine Stimmung schlägt schneller um als der Wind», schrieb der Geschäftsführer der Luftverkehrsvereinigung, Skjoldborg, nach einem Besuch bei Amundsen in jenem Sommer. «Er ist ständig verärgert, weiß aber selbst nicht, worüber.»

Schon am 29. Juli hatten Amundsen und Ellsworth mit der Luftverkehrsvereinigung gebrochen. Der aktuelle Anlass war, dass der Chef nach einem telefonischen Disput mit seinem Neffen den Rausschmiss des Sekretärs verlangt hatte. Da der Vorstand der Meinung war, dieser Forderung nicht entsprechen zu können, kündigte der Polfahrer telegraphisch die Zusammenarbeit auf.

Man hielt die Trennung zunächst geheim, doch wurde die Lage bald prekär, da man, um weitere Einkünfte zu erzielen, gänzlich auf Amundsen angewiesen war. Schon vor der Rückkehr aus Amerika hatte er wissen lassen, dass er nicht beabsichtige, weitere Vorträge zu halten. Da dies jedoch einen klaren Vertragsbruch bedeutet hätte, musste er sich doch wieder dazu bequemen. Letztlich aber wurden die meisten Vorträge Riiser-Larsen übertragen.

Im Lauf einiger Sommertage in Svartskog verfasste Amundsen seinen Beitrag zum Polarbuch des Jahres. Er fiel kürzer aus als üblich, umfasste nur 11 000 Wörter, und war in Wir-Form geschrieben, weil Amundsen seinen Co-Autor Ellsworth gleich mit vertrat. Ansonsten wurde *Der erste Flug über das Polarmeer* ein eher umfangreiches Buch, da es noch Beiträge von fünf weiteren Verfassern enthielt. Die Kapitel, die vertragsgemäß von Nobile hätten kommen sollen, wurden von Amundsens Neffen, Gustav junior, und Hjalmar Riiser-Larsen dem Unvermeidlichen geschrieben. Eine neuerliche Niederlage für Ellsworth.

Große Teile dieses fünften und letzten Buchs über Roald Amundsens Entdeckungsreisen sind eindeutig polemisch, mit dem Ziel geschrieben, den Anteil der Norweger und insbesondere Amundsens Führung hervorzuheben. Der Zweitkommandierende schloss sein Kapitel mit einem Abschiedsgruß, der die Grenze zu einer Grabrede streift: «Dank, Dank von uns allen, Roald.» Trotz seiner Exkurse über Navigation, Meteorologie und Funkwesen wirkt das Buch unvollständig, weil der Konstrukteur und Führer des Luftschiffs darin nirgends zu Wort kommt. Es wurde zwar ebenfalls in Dutzende Sprachen übersetzt, erreichte aber nie die Popularität des Heldengesangs aus dem Vorjahr.

Neben dieser bescheidenen, aber in sich stimmigen Flugoperation nahm sich die gigantische Luftschiffexpedition im Rückblick mehr und mehr wie ein Abstieg aus. Fritz G. Zapffe war an beiden beteiligt: «Das ganze Spektakel nach der Expedition ist ein Trauerspiel, so flott wie sie eigentlich über die Bühne gegangen ist. Die schwarzen Zigeuner hätten nie dabeisein dürfen. Sie passen nicht zu uns Norwegern. Insgesamt kein gutes Gefühl bei der diesjährigen Exp.», klagte der Apotheker in einem Brief an den Polfahrer. Sicher, die Teilnehmer waren mit dem St.-Olavs-Orden ausgezeichnet worden, aber nicht einmal das Vaterland hatte etwas für sie getan: «Nicht einmal eine Gedenkmünze wie die Frammedaille konnten sie schlagen lassen, dabei hat sogar Titina eine aus Gold bekommen. Wir halten uns im Schatten, aber gottseidank kann Dir Dein Glanz nicht genommen werden, und wenn ganz Italien aus derartigen Generälen bestehen sollte. Aber, wie Du sagst, für Ellsworth ist es schon sehr traurig.»

Als Polarforscher hatte Amundsen abgedankt, doch als Verfasser hatte er noch etwas in petto: seine Memoiren. Dieses Buch, das einzige im Übrigen, das nicht auf einer Expedition basiert, verdankt sich einem speziellen Umstand, es wurde nämlich auf Bestellung seines amerikanischen Verlags, Doubleday, Page & Co., geschrieben. Der Vertrag dazu war schon am Ende seiner vorigen Tournee durch die Staaten, bei Amundsens Aufenthalt in New York am 24. Februar 1926, unterzeichnet worden.

Eine gewisse Anice Page Cooper war seine Ansprechpartnerin im Verlag. Sie gehörte demselben New Yorker Freundeskreis an wie Sam und Bess Magids. Als Amundsen wieder daheim war, erhielt er ein Schreiben von Mrs Cooper, in dem sie dezent an den Vertrag erinnerte: «Ich hoffe, Sie planen, bald wieder nach New York zu kommen. Das Buch wartet darauf, geschrieben zu werden, und vielleicht können wir Ihnen dazu in unserem literarischen Labor ein paar hübsche Pokertricks verraten.»

Im November fand in Berlin die erste Generalversammlung der *Internationalen Studiengesellschaft zur Erforschung der Arktis mit Luftfahrzeugen* statt. Wie schon erwähnt, verzichtete Amundsen trotz mehrerer Ersuchen Nansens auf eine Teilnahme, weil er mit den Deutschen nichts mehr zu tun haben wollte. Außer ihm nahmen aber zahlreiche Forscher aus Norwegen und dem Ausland teil, und Fridtjof Nansen wurde zum Präsidenten auf Lebenszeit gewählt. Der alte Kämpe machte in Berlin sogar noch auf der Tanzfläche eine gute Figur.

Zum ersten Mal überhaupt verzichtete Amundsen damit auf einen Europabesuch im Anschluss an eine Expedition. Diesmal sollte es direkt nach Amerika gehen.

Am 26. November 1926 brach er zusammen mit Herman Gade auf. Der Botschafter aus Rio war in besonderer diplomatischer Mission auf dem Weg nach Washington, der Polfahrer überquerte den Großen Teich, um seine Memoiren zu schreiben und Vorträge zu halten.

Als er auf der anderen Seite an Land ging, musste er zu seiner Überraschung feststellen, dass Amerika bereits entdeckt war – von Nobile. Der Italiener, nach Amundsens Bruch der Verabredungen vertraglich nicht mehr gebunden, nutzte seine Freiheit, um die Alte wie die Neue Welt mit seiner italienischen Version des *Norge*-Flugs zu versorgen. Amundsen reagierte sofort und verlangte, dass er (und Ellsworth) augenblicklich offiziell als Ehrenmitglieder der Norwegischen Luftverkehrsvereinigung gestrichen würden. Offenbar betrachtete er noch immer Mussolinis und Nobiles Italien als Unterabteilung der Luftschiffreederei seiner Expedition. Damit wurde das Zerwürfnis öffentlich, und eine neuerliche Runde in der Schlammschlacht setzte ein.

Am 4. Dezember antwortete der Vorstand der Luftverkehrsvereinigung mit einer Veröffentlichung sämtlicher Vorwürfe an die Adresse des Nationalhelden. Die Neuigkeit kam in norwegischen und amerikanischen Zeitungen groß heraus. Zu Hause versuchte Amundsens Anwalt Einar W. Nansen eine Zurückweisung. «Dummes Gewäsch», lautete der einzige Kommentar des Polfahrers selbst. Im Übrigen verwies er auf seine Memoiren, in denen er «die ganze Wahrheit» an den Tag legen werde.

Als Amundsen vor dem Flug mit der *Norge* den Vertrag über sein Erinnerungsbuch unterschrieb, schwebte ihm sicher etwas ganz anderes vor als das Gebräu, das er nun hastig, aber gnadenlos in seiner verlagsgesponserten Dichterhöhle im Waldorf-Astoria zusammenrührte. Nach einer gesegneten Weihnacht teilte er seinem Anwalt in Norwegen mit: «Ich bin jetzt mit meinen memoaren fertik. Teufel, sind die böse.»

Im Januar unternahm er eine hektische Kampagne, um seinem Freund und Hausbesitzer Gade den Botschafterposten in Washington zuzuschanzen. Vom Waldorf-Astoria wurde zu diesem Zweck eine Salve telegraphischer «Raketen» mit eindringlichen Appellen an den König, den Parlamentspräsidenten und Chefredakteur Frøisland abgefeuert, der liebend gern *Aftenposten* für den Kampf zugunsten Gades zur Verfügung stellte.

Innerhalb des auswärtigen Dienstes aber war und blieb Gade eine umstrittene Figur. Es fiel ihm nicht leichter als seinem polstürmenden Freund, sich in die Welt konturloser Kleingeister einzuordnen. Im Anschluss an die Feier zum Nationaltag in Brooklyn wurde das Außenministerium informiert, Gade habe dem Vaterland vom Rednerpult herab empfohlen, sich «einen Mussolini» zuzulegen, um mit der Krämerherrschaft der Parteien aufzuräumen.

Genau in diesem Punkt war der Polfahrer nicht ganz einverstanden. Der alte Antisozialist fühlte sich vom Kommunismus nun mehr angesprochen als vom Faschismus. Er hatte nämlich unerwartet Schützenhilfe von Norwegens kommunistischer Zeitung erhalten, die mehrere Artikel über die Verschwörung zwischen Mussolinis Regime und den Kapitalisten der Luftverkehrsvereinigung veröffentlicht hatte. Der Polfahrer hatte kein Problem damit, seinem neuen Verbündeten, dem kommunistischen Redakteur, einen Dankesgruß zu schicken: «Ich sende Ihnen heute meinen besten dank für die übersandten nummern von N. K. [*Norges Kommunistblad;* Anm. d. Ü.]. Ich danke Ihnen und durch Sie den norwegischen arbeitern für das verständnis und den vaterlandssinn, die Sie in dieser gemeinen angelegenheit bewiesen haben.»

Den Winter und das Frühjahr hindurch klapperte Amundsen noch einmal die Vortragssäle der USA ab. Die Honorare zahlte er auf ein eigenes Konto bei Rechtsanwalt Nansen ein, weil er der Luftverkehrsvereinigung in finanziellen Dingen misstraute. Aus dem gleichen Misstrauen heraus besorgte er sich, nicht ganz dazu legitimiert, eigene Kopien der Filmaufnahmen von der Expedition. Auch die Bucherlöse wanderten auf das Konto beim Anwalt. Der Polfahrer wollte selbst wieder die Kontrolle über die Finanzen haben. Um an das Geld zu kommen und die Gläubiger der Expedition auszahlen zu können, musste die Luftverkehrsvereinigung die Sache schließlich doch vor Gericht bringen.

«Die zeit vergeht hier in höchster sittsamkeit», berichtete der Handlungsreisende in Sachen Poleroberung dem «alten ferkel» Gade brieflich nach New York. Immerhin geht daraus hervor, dass zumindest der «Cocktailshaker» fleißig in Gebrauch war. Allerdings nicht übermäßig, denn der Vierundfünfzigjährige absolvierte ein strammes Programm. Seine Vitalität ist noch immer erstaunlich. Ende März musste er sich jedoch an einer Geschwulst im Oberschenkel operieren lassen. Und im April noch einmal die Ärzte aufsuchen. «Dr. Søiland in Los Angeles hat meine wunde mit radium behandelt und den ganzen stoff aufgebraucht», teilte er Schwägerin Malfred mit.

Am 9. Juni 1927 stach Amundsen von Vancouver aus mit der *Empress of Asia* in See. Ziel war Japan, dem er eine dreiwöchige Visite abstatten wollte. In dem dichtbevölkerten, expansiven kleinen Inselreich wurde der Polreisende empfangen und gefeiert wie ein Staatsoberhaupt. Er hielt insgesamt zehn Vorträge, darunter einen vor der kaiserlichen Familie. Mussolinis späterer Verbündeter, der junge Hirohito, trat gerade in diesem Jahr nach einigen Jahren als Regent in seine Würde als Tenno ein. Der alte Kämpe aus dem Norden ließ sich aber von der göttlichen Abkunft des Kaisers und den übrigen Bewohnern seines Palasts nicht blenden. «Es sind nette einfache menschen, und das ganze verlief gut», resümierte er an Gade. Der Eroberer beider Pole wurde mit Jubel, Ehrenbezeugungen und Geschenken geradezu überhäuft. Nur eins entsprach nicht ganz seinen Erwartungen: «Die kleinen japanerinnen sind nicht so, wie ich sie mir vorgestellt habe; plump und wenig anziehend!»

Als der Polfahrer das Kaiserreich am 15. Juli mit Kurs Wladiwostok verließ, hatte er nicht nur schwer an all den Geschenken zu schleppen, er ließ auch ein Volk in großer Bewunderung zurück. «Wo immer er sich aufhielt, wiederholte er, er habe seine Taten nie seines eigenen Ruhms wegen oder für seine persönlichen Interessen vollbracht, sondern immer zur Ehre seines Vaterlands Norwegen», gab ein japanischer Reporter nach seiner Abreise wieder. «Er behauptete, Patriotismus würde die Menschen davon abhalten,

Staatsbesuch in Japan. Das Oberhaupt der Pole wird von den Untertanen des Kaisers bejubelt.

verrückte Dinge zu tun, und unterstrich die Bedeutung eines nationalen Geists in großen Worten.» Dieses Lob schloss mit einem nachdenklich stimmenden Vergleich des norwegischen Polarforschers mit dem großen Kriegshelden der Japaner: «Die Zuneigung der Norweger zu Kapitän Amundsen ist ebenso groß wie unsere Bewunderung für Admiral Togo.»

Roald Amundsen war ein Reisender in Sachen Nationalgefühle geworden. Welchen Sprengstoff er damit in seinem Gepäck mit sich führte, ist ihm selbst vermutlich gar nicht bewusst gewesen. Bald sollte es den meisten klarwerden, dass ein nationaler Geist durchaus nicht alle davon abhielt, verrückte Dinge zu tun.

«In seiner expansiven Gestalt wurde Nationalismus zu Imperialismus», schrieb Amundsens Landsmann Sigurd Ibsen etwa zum gleichen Zeitpunkt. Und genau das war Amundsen: ein Imperialist; auf seine ganz eigene, sehr praktische Weise: er jagte nach Imperien. Zweifellos empfand der Polfahrer ein echtes Nationalgefühl. Es gehörte ebenso zu seinem geistigen Erbe wie sein Kinderglaube an Gott. Aber wie so viele Männer in so vielen Ländern verstand auch er es, auf der nationalen Welle zu reiten, um seine eigenen Ziele zu erreichen.

Im Anschluss an die Luftschiffexpedition strapazierte er das nationale Moment bis zum Äußersten. Er hatte diesen italienischen Zeppelin nicht nur in *Norge* umgetauft, so wie ein norwegisches Schiff vor Zeiten einmal in *Belgica* umbenannt worden war, er widmete seinen letzten Expeditionsbericht auch «der norwegischen Fahne». Doch dieses ganze nationale Ausgreifen bedeutete letzten Endes nichts anderes als das Markieren des eigenen Territoriums. Im Kampf gegen Italien verschmolzen Amundsen und Norwegen zu Synonymen. Für Amundsen war der Nationalismus ein Mittel zum Zweck. Ein Imperium war das Ziel, *sein eigenes* Imperium.

Auf einer Bahnreise quer durch die Sowjetunion legte er keine längeren Zwischenaufenthalte ein. In der Botschaft in Moskau ließ er sich liebenswürdig und aufmerksam umsorgen von einem Mitarbeiter Nansens: Vidkun Quisling, dem späteren Gründer von Norwegens eigener nationalistischer Partei.

Am 6. August langte Amundsen wieder in Svartskog an. Sogleich trafen Glückwunschtelegramme aus dem Schloss und von dem Ehepaar auf Leigh Court ein. Die Verbindung zu Kiss war nicht abgerissen. Aber es gab keine Berührungspunkte mehr. Der Polreisende besuchte New York, Tokio und Moskau, doch alle Wege führten um London herum.

Mein Leben als Entdecker erschien am 23. September 1927 in Buchform. In dem amerikanischen Monatsmagazin *World's Work* hatte es einen Vorabdruck in Fortsetzungsform gegeben. Mit diesem Werk ritt sich Roald Amundsen zum zweiten Mal in den Ruin. Diesmal moralisch. Wie sich zeigen sollte, wirkte das Buch mehr als Selbstmord denn als Selbstbiographie.

Es bestätigte anscheinend ein Gerücht, das schon in Amundsens rabiatester Periode aufgekommen war, als er unbedingt über das Polarmeer nach Alaska fliegen wollte, nämlich dass er nicht ganz zurechnungsfähig sei. Als peinlicher Fehltritt wurden die Memoiren in sämtlichen späteren Ausgaben seiner Werke ausgelassen. Dabei liegt es näher, sie nicht als Ausrutscher, sondern als letztes Glied einer Entwicklung zu betrachten. Das Buch steht in einem klar erkennbaren Zusammenhang mit seinem Vorläufer, dem *Ersten Flug über das Polarmeer*. Im besten Fall hätte er seine Laufbahn als Verfasser da enden lassen sollen, wo auch seine Laufbahn als Polarforscher endete. Aber dann wäre die Rechnung nicht beglichen worden. Der Polfahrer besaß eine Schattenseite, die ebenfalls noch ans Licht musste. Das war eine Konsequenz seines Lebens. Es war der Preis für den Triumph.

Roald Amundsens übrige Bücher waren fast programmatisch positiv gehalten. Und weil er sich nie den konflikthaltigen Seiten des Daseins stellte, hatte sich in ihm eine gewaltige Aggressivität mit einem Druck angestaut, der in der Autobiographie jede Rücksichtnahme hinwegfegte. Sein internationales Ansehen war noch immer derart groß, dass Zeitungen in vielen Ländern kritiklos seine Anklagen und Enthüllungen wiedergaben. Aber es gab auch viele, die mit Unglauben und Enttäuschung reagierten.

Morgenbladet, das ihm in so vielen kritischen Situationen die Stange gehalten hatte, betonte, dass eine eigenwillige Größe wie Roald Amundsen «mit anderer Elle als gewöhnliche Menschen» gemessen werden müsse. «Ohne diesen Eigensinn hätte er nicht das ausgerichtet, was er erreichte. Er ist aus dem gleichen Guß wie viele der Großen in der Geschichte.» Aber, fügte das Blatt hinzu, «ist ein solcher Mann verwegen im Handeln, dann muß er mit den Worten um so vorsichtiger umgehen. Das wußte Amundsen genau, und er tat sein Bestes, um uns zu gefallen, bis die Erlebnisse des letzten Jahres zuviel für ihn wurden. Seine Begleiter, die Heldenmut höher schätzten als die kleinen Dinge, folgten ihm begeistert durch die Eiswüsten in Nord und Süd, doch die bürgerliche Welt ist überrascht, weil dem großen Polarforscher einige unserer Tugenden abgehen.» Das Fazit, das daraus im *Morgenbladet* gezogen wurde, wurde auch von der Nachwelt geteilt: «Ist dieses Buch auch klein, so bleibt der Mann doch groß.» Es wurde eine scharfe Trennlinie zwischen kleinlicher Polemik und großen Taten gezogen.

Glaubt man dem Titel, dann bestand das Leben des Entdeckers vor allem aus seiner Abrechnung mit Umberto Nobile und den landesverräterischen Herren in der Luftverkehrsvereinigung. Doch enthält das Buch darüber hinaus noch weitere Angriffe auf einige namentlich genannte Personen. Einer der heftigsten Ausfälle galt seinem eigenen Bruder, in dem er seinen vertrautesten und engsten Partner aus zwanzig Jahren zum Verräter stempelte. Der Polfahrer wiederholte seine Version, der zufolge der Bruder und nicht er selbst Häuser und Grundstücke aus dem Konkursvermögen hätte schmuggeln wollen. «Dann versuchte er das verächtlichste aller Mittel: Erpressung. Glücklicherweise verhinderte ihn sein eigener Anwalt daran.»

Dass Leon Amundsen letztlich lieber eine Niederlage hinnahm, als das Privatleben seines Bruders im Gerichtssaal bloßzustellen, wurde auch noch in den öffentlichen Vorwürfen gegen ihn benutzt. Der Polfahrer schloss seine Kränkungen mit einem psychologisierenden Mutmaßen: «Ich habe mich oft gefragt, was die Veränderungen im Charakter dieses Menschen bewirkt haben mag.» Es war wichtig, zu betonen, dass dieser charakterliche Mangel nicht «ererbt» war und keine weiteren Familienmitglieder betraf. «Meine Mutter und mein Vater waren die besten und anständigsten Menschen auf der Welt.»

In den vorangehenden Kapiteln der Autobiographie wird Leon stets nur «Begleiter» oder «Sekretär» genannt, und doch verrät das Buch deutlicher als sonst ein Dokument, wie sehr Roald auf seinen Bruder Leon angewiesen war. Hätte er es geschrieben, solange sie noch Freunde waren, dann hätte es vermutlich nie das Licht der Welt erblickt.

1915 hatte Amundsen seinen Neffen, den einunddreißigjährigen Leutnant Gustav S. Amundsen, als seinen Privatsekretär engagiert. Malfred und Gustav Amundsens einziges Kind, genannt

«Gogge», war wie seine Eltern große Teile seines Lebens von seinem berühmten Onkel ökonomisch abhängig. Ohne dessen Unterstützung hätte er nicht die Offizierslaufbahn einschlagen können. Seine Bewunderung fiel proportional zu seiner Abhängigkeit aus. Doch hatte der Leutnant auch eine reichliche Portion der Bitterkeit geerbt, die sein Vater der Familie in einem langen unglückseligen Leben eingebracht hatte.

Auch wenn er ihm die tägliche Korrespondenz vom Leib hielt, war nicht zu erwarten, dass der junge Amundsen die Aufgaben übernehmen konnte, die Leon so gewissenhaft als Ratgeber und ausgleichender Partner ausgefüllt hatte. Wo der Bruder den Helden in seinem Umgang mit der Umwelt bremste und neutralisierte, befleißigte sich der Neffe einer umso gewissenhafteren Umsetzung von dessen Direktiven.

Im Übrigen führte Leutnant Amundsen eine flotte Feder. Im Winter 1927 empfing er von Doubleday, Page & Co. das englische Manuskript seines Onkels und schickte es bald ins Norwegische übersetzt an den Gyldendal-Verlag weiter.

Es war kaum möglich, gegen Roald Amundsens Kränkungen und Ehrabschneidungen anzugehen. Dazu hatte er die Grenzen des Anstands zu sehr überschritten. Dennoch war so mancher Schaden nicht wiedergutzumachen. Roald Amundsen war selbst in seiner langen Karriere Gegenstand sowohl unsachlicher Anwürfe wie heimlicher übler Nachrede geworden. Aber immer hatte sich jemand gefunden, der für ihn aufstand und ihn verteidigte. Erst 1981 aber sollte der letzte noch lebende von den Männern des Chefs, Odd Dahl, ein Wort für den vergessenen Bruder einlegen. Dahl hatte für sie beide gearbeitet. «Aus meiner Tätigkeit für Leon Amundsen habe ich den Eindruck gewonnen, daß er ein überaus vernünftiger Mann war, der nicht nur die Verwaltungsarbeit für die Expeditionen seines Bruders übernahm, sondern nebenher auch noch mit großer Tüchtigkeit seinen Wein- und Seidenhandel betrieb. Ich kann es nicht anders sehen, als daß Roald Amundsen in seinem Fall viel zu weit gegangen ist, über alle Grenzen von Anständigkeit hinaus.»

Als letztes von Roald Amundsens Büchern enthält *Mein Leben als Entdecker* keine Widmung. Er hatte sie alle bedacht: den Lehrer, die Kameraden, die Frauen, das Vaterland. Nur ein Name blieb noch übrig. Er prangte in Goldbuchstaben auf dem Buchrücken, in den Himmel über Sternen, Mond und einer Erdkugel geschrieben.

45 **Mit der ganzen Welt überworfen**

Ich würde nicht sagen, daß ich uneingeschränkt begeistert bin», schrieb Harald U. Sverdrup in einem Brief an Harald Grieg, den Chef von Gyldendal, über Roald Amundsens Autobiographie. Der gleiche Sverdrup wurde später damit beauftragt, das Nachwort für die «Gedenkausgabe» von Amundsens Werken zu verfassen, und in die wurde *Mein Leben als Entdecker* nicht aufgenommen. *So* wollte man des großen Landsmanns nicht gedenken. Sverdrup ließ sein Nachwort mit dem Resümee ausklingen, seine eigenen Berichte «geben uns das schönste und wahrste Bild von Roald Amundsens Persönlichkeit». Diese Synthese wäre durch die Autobiographie stark ins Wanken geraten.

Dr. Sverdrup, der zu jener Zeit auf eine Professur in Bergen berufen worden war, hatte Amundsen dort auf dessen Durchreise getroffen und konnte dem Verleger versichern, dass der Polfahrer «bester Stimmung» gewesen sei.

Am 7. Oktober 1927 brach Amundsen, schwer mit Koffern bepackt, von Svartskog auf. Wieder einmal wollte er auf eine ausgiebige Auslandsreise gehen. Zunächst fünf Monate in die USA, dann weiter nach Südamerika, um auch dort eine Vortragstournee zu absolvieren. Er hatte also einen wirklichen langen Auslandsaufenthalt vor sich.

Noch immer gab es viele Nationen, die gern den Mann feiern wollten, der beide Pole bezwungen hatte. Aber ihre Zahl nahm merklich ab. Italien war aus der Weltkarte ausradiert, mit Deutschland hatte der Polfahrer zum zweiten Mal gebrochen. Als nächste waren England und die USA an der Reihe. In den Memoiren legte sich Amundsen mit den einflussreichen Geographischen Gesellschaften beider Länder an.

Ohne dass es sich nachvollziehen ließe, behauptet der Polfahrer darin, The National Geographic Society of America habe «mehrere Gelegenheiten genutzt», um ihn «mit einer überraschenden Mißachtung» zu behandeln. «Das Peinlichste dieser Art» ereignete sich im Winter 1926, als Amundsen Frederick A. Cook einen Besuch abstattete, der zu dieser Zeit im Staatsgefängnis von Fort Leavenworth einsaß. Auch wenn man ihm zunächst den Nordpol aberkannte und ihn später wegen anderweitiger Finanzbetrügereien verurteilte, konnte Amundsen die Bewunderung für seinen alten Lehrmeister auf der *Belgica* nie ablegen. Nach seinem Gefängnisbesuch wurden Amundsen in der Presse Äußerungen zugunsten Cooks in dessen altem Streit mit Admiral Peary untergeschoben. Das wiederum zog einen Konflikt mit der Geographischen Gesellschaft nach sich, die längst Peary zum einzigen und wahren Entdecker des Nordpols erklärt hatte. In den Memoiren behauptet der Verfasser, er sei «ganz mißverstanden worden». Das aber ist gar nicht so überraschend, denn seine Äußerungen im Cook-Peary-Streit klangen auch, gelinde gesagt, recht ambivalent.

Heftiger fiel die Auseinandersetzung mit der Royal Geographical Society in London aus. Wie bereits erwähnt, trat Amundsen in den Memoiren mit großer Bitterkeit das «dreifache Hurra auf die Hunde» des inzwischen verstorbenen Lord Curzon bei dem zu seinen Ehren gegebenen Bankett 1912 breit. Auf der Grundlage dieser und weiterer unvergessener Ehrverletzungen sah sich Amundsen «zu der Behauptung berechtigt, daß die Engländer im großen und ganzen ein Volk sind, das nicht gerne unterliegt».

Die Anschuldigung, dass ausgerechnet das Heimatland des Sportsgeists von «bad losers» bevölkert sei, wie es in der englischen Ausgabe hieß, war zu viel für die Engländer, und es erhob sich auf der Insel ein Sturm der Entrüstung gegen Amundsen. Die Gesellschaft fand in ihren Unterlagen weder eine schriftliche noch eine mündliche Bestätigung für die verletzenden Hundehurras und forderte eine Äußerung des Bedauerns. Wenn nicht, solle der norwegische Polarreisende seine Ehrenmitgliedschaft in der Royal Society zurückgeben, was denn auch das Endergebnis des Streits wurde. Nach einigen Ersuchen vonseiten der Gesellschaft griff Gustav S. Amundsen in Vertretung seines Onkels zur Feder. «Kapitän Amundsen bittet mich, Ihnen mitzuteilen, daß er die Achtung vor sich selbst als sein kostbarstes Gut ansieht, das er niemals für ein anderes und nicht einmal für ein kostbareres als das der Ehrenmitgliedschaft in Ihrer Gesellschaft eintauschen würde.» Das war das letzte Wort des norwegischen Polfahrers in seiner Auseinandersetzung mit dem britischen Empire.

Der Konflikt loderte noch, als sich Amundsen nach New York begab, wo er Mitte Oktober von der Verlagsrepräsentantin Anice Page Cooper herzlich begrüßt wurde. (Es dauerte noch ein paar Monate, bis der Verlag erkannte, dass *My Life as an Explorer* in Amerika nie ein Bestseller werden würde.)

Amundsen nahm in der Metropole rasch wieder seine beruflichen und gesellschaftlichen Verbindungen auf. Aber auf seine geplante Tournee ging er nie. Urplötzlich änderte er den Kurs. Am 25. Oktober, als der Polarreisende als Ehrengast bei einem Galadiner des Explorers Club erwartet wurde, ging er nur wenige Minuten vor dem Ablegen der *Bergensfjord* zum Anleger hinab, löste ein Billett und ging an Bord.

Die Welt war entgeistert. Die Route des Polbezwingers wurde in der Presse etwa ebenso verfolgt wie die eines Regierungschefs auf Staatsbesuch. Darüber, was ihn dazu bewegt haben mochte, sein Programm abzublasen und ohne die leiseste Erklärung seinen Amerikaaufenthalt abzubrechen, wurde beiderseits des Atlantiks intensiv spekuliert.

Seine Abreise wurde als ziemlich definitiver Abschied interpretiert. «Es gibt uns wenig Hoffnung, Sie noch einmal hier zu sehen», schrieb der *New York Times*-Redakteur John Finley in einem privaten Brief an Amundsen. Der aber lag sich mit mindestens drei amerikanischen Partnern in den Haaren, mit der National Geographic Society, mit dem Explorers Club und mit seinem langjährigen Agenten Lee Keedick.

In einem Leitartikel vermutete die *New York Times*, der Polarforscher habe die USA in einem «Anfall von Depression» verlassen. Man suchte die Ursache vor allem in wirtschaftlichen Problemen. Und einen Monat nach seinem Wiedereintreffen in Norwegen bestätigte Amundsen öffentlich selbst, dass es um eine Unstimmigkeit über 10 000 Dollar gegangen sei. Dies deckt sich aber nur teilweise mit der Aussage, die der Impresario in einem Interview mit der *Minneapolis Time* machte: «Keedick berichtet, Amundsen sei am Tag vor seiner Abreise in seinem Büro aufgetaucht und habe auf eine Vertragsabänderung gedrungen, die ihm mehr Geld einbringen sollte. Als ihm bedeutet wurde, daß der Vertrag nicht zu ändern sei, habe er gesagt: ‹Denken Sie darüber nach.› ‹Als er ging, wirkte er einigermaßen zufrieden und schien gewillt, den Vertrag einzuhalten›, erklärt Keedick. Doch nach der Abreise habe ihm Amundsen folgendes Telegramm geschickt: ‹Reise nach Norwegen zurück. Bedaure, daß wir uns nicht einigen konnten.›»

Das war ein gravierender Vertragsbruch und konnte zu Amundsens Verurteilung führen. Am größten war der Einnahmeverlust jedoch für die Luftverkehrsvereinigung, die noch immer auf sämtliche Einkünfte aus der Expedition Anspruch erhob. Amundsen hatte sich das Recht vorbehalten, den Gläubigern ohne Einmischung des Vereins direkt verantwortlich zu sein. Nun war aber unmittelbar vor seiner plötzlichen Heimreise ein Streit zwischen ihm und seinen Kontrahenten in Oslo ausgebrochen. Anwalt Nansen hielt die Unstimmigkeiten für nicht gewichtig genug, um drastische Konsequenzen zu ziehen, und der Chef erhielt ein mit «Gogge» unterzeichnetes Telegramm, in dem der Anwalt «inständig rät, die Tournee nicht abzubrechen».

Als die *Bergensfjord* an der Freiheitsstatue vorbei auslief, hatte sich Amundsen selbst in eine schlimme Lage manövriert. Die Vereinigten Staaten waren seine große Einnahmequelle gewesen, und der Agent war sich sicher, dass er nicht bei einer anderen Agentur unterkommen würde. Amundsen hatte sich in Fach- und Geschäftskreisen gleichermaßen unmöglich gemacht. Kurzfristig hatten zunächst andere darunter zu leiden, aber der Vertragsbruch war insgesamt schlechtes Geschäftsgebaren. Und vermutlich war Geld nicht die ganze Wahrheit.

In einer amerikanischen Zeitung tauchte eine kleine Notiz mit der Überschrift «All for love?» auf. Sie verwies auf Gerüchte, denen zufolge hinter dem mysteriösen Abgang des Polfahrers eine Liebesgeschichte steckte.

Laut einem von Amundsen handelnden Brief Herman Gades soll im Spätherbst 1927 ein «neues und entscheidendes Moment in sein Leben getreten» sein. Als der Polfahrer Amerika den Rücken kehrte, segelte er in eine neue und intensive Phase seines bis dahin so unverbindlichen Verhältnisses zu Bess Magids, der Schönheit aus Alaska.

Es mag kurios erscheinen, dass Amundsen wegen einer Amerikanerin nach Europa zurückgekehrt sein soll. Das muss es aber nicht. Die Firma Magids Brothers war in vielen Teilen der Welt aktiv. Genau zu dieser Zeit versuchte sie in Russland eine Zeitschrift zu gründen, deren Ziel es war, die Handelsverbindungen zwischen dem kommunistischen und dem kapitalistischen Teil der Welt zu stimulieren. Wir dürfen vermuten, dass der Polfahrer in New York ein Signal vom anderen Ende der Welt erhielt. Dieser Lockruf muss so unwiderstehlich gewesen sein, dass er auf dem Absatz kehrtmachte. Er pfiff auf seinen Fünfmonatsvertrag in den Staaten, was ihm ohnehin gerade gut in den Kram passte. Jedenfalls wissen wir mit Bestimmtheit, dass seine nächste Begegnung mit Bess Magids in Europa stattfand.

Bei seinem Einlaufen in Norwegen lehnte es Amundsen ab, Fragen der Presse zu beantworten. Erst viel später gab er ein Kommuniqué heraus, worin alle Verantwortung dem Agenten angelastet wurde. Amundsen traf genau einen Monat nach der Abreise mit seinen Amerikakoffern am 7. November 1927 in Svartskog ein.

«Sehe, daß Du noch immer ein Mann für Überraschungen bist, der verblüfft und die Welt neugierig macht», schrieb der treuherzige Knappe Zapffe nach der Heimkehr. Von Tromsø aus verfolgte er vertrauensvoll das heroische Ringen des Nationalhelden mit aggressiven Widersachern auf der ganzen Welt. «Sehe, daß die englische Bulldogge das Maul aufreißt.» Was der Apotheker noch nicht sah, war, dass weder amerikanische Geschäftemacher noch englische Bulldoggen die Hauptgefahr darstellten. Roald Amundsen stand im Begriff, selbst sein ärgster Feind zu werden.

Vier Tage nach Amundsens Ankunft in Norwegen ereignete sich in Kristiansand ein tragischer und scheinbar unerklärlicher Vorfall. Kapitän Kristian Prestrud, sein Offizier in Framheim und Leiter der Expedition nach Edward-VII.-Land, wurde im Hafenlager mit einem abgefeuerten Revolver an seiner Seite tot aufgefunden.

Eine Woche darauf erhielt der Chef einen Bericht des Südpolveteranen Sverre Hassel. «Ich habe gestern an Prestruds Beerdigung teilgenommen. Es lagen viele schöne Blumen auf seinem Sarg, und viele Menschen waren gekommen, die ganze Stadt, wie man so sagt. Als durch das 2.te seemilitärische Distriktskommando, die seemilitärische Gemeinschaft, Funktionäre des Hafenwesens und die Familie Prestrud die offizielle Kranzniederlegung stattfand, hielt ich es für passend, den Kranz seines Kapteins dazwischen zu plazieren, und legte ihn mit einem Dank von seinem alten Chef für gute Arbeit, Loyalität und gute Kameradschaft auf den Sarg. Der Kranz ist etwas teuer geworden, aber Blumen sind zur Zeit teuer, und er mußte sich ja neben den anderen sehen lassen können. Anbei die quittierte Rechnung. Wie Sie vermutlich wissen, hat sich Prestrud erschossen. Was der Grund für diese verzweifelte Tat sein mochte, läßt sich nicht gut sagen.»

Sowohl Hassel wie auch ein anderer Berichterstatter erwogen verschiedene Ursachen, fanden aber weder in den ökonomischen noch in den familiären Umständen plausible Erklärungen. Dann fuhr Hassel fort: «Tatsache ist, daß er im letzten halben Jahr mächtig gealtert ist. In einem hinterlassenen Brief hat er selbst erklärt, er hätte die Wahl, entweder geisteskrank zu werden oder sich umzubringen. Er erschoß sich im Hafenlager. Ich glaube, es ist wirklich etwas dran, daß sich Prestrud in einem Anfall großer Niedergeschlagenheit und Verzweiflung erschossen hat, den man durchaus mit Geisteskrankheit gleichsetzen kann. Schon allein wenn

Norweger unter Briten. Im November 1927 wurde Fridtjof Nansen zum Ehrenrektor der schottischen St.-Andrews-Universität ernannt. Er brachte eine Reihe von Ehrendoktoren mit, unter ihnen Benjamin Vogt (in der Türöffnung), Professor Bjerknes (links) und den alten Polarforscher Otto Sverdrup. Vorn stehen der Prinzipal der Universität und eine gewisse Mrs Low. Ehe das Jahr um war, sollte Botschafter Vogt an Nansen appellieren, Norwegens Ehre auf den Britischen Inseln zu retten.

man bedenkt, daß er über kurz oder lang automatisch zum Hafenmeister von Kristiansand aufgestiegen wäre, mit einem Gehalt von rund 8000 Kr. Etwas hat er sicher auch von der Marine bekommen, und selbst wenn er Attaché in London gewesen wäre und Schulden gehabt hätte, hätte er davon eine kleine Familie – 2 Kinder – durchbringen können. Und wenn er normal gewesen wäre, hätte er nicht ausgerechnet das Hafenlager gewählt. Der Familie zuliebe hätte er das bestimmt anders arrangiert.»

Fünfzehn Jahre war es her, seit Prestrud selbst im Namen des Chefs einen Kranz niedergelegt hatte – an Hjalmar Johansens

Grab. Jetzt hatten beide Offiziere aus Framheim ihr Leben mit einer Revolverkugel beendet. Außerdem hatte auch das dritte Mitglied der Expedition nach Edward-VII.-Land, Jørgen Stubberud, einige Jahre zuvor schon in einem Anfall geistiger Umnachtung einen Selbstmordversuch begangen. Damit erreichte diese Expedition im Nachhinein eine ähnliche Mortalitätsrate wie die von Captain Scott.

Sowohl Stubberud wie Prestrud hatten Hjalmar Johansen nahegestanden. Stubberud hielt nach der Rückkehr die Verbindung zu ihm aufrecht, und auch wenn er ein erklärter Bewunderer Amundsens war, hatte er doch bei verschiedenen Anlässen verlauten lassen, mit der Behandlung des Kameraden durch den Chef nicht einverstanden zu sein. Für Kristian Prestrud muss der Gewissenskonflikt gegenüber Johansen noch tiefer gegangen sein. Johansen hatte ihm auf dem dramatischen Rückmarsch nach Framheim das Leben gerettet, und anfänglich hatte sich der Leutnant bei Johansens Aufmucken gegen den Chef für seinen Retter ausgesprochen, doch dann hatte er die Seite gewechselt. Prestrud hatte gute Gründe, sich nicht an Johansens «Meuterei» zu beteiligen, und doch schwelte der Loyalitätskonflikt zwischen dem Leiter der Expedition und dem Mann, der sein Leben gerettet hatte, weiter. Es gibt keine Grundlage für eine Schlussfolgerung, aber der Schuss im Hafenlager klingt unweigerlich wie ein Echo auf Hauptmann Johansens Revolverschuss im Sollipark.

Nach einer Weile erhielt Hassel die Erstattung seiner Auslagen für den Kranz.

Erst im Dezember erreichte die Debatte um Amundsens Hundefehde mit den Engländern ihren Siedepunkt. Seit der Unabhängigkeit 1905 war Großbritannien die Großmacht, die Norwegen am nächsten stand, doch allmählich entwickelte sich der Streit zu einer derart ernsten Belastung, dass der norwegische Botschafter in London, Benjamin Vogt, keinen anderen Ausweg mehr wusste, als sich mit der Bitte um Hilfe an seinen berühmten Amtsvorgänger Fridtjof Nansen zu wenden.

In seinem Brief vom 17. Dezember schrieb er: «Der Schaden, den uns Amundsen dadurch zugefügt hat, daß er die Engländer ‹bad losers› nannte, läßt sich kaum ermessen. Wie Du vielleicht besser weißt als ich, hätte er keinen wunderen Punkt treffen können. Ich erinnere mich noch aus meiner Zeit in Kristiansand, daß der Direktor der Irrenanstalt Ek mir einmal erklärte, die geisteskranken Querulanten wüßten die Ärzte oder ihre Verwandten, von denen sie Besuch erhielten, immer mit ausgesuchter Bosheit an deren empfindlichsten Stellen zu verletzen, und wenn ich jetzt sehe, wie Amundsen hier von ‹bad losers› spricht, in Amerika über Cook und Peary, dann muß ich mich fragen, ob unser prächtiger Landsmann nicht durch seine übermenschlichen Leistungen geistig zerrüttet worden ist. Von allen norwegischen Polarreisenden seid Sverdrup und Du die einzigen, die das Durchgemachte unbeschadet überstanden haben. Prestrud hat sich erschossen, soweit man sehen kann, ohne ersichtlichen Grund, und Scott-Hansen ist ein merkwürdiger Sonderling geworden. Nun, all das können wir ja nicht öffentlich sagen, aber vielleicht ließe sich daran erinnern, daß Amundsen übermenschlichen Strapazen ausgesetzt war.»

Botschafter Vogt plädierte also für eine diskrete Entmündigung des Polarhelden. Der Herrscher über die Pole sollte als unzurechnungsfähig und nicht länger satisfaktionsfähig gelten. Diesen Spruch konnte allerdings nur die höchste moralische Instanz der Polarforschung fällen: Fridtjof Nansen. In Norwegens entscheidender Zeit vor knapp einem Menschenalter hatte er durch eine persönliche Kampagne in den englischen Zeitungen das Prestige des Landes in seiner Auseinandersetzung mit Schweden gerettet. Ebenso hatte er Amundsens Ruf in England rehabilitiert, als der sich nach Süden auf die Jagd nach Scott begeben hatte. Jetzt bat ihn der Botschafter, Norwegen vor Amundsen zu retten.

Fünf Tage später antwortete Nansen: «Ich glaube wie Du, daß eine Art mentaler Störung vorliegt, eine kranke Nervosität, die sich schon früher auf verschiedene Weise gezeigt hat.»

Dann kam der Professor auf jene früheren Anlässe zu sprechen und kommentierte – vielleicht offenherziger als sonst jemals –

Amundsens Auftreten beim Wettlauf um den Südpol: «Es war ja unbestreitbar unglücklich, daß er nicht einmal da rechtzeitig seine Pläne offenlegte, dann hätte alles ganz anders ausgesehen. Aber das ist ihm sicher nicht im mindesten bewußt, im Gegenteil sieht es eher so aus, als würde er das noch heute für einen gelungenen Coup halten. Nun ja, jetzt kann man wohl kaum noch moralisch etwas dagegen einwenden, aber es ist doch so, daß man sich einfach nicht so benimmt, wenn es nicht unbedingt nötig ist. Und seinem Land dient man damit ganz sicher nicht. Noch schlimmer aber ist sein unsinniges Auftreten jetzt. Es sieht fast so aus, als habe er eine Manie entwickelt, alle Großmächte mit Füßen zu treten. Auch mit den Amerikanern hat er sich durch sein unerklärliches Verhalten angelegt.»

Aber auch wenn Nansen mit Vogts Diagnose übereinstimmte, sah er keine Möglichkeit, publizistisch das verlorene Gesicht Norwegens wiederherzustellen. «Das läßt sich jetzt wohl kaum mehr reparieren», schloss er.

Sicher war England eine Großmacht, im Wettlauf zum Südpol aber gleichwohl unterlegen. Auch wenn die Briten bei dem einen oder anderen Anlass höchst arrogant gewesen sein mochten, hatte der Sieger mit seinen «bad losers» einen Gegner angegriffen, der bereits am Boden lag. Noch immer lagen die Leichen von fünf Briten dauergefroren in der Antarktis. In der Hauptstadt des Empires hatte sich eine Menge latenter Aggressionen aufgestaut.

Was Roald Amundsen auf seinem Einmannfeldzug gegen das Imperium nicht mehr zu begreifen schien, war der Umstand, dass er bei der moralischen Abrechnung um den Südpol voll und ganz von der Unterstützung seiner Landsleute und vor allem Nansens abhängig war. Mit seinen rachsüchtigen Memoiren hatte er jedoch eine Menge Sympathie auch in den eigenen Reihen verspielt. Bezeichnend ist in diesem Zusammenhang ein privater Brief von Carsten Borchgrevink, dem Norweger, der das britische Antarktisunternehmen mit der *Southern Cross* geführt hatte. Darin aktualisierte er noch einmal den moralischen Unterschied zwischen Amundsen und Scott. Nicht der Tatbestand eines Konkurrenzunternehmens an sich habe die Engländer verärgert, sondern allein der Umstand, dass der Norweger es so lange verschwiegen habe. «Er hat sie zum Narren gehalten. Das ist der traurige Punkt. Für Scott wäre es undenkbar gewesen, sich Amundsen und den Norwegern gegenüber genauso zu verhalten.»

Die Eroberung des Südpols war eine Frage der Ehre. Und Ehre ist ein komplexer Begriff, der Sieg, aber auch Moral umfasst. Indem er den Unterlegenen angriff, riskierte Amundsen, seinen und seines Landes großen Sieg zu verspielen. Ehre ist nichts, was man sich nimmt, sondern was einem gegeben wird.

Außer dem amerikanischen Verleger hätte kaum jemand das unglückselige Erinnerungsbuch aufhalten können. Amundsen wurde für gutgemeinte Ratschläge weniger und weniger empfänglich. Seine Ratgeber hatte er einen nach dem anderen in die Wüste geschickt. Nun verdarb er es sich auch noch mit dem Nansen-Clan.

Indem Amundsen, begründet in seiner Ablehnung Deutschlands, auf die Mitgliedschaft in der Arktischen Gesellschaft, deren Präsident Fridtjof Nansen war, verzichtete, positionierte er sich als Forscher außerhalb von Nansens Kreis. Auf direktere Weise vollzog sich der Bruch mit der Kanzlei Nansen, die seit der *Gjøa*-Expedition als sein Rechtsberater aufgetreten war. Dass sich die vordergründige Konfrontation zwischen den Neffen der beiden Polarhelden abspielte, macht sie nicht weniger bedeutungsvoll. Jedenfalls wurde Rechtsanwalt Einar W. Nansen am 15. November von Gustav S. Amundsen telefonisch davon in Kenntnis gesetzt, dass er als Anwalt des Polarreisenden nicht länger erwünscht war.

Es liegt nahe, zu mutmaßen, dass die inständigen Mahnungen des Anwalts gegen einen Abbruch der Amerikareise den unmittelbaren Anlass gaben. In einem späteren Zusammenhang hat Leutnant Amundsen ziemlich generell behauptet, Rechtsanwalt Nansen sei «ein Mann [gewesen], den Onkel Roald aus jeder Befassung mit seinen geschäftlichen Angelegenheiten entfernen mußte». So kompliziert sich die juristischen Verhältnisse um den Polfahrer allmählich zu gestalten drohten, ist es nicht undenkbar, dass der ältere Alexander und der jüngere Einar Nansen einen Seufzer der Erleichterung ausstießen, nachdem der Leutnant aufgelegt hatte.

Mit diesem Telefonat zwischen den beiden Neffen war die Verbindung zwischen Norwegens beiden großen Söhnen unterbrochen und sollte nie wiederhergestellt werden. Doch im Gegensatz zu seinem Kollegen verfügte Fridtjof Nansen noch über genügend andere offene Kommunikationskanäle. Auch wenn seine politischen Bestrebungen auf der heimischen Bühne dauerhaft als verfehlt anzusehen waren, konnte sich kein anderer Norweger an internationalem Einfluss mit ihm messen. Durch seine humanitären Einsätze und seine Arbeit für den Völkerbund nahm sich Fridtjof Nansens Gestalt wie ein moralischer Leuchtturm aus, der weit über die Grenzen des Landes hinaus sichtbar war.

Am 29. Dezember, als vom alten Jahr 1927 noch zwei Tage übrig blieben, entschloss sich ebendieser Fridtjof Nansen, eine seiner guten Verbindungen einzusetzen, um Roald Amundsen auf seiner immer abenteuerlicheren Fahrt in den Untergang definitiv zu stoppen. Nicht zu dessen Gunsten, sondern für Norwegen und um seiner selbst willen. Nansen beteuerte, die Autobiographie des Kollegen nie gelesen zu haben, aber er wusste genauestens, was sie enthielt. Anstatt eines bescheidenen Danks an die, die ihn unterstützten, enthielt sie eine Reihe von Anklagen wegen ungerechter Behandlung. Fridtjof Nansen gefiel es nicht, seinen Landsmann in dieser Anklägerpositur zu sehen. Dafür hatte er zu viel aufgegeben. Zum Beispiel den Südpol. Diesen ehrenvollen Punkt, den der Kollege gerade verspielte. Oder sein eigenes Prestige, indem er es in die Waagschale warf, um Norwegen den Südpol zu retten. Etwas zu viel vom eigenen Renommee und dem des Vaterlands stand inzwischen durch die rachsüchtigen Ausfälle dieses Unzurechnungsfähigen auf dem Spiel.

Fridtjof Nansen verfasste einen als «privat und vertraulich» gekennzeichneten Brief, aber er wusste ganz genau, dass die Botschaft nicht allein den Empfänger, sondern nach und nach sämtliche Foren auf der ganzen Welt, in denen der Name Roald Amundsen Bedeutung hatte, erreichen würde. Er adressierte ihn an den

Vizepräsidenten der Royal Geographical Society, Hugh Robert Mill, der bereits – erklärlicherweise – mit Nansen Kontakt aufgenommen hatte. Er war derjenige, der im Namen der Gesellschaft in London Amundsens Rückzieher und Entschuldigung gefordert hatte. Will man die Abrechnung über den Südpol als nationale Auseinandersetzung zwischen Norwegen und England betrachten, dann schickte Nansen mit diesem Brief ein entscheidendes Signal ins Lager des Feindes, im Grunde ein Friedensangebot. Dafür musste ein Opfer gebracht werden, und es passte gut zusammen, dass das Friedensopfer mit dem Friedensbrecher identisch war.

Nansen schrieb: «Auch ich bin über die Affäre mit Amundsen sehr besorgt, und ich fürchte, sie wird in mehr als einer Hinsicht schweren Schaden anrichten. Selbstverständlich werfe ich der RGS nichts vor, ich halte ihre Einstellung für vollkommen natürlich, auch wenn es vielleicht besser gewesen wäre, die ganze Angelegenheit mit Stillschweigen zu übergehen. Ich verstehe Amundsens Auftreten in letzter Zeit insgesamt nicht mehr, es sind viele merkwürdige Dinge vorgefallen, und die einzige Erklärung, die ich dafür finden kann, ist die, daß mit ihm etwas nicht stimmt. Vergleichbares hat sich früher schon ein- oder zweimal ereignet, aber jetzt ist mein Eindruck, daß er vollständig die Balance verloren hat und nicht länger für seine Handlungen ganz verantwortlich ist. Das sollten Sie berücksichtigen.»

Professor Nansen unterstrich selbst, dass er die betreffende Person seit mehr als einem Jahr nicht mehr gesehen habe, das heißt seit jenem eindrucksvollen Abend in der Festung Akershus. Doch für einen Ozeanographen stellte er eine ziemlich mutige medizinische Diagnose: «Ich glaube, es gibt untrügliche Anzeichen für eine Art Geisteskrankheit. Aber solange das nicht erkannt oder bekannt ist, wird Amundsens Auftreten natürlich weiterhin großen Schaden anrichten. Und ich weiß beim besten Willen nicht, was man dagegen tun kann. Begreifen Sie, England ist nicht das einzige Land, das er beleidigt hat, die Vereinigten Staaten (und Deutschland und Italien) ebenfalls. Selbstverständlich kann ich an Curzons Bemerkungen nichts Anstößiges finden, und ich bin sicher, daß sie nie so gemeint waren, ganz im Gegenteil. Aber selbst wenn, was für eine Rolle spielte das? Eine zurechnungsfähige Person würde doch niemals nach so vielen Jahren daran erinnern und es wieder ausgraben, nur um sich selbst kleinzumachen.»

Mit dieser direkt in das feindliche Hauptquartier übersandten Mitteilung war Roald Amundsen entmündigt. Wie so oft in der Psychiatrie wurde eine Diagnose aufgrund politischer Erwägungen gestellt. Den Patienten zu untersuchen war unmöglich. «Ich glaube nicht, daß es ratsam ist, mit ihm zu sprechen», schrieb Nansen und konnte darauf verweisen, wie es seinem Neffen ergangen war, als der versucht hatte, den Polfahrer telegraphisch zur Vernunft zu bringen. Das Entscheidende war ja auch gar nicht, ob die Diagnose hundertprozentig zutraf; das Wichtigste war, dass Amundsen fortan nicht mehr ernst genommen wurde, dass seine unberechenbaren und destruktiven Ausfälle nicht länger auf das eigene Land zurückfielen, auf das Norwegen, das Fridtjof Nansens Lebenswerk darstellte und dauerhaft mit seinem Namen identifiziert wurde.

Schon vier Jahre vorher war der Dichter Arnulf Øverland im *Arbeiderbladet* über Amundsen hergezogen und hatte empfohlen, man solle dem Polarreisenden «einen geräumigen und komfortablen Eisschrank mit einem soliden Vorhängeschloß kaufen. Sperrt ihn da ein, und laßt es den Verrückten darin so kalt haben, wie er es braucht!»

Roald Amundsen befand sich auf dem besten Weg, Henrik Ibsens dichterisches Postulat zu verwirklichen. Jeder konnte sehen, dass er mehr und mehr allein stand. Aber nur er allein glaubte, der stärkste Mann auf Erden zu sein.

Im Lauf eines einzigen Herbstes hatte Amundsen sein gesamtes Lebenswerk ruiniert. *Mein Leben als Entdecker* bewies, dass kleine Worte große Taten annullieren können. Nur ein Wunder konnte ihn noch retten. Eines, wie es früher schon geschehen war. Damals, als Lincoln Ellsworth wie die Fee aus dem Märchen auftauchte und ihn aus seinem Finanzdebakel rettete. Diesmal war Amundsen mo-

Der Weg vom großen Mann zum Größenwahnsinnigen kann kurz sein. In einem vertraulichen Bericht ans Außenministerium schrieb Botschafter Vogt: «Amundsen ist nach allem, was er durchgemacht hat, sehr nervös, weshalb man einzelnen seiner Äußerungen nicht zu viel Gewicht beimessen sollte.» Das Bild stammt vom «Staatsbesuch» in Japan.

ralisch bankrott. Das erforderte ein größeres Wunder, ein größeres Opfer als das, welches Ellsworth in Dollars entrichtet hatte. Es erforderte eine Handlung, die größer war als alle Worte.

Ehe das Jahr zu Ende war, ereignete sich ein Vorzeichen.

Die Flieger Bernt Balchen und Oskar Omdal waren beide nach Amerika gegangen, um dort erfolgreich zu werden. Während es dem einen Leutnant glücken sollte, missriet es dem anderen.

Omdal hatte die Bekanntschaft einer dänischstämmigen Amerikanerin namens Grayson gemacht. Diese exzentrische Lady hatte es sich in den Kopf gesetzt, die erste Frau zu sein, die den Atlantik in einem Fluggerät überquerte. «Als der Frauenheld, der Omdal war, brauchte er nicht lange, um als Chefpilot für diesen Flug engagiert zu werden», erzählte Odd Dahl in seinen Memoiren. Trotz Warnungen vonseiten der Meteorologen startete *The Dawn* am 23. Dezember in New York. Nach einer Zwischenlandung in Neufundland setzte die Maschine am ersten Weihnachtstag zum Sprung über den Großen Teich an. Außer dem Chefpiloten und der weiblichen obersten Leitung waren noch zwei Mann an Bord. Alle verschwanden spurlos in einem Unwetter vor der kanadischen Küste. Tagelang wurde gesucht, aber bald schwand jede Hoffnung.

«Die Aufgabe war für ihn maßgeschneidert», kommentierte Amundsen nach dem Tod seines ehemaligen Begleiters in der Presse. «Ihm wurde eine bedeutende Summe geboten, um die Maschine über den Atlantik zu führen, und es ist verständlich, daß er diese Aufgabe annahm.» Der Kapitän bedauerte, dass ein weiterer Mann für alles dahingegangen war. «Er war Mechaniker, aber auf die Arbeit des Zimmermanns verstand er sich ebenso gut.»

Seit Oskar Omdal mit siebenundzwanzig Jahren mit Amundsen nach Maudhavn gegangen war, um *Elisabeth* über das Eismeer zu fliegen, war sein Leben ein russisches Roulette gewesen. Viele hatten den alternden Polarforscher dafür kritisiert, dass er das Leben eines so jungen Mannes aufs Spiel setzte – ein für Roald Amundsen fremder Gedanke. Er selbst war noch jünger gewesen, als er frohgemut seinem belgischen Kommandanten in die antarktische Winternacht gefolgt war. «Stets lächelte er und war guter Laune, auch wenn es noch so finster aussah.» So erinnerte sich der Chef seines Mitarbeiters.

Oskar Omdal hatte sein Leben für eine «bedeutende Summe» aufs Spiel gesetzt. Sein Tod war eine Tragödie, aber kein Martyrium.

Diese Rolle wartete noch immer auf den Chef.

I II III IV V **VI**

Die Flucht über das Eismeer

46 Das innere Exil

Am 5. Dezember 1927 ging beim Polizeiposten in Kolbotn ein Antrag auf die Erteilung scharfer Munition ein, unterschrieben von Gustav S. Amundsen. «Ich erlaube mir, darauf aufmerksam zu machen, daß Roald Amundsen in Bålerud ganz allein lebt, weshalb es für ihn beruhigend wäre, im Besitz scharfer Munition für seine Pistole zu sein.»

Den letzten Winter in Bålerud, Svartskog, oder genauer auf Uranienborg verbrachte der Polfahrer jedoch nicht so einsam, wie der Privatsekretär behauptete. Vielleicht wollte er im Zweifelsfall ein oder zwei Schüsse abfeuern können, um jemand anderen vor Eindringlingen oder Schaulustigen zu beschützen. In diesem letzten Winter sollte niemand Roald Amundsen ungestraft zu nahe kommen.

Er hatte nämlich heimlichen Besuch. Bess Magids, die Hundeschlittenfahrerin mit dem Schokoladenblick, war nach Svartskog hinausgeschmuggelt worden. Gemäß einem vertraulichen Brief Herman Gades soll dies schon vor dem Jahreswechsel geschehen sein. Unter der nachgelassenen Korrespondenz des Polfahrers findet sich auch ein mit drei Kreuzen signiertes Telegramm, das am 22. Dezember in Newcastle aufgegeben wurde: «Arrive berge[n] by venus.» Wenn diese kryptische Mitteilung von Bess stammt, kam sie aus New York mit *Det Bergenske Dampskibsselskap* nach Bergen und ließ sich von dort mit der Eisenbahn übers hohe Fjell zur Weihnachtsfeier nach Uranienborg bringen.

Bess Magids liebte das Leben in der freien Natur Alaskas, aber Norwegen bildete dazu keine schlechte Alternative. Aus irgendeinem Grund muss sie abrupt Kotzebuesund mit dem Bunnefjord vertauscht haben wollen. Ganz sicher bot ihr der Polfahrer einen Aufenthalt in voller Diskretion und unter seinem Schutz an. Laut Gade blieb sie ein paar Monate. Im März war sie jedenfalls wieder in New York. Da erhielt der Polfahrer den Brief eines gemeinsamen Bekannten, dem Bess erzählt hatte, «was für ein schönes Haus» er besitze und was für eine «herrliche Zeit» er ihr beschert habe.

Bess gefiel es auf Uranienborg. Roald Amundsen konnte dem anderen Geschlecht gegenüber äußerst galant sein, und er liebte es, sein Haus herzurichten. So setzte er auch seinen ganzen Ehrgeiz darein, dass sein ausländischer Gast jeden Morgen die internationale Ausgabe der *New York Times* auf den Frühstückstisch bekam. Als Bess Magids Uranienborg vielleicht an einem Tag Ende Februar ebenso unbemerkt wieder verließ, wie sie gekommen war, mochte sie wohl schon den Entschluss gefasst haben, so bald wie möglich wiederzukommen.

Am 29. März notierte Amundsen in seinen Tischkalender: «B. 28/3». Da hatte Bess Kiss' Platz eingenommen, B. den Platz von K. in seinen Notizen erobert. Wahrscheinlich erhielt er an diesem Tag Post von ihr. Die Initiale taucht am 18. April noch ein weiteres Mal in diesem sparsam beschriebenen Kalender auf, der als Roald Amundsens letztes Tagebuch anzusehen ist. Unter dem gleichen Datum steht: «Ausschachtung für keller begonnen.» Der charmante Polreisende konnte seiner zukünftigen Frau schließlich keine Winterbehausung ohne Keller zumuten.

Es ist nicht leicht, etwas über das Verhältnis von Bess Magids zu ihrem Mann herauszufinden. Glaubt man einem Interview, das sie gegen Ende ihres Lebens in Alaska gab, dann war ihr Ehemann 1927 bereits verstorben. Doch Herman Gades Brief zufolge ging sie in die Staaten zurück, «um ihre Scheidung von Magids zu regeln, die im Frühling 1928 in Seattle vollzogen wurde». Diese Aussage stimmt mit dem überein, was Harald U. Sverdrup geschrieben hat, und, dass Bess Magids nach ihrer Rückkehr in die Staaten nach Seattle weiterfuhr. Nach einer Übersicht über Handeltreibende in Alaska soll Samuel Magids 1929 gestorben sein.

Da sie Uranienborg in den dunkelsten Monaten des Jahres aufsuchte, muss der berühmte, aber auch auf vielerlei Weise rätselhafte Polarreisende eine starke Anziehung auf Bess ausgeübt haben. Doch wie alle Frauen in Amundsens Leben war auch sie eine starke Persönlichkeit, die ihre Wahl sicher auf mehr als nur gefühlsmäßige Impulse gründete. Trotz ihrer kaum dreißig Jahre verfügte Bess Magids über einige Lebenserfahrung. Sie hatte ein paar extravagante Angewohnheiten, wusste aber auch, dass das Leben ein Existenzkampf sein konnte. Außerdem war sie eine gerissene Pokerspielerin, und nun setzte sie auf diese Karte.

Und Roald Amundsen? Hatte er nun, inzwischen fünfundfünfzig Jahre alt, düster, verbittert und als Polarforscher erledigt, seine Glücksgöttin gefunden, die Frau, die alles stehen- und liegenließ und mit offenen Armen zu ihm kam? Das nächste Kapitel dieser Liebesgeschichte sollte sich einige Monate später zutragen, aber es sollte sich nicht in der Form einer neuen Begegnung abspielen, sondern als eine letzte Flucht.

Am 5. Februar erschien General Nobile in Oslo. Um seine neue Expedition vorzubereiten. Mit einem Luftschiff etwa gleichen Typs wie die *Norge,* aber mit einem völlig anderen Namen: *Italia,* wollte er von Spitzbergen aus drei Erkundungsflüge zur Erforschung der noch immer großen unbekannten Teile des Polarbassins unternehmen. Der Traum vom neuen Land war noch nicht ausgeträumt. Nicht im expandierenden Italien. Umberto Nobile schwamm noch immer auf dem Kamm der nationalistischen Woge.

Die Italiener hatten sich den Zugang zum Andockmast und zum Hangar in Kings Bay erkauft und außerdem ein ansehnliches Sümmchen für das Luftschiffwrack in Teller auf den Tisch geblättert. Dementsprechend zuvorkommend wurde der General in Oslo empfangen. Bekannte Größen wie Adolf Hoel, Tryggve Gran und Otto Sverdrup versorgten den Südländer, der auf eigene Faust loswollte, mit guten Tipps. Auf der Rückreise traf er in Berlin Fridtjof Nansen. Der General achtete darauf, seiner Unternehmung einen wissenschaftlichen Zuschnitt zu geben, was dem Professor sehr zusagte. Insgesamt versuchten sich die meisten Norweger als zivilisierte Menschen zu erkennen zu geben.

Bei einem Besuch in Oslo entdeckte der Polfahrer aus Svartskog auf der Titelseite einer Zeitung eine Fotografie, auf der sein Erzfeind Nr. 1, Nobile, beim gemeinsamen Essen mit Erzfeind Nr. 2, Thommesen, und seinem eigenen stellvertretenden Kommandanten, Riiser-Larsen, zu sehen war.

Das war der schlimmste Verrat von allen.

In den Memoiren hatte Amundsen seinen zweiten Mann fast zum eigentlichen Lenker und Retter des Luftschiffs erhoben. Riiser-Larsen hatte sich mit einem «Anhang» bedankt, in dem er dem Chef Munition für dessen Anwürfe gegen den nichtsnutzigen Italiener lieferte. Und nun setzte er sich also in der italienischen Botschaft mit dem Feind an einen Tisch und ließ sich obendrein auch noch dabei ablichten! Für den Polfahrer war das der Gipfel des Hohns; für Riiser-Larsen war es die natürlichste Sache der Welt.

Ein Umstand war, dass der frisch zum General beförderte Nobile das Buch mit besagtem Anhang nicht gelesen hatte, ein anderer, dass der ebenso frisch zum Kapitän beförderte Riiser-Larsen den Italiener nur mit der gleichen professionellen Zuvorkommenheit behandelte wie der Rest des norwegischen Polarestablishments. Außerdem hatte Riiser-Larsen mit seinem Dasein als zweiter Mann abgeschlossen und hegte höhere Ambitionen, Ambitionen als Expeditionsleiter und anscheinend auch als Politiker. Der knapp Vierzigjährige konnte seine Karriere nicht auf den alten Feindschaften seines ehemaligen Chefs aufbauen.

Das überstieg Roald Amundsens Horizont. Für ihn blieb ein Untergebener ein Untergebener, ein Wisting war immer ein Wisting, auch wenn er zufällig einmal Riiser-Larsen heißen sollte. Letzterer hatte Amundsen in seiner letzten Periode als Polarforscher die fachliche Grundlage geliefert. Er war gleichzeitig Amundsens und der Mann der Zukunft gewesen. Erst als der sich nun von ihm abwandte, merkte der Chef, dass man ihm den Abschied gegeben hatte. Nun war er wirklich verlassen.

In seinem tiefen Gekränktsein ließ Amundsen seinen Zweit-

Reif für eigene Aufträge. Hjalmar Riiser-Larsen mit Frau, aufgenommen beim Empfang für die *Norge* in Bergen. Kapitän Gottwaldt links davon.

kommandierenden aufrücken: «Er steht jetzt als Nr. eins auf der liste derjenigen, die mich verraten haben», ließ er seinen nächsten Leutnant wissen, Gustav.

Isoliert auf Uranienborg, den vereisten Bunnefjord vor den Fenstern, fühlte Amundsen eine steigende Verbitterung gegenüber seinen eigenen Landsleuten. «Für diejenigen, die mein Unglück ausnutzten, um einen Mitmenschen zu ruinieren, dessen größtes Verbrechen in ihren Augen darin bestand, daß er mehr Ansehen erlangt hatte als sie selbst, für diejenigen, die sich an ihren Klatschgeschichten ergötzten, weil sie hofften, damit einen zu stürzen, der höher stand, empfinde ich eine entschiedene und unbeschreibliche Verachtung», heißt es in den Memoiren, und es zielte auf das eigene Volk. Er konnte nicht vergessen, wie sich genau in dem Moment, in dem er scheiterte und am Boden lag, die Kritik an ihm erhoben hatte.

War diese Bosheit, diese Undankbarkeit der vielen Kleinen gegenüber dem einen Großen vielleicht ein nationaler Charakterzug? Apotheker Zapffe behauptete genau das in einem Brief: «Es ist traurig, daß einer der übelsten Charakterzüge der Norweger darin besteht, sich so schwer zu tun, die Tüchtigkeit anderer anzuerkennen. Und je größer sie ist, desto neidischer werden sie. Dabei hocken diese Leute nur hinter dem Ofen und kritisieren. Pfui!» – «Zapfo» gehörte eben zu den wenigen klugen Menschen. Sie hatten zusammen mit dem Gedanken gespielt, der Polfahrer könne sich dort oben in der großartigen Landschaft des Nordens niederlassen, weit weg von allem, was klein und hässlich war.

Ein anderer Mann ohne Fehl und Tadel war Oscar Wisting, «einer der besten Menschen, die je gelebt haben», hieß es über ihn in den Memoiren. Der Polfahrer hatte sogar auf seinem Land ein Grundstück ausgeguckt und Wisting vorgeschlagen, dort ein Haus zu bauen. Er war wohl der Einzige, der sich ein langes Leben hindurch das Verdienst erworben hatte, in unmittelbarer Nähe des Chefs wohnen zu dürfen. Einen absolut loyalen Hausmeister konnte der jetzt brauchen. Wisting war einer der ganz wenigen, die Bescheid wussten, dass in diesem Winter die Dame aus Deering zu Besuch kam. «Sie sind jetzt wohl ganz allein», schrieb er Anfang Februar, «wenn nicht, bitte ich vielmals zu grüßen.»

Tonni, der unglückliche älteste Bruder, war im Vorjahr gestorben, der Familienkreis auf Kapitän Gustav und Leutnant Gustav mit Ehefrauen geschrumpft, aber keiner von ihnen wohnte im Winter in Svartskog. Der Ehrensold des Nationalhelden belief sich auf 1000 Kronen im Monat, genug, um auch zu zweit davon zu leben. Die Ehrenwohnung gehörte nominell immer noch Gade.

Herman Gade hielt sich diesen Winter in Rio auf; auch die Kampagne des Polfahrers hatte ihm nicht den Posten in Washington eingebracht. Doch im Januar bekam Gade Wind von einem bevorstehenden Wechsel in der Regierung. Gerüchte besagten, des Polfahrers «alter Freund» und Botschafter in Paris solle Außenminister werden. «Du hast vermutlich gehört, wenn Wedel[-Jarlsberg] nicht ‹Liebhaber› gewesen wäre, hätte man die Stelle wahrscheinlich mir angeboten. Jetzt geht es also um Paris, und ich wende mich vertrauensvoll an Dich, um mir diesen Posten als Wedels Nachfolger zu verschaffen.»

Wie immer hatte Gade die Strategie bereits ausgearbeitet und übersandte seinem «besten Freund» die Liste, wo der seine Vorstöße ansetzen sollte. «Vielleicht hältst Du es aber doch für das Zweckdienlichste, gleich an höchster Stelle vorzusprechen, ihm Deine Sicht der Dinge nahezubringen. Ich weiß nicht, wie sich Euer Verhältnis in jüngster Zeit entwickelt hat, aber es steht fest, daß Du ihm Dinge sagen kannst, die ihm kein anderer sagen kann.»

Um die Angelegenheit abzukürzen, sei gesagt, dass Wedel-Jarlsberg nicht Außenminister wurde und Gade aus diesem Anlass keine Schiffspassage nach Europa erhielt. Der Polfahrer aber versprach, die Augen nach neuen Botschafterposten offen zu halten: «Sobald sich eine gelegenheit bietet, handele ich und laß es dich wissen.» Die Ehrenschulden bei Herman waren noch lange nicht abbezahlt; außerdem wollte der Polfahrer seinen Vertrauten wohl gern in der Nähe haben, nicht zuletzt weil sein Privatleben nun eine gänzlich neue Wendung zu nehmen schien. Schon im Februar ersuchte Gade darum, wegen Krankheit von seinem Posten in Rio beurlaubt zu werden, und im April tauchte er in Oslo auf. Bei derart häufigen Revirements empfahl es sich, nicht weit vom Schuss zu sein.

Es ist interessant, dass Gade in seinem Brief hinter das jüngere Verhältnis des Polfahrers zum «höchsten Fleisch» (mit anderen Worten zum König) ein Fragezeichen setzte. Es war absolut berechtigt. Amundsens wiederholte Angriffe auf die Großmächte und vor allem auf Großbritannien, das Heimatland der Königin, konnten unmöglich im Interesse Seiner Majestät liegen. König Haakon hatte seit seiner Thronbesteigung Roald Amundsens Bestrebungen auf jede erdenkliche Weise unterstützt. Der Polfahrer hatte sich damit revanchiert, strahlenden Glanz auf das Königreich zu werfen. Es macht ganz den Eindruck, als seien die Majestät des gebirgigen Landes und der Monarch der Pole gegenseitige Bewunderer gewesen.

Aber es gab einen anderen Polarreisenden, der sowohl dem König als auch der Königin näherstand als der verbohrte Eigenbrötler in Svartskog. Fridtjof Nansen, der seinerzeit den damaligen dänischen Prinzen überredet hatte, die Krone Norwegens anzunehmen, war noch immer dessen vertrauter Ratgeber. Und dieser Mann war der Meinung, die Zeit sei reif, Roald Amundsen zu entmündigen, indem man die Welt darüber aufklärte, dass der ehemalige Polarheld nicht mehr ganz Herr seiner Handlungen war. Unabhängig davon, was Mediziner davon hielten, darf davon ausgegangen werden, dass auch der König inzwischen durch Nansen davon ins Bild gesetzt worden war, dass in Svartskog ein geistig Verwirrter wohnte.

Mangels anderweitiger Aufgaben produzierte Amundsens Hirn laufend neue Feindbilder. Alte Verachtung nahm neue Dimensionen an und wurde zu alles überschattendem Hass. Nach Aussage Gustav S. Amundsens, der ab und zu draußen auf Uranienborg saß, um sich die bitteren Ausfälle seines Onkels anzuhören, setzte er in diesem Winter «ein Schreiben», eine Art testamentarischen Gruß ans Vaterland auf, «in dem er bestimmt, daß nach seinem Tod sein Name in diesem Land nicht mehr offiziell benutzt werden darf». Die jämmerlichen Landsleute waren es nicht mehr wert, sich mit dem Namen Roald Amundsen zu schmücken.

Erst hatte er sich mit den Großmächten angelegt, nun nahm auch die kleine Welt in Svartskog die Form eines inneren Exils an.

Eines schönen Frühlingstags, es ist der 24. Mai 1928, windet sich ein Autokorso den kurvigen Weg nach Uranienborg hinab. An der Spitze eines norwegisch-amerikanischen Gefolges rollen der australische Polarforscher George H. Wilkins und sein amerikanischer Pilot Carl B. Eielson auf den Vorhof. Über dem Bunnefjord kreisen sechs Wasserflugzeuge. Blumen regnen auf die einsame Villa des alten Entdeckers herab.

Die schwarzen Limousinen unter der Blütenpracht des Himmels überbringen Festeinladungen, aber auch Todesnachrichten. Die Truppe kommt, um den Polfahrer aus der Kälte herauszuholen, die ihn umgibt. Kürzlich ist ihm auch die Ehre widerfahren, zum Vorsitzenden des neugegründeten Norwegischen Aero Klubs ernannt zu werden. Der Alte ist ganz gerührt von der Umarmung der jungen Leute. Es heißt, sein spärliches weißes Haar habe in diesen Tagen geleuchtet wie ein Heiligenschein. Das Fest auf Uranienborg, bei dem er den beiden Ausländern Medaillen an die Brust nestelt, wird zum Vorspiel seiner letzten Expedition. Aus dem Exil wird er ins Zentrum der Ereignisse zurückgeholt, nur zwei Tage bevor die entscheidende Neuigkeit eintrifft.

Der Chef und sein Mädchen für alles, Wisting, backen eine Torte. Die Deckschicht aus Marzipan stellt das Polarbassin dar, über das sie mit Zuckerglasur eine Linie von Point Barrow an der Nordspitze Alaskas hinüber nach Spitzbergen ziehen. Die beiden ausländischen Flieger haben nämlich zwei Monate zuvor genau den Flug vollbracht, den Roald Amundsen und Oskar Omdal vor fünf Jahren anvisiert haben. Seit 1923 hat die Fliegerei einen großen Sprung nach vorn gemacht. Was vor fünf Jahren noch unmöglich war, ist nun möglich. Oskar Omdal hat sich in der Zwischenzeit von einem hoffnungsvollen jungen Mann in einen toten Mann verwandelt, Roald Amundsen in einen weißhaarigen Greis.

Es schließen sich einige von Festen erfüllte Tage an, bei denen der alte Held die neuen hochleben lässt und umgekehrt. Am Pfingstsamstag, dem 26. Mai, gibt *Aftenposten* im Restaurant «Dronningen» am Oslofjord ein Mittagessen für die beiden Flieger. Teilnehmer sind ausschließlich Männer, unter ihnen Roald Amundsen, begleitet von seinen beiden Gustavs (senior und junior), Herman Gade, Eismeerkapitän Otto Sverdrup und Nordseeüberflieger Tryggve Gran. Der Letztgenannte hat das Kunststück fertiggebracht, trotz mehrerer Kontroversen ein gutes Verhältnis zu Amundsen zu bewahren. Vielleicht deshalb, weil sie nie direkt zusammenarbeiteten. Außerdem hat aber auch Gran seinerzeit mit der Luftverkehrsvereinigung gebrochen.

Die Tischreden gelten natürlich den Ehrengästen, Captain Wilkins und Leutnant Eielson, aber die Konversation bei Tisch dreht sich vor allem um General Nobile.

Die italienische Expedition hat zu diesem Zeitpunkt von ihrer Basis in Kings Bay aus bereits zwei Flüge in arktische Gefilde unternommen. Am 24. Mai hat die *Italia* auf ihrem dritten und letzten Flug den Nordpol erreicht. Doch am Tag danach brach am Vormittag die Funkverbindung ab, und es wird spekuliert, was mit dem Luftschiff passiert sein könnte, denn es hätte längst wieder in Ny-Ålesund sein müssen. Noch während des Essens wird der Gastgeber, Chefredakteur Frøisland, ans Telefon geholt. Gleich darauf leitet er den beiden Nestoren der Polarforschung, Otto Sverdrup und Roald Amundsen, eine Bitte des Verteidigungsministers weiter, der die beiden bei einer für den Nachmittag einberufenen Krisensitzung zum Verschwinden der *Italia* dabeihaben möchte.

«Right away», antwortet Amundsen. Dass er diese unsterbliche Replik auf Englisch abgab, liegt vermutlich an den englischsprachigen Ehrengästen und dem Umstand, dass er dem amerikanischen Botschafter gegenübersaß, aber keinem der Anwesenden entging, was der Nationalheld damit ausdrücken wollte. «Einverstanden», fügt Sverdrup hinzu.

Zu der Sitzung im Verteidigungsministerium kommen außer Sverdrup und Amundsen ein Major Isachsen und Hjalmar Riiser-Larsen. Verteidigungsminister Andersen-Rysst leitet die Besprechung.

Er informiert die Anwesenden, dass die Regierung am Morgen ein Hilfeersuchen des italienischen Botschafters in Oslo, Graf Senni, erhalten hat, das die norwegische Seite bittet, eine Rettungsaktion für das Luftschiff *Italia* zu organisieren.

Damit ist Amundsen plötzlich in eine eigentümliche Lage geraten: Zum Ersten bittet man ihn, an der Rettung eines Mannes mitzuwirken, den er öffentlich vor aller Welt zu seinem ärgsten Feind erklärt hat, und zum Zweiten soll er dies auch noch in Zusammenarbeit mit einem Mann tun, der ihn bitterer enttäuscht hat als jeder andere. Doch der alte Polarfuchs weiß die Maske aufzubehalten.

Er hat nichts dagegen, den Italiener zu retten. Er kennt die Regeln im Spiel um Ansehen und Ehre und ahnt wohl bereits die Möglichkeiten, die ihm eine solche Aktion bieten wird. Das Scharmützel mit Nobile war brutal, ja, schmutzig, aber es war ein Schlagabtausch zwischen einander Fremden. Es hat ihn tief getroffen, aber nicht in seinem Innersten. Außerdem ist der Retter immer der Stärkere. Wenn sich der General wirklich aus der Patsche helfen lassen will, wird es ihm, Amundsen, ein wahres Vergnügen sein, die Ehre für eine derart edelmütige Handlung einzustreichen.

Schwieriger, als dem Erzfeind Nobile die Hand hinzustrecken, muss es für Amundsen gewesen sein, mit dem Verräter Riiser-Larsen an einem Tisch zu sitzen. Den ganzen Winter hat er über dem Verrat seines Stellvertreters gebrütet. Niemand stand ihm in den zurückliegenden Jahren so nah wie Riiser-Larsen. Doch seit Amundsen das Ende seiner Karriere erklärte, hat der Kapitän ihn nicht einmal besucht. Stattdessen dinierte er mit seinen Feinden und zwinkerte ihm und der ganzen Welt dabei von der Titelseite einer Zeitung zu – auch noch unverschämt in seinem bodenlosen Verrat. Er hat den verletzlichsten Punkt in der Seele des Polfahrers getroffen.

Kapitän Riiser-Larsen registrierte wohl das distanzierte Verhalten seines ehemaligen Vorgesetzten, aber die völlig in ihr Gegenteil verkehrte Einstellung des Chefs erkannte er nicht. Im *Ersten Flug über das Polarmeer* hatten sie sich rührselig voneinander verabschiedet, und seitdem hatte er Besseres zu tun gehabt, als einen schwer erreichbaren Pensionär zu besuchen. Wie der Chef seinen längst abgemusterten Zweiten mit brennenden Argusaugen aus der Tiefe des Bunnefjords beobachtete, konnte der sich kaum vorstellen. Riiser-Larsen war weder Psychologe noch eine Gesellschafterin, er war ein Mann der Tat.

An dem Tisch im königlichen Verteidigungsministerium wurde an diesem Abend eine umfassende Strategie zur Rettung der *Italia* ausgearbeitet. Roald Amundsen deutete korrekt auf Riiser-Larsen als den besten Flugexperten, aber es gab keine Uneinigkeit darüber, dass diese Großaktion vom Chef selbst geleitet werden sollte, dem erfahrensten aller Polarreisenden.

Währenddessen hielten die beiden ausländischen Piloten im

Calmeyergatens-Missionshaus, dem größten Versammlungslokal der Hauptstadt, ihre Vorträge. Eigentlich hätte Amundsen ebenfalls dabei sein sollen, aber Tryggve Gran sprang für ihn ein und übernahm die ihm zugedachten Aufgaben. Später am Abend gab Botschafter Gade im Hotel Victoria noch einen privaten Empfang zu Ehren von Wilkins und Eielson. In einem Artikel, der einige Monate danach erschien, schrieb Tryggve Gran: «Hier kam Roald Amundsen wieder hinzu, und als er nach der *Italia*-Besprechung gefragt wurde, sagte er ungefähr wortgetreu folgendes: ‹Wir haben uns darauf geeinigt, noch ein paar Tage zu warten. Wenn über Pfingsten etwas von Bedeutung eintritt, werde ich augenblicklich informiert. Aus praktischen Gründen werde ich hier im Hotel wohnen bleiben.›»

Während sich Amundsen mit Herman Gade im ersten Haus am Ort in Bereitschaft hielt, leitete der italienische Botschafter den norwegischen Plan an seine Regierung in Rom weiter.

Schon am Pfingstsonntag klopfte Graf Senni an Kapitän Riiser-Larsens Haustür in Frogner. Mussolini hatte seine Antwort erteilt.

Riiser-Larsen schrieb dreißig Jahre später in seinen Erinnerungen, er sei wie gelähmt gewesen, als ihm mitgeteilt wurde, dass Mussolini keine große Rettungsaktion unter norwegischer Führung wünsche. «Noch mehr lähmte es mich, als ich die Ursache dieser merkwürdigen Entscheidung erkannte, nämlich daß man Roald Amundsen nach den Unstimmigkeiten im Gefolge der *Norge*-Expedition keine Gelegenheit geben wollte, Nobile zu retten.» Und er fügt (noch dreißig Jahre danach) hinzu: «Ich konnte mich des Verdachts nicht erwehren, daß man für die Expedition lieber einen Tod in Glorie wünschte als eine miserable Heimkehr.»

Krieg und Polarforschung können makabre Schauspiele sein. Beide waren ein Spiel um Ehre. Mussolini hatte Nobile davor gewarnt, das Schicksal ein zweites Mal herauszufordern. Die *Italia*-Expedition war von der Geographischen Gesellschaft des Landes und der Stadt Mailand aufgestellt worden. Nun musste der Diktator die Regie übernehmen, um die Reste von Italiens Ehre zu retten.

Der Tod hatte die Niederlage von Captain Scott und seinen Männern in dem Zelt am Südpol in einen Triumph verwandelt. Und nur so, als heldenhafte Opfer im Dienst der Wissenschaft, konnten General Nobile und seine Männer Italiens Glorie unbefleckt halten. Der Duce kannte dieses Spiel, und als Diktator glaubte er das Recht zu haben, dem General, der Italiens Namen aufs Spiel gesetzt hatte, dieses Opfer abverlangen zu dürfen. Vermutlich gab es nur zwei Menschen, die das Drama, das sich nun auf dem Feld der Ehre abspielte, durch und durch verstanden. In Benito Mussolini fand Roald Amundsen einen ebenbürtigen Gegenspieler.

Hjalmar Riiser-Larsen machte sich sogleich daran, seine Lieblingsrolle als Retter der Lüfte wiederzubesetzen. Die italienische Regierung hatte, um den Schein zu wahren, akzeptiert, dass die Norweger ein Aufklärungsflugzeug nach Spitzbergen entsandten, und schon befand sich «Riisers» guter Freund Premierleutnant Lützow-Holm per Marschbefehl Richtung Norden in der Luft. In einer Blitzkonferenz mit dem Premierminister erreichte Riiser-Larsen, dass das Verteidigungsministerium aus Sicherheitsgründen noch ein zweites Flugzeug losschickte – mit ihm selbst auf dem Pilotensitz. «Wir haben den Eindruck, der Kapitän setzt sich, soweit möglich, noch energischer als sonst ein, um so schnell wie möglich vor Ort zu sein und das erwünschte Resultat zu erzielen», schrieb *Tidens Tegn,* von der rasanten Entwicklung sichtlich beeindruckt.

Während all das vonstattenging, saß ein mehr oder weniger uninformierter Roald Amundsen mit Herman Gade in den Salons des Victoria Hotels. In seinem Artikel vom Herbst 1928 erklärte Tryggve Gran: «Mein Erstaunen war daher groß, als ich am Dienstag morgen erfuhr, daß das Ministerium *ohne Roald Amundsens Wissen* gehandelt hatte. Man hatte Kapitän Riiser-Larsen autorisiert, eine Rettungsexpedition auf die Beine zu stellen und teilweise auch zu leiten. Es versteht sich von selbst, daß sich Roald Amundsen dadurch verletzt fühlte. In ziemlich niedergeschlagenem Gemütszustand reiste er nach Svartskog zurück.»

Nun war es an Major Gran (zusammen mit Hauptmann Doxrud), in das Büro des Verteidigungsministers zu stürmen und eine Erklärung zu verlangen. Warum wurde Amundsen beiseitegeschoben? Und warum standen die Fokker des Heeres unbenutzt in einem Hangar auf dem Flughafen Kjeller, während die der Marine …?

Es springt ins Auge, dass die norwegische Fliegerei damals in zwei Lager zerfiel, ebenso wie das militärische Flugwesen in jener Zeit, bevor es eine eigene Waffengattung wurde, noch auf Marine und Heer aufgeteilt war. Auf der einen Seite stand der Dunstkreis um die Luftverkehrsvereinigung und die hochfliegende Zeitung *Tidens Tegn,* zu dem auch der Marineflieger Riiser-Larsen gehörte. Auf der anderen Seite gab es den Norwegischen Aero Klub mit Roald Amundsen an der Spitze und Hauptmann Doxrud als Stellvertreter. An der Zeitungsfront waren sie erkennbar mit *Aftenposten* verbandelt, und ihr Fliegerass war das Einzige, was Riiser-Larsen den Rang streitig machen konnte: Major Tryggve Gran.

Diese Frontverläufe in Fliegerkreisen sind wichtig, um etwa Riiser-Larsens Manöver zu verstehen. Ehe er Ende Mai nach Norden entschwand, ließ er sich nämlich noch unter dem «Italiener» Johan Sverre zum stellvertretenden Vorsitzenden der Norwegischen Luftverkehrsvereinigung wählen. Dies könnte nach einem endgültigen Bruch mit seinem ehemaligen Chef aussehen, muss aber vermutlich eher im Rahmen dieser Zusammenhänge gesehen werden. Andererseits besteht kein Zweifel, dass sich nun auch Riiser-Larsen darüber im Klaren war, auf vollem Konfrontationskurs mit Roald Amundsen zu liegen.

Zurück ins Büro des Verteidigungsministers: «Er bedauerte sehr, daß Amundsen die Situation mißverstanden habe. Alles, was angeordnet wurde, sei rein militärischer Natur. Sollte Norwegen in großem Stil Rettungsmaßnahmen einleiten, würde selbstverständlich Amundsen die Leitung übertragen.» Als Tryggve Gran dieses Bedauern überbrachte, war der Polfahrer noch lange nicht zufrieden. «Sie sind mir in den Rücken gefallen», lautete Amundsens Kommentar. Doch die Würfel waren gefallen. Der Gewinn hieß Nobile. Amundsens Hauptkonkurrent diesmal Hjalmar Riiser-Larsen.

47 Ritter des Eises

Roald Amundsen und Lincoln Ellsworth mit deutschem Material und Leutnant Dietrichson als Pilot nach Spitzbergen». Diese Schlagzeile erschien am 30. Mai auf der Titelseite von *Aftenposten*.

Die Freunde des Polfahrers waren schockiert. Wie konnte er so mit einem Plan an die Öffentlichkeit gehen, der jeglicher Grundlage entbehrte? War es denn so entscheidend, in die Offensive zu gehen, noch bevor Riiser-Larsen das Festland verlassen hatte? Laut Gran hatten die Freunde ihm eine ganz andere Position zugedacht, nämlich «die im Dirigentenstuhl, um die gesamte norwegische und ausländische Hilfe zu koordinieren, und *nicht* als Beobachter an Bord eines Flugzeugs».

Roald Amundsen hatte zwei Kontakte wiederaufgenommen. Einmal zu seinem ehemaligen Mitarbeiter Leif Dietrichson, der sich sofort bereit erklärt hatte, mit seinem alten Chef zu fliegen. Zwar hätte er gerade in Kanada eine neue Stellung antreten sollen, aber der Leutnant war nicht der Mann, der in letzter Minute eine Heldentat ausschlug. Zum anderen hatte der Polfahrer schon Pfingstsonntag seinem alten Kompagnon Lincoln Ellsworth telegraphiert. Und mit dieser Koalition waren sie schon so gut wie unterwegs in den Norden, jedenfalls in der Phantasie Amundsens und auf der Titelseite von *Aftenposten*.

Ellsworth hatte Amundsen seinerseits schon nach dessen plötzlicher Abreise aus Amerika geschrieben: «Ich vermisse Dich, wie ich es immer tue, wenn Du nicht da bist. Wahrscheinlich werde ich nie wieder zwei so phantastische Jahre erleben wie die beiden, in denen wir zusammen waren.» Im Frühjahr hatte er versucht, ihnen eine neue gemeinsame Basis einzurichten. Warum nicht gemeinsam in Ellsworths Schloss in der Schweiz wohnen? Sie waren sich doch in allem einig. «Ich mag Deinen Geschmack und Deine Gewohnheiten lieber als die irgendeines anderen, darum habe ich keine Lust mehr, daß uns das Schicksal weiterhin getrennt hält. Ich habe Dir die halbe Lenzburg als Domizil angeboten, aber es scheint Dir dort nicht zu gefallen. Du mußt nur ein Wort sagen, und sie steht dir offen.»

Wenn ihm der Amerikaner ein halbes Schloss anbot, konnte er wohl stattdessen ein ganzes Flugzeug von ihm bekommen. So in etwa mochte Amundsen argumentiert haben, als sich Ellsworth für die Rettungsaktion zur Verfügung stellte. Dann aber zeigte sich sehr schnell, dass für den Amerikaner ein Leben im Schloss mit Amundsen und die Rettung Nobiles zwei völlig unterschiedliche Preiskategorien darstellten. Ein paar tausend Dollar waren das Äußerste, was Ellsworth und sein Schwager zur Rettung des Italieners in die Kasse tun wollten.

In Deutschland saß das Geld auch nicht lockerer. Leif Dietrichson war sofort dorthin aufgebrochen, um mit öffentlichen und privaten Institutionen über ein Flugboot zu verhandeln. Die Deutschen waren die Einzigen, die für den Flug in Eisregionen geeignete große Maschinen zur Verfügung stellen konnten. Sie waren dazu aber nur gegen eine Garantiesumme von umgerechnet 200 000 Kronen bereit. In Reichsmark gerechnet, stand der Name Amundsen sehr tief im Kurs.

Sehr schnell wurde deutlich, dass sich der Polfahrer lächerlich machte. Seine ganze stolze Rettungsexpedition war am Ende nichts als eine Zeitungsente in *Aftenposten*. Keine schlechte Zeitung, aber nichtsdestoweniger eine Blamage.

Am 7. Juni traf Riiser-Larsen auf dem Seeweg, das Flugzeug im Gepäck, in Kings Bay ein. Am gleichen Tag empfing die Welt die ersten sensationellen Funksignale aus General Nobiles nördlich von Spitzbergen havariertem Luftschiff. Der norwegische Flieger war der rechte Mann am rechten Ort – ganz egal, was sein ehemaliger Chef und der italienische Diktator davon hielten. Jetzt ging es nur noch darum, den Lorbeerkranz vom Eis zu pflücken.

Der Luftschiffbruch der *Italia* entsprach exakt der Situation, auf die sich Amundsen und seine norwegische Mannschaft beim Flug der *Norge* vorbereitet hatten. Das Luftschiff mit seinen sechzehn Mann Besatzung, von denen sieben auch schon mit der *Norge* geflogen waren, hatte nördlich des Nordostlands von Spitzbergen notlanden müssen. Beim Aufsetzen auf das Eis war die Führergondel abgerissen, und die Gashülle war, einen Rauchschweif hinter sich herziehend, weitergeflogen. Mit sich nahm sie sechs Mann, die nie wieder gefunden wurden. Unter ihnen der Rüstmechaniker Alessandrini und zwei weitere Männer aus der ehemaligen Besatzung der *Norge*. Ein vierter von ihnen war beim Zusammenprall mit dem Eis getötet worden.

Neun Mann hatten die Havarie überlebt. Fünf unversehrt, drei waren verletzt. Es waren die verbleibenden drei aus der *Norge*-Mannschaft. General Nobile und der Hüne Cecioni hatten sich beide ein Bein gebrochen und waren übel dran, der schwedische Meteorologe Malmgren hatte sich einen Arm geprellt. Titina war unverletzt geblieben, eine Henkersmahlzeit auf vier Beinen. Die Katastrophe war also eingetreten. Aber kein Norweger in Sicht.

Der Einzige mit Eiserfahrung war Finn Malmgren, der von den Eismeerprofis an Bord der *Maud* trotz seiner unbestreitbaren wissenschaftlichen Qualifikationen fast als komische Figur angesehen worden war. Und das nicht nur, weil er Schwede war. Zum Glück im Unglück waren große Teile der Überlebensausrüstung mit der Gondel auf dem Eis zurückgeblieben. Und nach einigen Tagen war es schließlich gelungen, Funkkontakt mit dem italienischen Mutterschiff *Città di Milano* in Kings Bay herzustellen.

Die von dort in alle Welt weiterverbreiteten Signale klangen in norwegischen Ohren wie Lockrufe. Endlich wollten die Italiener doch gerettet werden! Aber nicht nur Norweger nahmen Kurs auf den Norden. Alles in allem sechs Nationen beteiligten sich mit rund fünfzehn Schiffen und ebenso vielen Flugzeugen an verschiedensten Aktionen. Nobiles Rettung eskalierte mit hektischer Eile zu einem Wettrennen zwischen Menschen und Nationen sowie gleichermaßen zwischen Zeitungen, Radiosendern und Nachrichtenagenturen, die darin wetteiferten, jeweils die neuesten Nachrichten von dem eisbedeckten Archipel zu melden, der auf einmal im Zentrum der Weltöffentlichkeit stand.

Alles, was über Polarerfahrung verfügte, wurde in diesen Wirbel hineingezogen, natürlich auch Fridtjof Nansen. Um sein Gewissen zu beruhigen, wie er sagte, wandte er sich via Botschafter Vogt an die britischen Behörden, um die Möglichkeit einer Rettung mit einem englischen Luftschiff zu eruieren. Als Vogt ihm eine negative Rückmeldung übermittelte, antwortete ihm Nansen: «Deine Antwort hat die Angelegenheit endgültig entschieden.» Diese Sondierung über diplomatische Kanäle blieb Nansens einziger Versuch, in dem ganzen *Italia*-Fieber in Aktion zu treten. Weiter schrieb er Vogt: «Die Welt ist durch das Verschwinden der Italia ganz schön hysterisch geworden. Es ist doch auch früher schon vorgekommen, daß Leute für längere Zeit in arktischen Regionen verschollen sind, ohne daß es einen solchen Aufstand gegeben hätte.»

Fridtjof Nansen hatte an das Gewissen der Welt appelliert, um Zehntausende namenloser Flüchtlinge zu retten und Millionen Hungernde. Der General auf der Eisscholle erhielt da nur wenig Platz in dem nie ruhenden Hirn Nansens. Bei seinem Kollegen im Ruhestand war es genau andersherum: Die Rettung Nobiles nahm sein gesamtes Denken in Anspruch. Wie ein Adler im Käfig rüttelte er draußen in Uranienborg an den Stäben.

Natürlich ging Amundsen die Sache mehr unter die Haut als dem alten Herrn auf Polhøgda. Vor nur drei Jahren hatte er selbst im Eis der Arktis gefangen gesessen. Doch in der Zwischenzeit hatte er sich mit der Welt überworfen, und de facto hatte er sich längst selbst von jeglicher Zusammenarbeit ausgeschlossen, ehe die *Italia* havarierte. Es war illusorisch zu glauben, dass er nach all seinen rabiaten Ausfällen noch als koordinierender Leiter akzeptiert werden könnte. Doch genau diese Tatsache lag ebenso auf der Hand, wie sie den Gedanken des Polfahrers fernlag.

Am 6. Juni, nachmittags um halb drei, fiel im Garten hinter dem Wohnhaus von Uranienborg ein Mann tot um. Er spazierte gerade mit Gustav dem Älteren, als sein Herz plötzlich aussetzte. Es war Sverre Hassel, die stärkste Persönlichkeit der vier, die mit Amundsen zum Südpol marschiert waren. Er war zu Besuch gekommen, vielleicht um das eine oder andere zu erzählen. Der zweiundfünfzigjährige Zollbeamte hatte ein distanziertes, aber loyales Verhältnis zu seinem ehemaligen Chef gepflegt. Roald Amundsen konnte sich auf Hassel verlassen. Er warnte nicht zur falschen Zeit.

Da lag er hinter dem Haus, der kräftige Mann, der Otto Sverdrup zu unbekannten Inseln im Norden und Roald Amundsen bis hinab zum Südpol begleitet hatte. Was für ein Ende! Ein Herzinfarkt im Anzug, eine Notiz in der Zeitung, noch ein Kranz.

In jenen Tagen empfing Amundsen auch den italienischen Reporter Guidici, und ihm gegenüber äußerte er die vielzitierten Worte: «Oh, wenn Sie nur wüßten, wie großartig es dort oben ist! Da würde ich gern sterben, ich würde mir nur wünschen, daß der Tod auf ritterliche Weise käme, daß er mich bei der Erfüllung einer großen Aufgabe schnell und ohne Leiden holte.»

Bis zum 11. Juni bedrängte er Ellsworth, dessen Schwager und reiche Freunde vergeblich, 60 000 Dollar lockerzumachen. Außerdem brauchte er auch noch ein geeignetes Flugzeug, nachdem ihm die Deutschen nicht aushelfen wollten. Die Amerikaner sahen vermutlich, dass es weniger um Nobiles Rettung als vielmehr um Amundsens verlorenen Ruf ging. Den hätten sie schon gern gerettet, aber nicht zu einem solch exorbitanten Preis. Hatte Amundsen neulich nicht auch Amerika den Rücken gekehrt?

Eigentlich hatte Roald Amundsen an Besseres zu denken als an einen Flug nach Spitzbergen und einen ritterlichen Tod. Am 2., 3., 4. und 10. Juni telegraphierte er Bess Magids in Seattle, die gerade dabei war, ihr früheres Leben aufzulösen. Am 10. setzte sie sich in den Zug, der sie quer über den Kontinent an die Ostküste brachte. In New York wollte sie sich an Bord des Schiffs begeben, das sie über das Meer in die Hauptstadt des bergigen Landes bringen sollte, in dem ihr Bräutigam auf sie wartete.

Alles war bereit für eine neue und abschließende Phase im Leben des Polfahrers. Er hatte mit allem gebrochen und sich aus jeder aktiven Tätigkeit zurückgezogen. Die letzten Jahre sollten in wohlverdienter Ruhe und Harmonie verbracht werden. Die junge Braut kam wie bestellt, um – wie Gade es ausdrückte – «gemäß einer Übereinkunft zwischen ihnen, ihren dauerhaften Wohnsitz in Uranienborg zu nehmen».

Aber wartete der Bräutigam wirklich auf seine Braut? Ganz im Gegenteil. Er setzte Himmel und Hölle in Bewegung, um wegzukommen. Man könnte den Eindruck bekommen, Roald Amundsen wollte lieber auf einer Eisscholle nördlich des 80. Breitengrads seinen schlimmsten Feind umarmen als die Frau, die alle Brücken hinter sich abgebrochen hatte und gerade mit einem Dampfer der Amerika-Linie auf dem Weg zu ihm war. Das ist mehr als rätselhaft. Es gleicht einer Flucht, einer Flucht Hals über Kopf weg von Uranienborg, von einem Leben als Rentner, von einem Schlaganfall hinter dem Haus und weg von der Frau, die da auf dem Weg zu ihm ist.

Er flieht zurück in die Heldenrolle, in das alte Abenteuer ... ins Rampenlicht. Da möchte er sein, im Zentrum der Weltöffentlichkeit und zugleich gut verborgen in seiner Ritterrüstung. Deutlicher als je zuvor führt Roald Amundsen vor Augen, dass er ein Mann mit einem schwachen Ego ist, er lebt nur kraft der Bewunderung durch die Öffentlichkeit.

Trotz des Funkkontakts erweist es sich als schwierig, General Nobile und seine Männer aus der Luft ausfindig zu machen. Weder Riiser-Larsen noch Lützow-Holm haben Erfolg. Immer neue Suchflüge werden Richtung Norden unternommen, um es wieder und wieder zu versuchen.

Am 14. Juni um zwölf Uhr Mittag wird Roald Amundsen telefonisch mit Paris verbunden. Der vermögende und einflussreiche Großhändler Fredrik Peterson hat in der französischen Presse seine gescheiterten Versuche verfolgt, nach Spitzbergen zu kommen, und möchte dem berühmten Landsmann gern helfen.

Was für ein Flugzeug es denn sein dürfe.

Genau auf Telefonanrufe dieser Art hat der Polfahrer noch immer vertraut, wenn die Not am größten war. Er bestellt sofort ein für Minustemperaturen geeignetes Flugboot. Der Grossist will sehen, was sich machen lässt. «Ja, das war wirklich erfreulich. Danke schön», beendet der Polfahrer das Gespräch.

Frankreich war die einzige Großmacht, mit der Amundsen keinen Streit angefangen hatte. Vielleicht war es bloß ein Versehen, aber jedenfalls erleichterte es Großhändler Peterson seine weitere Arbeit, und selten dürfte eine Expedition schneller auf die Beine gestellt worden sein. Der Kaufmann nahm sofort Verbindung zu seinen französischen Kontakten auf. Die Verhandlungen wurden mit einem formellen Ersuchen des norwegischen Botschafters in Paris, Baron Wedel-Jarlsberg, an den französischen Marineminister abgeschlossen. Noch ehe der Tag herum war, konnte Grossist Peterson mitteilen, dass eine Latham 47 so schnell wie nur irgend möglich in den Norden entsandt werde.

Am 15. Juni schlugen die Norweger die Zeitung auf und konnten darin lesen, dass Frankreich Roald Amundsen zu Hilfe geeilt war. In Uranienborg setzte ein emsiges Organisieren von Ausrüstung ein, während gleichzeitig das Flugboot in der Latham-Werkstatt von Caudebec-en-Caux dreißig Kilometer außerhalb von Rouen für einen Einsatz in der Arktis überholt wurde. Die Maschine sollte schon am nächsten Morgen Richtung Bergen aufsteigen.

In Oslo fand ein privates Fest für Roald Amundsen statt. Es ging nicht nur um den bevorstehenden Rettungsflug; auch ein anderes Ereignis stand vor der Tür. Sechs Jahre danach setzte Herman Gade folgende Erklärung auf: «Ich, der Unterzeichnende, erkläre hiermit, daß ich bei dem für Roald Amundsen im Victoria gegebenen Abschiedsfest mit Frau Aslaug Amundsen gehört habe, wie Amundsen seinem Generalbevollmächtigten Premierleutnant Gustav S. Amundsen Order gab, Mrs Bess Magids, sofern sie in seiner Abwesenheit eintreffen sollte, zu empfangen und sie (auch ökonomisch) auf bestmögliche Weise zu versorgen.» Die Braut wurde erwartet. Der Bräutigam verabschiedete sich.

Am Abend des 16. Juni um 23 Uhr traf Roald Amundsen bei der Østbanestation ein. Der Nachtzug nach Bergen stand abfahrbereit. Es war in dieser Nacht exakt fünfundzwanzig Jahre her, dass er mit der *Gjøa* zu seiner ersten eigenen Expedition aufgebrochen war. Damals war er von seinen drei Brüdern begleitet worden; diesmal erschien nur einer. Aber eine Reihe Offizieller war angetreten, unter ihnen drei Botschafter, der italienische und der französische und dann noch der kürzlich zurückgetretene norwegische aus Rio.

Es wurden etliche Presseaufnahmen von der heroischen Szene gemacht, die von einer aufgeräumten Stimmung in der Bahnhofshalle künden. Nur Herman Gade scheint die allgemeine Begeisterung nicht zu teilen. Keiner überblickte wie er, was für ein trauriges Schicksal die Vorstellung überdeckte. Ein Kollege aus dem auswärtigen Dienst schrieb einige Monate später in einem privaten Brief über den Polarreisenden: «Gade hat bei mehreren Gelegenheiten geäußert, daß er in letzter Zeit unglücklich gewesen sei, ohne zu erklären, worauf er sich damit bezog.»

Nun ja, was hätte er auch sagen sollen. Als er im April nach Norwegen kam, hatte er seinen «besten Freund», den einst gefeierten Helden, einsam und verbittert im inneren Exil vorgefunden. Er erhielt Einblick in dessen neue, mutige Pläne. «Ich bin mit sämtlichen Umständen im Verhältnis R. A. – Mrs Magids vertraut», schrieb er später, «weil Roald mir den gesamten Briefwechsel zeigte und ich selbst in seinem Auftrag ein paar Telegramme an sie schickte.» Also ahnte wohl auch der alte Freund, dass der Polfahrer in seinem großen Entschluss wankte, als er so verzweifelt nach dem Rettungsanker für General Nobile griff.

Amundsen hatte zwei Begleiter, die ihm bei Nobiles Rettung assistieren sollten. Der eine war der unvermeidliche Polveteran, Kuchenbäcker, Blechschmied und Chirurg Kapitän Oscar Wisting und der andere Premierleutnant Dietrichson.

Auf dem Bahnsteig, auf dem die Lok schnaufend Kraft für die lange Fahrt über das hohe Fjell sammelte, waren jedoch alle Blicke auf den Nationalhelden gerichtet, der nach Aussage des *Aftenposten*-Reporters nicht viele Worte machte, «aber eine Entschlossen-

Der Nachtzug nach Bergen steht zur Abfahrt bereit. Amundsen schüttelt dem italienischen Botschafter Graf Senni die Hand. Nachdenklich rechts Herman Gade.

heit leuchtete aus den scharfen Zügen, eine unbezähmbare Energie, die sich mit den Mitteln der Sprache nicht ausdrücken läßt».

Der italienische Botschafter hingegen musste den Rettern stellvertretend für seine Regierung notgedrungen ein paar armselige Phrasen mit auf die Zugreise geben. «Es war ein unvergeßlicher Augenblick, als sich die beiden Männer kräftig und herzlich die Hände schüttelten.» Chefredakteur Frøisland, der ebenfalls auf dem Bahnsteig zugegen war, konnte mit Befriedigung feststellen, dass seine beiden großen Helden wieder miteinander versöhnt waren. In Rom saß derweil der Diktator und ärgerte sich über diesen hohlen Aufzug, in dem der Repräsentant Italiens gezwungen wurde, gute Miene zum bösen Spiel zu machen.

«Als der Pfiff zur Abfahrt ertönte, bestiegen Wisting und Dietrichson den Zug, während Amundsen fast etwas wankend noch einen Augenblick stehenblieb, und die neben ihm Stehenden konnten eine Träne auf seiner wettergegerbten Wange sehen. Er ging ein paar Meter neben dem Waggon her, doch dann schwang er sich rasch auf die Plattform, verabschiedet von einem neunfachen Hurra, das unter dem rußigen Glasdach der Østbanestation widerhallte.»

Als der Nachtzug am nächsten Morgen in Bergen einlief, lag das Flugboot bereits draußen am Marineholm und wartete. Nach einem perfekten Flug von der Normandie war die Latham schon am Vorabend eingetroffen. In Bergen wurde der achtzehn Meter lange Rumpf betankt und noch einmal durchgecheckt. Im linken Schwimmer musste ein kleines Loch abgedichtet werden.

Die Maschine hatte vier Mann Besatzung. Ihr Kommandant war Capitaine René Guilbaud, ein achtundzwanzigjähriger Ritter der Ehrenlegion. Auch sein stellvertretender Kommandant, Oberleutnant Albert de Cuverville, war im Krieg als Flieger ausgezeichnet worden. Mit dem Mechaniker Brazy und dem Funker Valette stellte die französische Marine dem norwegischen Polfahrer eine komplette Besatzung zur Verfügung.

Obwohl sich also bereits zwei Piloten an Bord befanden, gab Guilbaud Amundsens Wunsch nach, auch Premierleutnant Dietrichson noch mitzunehmen. Er kannte sich mit dem Fliegen im Eis aus, und außerdem fühlte sich der Chef unter seinen eigenen Leuten am wohlsten. Kapitän Wisting dagegen, das siebte Mitglied der Expedition, musste das nächste Schiff in den Norden nehmen. Das war kein Problem, denn in jenen Tagen war die halbe Welt zur Rettung Nobiles unterwegs.

Bergen kochte geradezu über vor Menschen an diesem Sommertag, als sich der bald sechsundfünfzigjährige Roald Amundsen, der Napoleon des ewigen Eises, nach Norden auf das Feld der Ehre begab. Seit den Kreuzzügen war kein Heerführer mehr zu einem edelmütigeren Feldzug aufgebrochen. Er hatte den Schoß voller Blumen, Marinegasten ruderten ihn zu seinem Flugboot hinaus, den Mann, der seinen ärgsten Feind retten wollte, einen Mitmenschen in Not. Es war acht Uhr abends.

Von Bergen schickte Amundsen sein letztes Telegramm an Bess Magids. Sie war inzwischen in New York eingetroffen, wo sie noch sechs Tage auf die *Hellig Olav* warten musste, das Schiff, das sie ins verheißene Land bringen sollte. Aber warum musste er gerade jetzt abreisen?

In allerletzter Konsequenz hat sie ihn vielleicht dazu getrieben. Die Rolle, die Amundsen gerade übernahm, kommt einem bekannt vor. Als er als Bezwinger des Südpols zurückkehrte, ließ er Sigg Castberg fallen; als er vom Nordpolflug zurückkam, konnte er Kiss loslassen. Und diesmal – falls er als Held zurückkehrte, würde Bess einen Mann in Rüstung vorfinden, der stark genug war, noch ein weiteres Mal die Liebe zu opfern.

Mit Andacht im Blick sahen die Bergenser die französische Maschine vom Fjord abheben und Richtung Norden in die immer hellere Sommernacht abdrehen. Nur eine Woche später würden sie sich erneut um ein frisch betanktes Rettungsfahrzeug sammeln, das Richtung Norden auslaufen sollte, um den russischen Eisbrecher *Krassin*. Dann aber würde der Ruf von der Menschenmenge am Kai lauten: «Rettet Amundsen!»

Um sechs Uhr morgens landete die Latham im spiegelblanken Wasser vor Tromsø. Die beiden Norweger frühstückten und legten sich dann in ihrer Herberge bei Apotheker Zapffe schlafen. Die Franzosen ruhten sich für ein paar Stunden im Nachbarhaus, dem örtlichen Grand Hotel, aus. Schon gegen elf stand die Besatzung wieder auf; zum Schlafen blieb keine Zeit. Alles musste für die nächste Etappe fertig gemacht werden. Der Chef konnte es ruhig angehen lassen; er verbrachte seine letzten Stunden auf festem Boden in Gesellschaft und seines alten Freundes aus der Apotheke.

In seinem sieben Jahre später herausgegebenen Buch schilderte Fritz G. Zapffe dieses letzte Zusammensein mit dem Mann, den er so über die Maßen bewunderte. Über den Flug selbst gab es wenig zu sagen, der lag nicht in ihren Händen. Das Gespräch drehte sich um anderes. «Dabei hatte ich ein unerklärliches und unbehagliches Gefühl, daß etwas Fremdes zwischen uns stand. Der offene und in der Regel fröhliche Ton, der unsere Gespräche sonst auch dann kennzeichnete, wenn es um ernste Dinge ging, wollte sich diesmal nicht einstellen.» Im Nachhinein interpretierte Zapffe das als eine mit dem französischen Flugzeug verbundene Todesahnung, denn beide waren sich einig, dass eine Dornier-Wal die bessere Alternative gewesen wäre. «Eine merkwürdige Stille befiel unser letztes Beisammensein. Ich fühlte mich ihm gegenüber fast etwas befangen, ungefähr wie bei einem kranken Freund, dem man nicht recht etwas zu sagen weiß.»

Dieses Fremdeln hatte seine Erklärung vielleicht in einem Grund, von dem der Apotheker nichts wusste. Trotz der Selbstlosigkeit, die den Flug mit der Latham nach außen kennzeichnete, steckte Amundsen in einer inneren Zwangslage: Er war auf dem Weg zu General Nobile, aber zugleich bewegte er sich auch weg von der Frau. Das Erste war eine Heldentat, das Zweite eher ein Verrat. Innerlich hatte er sie bereits aufgegeben und damit – zum dritten und letzten Mal – ein von Liebe erfülltes Zusammenleben mit einem anderen Menschen.

Die Intuition des Apothekers täuschte nicht, er saß «einem kranken Freund» gegenüber. Zum Abschied reichte ihm der Polfahrer sein nicht funktionierendes Feuerzeug. Der Apotheker erbot sich, es zu reparieren. Doch Amundsen lehnte dankend ab: «Ich brauche es nicht mehr.» Das Feuer war erloschen, es würde nicht wieder entfacht werden.

Noch nie hatte ein Flugzeug das Schlechtwettergebiet zwischen Nordnorwegen und Spitzbergen durchflogen. An diesem Tag machten sich jedoch eine schwedische und eine finnische Maschine startklar. Außerdem wurde gemeldet, der italienische Major Maddelena befinde sich im Auftrag Mailands bereits auf der Bäreninsel, wo ein Schaden an seiner Maschine behoben werde. Es sah also wieder einmal nach einem Wettrennen aus.

Das Natürliche wäre gewesen, wenn die drei in Tromsø versammelten Maschinen gemeinsam geflogen wären. Diese Möglichkeit kam für Roald Amundsen nicht in Betracht. Er wollte allein fliegen. Viele waren unterwegs, aber es gab nur einen General zu retten.

Am Nachmittag wurden die vier Franzosen und die beiden Norweger zu ihrem Flugboot vor dem Tromsøer Hafen gebracht. Der Apotheker begleitete seinen Freund zu der merkwürdigen Kreuzung aus Schiff und Flugzeug. Die Latham 47 war mit ihren insgesamt 1000 PS und einer Flügelspannweite von mehr als fünfundzwanzig Metern kein unansehnliches Fluggerät. Der aus Holz gebaute, mit Segeltuch bespannte und weißgestrichene Doppeldecker war nicht ohne Anmut.

Wie ein Schwan von ungewöhnlichen Dimensionen spiegelte sie sich auf der Wasserfläche vor der Eismeerstadt. Das Bild reizt einen, zu sagen, in Gestalt Amundsens sei Ritter Lohengrin eingestiegen. Kulisse und Manuskript für ein mystisches Heldendrama standen bereit. Doch glaubt man dem Augenzeugen Zapffe, dann war der Darsteller der Hauptrolle mit seiner Vorstellung schon zu Ende, ehe sich die Maschine in Bewegung setzte: «Ich vergesse nie den Ausdruck in seinem Gesicht, wie er vor dem Start achteraus auf dem Rumpf der Latham saß und etwas seltsam Fernes und Resigniertes über ihm lag. Es sah so aus, als würde ihn das Ganze nichts angehen, und doch ging es vielleicht gerade um ihn. Ohne etwas zu sagen, saß er ganz reglos da und blickte mich an.»

Der Held starrte hohl seinen letzten Bewunderer an. Alle Energie war aus ihm gewichen. Bei den Vorbereitungen, als man ihn ausschloss, als man ihm Hindernisse in den Weg legte, da ging es um Aktion, um den General, darum, loszukommen. Jetzt war es vorbei. Der Rest lag in den Händen Gottes und der Piloten.

Die Aufnahmen der Pressefotografen rund um die Latham bestätigen Zapffes Eindruck einer resignierten und verlassenen Persönlichkeit. Er machte sich nicht länger die Mühe, noch zu posieren. Der Ritter mit der Schiebermütze auf dem rückwärtigen Rumpf des Riesenschwans, der darauf wartet, hinaus ins offene Wasser geschleppt zu werden, wo man die Propeller anwerfen kann, ist nicht unterwegs *zu* etwas, er hat es hinter sich und bereits abgeschlossen. Nicht unbedingt mit dem Leben selbst, aber mit dessen Inhalt. Er wusste, dass er nie das größte Ziel erreichen würde, das er sich vorgenommen hatte. Jetzt wartete das ewige Eis.

Der Schwan des Südens im hohen Norden. Die Besatzung nimmt vor dem endgültigen Start von Tromsø ihre Plätze ein. Links unternimmt Leif Dietrichson (mit Schirmmütze) gerade den entscheidenden Schritt. Roald Amundsen hat längst seinen Platz ganz hinten im Heck gefunden.

Um vier Uhr hob die Maschine ab. Nachträglich gab es widersprüchliche Meldungen, ob und inwieweit die Latham Startprobleme gehabt habe. Viele behaupteten, sie sei überladen gewesen. Immerhin war die Latham das einzige der drei Flugboote, das an diesem windstillen Tag überhaupt in die Luft kam. Sowohl die schwedische wie auch die finnische Maschine blieben an diesem Tag in Tromsø liegen. Gunnar Hovdenak zufolge, der 1934 das umfangreiche Buch über *Roald Amundsens letzte Reise* veröffentlichte, war das Flugboot nicht schwerer beladen als bei seinem Abflug von Bergen. Aber die Maschine hatte bereits Langstreckenflüge hinter sich, und in der Eile, die nach Ansicht der meisten entstand, als die Besatzung auf Major Maddelenas vorgeschobene Position aufmerksam wurde, hat man vielleicht die eine oder andere Sicherheitsroutine auf die leichte Schulter genommen. Andererseits klingt auch das bei einer so kompetenten Mannschaft und einem derart gefährlichen Gebiet wie dem vor ihr liegenden nicht sehr wahrscheinlich. Selbst gesetzt den Fall, dass der Chef möglicherweise ein resignierter alter Mann war, der in diesem Augenblick den gesamten Flug in die Hände höherer Mächte legen wollte, so lag die praktische Durchführung doch in den Händen fünf erfahrener, lebenstüchtiger Männer zwischen sechsundzwanzig und achtunddreißig. Keiner von ihnen besaß ein Motiv, mit dem eigenen Leben über dem Nördlichen Eismeer russisches Roulette zu spielen.

Die Wetterprognosen waren über den Tag etwas wechselhaft ausgefallen, klangen aber verhältnismäßig vielversprechend. Das Seegebiet galt als so stürmisch, dass für ein Flugboot von der Bauart der Latham kaum Aussicht bestand, eine Wasserung auf hoher See unbeschadet zu überstehen. Das war die große Schwäche dieses Flugboots, es konnte weder auf Eis noch in stürmischer See landen. Gemessen an den Verhältnissen im Nördlichen Eismeer, konnte man diese Maschine aus dem Süden nur als Flugzeug mit Schwimmern bezeichnen. An ein wirkliches Flugboot hätte man ganz andere Anforderungen stellen müssen.

Die letzte Funkmeldung der Latham wurde um 18.45 Uhr empfangen. Da unternahm der Funker einige vergebliche Versuche, Ny-Ålesund anzurufen, um ein paar Telegramme durchzugeben. Nach drei Stunden Flug hätte sich die Maschine normalerweise etwa auf halbem Weg zur Bäreninsel befinden müssen, die ihrerseits, grob gerechnet, wiederum auf halber Strecke zwischen Tromsø und Kings Bay lag.

Es sollte lange dauern, bis die Welt den am Montag, dem 18. Juni 1928, um 18.45 Uhr abgesetzten Funkspruch über nie mehr abgeschickte Telegramme als letztes Lebenszeichen von Roald Amundsen auffasste.

Um 20 Uhr landete Major Maddelena in Kings Bay. Der Italiener hatte den Wettflug über das Eismeer gewonnen. Latham 47 kam nie an.

48 Die verschwundene Braut

Roald Amundsen war von der Erdoberfläche verschwunden. Es war nicht das erste Mal. Der Polfahrer ging seiner eigenen Wege, er machte Nord zu Süd und Ost zu West; nur eins war sicher: Er kam immer zurück.

In jenem heldenhaften Sommer 1928 gingen Rettungsaktionen und Verschwinden verwirrend ineinander über. Wer suchte eigentlich wen? Wer war verschwunden, und wer kam zu Hilfe? Viele wären wohl besser zu Hause geblieben, aber wenn es einen gab, der im hohen Norden zurechtkam, dann war es Roald Amundsen. Und wenn auch sonst niemand, so befand er sich doch zumindest in seinem rechten Element.

Es dauerte etwas, bis es wirklich ins allgemeine Bewusstsein einsickerte, dass der Flug über offenes Meer geführt hatte und die Latham 47 kein Boot war. Allmählich wandten sich Suchaktionen nach General Nobile Kapitän Amundsen zu. Wer von ihnen würde zuerst wiederauftauchen? Viele glaubten, der Norweger habe den Funkkontakt selbst abgebrochen und sei geradewegs zu den schiffbrüchigen Italienern geflogen, um den General eigenhändig aus der Umarmung des Eises zu reißen. Das sähe ihm ähnlich!

Ein Schwede rettete Nobile. Mit seiner kleinen Fokker landete Kapitän Lundborg am Mittsommerabend des 23. Juni auf des Generals Eisscholle. Zwar änderte sich deren Position laufend durch die Drift, aber andere Flieger hatten bereits Hilfsgüter über den Italienern abgeworfen. (Auch Riiser-Larsen und Lützow-Holm kreisten in unmittelbarer Nähe zum roten Zelt des Generals.) Wiederum erwies sich eine Landung als Hauptproblem, doch der mutige Schwede schaffte es, wohlbehalten auf einem Landestreifen niederzugehen, den die Italiener ausgeflaggt hatten.

Drei der Schiffbrüchigen hatten das Lager verlassen, unter ihnen der Schwede Finn Malmgren. Damit waren noch sechs Mann auf der Eisplatte. Lundborg wollte sie im Lauf von Stunden alle in Sicherheit bringen. Da er noch einen Beobachter an Bord hatte, konnte er beim ersten Mal nur einen zusätzlichen Passagier mitnehmen.

Zwei Männer waren verletzt: der General und Cecioni. Der Gewichtsunterschied betrug vierzig Kilo zugunsten des Generals. Aufgrund dieses Rechenkunststücks und des Arguments, dass es für die weitere Leitung der Rettungsoperation von Vorteil wäre, den General an Land zu bringen, bestand Lundborg darauf, Nobile als Ersten mitzunehmen. Nach kurzer Beratung willigte der General ein und ließ sich retten. Die potenzielle Mahlzeit Titina sprang als Erste ins Flugzeug. Damit ging die schwedische Armee als Siegerin aus dem Rennen um General Nobiles Rettung hervor.

Als die Fokker zurückkehrte und zum zweiten Mal auf ihren Kufen landen wollte, um die Nächsten zu holen, kam es zu einer Bruchlandung auf dem Eis. Die einzige Veränderung in der Situation der Schiffbrüchigen bestand mithin darin, dass ein italienischer General und sein Hund gegen einen schwedischen Hauptmann und sein Flugzeug ausgetauscht worden waren. Für Nobile bedeutete diese Bruchlandung allerdings eine mittlere Katastrophe: Fortan war er abgestempelt als der General, der sich *vor* seiner Mannschaft retten ließ. Dieser unfreiwillige Makel in der Personalakte des Italieners hatte seine gröbere Entsprechung im Lebenslauf Amundsens, als der sich auf den ersten Schlitten zurück nach Framheim geworfen hatte und sich vor seinen Männern mit ihren Erfrierungen in Sicherheit brachte.

Die Episode wurde ein Baustein in der systematischen Demontage von Nobiles Reputation. Das Schicksal des Generals war dabei längst besiegelt. Mussolini wünschte keinen Rückzug vom Feld der Ehre. Er wollte weder Italiens Heldengeneral noch dessen Hund von fremden Nationen gerettet mit dem Schwanz zwischen den Beinen nach Hause kommen sehen.

Erst neunzehn Tage nach Nobiles Rettung, am 12. Juli, schaffte es der sowjetische Eisbrecher *Krassin*, die restlichen Italiener von der Eisscholle aufzulesen. Zuerst pflückte er die Ausreißergruppe, die auf eigene Faust versucht hatte, Land zu erreichen, vom Eis. Einer von ihnen war bereits tot, nämlich Finn Malmgren. Der Schwede, der sich mit aufopferungsvollem Mut trotz seines verletzten Arms und seiner schwachen Physis auf diesen unvorsichtigen Marsch begeben hatte, wurde sofort Gegenstand einer umfassenden Heroisierung. Dass das einzige nordische Expeditionsmitglied bei dem Versuch, seine südländischen Kollegen zu retten, ums Leben kam, löste nicht zuletzt in der norwegischen Presse heftige Aggressionen gegen die *Italia*-Expedition aus. Finn Malmgren, der Held von *Maud*, *Norge* und *Italia*, ist einer der wenigen Wetterfrösche, die es auf einen Denkmalsockel geschafft haben.

Als Nächstes brach sich die *Krassin* zum Zeltlager und zu der bruchgelandeten Maschine durch und sammelte dort den Rest der mitgenommenen Italiener samt Nobiles schwedischem Retter ein.

In einem Brief, den er einen Monat nach den Ereignissen schrieb, kommentierte Fridtjof Nansen die chaotischen Begebenheiten dieses Sommers rund um die *Italia*-Havarie: «Ich bin der Meinung, vor allem muß man den Zeitungen Vorwürfe machen. Die Art und Weise, in der sie hier und in Europa mit allen Arten von Unfug gefüllt wurden, ist äußerst bedauerlich, und sie vermittelte den Menschen gänzlich falsche Vorstellungen von den Verhältnissen. Sie führte zu den vielen Rettungsexpeditionen, die ohne festen Plan oder Organisation ausgesandt wurden, anstatt die erfolgversprechendsten Aktionen abzuwarten, womit ich namentlich die großen Eisbrecher meine.» Die Kritik des Professors traf nicht zuletzt auf den nicht minder übereilten Heldenflug der Latham 47 zu.

Am gleichen Tag, an dem General Nobile gerettet wurde, ging Bess Magids an Bord des Dampfers *Hellig Olav,* der sie über den Atlantik in ihr neues Heimatland bringen sollte. Nach dem Verschwinden der Latham fünf Tage zuvor befand sie sich in einer ziemlich desperaten Lage. Sicher gab es noch keinen Grund zur Verzweiflung. Was bedeutete schon ein fünftägiges Verschwinden im Leben eines Polarreisenden? Die Suche hatte ja kaum erst begonnen. Es dauerte fast einen Monat, Nobile an Land zu bekommen, und fast vier Wochen war auch Amundsen verschwunden, als er drei Jahre vorher mit Dietrichson in der Rinne im Packeis gelandet war. Natürlich wurde sie von wachsender Unruhe befallen. Aber noch war es zu früh, die Karten aufzudecken.

Bess Magids hatte ihrem Leben eine neue Richtung gegeben, und der gedachte sie nun auch zu folgen. Wie wunderbar wäre es, in Uranienborg am Anleger zu stehen, wenn der Polfahrer, verjüngt durch sein neuestes Abenteuer und die Sonne in seinem weißen Haar leuchtend, nach Hause kam!

Zehn Tage später, am 2. Juli, machte die *Hellig Olav* am Kai in Oslo fest. Sobald die Gangway angelegt war, ging Büroleiter Brauer von der Vereinigten Dampfschiffsgesellschaft an Bord und suchte Bess Magids auf. Er überbrachte ihr die niederschmetternde Mitteilung, dass es seit ihrer Abfahrt aus New York keine Neuigkeiten über Roald Amundsen gab.

Vermutlich war Brauer damit von Gustav Amundsen, ob nun Vater oder Sohn, beauftragt worden, die sich aus Gründen der Diskretion nicht in dem Menschenauflauf am Amerikakai zeigen wollten. Als Axel Brauer 1941 in den Ruhestand trat, erzählte er *Aftenposten* in einem Interview von seiner speziellen Begegnung mit der «Verlobten» des Polfahrers. Zum ersten Mal erfuhr eine ungläubige Öffentlichkeit, dass der Nationalheld bei seinem Verschwinden mit der Latham kurz vor seiner Hochzeit gestanden hatte.

Bess Magids' erster Aufenthalt in Uranienborg wurde nahezu geheim gehalten; zum einen weil der Polfahrer in solchen Dingen ohnehin immer Wert auf Diskretion legte, wohl vor allem aber weil Bess Magids damals noch mit einem anderen Mann verheiratet war. Ihr zweiter Aufenthalt verblieb nicht weniger im Geheimen, diesmal jedoch aus anderen Gründen. Beide Herren, Magids wie Amundsen, hatten sie inzwischen, jeder auf seine Weise, verlassen.

Bess Magids schrieb vierzig Jahre später in einem Brief: «Das letzte Mal, daß ich Roald Amundson [sic] gesehen habe, war 1928 in Oslo in Norwegen. Ich war dorthin gereist, um ihn zu heiraten. Da aber verschwand der italienische Entdecker Umberto Nobile, und Roald zog los, um ihn zu suchen. Er ist nie zurückgekommen.» In ihrer Version sind ihre beiden Besuche zu einem einzigen verschmolzen. Ihre zwischenzeitliche Rückkehr nach Amerika und damit die Scheidungsverhandlung in Seattle waren aus der Geschichte gelöscht.

Die wichtigsten Quellen, um sich ein Bild von dem zu machen, was während Bess Magids' mysteriösem Norwegenaufenthalt im Sommer 1928 wirklich geschah, sind die bereits zitierten Briefe Herman Gades aus dem Herbst 1929. Sie sind als «streng vertraulich» gekennzeichnet und wurden anlässlich des unerbittlichen Erbstreits nach Amundsens Tod verfasst. Die Briefe sind an Rechtsanwalt Albert Balchen gerichtet, einen Jugendfreund Gades und zugleich Leon Amundsens Anwalt. Hinzu kommt noch eine detaillierte Rechnungslegung über Bess Magids' Zeit in Norwegen. Sie wurde von Gustav S. Amundsen angefertigt und gehört zum Nachlassinventar des Onkels. Auch sie ist gekennzeichnet mit «streng konfidentiell und darf unter keinen Umständen Außenstehenden zugänglich gemacht werden».

Wozu die ganze Heimlichtuerei?

Auch wenn die Hoffnung inzwischen stark geschwunden war, hielt die Suche nach Amundsen unvermindert an, als Bess Magids in Oslo eintraf. Es sollten noch zehn Tage vergehen, ehe die Italiener von der *Krassin* abgeholt wurden, und noch viel später versicherte Amundsens alter Kompagnon H. H. Hammer einer Zeitung in Los Angeles, dass der Polfahrer ganz sicher wiederauftauchen werde. «Er liebt die Dramatik und genießt es, das Überraschende zu tun.» Genau diese Überzeugung machte es vielen Menschen auf der Welt so schwer, sich mit dem Gedanken abzufinden, dass Roald Amundsen tatsächlich verschollen war und nie wiederauftauchen würde.

Zusätzlich zu den bereits angelaufenen Aktionen ergriff man am 27. Juni die Initiative zu einer Suchfahrt mit dem Eismeerschiff *Veslekari*. Durch eine Gruppe Osloer Zeitungen wurden in Rekordzeit 90 000 Kronen gesammelt, und damit waren die Herren Redakteure wieder in polaren Gewässern aktiv. Diese eigene Expedition der Zeitungsleser wurde Tryggve Gran anvertraut, unter dessen Kommando sie am 7. Juli von Tromsø auslief. Die Hoffnung sollte noch wochenlang lebendig bleiben. In Wahrheit aber beruhte alles auf der reinen Vermutung, die Latham sei anstatt wie verabredet Richtung Kings Bay geradewegs nach Nordosten ins Packeis geflogen.

Premierleutnant Gustav S. Amundsen beteiligte sich aktiv an der Organisation der Rettungsarbeit, obwohl er wissen musste, dass sie von einer falschen Voraussetzung ausging. Er hatte als Sekretär mit seinem Onkel zusammengearbeitet, bis die Latham in Bergen startete. Sollte Roald Amundsen tatsächlich einen Plan B im Reisegepäck gehabt haben, dann wäre sein Neffe darüber sicher zumindest in Umrissen informiert gewesen. Und auch wenn er sich, dem Geist des Polfahrers treu, an den hektischen Aktivitäten beteiligte, muss Leutnant Amundsen nach wenigen Tagen schon ganz sicher gewesen sein, dass sein Onkel tot war. Dies wiederum ist eine wichtige Voraussetzung, um die Eile zu verstehen, mit der man sich, noch während die Suchaktionen in den Gewässern rund um Spitzbergen in vollem Gang waren, schon an die Aufteilung des Erbes machte.

Für Roald Amundsens Erben wäre die Situation bedeutend günstiger gewesen, wenn er ein halbes Jahr später verschwunden wäre. Noch bevor das Jahr herum war, gelang es nämlich Amundsens Anwalt Puntervold, unter völliger Befriedigung der Gläubiger den Konkurs abzuwickeln. Im Sommer 1928 aber befanden sich die Liegenschaften in Svartskog rechtlich noch im Besitz Herman Gades.

Zwar hatten Gade und Don Pedro sicher vor, sie ihrem berühmten Freund, sobald das möglich war, zum Geschenk zu machen, aber ob seine Erben sich ebenfalls Hoffnungen auf eine so großzügige Schenkung machen durften, war alles andere als sicher.

Vierzehn Tage nach dem Verschwinden des Polfahrers und drei Tage nach Bess Magids' Eintreffen in Oslo erfolgte schon der erste Vorstoß in Sachen Amundsens Erbe. Die Schönheit aus Alaska sollte darin durchaus eine Rolle spielen, aber sie kann unmöglich die Drahtzieherin hinter dem Ganzen gewesen sein, dazu waren sehr viel bessere Kenntnisse der verborgenen Seiten in seinem Lebenslauf vonnöten. Wir müssen davon ausgehen, dass sie nicht einmal sämtliche Voraussetzungen für das Spiel kannte, in dem sie als aktive Figur vorgeschoben wurde.

Am 5. Juli empfing Herman Gade die trauernde Braut seines vermissten Freunds im Hotel Victoria in Oslo. Laut Gade war sie von Leutnant Amundsen geschickt worden, um zugunsten der Erben Anspruch auf Uranienborg und Rødsten zu erheben. Es hat den Eindruck, als habe Gade Bess Magids' moralisches Recht als Amundsens Erbin anerkannt. Jedenfalls in dem Sinn, dass ein Testament von ihm sicher zu ihren Gunsten gelautet hätte. Das letzte tatsächlich vorliegende, wenn auch zu Recht angefochtene Testament vom September 1927 begünstigte indessen die Schwägerin Malfred, die Frau von Gustav senior und Mutter von Gustav junior. Aber auch die Nachfahren des ältesten Bruders Tonni machten Ansprüche geltend.

Es sieht so aus, als habe sich Gade, der ja selbst Jurist war, solange wie Roald Amundsen zumindest juristisch noch lebte, auf keine Diskussion über die Häuser einlassen wollen.

Nachdem sich die Verlobte somit als nutzlos im Gezerre um die Grundstücke erwies, scheinen die beiden Gustavs beschlossen zu haben, sie aus der ganzen Erbangelegenheit und am besten gleich aus der gesamten Familiengeschichte auszukaufen. Ohne rechtlich gesicherte Stellung in Norwegen und hinter sich sämtliche Brücken abgebrochen, befand sich Bess in einer problematischen Situation. Sie aber war mit einem starken Überlebenswillen ausgestattet und nahm sich offenbar vor, alles zu versuchen, um einigermaßen materiell abgesichert aus der Sache hervorzugehen.

Die beiden Gustavs, die inzwischen allein über Uranienborg disponierten, ließen die Aufteilung des Erbes vorerst ruhen und händigten Bess Magids etliche Wertgegenstände aus dem Nachlass aus, darunter einiges an Silber. Als nächstes Glied in diesem «Handel» wurde eine Aktion von bedeutend größerem ökonomischem Umfang und mit viel bedenklicherem Charakter inszeniert.

Gade schrieb, Roald Amundsen hätte vor seinem Verschwinden beträchtliche Werte in Form von Juwelen, Pelzen und anderen Wertgegenständen bei Kiss Bennetts Bruder, Rechtsanwalt Gudde in Trondheim, deponiert. Wo diese Werte, die sich auf eine «hohe Summe» beliefen, in den fließenden Eigentumsverhältnissen zwischen dem Polfahrer und seiner ehemaligen Traumehefrau genau anzusiedeln waren, lässt sich nicht feststellen. Möglicherweise waren es Dinge, die Amundsen vor dem Konkurs in Sicherheit bringen wollte, oder solche, die ursprünglich als Geschenke für Kiss gedacht waren. Dass der Polfahrer seinen Besitz überhaupt ganz gern weitläufig verteilte, wird dadurch bestätigt, dass er auch eine «stille Reserve» in US-Wertpapieren gebildet hatte.

Sein Privatsekretär wusste offenbar sowohl von den einen wie den anderen, fürchtete aber anscheinend, die Schatztruhen könnten nicht denen zufallen, die er selbst als die rechtmäßigen Erben ansah. Darum beschloss man, zu handeln, solange sich die neue Verlobte noch im Lande aufhielt. Gade zufolge schob Leutnant Amundsen Bess Magids in einem Erpressungsversuch «gegen Adv. Gudde und eine gewisse Dame» vor.

Als Quelle verweist Gade auf Trygve Gudde, der ihm persönlich den «blackmailing»-Brief gezeigt habe, in dem «die beiden damit drohten, die gesamte Geschichte von R[oald]s Verhältnis mit der genannten Dame an die Presse zu geben, wenn ihnen nicht die fraglichen Gegenstände schleunigst ausgehändigt würden».

Dann schreibt Gade, nachdem ihm diese Aktion bekannt geworden sei, habe er jeden Kontakt zu Leutnant Amundsen abgebrochen.

Es scheint, als habe sich Bess, abgesehen von dem Besuch im Victoria, die erste Woche in Norwegen ruhig in Gustav S. Amundsens Gesellschaft in Uranienborg aufgehalten. Aber um den 12. Juli begab sie sich auf eine Reise, nachdem sie in Oslo ein Bankfach gemietet und ihre Garderobe erneuert hatte.

Etwa zur gleichen Zeit, als der Eisbrecher *Krassin* die letzten Italiener aus dem Packeis holte, logierte sich Bess Magids im Touristenhotel Høsbjør ein. Es lag nördlich von Hamar, war erst vor kurzem vom Besitzer des Victoria Hotels übernommen worden und gehörte zu den schicksten des Landes. Kein Wunder, dass sich die Schweres durchmachende Bess ein paar Tage von der aufreibenden Zeit der Suchaktionen auf Uranienborg erholen wollte. Vielleicht gab es aber auch einen praktischen Grund dafür, dass sie das abseits an der Bahnlinie nach Trondheim liegende Hotel aufsuchte. Vielleicht wurden der «Erbin» hier von Kiss' Bruder aus Trondheim gewisse Wertgegenstände überbracht. Über deren interne Verteilung schreibt Gade: «Sicher wurde Mrs Magids ein beträchtlicher Teil dieser Dinge überlassen, damit sie Ruhe gab.»

Spätestens am 20. Juli war Bess wieder in Oslo. Vom Høsbjør hatte sie nach Paris telegraphiert und damit wohl ihre Abreise vorbereitet. Im Hotel hinterließ sie 50 Kronen Trinkgeld, etwa ebenso viel wie ihre gesamte Rückfahrkarte nach Hamar gekostet hatte. In Oslo kaufte sie dann Schmuckschatullen und ein Portemonnaie. Bei einem Goldschmied ließ sie Reparaturen für fast 1000 Kronen ausführen.

Unter ihrem Namen hob sie «für Engebret Amundsen» bei der Oslo Sparebank zwei große Beträge in Dollar ab, die dem Preis ihrer Schiffspassage USA–Norwegen und zurück entsprachen. Außerdem tätigte sie eine kleinere Überweisung an Magids in der Sowjetunion. Alles in allem wurden die Konten des Polfahrers durch sie für die rund zwanzig Tage bestehende Verlobung mit 8210,– Kronen belastet. Das war nach damaligen Maßstäben ein ansehnliches Jahresgehalt. Natürlich war es mehr als verständlich, dass die Frau, die gekommen war, um den Rest ihres Lebens mit Roald Amundsen zu teilen, das Land ohne akute finanzielle Sor-

Der letzte Mäzen des Polfahrers. Im Zentrum des Bildes, aufgenommen vor dem Start der Latham von Caudebec-en-Caux, steht Fredrik Peterson. Kapitän Guilbaud wird von den beiden Söhnen des Großhändlers eingerahmt. Rechts neben der jungen Dame Sekretär Emil Petersen.

gen wieder verlassen wollte. Außer den Beträgen in bar nahm sie auch noch anderweitige beträchtliche Werte mit außer Landes. Für «Übergewicht Gepäck» bezahlte sie 104,– Kronen. Das war happig. Mehr als die Hälfte des Preises für ihr Zugbillett nach Paris.

Am 20. Juli gab es in einem Osloer Restaurant ein Abschiedsessen. Für Bess Magids war es das, was einer Hochzeitsfeier in Roald Amundsens Heimatland am nächsten kam. Sechs Personen nahmen daran teil. Außer der Braut wahrscheinlich Gustav Amundsen, Vater und Sohn, jeweils mit Frau Gemahlin. Der Sechste könnte statt des Bräutigams Großhändler Peterson gewesen sein. Er war ganz schnell nach Norwegen herübergekommen, wahrscheinlich um sich bei der Rettungsarbeit zu engagieren. Es sieht so aus, als sei der letzte Dienst, den er dem Polfahrer erwies, der gewesen, dessen unvollendete Braut aus Norwegen zu geleiten. Damit war für den Grossisten die Latham-Expedition abgeschlossen.

Als Fredrik Peterson spätestens am 25. Juli in der französischen Hauptstadt ankam, überließ er es seinem Sekretär Emil Petersen, sich weiter um Bess Magids zu kümmern. Er selbst fuhr in den Urlaub nach Bordeaux.

Am 26. Juli suchte Bess das Pariser Büro der *New York Times* auf, um dort eine von Amundsens altem Medienpartner angeregte Rettungsaktion näher zu besprechen. Dabei wurde sie von Petersons Sekretär begleitet, der sich noch am gleichen Tag telegraphisch mit Gustav S. Amundsen in Verbindung setzte, um dessen Meinung zu dem Vorschlag einzuholen, möglicherweise über Fridtjof Nansen Kontakt zu dem Zeppelinführer Dr. Eckener herzustellen.

Umgehend erhielt Sekretär Petersen von Leutnant Amundsen eine Antwort in vierundzwanzig Worten. Keines davon betraf Dr. Eckener oder Professor Nansen, alle sprachen von der Gefahr, die es bedeutete, wenn der Name Bess Magids' mit dem Andenken an Roald Amundsen verknüpft würde.

Sofort verfasste Sekretär Petersen – nun in recht kryptischen Wendungen – einen ausführlichen Bericht über die Besprechung mit dem Zeitungsredakteur: «Dieser kannte Mrs M.'s Namen und deutete an, er wisse von früher von einer Verbindung zwischen ihr und R. A. Mrs M. bat ihn, ihren Namen nicht in Verbindung mit R. A. zu erwähnen, was der Redakteur versprach und woran er im übrigen auch kein Interesse erkennen ließ.» Trotzdem hielt es der Sekretär für angebracht, seine Firma von jedem Verdacht reinzuwaschen: «Alles, was diese Affäre angeht, gelangt jedenfalls nicht durch dieses Büro zur Kenntnis der Außenwelt. Das kann ich Ihnen versichern.»

Als Nächstes rief Petersen den *New York Times*-Redakteur an, der sein Stillschweigen zusichern musste. Der Sekretär versprach dann, in Zukunft nur noch in Übereinstimmung mit den «Instruktionen» des Leutnants zu handeln. Da hatte er bereits ein weiteres ausführliches Telegramm aus Norwegen erhalten. «Ich werde Mrs M. von seinem Inhalt in Kenntnis setzen.»

Ganz deutlich geht aus diesem Intermezzo hervor, dass Leutnant Amundsen Bess Magids offenbar dazu gebracht hatte, eine Verpflichtung einzugehen, der zufolge ihr Name nie in Verbindung mit dem größten Polfahrer seiner Zeit gebracht werden durfte. Das war ein Teil der «Erbregelung», eine Regelung, die das Tageslicht scheuen musste. Roald Amundsens «Generalbevollmächtigter» in Norwegen war offensichtlich willens, Himmel und Hölle in Bewegung zu setzen, damit diese Verpflichtung auch eingehalten wurde.

Für Bess Magids blieb die Ehe mit Roald Amundsen ein schönes Märchen. Der energischen kleinen Schönheit wurde nie die Ehre zuteil, sich als Ehefrau des Südpoleroberers ansprechen lassen zu dürfen. Auf eine seltsame Weise sieht es so aus, als hätte sie nach der Rückkehr in die Staaten ihr Leben einfach ein Jahr zurückgedreht.

Nach Sam Magids' Tod trat sie jedenfalls als Miteigentümerin bei Magids Brothers ein und nahm die anstrengende Handelstätigkeit im Norden Alaskas wieder auf. 1931 heiratete sie den sieben Jahre jüngeren Sportreporter Art Chamberlain. Mit ihm bekam sie auch ihr einziges Kind, die 1933 geborene Tochter Patricia. Einige Jahre später wurde sie geschieden und heiratete den alaskischen Piloten John Cross, doch auch diese Ehe hielt nicht lange.

Als ihr Schwager Boris Magids 1944 starb, übernahm Bess die gesamte Firma mit allen Geschäftszweigen, darunter auch die nördlichste Pelzfarm auf dem amerikanischen Kontinent. Sie engagierte sich auch politisch und saß für kurze Zeit als Demokratin im Repräsentantenhaus Alaskas.

Sie unterhielt keinerlei Verbindung mehr zu Roald Amundsens Heimatland. Doch eines Tages traf sie den norwegischen Polarforscher Helge Ingstad, der auf einer seiner berühmten Expeditionen in Kotzebue Station machte. Ingstad, der die schönen Silbergegenstände zu sehen bekam, die ihr sein großer Landsmann geschenkt

Dieses Amateurfoto entstand etwa sieben Jahre nach Bess Magids' Abreise aus Norwegen. Es zeigt sie mit ihrem einzigen Kind und vermittelt einen vagen Eindruck der Frau, die glaubte, sie würde Roald Amundsens Ehefrau werden.

haben soll, erinnerte sich später an sie als eine «etwas seltsame, aber angenehme Dame».

Elizabeth Magids, die abwechselnd auch die Namen Cross und Chamberlain benutzte, starb 1971 in Seattle. Drei Jahre vorher verkaufte sie das meiste von Amundsens Silbergerät dem norwegischstämmigen Amerikaner Olav Lillegraven in Juneau. Ihr Begleitschreiben, in dem sie auch kurz von ihrer Liebesgeschichte schrieb, schloss mit der folgenden Erklärung: «Diese Silbergegenstände haben für mich großen Gefühlswert, von noch größerem historischen Wert sind sie für die Welt.» 1976 schenkten die Eheleute Lillegraven die Sachen dem Amundsen-Museum in Svartskog.

Der Sommer 1928 war die abenteuerlichste Episode in Bess Magids' abenteuerlichem Leben. Ihre gesamte Lebensgeschichte klingt wie eine Erzählung aus der Phantasiewelt. Die schöne Pokerspielerin, die sich vorgenommen hatte, das Herz des Poleroberers zu erobern. Doch sie verlor den großen Gewinn. Sie *musste* ihn verlieren. Aber sie überstand es einigermaßen gut versorgt. Ihre Gegenleistung war der Verzicht auf einen Platz in der Roald-Amundsen-

Chronik. Der Polfahrer hätte ihr erklären können, dass eine faszinierende Geschichte auch finanziell mehr wert ist als Kandelaber, Pelze und Juwelen.

Übrigens: Bess Magids hörte nach ihrer Abreise nach Paris noch zweimal aus Uranienborg. Das letzte Telegramm erhielt sie am 31. August 1928. Am gleichen Tag war im Meer nördlich von Tromsø ein Schwimmer eines französischen Flugzeugs gefunden worden.

49 Triumph im Untergang

An Roald Amundsens sechsundfünfzigstem Geburtstag am 16. Juli 1928 kam Kiss Bennett nach Norwegen. Mit ihrer Schwester traf sie in Bergen ein, von wo sie aufs Fjell in die Ferien wollte. Es war auf den Tag einen Monat her, seit die Latham nach ihrem Flug von der Normandie in der Stadt an der Westküste gelandet war. Noch immer hielt die Suche an, noch immer lebten viele in dem Glauben, Amundsen würde zurückkehren.

Für einige Tage hielten sich also beide Frauen des Polfahrers in Norwegen auf. Bess Magids wohnte noch im Høsbjør, als Kiss Bennett in ihrem Hotel für den Sommer eincheckte. Hier sollte sie noch einmal ein bemerkenswertes Wiedersehen mit dem Mann haben, der sie einmal durch den Mittelgang in der Kirche ihres Geburtsorts zum Altar führen wollte, im Nidarosdom zu Trondheim.

Nach dem Verschwinden der Latham tauchte eine ganze Reihe von Menschen mit dem Zweiten Gesicht auf, die gern den Rettungsfahrzeugen ihren Visionen entsprechend den richtigen Kurs zeigen wollten. In seinen Memoiren gibt auch Hjalmar Riiser-Larsen einen telepathischen Brief wieder, den er durch einen dänischen Leuchtturmwärter von dem verunglückten Polfahrer erhalten haben will. Die Mitteilung wurde allerdings von dessen «Generalbevollmächtigtem» Gustav S. böse aufgenommen: als ob sich der Onkel im Augenblick seines Todes ausgerechnet an den «Verräter» gewendet hätte! Ganz gleich wie man auch sonst zu übersinnlichen Phänomenen stehen mag, kann es doch keinen Zweifel daran geben, mit wem Roald Amundsen im Fall des Falles «drahtlose» Verbindung aufgenommen hätte.

Beide, Amundsen und Kiss Bennett, scheinen von ihrem telepathischen Kontakt überzeugt gewesen zu sein. Im Vorjahr erst hatte Kiss durch eine Vorahnung des Todes ihrer Mutter eine Bestätigung ihrer medialen Fähigkeiten erhalten. In einem Brief schilderte sie selbst, wie ihr Roald Amundsen in ihrem Hotel auf dem norwegischen Fjell ein letztes Mal erschienen ist: «Eines Morgens, als ich mir gerade die Strümpfe anzog, hörte ich ganz deutlich seine Stimme. ‹Oh, Kiss, jetzt kommt der fürchterliche Todeskampf.› Drei Tage fühlte ich seine Gegenwart in dem Zimmer so nah, daß ich ihn hätte berühren können. Dann war es plötzlich weg. Ich bin sicher, er starb einen langsamen Tod.»

Am 31. August wurde, wie schon erwähnt, bei Torsvåg nördlich Tromsøs ein Schwimmer im Meer treibend gefunden. Sehr schnell stand fest, dass er von der Latham 47 stammen musste. Er war sorgfältig geflickt, genau so wie man es bei der Überprüfung der Maschine in Bergen getan hatte. Das war der Beweis, dass Amundsen und seine fünf Begleiter ins Meer gestürzt waren. Erst jetzt wurden die Suchtrupps allmählich zurückbeordert. Das französische Kriegsschiff *Strasbourg*, Norwegens *Tordenskjold,* das Mutterschiff der *Italia*-Expedition, die *Città di Milano,* die von der reichen Miss Boyd aus Amerika gecharterte *Hobby* mit Riiser-Larsen an Bord, die *Krassin* der Russen, *Veslekari,* auf der Kapitän Wisting nach Gran das Kommando übernommen hatte – alle diese und noch weitere Schiffe mit oder ohne Flugzeug an Bord kehrten allmählich aus den nördlichen Gewässern zurück. Es ging jetzt nicht mehr darum, noch Überlebende zu bergen, sondern nur noch darum, Wrackteile zu finden. Fischereifahrzeuge hielten weiterhin danach Ausschau. Und noch immer glaubten einige, Amundsen würde zurückkommen. Oder, fragte man sich auch, hatte er vielleicht diese schnöde Welt verlassen, um ein neues Leben in der unbefleckten Reinheit der arktischen Einsamkeit zu beginnen?

Am 13. Oktober tauchte südlich von Tromsø ein Benzintank auf. Der Schwimmer aus Sperrholz zeugte von einem harten Aufprall auf dem Meeresspiegel. Der Benzintank hatte mehr zu erzählen:

Jemand hatte versucht, ihn mit einem rasch mit einem Messer zurechtgeschnitzten Holzpfropf abzudichten. Wahrscheinlich hatte die Besatzung nach der Bruchlandung einen tapferen Versuch unternommen, den verlorenen Schwimmer durch den leeren Tank zu ersetzen. Es wurde berichtet, der stellvertretende Kommandant des Flugboots sei einmal Zeuge gewesen, wie bei einem früheren Malheur ein solcher Versuch geglückt sei.

Nach und nach vermochte man sich ein Bild des Geschehens zu machen. Von einem Fischtrawler war die Latham noch vor ihrem Eintauchen in ein Nebelgebiet gesichtet worden. Die Piloten hatten Nebel aus östlicher Richtung befürchtet und deswegen einen westlicheren Kurs nach Spitzbergen eingeschlagen. In dem Nebelgebiet, in dem sich mit den damaligen Instrumenten nur sehr schwer Kurs halten ließ, wehte ein heftiger Wind. Das Ergebnis der Untersuchungskommission, wie es Kapitän Hovdenak wiedergibt, verweist eindeutig auf das Wetter als Unglücksursache: «Das kritische Nebel- und Schlechtwettergebiet befand sich so weit draußen auf offener See, daß es von den Wetterstationen nicht erfaßt werden konnte, und so hat ein unentrinnbares Schicksal das Flugboot ins Unglück geführt.»

Nachdem die Latham auf der aufgewühlten See notwassern musste, muss die Besatzung Schreckliches durchgemacht haben. Es kann lange gedauert haben oder auch sehr schnell vorbei gewesen sein. Am liebsten wünschte man, das Flugboot wäre nach dem Verlust des Schwimmers und dem missglückten Reparaturversuch sehr schnell in den hohen Wellen gekentert und die sechs Mann wären in dem kalten Wasser schnell umgekommen.

Riiser-Larsen, der sich nicht nur auf telepathische Botschaften stützte, sondern auch persönlich den Benzintank inspizierte, bezweifelte, dass sie einen schnellen Tod gefunden hatten. Für Kiss Bennett gab es keinen Zweifel: «Ich bin sicher, er starb einen langsamen Tod.»

In Roald Amundsens Welt gab es zwei entscheidende Faktoren: Menschliche Berechnung und Gottes Wille. Von der *Belgica*-Expedition bis zum Flug mit der *Norge* hatte immer wieder Gottes Hand eingegriffen und lenkend die Wellen des Meeres, die Winde der Lüfte und die Nebelbänke dirigiert. Stets hatte der Allmächtige früher seine Hand über ihn gehalten. Dieses letzte Mal hatte Er das «kritische Nebel- und Schlechtwettergebiet» so platziert, dass es von den Instrumenten der Menschen nicht vorher entdeckt werden konnte.

Bald aber zeigte sich, dass Roald Amundsen nie ein größeres Wunder widerfahren war. Mehr gab es für ihn auf dieser Erde nicht zu holen. Der Polfahrer hatte das Martyrium erlitten. Endlich durfte er seine irdischen Triumphe mit einem noch größeren Sieg krönen: mit dem geistigen Triumph. Roald Amundsen folgte Sir John Franklin und Sir Robert Scott nach und zog in die überirdische Siegeshalle ein. Er hatte sein Leben für das eines anderen Menschen gegeben, im Bestreben, seinen Feind zu retten.

In Verbindung mit der Gedächtnishalle für die im Ersten Weltkrieg gefallenen norwegischen Seeleute hatte Amundsen nur wenige Monate vor seinem eigenen Tod im Meer erklärt: «Sie folgten dem Ruf des Vaterlandes und vollbrachten Großes unter Norwegens Flagge. Sie opferten mit Freuden alles, sogar ihr Leben.» Diese unglaublichen Worte für die torpedierten Opfer sagen viel über seinen Hang zum Heroisieren. Der war ihm geblieben. Ansonsten hatte er «mit Freuden» alles aufgegeben. Als Roald Amundsen am 18. Juli 1928 gegen 19 Uhr in den Wellen versank, hatte er nichts mehr zu verlieren. Er hatte alles zu gewinnen.

Es wird erzählt, als Umberto Nobile in Nordnorwegen an Land gesetzt werden sollte, wäre der Kai voller Menschen gewesen, aber keine Hand hätte sich gerührt, um die Trosse aufzufangen. In Italien wurde er nach seiner Rückkehr von einem Untersuchungsausschuss für ehrlos und seines Generalsrangs verlustig erklärt. Nobile musste aus seiner Heimat fliehen und konnte erst nach dem Zusammenbruch des faschistischen Regimes wiederkommen. Bis er mit dreiundneunzig Jahren starb, hatte er an einer schweren Last zu tragen. Das Martyrium des Norwegers machte sie nicht leichter.

In der Schlussabrechnung riss Roald Amundsen den Glorienkranz an sich, den Mussolini schon für den havarierten Nobile bereitgehalten hatte. Freudig hatte Amundsen alles gegeben, und er hatte die Götter auf seiner Seite. Es war der totale Triumph. Mit einem Schlag hatte er alle seine Feinde besiegt. Nun konnte ihn niemand mehr moralisch anfechten.

Der italienische Botschafter in Norwegen, der Mann, der im Auftrag Mussolinis eine Rettungsaktion unter Amundsens Leitung abgelehnt hatte, musste in *Aftenposten* öffentlich die schmachvolle Niederlage eingestehen: «Ein tragisches Geschick hat einem Land einen von allen geliebten und verehrten Mann entrissen, doch dieser Schicksalsschlag schenkt Norwegen zugleich einen unsterblichen Helden, und in Italien wird Roald Amundsen als einer der größten Männer der Welt gelten.»

Nach ihrem Urlaub in Norwegen kehrte Kiss Bennett im Herbst 1928 wie gewöhnlich nach London und Leigh Court zurück. Der Mensch, der ihrem Leben so viel Abwechslung und Spannung und ihren Träumen so viel Glanz verliehen hatte, war für immer untergegangen. Sie selbst hatte noch ein außergewöhnlich langes und ereignisreiches Leben vor sich.

Auch ihr Ehemann, Charles Peto Bennett, sollte noch lange leben. Erst mit fünfundachtzig Jahren starb 1940 der Mann, der den Polarhelden im Duell um die Göttin des Glücks besiegte. Die Söhne Alfred und Peto heirateten beide 1935 die norwegischen Freundinnen Helle Huitfeldt und Olga Olsen. Der Ältere verband sich dadurch mit der Dynastie der Eigentümer von *Aftenposten,* während der Jüngere Mitglied der Familie wurde, die durch ihre Reederei Fred. Olsen dem Polfahrer bei vielen Gelegenheiten behilflich gewesen war.

Am Tag der Befreiung, dem 8. Mai 1945, landeten zwei britische Wasserflugzeuge vor Oslo. An Bord befand sich die alliierte Militärkommission mit dem Auftrag, das okkupierte Norwegen für die Siegermächte zu übernehmen. Eins der vier Mitglieder dieser Kommission war Geschwaderführer Peto Bennett. Der Empfang, der

**Die Göttin des Glücks unter den Pelzen des Polarreisenden.
Kiss Bennett 1933 auf Leigh Court mit ihrem Bruder Niels, dessen Frau und zwei Töchtern.**

Kiss' jüngstem Sohn in der befreiten Hauptstadt bereitet wurde, überstieg sogar den Roald Amundsens bei dessen Heimkehr von 88° Nord zwanzig Jahre zuvor.

Kiss Bennett führte weiterhin ein Leben, in dem auch nach Amundsens Verschwinden bekannte Persönlichkeiten ein und aus gingen. Königin Mauds Privatsekretär Sir Arthur Ponsonbye und Frau waren gerngesehene Gäste auf Leigh Court. Schließlich verkehrte Kiss sogar auf freundschaftlichem Fuß mit der Königin selbst und mit König Haakon. Ende der dreißiger Jahre, nachdem die Bennetts Leigh Court verkauft und sich wieder in London niedergelassen hatten, ging sie mit dem dänischen Königspaar auf Mittelmeerkreuzfahrt. Als der Krieg ausbrach und König Haakon nach England ins Exil ging, wurde Kiss eine der engsten Vertrauten des Königs. Sie gehörte auch zu den geladenen Gästen bei der letzten privaten Gesellschaft, die König Haakon am 28. Juni 1955 auf dem königlichen Gut auf Bygdøy gab. Das war an jenem Abend, als der alternde Monarch im Smoking auf dem Boden seines Badezimmers ausrutschte und sich den Oberschenkelhals brach.

Seine letzten Jahre verbrachte der mit dem Polfahrer gleichaltrige König befreit von Regierungsverantwortung an den Rollstuhl gefesselt. Es folgten noch zwei öde Jahre, am Ende eines stolzen Lebenswerks, nach fünfzig Jahren als Norwegens regierender König. Zwei Jahre auf Haakon-VII.-Vidde.

Kiss Bennett war eine starke soziale Begabung. Sie liebte es, bewundert zu werden, konnte aber auch anderen ihre Bewunderung mitteilen. Blutjung war sie aus einer kleinen Stadt am 63. Breitengrad in die große weite Welt katapultiert worden, und sie hatte es gelernt, sie mit sicherem Auftreten, Charme, Großzügigkeit und Diskretion zu beherrschen.

Ein Brief, den Kiss Bennett während der konstitutionellen Krise um König Edward VIII. und Mrs Wallis Simpson im Dezember 1936 an ihren Bruder Trygve schrieb, zeichnet ein lebendiges Bild ihres Temperaments: «Ihr könnt Euch nicht vorstellen, was für ein *kochendes Meer* aus Tratsch & excitement hier in den letzten 4 Tagen brodelt, seit der König den Kopf verloren hat & dieses Frauenzimmer heiraten will. Das Ganze ist derart phantastisch, daß man wie in einem Alptraum herumläuft & erwartet, aufzuwachen & zu hören, daß das alles nicht wahr ist. Aber morgen, am Montag, ist wohl Schluß mit dieser ungeheuren Spannung, & laßt uns hoffen, daß sich the Great British Empire nicht in den Entschluß eines Verrückten verstrickt sieht, sondern daß er seinen gesunden Menschenverstand wiederfindet.»

Für Kiss Bennett war keine Liebe so groß, dass man ihretwegen ein Königreich aufgegeben hätte. Darin befand sie sich auf Kollisionskurs mit Roald Amundsens romatischen Vorstellungen: Alles oder nichts, die Göttin des Glücks oder der Tod im ewigen Eis! Wahrscheinlich kam der Polfahrer menschlichem Glück niemals näher als in seinem Verhältnis zu Kiss: zwei glitzernde Sterne, die sich über einen unüberwindlichen Abstand hinweg gegenseitig in Glanz und Bewunderung ihres Gegenübers badeten.

Kristine Elisabeth Peto Bennett starb 1982 im hohen Alter von 96 Jahren auf der exklusiven Insel Jersey im Ärmelkanal. Als ihre letzte Residenz hatte sie sich eine Villa im Steuerparadies zugelegt, mit Aussicht auf das Meer.

«Ja doch, ich werde deine briefe in stükke reißen, auch wenn es mir noch sehr weh tut.» So schrieb Roald Amundsen 1924, an Kiss gewandt, in sein Tagebuch. Dann setzte er hinzu: «Habe es noch nicht getan. Auch diesmal nicht.»

Mit einem Verwandten als Mittelsmann musste Kiss Bennett ihre Briefe nach Amundsens Tod aus Uranienborg zurückkaufen. Sie war bereit, den Preis für Diskretion zu zahlen.

Allerdings existieren etliche intime Dokumente, in deren Besitz sie nicht kam. Das von Amundsen in Du-Form an sie gerichtete Tagebuch nimmt darunter eine besondere Stellung ein. Da es auch den Auftakt zur Flugexpedition von 1925 enthält, sollte es nicht in private Hände in England übergehen. Gustav S. Amundsen verkaufte es stattdessen 1940 in einem versiegelten Umschlag dem Roald-Amundsen-Gedächtnisfonds, der es seinerseits der Universität Oslo schenkte – jedoch mit der Auflage, es erst nach fünfzig Jahren öffnen zu dürfen. Erst als 1990 die Siegel erbrochen wurden, kam das zutiefst heimliche Verhältnis zwischen dem Polfahrer und seiner Traumfrau daraus an den Tag.

Kapitän Gustav Amundsen der Ältere starb plötzlich an einem Wintertag im Jahr 1930. Seine tapfere Ehefrau Malfred sollte ihn um fast dreißig Jahre überleben. Über alle familiären Wechselfälle hinweg hatte sie Roald Amundsen mit am nächsten gestanden. Herman Gade nannte sie einen «feinen und guten Menschen, für den R. großen Respekt und Zuneigung empfand». Seine Schwägerin Malfred hatte der Polfahrer in seinem Testament vorgesehen, doch in Praxis sollte ihr Sohn den Nachlass von Norwegens großem Helden verwalten.

«Einmal muß Schluß sein», schrieb er 1929 in einem Brief an Großhändler Peterson. «Jeder andere in diesem Land scheint besser zu wissen als wir, wie man das Andenken meines Onkels schützen sollte, unzählige Male wurden wir beiseite gesetzt und übergangen, da ist es doch nicht verwunderlich, wenn wir ein wenig bitter geworden sind.»

Es lässt sich nichts anderes sagen, als dass Gustav S. Amundsen das Andenken seines Onkels im Großen und Ganzen in dessen Geist verwaltet hätte. Eine seiner ersten Initiativen bestand darin, Oscar Wisting zu ermuntern, seine Memoiren zu schreiben. Als sich der Mann aus Horten in literarischer Hinsicht als «der dümmste Mensch der Welt» bezeichnete, übernahm der «Generalbevollmächtigte» des Chefs die Aufgabe selbst und schrieb das Buch für ihn.

In einigen Abschnitten von Wistings Erinnerungen aus dem Jahr 1930 erkennt man den Schreiber, der auch *Mein Leben als Entdecker* aus dem Englischen ins Norwegische übersetzt hatte. In «Sechzehn Jahre mit Roald Amundsen» hieß es, die Ich-Person (also Wisting) habe einmal ein schmeichelhaftes Angebot von General Nobile erhalten. «Doch wenn ich dieses finanziell mehr als verlockende Angebot angenommen hätte, wie hätte ich danach noch dem Mann ins Gesicht blicken können, der alles für mich war und der sich auf mich verlassen und mir alles anvertraut hatte? Ich hätte mich wie ein erbärmlicher Verräter gefühlt, und ein Verräter wäre ich auch gewesen. Schon allein ein freundlicher Umgang mit diesem Mann, der ihm so unendlich weh getan hatte, war mir vollkommen unmöglich.» Von dieser Art war der unversöhnliche Geist, der auch den Polfahrer in die tiefste Isolation getrieben hatte.

Der wortkarge Oscar Wisting, Skipper der *Maud*, Hundekoch und Hausmeister, starb 1936, im gleichen Jahr, in dem das Polarschiff auf der Museumsinsel Bygdøy seinen endgültigen Liegeplatz erreichte. Ein Gerücht besagt, er sei an Bord des Museumsschiffs in der Koje des Chefs entschlafen. Treu bis zum letzten Atemzug.

Ein Name kommt in Wistings autorisierten Memoiren nicht vor; es ist der Leon Amundsens. Obwohl er in einer zwanzig Jahre währenden Zusammenarbeit des Bruders rechte Hand und linke Gehirnhälfte war, wurde er mehr und mehr aus dessen Lebenslauf eskamotiert. Nach seiner Niederlage im Rechtsstreit und seiner öffentlichen Brandmarkung in *Mein Leben als Entdecker* hatte Leon das Schweigen gewählt. Als Roald Amundsen durch seinen phänomenalen Tod zum Heiligen erhöht wurde, sank der Bruder in eine entsprechende Tiefe.

Nachdem er Rødsten räumen musste, hatte sich Leon Amundsen ein einsam gelegenes Sommerhaus auf Nesøya am gegenüberliegenden Ufer des Oslofjords gekauft. Im Winterhalbjahr mietete die Familie weiterhin verschiedene möblierte Wohnungen in der Stadt, aber der Bruder des Polfahrers fand sich im Menschengewimmel der städtischen Straßen weniger und weniger zurecht. Am liebsten ging Leon Amundsen nur noch nach Einbruch der Dunkelheit spazieren. Seine Sommeraufenthalte in der Einsamkeit dehnte er mehr und mehr aus.

Auf seinem Landsitz reagierte er sich damit ab, dass er alte Baumstümpfe und -wurzeln ausrodete, und jedes Jahr wurde ein solcher Stumpf zu Weihnachten feierlich im Kamin verbrannt. Leon Amundsen gab nie mehr aus, als er hatte. So führte er weiterhin ein bürgerliches Leben, aber die Schande, die Demütigung und die Verbitterung lasteten weiterhin auf ihm.

Im Herbst 1934 blieb Leon draußen im Sommerhaus, während der Rest der Familie in die Stadt zog. Er hatte sich ein Magengeschwür zugezogen, wollte es aber selbst auskurieren. Als die Angehörigen später im Herbst wieder zu ihm kamen, war es für eine Heilung schon zu spät. Er starb im Krankenhaus. Am Tag des Südpols, dem 14. Dezember 1934, lautete eine Notiz im *Morgenbladet*: «Hier in Oslo ist Disponent Leon Amundsen gestorben. Er war ein Bruder unseres großen Entdeckungsreisenden Roald Amundsen und über viele Jahre dessen Geschäftsführer und Prokurist hier in der Heimat.»

Hätte das Schicksal es anders gewollt, wäre der Nachruf um einiges ausführlicher ausgefallen. Norweger erreichten im Dezember 1911 den Südpol, doch die erste Etappe hatte bereits im September 1909 am Bunnefjord begonnen und im September 1910 auf Madeira geendet. Im Verlauf dieses Jahres hatte der Zug Tag für Tag um 180 Grad seine Stoßrichtung geändert, ohne dass nach

Die graue Eminenz des Südpols. Leon Amundsen wurde mit 64 Jahren der älteste der Amundsen-Brüder.

außen auch nur eine Regung dies hätte erkennen lassen. Das war die längste und die härteste Etappe im Wettlauf zum Südpol gewesen. Roald Amundsen hatte sie Seite an Seite mit seinem Bruder Leon zurückgelegt. Kein Hundeschlittenfahrer oder Skiläufer hätte Leon bei dieser mühseligen Operation ersetzen können. Ohne ihn hätten weder Hanssen noch Hassel, Wisting, Bjaaland oder Roald Amundsen je den Polpunkt erreicht.

Ein anderer hätte es vielleicht anders geschafft. Für Roald Amundsen hatte es nur diesen einen Weg zum Ziel gegeben. Um den Südpol zu erreichen, hatte er die Welt hinters Licht führen müssen. Die Barriere überqueren und das Polplateau ersteigen konnte er mit diesem oder jenem Skiläufer und Schlittenfahrer, aber den Sprung von Nord nach Süd, die komplette Kehrtwendung, konnte er nur mit Hilfe des ihm am nächsten Stehenden, des Kühnsten und Verlässlichsten vollbringen, mit seinem Bruder Leon.

Auch den Preis für den Triumph mussten sie beide bezahlen. Roald trat seinen Bußgang nach Norden an. Als er sein Ziel nicht erreichte, war es wiederum Leon, der ihn an der äußersten Grenze zurückhalten musste. Da zeigte es sich, dass in Roald Amundsens Denken keine letzte Grenze mehr existierte.

Der Bruder starb nicht den Heldentod in Schneesturm oder Meeresbrandung, nicht einmal als Offizier mit einem Revolver an der Schläfe. Er verblutete an einer inneren Wunde. Aber auch Leon Amundsen fiel letzten Endes dem Südpol zum Opfer.

Ein halbes Jahr nach Leon Amundsens Tod wurde Uranienborg dem norwegischen Staat als Gedenkstätte und Museum für Roald Amundsen geschenkt. Botschafter Gade vollzog in Anwesenheit von König, Staatsminister und Parlamentspräsident die Übergabe. Der Leutnant hatte alles so arrangiert, wie es Roald Amundsen gefallen hätte. Sicher war es nicht in seinem Sinne, dass nun fremde Besucher durch seine Privatgemächer, sein Arbeitszimmer und sein Bad latschen durften; aber ein Heiliger braucht nun einmal eine ihm geweihte Kirche. Der Polfahrer hatte kein Grab, darum musste die Villa am Bunnefjord sein Mausoleum werden. «Roald Amundsen steht den Herzen seines ganzen Volkes nahe», endete Gade seine Ansprache, «darum ist es nur recht und richtig, wenn sein Heim dem ganzen norwegischen Volk gehören und für immer als ein heiliges Andenken an ihn bewahrt werden soll.»

Der erbitterte Rechtsstreit zwischen Herman Gade und Gustav S. Amundsen wäre um ein Haar vor Gericht gelandet. In der sich jahrelang hinziehenden Auseinandersetzung beauftragte Gade zum großen Ärger des Leutnants Einar W. Nansen als seinen Anwalt. Niemand kannte die mehr oder weniger lichtscheuen Transaktionen um den Bunnefjord besser als er. Um das Andenken des Nationalhelden nicht zu beschädigen, ließen sich Nansen und Gade schließlich auf einen Vergleich ein: Uranienborg wurde dem Staat geschenkt, während Rødsten, in dem Gade anfänglich ein Seemannsheim unterbringen wollte, den Erben abgetreten wurde. Ohne dass die Sache groß in die Öffentlichkeit getragen wurde, zog man so endlich einen Schlussstrich unter das Theater um die beiden unglückseligen Nachbarhäuser, die Anlass zu so vielen Anfeindungen im Umfeld des Polfahrers gegeben hatten.

Herman Gade hatte sich zur Zeit der Schenkung längst in Frankreich niedergelassen. Er bekam nie den Botschafterposten, den er sich dort erträumt hatte, aber niemand konnte es dem Exbotschafter in Rio verwehren, sich ein Schloss zu kaufen, wo es ihm passte. Fredrik Herman Gade starb im Winter 1943 im Château du Mesnil in St-Denis am Rand des okkupierten Paris.

Fünf Jahre vor seinem Ableben hatte Gade noch von einem Ereignis in der Zeitung lesen können, das beinah sämtliche Anstrengungen, dem Freund ein bleibendes Denkmal zu errichten, zunichtegemacht hätte. Am Abend des 11. Januar 1938 entdeckte jemand, dass aus Uranienborg Rauch aufstieg. Doch dann stellte sich rasch heraus, dass nur ein Nebengebäude, Bettys Klein-Uranienborg, wo das alte Kindermädchen mit zwei älteren Amundsen-Tanten gewohnt hatte, in Flammen stand. Nur ein günstig wehender Wind verhinderte, dass auch die Villa mitsamt den Reliquien in Rauch aufging. (Das Feuerwehrauto blieb nämlich auf der kurvigen Zufahrtsstraße in einer Schneewehe stecken.)

Die Ursache des Brandes war mehr als mysteriös. Aus einem Fenster des abgebrannten Hauses geworfen fand man die hoheitliche Splittflagge im Schnee. Ein Stück davon entfernt stand eine Damenhandtasche mit vier Briefen, von denen einer an den ehemaligen amerikanischen Präsidenten Edgar Hoover gerichtet war. Wenig später stieß man dann in der Asche, die einmal die Wohnung des Kindermädchens gewesen war, auf die Überreste einer Frau.

Die erste Hälfte des Mysteriums ließ sich relativ schnell aufklären: Die Frau hieß Johanne Aurdal, stammte aus Sykkylven, war achtunddreißig Jahre alt und ausgebildete Krankenschwester. Zusammen mit ihrer Schwester war sie am gleichen Tag aus dem Westland in die Hauptstadt gefahren, um ärztliche Hilfe für ihre Anfälle geistiger Verwirrung zu suchen. Ihre Schwester hatte sie für einen Augenblick in einem Café auf dem Skovvei allein gelassen, um ein paar Besorgungen zu machen. Daraufhin hatte die Frau resolut einem Taxi gewinkt und sich über die schmalen winterlichen Straßen den langen Weg hinaus nach Svartskog fahren lassen. Das letzte Stück war sie durch den Wald zu Fuß durch den Schnee nach Uranienborg hinabgestiegen, wo sie eine Weile um die Gebäude schlich, ehe sie das Seitengebäude aufbrach, die Flagge aus dem Fenster warf und ein Feuer entfachte. Dann hatte sie sich auf einen Stuhl gesetzt und die Flammen ihr Werk verrichten lassen.

Dass sich eine Verrückte das Leben nahm, war so weit nichts Besonderes. Aber warum hatte sie es ausgerechnet in der abgelegenen Gedenkstätte für Roald Amundsen getan?

Aus einem Brief ihres Bruders geht hervor, dass Fräulein Aurdal einmal bei einer Bergener Familie in Seattle in Stellung gewesen war. Dort könnte sie mit ihrem berühmten Landsmann in Berührung gekommen sein. Es wurde auch behauptet, sie sei einmal Hausangestellte in Uranienborg gewesen. Wenn das stimmt, dann kann es sich höchstens um einen kurzen Zeitraum gehandelt haben; andererseits bekräftigt der Umstand, dass sie das Haus und die Personalwohnung so zielsicher fand, diese Aussage.

Vielleicht hat die Selbstverbrennung in Bettys Wohnung gar keine biographische Bedeutung für Amundsen; gleichwohl ist sie bezeichnend für die vielen verschleierten Verhältnisse im Leben des Polfahrers. Roald Amundsen hat selbst sein Leben in Nebel gehüllt. Die Historiographen seiner Zeit sahen es nicht als ihre Aufgabe an, diesen Nebel zu durchdringen, vielmehr bestärkten sie noch die Mythologisierungen des Polfahrers. Stellt man Amundsens enorme Bedeutung für seine Zeit in Rechnung, dann bildete dieses biographische Vakuum einen außergewöhnlich großen Spielraum für Spekulationen. Es fällt auf, welch große Macht der Polfahrer auf die Phantasie der Menschen ausübte. Schweigen, Verschweigen und Kameraderie machten nicht nur ihn selbst zu einem Mythos, sondern auch sein Leben zu einem magisch anziehenden Geheimnis.

Es sollten die Triumphe gefeiert, nicht aber die am Wegesrand zurückgebliebenen Gefallenen gezählt werden. Es geht nicht um Schuld, aber dieser Hang zur Geheimniskrämerei hat dazu geführt, dass Roald Amundsen und seine Taten noch immer ein heikles Feld sind.

50 Zwei Minuten stilles Gedenken

Ein Name, ein Volk – heute ein Herz». So lautete die Schlagzeile von *Aftenposten* am 14. Dezember 1928. Die Regierung hatte beschlossen, den Südpoltag zum nationalen Gedenktag für Roald Amundsen zu erklären. Von Schlag 12 Uhr bis 12.02 Uhr sollte das gesamte Volk in Stadt und Land dem Polfahrer zwei Minuten seines Lebens widmen. Zwei Minuten in absoluter Stille.

Auch in auswärtigen Vertretungen und norwegischen Gemeinden und Vereinen im Ausland wurde Ähnliches zelebriert. Aber dass «die ganze Welt» des norwegischen Polarforschers gedacht hätte, war nun doch eine deutliche Übertreibung, selbst wenn es in *Aftenposten* zu lesen stand. Der Londoner Botschafter Benjamin Vogt berichtete nach Hause: «Ein hier anwesender norwegischer Journalist versichert mir, daß er vergeblich versucht habe, englische Zeitungen für einen Artikel zu diesem Anlaß zu interessieren. Die Antwort lautete: ‹14. Dezember, Südpol – no we can not get over that.›»

In sämtlichen norwegischen Schulen aber wurden Reden gehalten, vaterländische Lieder gesungen und Schweigeminuten abgehalten. Der Rundfunk widmete das gesamte Tagesprogramm diesem Thema. In der Hauptstadt wurden die dort ausgestrahlten Lobgesänge auf den Polfahrer per Lautsprecher vom Turm der Erlöserkirche an die Menschenmenge übertragen. Das offizielle Norwegen versammelte sich mit König und Kronprinz an der Spitze in der Festung Akershus. Anwesend waren auch Fridtjof Nansen, der Kapitän der *Fram*, Sverdrup, der Kapitän der *Maud*, Wisting, und der übriggebliebene Kapitän Amundsen.

Aftenposten schilderte ergriffen die Momente der Stille auf der alten Festung: «Alle erheben sich. Die Ehrenwache senkt die norwegische Fahne tief vor Roald Amundsens Büste, eine tiefe, ehrerbietige Stille macht sich breit, man hört nur den Klang der Glocken, die hallen und hallen durch das ganze Land, ja, überall, wo Norweger leben, sie senden ihren Klang ins All hinauf, niemand weiß, wie weit er reicht ...»

Die Gedenkrede hielt ein leicht fehlplatzierter dicklicher Kapitän Gottwaldt, der Cheffunker des Luftschiffs *Norge*. Manch einer wunderte sich sicher über diese Wahl. Normalerweise hätte in dieser Stunde Amundsens Nachfolger und Erbe in der heroischen Kette norwegischer Polarforscher, Hjalmar Riiser-Larsen, am Rednerpult stehen müssen. Aber Gustav Amundsen und Sohn hatten heftig dagegen protestiert, dass das Fliegerass «mit Tränen in den Augen vor die Weltöffentlichkeit» treten sollte und «Saiten einer Freundschaft anschlägt, die seit langem zerbrochen ist».

Der Vorgänger Fridtjof Nansen hatte seine Rede auf Amundsen bereits im Herbst abgeliefert. In ihrer nach wie vor rätselhaften Art hatte sie durch den Äther sämtliche Radioempfänger des Landes erreicht. Selbstverständlich fasste man Nansens Worte als die eigentliche Grabrede auf Roald Amundsen auf.

In bald vierzig Jahren, seitdem er lorbeerumkränzt als Norwegens erster Polarheld aus Grönland zurückgekehrt war und ihn ein namenloser Siebzehnjähriger irgendwo von einer Bordsteinkante aus mit den Augen verschlungen hatte, umgab Fridtjof Nansens Schatten Amundsens Leben und Werk. Von der Nachwelt wurden die beiden wieder und wieder miteinander verglichen. Meistens kam man zu dem Ergebnis, dass der Vorläufer größer war als der Nachfolger. Doch in einigen aufgeregten Phasen seiner Laufbahn hatte der Jüngere den Nestor übertrumpft. Erstmals, als er zum Südpol durchbrannte, dann, als er in Rekordzeit eine Luftschiffexpedition zum Nordpol aus dem Boden stampfte, und zum dritten Mal, als er sich durch den Heldentod von einem düsteren Fall in eine heilige Lichtgestalt verwandelte.

Auch wenn Fridtjof Nansen seinen letzten Atemzug an der fri-

Karl Johansgate, Oslo, Norwegen, den 14. Dezember 1928, 12 Uhr Mittag

schen Luft machte, kann sein Tod im Jahr 1930 kaum als eine leuchtende Tat ausgegeben werden. Indem sie den 17. Mai, den Nationalfeiertag, zum Datum seiner Beisetzung machten, versuchten seine Landsleute daraus ein integrierendes Ereignis zu machen, aber dem pompösen Zeremoniell fehlte einfach die symbolische Kraft, die Roald Amundsen in die Ewigkeit beförderte.

Die letzten Jahre seines Lebens setzte sich Fridtjof Nansen sehr dafür ein, einen wissenschaftlichen Zeppelinflug über das Polarmeer zu organisieren. Die Last der Sorgen, die mit diesem idealistischen Vorhaben verknüpft waren, war so drückend, dass sie möglicherweise dazu beitrug, das Leben des Professors zu verkürzen, ohne dass er seinem Ziel näher gekommen wäre.

Patriotismus war stets die stärkste Antriebskraft der Polarforschung. Amundsen nützte das effektiv und skrupellos aus. Mit seiner Arktischen Studiengesellschaft führte Nansen den ebenso heroischen wie schlagenden Beweis, wie aussichtslos es war, ein Luftschiff unter der internationalen Flagge der Wissenschaft aufsteigen lassen zu wollen.

Unbeeindruckt von dem sonstigen Grundton in der Welle von Gedenkansprachen, die das Land überschwemmten, erwähnte Nansen das selbstaufopfernde, märtyrerhafte Moment, die Rettung Nobiles, in seiner Rede auf Amundsen mit keinem Wort. Von den anderen wurde der Flug der Latham zum größten aller Verdienste Amundsens stilisiert, ein Unternehmen nicht im Dienst der Forschung oder des Patriotismus, sondern aus Nächstenliebe. «Da bewies der bedeutende *Mensch* Roald Amundsen aller Welt seine Großmut, die zu allen Zeiten ihresgleichen suchen wird», schrieb *Aftenposten*. Nansen stellte lediglich fest: «Als das Werk vollbracht war, kehrte er zurück in die Weiten des Eismeers, in denen sein Lebenswerk lag. Er fand ein unbekanntes Grab unter dem reinen Himmel der Eiswelt, durch den der Flügelschlag der Ewigkeit rauscht.»

Jeglicher Poesie entkleidet, war Amundsen in dieser Interpretation eben nicht aufgebrochen, um das Leben eines anderen Menschen zu retten, sondern um sein eigenes Grab zu suchen. Für einen Mann mit Nansens Erfahrung in internationalen Rettungseinsätzen war es unmöglich, Amundsens Egotrip als Pioniertat im Dienst des Guten zu betrachten.

Für Nansen sah es so aus, dass «die Tat an sich» das Wichtigste für den Kollegen gewesen war: «Ein Wissenschaftler war Amundsen nie und wäre er niemals geworden», stellte der Professor mit einem Beiklang teuer bezahlter Resignation fest.

«Ein Mann, ja, das war er.» Nansens Gedenken balancierte haarfein auf der Grenze zum rhetorischen Leerlauf. Für den «*Menschen* Roald Amundsen» hatte er keine großen Worte auf Lager, bei ihm fand er die moralische Dimension nicht, ebenso wenig wie eine

Entwicklung in dem Lebenswerk, das er lobpreisen sollte. Während er selbst den Weg von der körperlichen Leistung zu wissenschaftlicher Vertiefung gegangen war, hatte Amundsen nahezu das Gegenteil getan. Es hatte so vielversprechend mit Wasserproben und magnetischen Messungen begonnen, aber es endete in mehr und mehr äußerlicher Akrobatik und immer weniger Vertiefung.

Der Professor wählte lieber einen biologischen Blickwinkel: «Für alle Zeiten wird er als ein eigener Typus in der Geschichte der Erderforschung dastehen, als ein Typus, der aus den tiefsten Wurzeln seines Volkes erwachsen ist.» Damit wurde Amundsen zu einem genetischen Exempel eingekocht, zu einem physischen Bindeglied zwischen den schlummernden Sagengestalten der Wikingernation und der neuen Jugend Norwegens: «Es sind Menschen mit einem Mut, einem Willen, einer Kraft wie der seinigen, die uns an diesen Stamm glauben lassen und uns Zuversicht in die Zukunft geben.» Das Andenken an Amundsen sollte das biologische Selbstwertgefühl der Norweger stärken, das Vertrauen in den nordischen Stamm: «Die Welt ist noch jung, die solche Söhne hervorbringt.»

Mit ganz anderer Intensität und anderem Einfühlungsvermögen hatte Nansen fünfzehn Jahre vorher den Nachruf auf Robert Scott und seine Kameraden verfasst. Der Schluss war der gleiche: Männer waren sie alle. Aber ... Während Amundsens Männlichkeit auf physischer Stärke beruhte, galt ihm die Scotts als eine innere, seelische Kraft. Die größte Tat des Engländers in der Todesstunde war seelische Größe: «Erschöpft, mit dem Leben am Ende liegt er da, um sich nie mehr zu erheben, das eiskalte Auge des sicheren Todes stiert ihn an, während er mit ruhiger Hand seinen Bleistift führt.»

Fridtjof Nansen fiel es nicht schwer anzuerkennen, dass es eine ebenso heroische menschliche Leistung sein konnte, einen Bleistiftstrich über ein weißes Blatt Papier zu ziehen wie eine Skispur über einen Kontinent. In seiner Begeisterung für die Bleistiftbuchstaben des Engländers war Nansen bereit, dessen sämtliche missglückte Maßnahmen als Expeditionsleiter unter den Tisch fallenzulassen. Was machte es schon, dass Robert Scott seine Männer in den Tod geführt hatte, wenn er nur das *Wort* lebend aus dem Eis herausbrachte?

Mit dem norwegischen Kollegen verhielt es sich genau umgekehrt: «Er war ein Mann der Tat, einer der Wortlosen, die Dinge vollbringen.»

Wenn Roald Amundsen auch keinen Blick für seine Schwächen hatte, so besaß er doch ein Auge für seine Begrenzungen: «Mein Vater pflegte mir als kleinem Jungen immer zu sagen: Laß dich nie auf Dinge ein, von denen du keine Ahnung hast.» Das gab der Polfahrer zum Besten, als er sich spät in seinem Leben als Ehrenmitglied bei den Rotariern aufnehmen ließ. Er war eben keine universelle Begabung wie Fridtjof Nansen und noch weniger ein alles umfassender Renaissancemensch; er war ein Profiwikinger. Er durchlief eine gewisse Ausbildung, eine Perfektionierung in diesem Beruf. Der rasante technische Fortschritt trieb ihn bis an die Grenzen dessen, was er sich zutraute, ohne den Rat des Vaters in den Wind zu schlagen.

Bei einem derart umfänglichen Lebenswerk kann freilich niemand Roald Amundsen mangelnder Vielseitigkeit bezichtigen. Was im Lebenslauf des Polfahrers eher fehlt, ist eine grundlegende Weiterentwicklung als Mensch, eine zunehmende Reife. Während er einen Meilenstein nach dem anderen hinter sich ließ und der Menschheit vermehrte geographische Kenntnisse anbot, bewegte er sich selbst als Person auf eine immer größere innere Verarmung zu.

«Nichts ist schlimmer, als herumzumachen und zu meutern und nicht zu wissen, was man will. Entscheide Dich, *ein* Ziel zu verfolgen, setze Deinen ganzen Willen in diese Arbeit, und Du wirst sehen, daß es geht.» So lautete Roald Amundsens kurze Botschaft an die Jugend, formuliert in einem Brief an den Neffen «Gogo» nach der Rückkehr vom Südpol. Was war denn das *eine* Ziel, das sich der Polfahrer für sein eigenes Leben setzte?

Amundsens Leistungen werden gern mit vier Stichworten umrissen: Nordwestpassage, Südpol, Nordostpassage, Nordpol. Die vier Begriffe decken alle klassischen Distanzen der Polarforschung ab. Sie bezeichnen die vier Hauptrouten arktischer Reisender. Auf diese Ziele richtete sich das Interesse seit Jahrhunderten.

Ende des 19. Jahrhunderts waren praktisch nur die Polarregionen als letzte Flecken der Erdoberfläche noch nicht kartographisch erfasst. Einen noch unbekannten Teil der Erde zu entdecken, das war vielleicht die größte äußerliche Ehre, die einem Menschen zuteilwerden konnte.

Die Nordwestpassage wählte er mit instinktsicherer Intuition als Ziel aus. Sie war bereits mehr oder weniger entdeckt. Es blieb nur noch das jahrhundertealte Bestreben, zu vollenden, sie von Anfang bis Ende mit *einem* Schiff zu durchfahren. Das Gleiche galt für den Südpol. Es fehlte lediglich noch ein einziger Breitengrad, und der Pol war erobert. Das Plateau hatte schon Ernest Shackleton erreicht.

Im Norden handelte es sich um geographische Fragen von größerer Ausdehnung, doch mittlerweile zwang der technische Fortschritt dem Entdecker äußerst knappe Zeitvorgaben auf. Sowohl auf den versuchten Flug zum Pol 1925 wie auf die Fahrt mit dem Luftschiff 1926 folgten fast unmittelbar rivalisierende Unternehmungen. Doch auch hier schnappte sich Roald Amundsen, wenn auch in letzter Sekunde, den Lorbeerkranz. Dagegen nimmt sich die Nordostpassage eher wie ein Arbeitsunfall aus. Sie war längst erobert, komplettiert aber das Bild des Entdeckers, der alles erreichte.

Die geographischen Ziele, die er sich steckte, beweisen eindeutig, dass Roald Amundsen vor allem ins Blickfeld der Weltöffentlichkeit navigierte. Aufmerksamkeit war der leuchtende Fixpunkt all seiner Anstrengungen. Darum war der Skiläufer und Hundeschlittenfahrer so schnell bereit, sich Flügel anzuschnallen, als das Fliegen in Mode kam und sich alle Blicke zum Himmel richteten. Darum meldete er sich freiwillig zum Kriegseinsatz, als auf die Forschung der Schatten des Krieges fiel, und deshalb war es für ihn einfach nicht auszuhalten, untätig in Svartskog zu sitzen, als die gesamte Weltöffentlichkeit auf die in Flutlicht getauchte Eisscholle Umberto Nobiles blickte. Roald Amundsens großes Ziel war es nicht, die Welt zu entdecken; die Welt sollte ihn entdecken.

Harald U. Sverdrup soll einmal zu Odd Dahl gesagt haben: «Amundsen hatte viele Fehler, er hatte sogar viele große Fehler – aber er war auch ein großer Mann.» Lincoln Ellsworth ging vom Gegenteil aus, als er schrieb: «Er war wie ein Kind, das so oft in seinem Vertrauen enttäuscht wurde, daß es am Ende keinem mehr traut. Darum hüllte er sich in einen Eispanzer.» Auf ihre Weise hatten beide recht: Roald Amundsen war ein großer Mann und ein kleines Kind.

Es ist auffällig, wie beharrlich er seine Ziele verfolgte, vom Kinderzimmer bis in ein vorzeitiges Alter. Roald Amundsen blieb den Idealen seiner Jugend und dem Kind in sich treu. Nur so konnte er seinen Ideen so unbeirrt, so trotzig und so fanatisch nachjagen, wie er es tat. Für ein Kind waren seine Fehler unbedeutend, sie gehörten zur Natur des Kindes; doch in die Welt eines erwachsenen Mannes übernommen, wurden sie groß. Je älter der Polfahrer wurde, desto mehr ähnelte er einem kleinen Jungen, der Mutproben vollbrachte. Immer halsbrecherischer in seinen Vorführungen, immer schriller in seinen Rufen nach Applaus, seinem Verlangen nach bewundernden Blicken.

Roald Amundsen hat sich nie auf eine verbindliche Beziehung eingelassen. Und doch war er sein ganzes Leben lang von anderen Menschen abhängig. Er verstand es ebenso, sie an sich zu binden, wie er sie zurückzuweisen wusste. Er konnte sie zum Objekt seiner Idealisierung machen oder zum Opfer seiner Aggression. Aber weil es ihm an Einfühlungsvermögen mangelte, blieb sein Verhältnis zu anderen in der Tiefe immer unpersönlich. Ihre Bedeutung für ihn wurde dadurch jedoch nicht geringer. Roald Amundsen konnte allein sein, aber nicht ohne Aufmerksamkeit. Der Polbezwinger war undenkbar ohne sein Volk.

«Schon lange vor dem Glockenschlag um 12, als die Stille eintreten sollte, wimmelte ein Strom von Menschen durch die Straßen, dichter als an irgendeinem anderen Feiertag.» Wir sind wieder zurück auf den Zeitungsspalten von *Aftenposten* am 14. Dezember 1928.

Nicht unter den Prominenten auf Akershus, sondern unten im Volksgewimmel. «Der feierliche Moment steht unmittelbar bevor, da ertönen mit einem Schlag die Glocken der Erlöserkirche, die Fahnen sinken auf halbmast. Das ist das Signal: alle entblößen die Köpfe, die Straßenbahnen bleiben stehen, die Lastwagenfahrer nehmen ihre Mützen ab, die Bauarbeiter halten inne und erinnern sich – eine schweigende Menschenmenge, die nur einen Gedanken hegt. Der Augenblick hat etwas Magisches. Keiner achtet auf den Schneefall aus Nord. Ein grauhaariger gebeugter Mann zieht seine Fellmütze, über so manche Wange laufen Tränen. Stille, absolute Stille liegt über allem, schlichter, würdiger hätte man unseren Polarforscher nicht feiern können. In einem solchen Augenblick steht der Mann wieder lebendig vor einem, sein Bild erscheint vor einem, das scharfgeschnittene, willensstarke liebe Gesicht, das dem Tod so oft ins Auge blickte.

Die Gedenkminuten sind vorüber, das Schweigen wird gebrochen, und die Massen gehen wieder ihrem Treiben nach, bewahren aber das Bild und den Namen des Mannes in ihren Herzen und ihrem Sinn.»

Die vielen kleinen Menschen, die dem einen großen zujubeln, sind ein verbreitetes Phänomen im Europa der Zwischenkriegszeit. Der Personenkult ergriff ein Volk nach dem anderen, das italienische, das deutsche, das russische. Wie aber konnte er in einer demokratischen und individualistischen Gesellschaft wie der norwegischen Fuß fassen?

Als Roald Amundsen mit der *Gjøa* aufbrach, war Norwegen noch immer ein gedemütigter Vasallenstaat Schwedens. Das Volk, das seiner an jenem Wintertag 1928 gedachte, besaß erst seit dreiundzwanzig Jahren die Unabhängigkeit. Es hatte sie auf einer Woge der Einigkeit errungen, getragen vom Traum vergangener Größe, vom Glauben an eine Zukunft und von dem gewaltigen Gefühl durchdrungen, ein auserwähltes Volk mit einer besonderen Aufgabe in der Welt zu sein. Als der Kampf mit einem Sieg gekrönt wurde, erreichte der Hochmut dieses Volkes seinen Gipfel. Jeder schien etwas von den Dimensionen eines Fridtjof Nansen zu erblicken, wenn er sich im Spiegel sah. Und dahinter ragte noch die Sagengestalt eines Königs Olav Tryggvason von vor tausend Jahren auf. Der psychologische Rückschlag musste kommen.

Die alles integrierende Einigkeit verwandelte sich in Parteiengezänk; Gegensätze und Klassenkampf prägten die Wirtschaft des Landes. Die wiedererstandene Wikingernation erwies sich bald als ein völlig normales Land in ungünstiger Randlage der Welt. Das vielbesungene Reich der Sagazeit bestand nur aus ein paar sturmumtosten Klippen, auf denen die Nachkommen der Wikinger vollauf damit beschäftigt waren, irgendwie zurechtzukommen.

Wenn da nicht Roald Amundsen gewesen wäre. Als Fridtjof Nansens heroische Epoche zu Ende ging, trat er aus den Kulissen, füllte Lungen und Segel und blies den stolzesten Träumen und liebsten Illusionen der Norweger neues Leben ein. Er verlieh den Mythen Bedeutung, sprengte die Grenzen des Landes und gab ihm die unüberschaubare Ausdehnung eines Imperiums.

Was hatten die Menschen vor ihren inneren Augen gesehen, als die beiden Schweigeminuten vorüber waren? Hatten sie in den kühlen, distanzierten Blick des Polfahrers geschaut? Wahrscheinlich dachten die meisten an den Südpol. Sie sahen die Fahne vor sich und ihre fünf Landsleute, vielleicht noch das Zelt. Nach Polheim, Norwegens äußerstem Vorposten am anderen Ende der Welt, schweiften die Gedanken. So groß hatte Roald Amundsen Norwegen gemacht.

In den Taten eines Mannes hatte sich ein ganzes Volk wiedererkannt, seine Eigenart, seine Unüberwindlichkeit, seine Größe. Die Menschen hatten sich selbst in seinem Bild gesehen. Und sein Schicksal zu dem ihren gemacht. «Sein Andenken wird im norwegischen Volk ewig leben, es wird Legenden um ihn geben als den Olav Tryggvason unserer Tage.» So schloss Odd Dahl sein Buch über den Nationalhelden.

«Er ging wie ein leuchtender Stern am bewölkten Himmel des norwegischen Volkes auf», so schrieb Fridtjof Nansen in seinem Nachruf. «Er erstrahlte in Ausbruch auf Ausbruch. Dann erlosch er rasch, und wir bleiben zurück und starren auf einen leeren Punkt im All.»

Verlassen. Die gleiche Leere, gegen die Roald Amundsen in seinem Inneren sein ganzes Leben lang ankämpfte, hatte die norwegische Nation erfasst. Wo war ihre Größe hin? War Norwegen doch nur ein vergessenes Königreich am Rand des ewigen Schnees?

Es vergingen Jahre, bis das ganze Volk endlich aufhörte, ins leere Weltall zu starren, bis alle einsahen, dass der Polfahrer vom Himmel gefallen und in einem aufgewühlten Meer ertrunken war.

Zu Beginn eines neuen Jahrtausends können sich die Wogen um Roald Amundsens Andenken endlich glätten, jetzt ist es völlig still, wenn er fällt.

Das Meer liegt blank wie ein Spiegel.

Quellen

Diese Biographie gründet auf einer Reihe bisher unbenutzter und zum großen Teil völlig unbekannter Quellen, die mit Roald Amundsens Leben und Werk in Zusammenhang stehen.

Der eindeutig umfangreichste Fund ist «Roald und Leon Amundsens Geschäftsarchiv», das auf dem Hof Fladstad in Rakkestad/Østfold aufgetaucht ist. Es besteht aus 23 dicken Ordnern und 8 Kopiebüchern (jedes etwa 1000 Seiten umfassend), die unberührt in einem Metallkoffer auf dem Dachboden des Hauses lagen. Dieses gesamte Material wurde mir von Ole Fladstad, Leon Amundsens Enkel, äußerst großzügig zur Verfügung gestellt.

Das Archiv ist von Leon Amundsen erstellt worden und umfasst etwa die Jahre 1910–16. Es behandelt somit die Expedition der *Gjøa* und die dritte Reise der *Fram*. Es enthält ein- und ausgehende geschäftliche Korrespondenz aus diesem Zeitraum sowie sämtliche Telegramme, Verträge usw. Dass in Roald Amundsens Wirken oft kaum eine Grenze zwischen privat und beruflich zu ziehen ist, belegt dieses Material sehr deutlich.

Es stellte sich heraus, dass der verbleibende Teil des Archivs im Norwegischen Polarinstitut aufbewahrt wurde, wo ich ihn auch einsehen konnte. Und dieses Material ist bis dahin von der Amundsen-Forschung ebenso wenig benutzt worden. Dieser zweite, erheblich kleinere Teil geht bis etwa 1924 und enthält auch Haakon H. Hammers Archiv aus seiner Zeit als Amundsens Agent.

Nach dem Bruch zwischen Roald und Leon Amundsen 1924 wurden die geschäftlichen Aktivitäten teils vom Konkursverwalter übernommen, teils von der Norwegischen Luftverkehrsvereinigung. Die Rolle eines Sekretärs übernahm zunächst der Bruder Gustav, dann, schon 1925, wurde sie dem Neffen Gustav S. Amundsen übertragen. Roald Amundsens Archiv aus dieser letzten Phase wurde seinerzeit der Handschriftensammlung der Universitätsbibliothek in Oslo übergeben.

Ein besonders wertvoller Bestandteil des Archivs der Brüder Amundsen sind die Kopien der Briefe von Leon an den Bruder, die eine Art fortlaufendes Journal über die meisten beruflichen und privaten Angelegenheiten des Polarreisenden darstellen. Ihre Gegenstücke, Roald Amundsens Briefe an Leon, befinden sich in privater Hand. Durch Kirsten Amundsen, Egil Behrens und Ole Fladstad habe ich Zugang zu mehr als 300 bisher unbekannten Briefen Roalds an Leon Amundsen aus der Zeit zwischen 1893 und 1924 erhalten.

Eine Sonderstellung unter Roald Amundsens Tagebüchern, die sich ebenfalls alle in der Universitätsbibliothek Oslo befinden, nimmt sein privates Tagebuch ein: Es wurde erst 1990 zugänglich gemacht und konnte daher von früheren Untersuchungen nicht berücksichtigt werden. Die Auswertung dieses Tagebuchs stellt praktisch den Ausgangspunkt meiner Arbeit an der vorliegenden Biographie dar.

Außerdem möchte ich noch Roald Amundsens Briefe an Herman Gade ausdrücklich erwähnen, eine Sammlung von mehr als 100 überwiegend persönlich gehaltenen Briefen. Sie wurden 1958 von Gades Sohn Gerhard der Universität von Harvard in den USA geschenkt.

Unter den publizierten Quellen muss besonders Roland Huntfords Buch *Scott und Amundsen* hervorgehoben werden. Die umfassende Forschungsarbeit, die darin ihren Niederschlag fand, war auch für diese Biographie von außerordentlichem Nutzen.

Veröffentlichte Quellen

Bücher

Lexika und Bücher von allgemeinem Charakter sind in die folgende Übersicht nicht aufgenommen, wenn sie nicht von ganz speziellem Interesse waren.

Roald Amundsen:

Die Nordwest-Passage München, Langen 1908.

Die Eroberung des Südpols München, Lehmann 1912.

Nordostpassagen Kristiania, Gyldendalske Boghandel 1921.

Die Jagd nach dem Nordpol Berlin, Ullstein 1925.

Mein Leben als Entdecker Leipzig, Wien, Tal 1927.

Amundsen, Roald; Ellsworth, Lincoln, *Der erste Flug über das Polarmeer* Leipzig, Grethlein 1927.

Aas, Ingebret, *Roald Amundsens stamfedre* Scarpsborg, Borgarsyssel Museum og «Roald Amundsens minne» 1941.

Andresen, Kr. S., *Sarpsborg* Halden, E. Sem 1914.

Arnesen, Odd, *«Norge»-færden bak kulissene* Oslo, Tønsbergs Forlag 1926.

Arnesen, Odd, und Lundborg, Ejnar, *«Italia»-tragedien på nært hold* Oslo, Gyldendal 1928.

Arnesen, Odd, *Roald Amundsen, wie er war: Eine Schilderung seines Lebens* Stuttgart u. a., Union 1931.

Astrup, Eivind, *Unter den Nachbarn des Nordpols* Leipzig, Haessel 1905.

Austbø, Johan, *Olav Bjåland* Oslo, Fonna Forlag 1945.

Balchen, Bernt, *Kom Nord med meg* Oslo, Gyldendal 1958.

Bomann-Larsen, Tor, *Den evige sne* Oslo, Cappelen 1993.

Brennecke, Detlef, *Roald Amundsen* Reinbek, Rowohlt 1995.

Brox, Karl H., *Eva og Fridtjof Nansen* Oslo, Gyldendal 1991.

Conradi, Gabriel, *Den Norske Klub i London* London 1937.
Dahl, Odd, *Trollmann og rundbrenner* Oslo, Gyldendal 1981.
Ellefsen, Einar, und Berset, Odd, *Veslekari* Oslo, J. W. Eide 1957.
Ellsworth, Lincoln, *Lockende Horizonte* Zürich u. a., A. Müller 1938.
Filchner, Wilhelm, *Ein Forscherleben* Wiesbaden, Brockhaus 1951.
Fosheim, Ivar, *Storvilt, is og nytt land* Oslo, Aschehoug 1994.
Gade, John G., *All my born days* New York, C. Scribner's sons 1942.
Gran, Tryggve, *Wo das Südlicht flammt* Berlin, Uhlmann 1928.
Gran, Tryggve, *Kampen om Sydpolen* Oslo, Ernst G. Mortensen 1961.
Grieg, Harald, *En forleggers erindringer* Oslo, Gyldendal 1958.
Hanssen, Helmer, *Der harte Weg: Mit Amundsen im Kampf um die Pole* Wiesbaden, Brockhaus 1955.
Hovdenak, Gunnar, und Hoel, Adolf, *Roald Amundsens siste ferd* Oslo, Gyldendal 1934.
Huntford, Roland, *Scott und Amundsen* Königstein, Athenäum 1980.
Huntford, Roland, *Die Amundsen-Photographien* Braunschweig, Westermann 1989.
Høyer, Liv Nansen, *Mein Vater Fridtjof Nansen* Wiesbaden, Brockhaus 1967.
Imbert, Bertrand, *Die Pole* Ravensburg, Maier 1990.
Lindbæk, Lise, *Brennende jord* Oslo, Tiden 1958.
McKee, Alexander, *Ice Crash* London, Souvenir Press Ltd. 1979.
Nansen, Fridtjof, *Auf Schneeschuhen durch Grönland* Hamburg, Verlagsanstalt und Druckerei A. G. 1891.
Nansen, Fridtjof, *In Nacht und Eis: die Norwegische Polarexpedition 1893–1896* Leipzig, Brockhaus 1897.
Nansen, Fridtjof, *Spitzbergen* Leipzig, Brockhaus 1920.
Nansen, Fridtjof, *Nansens røst* Oslo, Jacob Dybwads Forlag 1942.
Nansen, Fridtjof, *Brev* Oslo, Universitetsforlaget 1961.
Nobile, Umberto, *Flüge über den Pol* Leipzig, Brockhaus 1975.
Omang, Reidar, *Norsk utenrikstjeneste* Oslo, Gyldendal 1955, 1959.
Østvedt, Einar, *Hjalmar Johansen – et liv i dåd som endte i tragedie*, darin abgedruckt H. Johansens Tagebuch der Südpolexpedition, Gesellschaft für das Wohl der Gemeinde Skien 1978.
Paulsen, Jon Bøe, *Under sydkorset* JBP Forlag 1986.
Payer, Julius von, *Die österreichisch-ungarische Nordpol-Expedition in den Jahren 1872–1874* Wien, Hölder 1876.
Peary, Robert E., *Die Entdeckung des Nordpols* Berlin, Süsserott 1910.
Riiser-Larsen, Hjalmar, *Femti år for kongen* Oslo, Gyldendal 1957.
Sjparo, Dmitrij, und Sjumilov, Aleksandr, *En russisk sjømann på «Fram»* Oslo, Progress/Falken 1990.
Sundt, Hans, *Innen alt går i glemmeboken* Tønsberg, Tønsberg Aktietrykkeri 1968.
Sverdrup, Harald U., *Tre aar i isen* Oslo, Gyldendal 1926.
Veel, Haakon Anker, *Roald Amundsen – Slekt og miljø* Halden, E. Sem 1962.
Wilse, Anders B., *Norske landskap og norske menn* Oslo, Tanum 1943.
Wisting, Oscar, *16 år med Roald Amundsen* Oslo, Gyldendal 1930.
Zapffe, Fritz G., *Roald Amundsen* Oslo, Aschehoug 1935.

Artikel

Bjaaland, Olav, «Med Amundsen til Sydpolen, Dagbokblad», *Syn og Segn*, Heft 1, 1975.

Gran, Tryggve, «Roald Amundsens siste flukt», *Hjemmet*, 20.10.1928.

Nielson, Haakon B., «Fest for Amundsen og hans mænd», *Aftenposten*, 23.11.1972.

Sverdrup, Harald U., «Et efterord», *Roald Amundsens oppdagelsereiser*, Oslo, Gyldendal 1930.

Vaage, Jakob, «Roald Amundsens første skiturer til fjells», Jahrbuch des Skivereins *Snø og Ski*, 1954.

The Royal Automobile Club Journal, November/Dezember, 1912.

Zeitungen

Material aus norwegischen und ausländischen Zeitungen stammt aus verschiedenen der aufgeführten Archive und Werke sowie aus den Zeitungsarchiven im Stadtmuseum Oslo, dem Norwegischen Polarinstitut und der Stadtbücherei in Drammen. Die folgenden Zeitungen wurden in der dortigen Bücherei sowie in der Universitätsbibliothek Oslo durchgesehen:

Aftenposten, Oslo
Dagbladet, Oslo
Kysten, Kristiania
Morgenbladet, Oslo
Nordlys, Tromsø
Tidens Tegn, Oslo

Unveröffentlichte Quellen

Abkürzungen

HL Houghton Library, Harvard University, Cambridge
NPI Norsk Polarinstitutt, Oslo
NSM Norsk Sjøfartsmuseum, Oslo
RA Riksarkivet, Oslo
SA Statsarkivet, Oslo
UB Universitetsbiblioteket, Oslo

Tagebücher

Roald Amundsen:
Belgica, 1897–99 (UB)
Reisedagbok, 1899–1900 (UB)
Gjøa, 1903–06 (UB)
Slededagbok fra *Gjøa*, 1904–06 (UB)
Den tredje *Fram*ferd, 1910–12 (UB)
Slededagbok fra Sydpolen, 1911–12 (UB)
Maud, 1918–21 (UB)
Maudheim, 1922–23 (UB)
Privat dagbok, 1924–25 (UB)
Ekspedisjonsdagbok fra polflyvningene, 1925, 1926 (UB)
Bordkalender, 1928 (Uranienborg)

Hassel, Sverre, dagbok fra Den andre *Fram*ferd, 1910–12 (NSM)
Hassel, Sverre, slededagbok fra Sydpolen, 1911–12 (NSM)
Nilsen, Thorvald, dagbok fra Den tredje *Fram*ferd, 1910–12 (NSM)
Ristvedt, Peder, dagbok fra *Gjøa*, 1903–06 (NSM)
Wiik, Gustav J., dagbok fra *Gjøa*, 1903–06 (NSM)

Briefe, Telegramme, Manuskripte, Rechnungen und andere Dokumente

Archiv von Roald und Leon Amundsen, ca. 1900–1916 (priv.)
Archiv von Roald und Leon Amundsen, ca. 1916–1924 (NPI)

Briefe von Roald Amundsen an Leon (priv.)
Briefe an und von Roald Amundsen oder ihn betreffend (UB)

Einzelne Sammlungen von Briefen Roald Amundsens an

Bennett, K. E. (priv.)
Christophersen, Don Pedro (UB)
Gade, F. Herman, (HL)
Gudde, Niels (priv.)
Gudde, Trygve (priv.)
Hammer, Haakon H. (NPI)
Maus, Gudrun (priv.)
Nansen, Fridtjof (UB)
Ristvedt, Peder (NSM)
Roll, Jacob (NPI)
Amundsen, Leon, Briefe an Herman Gade (HL)
Aurdal, Lars, Briefe an Bodil Nævdal (priv.)
Bennett, K. E., Briefe an Trygve Gudde (priv.)
Borchgrevink, Carsten, Briefe an Hugo Mowinckel (priv.)
Gade, F. Herman, Briefe an Roald Amundsen (HL)
Gade, F. Herman, Briefe an Albert Balchen (priv.)
Castberg, Leif, Dokumente aus dem Nachlass (priv.)
Cross, Bess Magids, Briefe an Rosellen und Olav Lillegraven (NPI)
Journal der Polizeiwache Follo 1938–39 (SA)
Freud, Sigmund, Briefwechsel mit Dr. Otto Kratter (Universitetsbiblioteket Bergen)
Hammer, Haakon H., Archiv zu Roald Amundsens Polflug, 1924 (NPI)
Johansen, F. Hjalmar, Briefe und Telegramme an seine Frau (priv.)
Archiv der norwegischen Botschaft in London (RA)
Nansen, Alexander, Briefe an Fridtjof Nansen (UB)
Nansen, Alexander, Dokumente zu Roald Amundsen (UB)
Archiv der Norwegischen Luftverkehrsvereinigung zum Polflug von Amundsen/Ellsworth, 1925, 1926 (UB)
Oslo Overrett, Akten zum Prozess AZ 424, Leon Amundsen gegen Roald Amundsens Konkursvermögen (SA)
Riiser-Larsen, Hjalmar, Dokumente aus dem Nachlass (RA)
Amtsgericht Follo, Dokumente zu Roald Amundsens Konkurs (SA)
Amtsgericht Follo, Dokumente, Rechnungsbücher und Belege Roald Amundsens Nachlass betreffend, 1936 (SA)
Sverdrup, Harald U., Roald Amundsen, biographische Skizze (NPI)
Sverdrup, Harald U., Briefe an und von Wilhelm Bjerknes (UB)
Sverdrup, Harald U., Briefe an Harald Grieg (Gyldendal)
Kuratorium zur Bewahrung von R. A.s Haus, Prozessakten die Schenkung des Ehepaars Lillegraven betreffend (NPI)
Zapffe, Fritz G., Dokumente aus dem Nachlass (UB)

Unterlagen in Privatbesitz wurden zur Verfügung gestellt von: Johan Leon Amundsen, Kirsten Amundsen, Nesøya, Egil Behrens, Porsgrunn, Berit Brynhildsen, Tjøme, Valerie Farnes, Oslo, Ole Fladstad, Rakkestad, Trygve Gudde, Trondheim, Arne Maus, Petter Maus, Nesodden, Bodil Nævdal, Oslo, Torfinn Pettersen, Nittedal.

Mündliche Quellen

Eine große Anzahl Personen hat mir bei der Arbeit an diesem Buch wertvolle mündliche Informationen zukommen lassen. Ausführliche Gespräche und Interviews führte ich mit: Kirsten Amundsen und Johan Leon Amundsen, Nesøya, Alfred Bennett, London, Patricia Clark, Fairbanks, Valerie Farnes, Oslo, Helge Ingstad, Oslo, Petter Maus, Nesodden.

Abbildungen

Fotografien wurden mir großzügig von den Verlagen Gyldendal, Aschehoug und Cappelen zur Verfügung gestellt, von den Roald-Amundsen-Museen in Svartskog und Borge, vom Norwegischen Polarinstitut sowie von der Universitätsbibliothek Oslo. Außerdem waren folgende Privatpersonen so liebenswürdig, Fotos beizutragen: Berit Brynhildsen, Egil Behrens, Patricia Clark, Ole Fladstad, Valerie Farnes, Gunnar A. Lindaas, Alexander Nansen, Gertrude Nobile und Marianne Ræder.

Abbildungsnachweise

Bildarchiv Aschehoug: S. 15, 39, 83, 130, 178, 199, 210, 588, 609

Bildarchiv Cappelen S. 43, 135, 244, 311, 679

Bildarchiv Gyldendal S. 19, 32 (links), 60, 80, 90, 122, 164, 213, 324, 332, 367, 398, 408, 445, 492, 507, 509, 512, 522, 532, 549, 558, 562, 570, 597, 642, 647, 658, 687

Norsk Polarinstitutt S. 86, 99, 107, 153, 219, 343, 378, 388, 424, 481, 494

Roald Amundsens Senter S. 22, 23

Universitetsbiblioteket S. 186

Uranienborg S. 54, 67, 231, 272, 284, 414, 438, 538, 584

Privat S. 4, 32 (rechts), 72, 112, 140, 149, 180, 205, 226, 260, 266, 300, 321, 340, 353, 356, 394, 465, 471, 577, 661, 668, 673

Register

Dank

Allen oben angeführten Personen und Institutionen schulde ich großen Dank für den Einsatz, das Vertrauen und die Großzügigkeit, die sie meiner Arbeit an der Biographie Roald Amundsens erwiesen haben.

Leider kann ich nicht annähernd alle namentlich erwähnen, die mir dabei behilflich gewesen sind, doch einige möchte ich auf jeden Fall nennen: Oddvar Vasstveit und seine Mitarbeiter in der Handschriftensammlung der Universitätsbibliothek Oslo. Die Historikerin Susann Barr vom Norwegischen Polarinstitut, die auch an dessen Filialen in Oslo, Longyearbyen und Ny-Ålesund tätig ist. Randi Eriksen in Roald Amundsens Haus in Svartskog und Olav Orheim, den Vorsitzenden des Kuratoriums, Ragnhild Bilet vom Roald-Amundsen-Zentrum in Fredrikstad, Arne Pedersen vom Norwegischen Filminstitut, Gertrude Nobile am Museo Storico – Aeronautica Militare in Rom, Melanie Wiesner am Houghton Reading Room der Harvard-Universität, Cambridge, Massachusetts, Didrik Behrens, Tønsberg, Erling Kagge, Oslo, Jean Pierre Peterson, Paris, Rosellen Lillegraven, Juneau, Kathie Harley, Wasilla, Nina Bryn Bieri von der französisch-norwegischen Handelskammer in Paris, Carsten Carlsen, Buenos Aires, Konsul Egill Raae in Rouen, Geir Sørensen vom Außenministerium in Oslo, Eugene D. Wadsworth, New York.

Außerdem Dank an die Alaska State Library, das Museum von Svalbard, The Royal Automobile Club, London, für den Zugang zu Material im Reichsarchiv Oslo samt den Staatsarchiven in Oslo und Trondheim, an den Gyldendal-Verlag, den Aschehoug-Verlag und die Abteilung für Öffentlichkeitsarbeit an der amerikanischen Botschaft in Oslo.

Bei den Mühen der Informationsbeschaffung war ich auf den großen Einsatz von Åse Ytreland und Hilde Diesen angewiesen. Die Zeitung *Aftenposten* und Lars-Ludvig Roes haben mir auf großzügige Weise meine Reisen nach London und Kings Bay ermöglicht.

Für wertvolle Hilfe bei der Arbeit am Manuskript danke ich Stig Andersen, Hilde Diesen und dem Psychiater Finn Skårderud.

Abschließend möchte ich mich noch beim Cappelen-Verlag für die Zusammenarbeit an einem Buch bedanken, das nicht nur seinem Verfasser bedeutenden Einsatz abverlangte. Und zum Schluss danke ich meinem untrüglichen ersten Leser Anders Hegger.

Die Deutsche Bibliothek verzeichnet diese Publikation
in der Deutschen Nationalbibliografie;
detaillierte bibliographische Daten sind im Internet
unter http://dnb.ddb.de abrufbar.

Die norwegische Originalausgabe erschien 1995
unter dem Titel *Roald Amundsen: en Biografi*
bei J. W. Cappelens Forlag A/S, Oslo.

Diese Übersetzung wurde durch NORLA finanziell gefördert.
Der Übersetzer dankt dem Deutschen Übersetzerfonds
für die Unterstützung seiner Arbeit.

1. Auflage 2007

Lektorat Frank Wegner, Hamburg
Register Joanna Witkowski, Berlin
Umschlaggestaltung Nadja Zobel / Barbara Stauss,
Zeitschrift **mare**, Hamburg
Typographie und Einband
Farnschläder & Mahlstedt Typografie, Hamburg
Grundschrift Swift
Titelschrift FF Profile, mit freundlicher
Unterstützung von FontShop
Druck und Bindung Clausen & Bosse, Leck
Printed in Germany
ISBN 978-3-86648-068-1

Die Bezwingung des Nordpols